갑골학 일백 년 3

甲骨學一百年

The Study of Oracle-Bone Inscriptions in Century

2012년도
대한민국학술원 선정
우수학술도서

이 도서는 대한민국학술원에서 선정한
"2012년도 우수학술도서"로서 교육과학기술부의
지원으로 구입 배부한 것임.

지은이 **왕우신**王宇信은 북경 平谷 출생. 중국사회과학원 역사연구소 연구원, 중국은상문화연구회 이사장. 갑골학과 先秦 시대 역사학이 주 전공이며, 현재 중국 고대문명과 하상주 정치제도를 연구하고 있다. 1964년 북경대학 역사학과를 졸업하고 사회과학원에서 胡厚宣 교수의 지도를 받았으며, 『甲骨文合集』의 편찬에 참여하였다. 주요저작으로는 『建國以來甲骨文硏究』, 『西周史話』, 『西周甲骨探論』 등이 있으며, 『甲骨學通論』은 한국에서도 번역되었다.

지은이 **양승남**楊升南은 사천성 平昌현 출생. 중국사회과학원 역사연구소 연구원, 선진사연구실 주임, 중국은상문화학회 부회장 등을 역임. 중국 先秦史 및 갑골학, 고문자학이 주전공이며 중국 고대 국가구조와 사회사를 연구하고 있다. 1964년 사천대학 역사학과를 졸업하고, 같은 해 8월 중국과회과학원 역사연구소로 옮겼으며, 『甲骨文合集』의 편찬에 참여하였고, 王宇信과 함께 胡厚宣 주편의 『甲骨文合集釋文』의 총교열을 맡았다. 『甲骨學一百年』의 주요 저자로 참여하였고, 『商代經濟史』, 『中國春秋戰國政治史』, 『商代土地制度史』(공저) 등이 있다.

옮긴이 **하영삼**河永三은 경남 의령 출생. 경성대학교 중문과 교수, 한국한자연구소 소장. 한자학이 주전공이며, 한자에 반영된 문화 특징을 연구하고 있다. 1983년 부산대학교 중문과를 졸업하고 臺灣 政治大學에서 석·박사 학위를 취득했다. 『한자문화학』, 『한자야 미안해』(부수편, 어휘편), 『연상 한자』, 『한자의 세계』 등의 저서와 『한어문자학사』, 『한자 왕국』, 『언어와 문화』, 『언어지리유형학』, 『洙泗考信錄』(공역) 등의 역서가 있다.

갑골학 일백 년甲骨學一百年 3

1판 1쇄 발행 2011년 4월 15일 **1판 2쇄 발행** 2012년 8월 25일

지은이 왕우신 · 양승남 외 **옮긴이** 하영삼 **펴낸이** 박성모 **펴낸곳** 소명출판
등록 제13-522호 **주소** 137-878 서울시 서초구 서초동 1621-18 (란빌딩 1층)
대표전화 (02) 585-7840 **팩시밀리** (02) 585-7848
이메일 somyong@korea.com **홈페이지** www.somyong.co.kr

ISBN 978-89-5626-579-7 94820 값 29,000원
ISBN 978-89-5626-576-6 (전 5권)

이 번역도서는 정부재원(교육인적자원부 학술연구조성사업비)으로 한국연구재단의 지원에 의하여 연구되었음.

갑골학 일백 년 3

甲骨學一百年

왕우신 · 양승남 외 지음 | 하영삼 옮김

소명출판

일러두기

※ 본문

1. 한글세대가 읽을 수 있는 쉬운 한국어로 풀어쓰는 것을 원칙으로 한다.
2. 가능한 한자의 사용을 자제하며 필요한 때에만 한자를 병기한다. 다만, 각주에서는 책의 전문성을 고려하고 번잡함을 피하고자 원문 그대로 쓴다. 본문 예) 갑골학甲骨學; 주석 예) 裴明相, 「略談鄭州商代前期的骨刻文字」, 『全國商史學術討論會論文集』, 1985; 『鄭州商城的考古新發現與研究』(1985~1992), 中州古籍出版社, 1993, 177면.
3. 한자 사용권의 인명과 지명, 책이름 등 고유명사는 시기에 관계없이 모두 한국 한자음으로 통일하여 표기하며, 처음 등장하는 인명 뒤에다 생몰연대를 병기한다. 단 중국의 소수민족명 등은 원음을 존중해 표기하며 한자를 병기해 둔다. 한자 사용권을 제외한 서구의 인명과 고유명사는 원음대로 표기함을 원칙으로 한다. 예) 왕우신王宇信(1940~현재), 나시納西족, 백천정白川靜, 멘지스明義士(James Mellon Menzies).
4. 인용 갑골문은 인용 후 번역문을 제시한다. 학자들 간의 해석상의 차이가 있을 때는 저자들의 해석과 의도를 존중한다. 갑골문 등 고문자는 스캔 후 그림저장 형식으로 편집한다.
5. 서명은 『 』, 편명이나 논문이나 단편 글 등은 「 」, 인용문은 " ", 작은 인용문과 강조는 ' ' 등으로 표기한다.
6. 서명과 편명을 동시에 적을 때에는 『서명』「편명」의 형식으로 한다. 예) 『논어』「술이」, 『맹자』「등문공」상
7. 서명 · 논문명은 이해하기 쉽도록 풀어쓰는 것을 원칙으로 한다. 예) 『전후 남경 · 상해 지역에서 새로 얻은 갑골집戰後寧滬新獲甲骨集』
8. 원서에서 구분하지 않은 서명과 논문은 따로 구분해 표기한다. 예) 『甲骨文斷代研究例』→「갑골문 시기구분 연구 예甲骨文斷代研究例」
9. 연대는 서기로 하고, 연호로 표기된 경우에는 서기를 괄호 속에 표기한다. 예) 민국 44년(1955)
10. 숫자 표기는 아라비아 숫자로 한다. 예) 75,423편

※ 용어

1. 전문 용어는 가능한 한글화시킨다. 예) 斷代 : 시기구분, 綴合 : 조각 맞추기
2. 생경한 한자 용어는 가능한 한 풀어쓴다. 예) 品類 : 기물분류
3. 어려운 용어는 한자를 병기하고, 괄호 속에 간단히 풀이하여 이해를 돕는다. 예) 전와磚瓦(벽돌과 기와)
4. 비슷한 의미를 가지는 한자를 가능한 한 의미가 차이가 나도록 번역한다.
   1) "斷代"의 경우, 일반적 의미로 쓰일 때에는 "시기구분"이라 번역했지만, "分期"와 함께 등장하여 대칭적 의미로 쓰일 때에는 "斷代"는 "시대구분"으로, "分期"는 "시기구분"으로 번역했다.
   2) "宰"은 일반적인 양과 구분하기 위해 "희생양"으로, "牢"는 일반적인 소와 구분하기 위해 "희생소"로 구분해 번역했다.
   3) 재앙에 관한 용어의 경우, "它"는 "탈"로, "尤"와 "咎"는 "허물"로, "災"(祟, 齒 등)는 "재앙"으로, "禍"는 "불행"으로, "艱"은 "어려움" 등으로 구분하여 번역했다.
   4) 공납에 관한 동사의 경우, "氏"는 "갖고 왔다", "來"는 "보내 왔다", "入"은 "들여왔다" 등으로 구분하여 번역했다.

※ 역주

1. 중요한 개념이나 이 책에서의 설명이 미진한 경우, 혹은 이 책이 나온 이후 지금까지의 고고학적 성과는 가능한 보충하여 역주로 처리하도록 한다.

저자 서문

한국어판 『갑골학 일백 년』 출판에 부쳐

2010년 3월 5일 아침, 부산 경성대학교에서 한국의 저명 학자 하영삼 교수로부터 갑자기 걸려온 전화를 받고서, 너무나 반가웠다. 하지만, 가장 기뻤던 것은 하 교수가 알려온 『갑골학 일백 년』의 한국어 번역본에 관한 진전 상황 때문이었다. 이미 제2차 교정이 완성되어 출판사에 넘길 예정이고, “순조롭다면 올해 안에 5권의 분량으로 출판될 수 있을 것이다”라고 했다. 아울러 필자에게 한국어 번역판 『갑골학 일백 년』의 “서문”을 부탁해 왔다. 이 책이 한국에서 번역 출판될 수 있었다는 것은 한국의 “중국학” 전문가가 한층 더 깊은 수준의 중국 전통문화 연구를 향해 진전했음을 말해준다. 그리고 그러한 성과가 이루어졌음의 반영인 동시에 한중 학자 간의 학술 교류와 우호적인 왕래가 새로운 성과를 이룬 것으로 생각한다. 이 때문에 이 책의 주 편집자이자 저자의 한 사람인 필자는 “서문”을 부탁한 하 교수의 부탁을 흔쾌히 받아들이게 되었다.

우리가 이 책의 한국어 번역판 출간을 두고서 한국의 “중국학” 전문가가 한층 더 깊은 수준의 중국 전통문화 연구를 향해 진전했으며 그러한 성과가 이루어졌음의 반영이라 하는 것은, 바로 갑골문이라는 것이 3천 년 전 중국의 가장 이른 체계적인 문자이며, 사료가 상대적으로 적은 상나라 사회 역사의 백과사전이자 제1차 연구 자료이기 때문이다. 세계에서 가장 오래된 문자의 하나인 갑골문자는 방대하고 심오한 중국 전통문화를 계승한 한자의 시조이다. 그래서 누구라도 중국의 전통문화를 이해하려면 갑골문의 이해로부터 시작해야만 한다. 이러한 의미에서 갑골문은 중국 전통문화의 근원이자 핵심이다.

한중 양국 인민들 간에는 자고이래로 밀접한 문화 교류와 우호적 왕래가 있었으며, 인구에 회자하는 아름다운 이야기들도 많이 남겼다. 예컨대, 당나라 때의 많은 유학생 중, 유명한 고운孤雲 최치원崔致遠 선생은 그의 나이 열셋에 그 기세등등한 「토황소격문討黃巢檄文」을 남겼는데, 이미 중국의 모든 사람이 아는 천고의 명문이 되었다. 또 16세기의 퇴계 이황李滉과 율곡栗谷 이이李珥라는 "두 대학자"는 송나라 주희朱熹의 철학사상을 발전시켰으며, 명나라 철학자인 왕양명王陽明의 학설을 계승하여, 한국적 특색의 "퇴계학파"를 만들었다. 한국인들은 "동방의 주자朱子"라 불리는 이 두 분을 특히나 존중하여, 그들의 초상을 현재 쓰이는 천원권(이퇴계)과 오천원권(이율곡)의 도안으로 쓰고 있다. 게다가 고려高麗에서 조선朝鮮에 이르는 시기의 『조천록朝天錄』과 『연행록燕行錄』 등은 중국에서 경험한 한국인들의 견문을 기록하였는데, 오늘날까지도 당시 중국 사회와 전통문화를 연구하는 데 중요한 자료가 되고 있다.

세상이 변하고 왕조가 바뀌고, 일본 제국주의에 대한 항거와 한국전쟁이라는 시련 속에서도 중국 전통문화에 대한 한국 학자들의 사랑과 추구는 중단되지 않았다. 특히 지난 세기 60~70년대 이후 한국의 "중국학" 연구는 이미 단순한 중국 전통문화의 소개가 아니라 갑골문이나 금문과 상주商周의 역사문화라는 중국 전통문화의 심층과 근원의 영역까지 확장했다. 1950년대 말부터 70년대까지, 조좌호曺佐鎬 교수가 「복사卜辭에 보이는 중국의 고대국가」(『동국사학』 Vol.3 No.1, 1955)를, 윤내현尹乃鉉 교수가 「상 왕조사의 연구－갑골문을 중심으로」(1978) 등을 발표했으며, 80년대 이후에는 신진 학자들이 대거 출현했으며, 저술도 숲처럼 많았다. 예컨대, 이형구李亨求 교수의 「문헌자료로 파헤쳐 본 갑골문화」(1983), 「발해연안의 무자無字 복골卜骨 연구－고대 동북아 제 민족의 복골 문화를 함께 논함」(상·중·하, 1980~1981) 등이 있다. 또 손예철孫叡徹의 「갑골 복사로 본 은상 제사」(1980), 「갑골 제사 복사 중의 희생에 관한 고찰」(1980), 「서울대학 소장 갑골편 연구」(1980) 등도 있다. 특히 윤내현尹乃鉉 교수가 출간한 『상주사商周史』(1984)는 당시 외국 학자 중 갑골문과 금문과 문헌자료를 이용해 상주의 역사 문화를 계통적으로 정리한 비교적 이른 시기의 저작으로, 중국의 단대사斷代史에 대한 한국 학자의 연구 수준을 대표한다. 1992년 중국과 한국이 정식으로 수교한 이후, 한국 학자들의 갑골학 은상 문화 연구는 완전히 새로운 단계에 접어들게 되었다. 『갑골문합집』, 『소둔 남지 갑골』, 『은허 갑골 각사 유찬』 등과 같은 갑골 자료가 한국에서 영인 출판되었고, 실제 갑골문 자료들도 수집하였는데, 서울대학은 러시아로부터 몇 편의 갑골을 들어왔으며(1996년 필자의 감정에 의해 위각으로 밝혀졌다), 숙명여자대학에서도 미국에서 7편의 갑골(『은계유주殷契遺珠』에 실렸던 자료임)을 사 들였다. 또 중국학자들의 갑골학 저작도 대거 번역 출판되었는데, 『고문자 첫걸음』(이학근 저, 하영삼 역), 『중국 갑골학사』(오호곤(등) 저, 양동숙 역), 『은대 정복 인물 통고殷代貞卜人物通考』(요종이 저, 손예철 역), 『갑골학 통론』(왕우신 저, 이석재 역) 등이 있다. 또 이 시기에는 적잖은 저서도 쏟아져 나왔는데, 하영삼의 『문화로 읽는 한자』(1992.5), 「갑골문에 반영된 인간중심주의」(1996.5) 등을 비롯해, 이형구의 「발해 연안의 갑골문과 한국의 갑골 문화」(1996.5), 양동숙의 「중국문자의 형성과 갑골문의 표음성」(1996.5)과 「갑골문의 '호好'자의 형음의 고찰」(1993), 정기래의 「중국 고대의 식인－사람이 사람을 먹는 행위에 대한 투시」(1994) 등을 비롯해 중국 갑골학의 대가인 호후선에 관한 전문 연구 등이 있다.

특이 양동숙 교수가 출판한 『갑골문 해독』(2009)은 갑골과 문자 고석에 대한 한국 학자의 새로운 수준을 반영했다. 이뿐 아니라 양동숙의 「한국의 갑골문 현황」(1996.5)은 한국의 갑골학 연구를 총 정리했다. 또 한국의 연구 현황을 중국학계에 소개한 학자도 있는데, 정기래의 「남조선의 중국 상고사 연구」가 중국의 핵심저널인 『중국사연구』(1989년 제3기)에 발표되었고, 정일의 「한국 '국제 갑골학 학술토론회' 술요」도 핵심저널인 『중국사 연구 동태』(1996년 제9기)에 발표되었는데, 이는 중국 학계가 한국 학자들의 연구 성과에 주목하고 중시하고 있음을 보여주었다. 한국 학자들은 갑골학 영역의 새로운 분과라 할 "서주 갑골학"에 대해서도 상당히 일찍부터 관심을 둬, 양동숙이 1989년 「서주 갑골문의 고찰」을 발표했고, 홍희가 1991년 『주원 갑골문 연구』를 완성했다. 이외에도 많은 학자가 갑골문자를 고석했다. 중국 전통문화의 매체이자 원류라 할 갑골문과 금문과 은상 문화의 연구에서 한국학자들은 전방위적으로 깊이 있는 방향으로 나아가고 있다. 이러한 부분에서 체계적이고 전면적으로 갑골학 연구의 성과(한국 학자들의 성과까지 포함)를 총결하고 전망한 『갑골학 일백 년』의 한국어 번역 출판은 깊이 있는 한국 갑골학 발전의 급박한 수요에 부응하고, 동시에 한국 학자들이 중국 전통문화의 매체이자 원류인 갑골학과 은상 문화를 연구하는 과정에서 획득한 성과의 표지이다. 우리는 『갑골학 일백 년』이 한국에서 출판되어, 한국 학자들의 연구에 가치 있는 참고자료가 되고 유익한 계기가 되기를, 그리고 한국의 갑골학 발전에 공헌하기를 충심으로 희망한다.

우리가 이렇게 말하는 것은, 한국어 『갑골학 일백 년』의 번역 출판은 한중 양국 학자들의 교류와 우호적 왕래가 이룬 성과이며, 이는 1992년 한중 양국의 수교 이후 양국 학자들 간의 우호적 교류가 더욱더 절실해졌기 때문에 가능했다. 정기래, 홍희, 이형구, 하영삼, 정일, 양동숙 교수 등과 같은 적잖은 한국 학자들이 갑골문의 출토지인 하남성 안양에서 거행된 갑골학 은상 문화 국제 학술대회 등에 여러 차례 참가하였고, 또 중국의 각 대학을 방문하거나 거기서 연구하기도 했다. 또 적잖은 중국 학자들이 한국의 국제 학술대회에 초청되었고, 대학에서 강연하거나 방문하기도 했다. 그리고 홍콩이나 대만을 비롯해 외국에서 개최된 각종 국제대회에 함께 참석하여 "이문회우以文會友"하였으며, 학술 교류 속에서 우의를 다지고 상호를 이해해왔다. 위대한 선배 학자인 동작빈董作賓도 1955년 5월 서울대학, 성균관대학, 연세대학, 고려대학 등을 방문한 적이 있으며, 서울대학에서 박사학위를 받았고, "은허 고고"와 "한자 원류 탐색" 등을 주제로 강연한 바 있다. 동작빈은 대만으로 돌아가 「서울대학 소장 대갑골大胛骨 각사 고석」(1957)을 발표하기도 했다. 필자의 절친한 친구이자 "노형"인 정기래 교수는 1987년 9월 안양에서 거행된 제1차 국제회의 때 알게 되었다. 필자의 학생인 홍희 교수는 1992년 한중 수교가 이루어지고 나서 얼마 되지 않아 북경으로 필자를 찾아왔고, 서주 갑골을 연구하기 위해 필자의 대학원생이 되고자 했으나 실현되지는 못했다(당시 필자는 박사 지도 교수가 아니었다). 하지만, 그 후로 20년간 줄곧 스승과 제자의 관계로 지내왔으며, 지금 그는 이미 한국의 저명한 번역가이자 중국 민족사의 전문가로 성장했다. 이학근, 구석규, 채철무 등과 같은 적잖은 중국 학자들도 한국으로 초빙되어 방문하고 한국 학자들과 교류했다. 필자가 처음 한국을 방문하게 된 것은 1996년 숙명여자대학 창학 90주년을 기념하여 열린 "국제 갑골학 학술대회"였으며, 거기서 양동숙, 하영삼, 이규갑, 이홍진, 손예철 등 한국의 대표 학자들을 알게 되었다. 이후 2001년 4~8월까지 대진대학에서 한 학기 동안 방문 교수로도 있었다. 그 후 중어중문학회의 초청으로 2002년 연세대학에서 거행된 국제학술대회에 참가한 것이 세 번째 방문이었다. 세 번의 방문을 통해 필자는 한국의 남부로부터 북부에 이르기까지, 목포대학, 부산대학, 인제대학, 선문대학, 효성여자대학(대구가톨릭대학), 대전대학, 경북대학, 서라벌대학, 숙명여자대학, 서울대학, 성균관대학, 한양대학, 연세대학, 단국대학, 동국대학, 대진대학, 한림대학 등을 방문했으며, 거기서 강연을 하거나 교류하면서 서로 절차탁마하기도 하였고, 많은 친구를 만나고 또 새로운 친구도 사귀었다.

몇 번의 한국 방문 기간에 친구들은 필자로 하여금 가능한 한 많은 곳을 방문하고 참관하도록 배려해 주었다. 필자는 2002년 막 완공한 부산의 월드컵 경기장을 보기도 했고, 서울 타워, 아름다운 여의도와 경기도 파주의 오두산鰲頭山 등지의 현대 건축물을 보기도 했다. 하지만, 서울의 경복궁, 국립민속박물관, 국립중앙박물관, 한국 신석기 시대의 석마반石磨盤과 석마봉石磨棒, 그리고 청동기 시대의 농기구인 인답뢰人踏耒와 청동편 등과 같이 한국의 문화 고적을 더 많이 보았으며, 이는 필자에게 깊은 인상을 남겨 주었다. 이외에도 필자는 철도박물관을 참관하기도 했고, 서울의 유리창琉璃廠이라 할 수 있는 인사동 골동 거리와 유명한 동대문 시장을 여러 차례 돌아다니기도 했다. 경기도의 깊은 연봉과 울창한 숲에 둘러싸인 봉선사奉先寺에서 필자는 이러한 사찰이 선학禪學을 홍양하고 교육의 발전에 이바지하고 있으며, 지금의 동국대학도 이 사찰과 깊은 인연이 있다는 사실을 알게 되었다. 또 임진왜란 때 파괴된 포천에 있는 회암사檜巖寺 유적지를 방문하여, 부서진 기와 조각과 무너진 담장의 폐허 속에서 외로이 남은 쌍사자 석등과 조선 왕조 태종 때의 유물인 무학대사비의 좌대와 비석 덮개도 볼 수 있었다. 한국의 유명한 문화 고도인 경주를 방문해서는 세계 문화유산인 천마총과 민속문화원을 보고서 고도로 발달한 신라 문명에 감탄을 금할 수가 없었다. 불국사의 장엄함과 엄숙함은 필자로 하여금 정신이 번쩍 들게 함은 물론 놀라움을 금치 못하도록 하였다. 이외에도 필자는 세계문화유산에 등재된 경상남도 가야산의 해인사로 가 "학사대學士臺"에서 최치원 선생을 참배했고, 해발 1천 미터가 넘는 높은 산을 올라 정상에서 9세기에 축조된 5미터 높이의 부도 마애 석각 조상造像의 풍채를 보기도 했다. 해인사에서 완벽하게 보존된 팔만 고려 대장경을 보고서는 돌아갈 생각조차 잊어버렸으며, 방충과 통풍과 방습 문제를 과학적으로 처리하여 문물을 보호한 선인들의 지혜에 탄복했다.

친구들은 또 필자로 하여금 한국의 사회와 문화와 접촉할 수 있도록 해주었다. 성균관의 엄숙함과 유학이 한국 사회에서 대단히 큰 영향을 끼치고 있었고, 젊은 사람들의 경로사상은 가정에서뿐 아니라 지하철이나 버스 등 공공장소에서도 실현되어 노인에게 자리를 양보하는 것이 이미 습관화되어 있었다. 광주에서는 마침 "모내기" 때를 만났는데, 전통 복장을 한 "농부"들이 논에서 노래를 부르고 춤을 추며 모내기를 하고 있었다. 불어오는 바람에 흩날리는 깃발에는 "농민이 천하의 근본이다"라고 쓰여 있었다. 한국 사회가 현대 공업화 사회에 진입하였어도 중농 사상의 역사적 전통을 잊지 않고 있음을 잘 보여주었다. 이외에도 한국에서 석가탄신일(국가 지정 공휴일)을 체험하기도 했는데, 사원에서는 석가모니의 탄신을 기념하기 위한 성대한 잔치가 열렸다. 대진대학의 한 교수가 석가모니의 일생을 설명해주었고, 북소리와 음악에 맞추어 일제히 부처상을 향해 절을 하고 경건한 마음으로 공덕함에 돈을 넣었다……. 그런 다음 모두 공짜로 제공되는 공양도 함께 들었다. 필자는 또 대표단 속에 "끼어들어"(필자의 친구가 불교 신도였다) 해인사에서 거행된 선종 대표회의에 참석하기도 했다. 거기서 "좌선"을 체험할 수 있었고, 이틀 동안 소식素食만 먹으며 지낼 수도 있었다. 그리고 해인사의 "약수암藥水菴"에서는 주지 스님이 제공한 "작설차"도 맛보았다. 해인사를 찾은 동국대학(불교대학)을 졸업한 한 여성은 자신이 대만을 방문한 적이 있으며, 이후 돈을 모아 중국의 명산과 고찰을 찾아 여행할 꿈을 안고 살고 있다고 했다……. 몇 번에 걸친 한국 방문을 통해 한국 학자들의 중국학 연구와 추구에 상당히 이해하게 되었고, 한국의 유구한 역사문화와 전통과 민속에 대해서도 제법 깊이 인식하게 되었다. 이 때문에 필자는 대진대학에 있는 동안 강의의 나머지 시간을 이용해 보고 듣고 느끼고 한 것을 연속해 10여 편의 수필로 남겼다. 중국에 돌아오고 나서는 『중국사회과학원보中國社會科學院報』에 4~5편을 연재해 적잖은 사람들의 공감을 일으키기도 했다.

이처럼 한중 학자들의 학술 교류와 우호적 교류가 강화되면서, 우리는 갑골학 연구에서 얻은 성과는 물론 의문점과 난제를 비롯해 더 깊고 확장이 필요한 과제에 대해 인식을 같이하게 되었다. 1999년 안양에서 거행된 갑골문 발견 1백 주년 국제학술대회 석상에서 갑골학 발견 1백 주년을 기념하기 위해 『갑골학 일백 년』을 처음으로 내놓게 되었으며, 국내외 전문가들의 주목과 호평을 받은 바 있다. 대단히 영광스럽게도 것은 한국의 한국연구재단(KRF)에 의해 이 책이 번역과제 대상 문헌으로 선정되었다. 작금의 연구 수준을 대표하는 이 『갑골학 일백 년』은 2001년 9월 제8회 "5개년 제1차 프로젝트"의 일등상을, 같은 해 12월에는 제5회 중국 국가 "전국 도서상"의 후보상을, 2002년 10월에는 중국사회과학원의 "제4회 우수 저작상"을 수상했다. 해마다 수도 없이 쏟아지는 중국의 그 많은 도서 중에서 한국연구재단에서 우리의 이 책을 번역 대상으로 선정하였다는 것은 분명히 혜안을 가졌다고 해야 할 것이며, 세계 학술 발전의 현황을 파악하고 교육문화 발전을 이끄는 높은 수준을 반영한 결과라 하겠다. 우리는 한국 정부가 한국의 학계가 더욱 높은 수준의 중국 전통문화 연구에 박차를 가할 수 있도록 내린 중대한 정책적 결정에 충심 어린 흠모와 감사를 드린다. 또 학술 교류과정에서 공동으로 수준을 높이고, 우호적인 교류 속에서 우의와 이해를 증진시킨 한국의 동료께도 감사드린다. 이는 그들이 우리를 신뢰하고 지지하고, 긍정하고 적극적으로 추천했기에 한국 정부가 이러한 한중 학술 교류사에서의 새로운 중요한 일을 완성할 수 있었기 때문이다. 우리 함께 노력하여 "갑골학"이라는 이 국제성을 띤 학문이 다시 한 번 찬란한 역사를 이루도록 해야 할 것이다.

『갑골학 일백 년』의 한국어 번역판이 곧 출간될 이 시점에서, 우리는 또 하영삼 교수에게 진정 어린 위로와 진심 어린 감사를 드려야 할 것이다. 중국에 "10년을 갈아야 검 한 자루가 완성된다"는 말이 있다. 하영삼 교수는 과중한 학교 업무와 연구를 수행하는 동시에 묵묵히 혼자서 『갑골학 일백 년』의 한 글자 한 글자, 한 문장 한 문장을 한국어로 번역해 냈다. 원문으로 123만 자에 달하는 『갑골학 일백 년』은 중국에서도 대단한 분량의 대작이라 일컬어지고 있다. 이를 한국어로 옮긴 결과 2천 쪽 5권이라는 방대한 분량으로 변신했다. 한 사람의 일생이 몇 십 년이나 되던가? 하영삼 교수는 자신의 10년 청춘, 자신의 피와 땀, 고생스런 작업과 학술 발전을 위한 봉사정신을 『갑골학 일백 년』이라는 이 한국어 번역판의 한 줄 한 줄 행간에 녹여 넣었다. 갑골학은 중국에서도 일반인들이 느끼기에는 깊고 어려운 수준의 학문이라고 말해진다. 이 거대한 분량의 『갑골학 일백 년』은 전문성이 강한 학술서이다. 난삽하고 어려운 전문 용어, 많은 벽자僻字와 현대 한자로 옮기기 어려운 갑골문자, 정확하게 해독되지 않은 어려운 글자들이 많아, 문자학에 종사하는 사람이라 할지라도 일반 학자들이 읽고 이해하기에는 일정한 어려움이 존재한다. 하물며 중국과 다른 언어와 문자를 사용하는 한국 학자에게는 어떻겠는가? 하영삼 교수는 10년의 세월을 견디며 이 거대한 분량의 번역 작업을 완성했다. 이는 하 교수의 수준 높은 중국학 수준을 반영한 성과일 뿐 아니라 갑골학에 다져 놓았던 도타운 기초와 높은 연구 수준이 반영된 결정체라 할 것이다. 『갑골학 일백 년』의 번역을 완성했다는 것은 한국의 한 갑골학자가 이미 전 세계 갑골학 발전의 최전선에 서 있음을 나타내 주는 표지라 하겠다.

하영삼 교수가 오늘날의 이러한 뛰어난 학술적 성취를 이룰 수 있었던 것은 결코 우연이 아니다. 1996년 숙명여자대학에서 거행된 국제 갑골학 학술대회에서 그의 뛰어나고 정교한 논문은 송곳 끝이 주머니를 뚫고 나오듯 재능을 드러냈다. 그리고 학술대회에서 필자의 논문 발표 통역도 그가 담당했다. 그 이후로 인제대학과 부산대학 등에서의 몇 차례 학술 강연에서도 통역을 맡아주었고, 한국에서의 영접과 대접도 그가 직접 담당했다. 그는 또 중국에서 이루어진 국제학술대회에도 여러 차례

초청되어 참석하였으며, 그의 정교한 논문은 세계 각국 학자들의 주목을 받았다. 하영삼 교수는 한중 학자의 학술 교류에서도 큰 공헌을 했다. 2008년 7월 그는 정주대학과 경성대학이 연합으로 주최한 국제학술대회에 필자와 송진호 교수를 초청하였으며, 한국에서 온 30여 명의 학자를 만날 기회를 제공했다. 또 "한국한자연구소"를 운영하면서 중국은 물론 세계의 저명 학자들을 초청하여 한자의 세계화에 노력하고 있다. 기회는 언제나 준비된 자에게만 주어지는 법이다. 하 교수는 다년간에 걸쳐 쌓은 자신의 갑골학 연구에 대한 축적과 깊은 학술적 소양, 그리고 중국어문학에 대한 높은 수준과 능숙한 중국어 구사력, 여기에다 한순간도 나태하지 않고 끈기 있게 끝까지 해내는 발분과 고집으로 이 5권에 달하는 방대한 분량의 『갑골학 일백 년』이 한국에서 출판될 수 있게 하였고, 한중 문화교류가 깊이 있게 발전하는데 커다란 공헌을 할 수 있었다. 우리는 다시 한 번 하 교수에게 열렬한 축하와 깊은 감사를 드린다.

필자가 이 한국어판 「서문」을 쓰는 동안, 이런저런 생각이 끊임없이 떠올라 적잖은 한국의 옛 친구와 새로운 친구들의 얼굴이 내 눈앞에 아른거린다. 한국에서 가 보았던 대학, 답사했던 고대 유적지들, 명승고적과 아름다운 산천들…… 이 모든 것들이 어제 일처럼 아른거린다. 더 많은 친구가 중국을 방문해 주기를, 마음 편하게 지내기를, 마음껏 먹고 마시기를…… 필자는 학수고대한다. 또 한국에 가서 옛날 친구들과 새로운 친구들을 다시 만날 수 있기를 기대해 본다. 또 『갑골학 일백 년』의 한국어 번역판이 처음 발간되고서 이에 대한 독자들의 반응과 의견을 귀기울여 들을 수 있기를, 또 함께 갑골학의 미래와 발전과 우리 한 사람 한 사람 모두가 할 수 있는 공헌에 대해서도 함께 토론하고 싶다. 이 기회를 빌려 다시 옛날 그곳으로 돌아가 최근 7~8년간 변화한 한국 사회와 문화의 발전을 체험해 보고 싶다는 심경을 밝혀 본다.

마지막으로 옛 친구들(이 책의 새로운 독자를 포함하여)의 학술활동에 풍성한 수확이 있기를 빈다.

아울러 더욱 강화되고 발전한 한중 학술 교류를 축하한다.

2010년 3월 10일

북경 방장方莊 방고원芳古園에서

"입렴청소려入簾青小廬" 주인 왕우신王宇信 씀

갑골학 일백 년 전체 차례

제8장 갑골학 연구의 새로운 발전

서주 갑골학의 형성

1. 서주 갑골문에 대한 추측과 인식에서 지속적인 발견까지

1) 옛날부터 서주 갑골문이 있었다는 추측

1899년의 은허 갑골문 발견 이후, 특히 1928～1937년 중앙연구원 역사어언연구소에서 주관한 하남성 안양 소둔촌의 은허유적지에 대한 10년간에 걸친 15차례의 대규모 과학적 발굴을 통해 중요한 유적과 유물이 대량 발견됨으로써 중국의 역사시기 고고학은 맹아기 · 형성기 · 발전기의 단계가 완성되었다.[1] "이 기간 동안 대량의 갑골문이 과학적으로 발굴되었으며", 동시에 안양현 소둔촌 은허의 땅속으로부터 "갑골문자의 시기구분 방법"도 발굴되었다.[2] 그리하여 갑골학 연구도 문자를 해

1) 『中國近代史學學術史』 第6章, 第7章 第2節, 中國社會科學出版社, 1996年 참조.

독하고 문장을 읽어 내던 "초창기"가 완성되었고 "갑골학 상대사 연구에 완전히 새로운 시기도 개척되었다."[3]

갑골학 연구의 번영과 갑골문이 중국 학술사에서 가지는 중요한 가치는 학자로 하여금 "은殷의 예제를 계승한" 서주西周 왕조에도 갑골문이 존재했을 것이라는 생각을 하지 않을 수 없게 만들었다는 데 있다. 주나라와 서주 왕조의 각 시기마다 사용한 거북점에 관한 다양한 고대문헌 기록이 전면적으로 정리되기도 하였다. 서주 건립 이전 및 이후의 주나라의 점복에 관한 기록도 열거되었는데, 그 내용은 주로 "기岐 땅에 기거할 것에 대한 고공古公의 점복", "사냥 나갈 것에 대한 문왕文王의 점복", "주紂왕을 정벌할 것에 대한 문왕文王의 점복", "주紂왕을 정벌할 것에 대한 무왕武王의 점복", "호경鎬京에 기거할 것에 대한 무왕武王의 점복", "무왕武王의 주紂왕 정벌에 대한 점괘가 길吉함에 대한 선언", "무왕武王의 치유에 대한 주공周公의 점복", "만수무강을 구하기 위한 점복", "갖가지 복을 구하기 위한 점복", "동쪽 수도 건설을 위한 소공召公의 점복", "반란군 정벌을 위한 주공周公의 점복", "'기물목복其勿穆卜'이라 말한 무왕武王의 선언", "가뭄에 대한 공백화共伯和의 점복", "악률출握粟出의 점복", "유왕幽王의 독귀瀆龜" 등이다. "이상의 15가지 점복례에 근거해 서주 시기 거북점 문화의 발전에 관한 일부 정황을 이해할 수 있게 되었다."[4]

그간 명문을 가진 서주 때의 청동기가 역대로 계속 출토되긴 했지만, 서주 때의 갑골문은 출토되지 않았다. 1899년 은허 갑골문이 발견되고 그 연구가 심화됨에 따라 학술계에는 갑골문 하면 은허 갑골문이라는 관념이 점차 형성되었다. 특히 1928년 안양의 은허가 과학적으로 발굴된 이후 갑골학 연구는 장족의 발전을 이루었다. 학자들은 은허 갑골문을

2) 董作賓, 「爲書道全集詳論卜辭時期之區分」, 『中國現代學術經典』 「董作賓卷」, 河北教育出版社, 1996, 526면.
3) 王宇信, 『甲骨學通論』, 中國社會科學出版社, 1989, 182면.
4) 劉玉建, 『中國古代龜卜文化』, 廣西師範大學出版社, 1993.9, 227~248면.

연구하는 과정에서 주나라 갑골의 탐색에 커다란 시사를 받게 되었다. 문헌에서는 "세 왕조의 거북점이 각기 달랐고, 사방 이민족의 점복이 달랐다三王不同龜, 四夷各異卜"[5]고 했다. "세 왕조"의 하나인 상 왕조가 멸망한 이후, "나라가 망하자 복골을 땅에 묻어버렸던", 문헌에서도 실전된 갑골문이 3천여 년 후 지하에서 발굴되어 나왔다. 그렇다면 마찬가지로 점복을 미신했던 서주 왕조에도 글자를 가진 갑골문이 분명 존재했을 것이다. 이 때문에 학자들은 "은허에서 갑골 복사가 발견된 이후, '제나라 사람이 작은 거북 여섯 마리를 잡았다齊人獲六小龜'고 기록된 산동성의 성자애城子崖 유적지에서 갑골에 가까운 도기편이 발견되자 갑골과 갑골문자에 근접하는 유물의 발견은 더욱 확대될 것이라고 믿게 되었다." 『시경』「대아」「문왕지습文王之什」「면緜」의 "이에 계획을 시작하시어, 거북으로 점을 쳐 보셨네爰始爰謀, 爰契我龜"라는 말을 실마리로 삼아, 먼저 역사상의 주周 민족에게로 먼저 시야를 돌렸다. "대략 은殷 민족이 멸망하기 전 쯤, 그들은 이미 주周나라 사람들과 잦은 왕래가 있었다. 서로 교통하면서 주 민족은 은나라 사람들의 점복 방법을 배웠고, 그리하여 주원周原 일대에서도 거북 점이 사용되었다. 주 민족은 결코 자신들의 고유한 문자를 기초로 한 것은 아니며, 주 민족들의 복사 '새기기'와 거북 사용 방법은 순전히 은 민족으로부터 배워 온 것이었다."[6]

이외에도 갑골문 발견 초기에는 『주례』의 대복大卜과 귀인龜人 등의 직책에 근거해 은허 갑골의 점복법과 용도 및 문자 등을 연구했다. 선배학자인 오창수吳昌綬는 1903년 『철운장귀鐵雲藏龜』「서」에서, 점복 후 "화폐를 매달아繫幣" 그의 명命을 견주었다는 것에 대해 정현鄭玄과 두자춘杜子春 등의 해석에 차이가 보이지만 "모두 거북에 새겨서 글로 만들었다고는 하지 않았다"는 데 대해서는 일치된 견해를 보였다고 했다. 설사 갑골문이 문헌 속에서 실리지는 않았지만 실마리가 없는 것은 아니었다.

---

5) 『史記』「龜策列傳」.

6) 何天行, 「陝西曾發見甲骨之推測」, 『學術』 第1輯, 上海, 1940.2.

오창수는 이렇게 말했다. "『수경水經』의 여도전 주석에 의하면, 고육현高陸縣의 사람이 우물을 파다가 거북을 얻었는데, 크기가 2자 6치였고, 등딱지에 팔괘八卦처럼 생긴 고대 글자가 있었다. 이는 거북딱지의 결에 의해 자연스레 만들어진 무늬로 보이며, 『이필爾疋』(즉 『이아』)에 보이는 무늬 거북文龜과 위서緯書에 보이는 붉은 무늬에 녹색 글자赤文綠字 등과 같은 것일 것이다." 이는 갑골문이 세상에 존재했다는 이른 시기의 언급으로 보아야 할 것이다. 하지만 이는 갑골문이 옛날부터 있었다는 것을 기술했을 뿐, 한걸음 더 나아가 서주 때의 갑골문과 더 이상 연계시키지는 못했다.

갑골학 연구가 심화되고 "시대구분 연구법"이 제시됨에 따라, 학자들은 사고를 확대시켜나갔으며, 옛날 오창수吳昌綬가 인용한 『수경주水經注』에 대해서도 새롭게 인식하게 되었다. 『수경주』의 위수渭水 조항에는 이렇게 기술되어 있다. 백거白渠에서 다시 동쪽으로 가면 지거枝渠가 나오는데, 부견苻堅의 건원建元 20년, 거빈車頻의 『진서秦書』에서 이렇게 말하고 있다.

> 고육현高陸縣 사람이 우물을 파다가 거북을 얻었다. 크기가 2자 6치였고, 등에 무늬가 있었는데 팔괘처럼 생긴 고대문자가 있었다. 부견堅이 돌로 연못을 만들고 이를 키웠는데 16년을 살다가 죽었다. 그 뼈를 얻어 길흉을 물었으며, 이름을 객귀客龜라 했다. 태복大卜 좌고로佐高魯가 꿈에서 객귀客龜를 보았는데 이렇게 말했다. "나는 장차 강남으로 돌아갈 예정이었으나, 그러지 못한 채 진秦나라에서 죽고 말았소." 좌고로가 꿈속에서 스스로 해몽하여 "거북이 3만6천 년 만에 종말을 고했으니, 분명 망국의 징조이리라. 사현謝玄에게 회수淮水의 비수肥水에서 대패했고 스스로 신성新城의 절浮圖에서 목을 매 죽었으니, 진秦의 복은 이로부터 끊어지고 말 것이다"고 했다. 高陸縣民, 穿井得龜, 大尺二寸, 背文負八卦古字. 堅以石爲池, 養之十六年而死. 取其骨以問吉凶, 名爲客龜大卜. 佐高夢[魯]客龜言 : "我將歸江南, 不遇, 死于秦. 曾于夢中自解曰 : "魯三萬六千歲而終, 終必亡國之徵也.

爲謝玄破于淮肥, 自縊新城浮圖中秦祚因即淪矣."[7]

이에 담긴 신화적 색채만 제거해 버리면, "이 이야기에 근거해 섬서에서 갑골을 발견했을 것이라는 사실을 추측할 수 있다"고 했다. 그 근거는 먼저, 문헌의 기록으로, "주 민족은 섬서의 중부 지역에서 흥기했기" 때문이다. 다음은, "은허복사 중에서 제1기 작품은 대략 무정武丁 이전, 즉 은나라의 반경盤庚·소신小辛·소을小乙 때이며, 주周나라 태왕太王이 빈豳으로부터 기岐로 옮겨와 거주한 것은 무정武丁 몇 세대 이전이 해당하기 때문이다. 갑골문에는 또 '주에게 명령을 내려令周'와 '주 제후에게 명령을 내려令周侯'라는 기록이 보이는데, '주에게 명령을 내려令周'나 '주 제후周侯'는 태왕太王 - 고공단보古公亶父 - 계력季歷·서백西伯·창昌 세 사람을 벗어나지 않는다." 주 민족의 경우, "황하 유역과 위수渭水 유역 연안 일대에서는 이미 주 민족과 왕래하고 접촉했으며, 이 때문에 갑골문에 주나라 사람들의 기사가 있게 되었다." 셋째, "무왕武王이 호鎬에 정착한 이후, 은殷의 문화를 받아들였을 뿐 아니라 이때 주나라 사람들도 점복을 하기 시작했기" 때문이다.

이러한 여러 이유를 종합해 볼 때, 일부 학자들은 『수경주』에 기록된 고릉현高陵縣(섬서 서안부西安府의 경계에 위치)에서 발견된 "등딱지에 무늬가 있고 팔괘처럼 생긴 고대문자를 가진" 거북과 『시경』「대아大雅」의 "점을 쳐 살핀 것은 오직 왕뿐이라네. 기거할 곳이 호경이라는 것도, 오직 거북만이 바로잡아 주네 考卜維王, 宅是鎬京, 維龜正之"라고 한 노래는 서로 증거를 이루며, 섬서의 서안부 부근에서 일찍이 갑골복사가 발견되었을 가능성이 있으며(이러한 복사는 대부분 아마도 주 민족의 것일 것이다), "이는 아마 전

7) 王國維, 『水經注校』, 上海人民出版社, 1984.5, 627면. (역주) 원문에서는 1자 2치라고 했지만, 楊守敬·熊會貞의 『水經注疏』(강소고적출판사, 1989)에서는 거북의 크기를 2자 6치라 했고, 『十六國春秋』에서는 3자 6치, 『太平御覽』(931권)에서 인용한 『晉書』에서는 3자라고 했기에, 『水經注疏』에 의해 고쳤다. 또 일부 끊어 읽기와 미세한 자구의 차이 등은 모두 『水經注疏』의 권29, 1,645~1,646면에 근거해 해석했다.

적으로 추측만은 아님을 알 수 있다"[8]고 하기도 했다.

문헌에서는 주나라 사람들이 점복에 빠졌다는 말을 자주 했지만, 안양 은허의 과학적 발굴이 잠시 마무리된 1937년까지 안양의 은허 이외의 다른 지역에서는 어떠한 갑골도 출토되지 않았다. 산서성 이석현離石縣 군도軍渡 부근에서 갑골문이 발견되었다는 것에 대해서는 관련 발표 자료가 없기 때문에(지금까지도 이에 관한 어떠한 자료의 실마리도 찾을 수가 없다), 이는 잘못된 소식일 것이다. 은허 갑골문의 연구에 정력을 쏟고 있을 때, 일부 학자에 의해 섬서에서 서주 갑골문이 발견되었다는 문제가 제기된 것은 대단히 의미 있는 일이다. 이것은 갑골학연구가 심화되었다는 것을 반영할 뿐 아니라 갑골학연구에 대한 학자들의 시야가 더욱 넓어졌다는 표지이기도 했다. 신 중국의 고고학의 발전과 갑골학연구가 시간·공간적으로 확대됨에 따라 각지에서 서주 갑골문이 끊임없이 출토되고 서주 갑골 분과가 성립된 것은 학자들의 초기 예언을 완전히 증명해 주었다.

2) 서주 갑골문의 인식

1940년 「섬서에서 발견된 갑골에 대한 추측陝西曾發見甲骨之推測」이 발표되기 몇 년 전, 산서성에서 갑골이 출토되었다는 소문이 돌았다. 하천행何天行이 이 글에 덧붙인 "부기附記"에서 이렇게 말했다.

> 이 글을 완성한 후, 위취현衛聚賢 선생의 말을 듣게 되었다. 수 년 전 마형馬衡 선생께서 알려준 바에 의하면, 선생께서 일찍이 하남에서 낙양洛陽 경비사령관인 조수우趙守愚를 만났다고 한다. 산서 사람인 조수우가 일찍이 산서성에서 도

8) 何天行, 「陝西曾發見甲骨之推測」, 『學術』 第1輯, 上海, 1940.2.

로 공사를 감독을 할 때였는데, 산서성 이석현離石縣의 군도軍渡 부근 — 이곳은 섬서성과 접경 지역이다 — 에서 갑골문이 많이 발견되었고, 이를 마형 선생께 갖다 드렸다고 한다. 마형 선생의 말씀에 의하면, 이것들은 안양에서 출토된 것들과 차이가 없었다 했다.

비록 이석離石에서 출토된 갑골이 "안양에서 출토된 것과 차이가 없었지만", 이 글의 "부기附記"에서 이석離石이 "섬서성과 접경 지역"임을 강조 하고 있고, 이 글의 마지막 부분에서 이러한 소문을 "잠시 기록해 두어, 이 글의 방증으로 삼고자 한다"[9]고 한 것으로 보아, 저자는 산서성 이석에서 갑골이 출토되었다는 소문을 주나라 사람들의 갑골이 현존한다는 증거로 삼으려 했었음을 알 수 있다.

위취현衛聚賢과 마형馬衡은 모두 중국 고고학계의 선배 학자들이다. 특히 마형 선생은 중국의 저명한 금석학자로, 금석학 연구에 평생을 바쳐, "청대 건가乾嘉 학파의 박학樸學 전통을 계승한데다 예리한 시각과 과학적인 방법을 사용함으로써 중국 금석의 박고지학博古之學을 현대화시켰다."[10] 이밖에도 "마형은 출토자료가 지속적으로 증가함에 따라 전통적인 금석학 범위를 갑골甲骨·죽목竹木·전와磚瓦·도기와 옥기陶玉로까지 확대함으로써, 금석학을 고고학으로 추동하는 과도기적 시기에 공헌했다."[11] 마형이 소장했던 갑골은 현재 일부분이 북경대학 고고학과에, 나머지 일부는 고궁故宮박물원에 귀속되어 있다. 마형이 소장했던 갑골 및 수집품의 탁본은 총 4책 927편인데, 현재 북경의 고궁박물원에 귀속되어 있다.[12] 하지만 마형의 소장품과 탁본 중에는 산서성 이석에서 출토되었다는 갑골의 어떠한 흔적도 찾을 수가 없다. 그래서 산서성 이석에서

9) 何天行, 「陝西曾發見甲骨之推測」, 『學術』 第1輯, 上海, 1940.2.

10) 郭沫若, 「序」, 『凡將齋金石叢稿』, 中華書局, 1977.

11) 張豈之(主編), 『中國近代史學學術史』, 中國社會科學出版社, 1996, 470면.

12) 胡厚宣, 「大陸現藏之甲骨文字」, 『中央研究院歷史語言研究所集刊』 67本 第4分, 1996.12.

서주 갑골이 출토되었다는 말은 순전히 소문에 지나지 않는다.

1950년 봄, 소둔 서쪽의 사반마四盤磨 마을의 SP11이라는 작은 탐색갱探坑에서 복갑 1편이 발견되었다. 위에 세 줄의 숫자로 이루어진 각사가 있었는데, 이는 은허에서 출토된 일반적인 복사의 형식과 문례文例와는 차이를 보였다. 발굴을 주관했던 고고학자의 지적에 의하면, "갱 속에 복골이 한 점 있었는데 가로로 작은 글자가 세 줄 새겨졌고, 문구가 복사의 일반적인 예와 맞지 않았다"[13]. 이것은 이미 통상적인 은허 갑골문 이외에도 다른 성질의 갑골각사가 존재하느냐는 문제에 주의를 기울였다는 말이다. 1951년, 섬서성 방현邡縣에서 복골이 출토되었다. 이 복골은 동물의 어깻죽지 뼈胛骨의 위쪽 부분이었는데, 구각臼角을 제거하지 않은 상태였고, 뼈의 뒷면에는 대단히 얇게 손질을 했으며, 찬鑽을 파고 지진灼 곳이 13곳이었다. 찬鑽을 판 곳은 크고 얕았지만, 지진 흔적은 비교적 적었다. 뼈의 정면에 조兆의 흔적이 나 있었다.[14]

1952년, 고고학자들이 하남성 낙양洛陽 동쪽 근교의 유적지를 발굴했는데, 태산묘泰山廟 폐지廢址의 동측 교혈窖穴H2에서 발견된 유물 속에서 네모꼴 조方鑿를 판 거북딱지가 발견되었다.[15] 이 거북딱지는 배딱지의 위쪽 부분으로, 뒷면에 밀집된 찬조鑽鑿의 "특색은 네모꼴의 조鑿와 장방형의 찬鑿이 이어져 움푹한 모양의 정방형을 이루고, 조鑿가 찬鑽보다 깊은 모습이었다. 찬조鑽鑿와 찬조鑽鑿 사이에는 거의 같은 넓이의 좁고 긴 것으로 경계가 지어져, 네모꼴의 모습이 각각의 찬조鑽鑿 바깥에 둘러싸인 모습이었다. 꼭대기 부근에는 관통되지 않은 둥근 구멍을 하나 뚫어 놓았다." "이러한 형태는 분명 대단히 진보한 것으로, 그 시대는 좀 떨어진다."[16] 이는 대단히 중요한 발견이다.

---

13) 郭寶鈞, 「1950年春殷墟發掘報告」, 『中國考古學報』 第5冊, 1951.

14) 陳夢家, 『殷虛卜辭綜述』, 25~26면 및 圖版 8의 오른쪽 그림, 科學出版社, 1956.

15) 郭寶鈞·林壽晉, 「1952年秋季洛陽東郊發掘報告」, 『考古學報』 第9冊, 1955.

16) 陳夢家, 『殷虛卜辭綜述』, 科學出版社, 1956, 23면.

학자들은 섬서성 방현과 하남성 낙양에서 출토된 갑골이 은허 갑골과 차이가 있음에 주목하였고, 방현에서 출토된 복골이 "북은北殷의 유물"[17] 이라고 단정한 바 있다. "역사의 기록에 의하면, 주나라 무왕武王은 은나라를 멸망시킨 후 주공周公 성왕成王이 은의 유민들을 성주成周에 이주시키고, 9리里로 분할하여 거주하게 하였다. 이 때문에 오늘날 낙양 부근의 성주成周 근교는 서주 초기 때에는 당연히 은나라 사람들의 유적지였을 것이다. 은의 유적지라면 은나라 때의 유물이 있을 것이고, 서주 초 때의 유물도 있을 것이다."[18] 설사 섬서성 방현과 하남성 낙양이 서주초기에 모두 주 왕조의 판도 속에 있었다 하더라도 낙양에서 출토된 점복에 사용한 거북이 주나라 초기의 유물이라면 자연히 서주의 갑골이 된다. 하지만 단지 은허 갑골만 존재한다는 전통적인 영향 때문에 이를 은상갑골의 한 계통으로 보았던 것이다.

1954년, 산서성 홍조현洪趙縣 방퇴촌坊堆村의 주나라 유적지에서도 글자가 새겨진 복골이 출토되었다. 이 중요한 발견이 이루어지고서야 비로소 안목을 은허 갑골 이외의 것에다 돌리게 되었다. 홍조에서 출토된 갑골 중 한 조각은 "뼈 뒷면의 골구骨臼 부분이 약 삼분의 일정도 잘려 나갔고, 구臼 부근에 16개의 찬鑽이 불규칙적인 3~4줄로 배열되었으며, 중하부의 왼쪽 부분에 또 5개의 찬鑽이 세로로 일렬로 파져 있었다." "움푹한 바닥의 정중앙이나 약간 치우친 쪽에 세로로 된 무늬가 하나 새겨져 있었다." "무늬가 새겨진 부근에 불로 지진 흔적이 있었으나 분명하지 않았으며, 복골의 정면 찬鑽의 바닥 쯤 되는 곳에 작게 만들어진 수많은 조兆가 있었고, 8자의 글자가 있었다."[19] 나머지 글자가 새겨진 복골과 함께 "이 유적지에서 서주 때의 청동기가 많이 출토되었다."[20] 이 갑골은

17) 陳夢家, 「解放後甲骨的新資料和整理研究」, 『文物參考資料』, 1954年 第3期.
18) 陳夢家, 「解放後甲骨的新資料和整理研究」, 『文物參考資料』, 1954年 第5期.
19) 暢文齋・顧鐵符, 「山西洪趙縣坊堆村出土的卜骨」, 『文物參考資料』, 1956年 第7期.
20) 陳夢家, 「解放後甲骨的新資料和整理研究」, 『文物參考資料』, 1954年 第3期, 28면.

당시 하남 안양 은허 이외에서 출토된 것 중 글자가 비교적 명확한 복골이었고, 게다가 갑골의 다듬기와 문자의 사례辭例 등이 모두 은허 갑골과 차이를 보였기 때문에, 학자들의 주목을 끌었다. 어떤 학자는 "복골의 찬鑽의 바닥과 조鑿의 흔적이 안양에서 출토된 은대의 복골과 다르며", 뼈 위에 새겨진 고대문자의 글자체도 "안양에서 출토된 은대 갑골각사의 글자체와 다르다"고 했다. 또한 이와 동반 출토된 신월형新月形의 골식骨飾은 "주나라 후기의 충아 형식沖牙形式을 모방해 만든 것으로, 은대에 성행했던 모델과는 차이가 난다"는 사실에 근거해 홍조에서 출토된 글자가 새겨진 복골은 "아마도 춘추시대나 비교적 늦은 시기의 복골일 것이며, 홍조가 춘추 시대 때에는 조간자趙簡子의 채읍지였으므로, 응당 진晉 혹은 조趙나라의 유물일 것이다"고 했다.[21] 하지만 이학근은 홍조현 방퇴촌 유적지에서 갑골과 동반 출토된 청동기와 도기 등의 유물에 근거해 이들이 서주초기 때의 유물이 분명하다는 사실을 밝혔다.[22]

산서성에서 글자가 새겨진 갑골이 발견되고 이것이 갑골학에 의해 서주초기의 유물로 확정된 것은 매우 의미 있는 일이었다. 앞서 말했던 것처럼, 어떤 학자는 1940년에 이미 섬서 지역에서 주나라 때의 갑골이 발견되었으며 산서에서 주나라 때의 갑골이 발견되었다는 소문을 방증으로 삼기도 했으나, 줄곧 진정한 서주 갑골이 세상에 모습을 드러내지 않았기에 학술계의 커다란 의문점으로 남았었다. 하지만 이번의 경우 이학근에 의해 홍조에서 출토된 글자를 가진 복골이 서주초기의 유물임이 확정됨으로써, 고대 문헌의 기록처럼 주나라 사람들이 점복에 빠졌고 서주 갑골문의 존재를 믿었던 학자들의 믿음이 사실로 확인되었을 뿐 아니라 학자들로 하여금 생각의 길을 넓혀 갑골학의 새로운 분과인 서주 갑골의 연구에 선하를 열어 주었다.

이후 얼마 지나지 않아, 1956년 또다시 서주 왕조의 중심 지역인 풍호

---

21) 陳夢家, 「解放後甲骨的新資料和整理研究」, 『文物參考資料』, 1954年 第3期, 28면.

22) 李學勤, 「談安陽小屯以外出土的有字甲骨」, 『文物參考資料』, 1956年 第11期.

豐鎬 유적지의 장가파張家坡에서 글자를 가진 갑골이 발견되었다. 이 갑골은 탐방探方(T1) 제5문화층 속에서 발견되었고, 소 어깻죽지 뼈로 "현존하는 것은 어깻죽지 뼈肩胛骨의 자루 부분柄部이며", 뼈의 길이가 13센티미터, 넓이가 6.5센티미터 정도였다. 복골의 "뒷면에는 한쪽 편으로 원형으로 된 찬鑽 구멍이 3개 뚫어져 있었는데, 그중 하나는 이미 손상되었다." 찬鑽의 직경은 약 1.5센티미터, 깊이는 0.9센티미터였다. "구멍의 벽은 수직이고 바닥은 편평했다. 다른 한쪽 편에는 조鑿가 하나 있었는데, 뼈의 길이 방향으로 나있었고 극히 미세하여", 길이가 0.1센티미터 쯤 되었다. 불로 지진 후의 "지진 흔적은 분명하지 않았으며, 정면에 모두 갈라진 흔적卜兆이 있었다. 복조 부근에는 무늬를 새긴 극히 미세한 글자가 있었다. 한 줄은 뼈의 길이와 같은 방향이었고, 다른 한 줄은 뼈의 넓이와 같은 방향이었다."[23] 글자는 숫자로 이루어졌으며, 이로써 조兆의 위치를 나타내는 부호로 사용했다. 『시경』「대아」「문왕유성文王有聲」에서 "문왕께서 하늘의 명을 받아, 이러한 무공을 이루셨네. 숭 땅을 이미 정벌하였고, 풍 땅에다 이미 성을 건설하였네文王受命, 有此武功, 旣伐于崇, 作邑于豐", "왕께서 점을 치시고, 이 호경으로 옮기는 것이 길하다고, 거북이 바로 알려주어, 무왕께서 이 일을 이루셨다네考卜維王, 宅是鎬京, 維龜正之, 武王成之"라고 노래했다. 문왕文王이 풍豐에 도읍을 정하고, 무왕武王이 풍하灃河의 동쪽 강가로 천도를 하였는데, 이를 역사에서는 호鎬에 도읍을 하였다고 부른다. 풍호豐鎬 유적지는 서주 왕조의 도성 유적지로, 여기서 발견된 글자를 가진 복골은 서주 왕조의 유물임에 틀림없다.

하지만 숫자로 구성된 이러한 "특수문자"를 해독할 수가 없었다. 그래서 학자들은 이를 주목하면서 여러 측면에서 탐색을 했다. 저명한 고문자학자인 당란唐蘭은 이렇게 말했다. "① 모두 문자이며, 게다가 특수한 형식을 갖춘 문자이다. ② 주대에 이러한 문자는 이미 씨족명칭에만 제

23) 陝西省文物管理委員會, 「長安張家坡西周遺址的重要發現」, 『文物參考資料』, 1956年 第3期.

한되어 사용되었다. 씨족의 휘호徽號는 오래된 형식을 가장 잘 보존할 수 있는 것이기에 이러한 문자가 당시에는 이미 사용되지 않았다 하더라도 어떤 명각銘刻 등에서는 보존될 수 있다. ③ 풍호 유적지에서 이러한 문자를 가진 2점의 복골을 찾아내긴 했지만, 사실 은허나 서주 때의 명각에서 이러한 문자는 일반적으로 사용되지 않았으며, 주나라가 문왕文王 이후에야 풍호로 옮겨갔기 때문에 이들은 은의 문자도 아니며 주 부족 선조의 문자도 아니다. 아마도 풍호 지역에 살았었던 민족(예컨대 고차국古車國과 같은 민족)의 문자일 것이다. ④ 사반마四盤磨 복골로부터 은나라 문자와 이러한 문자를 대조 (…중략…) 해 볼 때, 적어도 은대에는 이러한 문자에 익숙한 사람이 존재했었다."

당란은 이러한 "특이한 형태의 문자"가 거의 일一에서 팔八에 이르는 직선으로 구성되었고, 숫자 중에는 그림에서의 "구九"에 해당하는 글자가 없었던 것에 근거해, 그것은 상商·주周의 숫자가 일一에서 팔八까지 직선으로 새기는 숫자를 하나의 계통으로 삼고 있다고 여겼다. 가장 먼저 발달하고 전파되기 쉬운 것이 숫자이기 때문에, 상·주 민족은 도화문자를 창제할 때 일一에서 팔八에 이르는 이러한 숫자의 원래 존재하던 형식을 받아들였다. 그리고 또 "서주초기의 청동기 명문에는 이러한 씨족 휘호徽號들이 보존되어 있지만, 은허의 청동기에는 보이지 않기 때문에, 이들 민족은 서북방의 민족이며, 주周 부족도 일정한 관계를 갖고 있었을 것이라 추측할 수 있다"[24]고 여겼다. 그러나 이학근은 예리하게 이렇게 지적했다. "숫자를 기록한 이러한 복사는 은대의 복사와 분명하게 달라서, 『주역』에서의 '구九'나 '육六' 등을 생각나게 만든다."[25] 이학근은 이러한 관점을 심도 있게 제시했지만 애석하게도 더 이상 논증하지는 못했다. 곽말약郭沫若은 당란의 "특이한 형태의 문자異形文字"라는 관점에 찬동하지 않았다. 이러한 "특이한 형태의 문자"의 발생은 대단히 빨

24) 唐蘭, 「在甲骨金文中所見的一種已經遺失的中國古代文字」, 『考古學報』, 1957年 第2期.
25) 李學勤, 「談安陽小屯以外出土的有字甲骨」, 『文物參考資料』, 1956年 第11期.

라, "앙소仰韶 문화의 채도에서 이미 맹아되었으며", 그리고 그것들은 은대의 갑골과 주대의 청동기 상에 출현하는데, 그것의 "남겨진 흔적"일 뿐이라고 했다.[26] 구석규裘錫圭는 새로 발견된 이러한 "특이한 형태의 문자"는 "숫자로 구성된 기호"이며, "하나의 기호는 순전히 숫자 기록을 위한 것일 수도 있고, 또 부족이나 개인의 표기로 쓰일 수도 있으며, 어떤 기호들은 다른 표의 기능으로 쓰였을 가능성도 높다"고 했다. 그는 또 "어떤 기호들은 한자에 흡수되었으나, 그것이 본디 하나의 문자라는 사실을 증명할 수 없다"고 여겼으며, 이러한 기호는 "아마도 비교적 늦게 출현했을 것이다"고 했다.[27]

학자들이 풍호 유적지에서 출토된 "특이한 형태의 문자"를 중국문자의 기원문제와 함께 연계시켜 열띤 토론을 전개하고 있을 때, 장정낭張政烺은 다른 경로를 개척했다. "1978년 11월 장춘長春에서 열린 '고문자학술토론회' 석상에서 「문왕이 만든 주역文王演周易」이라는 제목의 연설을 했다. 그는 이러한 '특이한 형태의 문자'에 대한 수년간의 연구에 기초하여, 상·주 갑골과 금문에서 보이는 숫자로 구성된 이러한 부호는 바로 '팔괘八卦'라고 생각했으며, 또 '주원周原'에서 새로 발견된 '특이한 형태의 문자'에 대해 깊이 있는 분석을 시도했다."[28] 그 이후 "장정낭은 역대로 출토된 청동기와 갑골 상의 이러한 부류 문자 32가지를 연구한 결과, 이러한 이상한 글자들은 '주역의 괘易卦'라고 했다. 그의 학설은 「주나라 초기 청동기 명문 속의 역괘에 관한 시범적 해석試釋周初青銅器銘文中的易卦」이라는 제목으로 『고고학보』 1980년 제4기에 발표되었다. 이 중요한 논문은 학계에서 다년간 탐색하였으나 결론을 찾지 못했던 '이상한' 문자의 수수께끼를 풀게 만들었으며, 이러한 난제에 커다란 진전이 이루

---

26) 郭沫若, 「古代文字之辯證的發展」, 『考古學報』, 1972年 第1期.
27) 裘錫圭, 「漢字形成問題的初步探索」, 『中國語文』, 1978年 第3期.
28) 王宇信, 『建國以來甲骨文研究』 第3章 第1節 「甲骨文中一種"異形文字"的發現及研究」, 中國社會科學出版社, 1981.

어지도록 했다.[29)]

비록 풍호 유적지에서 출토된 복골 상의 "특이한 형태의 문자"에 대해 여러 가지 다른 견해가 존재했지만, 결국은 서주 유적지에서 또 한 차례 글자를 가진 복골이 출토됨으로써 이것은 의심할 바 없는 서주 때의 유물로 인식 되었다. 게다가 이후 장정낭의 파격적인 연구와 주원周原에서 발견된 새로운 증거도 이 점을 완전하게 증명해 주었다. 이 때문에 산서성 홍조현 방퇴촌의 글자를 가진 갑골이 이학근에 의해 서주초기 때의 유물로 확정됨으로써, 서주 갑골에 대한 몰인식에서 인식으로의 전환이 이루어졌는데, 이는 갑골학연구 영역에 새로운 돌파가 이루어졌음을 나타내 주었다. "산서성 홍조현 방퇴촌에서 처음으로 글자를 가진 서주 갑골의 발견을 계기로 다년간 지속되어 왔던 갑골하면 은상 때의 것이라는 전통적인 관점은 깨지고 말았다."[30)] 학자들은 머리를 되돌려 과거에 출토되었던 상대갑골의 스타일과 다른 몇몇 갑골에 대해 새롭게 인식하였다. 또 섬서성 방현에서 출토된 복골과 하남성 낙양에서 출토된 복골의 경우, 찬조鑽鑿 형태가 은허 갑골과 다름으로 해서 서주 왕조 때의 유물일 것이라 생각했다. 게다가 1955년부터 1957년까지 이루어진 풍호 유적지의 대규모 발굴 과정에서 또다시 서주 때의 글자를 가진 갑골이 출토되었는데, "짐승의 지골肢骨로 만든 것으로 보이며, 찬鑽의 구멍 부위에 대단히 세밀한 문자 비슷한 기호가 있었다."[31)]

풍호 유적지에서 다시 한 번 서주 때의 글자를 가진 복골이 출토되었다는 사실은 학자들의 예견이 대단했음을 증명해 주었다. 즉 "앞으로 반드시 더 많은 은대의 것이 아닌 글자를 가진 갑골이 출토될 것이라는 것을 우리는 믿는다"고 했던 것이다.[32)] 서주 유적지에서 더 많은 서주 때

29) 王宇信, 『西周甲骨探論』, 中國社會科學出版社, 1984, 26면.
30) 王宇信, 『西周甲骨探論』, 中國社會科學出版社, 1984, 15면.
31) 『灃西發掘報告』, 111면 및 圖版 63~64, 文物出版社, 1962.
32) 李學勤, 「談安陽小屯以外出土的有字甲骨」, 『文物參考資料』, 1956年 第11期.

의 글자를 가진 갑골이 출토되는 것도 단지 시간적인 문제일 뿐이었다.

3) 서주 갑골문의 계속된 발견과 공표

산서 홍조洪趙 방퇴촌坊堆村에서 글자가 새겨진 서주 갑골이 확인된 10여년 후, 주나라 발상지인 주원周原 지구는 물론 서주의 중앙 왕조 주위의 제후국에서도 서주 갑골문이 계속 발견되었다. 자료의 지속적인 공표로 서주 갑골의 연구도 날로 깊어 갔으며, 이 때문에 갑골학 연구의 새로운 분과인 "서주 갑골학"이 형성되었다.

1975년, 북경시 창평昌平현 백부촌白浮村의 연燕나라 귀족 무덤에서 서주시기 연나라의 갑골문이 출토되었다. 백부촌의 용산龍山 산자락에서 품品자를 거꾸로 놓은 모양으로 배열된 3기의 서주 목곽묘가 발견되었다. 여기서 각종 유물 4백여 점이 발견되었는데, 청동 예기・병기・거마기・옥기와 석기 및 글자가 새겨진 복갑들이 포함되었다. "백부촌에서 발견된 3기의 목곽묘는 형태・목곽의 구조・장례 풍속 및 부장품의 특징이 일치하여 같은 시대의 것임을 알 수 있다." 전문가에 의하면 "2・3호 묘에서 출토된 청동 모방 도력仿銅陶鬲은 보도촌普渡村의 장유長由 묘에서 출토된 것과 형태가 일치하기 때문에, 서주 중기의 것임이 분명하다."[33] 창평 백부의 한 무덤(M2)에서 인골의 오른편 위쪽에서 "수십 편의 부서진 복갑이 발견되었는데, 배딱지도 있고 등딱지도 있었다. 작은 2편에는 '정貞'과 '부지不止'라는 문자가 새겨져 있었다. 거북딱지는 모두 갈아 다듬었으며 네모꼴의 조方鑿가 만들어져 은대의 둥근 조圓鑿와는 달랐다." 또 다른 무덤(M3)에서는 "곽실의 오른편 가운데에서 거북 등딱지와 배딱지가 발견되었다." "잔편으로 볼 때 그 수량은 M2보다 많아, 모두 1

33) 北京市文物研究所, 『北京考古四十年』, 燕山出版社, 1990, 49면.

백 편 이상이다. 복갑의 등 쪽은 모두 다듬기가 이루어진 상태였다. 즉 조鑿가 바닥은 편평하고 깊이가 얕은 네모 꼴 모양으로 되었고, 조鑿의 구멍은 대단히 가지런하게 배열되었으며, 모두 지진 흔적이 있었다." 갑골 중 "1편에서는 '기사其祀'라는 두 글자가 새겨져 있었고", 다른 한 편에서는 "기상상하위어其尙上下韋馭"라고 기록되어 있었다.[34] 또 다른 1편에는 '사고史告'처럼 보이는 글자가 새겨져 있었다."[35] 이러한 갑골은 작게 부서진 것들이고, 게다가 줄곧 짜 맞추기綴合를 통한 정리도 이루어진 적이 없기 때문에, 문자가 있는 것이 이 5편에 한정되지는 않을 것으로 추측된다.

1977년, 서주 왕조의 발상지인 섬서성 기산岐山과 부풍扶風 사이의 주원周原 유적지에서 중요한 발견이 이루어졌는데, 바로 기산현 봉추촌鳳雛村의 남쪽에서 대형의 궁실건축 기초 터가 발견되었다. 이 기초 터는 남북 길이가 45.2미터, 동서 넓이가 32.5미터로, 총 1,469제곱미터에 이르렀다. 전체 터는 남북으로 향해 있었고, 문도門道와 전당前堂과 과랑過廊이 가운데 위치했으며, 동서 양쪽으로 문방門房과 상방廂房이 배치되었다. 좌우 대칭을 이루며 배치도 매우 가지런해 질서가 있었다. "전체 건축물 기초 터의 서반 부, 즉 전원前院 · 서상방西廂房 · 전당편서前堂偏西 · 서소원西小院 등에 29개의 교혈窖穴과 회갱灰坑이 분포하고 있었다."[36] 건축 기초 터의 서상방西廂房 제2호 방의 한 교혈窖穴에서, 77QEF1H11로 번호 매김된 회갱 내에서 갑골 1만7천여 편이 출토되었다. 그중 복갑이 16,700여 편으로 모두 거북 배딱지였다. 복골은 3백여 편으로, 소 어깻죽지 뼈였다. "H11에서 갑골이 출토된 후 이 기초 터의 31호 교혈에서 다시 주나라 초기의 갑골문이 출토되었다." 31호 교혈도 봉추 궁전 기초 터의 서상西廂 2호 방 안에 위치해, H11과 같은 실室에 있었다. "갑골은 제2층부

34) 北京市文管處, 『北京地區的又一重要考古收獲』, 『考古』, 1976年 第4期.
35) 王宇信, 『西周甲骨探論』, 中國社會科學出版社, 1984, 17면.
36) 陝西周原考古隊, 「岐山鳳雛村西周建筑基址發掘簡報」, 『文物』, 1979年 第10期.

터 발견되기 시작했는데, 교혈의 가장 아래층까지 가득 들어 있었다. 출토된 선주先周 시대 복갑과 복골이 413편이었다."[37] 정리 결과 H11에서는 총 293편의 글자가 새겨진 갑골이, H31에서는 10편의 갑골이 나왔고,[38] 모사본과 사진으로 계속 발표되어, 1982년까지 전체 304편이 이미 학계에 보고되었다.

1979년, 주원 봉추 궁전 기초 터의 서남쪽에서 멀지 않은 부풍현 제가촌齊家村에서 다시 글자가 새겨진 서주 갑골이 출토되었다. 제가촌 유적지는 "서주 '기읍岐邑'의 수공업 공방과 평민 거주구역 내에 위치해 있었다." 1979년 9월, 제가촌 촌민이 마을의 북쪽에서 토지 평탄 작업을 하다가 서주 복골을 발견한 것으로, 그 중에는 글자가 새겨진 것도 1편 있었다. 얼마 지나지 않아 또 마을 동쪽의 토호반土壕畔에서 글자가 새겨진 귀판 1점이 발견되었다. 1979년 겨울과 1980년 봄에는 갑골 출토 지점에 대한 소규모의 정리 발굴이 이루어졌는데, "다시 갑골 10여 점이 발견되었다. 부근에서 채집된 것까지 합해 총 22점이었는데, 그 중 글자가 새겨진 복사가 15점 총 94자에 이르렀다. 이것은 1977년 기산현 봉추촌의 대규모 서주 갑골 발견에 이은 또 한 차례의 중요한 발견이었다."[39] 주목할 만한 것은, 제가촌에서 출토된 H3 : 1 복갑이 비교적 완전하여, 봉추 복갑이 지나치게 잘게 부서졌던 그간의 단점을 메워 주었다는 점이다. 그리고 출토된 글자가 새겨진 복골도 비교적 완전한 모습이었는데, 이는 서주 복갑의 복골 다듬기 특징 연구에 중요한 자료를 제공해 주었다. "부扶 H3 : 1 복갑은 두 갑교와 갑미 부분이 잘려나가긴 했지만, 현재 비교적 완전한 글자를 유일하게 볼 수 있는 서주 갑골이라 해도 손색이 없다." 이 배딱지의 형태상의 특징은, "갑수甲首 부분을 파내어 반원형의

37) 陝西周原考古隊・周原岐山文管所, 「岐山鳳雛村兩次發現周初甲骨文」, 『考古與文物』, 1982年 第3期.

38) 陝西周原考古隊, 「陝西岐山鳳雛村發現周初甲骨文」, 『文物』, 1979年 第10期.

39) 陝西周原考古隊, 「扶風縣齊家村西周甲骨發掘簡報」, 『文物』, 1981年 第9期.

앞부분만 남겨 두었다는 점이다. 같은 갱에서 출토된 글자 없는 배딱지도 그 형태가 같아, 넓고 큰 갑교甲橋 부분을 볼 수 있다." 갑수甲首의 중앙에는 얕게 판 둥근 구멍이 하나 있는데, "같은 모양의 둥근 구멍은 제가촌 H3의 글자 없는 거북딱지에서도 보인다." "H3 : 1의 복갑의 조鑿는 모두 네모꼴이며, 그 한쪽에는 세로로 조槽를 팠다." 이 복갑은 지나치게 잘게 부서져 다듬기를 관찰 할 수 없다는 봉추 복갑의 단점을 메워 주었다. 이와 동시에 "제가 NH1 : 1 어깻죽지 뼈는 그 형태에서 은허의 복골과 분명한 차이를 보인다. 이 복골은 구臼가 아래로 향하는 것이 정형으로, 마침 은허의 어깻죽지 뼈와 상반 된다." 이외에도 "제가촌에서는 112편의 어깻죽지 뼈가 채집되었는데, 이들도 골구骨臼가 아래로 향하는 것이 정형이었다." "채집된 94편의 어깻죽지 뼈의 형태·다듬기 및 찬鑽의 형태는 모두 이상의 2판과 동일한데, 상대적으로 안으로 향한 조兆도 보인다."[40] 이외에도 부풍현 강가촌强家村 유적지에서 또 1편의 서주 복골이 채집되었는데, 3자가 새겨져 있었다.[41]

1991년, 하북성 형대邢臺시 남소왕南小汪 유적지에서도 서주 때의 글자를 가진 복골이 출토되었는데, "H75에서 1편의 각사 복사 잔편이 발견되었다. 복골은 소 어깻죽지 뼈로 만들었으며, 반들반들하게 갈아 광택이 났다. 현존하는 것은 작은 부분의 잔편으로 길이가 8.7센티미터, 넓이가 3.1센티미터에 불과하다. 뒷면에는 규칙적으로 원찬圓鑽이 만들어졌고, 찬鑽의 바닥 부분 3분의 1쯤 되는 지점에 뼈의 길이와 같은 방향으로 움푹한 작은 조槽가 있었고, 불로 지진 흔적도 있었다. 앞면에는 2조組의 복사가 존재했는데, 하나는 10자로 된 완정한 문장이었고, 다른 하나는 잔결殘缺되어 단지 '기其'자 한 글자만 남았다." "H75에서는 전형적인 서주 도기가 적잖게 출토되었으며, 그 때문에 이 복골도 서주시기의 것임이 분명하다."[42]

---

40) 李學勤, 「西周甲骨的幾點認識」, 『文物』, 1987年 第9期.
41) 徐錫臺, 『周原甲骨文綜述』, 三秦出版社, 1991, 125면.

1996년, 북경 지구에서는 창평현 백부촌 서주 무덤에서 글자를 가진 갑골이 발견된 후, 다시 방산房山현 유리하琉璃河의 연燕나라 수도 유적지에서도 서주 갑골이 발견되었다. 갑골이 출토되었던 G11H108 회갱은 "불규칙적인 모습이었다. 남북의 길이가 4~8.4미터, 동서 넓이가 4~8미터, 깊이가 0.2~1.1미터였다. 서북부는 H109에 의해 파괴되었다. 동북부는 갱의 바닥이 비스듬한 비탈 모양으로 되었고, 바닥은 편평하지 않았다. 갱의 안은 3층으로 퇴적이 이루어졌는데, 제1층은 토질이 비교적 물렀고, 여러 색이 뒤섞인 토색을 했으며, 복갑·조개칼·돌조각 등이 출토되었다." G11H108 화갱 내에서 갑골 "수십 편이 출토되었는데, 그 중 3편에는 글자가 새겨져 있었다. 표본 G11H108①: 5는 배딱지 의 잔편으로, 앞면에는 '기사□□其叙□□'라는 4글자가 새겨졌고, 뒷면에는 두 줄로 배열된 네모꼴의 조鑿가 있었고, 불로 지진 흔적도 분명했다. 잔편의 길이는 3.3센티미터, 넓이는 1.8센티미터였다. 표본G11H108①: 4는 배딱지의 갑수甲首부분으로, 앞면에는 '성주成周'라는 2글자가 새겨졌다. 뒷면의 갑수 부분은 파내기를 통해 다듬어졌는데, 0.5센티미터 넓이의 변릉邊棱이 남겨져 있었다. 변릉邊棱의 정중앙, 즉 갑수의 정중앙에 작은 홈이 하나 파졌고, 변릉邊棱 안에는 몇 조組의 두 열로 된 네모꼴 조鑿가 있었으며, 불로 지진 흔적이 분명했다. 잔편의 길이는 7.1센티미터, 넓이는 10.4센티미터였다."[43] 또 다른 하나는 거북의 오른쪽 미갑尾甲으로, 다듬기 방법이 앞의 두 편과 같고, "용정用貞"이라는 2자가 새겨져 있었다. 이 3편의 갑골은 "적어도 두 개 이상의 따로 독립된 개체로 추정된다."[44]

이외에도 북경시 문물연구소의 제심齊心 교수가 알려온 바에 의하면,

---

42) 河北省文物硏究所·邢臺市文物管理處, 「邢臺南小汪周代遺址西周遺存的發掘」, 『文物春秋』, 1992年 增刊.

43) 琉璃河考古隊, 「琉璃河遺址1996年度發掘簡報」, 『文物』, 1997年 第6期.

44) 琉璃河考古隊, 「北京琉璃河遺址發掘又獲重大收獲」, 『中國文物報』, 1997.1.12.

북경시 방산房山현 진강영鎭江營의 서주 연燕나라 문화 유적지에서 1980년대에 이미 서주 갑골 1편이 출토되었는데(T0226⑥ : 1), 소 어깻죽지 뼈의 윗부분으로, 잔편의 길이는 13센티미터, 넓이는 9센티미터 쯤 된다고 한다. 앞뒷면 모두 다듬질을 거쳤으며, 위쪽 부근에 있는 2개의 원찬圓鑽은 이미 떨어져나갔다(안의 긴 조鑿도 포함). 뼈의 넓은 부위(골선骨扇이 위로 향함)에 6개의 숫자로 된 "서수筮數"가 두 줄로 새겨졌다. 하지만 이 자료는 아직 공개되지 않고 있다. 그러나 1986년 하반기, 북경시 문물연구소가 여기에서 1천 제곱미터 크기의 발굴을 진행했던 정황으로 볼 때, 이 유적지에서 "출토된 유물은 비교적 풍부했을 것이다. 지층관계로 볼 때, 이 유적지의 서주시기 문화 퇴적층은 상나라에 해당하는 선연先燕 토착 문화층의 위를 누르고 있었으며, 또 춘추시기의 회갱에 의해 파손되었다. 서주문화의 퇴적 토질은 퍼석퍼석하고 이완되어 회灰의 함량이 비교적 많았다. 지층・건축물 기초 터・회갱의 상호 침범 관계와 첩압疊壓 관계로 분석해 볼 때, 이 시기의 문화 퇴적층은 대체로 3층으로 나눌 수 있다. 이것은 북경지구 서주 유적지의 연대 시기구분에 지층 자료를 제공해 주고 있다."[45] 이상을 종합해 보면, 각지에서 출토된 서주 때의 글자를 가진 거북딱지의 경우, 산서 홍조洪趙에서 1편, 섬서 서안 풍호豐鎬 유적지에서 3편, 섬서 기산岐山 봉추鳳雛 유적지에서 292편, 섬서 부풍扶風 제가齊家 유적지에서 5편, 북경 창평昌平 백부白浮에서 5편, 북경 방산房山 유리하琉璃河 유적지에서 3편, 북경 방산房山 진강영鎭江營에서 1편, 하북 형대邢臺 남소왕南小汪 유적지에서 1편, 강가强家 유적지에서 1편으로, 총 4개 성시 9개 유적지에서 글자를 가진 서주 갑골 312편, 1,033글자 정도가 발견되었다.[46]

---

45) 「十年來北京考古的新成果」, 『文物考古工作十年』(1979~1989), 文物出版社, 1990, 6~7면. 北京 房山 鎭江營 西周甲骨 사진은 이미 얼마 전에 발표되었다. 『北京文博』(1997年 第4期)의 안쪽 표지 2를 참조.

46) (역주) 2003년 12월 14일 北京大學 文博學院 考古系의 徐天進 교수와 학생 일행이 周原의 周公廟 일대에서 벌인 야외 조사 과정에서 57자가 새겨진 주나라 갑골 2편을 발

〈표 12〉 글자를 가진 서주 갑골 통계표

성/시 6	유적지	편수	글자수	비고(서수筮數는 6자를 1자로 계산)
산서山西 홍조洪趙	방퇴촌坊堆村	1	8	
섬서陝西	풍호豐鎬	3	5	3편 5자
	기산岐山 봉추鳳雛	292	915	5편 총 5자
	부풍扶風 제가齊家	5	68	3자
하북河北	남소왕南小汪	1	11	
북경北京	백부촌白浮村	5	12	
	유리하琉璃河	3	8	
	진강영鎭江營	1	2	2자
섬서陝西	부풍扶風 강가强家	1	3	
계	9곳	312편	1,033[47]	

출토 지점으로 볼 때도 주나라의 발상지인 주원과 서주 왕조의 도성 유적지 뿐 아니라 변방의 제후국 도성 유적지에서도 서주 갑골이 출토되었다. 중앙 왕조와 제후국 모두에서 서주 갑골이 출토된 것으로 볼 때, 정치 중심지인 도성 뿐 아니라 정치 중심에서 멀리 떨어진 변방의 유적지, 예컨대 북경 창평의 백부白浮・방산진의 강영江營・산서 홍조의 방퇴촌坊堆村 등과 같은 취락지에서도 출토되었다. 주나라가 통치했던 중심지구의 경우, 통치계급의 궁전과 종묘 지구(예컨대 봉추鳳雛와 유리하琉璃河의 연나라 수도 유적지)뿐 아니라 부풍의 제가齊家와 낙양의 북요北窯 서주시대 청동 제련 유적지 등과 같은 수공업 작업 공방에서도 발견되었다.[48] 비록 중심지구인 도성 지구와 취락 유적지에서 출토된 갑골의 수량에는 차이가 있지만, 이는 서주시기 때 각지에서 갑골이 비교적 보편적으로 사용되었다는 사실을 보여 주고 있다. 그러므로 서주 왕조의 중심 지구에서 갑골이 더 출토될 수 있을뿐더러 다른 각 제후국 지구에서도 계속 서주 갑골이 출토될 가능성이 있다는 주장은 근거가 있다 하겠다.[49]

견했다.

47) (역주) 실제 합계는 1,032자이다.

48) 趙振華, 「洛陽西周卜用甲骨的初步考察」, 『考古』, 1985年 第4期.

이상의 각지에서 출토된 서주 갑골은 연구를 위해 곧바로 모두 학계에 공표되고 제공되었다. 산서 홍조 방퇴촌坊堆村의 갑골은 산서성 문물 관리위원회의 「산서 홍조현 방퇴촌 고대 유적지 묘장군의 정리에 관한 간단한 보고山西洪趙縣坊堆村古遺址墓葬群淸理簡報」(『문물참고자료』, 1955년 제4기)에, 섬서 풍호灃鎬 유적지에서 소출된 갑골은 섬서성 문물 관리위원회의 「장안 장가파촌 서주 유적지의 중요한 발견長安張家坡村西周遺址的重要發現」(『문물참고자료』, 1956년 제3기)과 중국과학원 고고연구소의 『풍서 발굴 보고灃西發掘報告』(문물출판사, 1963)에, 북경 창평 백부白浮에서 출토된 서주 갑골은 북경시문관처의 「북경 지구의 또 다른 중요한 고고학적 수확北京地區的又一重要考古收獲」(『고고』, 1976년 제4기)에, 유리하 연나라 수도 유적지에서 출토된 서주 갑골은 유리하 고고대의 「유리하 유적지 1996년도 발굴의 간단한 보고琉璃河遺址1996年度發掘簡報」(『문물』, 1997년 제6기)에, 북경 방산현 진강영鎭江營의 서주 갑골은 이미 『북경문박北京文博』 1997년 제4기에, 하북 형대邢臺에서 출토된 서주 갑골은 하북성 문물연구소·형대시 문물관리처의 「형대 남소왕 주대 유적지 서주 유존의 발굴邢臺南小汪周代遺址西周遺存的發掘」(『문물춘추』, 1992년 증간)에, 섬서 부풍 제가촌齊家村에서 출토된 서주 갑골은 섬서 주원 고고대의 『부풍현 제가촌 서주 갑골 발굴에 대한 간단한 보고扶風縣齊家村西周甲骨發掘簡報』(『문물』, 1981년 제9기)에 발표되었다.

그중 섬서 기산 봉추 궁전 기초 터의 서상西廂 2호방房 H11과 H31에서 출토된 갑골이 가장 중요하다. 거기서 출토된 갑골은 글자수가 많을 뿐더러 내용도 풍부하다. 그래서 어떤 의미에서 서주 갑골학 연구는 주로 봉추에서 출토된 서주 갑골에 집중되어 있다고도 할 수 있다. 봉추의 궁전 기초 터에서 나온 서주 갑골은 몇 차례 나누어 공표되었다. 1979년 섬서 주원 고고대의 「섬서 기산 봉추촌에서 발견된 주나라 초기 갑골문陝西岐山鳳雛村發現周初甲骨文」에서는 글자가 있는 갑골 32편을 내용에 따라

49) 王宇信, 「邢臺南小汪西周甲骨出土的意義」, 『史學月刊』, 1999年 第1期.

제사에 대한 점복卜祭, 보고와 풍년에 대한 점복卜告卜年, 출입에 관한 점복卜出人, 수렵에 대한 점복卜田獵, 정벌에 대한 점복卜征伐, 인명·관명·지명人名官名地名, 월상月象 및 시간 기록법記時法, 잡다한 점복雜卜, 특이한 형체의 글자異形字 등 9가지 부류로 나누어 공표되었다. 1981년 서석대徐錫臺의 「주원 복사 10편의 선별 해석 및 시기구분周原卜辭十篇選釋及斷代」(『고문자연구』 제6집)에서는 모사본 10편을 제시했는데, 1979년에 공표된 것과 중복되는 3편을 제외한 7편이 처음으로 공개되었다. 1979년부터 이때까지 총 39편의 갑골이 공표되었다. 1982년 섬서 주원 고고대·기산주원 문물관리소는 『고고와 문물』에 실린 「기산 봉추촌에서 두 차례에 걸쳐 발견된 주나라 초기 갑골문岐山鳳雛村兩次發現周初甲骨文」에서 79편의 갑골(H31 교혈窖穴에서 나온 5편 포함)이, 같은 책에 실린 서석대의 「주원에서 출토된 복사의 선택 해석周原出土卜辭選釋」에서 17편이 공표되어, 이 두 글에서 총 96편의 갑골이 공표되었다. 하지만 이 두 글에서 자체적으로 중복된 것이 1편, 1979년 공표된 것과 중복된 것이 5편, 1981년 서석대의 글과 중복된 것이 5편 등, 실제로 새로 공표된 것은 85편이었다. 1981년부터 이때까지 공표된 것 중 중복된 것을 제외하면 실제로는 85편+39편=124편이 된다. 그래서 주원 봉추 궁전 기초 터 유적지의 서상西廂 2호방 안의 H11·H31에서 출토된 비교적 중요한 서주 갑골들은 이미 모두 학계에 제공되었다고 할 수 있다. 1982년 5월 출판된 『고문자연구 논문집古文字研究論文集』(『사천대학학보 총간』 제10집)에 실린 진전방陳全方의 「섬서 기산 봉추촌 서주 갑골문 개론陝西岐山鳳雛村西周甲骨文概論」에서 봉추 궁전 기초 터 서상西廂 2호방 내의 "두 교혈에서 출토된 글자를 가진 갑골 총 292편이 공표되었는데, 총 글자 수가 903자, 합문合文으로 된 것이 12자였으며" 이를 10가지 부류로 나누어 발표했다. 하지만 "제9부류의 특이한 형체의 글자異形字"의 제6편(H11 : 85)과 "제5류의 사냥에 대한 점복卜田獵"에서의 제5편(H11 : 85)이 중복 편으로 밝혀졌다. 그래서 제1부류에서 제9부류까지의 모사본 242편 중 1편은 중복 편이며 실제로는 241편이다.

이외에도, 이 글의 제10 부록에서, "적잖은 갑골문이 부식되어, 글자의 흔적이 모호하고 분명하지 않아, 식별과 분류가 불가능하였다. 하지만 연구에 참고할 수 있도록 특별히 부록으로 만들어 두었다"고 하면서 "총 50편"이라고 했지만, 부록에 실린 실제 모사본의 편수는 49편이다. 그래서 「개론槪論」에서 실제 발표된 모사본은 290편이다.

이외에도 서주 갑골 연구와 관련된 몇 가지 저서 중, 봉추 H11(혹은 H31)에서 출토된 갑골을 집중적으로 수록해 둔 것도 있다. 주요한 것들을 보면, 1984년 왕우신의 『서주 갑골 탐론西周甲骨探論』에서는 산서·북경·섬서 서안의 풍호·기산의 봉추·부풍 등지의 갑골의 모사본을 한데 모았는데, 총 303번까지 번호 매김 되었다. 그중 8~297번까지가 봉추 H11·H31에서 나온 것으로, 총 290편이다. H11에서 나온 갑골이 280편(짜 맞추기綴合한 것을 포함), H31에서 나온 것이 10편이었다.

1988년 7월, 진전방陳全方의 『주원과 주나라 문화周原與周文化』(상해인민출판사)에서는 기산의 봉추 H11에서 출토된 갑골을 집중적으로 실었는데, 총 모사본 291편이 발표되었으며, 중복되는 1편을 제외하면, 실제로는 290편이다.

1987년 4월에 원고가 완성되었지만 1991년에서야 출판된 서석대徐錫臺의 『주원 갑골문 종술周原甲骨文綜述』(삼진三秦출판사)에서는 기산 H11에서 출토된 서주 갑골을 번호 매김 된 순서대로 모사본의 형식으로 발표했는데, 총 283번까지 이어진다. 하지만 번호가 없는 9편을 제외하면, 실제 공표된 것은 274편이다. H31에서 출토된 갑골도 출토 순서대로 번호 매김을 하였는데, 총 9편이 공표되었다. 또 부풍의 강가強家에서 출토된 글자를 가진 갑골 1편이 처음으로 공표되었다.

1979년, 주기상朱岐祥의 『주원 갑골 연구周原甲骨硏究』(대만 학생서국)가 출간되었는데, 기산의 봉추 H11에서 출토된 갑골의 순서대로 번호 매김하여 공표하였고, 총 281편의 모사본을 제공했다(그중에는 번호가 빈 것이 4편인데, 이는 이미 다른 편들과 짜 맞추기綴合된 것이다). 그리고 H31에서 출토

된 것이 10편이었다.50)

이처럼 서주 갑골 지속적인 발견과 공표는 서주 갑골의 연구를 심화시켰다. 이로 인해 서주 갑골문자의 해독, 서주 갑골의 특징, 서주 갑골과 은나라 갑골과의 관계, 상나라 말 은주殷周 간의 관계, 주원 갑골의 족속族屬 등의 측면에서 깊이 있는 연구가 이루어졌으며, 이에 관한 열띤 토론이 전개되었다. 이렇게 해서 서주 갑골학 연구는 더욱 깊은 단계로 발전하게 되었다.

2. 서주 갑골의 특징과 시기구분에 관한 탐색

1) 서주 갑골의 특징

1954년 산서 홍조洪趙 방퇴촌坊堆村에서 글자가 새겨진 복골이 발견되었고, 1956년 이학근에 의해 비로소 서주초기 때의 것으로 확인되었다. 이 이후, "서주 갑골문을 모르던 상태에서 알게 되는 인식의 비약이 이루어졌고, 갑골학연구 영역의 새로운 분과가 또 하나 만들어졌다." 동시에 서주 갑골연구는 제2단계의 고조기에 접어들었다. 이는 "바로 서주 갑골자료의 지속적인 축적과 공표를 특징으로 한다. 이 시기의 주요한 성과는 문자의 고석, 시기구분과 갑골문의 특징에 대한 탐색 등으로 표현되었으며, 이는 서주 갑골의 인식이 지속적으로 심화되도록 만들어주었다."51) 1977년, 섬서 기산岐山의 봉추鳳雛 궁궐 기초 터의 H11・H31에

50) (역주) 曹瑋의 『周原甲骨文』, 北京 : 世界圖書出版公司, 2002年에서는 지금까지의 자료를 총 정리해, H11에서 출토된 283편의 갑골과 H31에서 출토된 10편의 갑골 등 총 293편을 컬러 사진과 해독문을 함께 수록하고 있다.

서 갑골이 집중 출토됨으로써 새로운 단계의 연구에 진입하게 되었다.

북경 창평昌平과 섬서 봉추鳳雛에서 글자가 새겨진 거북딱지가 출토되자, 학자들은 서주 복귀의 다듬기와 은허 갑골의 특징 간의 차이에 대해 관심을 가지기 시작했다. 하지만 봉추 등의 유적지에서 출토된 복갑은 모두 작은 잔편이었기에, 그 특징에 대한 전면적인 인식과 개괄이 어려웠다. 그러나 1979년 제가촌齊家村에서 갑교甲橋와 갑미甲尾 부분만 잘려나간 채 출토된 글자를 가진 비교적 완전한 귀갑(H3(2) : 1) 및 1996년 북경 방산房山의 유리하琉璃河 연燕나라 도성 유적지에서 출토된 G11H108①: 4의 글자를 가진 비교적 완전한 상태의 거북 배딱지의 상갑上甲 부분은 서주 복갑의 특징을 전면적으로 살피는 데 큰 도움을 주었다.

산서 홍조 방퇴촌에서 출토된 글자를 가진 서주 복골은 1조각에 불과했고, 게다가 아랫부분도 다소 떨어져 나간 상태였다. 섬서 봉추 궁전 기초 터 서상西廂 2호방 H11・H31 내에서 출토된 것들은 대부분 글자를 가진 복갑들이었다. 그래서 서주 복골을 전면적으로 관찰하는 데 한계가 있었다. 그러나 1979년 섬서 제가촌에서 출토된 T1(4) : 1 복골은 소 어깻죽지 뼈의 가운데 아랫부분이고, TH1(3) : 1 복골은 소 어깻죽지 뼈의 중간 윗부분이어서 글자를 가진 다른 복골 및 글자가 없는 다른 복골과 서로 보충하고 증명할 수도 있었으며, 서주 복골의 특징을 비교적 전면적으로 파악할 수 있는 가능성도 가져다주었다.

(1) 서주 갑골의 다듬기와 찬조鑿鑽 형태의 일치성

실물 서주 복갑의 관찰과 분석을 통해 서주 복갑의 특징과 은허 복갑과의 차이점을 파악할 수 있게 되었다. 서주 복갑에서는 거북의 배딱지를 많이 사용했다. 먼저, 갑골의 다듬기 측면에서, "갑수甲首는 파 낸 후, 반원형의 앞부분만 남겨 두었다." 부풍 제가촌의 H3 : 1 복갑만 그런 것

51) 王宇信, 『西周甲骨探論』, 中國社會科學出版社, 1984, 29면.

이 아니라 "같은 갱에서 출토된 글자 없는 배딱지도 완전히 형태가 같아, 넓고 큰 갑교甲橋가 있었음을 알 수 있다. 1952년 하남 낙양 태산묘泰山廟에서 발견된 반 판版으로 된 배딱지도, 갑수甲首의 다듬기 방식이 완전히 같아, 중앙에 얕은 원형 구멍이 뚫려져 있었다. 제가촌 H3의 글자 없는 거북딱지에서도 똑같은 둥근 구멍이 보인다. 주원周原의 다른 지점에서도 유사한 복갑이 발견되었는데, 이는 이러한 특징이 서주 거북배딱지의 정형이었음을 보여 준다."[52] 뿐만 아니라 1996년 북경 방산 유리하의 연나라 수도 유적지에서 출토된 G11H108①:4 거북 배딱지의 갑수甲首 부분도 이와 같았다. 이 거북딱지의 "뒷면 갑수甲首부분은 파내고 다듬기가 된 상태였는데, 약 0.5센티미터 넓이의 변릉邊棱을 남겨 두었고, 변릉邊棱의 정중앙, 즉 갑수甲首의 정중앙에 작은 갱坑 하나가 파져 있었다."[53] 현재 발견된 글자를 가진 비교적 완전한 몇몇 서주 복갑이라 하더라도 모두 갑교甲橋부분이 떨어져 나간 상태이다. 호북성 사시沙市 주량옥교周梁玉橋 유적지의 서주 초기 회갱인 H1에서 출토된 글자 없는 서주 복갑은 서주 복갑의 갑교甲橋 형태를 파악하는 데 참고가 된다. 복갑(H1하:16)의 전체 길이는 20센티미터, 넓이는 13.1센티미터이며, 견肩・갑미甲尾・갑교甲橋 부분이 완전한 형태의 거북 배딱지이다. 갑교의 뒷면은 깎고 갈았으며, 갑교 가장자리의 돌기된 부분은 잘라내지 않은 채, 가지런하게 호선형으로 갈아 놓은 상태였으며, 갑교 위에다 찬鑽을 만들었다.[54] 하지만 낙양의 북요北窯에서 출토된 글자 없는 왼쪽 갑교甲橋(T3H83:4+T3H90:3+T3H83:8)의 다듬기는 이와 다르다. 갑교와 등딱지가 연결되는 부위에 톱질한 흔적이 평평하게 만들어졌으며, 상하의 첨각이 예리하게 잘려나갔고, 가장자리는 편평하게 갈았으며, 안쪽은 광이 나도록 갈

52) 李學勤, 「西周甲骨的幾點硏究」, 『文物』, 1981年 第9期. 陝西周原考古隊, 「扶風縣齊家村西周甲骨發掘簡報」, 『文物』, 1981年 第9期.

53) 琉璃河考古隊, 「琉璃河遺址1996年度發掘簡報」, 『文物』, 1997年 第6期.

54) 沙市市博物館, 「湖北沙市周梁玉橋遺址試掘簡報」, 『文物資料叢刊』 第10輯, 文物出版社, 1987.

았다. 갑교의 뒷면은 세로 두 줄로 네모꼴 조方鑿가 만들어졌고, 세로로 된 조縱槽는 네모꼴 조方鑿의 바깥쪽에 만들어졌으며, 조의 가지兆枝는 서로 마주하고 있었다.[55)]

다음으로, 찬조鑿鑽 형태 방면에서, 서주 복갑은 일반적으로 방조方鑿인데, 서주 복갑의 방조方鑿는 가지런하게 배열되었고 밀집되어 있다. "먼저 거북의 배딱지 안쪽을 대패질하듯 평평하게 정리하고, 양쪽의 갑교를 따라 몇 줄의 세로로 된 조竪槽를 판다. 다시 아가리가 평평한 끌鑿이나 반원형의 끌鑿로 안쪽으로부터 바깥쪽을 향해 조조鑿槽의 내측을 깎아 내서 갑판甲版이 얇아지도록 만든다. 공구의 모양에 네모진 것과 둥근 것이 있기 때문에, 깎아 낸 조鑿의 구멍도 네모 진 것도 있고 반원으로 된 것도 있다."[56)] 학자들에 의하면, 부풍 제가촌의 "H3 : 1 복갑의 조鑿는 모두 네모꼴이며, 그 한쪽 측면에 세로로 된 조縱槽를 새겼는데, 이로써 복조卜兆의 몸체 부분이 만들어지게 했다. 태산묘泰山廟의 배딱지도 마찬가지이다." 그리고 1996년 북경 방산 유리하에서 출토된 복갑도 "모두 네모꼴 조方鑿를 만들었고, 조鑿의 갱은 가지런하게 배열되었고 밀집되어 있다. 각각의 갱坑은 정방형과 장방형의 조鑿 하나씩으로 구성되었는데, 후자는 전자에 의해 한쪽이 파괴되어 있다. 정방형으로 된 것은 갱의 벽이 비교적 직선이고 깊이도 비교적 얕은데 비해, 장방형으로 된 것은 'V'자형을 나타내며 구멍이 거의 관통할 정도로 파졌다. 장방형으로 된 것의 길이는 정방형보다 길지만, 넓이는 오히려 정방형보다 좁다. 중간선을 상대로 해서 정방형은 조鑿가 안쪽에, 장방형은 조鑿가 바깥에 있으며, 좌우의 딱지가 대칭을 이룬다."[57)] 주원 복갑의 조鑿의 형식을 분석하기도 했는데, 기본적으로는 "조組를 나누어 배열되었으며", "잔존하는 복갑으로 볼 때, 대체로 3개가 한 조를 이룬다"고 했다. 또 조鑿의 구멍

---

55) 趙振華, 「洛陽西周卜用甲骨的初步考察」, 『考古』, 1985年 第4期.

56) 陝西周原考古隊, 「扶風縣齊家村西周甲骨發掘簡報」, 『文物』, 1981年 第9期.

57) 雷興山等, 「北京琉璃河遺址新出卜骨淺識」, 『中國文物報』, 1997.3.30.

사이에는 가로 간격이 작고 세로 간격이 크다. 배열은 가로를 조로 삼은 경우가 많고, 세로를 조로 삼은 경우는 드물다.58)

이상을 종합해 볼 때, 서주 "복갑의 경우 방조方鑿가 보편적으로 유행했던 것 같다." 이는 "봉추·제가·북경 창평 백부 등지의 문자를 가진 복갑들도 마찬가지이다. 낙양의 태산묘·낙양의 청동 제련 유적지에서 출토된 글자가 없는 서주 복갑 및 봉추·제가·백부 등지에서 글자를 가진 복갑과 함께 출토된 대량의 글자 없는 복갑도 마찬가지이다."59) 하지만 특수한 예도 있다. 주원의 제가齊家 유적지에서는 "개별적인 조鑿의 구멍이 원형으로 된 H3(2) : 2가 발견되기도 했다."60) 이외에도 호북성 사시沙市 주량옥교周梁玉橋 유적지의 H1에서 출토된 글자 없는 복갑의 경우 배딱지 뒷면을 편평하게 깎고 갈았으며, 갑골을 파내긴 했지만 넓고 두터운 가장자리는 남아 있었다. 배딱지든 아니면 등딱지든, 전체가 둥근 찬鑽으로 가득했으며, 긴 모양의 조鑿를 안으로 품고 있었고, 밀집되고 규칙적으로 배열되었다.61) 이 또한 주목해야 할 부분이다.

현재까지 알려진 비교적 완전한 서주 복골은 다듬기 방면에서 구각臼角을 절단하지 않았다는 공동된 특징을 가진다. 산서 홍조의 방퇴촌의 것이든 섬서 풍호 유적지의 것이든, 아니면 섬서 부풍의 제가의 복골이든 모두 그렇다. 다듬기를 할 때, 어깻죽지 뼈의 강崗을 약간 편평하게 하거나, 어깻죽지 뼈의 골구骨臼를 부분적으로 깎아 내고, 이와 동시에 중척中脊 부분을 톱으로 잘라버려, 골벽骨壁을 얇게 만들어 견갑선肩胛扇과 평평하게 하며, 어떤 경우에는 줄銼로 간다. 다음은, 바로 다듬기를 마친 골면에다 둥근 찬鑽을 파는 것인데, 이 점도 서주 복골의 정해진 형식이다. 둥근 찬圓鑽의 직경은 일반적으로 1.3~1.5센티미터이다. 원찬圓鑽

58) 徐錫臺, 「周原出土甲骨的鑿型與孔型」, 『考古與文物』, 1982年 第2期.
59) 王宇信, 『西周甲骨探論』, 中國社會科學出版社, 1984, 161면.
60) 陝西周原考古隊, 「扶風縣齊家村西周甲骨發掘簡報」, 『文物』, 1981年 第9期.
61) 沙市市博物館, 「湖北沙市周梁玉橋遺址試掘簡報」, 『文物資料叢刊』 第10集, 文物出版社, 1987.

의 바닥부분의 바깥쪽에 붙은 부분, 즉 골변骨邊에다 세로로 된 조竪槽를 하나 판다. 그렇게 되면 소위 "고양이 눈 모양猫眼狀", 혹은 "원찬圓鑽 속에 긴 조長鑿가 들어가는" 모습이 되는데, 이로써 불로지진 뒤 골면에 생기는 중간 방향을 향해 나는 조의 무늬兆紋를 통제하게 된다. 원찬圓鑽은 골구骨臼 부근으로부터 견갑선肩胛扇에 이르기까지 줄곧 만들어지며, 어떤 규칙도 없는 것처럼 배열된다. 각지에서 출토된 글자를 가진 복골에 원찬圓鑽을 팔 때 뿐만 아니라, 섬서성 형현邢縣 · 하남성 낙양의 북요北窯 청동 제련 유적지 · 호북성 사시의 주량옥교周梁玉橋 유적지에서 출토된 글자 없는 서주 갑골도 그렇다.

(2) 불로 지지기施灼와 조兆의 모습

갑골의 다듬기와 불로 지지기는 모두 정면에 만들어지는 복조卜兆를 제어하기 위한 것이며 이로써 길흉을 판단하게 된다. 각지에서 출토된 서주 갑골은 다듬기와 찬조鑽鑿 형태 등에서 스타일이 일치하고 있기 때문에, 갑골을 불로 지진 후 정면에 나타나게 되는 조兆의 무늬 또한 공통된 스타일을 갖는 것은 당연하다.

복갑은 방조方鑿로 되었고, 게다가 바깥쪽으로 만들어진 세로로 된 조竪槽의 바닥은 비교적 깊다. 불로 지질 경우 거북딱지의 세로로 된 홈竪槽 및 방조方鑿의 안으로 향한 부분이 비교적 얇고 열의 분포도 균등하지 않기 때문에, 갈라진 무늬는 복卜자 모양으로 나게 되고 조의 가지兆枝는 안으로 향하게 된다. 복갑 상의 불로 지진 흔적은 비교적 크게 나타나는데, 과도한 지지기는 종종 방조 전체가 그을린 검은 색을 띠도록 만든다. "거북딱지 갑면의 아교질이 두텁고 부드러우며 질긴 성질 때문에, 불 막대를 바꾸어가며 지지지 않으면 조兆의 무늬가 분명하게 갈라지도록 할 수가 없다."[62] 제가촌의 H3(2) : 1편은 비교적 완전한데, 뒷면에 방조方鑿가

62) 陝西周原考古隊, 「扶風縣齊家村西周甲骨發掘簡報」, 『文物』, 1981年 第9期.

35개나 파져있고, 뼈의 정면 좌우 양쪽으로 만들어진 조의 가지兆枝는 모두 중간의 "천리로千里路"를 향하고 있는데, 이는 서주 복갑의 다듬기나 점복의 전형적인 표본이라 할 수 있다. 1976년 북경 유리하 유적지에서 출토된 복갑도 이와 같다. "복갑 상의 지진 흔적은 제법 크게 남았고, 네모꼴의 조鑿 내에 불에 그을린 검은 모습이 나타나고 있다. 어떤 것은 뜻밖에도 지진 흔적이 가장자리의 테두리를 파괴한 경우도 있다. 복갑 상의 장방형의 조鑿의 부위는 언제나 복갑의 바깥쪽으로 치우쳐져 있고, 그래서 조의 가지兆枝는 언제나 중간선을 향하고 있다."[63)]

복골은 원찬圓鑽이 만들어졌고, 뼈 가장자리 가까운 한쪽 면에 긴 조長鑿를 포함하고 있는데, 이는 불로 지진 후 골면에 오른쪽이든 왼쪽이든 모두 안쪽을 향해 상대되는 조의 가지兆枝가 나타나도록 하기 위한 조치이다. "복골상의 불로 지진 점은 모두 크기가 매우 작고, 비교적 가볍게 불로 지졌으며, 일반적으로는 황갈색의 작은 둥근 점小圓點이 나타난다." "이것은 소뼈 골면의 아교질이 얇고, 퍼석퍼석하고 잘 부서지는 성질 때문에, 열이 가해지면 곧바로 조兆를 나타내며 갈라지기" 때문이다.[64)] 예컨대 섬서성 부풍의 제가촌에서 출토된 NH1(3) : 1, 채집된 94, 80FQN, 채집된 112편 등은, 서주 복골에서 불로 지진 것과 정면에 나타난 조의 가지兆枝가 바깥쪽으로부터 안쪽으로 향하고 있으며, 동시에 좌우가 서로 대칭을 이루는 특징을 매우 분명하게 관찰할 수 있다.

(3) 각사刻辭 갑골의 상・하

은허 복갑은 갑수甲首를 위쪽으로 하여 주로 위에서부터 아래쪽으로 문자를 새긴다. 각사의 분포 규칙을 보면 "중간선을 따라 문장을 새기는 경우는 바깥쪽으로 향하고, 오른쪽에 있으면 우행右行, 왼쪽에 있으면 좌

63) 雷興山等, 「北京琉璃河遺址新出卜甲淺識」, 『中國文物報』, 1997.3.30.
64) 陝西周原考古隊, 「扶風縣齊家村西周甲骨發掘簡報」, 『文物』, 1981年 第9期.

행左行이 된다. 수미首尾의 양쪽 가장자리를 따라서 새긴 경우는 안쪽을 향하며, 오른쪽에 있으면 좌행左行, 왼쪽에 있으면 우행右行이 된다."[65) 하지만 서주 복갑은 문자를 새길 때 갑수甲首를 위쪽으로 삼았는지를 판단하기가 대단히 어렵다. 그 이유의 하나는, 섬서 기산 봉추의 H11 및 H31에서 출토된 서주 복갑들이 지나치게 잔 부스러기로 되어 있고, 게다가 모사본으로 발표되어, 각사와 복조卜兆 및 그 뒷면의 방조方鑿 및 세로로 된 홈竪槽이 서로 이탈되어 있기 때문이다. 이외에도 모사본의 확대 비율도 모두 통일되지 않은 상태이다. 그래서 모사본에 근거해서만은 그것이 전체 거북딱지의 어떤 부위였는지 판단하기가 쉽지 않다. 그 다음의 원인은, 비록 『주원과 주나라 문화周原與周文化』 및 『주원 갑골문 종술周原甲骨文綜述』에서 복갑의 확대 사진을 제공하긴 했지만, 상당히 모호한 상태라 그것이 동일한 거북딱지에 속하는지 아니면 몇 개의 거북딱지의 잔편인지를 판단하기가 쉽지 않기 때문이다. 그래서 원래 전체 거북딱지에서의 이 잔편들의 "위치 확정"을 어렵게 만든다. 가능한 유일한 방법은, 실물에 근거해 복갑편의 "위치 확정"을 관찰하는 것이다. 이러한 작업은 여태껏 진행된 적이 없기 때문에, 단지 글자를 가진 비교적 완전한 서주 복갑의 각사 분포에 근거해 분석할 수밖에 없다. 현재까지 알려진 비교적 완전한 서주 각사 복갑은 섬서 부풍 제가에서 출토된 H3(2) : 1편과 북경 유리하에서 나온 G11H108① : 5편 두 편뿐이다. 제가촌의 H3(2) : 1편 복갑은 앞면에 5조항의 23글자가 새겨져 있다. "복사는 관련된 조兆의 가지枝 부위 한쪽 면에 새겨졌으며, 조의 가지兆枝가 가는 방향을 따라 새겨졌다. 다시 말해 배딱지의 중간선인 '천리로千里路'의 가로 방향을 따라 세로 행으로 새겨졌다." 어떤 학자는 이 5조항의 복사를 다음의 3조組로 나누기도 했다.

65) 董作賓, 「商代龜卜之推測」, 『安陽發掘報告』 第1期, 1929.

①이 '어'제사를 올려 영원하게 해 달라고 할까요? 斯御于永冬(終).

이 '어'제사를 올려 아름다운 영을 내려 달라고 할까요? 斯御于休令(命).

②'보'가 물어봅니다. 궁궐을 지을까요? 길할 것이다. 保貞宮, 吉.

③'유'를 보내 첩을 체포해 오게 하였다. 用由逋妾.

이때 '유'도 같이 도망하고 말았다. 此由亦此亡.[66]

여기서 또 은허 갑골에서의 좌우대정左右對貞과 위에서부터 아래로 새기는 각사 규칙을 참고해, 5조항의 복사를 3조로 나누었는데, 갑수甲首를 윗부분으로 설정한 결과이다. 하지만 각사에서 조의 가지兆枝를 따라 세로 방향으로 중간의 "천리로千里路"를 향해 새겨진 것은 은허 복갑과는 다르다는 것을 매우 분명하게 알 수 있다. 주원 고고대의 「부풍현 제가촌 서주 갑골 발굴에 관한 간단한 보고扶風縣齊家村西周甲骨發掘簡報」의 그림 8에서는 이 5조항의 오른쪽 부분을 다음처럼 옮겼다.

①'유'가 '어'제사를 올려 영원한 영을 내려 달라고 할까요? 由御于永令.

②이때 '유'도 같이 도망하고 말았다. 此由亦此亡.

③'유'를 보내 첩을 체포해 오게 하였다. 用由逋妾.

왼쪽 부분은 이렇게 옮겼다.

④'유'가 '어'제사를 올려 아름다운 영을 내려달라고 할까요? 由御于休令.

⑤'보'가 물어봅니다. 궁궐을 지을까요? 保貞宮.

⑥길할 것이다. 吉.

그리고 본문의 해석은 현대 글자로 옮긴 순서와는 달라 이렇게 해석

---

66) 李學勤, 「西周甲骨的幾點硏究」, 『文物』, 1981年 第2期.

했다.

> '보'가 물어봅니다. 궁궐을 지을까요? 保貞宮.
>
> 길할 것이다. 吉.
>
> '유'가 '어'제사를 올려 아름다운 영을 내려달라고 할까요? 由御于休令.
>
> '유'가 '어'제사를 올려 영원하게 해 달라고 할까요? 由御于永冬.
>
> '유'를 보내 첩을 체포해 오게 하였다. 用由逋妾.
>
> 이때 '유'도 같이 도망하고 말았다. 此由亦此亡.

이는 주원고고대의 학자들이 주원 복갑의 각사의 분포 규칙이 은허 갑골과는 꼭 일치하지 않음에 이미 주목했음을 말해 준다. 하지만 배딱지의 수미首尾를 바로 놓고 글을 새겼는지에 대해서는 언급이 없었다.

1996년 북경 유리하에서 "출토된 3편의 각사 복갑 중 하나는 특이한데, 각사가 갑판 상에서의 위치도 매우 명확하여, 이전의 발견에서 아쉬웠던 점을 보충해 주었다." 이 3편의 글자가 있는 거북딱지는 적어도 2개의 개체에 속한다. H108①: 4편은 거북의 상갑上甲으로 비교적 완전한 상태이다. H108①: 5편은 10여 편의 조각편을 짜 맞추기綴合하여 하나로 만들 수 있는데, 좌갑左甲의 잔편이다. 갑수甲首와 왼쪽 갑교甲橋의 보존 상태가 비교적 양호하고, 중간선 가까운 곳에 몇 조각 떨어져 나갔으며, 글자가 새겨진 한 조각은 이 배딱지 잔편의 잔존 부분의 가장 하단에 위치하고 있다. 나머지 H108③: 10편은 오른쪽 갑미甲尾로 2글자가 새겨져 있다. 이것은 복갑의 "위치 확정"에 새로운 자료를 제공해 준다. 그리고 이 3편의 복갑 상의 글자들, 예컨대 H108①: 4상의 "성주成周" 2자는 중간선의 방향으로 행이 만들어졌다行文. 그리고 나머지 2편인 H108③: 5편의 "기사□□其叙□□"와 H108③: 10편의 "용정用貞" 등은 복갑 상의 위치는 다르지만, "각사는 모두 중간선 방향으로 행서行書되어 있다. 이 또한 '서주 복갑에서의 각사는 조의 가지兆枝를 따라 중간선으로 행해 간다'고 했던 이전의 인식이 부정확했음을 말해 준다." 이외에도 학자들은 주원의 제가齊家에서 나온 복갑에서 좌갑左甲의 동조同兆 하에 있는 두 줄의 동조同組 각사 및 우갑右甲의 동조同兆 하에 있는 두 줄의 동조同組 각사의 의미에 대해 분석했는데, "두 조의 각사는 우행右行으로부터 좌행左行으로 읽어 나간다"고 했다. 그리고 서주 청동기 명문의 독법도 유력한 예증이 되었다. 그래서 유리하의 복갑상의 H108①: 5의 "기사□□其叙□□"도 오른쪽에서 왼쪽 방향으로 읽어 나간다. 학자들은 귀갑을 깊이 분석하고 서주 복갑 각사의 분포를 연구한 후, 새로운 견해를 제시하게 되었는데, "왼쪽 딱지에서는, 갑수甲首로부터 갑미甲尾 방향으로 읽어 나가야 하고, 오른쪽 딱지에서는, 갑미甲尾에서부터 갑수甲首 방향으로 읽어 나가야 한다."[67] 즉 문자를 새길 때, 배딱지의 천리로千里路를 수평의 아랫선으로 하고, 각기 거북딱지의 가장자리 쪽을 위쪽으로 하면, 문자는 조兆의 방향과 일치하게 되며, 바깥으로부터 안으로 향하는 것과 천리로千里路는 수직으로 분포하게 된다. 그래서 왼쪽 딱지의 경우 갑수甲首 부분으로부터 갑미甲尾쪽으로 읽어 나가야 하고(오른쪽으로부터 좌행左行으로), 오른쪽 딱지의 경우 미갑에서 갑수 쪽으로 읽어 나가야 한다(여전히 오른쪽으로부터 좌행左行한다). 이러한 인식은 글자를 가진 복갑의 상하를 확정하는 데 좋은 시사가 되었다.

그러면 시험 삼아 제가촌의 H3(2): 1편 복갑을 이런 방식으로 해독해 보자. 그러면 오른쪽 딱지의 가장자리가 위쪽이 되고(거북의 길이龜長가 거북의 폭龜寬이 된다), 그 위에 새겨진 각사는 다음처럼 읽어야만 한다.

67) 雷興山, 「北京琉璃河遺址新出卜甲淺識」, 『中國文物報』, 1997.3.30.

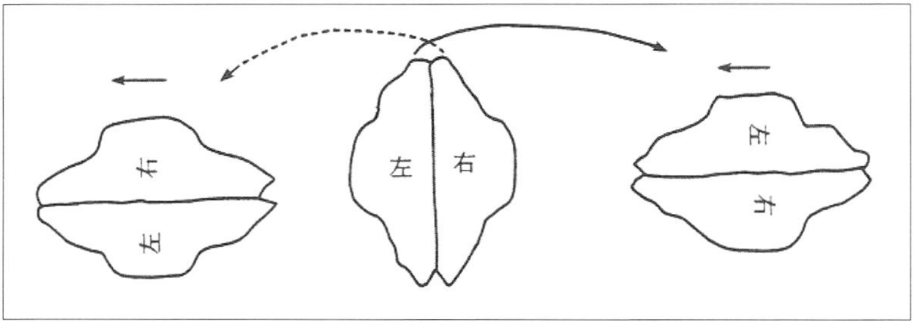

① '유'를 보내 첩을 체포해 오게 하였다. 用由逋妾.

② 이때 '유'도 같이 도망하고 말았다. 此由亦此亡.

③ 이 '어'제사를 올려 영원하게 해 달라고 할까요? 斯御于永冬(終).

다시 왼쪽 딱지의 가장자리를 위쪽으로 향하게 하여(거북의 길이龜長는 여전히 거북의 폭龜寬이 된다), 그 위에 새겨진 각사들은 이렇게 읽어야만 한다.

④ 이 '어'제사를 올려 아름다운 영을 내려 달라고 할까요? 斯御于休令.

⑤ '보'가 물어봅니다. 궁궐을 지을까요? 길할 것이다. 保貞宮, 吉.

그래서 이렇게 말해야만 할 것이다. ①과 ②가 한 조가 되고, ③과 ④가 한 조가 되는데, 그들 간에는 내용적으로 일정한 연계가 이루어져 있다. 이렇게 읽어 나가면, 이상의 다른 것보다 합리적인 해석이 된다. 그래서 유리하에서 출토된 글자를 가진 갑골은 갑판상의 각사의 분포와 새기는 방향을 파악하는 데 귀중한 참고가 된다. 물론 현재까지 발견된 완전한 모습의 귀판이 많지 않고 주원에서 출토된 갑골이 작은 파편이라, 앞서 말한 복갑 각사의 새기는 방향에 대한 규칙의 인식은 아직 이후 새로 출토될 더욱 많고 완전한 글자를 가진 복갑들의 검증이 이루어져야만 할 것이다.

그리고 지금까지 발견된 서주 복골로 볼 때, 복골을 사용할 때 은허 갑골에서처럼 골구骨臼 쪽을 위쪽으로 하던 그런 엄격함은 없었던 것 같다. 예컨대 산서 홍조에서 나온 복골의 경우, 골구骨臼를 위쪽으로 하고, 문자는 위로부터 아래로 새겨, 뼈의 길이 방향과 일치했다. 하지만 어떤 경우에는 골구骨臼를 아래쪽으로 하기도 했는데, 섬서 부풍의 제가에서 출토된 복골의 경우, 문자는 골선骨扇에서 골구骨臼 방향으로 새겨졌다. 이외에도, 제가 NH1(3) : 1 · T1(4) : 1 · 80FQN 채집 : 112 · 채집 : 108(뒷면)편 등과 북경 방산의 진강영鎭江營에서 출토된 복골의 "서수筮數"도 이와 같이 새겨졌다. 혹은 골구骨臼를 왼쪽으로 하여, 뼈의 길이를 골의 넓이骨寬로 삼았고, 글자는 위에서부터 아래로 조兆를 맞이하는 방향으로 새겨졌다. 예컨대 제가에서 채집된 84편의 "묘□일에 왕께서 해석하여 □라고 했다卯□王曰□"나 채집 108편의 앞면의 서수筮數가 그러하다. 또 문자는 위에서 아래로 새겨졌고, 다시 골구骨臼 방향으로 돌린 경우도 있는데, 하북성 형대邢臺 남소왕南小汪에서 출토된 복골이 그렇다. 또 골구骨臼를 오른쪽으로 향하게 한 경우도 있는데, 섬서 부풍 제가에서 채집된 94편의 "육려六驪"나 "벌왈사伐曰祀" 등은 혹은 조兆의 방향을 따라서 새겨졌거나 조兆의 방향을 맞이해 새겨졌는데, 바로 골구骨臼가 오른쪽으로 향하여, 뼈의 길이骨長가 뼈의 넓이骨寬가 되며, 위로부터 아래로 새긴 것이다. 그래서 이상의 각지에서 출토된 글자를 가진 서주 복골로부터 볼 때, 문자를 새길 때에는, 한 조각의 복골일 경우 골구骨臼를 위로 향하게 하거나, 혹은 골구를 아래로 향하게 하거나, 혹은 골구를 왼쪽으로 향하게 하거나, 혹은 골구를 오른쪽으로 향하게 하였다. 어떤 때에는 동일한 뼈를 사용할 경우, 골구를 때로는 아래로 향하게 하기도 했고, 혹은 다시 왼쪽으로 향하게 하기도 했다. 예컨대 섬서 풍서灃西에서 출토된 복골의 "서수筮數", 부풍 제가에서 채집된 108편의 앞면과 뒷면의 "서수筮數" 등이 그러하다. 그런가 하면 때로는 골구를 왼쪽으로 향하게 하였다가, 동시에 다시 오른쪽으로 향하게 하기도 했는데, 부풍의 제가에서 채집된

94편과 하북성 형대의 남소왕南小汪 복골이 그러하다. 이렇게 볼 때, 서주 복골의 경우 문자를 새길 때 골구의 방향은 자의성이 대단히 커서, 은허 갑골처럼 일반적으로 골구가 위로 향하는 그런 엄격한 규칙은 없었다.[68]

(4) 행行의 방향

갑골상 문자의 행의 방향을 정확하게 인식하는 것은 복사의 내용을 정확하게 해독하고 이해하는 데 극히 중요하다. 서주 갑골(주로 봉추 궁전 기초 터의 H31・H11에서 나온 것들)의 문자들은 크기가 극히 작고, 게다가 갑골이 잘리고 떨어져나간 정도가 매우 심하고, 편의 크기가 작아, 원래의 "위치를 확정定位"하는데 어려움이 있다. 이러한 특징은 행의 방향에 관한 연구를 더욱 어렵게 한다. 하지만 이것은 서주 갑골 연구에서 어려운 글자를 해독한 후 누구라도 회피할 수 없는 문제이다.

일부 학자는 주원 갑골 각사의 행의 방향에 대해 전문적으로 정리하고 분석하였는데, 기본적으로는 다음과 같은 4가지의 유형으로 귀납할 수 있다.

첫째, 각사의 행이 왼쪽으로부터 시작되어 아래로 갔다가 다시 오른쪽으로 돌아가는 경우. 예컨대 H11 : 1편의 "癸巳彝文武帝乙宗, 貞王其邵𠷎成唐, 𩱧・御, 𠬝二母. 其彝血靯三・豚三, 斯又正(계사일에 문무제을의 종묘에서 '이'제사를 드리는데, 물어봅니다. 왕께서 성당께 '𠷎'제사를 드리고 두 어머니께 '상'과 '어'와 '보'제사를 드릴까요? '이'제사에 암양 3마리, 새끼 돼지 3마리를 올리면 이번에 도움을 받을 수 있을까요?)"가 그런 경우이다. 이외에도 H11 : 84・H11 : 112・H11 : 82・H11 : 174편 등이 이에 속한다. "상술한 각 복사는 모두 서사敘辭를 갖추고 있거나 '정貞'자로 시작되는 명사命辭를 갖추고 있다. 은허복사의 사례辭例로 예를 삼아 보면 (…중략…) 복사卜辭임에 분명하다."

---

68) 王宇信, 「邢臺南小汪西周甲骨出土的意義」, 『史學月刊』, 1999年 第1期.

둘째, 어떤 각사의 행은 오른쪽에서부터 시작해 아래로 갔다가 다시 왼쪽으로 돌아가는 경우이다. 예컨대 H31 : 2편의 "唯衣鷄子來降, 其執罪乎乎事. 在旆爾卜, 曰南宮奇其乍(은나라의 기자가 와서 항복하였고, 그의 집사와 사관도 함께 왔다. '전'에서 '이'가 점을 칩니다. '남궁얼'에게 그 일을 담당하게 할까요?)[69)]"를 비롯해 H31 : 3 · H11 : 48 · H11 : 117편 등이 이에 속한다. 이러한 유형의 행의 방향은 마침 첫째 유형의 행의 방향과 상반된다. 하지만 이것을 첫째 유형의 좌우대정左右對貞으로 보지는 않는다. 그 이유는, 먼저, 비록 "서주 갑골문이 은허복사와 일맥상통하긴 하지만, 또 은허복사와는 다른 자신만의 특징을 형성했기 때문이다." "현재 볼 수 있는 비교적 완전한 서주 복갑과 복골 재료에 근거해 볼 때, 서주 갑골의 문례文例는 은허복사와는 다른데 대정對貞을 하지 않았다는 점이다." 그 다음으로, "각사의 내용으로 볼 때, 이러한 유형의 행의 배치를 보면, 첫째 유형의 행의 배치에서의 '전사前辭' 혹은 판단을 제공하는 복사의 첫 글자인 '정貞' 등이 보이지 않아 그것을 복사로 볼 수 없기" 때문이다. 그래서 "은허복사 중의 기사문자의 행의 배치와 상당히 일치한다고 해야만 할 것이다."

셋째, 어떤 각사는 위에서부터 아래로 수직으로 행을 배치했다. 네 글자가 수직의 행으로 배치된 경우도 있는데, Hi1 : 210편의 "今春王其……(올 봄 왕께서 ……)" 등이 그러하다. 세 글자가 수직의 행으로 배치된 경우도 있는데, H11 : 116+135편의 "성숙족成叔族" 등이 그러하다. 두 글자가 수직의 행으로 배치된 경우도 있는데, H11 : 22편의 "충백蟲白" 등이 그러하다. "이러한 유형의 각사는 행의 배치가 간단하긴 하지만 그 성질은 도리어 복잡해, 복사와 기사 문자를 포함하고 있다." 그 중에서 H11

---

69) (역주) 衣는 殷의 통가자이며, 鷄는 箕의 통가자로 鷄는 은나라의 왕자인 箕子를 말한다. 旆는 지명이며 爾는 인명으로 이 점복을 주관했던 사람이다. 南宮奇은 인명으로 南宮은 성이고 奇은 이름이다. 奇은 이후의 孼과 같은 글자이며, 乍는 作과 같다. '남궁얼'로 하여금 기자와 그의 집사 및 사관들을 다스리는 일을 담당하게 할 것인가를 물은 것으로 풀이된다.

: 168+268편의 "혜이주叀二青" 등은 "비교적 전형적인 복사와는 조금 다른 또 다른 유형의 복사이다." 그리고 "나머지 각 문장은 기사記事성 문장들이다. 이는 다시 복사의 준비와 관련된 기사각사와 점복과 관련된 기사문자로 나뉜다." 예컨대 H11 : 188편의 "자부지自不楷('부지'라는 곳으로부터)" 등과 H11 : 127편의 "을묘일에 돼지 점을 준비합니다乙卯䝐" 등은 바로 "점복 전 복사의 준비와 관련된 기사문자로, 주나라의 특수한 기사각사이다." 그리고 "주원에서 출토된 갑골 중, 세로로 한 줄로 배치한 각사는, 위에서 분석한 3개의 복사와 9개의 점복 전의 복사와 관련된 기사각사를 제외한 나머지는 모두 은허복사 중의 이러한 기사문자와 성질이 같다고 보아야 할 것이다."

넷째, 어떤 각사들의 행의 배치는 규칙적이지 못하다. 이들은 다음처럼 표현된다. ① 위로부터 아래로 내려가며, 다시 아래로부터 직각으로 오른쪽을 향해 나아간다. ② 위쪽으로부터 아래로 내려가며, 다시 아래로부터 직각으로 왼쪽을 향해 나아간다. ③ 왼쪽으로부터 오른쪽으로 가로로 가다가, 다시 직각으로 꺾어 아래쪽을 향해 세로로 내려간다. "이러한 유형의 행으로 배치行款된 주원周原 갑골들을 보면, 그것이 복사의 서사敍辭라고 판단할 수 있는 근거가 없으며, 의미도 분명히 서술형의 단순 문장이기 때문에, 이들을 복사가 아닌 것으로 판단한 것은 일리가 있다."

주원周原 갑골 중, "전형적인 복사는 많지 않다. 수량이 얼마 되지 않는 몇 조항의 전형적인 복사라 하더라도, 행의 배치行款는 모두 왼쪽으로부터 오른쪽으로 되어 있으며, 이는 대량의 기사記事문자들이 오른쪽으로부터 아래로 내려가면서 왼쪽으로 배치된 것과는 완전히 반대되는 모습이다."70)

주목할 만한 것은 서주 갑골 중에서 "점왈卧曰"이라고 한 또 다른 유형의 각사들이다. 학자들은 이 복사를 이렇게 해독했다.

---

70) 王宇信, 「西周甲骨刻辭行款的初步分析」, 『人文雜志』, 1988年 第3期.

점을 쳐 물어봅니다. '자' …… 卧曰, 子 ……

점을 쳐 물어봅니다. 그 …… 卧曰, 其 …… (H11 : 5편)

점을 쳐 물어봅니다. 이번의 승리한 일을 …… 이번 승리한 일을 …… 卧曰, 𢆶斯克事 …… □斯克事. (H11 : 6+32편)

점을 쳐 물어봅니다. …… 하지 말까요? □을 쳐부수고 들어가지 못할까요? …… 卧曰, 毋 …… 旣, 弗克入□. (H31 : 4편)

또 "점卧"자는 『설문』에도 보이는데, "'정貞'자와 뜻이 같다"고 했다. "지금 서주 복사를 보면, 이 글자의 용법은 분명 '정貞'자와 같다."[71] "학자들 간에 이의 해독에 차이가 존재하지만, 그 행의 배치行款라는 방향에 대한 해석은 오히려 기본적으로 일치하고 있다."[72] 즉 위에서 제시했던 것처럼 "점왈卧曰"이라는 문장부터 시작해서 모두 왼쪽으로부터 오른쪽으로 방향을 바꾸어 나가고 있다. 하지만 1991년 형대邢臺의 남소왕南小汪 서주 갑골의 출토는 이러한 유형의 서주 초기 갑골 각사의 행의 배치를 이해하는데 중요한 증거를 제시해 주었다.

형대의 남소왕南小汪 서주 복사의 경우, "점을 쳐 물어봅니다. 제사에 네 마리의 흰색 암컷 말과 누런색 말을 사용하여 '척'제사를 올리면 일이 이루어질까요? 卧曰已四白驼騜陟其事"[73]로 해석되었고, 행의 배치는 "점왈卧曰"부터 시작해서 왼쪽에서부터 오른쪽 방향으로 나아간다.[74] 이는 분명 형대에서 출토된 서주 갑골의 각사와 섬서 주원에서 출토된 갑골에서의 "점왈卧曰" 각사의 행의 배치가 완전히 일치함을 보여 주고 있다. 이러한 유형의 각사의 행의 배치는 앞으로 계속 깊이 연구할 만하다.

필자는 「기산 봉추촌에서 두 차례 발된 주나라 초기 갑골문岐山鳳雛村兩

71) 李學勤, 「續論西周甲骨」, 『人文雜志』, 1986年 第1期.

72) 王宇信, 「周原甲骨卜辭行款的再認識和邢臺西周卜辭的行款走向」, 『華夏考古』, 1995年 第2期.

73) (역주) 已는 祀와 같고 驼는 암컷 말을, 騜은 누런색의 말을 말하며, 陟은 제사이름이다.

74) 「刑臺南小汪周代遺址西周遺存的發掘」, 『文物春秋』, 1992年 增刊.

次發現周初甲骨文」[75]에서 H11 : 6+H11 : 32편을 "'이'가 이 일을 할 수 있을까요? 점을 쳐 물어봅니다. 이 사람도 이 일을 할 수 있을까요? 爾斯克事. 卧曰, 幷斯克事"로 해독하는 것에 찬동했다. 즉 일반적으로 "점왈卧曰"로 시작되는 부분부터 시작해 왼쪽으로부터 오른쪽 방향으로 나아가는 행의 배치로 읽은 것과는 달리 오른쪽으로부터 왼쪽 방향으로 나아가는 배치여야 한다. "서주 갑골에서의 '점왈卧曰'로 된 각사(이를 '점사卧辭'라 부른다)의 정리와 분석을 통해, 서주 갑골에서의 "점사卧辭"는 정사貞辭와 성질이 비슷하지만, 완전히 같은 것은 아니며, 이는 은허복사에서의 점사占辭의 기능과 같다."[76] "정사貞辭에다 점사卧辭가 더해져야만 비로소 더욱 완전하고 동시에, 은허복사와 분명하게 구분되는 전형적인 서주 복사가 된다." 이 복사(H11 : 6+32편)는 전형적인 서주 복사이다. 그리고 다른 H31 : 4편의 경우, 필자의 정리에 의하면, "허물이 없을까요?斯亡咎'는 서주 갑골에서 문장 끝에 쓰던 용어임에 분명하다. 그래서 이편의 앞 단락은 응당 "그리하여 산을 돌아갔는데 …… 떨어졌으나 재앙은 없었다 迺則嵬 …… 隊弋斯亡咎"로 되어야만 옳으며, 행의 배치도 위쪽으로부터 아래 방향으로 가다가 다시 오른쪽을 향해 돌아가는 것이어야 옳다.[77] 그래서 이 복사를 "대사망구隊斯亡咎, 연즉비延則嵬"[78]로 읽고, 행의 배치를 왼쪽으로부터 오른쪽 방향으로 해석한 이 이전의 해독은 근거가 결여되어 있다. 그리고 H31 : 4편 위쪽의 또 다른 복사는 "짜 맞추기 한綴合 H11 : 6+H11 : 32편의 사례辭例와 극히 유사하다. 즉 정사貞辭와 점사卧辭를 포함한 전형적인 서주복사이며, 전체 복사는 응당 '기불극우선旣弗克尤宣, 점왈卧曰, 무毋'로 읽어야만 할 것이다. 필자의 이러한 해독은 이전의 것과는 완전히

---

75) 『考古與文物』, 1982年 第2期.

76) 필자는 1991年 5月 陝西 西安에서 개최된 "周秦文化國際學會硏討會"에 제출한 논문에서 이미 이러한 견해를 밝힌바 있다. 회의의 논문집(1999年 출판 예정)을 참조.

77) 王宇信, 「周原甲骨卜辭行款的再認識和邢臺西周卜辭的行款走向」, 『華夏考古』, 1995年 第2期.

78) 陳全方, 「陝西岐山鳳雛西周甲骨文槪論」, 『古文學硏究論文集』 『四川大學學報叢刊』 第10輯, 1982.

다르다.” 이것은 H11 : 6+H11 : 32편의 증거만 있는 것이 아니라, “점왈, 무卧曰, 毋”라고 한 아랫부분에 “비교적 커다란 빈 공간이 남겨져 있는데, 이것은 점사卧辭에서부터 ‘무毋’에 이르러 이미 문장이 끝났다는 것을 말해준다”는 사실로부터도 알 수 있다. 이외에도, 다른 점왈卧曰이나 왈曰 등과 같은 서주 갑골각사를 분석해 보면, “서주 갑골은 언제나 한 단락의 문장 아래 비교적 커다란 빈 공간을 남겨 놓아, 이로써 이 각사가 끝났다는 것을 나타내주는 데서도 방증을 찾을 수 있다.” 그래서 주원 갑골의 전형적인 서주복사, 즉 정사貞辭와 점사卧辭를 포함한 사례辭例는 형대邢臺의 갑골각사를 해독하는 데 근거를 제시해 준다고 믿는다. 즉 형대의 남소왕의 서주 갑골 각사의 행의 배치 방향은 “점왈卧曰”부터 시작해서 오른쪽 방향으로 가는 것이 아니라, 이와 정반대로 오른쪽에서부터 왼쪽 방향으로 가야만 하고, 복사도 “기사황其事騜, 척사백비陟四白牝. 점왈卧曰, 사祀(그 일에 누런색 말을 쓰고, ‘척’제사에 흰색 암컷 말 4마리를 쓸까요? 점을 쳐 말했다. 제사를 올려라)”라고 읽는다면 아마도 큰 문제는 없을 것이다. “그리고 형대邢臺의 갑골에서 ‘기其’자로 시작하는 문장은, 복사의 행의 배치가 오른쪽으로부터 왼쪽 방향으로 가는데, 이 또한 전형적인 서주 갑골의 행의 배치에 새로운 증거를 더해 준다.” 그래서 “주원 갑골에 대한 진일보한 깊은 종합적인 연구와 동시에 형대邢臺 갑골과의 상호 증명을 통해, 서로를 보충하고 증명한 것은 서주 갑골 연구에 새로운 인식을 가능하게 해 주었다.”79)

한 가지 기쁜 소식은, 구석규裘錫圭의 「서주 갑골문의 “점”자를 해석함釋西周甲骨文的“卧”字」80)에서 논의한 주원 갑골의 H11 : 6+H11 : 32편과 H31 : 4편 및 형대의 남소왕南小汪 서주 갑골의 행의 배치 방향이 필자의 인식과 일치한다는 점이다. 그에 의하면, “점왈’로 시작되는 문장은 상당한 독립성을 유지하고 있어 명사命辭의 일부분으로는 보이지 않는다. 이를

79) 王宇信, 「周原甲骨卜辭行款的再認識和邢臺西周卜辭的行款走向」, 『華夏考古』, 1995年 第2期.
80) 『第三屆國際中國古文字學研究會論文集』, 香港 中文大學, 1997.10.

독립시켜 본다하더라도 또 명사命辭로 보이지는 않는다. 그래서 필자는 이러한 '점'자의 경우 '점을 쳐 물어보다卜問'는 의미를 끌어와 해석할 수는 없으며, 응당 복조卜兆의 '조兆'로 읽어야 한다고 생각한다"고 했다. 이는 서주 갑골문에서의 "점사"가 "은허복사에서의 점사占辭의 기능과 같다"[81]는 필자의 관점과 기본적으로 일치한다. 즉 "'점왈'로 시작되는 문장은 응당 점복자가 복조卜兆에 근거해 판단을 내리는 점사占辭로 보아야 한다."[82]

주목할 만한 것은, "논란의 여지가 없는 비교적 전형적인 서주복사 중에서(주원의 것이든 수천 리 떨어진 형대의 것이든), 그 각사의 행의 배치는 거의 예외 없이 모두 오른쪽에서부터 왼쪽 방향으로 나아간다는 점이다. 학자들 간에 그 족속族屬의 문제에 대해 이론이 많은 또 다른 유형의 전형적인 복사(즉 주나라 인물인지, 아니면 상나라 인물인지에 대해)의 경우, 그 행의 배치의 방향은 모두 전형적인 서주복사(즉 정사貞辭와 점사卧辭를 포함함)와는 다른데, 모두 왼쪽으로부터 오른쪽 방향으로 되어 있다."[83] 이러한 현상에 대해서는 앞으로 더 깊은 연구가 필요하다.

2) 서주갑골의 시기구분에 관한 탐색

서주갑골의 시기구분은 더 정확하게 말하자면 섬서 기산 봉추鳳雛에서 출토된 갑골의 시기구분이라고 해야 할 것이다. 봉추 궁전 기초 터의 서상西廂 2호방 내의 H11・H31에서 출토된 갑골이 다른 서주 유적지에서 출토된 것보다 편수가 많을뿐더러, 비교적 중요한 내용이기 때문에 진일보한 시기구분 연구를 가능하게 해 주었기 때문이다.

---

81) 王宇信, 「周原甲骨卜辭行款的再認識和邢臺西周卜辭的行款走向」, 『華夏考古』, 1995年 第2期.
82) 王宇信, 「周原甲骨卜辭行款的再認識和邢臺西周卜辭的行款走向」, 『華夏考古』, 1995年 第2期.
83) 王宇信, 「周原甲骨卜辭行款的再認識和邢臺西周卜辭的行款走向」, 『華夏考古』, 1995年 第2期.

1984년 이전까지는 주원周原 갑골 발견에 관한 몇몇 간단한 보고서와 글자 고석에 관한 글의 행간 속에서 서주갑골의 시기구분에 대한 관점을 노출하곤 했는데, 주요한 것에는 다음과 같은 것이 있다.

첫째, 주원갑골의 "절대 대부분은 상나라 왕실의 복사로 상나라 주紂왕 때의 것이다"는 견해이다. 하지만 일부분은 "분명 주나라의 것으로", "그 시대는 상왕실 복사보다 조금 늦다."[84]

둘째, "주원갑골의 절대 대부분은 문왕文王 때의 유물이다." 하지만 "성왕成王 때의 유물도 포함되어 있다."[85]

셋째, 주원갑골은 "글자체와 내용으로 볼 때", "두 시기로 나눌 수 있는데", 무왕武王이 상나라를 멸망시키기 이전과 상나라를 멸망시킨 이후의 두 시기이다.[86] 이학근李學勤·진전방陳全方의 견해는 기본적으로 이와 일치한다. 진전방은 여기서 한걸음 더 나아가 "빠른 것은 주나라 문왕文王에 이르고, 늦은 것은 성왕과 강왕成康에 이른다"고 했다.[87] 그리고 이학근은 "봉추갑골의 연대는 위로는 주나라 문왕에 이르고, 아래로는 강왕康王·소왕昭王에 이른다"고 했다.[88]

넷째, 주원갑골의 경우 가장 이른 것은 은허복사의 늠신·강정·무을 때, 즉 "주나라 문왕의 초기, 혹은 왕계王季의 후기에 해당하며", 가장 늦은 것도 "문왕의 후기 작품이라는 데는 문제가 되지 않는다"[89]는 견해이다.

이와 같이 주원갑골 시기구분에 대한 다양한 견해는 시기구분 연구가 더욱 심화되도록 만들었다.

---

84) 王玉哲, 「陝西周原所出甲骨文的來源試探」, 『社會科學戰線』, 1982年 第1期.
85) 徐中舒, 「周原甲骨初論」, 『古文字研究論文集』(『四川大學學報叢刊』 第10輯), 1982.5.
86) 陝西周原考古隊, 「陝西岐山鳳雛村發現周初甲骨文」, 『文物』, 1979年 第10期.
87) 陳全方, 「陝西岐山鳳雛村西周甲骨文概論」, 『古文字研究論文集』(『四川大學學報叢刊』 第10輯), 1982.5.
88) 李學勤, 「西周甲骨的幾點研究」, 『文物』, 1981年 第3期.
89) 徐錫臺, 「周原卜辭十篇選釋及斷代」, 『古文字研究』 第6輯, 中華書局, 1981.1.

지금까지 봉추에서 출토된 갑골(혹은 소위 주원 갑골)의 시기구분을 체계적으로 탐색한 결과, 주로 다음의 몇 가지 견해가 존재한다.

(1) 『주원 갑골문 종술周原甲骨文綜述』의 시기구분

주원갑골 발견자 중의 한 사람인 서석대는 문자를 해독하고 자료를 공표한 기초 위에서, 『주원 갑골문 종술周原甲骨文綜述』에서 주원갑골의 시기구분에 대한 의견을 전면적이고 체계적으로 완성했다.

그리고 1981년, 서석대는 「주원 복사 10편의 선택 해석 및 시기구분周原卜辭十篇選釋及斷代」[90]에서 주원갑골의 시기구분을 의식적으로 탐색하기 시작했다. 그는 이렇게 주장했다. 봉추의 H11 교혈 내 갑골의 경우, "3·11·14·80호 등 4편 복사 내용과 글자체와 서체로 볼 때, 분명 주나라 문왕의 초기나 왕계王季 후기 때의 작품으로 보인다. 그 이유는, 3·11·14·80호 등의 복사에 보이는 '왕王'자의 글자체가 『은허문자 갑편』 722·426편에서의 '왕王'자와 같기 때문이다." 또 "동작빈은 그것을 은허복사의 제3·4기로 확정했는데, 늠신·강정·무을 때의 복사에 속한다. 늠신·강정·무을은 주나라 왕계王季의 후기나 문왕 초기에 해당한다"고 했다. 그리고 3호 복사의 내용은 "의왕전衣王田, 지우백至于帛, 왕수전王叟田"인데, "아마도 상나라 왕인 무을武乙이 황하와 위수渭水 일대에서 사냥한 것을 주나라 왕이 기록한 것으로 보인다. 만약 이러한 가설이 성립한다면, 위에서 든 4편의 복사는 유력한 증거를 얻게 된다."

그리고 봉추의 H11 교혈에서 출토된 "83·98·115호 복사들의 글자체는 84·112·174호 복사와 비슷한데, 이 6편의 복사는 문왕의 후기 작품에 속하며, 제을·제신 시기에 해당한다." 그는 84호·112호·174호 복사의 "왕王"자의 서체가 『녕』 1.250편 등에서의 "왕王"자와 기본적으로 일치하는 데서 그 근거를 찾았다. "동작빈은 가로획 세 개와 세로획 하

90) 『古文字研究』 第6輯, 中華書局, 1981.1.

나로 구성된 왕王자를 은허복사의 제4·5기, 즉 제을·제신 시기에 속하는 것으로 확정했다." 이외에도 그 필사법을 보면 "또 무왕이 상나라를 정벌한 사건을 기록한 「이궤利簋」 명문의 '왕王'자와 비슷하지만 성왕成王이나 강왕康王 때의 금문에 보이는 '왕王'자와는 구별된다." 더욱 중요한 것은 "84호 복사에 등장하는 '주방백周方伯'은 바로 주나라 무왕을 말하는데, 무왕이 상나라를 멸망시킨 후라면 '주방백周方伯'과 같은 명칭은 더 이상 등장할 수 없다"는 점이다. 그래서 서석대는 "이 6편의 복사가 주나라 문왕 후기에 속한다는 것에는 아무런 문제가 없다"고 했다.

서석대의 「주원 복사 10편의 선택 해석 및 시기구분周原卜辭十篇選釋及斷代」은 주원갑골을 글자체, 특히 "왕王"자의 필사법의 변화에 근거해 갑골들의 문왕 초기와 후기의 차이를 구분한 "시기구분"에 관한 최초의 연구라고 해야 할 것이다. 이는 주원갑골의 시기구분 연구에 많은 시사점을 던져 주었을 뿐 아니라, 1991년 출판된 그의 『주원 갑골문 종술周原甲骨文綜述』에서의 "주원 갑골문의 시기구분"에 관한 연구에도 기초를 마련해 주었다. 『종술』에서는 이렇게 말했다. "주원에서 출토된 이 갑골의 경우, 일부분이 주나라 왕계王季 후기나 문왕 초기에 해당하며, 대부분의 복갑은 문왕 중·후기에 속한다. 극소수의 복갑은 아마도 무왕 시기와 주공周公이 섭정하던 시기에 속할 것으로 보인다.[91] 그 시기구분의 판단 근거는 다음과 같다고 했다.

첫째, 주원갑골의 글자체의 분석, 즉 "주원 갑골문의 시기구분을 글자체의 구조로부터 논의한다면, 왕王자의 필사법이 관건적인 부분이다. '왕王'자가 들어 있는 복갑 20여 편의 글자체를 분석해 본 결과 다음과 같은 세 가지 유형으로 나눌 수 있었다.

① 제I유형 제1형식 : 王. 글자체가 둥글고 윤택하며圓潤 부드럽다柔和. 글자를

91) 徐錫臺, 『周原甲骨文綜述』, 三秦出版社, 1991, 154면.

쓸 때 위의 두 가로획은 평행으로, 제3획은 호선처럼 휘어지게 했으며, 세로획은 위의 두 가로획을 관통하고 두 번째 획 아래부터는 양쪽으로 갈라져 호선처럼 휘어진 세 번째 가로획에 연결되게 했다. 봉추 H11의 3호 · 11호 · 61호 · 75호 · 113호 · 132호 · 134호 · 161호 등이 이에 해당한다. 이러한 유형의 왕王자는 은허복사 『일』104 · 『갑』426편의 왕王자의 필사법과 같다.

② 제I유형 제2형식 : 王. 글자체가 강건剛勁하고 힘이 있다. 글자를 쓸 때 위의 두 가로획은 평행으로 하였고, 세로획은 위의 두 가로획을 관통하다가, 두 번째 가로획의 중간부터 갈라져, 약간 비스듬한 세 번째 가로획에 연결되었다. 이러한 유형의 왕王자는 H11의 14호 · 80호 · 133호 · 136호 · 167호 등에 보인다. 이는 은허복사 『갑』722 · 『갑』426편 등의 왕王자와 같다.

③ 제II유형 : 王. 글자체가 강건剛勁하다. 글자를 쓸 때, 위의 두 가로획은 평행으로 하였고, 세로획은 아래로 관통하여 두 번째 가로획까지 이어졌고, 세 번째 가로획과 만나는 부분에서 약간 갈라졌다. 이러한 유형의 왕王자는 H11의 38호 · 92호 · 84호에 보이는데, 은허복사 『갑』3,940 · 『을』8,688편 등의 왕王자와 비슷하다.

④ 제III유형 : 王. 글자체가 엄정嚴整하다. 글자를 쓸 때, 세로획으로 삼三을 꿰뚫어 놓은 모습인데, 세 가로획 간의 거리가 균등하다. 이러한 유형의 왕王자는 H11의 1호 · 112호 · 174호 · 189호 · 233호 · 246호 등에 보이는데, 이는 은허복사 『전』 1.20.4 · 『전』 1.20.7 · 『일』 518 · 『녕호』 1.2.50편 등의 "왕王"자와 동일하며, 서주 때의 「이궤利簋」 · 「대풍궤大豐簋」 명문과도 비슷하다.

"제I유형의 제1 · 2형식의 왕王자의 경우, 동작빈 선생은 이를 은허복사의 제3 · 4기, 즉 늠신 · 강정 · 무을 때의 복사에 속하는 것으로 확정했다." 이는 "주나라 왕계王季 혹은 문왕 초기에 속한다." 또 제I유형 제2형식으로부터 발전한 제II유형의 왕王자는 "은나라 문무정 · 제을 때의 복사"에 속하는데, 이는 "주나라 문왕의 중기에 해당한다." 제III유형의 왕王자는 제II유형의 "왕王"자로부터 발전했는데, "제5기 복사, 즉 제신 시기"에 속하며, "문왕 말기나 무왕 시기에 해당한다."[92]

둘째, 주원 갑골문의 내용적 분석이다. 주원 복갑의 각사에 기록된 내용의 차이로부터, 또 고대 문헌에 기록된 사건에 근거한 고증을 통해, 기산 봉추의 H11·H31에서 출토된 49편의 갑골을 주나라 문왕 초기·문왕 시기·문왕과 무왕 혹은 주공의 섭정 시기로 나누었다. 그리고 "기산 봉추촌과 부풍 제가촌의 갑골문 시대표"를 나열해 64편의 갑골을 내용에 근거해, 문왕 말기 때의 것이 43편, 문왕과 무왕 시기의 것이 12편, 주나라 무왕 시기의 것이 7편, 무왕부터 주공 단旦 때의 것이 2편이라 확정했다.

셋째, 주원 갑골의 동일 갱坑에서 출토된 문물의 분석이다. 주원 H11에서 출토된 도력陶鬲의 잔편이 "풍서澧西 객성장客省莊 유적지 및 마왕촌馬王村 11호 회갱에서 출토된 제1기의 도력陶鬲과 비슷하다. 이 유형의 역鬲은 문왕 말기나 무왕 초기에 속하는 유물이다." 이외에도 미세한 진흙으로 만든 회갈색 도분陶盆의 아가리 부분의 잔편은 "선주先周 시대에 자주 보이는 유물이다."

『주원 갑골문 종술周原甲骨文綜述』은 갑골의 글자체의 특징과 내용 및 동반 출토된 도기의 특징에 근거해 서주 갑골문을 두 시기로 나눌 수 있는데, "제1기는 주나라 왕계王季 후기부터 주나라 문왕 중기에 이르며, 제2기는 주나라 문왕 후기부터 주공의 섭정 시기에 이른다"고 했다.[93]

(2) 『서주 갑골 탐론西周甲骨探論』의 시기구분

학자들은 "봉추에서 출토된 289편의 글자를 가진 갑골과 제가에서 출토된 6편의 글자를 가진 갑골을 고찰한 후, 어느 하나도 일관된 세계世系로써 시기구분 논의의 기초로 삼을 수 없으며, 그래서 이에 근거해 칭위나 정인貞人을 추론해 서주갑골의 시기구분 연구를 할 수 없다는 사실도

92) 徐錫臺, 『周原甲骨文綜述』, 三秦出版社, 1991, 154~155면.
93) 徐錫臺, 『周原甲骨文綜述』, 三秦出版社, 1991, 171면.

발견하게 되었다."[94] 하지만 서주갑골에는 늘상 "왕王"자가 출현하고 있다. "주원 갑골에 출현하는 '왕王'자의 정확한 고증은 서주갑골의 시기구분 탐색과 서주갑골을 이용한 주나라 초기 역사 연구에 큰 의미를 가질 수 있다."[95] 그리고 "서주갑골 각사에 출현 횟수가 많은 '왕王'자는 갑골 시기구분 탐색의 열쇠가 된다. 이러한 왕王자의 시대가 분명하게 고증되어야만 왕王자가 들어간 그런 갑골각사와 왕王자가 없는 갑골각사를 사류事類·서체書體 등의 측면에서 비교하여 시기구분이 가능하게 된다."[96] 갑골에 기록된 역사적 사실의 차이에 근거하면, "왕王"자는 기본적으로 다음의 4가지 유형으로 구분할 수 있다.

①I유형 1형식 王: 위의 두 가로획은 평평하고 맨 아래의 가로획은 약간 호선 모양이다.
I유형 2형식 王: 세 가로획이 모두 평평하다.
②II유형 1형식 王: 위의 두 가로획은 평평하고 맨 아래의 가로획은 비스듬하며, 세로획이 이들을 관통하고 있다.
II유형 2형식 王: 위의 두 가로획은 평평하고 맨 아래의 가로획은 비스듬하며, 세로획은 가운데 획을 지난 후 둘로 갈라졌고 맨 아래의 비스듬한 가로획과 만난다.

"갑골에 기록된 역사적 사실로 판단해 보건대, I유형 1형식의 '왕王'은 상나라 제을과 제신을 가리킨다. 그러나 2형식의 '왕王'은 천명을 받기 전의 주나라 문왕을 지칭한다." 그리고 II유형의 ''왕王"은 "II유형의 1형식의 왕王자가 I유형의 2형식과 II유형의 2형식과의 과도기적인 지위에 있으며, 동일한 계통의 중간 고리이지만, II유형의 2형식에 더욱 근접한

94) 王宇信, 『西周甲骨探論』, 中國社會科學出版社, 1984, 205면.
95) 王宇信, 『西周甲骨探論』, 中國社會科學出版社, 1984, 187면.
96) 王宇信, 『西周甲骨探論』, 中國社會科學出版社, 1984, 197면.

모습이다.” 그리고 II유형 2형식의 “왕王”은 H11 : 48편의 고증에 의하면, 주나라 문왕이 천명을 받기 전의 것이다.[97] II유형 2형식의 “왕王”은 H11 : 80편의 고증에 의하면 주나라 문왕이 천명을 받은 이후의 것이다.[98] II유형 1형식의 “왕王”자가 II유형의 2형식에 더욱 근접해 있기 때문에, 그 시대 또한 문왕이 천명을 받은 이후일 것이다.

〈표 13〉 문왕 시기 은 갑골과 서주 갑골 비교표

<table>
<tr><th colspan="5">은 갑골</th><th colspan="5">주 갑골</th></tr>
<tr><th>글자 유형</th><th>자형</th><th>왕세</th><th>번호</th><th>사류</th><th>글자 유형</th><th>자형</th><th>왕세</th><th>번호</th><th>사류</th></tr>
<tr><td>I유형 1형식</td><td></td><td>제을</td><td>H11 : 84 · 82
H11 : 112 · 174</td><td>文武丁升文武, 晋周方伯</td><td>I유형 2형식</td><td>王</td><td>문왕이 천명을받기 전</td><td>H11 : 38 · 48 · 72 · 189 · 233</td><td>王……渭漁</td></tr>
<tr><td rowspan="2"></td><td rowspan="2"></td><td rowspan="2">제신</td><td rowspan="2">H11 : 1</td><td rowspan="2">文武帝乙宗</td><td>II유형 1형식</td><td></td><td>문왕이 천명을받은 후</td><td>H11 : 167 · 191 · 246</td><td></td></tr>
<tr><td>II유형 2형식</td><td></td><td>문왕이 천명을받은 후</td><td>H11 : 136 · 80</td><td>王……往密</td></tr>
</table>

③ III유형  : 왕王자의 필사법을 보면 위의 두 가로획은 평평하며, 맨 아래의 가로획은 평평하거나 비스듬한 직선, 혹은 약간 호선형으로 되었다. 세로획은 중간 가로획과 맨 아래 가로획 사이에서 둘로 갈라져 맨 아래 가로획에서 교차된다.

④ IV유형  : 글자체가 소쇄瀟灑하고 원륜圓潤하다. 필사법을 보면 위의 두 가로획은 평평하며, 맨 아래의 가로획은 분명한 호선형으로 되었다. 세로획은 위의 두 가로획을 관통했으며, 두 번째 가로획의 아래에서부터 둘로 갈라져 맨 아래 가로획에서 교차된다. 제가촌의 NH1(3) : 1 · 채집 94편 등이 그러하다. 그리고 제가촌의 동쪽 유적지의 제5층은 “서주 중기의 회갱과 묘장으로, 갑골이 출토된 회갱인 H3 · H4

97) 王宇信, 『西周甲骨探論』, 中國社會科學出版社, 1984, 208~209면.

98) 王宇信, 『西周甲骨探論』, 中國社會科學出版社, 1984, 217면.

> 는 모두 이 층에 속한다." 그래서 "이 표본은 목왕穆王 시기보다는 늦지 않을 것이며, 회갱과의 지층 관계도 대체로 맞아 떨어진다."[99] 그래서 이 IV유형의 "왕王"자는 분명 소왕昭王 · 목왕穆王 시기에 속할 것이다.

글자 유형으로 볼 때, III유형의 글자들은 II유형의 왕王자(주나라의 문왕과 상나라의 제을 · 제신 시기)와 IV유형 왕王자(소왕과 목왕 시기)의 중간에 위치한 과도기적 형태여서, 분명 주나라 초기의 무왕 · 성왕 · 강왕 시기에 속할 것이다. 그리고 III유형의 왕王자가 들어 있는 갑골의 내용으로 볼 때, 예컨대 H11 : 132편의 "왕염진王畬森(秦)"은 성왕 때의 「𡐓방정𡐓方鼎」의 명문과 비슷하기 때문에, 성왕 때의 것으로 보인다. 그리고 H11 : 261편의 "상나라 왕이 융제사를商王肜"의 경우 은허 갑골문에서 상나라 왕이 스스로 "상나라" 왕이라고 지칭한 적은 한번도 없다. 그리고 문왕 시기에도 종주국의 왕을 "상나라" 왕이라고 부를 수는 없었다. 그래서 "아마도 성왕 이후 미자微子를 불렀던 호칭이 아닌가 생각 된다." "그렇다면 주나라가 상나라를 멸망시킨 후, 무경武庚 · 미자微子 등과 같은 신복臣服이 된 상나라 민족의 우두머리를 '상나라' 왕이라고 불렀을 것이다." 그래서 이 갑골편은 무왕 · 성왕 때의 유물이다.[100] 그래서 III유형의 "왕王"자는 글자 유형의 과도기적 성질로 보든, 아니면 갑골편의 내용으로 보든 무왕 · 성왕 · 강왕 때의 것임이 틀림없다.

이 때문에, 학자들은 주원갑골(주로 봉추의 갑골)에 출현하는 "왕王"자 유형의 분석을 통해 이렇게 추론했다. "왕王자와 왕王자 사이에는 가로획의 방향의 차이가 존재하는 것도 있는데, I유형의 1형식王과 I유형의 2형식王이 그렇다. 세로획의 차이도 있는데, 즉 I유형의 2형식王 → II유형의 1형식王 → II유형의 2형식王 → III유형王 → IV유형王王"으로 발전했다. 이를

---

99) 「扶風齊家村西周甲骨發掘簡報」, 『文物』, 1981年 第9期.

100) 王宇信, 『西周甲骨探論』, 中國社會科學出版社, 1984, 222면.

두고, “가로획의 차이는 은주殷周 두 민족의 차이이며, 세로획의 차이는 주나라의 갑골시대의 선후의 차이에 의한 규칙의 변화라고 한다.”101)

글자유형 항목	자형	시대	비고
I	王 王 I유형 1형식 I유형 2형식 ↓	문왕(천명을 받기 전)	I유형 1형식은 제을·제신 때의 갑골로 문왕 시기에 해당한다
II	II유형 1형식 王 ↓ II유형 2형식 王	문왕(천명을 받은 후)	
III	↓ 王	무왕·성왕·강왕	
IV	王	소왕·목왕	

『탐론』에 의하면, “서주갑골에 기록된 역사적 사실도 시기구분 연구에서 은허갑골의 세계世系만큼이나 중요한 기능을 한다.” 그래서 “주원갑골에 기록된 역사적 사실은 ‘왕王’자가 출현하는 갑골의 시대를 확정해 줄 뿐 아니라, 나머지 왕王자가 없는 적잖은 갑골도 사류事類에 의해 시기를 구분할 수 있다.”102) “왕王”자가 출현하지 않는 갑골 26편을 세 개의 시기에 귀납시켰다. 즉 문왕 시기에 5편, 무왕·성왕·강왕 시기에 21편이다. 사류事類에 의해 시기를 확정한 이 26편과 “왕王”자가 출현해 시기구분을 한 27편의 갑골을 더하면 총 53편이 되는데 이들은 기본적으로는 봉추 갑골의 주요 내용을 대표하며, 이 갑골들은 시대를 파악하는 데 도움을 주고 있다. 이 책에서는 “기산 봉추 갑골문에 보이는 ‘왕王’자의 시대표” 및 “기산 봉추 갑골문의 시대표”103)가 실려 있는 데 참고할 만하다.

“왕王”자의 변화에 근거한 시기구분이 기초 위에서, 『탐론』은 한 걸음 더

101) 王宇信, 『西周甲骨探論』, 中國社會科學出版社, 1984, 227~228면.
102) 王宇信, 『西周甲骨探論』, 中國社會科學出版社, 1984, 227면.
103) 王宇信, 『西周甲骨探論』, 中國社會科學出版社, 1984, 239~242면.

나아가 "왕王"자가 출현하는 각 항목의 갑골 서체를 다음처럼 분석했다.

> I유형 1형식 : "왕王"자의 갑골문자가 비교적 많이 보이며, 비록 "엄숙嚴肅하고 조심스럽지만謹飭", 글자체가 유약柔弱함이 두드러진다.
>
> I유형 2형식 : "왕王"자의 갑골도 비교적 "엄숙嚴肅하고 조심스럽지만謹飭", 행의 배치行款가 그다지 규정적이지 못하며, 글자체는 강건하고 힘이 있으며, 약간 생경한 감이 보인다.
>
> II유형 1형식의 "왕王"자 갑골은 기본적으로 전기와 마찬가지로 "엄숙嚴肅하고 조심스럽지만謹飭", 더욱 강건하고 힘이 있어, 무왕・성왕・강왕 시기의 "강건勁遒하고 호방豪放"한 기풍의 선하를 이루었다.

III유형의 "왕王"자 갑골은 비록 "강건하고勁遒 호방豪放하긴 하지만", 서체의 스타일에서 미세한 차이가 있다. 즉 분명히 다소 질서정연하여 빈틈이 없고嚴整 신중하고 조심스런謹飭 것도 있지만(H31 : 2 및 H11 : 83편 등), 또 강건剛勁하고 , 거칠면서粗獷 힘 있는 경우도 있고(H11 : 37・H11 : 8편 등), 다소 충만하고 윤택하며圓潤 표일飄逸한 것도 있다(H11 : 11・H116 : 22편 등). "비록 이 세 가지 서체 스타일을 가진 갑골의 시기의 순서를 세분할 수는 없지만, 세 번째의 '다소 충만하고 윤택하며圓潤 표일飄逸한' 것은 비교적 후기에 속하는 제가齊家에서 출토된 소昭・목穆 시대의 갑골 서체의 효시를 이루었다는 점에서, 아마도 앞의 두 가지보다는 다소 늦지 않을까 생각된다."

이외에도 문왕 때의 갑골(은나라의 제을・제신과 동시기)에 "보살핌을 받을까요? 受又又"가 많이 등장하며, 무・성・강왕 때에는 "허물이 없을까요? 无咎"가 많이 등장한다. 게다가 "서체의 스타일도 일치 한다."104)

『탐론』은 바로 이렇게 주원 갑골 속의 "왕王"자의 변화, 갑골에 실린

---

104) 王宇信, 『西周甲骨探論』, 中國社會科學出版社, 1984, 244~246면.

역사적 사실 및 글자체와 서체 등의 측면에서 시기구분을 탐색했다. 게다가 봉추 갑골문에는 문왕 때의 것(제을, 제신 때의 상나라 것을 포함)이 총 23편이다("왕王"자가 든 것이 15편, 사류事類로 확정한 것이 5편, 서체로 확정한 것이 3편이다.) 그리고 문왕 때의 이러한 갑골을 제외하면, 바로 무왕 · 성왕 · 강왕 때의 것이 된다. 봉추 갑골의 경우 49편은 문자가 판독 불능이어서 선을 그린 것으로 추정되는 것을 제외하면, 실제는 240편 정도가 되는데, 여기서 문왕 때의 23편을 제외하면 무왕 · 성왕 · 강왕 때의 것이 총 213편에 이른다. 문왕 때의 23편의 갑골 중에는 제을 · 제신 때의 상나라 때의 갑골 8편이 포함되어 있다. 그래서 "이러한 숫자는 주원 봉추 갑골이 주로 주나라의 것이지 결코 '절대 대부분이 상나라 왕실의 복사'가 아님을 설명해 준다. 그리고 이러한 갑골 중, 문왕 때의 것은 겨우 15편 정도에 불과하다. 이러한 사실은 또 주원 봉추 갑골의 절대 대부분이 무왕 · 성왕 · 강왕 때의 것이지 결코 '절대 대부분이 문왕 때의 유물'이 아님을 설명해 준다."[105]

(3) 주기상朱岐祥의 『주원 갑골 연구』의 시기구분

이 책은 중국 대륙에서 주원갑골에 대한 한 차례 열띤 토론이 이루어진 후에 출판되었다고 볼 수 있다. 잘 알고 있다시피, 의견이 분분했지만 깊이 연구할 만한 적잖은 문제가 제기되고 해결되었다. 새로운 문제를 해결하고 새로운 증거를 제시하기 위해, 서주갑골에 대한 논의는 잠시 침잠의 시기를 가졌었다. 그러나 이 책은 잠시 조용했던 서주갑골에 대한 논의를 깨트렸으며, 그래서 서주갑골 연구를 심화시켰다는 점에서 의의를 가진다.

주기상의 『주원갑골 연구』(대만 학생서국, 1997)의 하편 제1장은 "'왕王'자로부터 주원갑골의 시기구분을 논의했다." 그에 의하면 "왕우신 선생

---

105) 王宇信, 『西周甲骨探論』, 中國社會科學出版社, 1984, 247~248면.

의 『서주 갑골 탐론』은 주원갑골에 대한 최근 학자들의 연구를 집대성한 것으로, 왕우신 선생은 서주갑골에 자주 보이는 '왕王'자의 글자체를 순서대로 배열해 갑골을 시기구분 하고자 시도했다. 그의 『탐론』은 서주갑골 연구의 신기원을 연 저작으로, 자료를 과학적으로 분석하고자 한 것은 대단히 의미 있는 일이었다." 하지만 "은상갑골과 주원갑골 및 청동기상의 '왕王'자의 변화를 살펴볼 때, 주원갑골의 '왕王'자 자형에 대한 위치 및 평가에서 그와 다른 결론을 얻게 되었다."106)

『주원갑골 연구』에서는 "은상문자와 주원문자가 기왕에 계승 관계를 갖고 있다면, 주원갑골의 '왕王'자의 시간적인 차이를 논의할 때 먼저 정통해야 할 것은 은대 갑골의 '왕王'자의 정상적인 변화이며, 이로부터 주원갑골이 가지는 지위를 더욱 정확하게 이해할 수 있다"는 점을 특별히 강조했다. 그도 "왕王자의 자형으로부터 주원갑골의 시기 구분을 논의했다." "동작빈 선생이 제시했던 무정 때부터 제신 때까지의 5시기 시기구분 표준에 근거해, 은허의 동일한 여러 사례辭例들 중 '왕王'자의 전후기 필사법을 비교했다"107) 예컨대 "왕보王步"·"왕왕王往"·"왕출王出"·"왕정王征"·"왕향王饗"·"왕왈王曰"·"왕연王燕"·"왕타王巷"·"왕질王疾"·"왕축王祝"·"왕빈王賓"·"왕과王逘"·"왕성王省"·"왕전王田"·"왕령王令" 등의 은허복사로부터 "왕王"자 자형의 "변화에 의한 시기"를 귀납해 내었는데, "제1기복사의 왕太으로부터 제2기부터 제4기까지의 가로획이 짧은 왕玉을 거쳐, 제5기의 세 가로획과 하나의 세로획으로 된 왕王자에 이르게 되는 과정을 분명하게 볼 수 있었다."108) 게다가 "한 걸음 더 나아가 '왕王'자가 등장하는 주원갑골을 은허갑골과 대조하였으며, 왕玉이나 왕王으로 표기한 왕王자의 문례文例가 모두 은허복사에서도 등장함을 발견했다." 이로부터 그는 다음과 같은 사실을 발견했다.

---

106) 朱歧祥, 『周原甲骨研究』, 臺灣學生書局, 1997, 74~75면.
107) 朱歧祥, 『周原甲骨研究』, 臺灣學生書局, 1997, 75면.
108) 朱歧祥, 『周原甲骨研究』, 臺灣學生書局, 1997, 78면

첫째, 주원갑골에는 은나라의 갑골과 주나라의 갑골이 혼재되어 있는데, 둘 다 모두 "왕王"이라는 칭위를 사용하고 있다.

둘째, 주원갑골 중 은나라의 갑골에서의 "왕王"은 은 왕을 지칭하지 주왕을 지칭하지는 않는다. 왕王·왕王 등의 자형은 제신(帝辛) 때의 것임이, 왕王·왕王 등의 자형은 은의 제4기 복사의 왕王자에 해당하며, 그 시간대는 무을·문정 사이인 것이 분명해 보이며, 그래서 "은나라 후기 때의 은나라 갑골로 판정된다."[109]

셋째, 주원갑골 중 주나라의 갑골의 "왕王"자는 모두 왕王으로 표기되었다. 즉 "중간 세로획의 끝부분이 갈라지게 그려졌고, 세 번째 가로획이 분명한 호선형으로 되었는데, 이는 초기 주나라 때의 주나라 갑골로 판정된다."[110] 뿐만 아니라 『주원갑골 연구』에서는 한 걸음 더 나아가 "정貞"자·"허자의 용법"·"정正"자 등을 고찰하여 주원갑골의 시대를 논증했다.

"'정貞'자로부터 주원갑골의 시기구분을 논함"이라는 장에서, 그는 "주원갑골의 정貞자는 총 7번 보이는데, 그 자형은 정貞과 정貞의 두 부류로 나뉜다. 그리고 정貞자 문장의 용법에 근거해 정貞으로 된 것은 은나라 갑골이고, 정貞으로 된 것은 주나라 갑골이다"고 했다.[111] 또 "허자의 용법으로부터 주원갑골의 시기구분을 논함"이라는 장에서는 "주원갑골 중에서 혜叀·추隹·기其·우于·자自·필弜·불不·불弗·무亡 등의 각종 허자를 전체적으로 관찰하고, 이를 은허복사와 하나하나 대조하였다. 이로부터 주원갑골의 허자와 은나라 후기 복사에서의 용법은 보편적으로 일치하며, 은허복사는 모든 주원갑골 허자의 용례를 포함하고 있음을 더욱 분명하게 발견했다." 그래서 "주원갑골의 시간대는 상나라 후기 제신 시기와 그다지 멀지 않음이 명확하다"고 했다.[112] "정正자의 해석—주원

109) 朱歧祥, 『周原甲骨研究』, 臺灣學生書局, 1997, 82면.
110) 朱歧祥, 『周原甲骨研究』, 臺灣學生書局, 1997, 83면.
111) 朱歧祥, 『周原甲骨研究』, 臺灣學生書局, 1997, 88면.

갑골의 시대를 함께 논함"이라는 장에서는 "주원갑골의 정正자는 모두 정禎과 같이 읽어야 한다"고 했다. 그는 주원갑골에서 "정正"자가 출현하는 6편의 갑골 내용을 분석하고, "앞뒤 문맥에 근거해 볼 때 이들은 모두 제사류에 속한다. 정正자를 여기서 정禎자의 용법으로 쓰였다고 보는 것에는 전혀 문제가 없다." 그리고 은허에서의 "정正"자와 관련된 복사와 서로 비교하여, "'정正'자의 용법으로 볼 때 주원갑골의 시대는 상나라 후기 갑골과 일치한다"고 했다.[113] 이외에도 "정正"자가 출현하는 6편의 주원 갑골에 대해, 자형 · 사례辭例 · 문장의 의미 등과 같은 몇 가지 측면에서 분석하였는데, "제사를 드려 정상禎祥(상서러움)을 물었던 이러한 주원갑골은 은허의 제5기 복사의 시대와 같음이 분명하다"고 했다.[114]

이 같이 『주원갑골 연구』는 갑골 속에 출현한 "왕王"자에 대한 시기구분의 기초 위에서 새로운 길을 개척했으며, 한 걸음 더 나아가 "정貞"자 · "허자의 용법" · "정正"자의 의미 및 그 용법 등을 전면적으로 고찰했다. 이는 서주갑골 시기구분연구에 사고의 영역을 확장해 주었으며, 이로부터 서주갑골의 시기구분연구에 새로운 "표준"을 더해 주었다. 이것은 시기구분연구의 전진을 추동했을 뿐 아니라 주원갑골의 족속문제에 대한 논쟁의 해결에도 많은 시사점을 던져 주었다.

3) 서주갑골 시기구분 탐색의 득과 실

서주갑골은 출토량이 많지 않고, 서주 때의 문자를 가진 갑골 중 "문무 제을"과 같이 명확한 "칭위"를 가진 자료도 드물다. 게다가 부父 · 모

112) 朱岐祥, 『周原甲骨研究』, 臺灣學生書局, 1997, 91면.
113) 朱岐祥, 『周原甲骨研究』, 臺灣學生書局, 1997, 111면.
114) 朱岐祥, 『周原甲骨研究』, 臺灣學生書局, 1997, 113면.

母・형兄・자子 등과 같은 칭위가 거의 보이지 않는 등, 당시 왕들 간의 관계를 살필 수 있는 자료도 많지 않고, "정인貞人"도 아직까지 발견되지 않았다. 그래서 은허 갑골처럼 "세계世系"를 축으로 삼고 "칭위" 등을 "제1 표준"으로 삼아 서주갑골 전체를 전기와 후기로 정리할 수 있는 것이 아니다. 따라서 전통적인 은허갑골의 "10가지 표준"에 근거한 서주갑골의 시기구분 연구는 분명 불가능한 것으로 증명되었다. 그래서 서주갑골의 시기구분은 다른 방법을 찾아 나서게 되었는데, 현재 비교적 체계적인 시기구분 연구는 주로 다음과 같은 세 가지와 관련되어 있다.

(1) 서주갑골의 "왕王"자의 자형 변화에 의한 시기구분의 방법과 결과의 차이

『주원 갑골문 종술周原甲骨文綜述』·『서주 갑골 탐론西周甲骨探論』·『주원 갑골 연구周原甲骨研究』 등은 모두 서주갑골의 "왕王"자의 자형 변화에 주목하였고, 이에 근거해 시기구분을 시도했다. 하지만 앞의 서술로 볼 때, 『종술』과 『연구』와 『탐론』에서의 서주갑골의 "왕王"자의 변화에 대한 순서배열은 차이를 보인다.

즉 왕王(H11 : 1)·왕王(H11 : 82) 등과 같이 3개의 가로획과 1개의 세로획으로 된 "왕王"자에 대해 시대 확정이 기본적으로 일치하는 것을 제외하면, 다른 형식의 "왕王"자의 변화 순서는 차이를 보인다. 그리고 기본적으로 일치되는 이 시대(제을·제신 때)의 왕王자라 하더라도 『탐론』에서는 주왕도 있고 은나라 왕도 있다고 했으며, 『연구』에서도 상나라 왕도 있고 주왕도 있다고 했지만, 『종술』에서는 모두 주 문왕 때의 것이라 주장했다.

같은 "왕王"자 및 그 자형의 변화를 두고 이렇게 다른 견해가 도출된 원인은 어디에 있는가? 먼저, 그것은 주원갑골의 글자가 섬세하고 작아서 모사본에 부정확한 부분이 있을 수밖에 없었기 때문인데, 이는 자형을 순서대로 나열하기 어렵도록 만들고 있다.

다음으로, “서주갑골이 은허갑골과 많은 공통점을 갖고 있어 그들이 일맥상통한다고 여기고는 있지만”115) “서주갑골은 자신만의 특징도 갖고 있기 때문이다.”116) 시기구분 작업에서 은허갑골의 시기구분 성과로부터 시사를 얻을 수는 있다 하더라도, “봉추에서 출토된 글자를 가진 289편의 갑골과 제가齊家에서 나온 글자를 가진 6편의 갑골을 고찰한 결과 시기구분 연구의 기초로 삼을 수 있는 일관된 세계世系를 발견하지 못했으며, 그래서 이로부터 추론한 칭위稱謂나 정인貞人 등에 근거한 서주갑골의 시기구분 연구는 불가능하다.”117) 하지만 “서주갑골에 기록된 역사적 흔적史迹은 시기구분 연구에서 은허갑골에서의 세계世系 만큼이나 중요한 역할을 한다.”118) 『탐론』의 분석처럼 서주갑골의 “왕王”이 지칭하는 확실한 왕은 바로 갑골에 기록된 역사적 흔적－사류事類에 의해 결정된다. “그래서 한걸음 더 나아가 ‘왕王’자의 필사법이 각 시기에서 어떻게 차이나고 어떻게 발전했는가를 비교하게 된다.”119) 따라서 『탐론』에서 열거한 것처럼 “왕王”자 자형의 발전 순서는 갑골문에 반영된 역사적 흔적에 의해 해당 갑골편의 시대를 확정하고, 다시 서로 다른 시기의 “왕王”자를 분석 비교하여 시대의 변화에 따른 형식의 발전 순서를 확정하게 됨으로써, 견실한 역사적 사실로서의 근거를 마련하게 된다. 만약 믿기지 않는다면, 『탐론』 「표 1」의 “문왕文王시기 은 갑골과 주 갑골 비교표” 및 “기산 봉추 갑골문에 보이는 여러 ‘왕王’자 시대 표”를 참조하기 바란다.

『종술』과 『연구』는 서주갑골 중의 “왕王”자를 분석하는 과정에서 은허갑골의 시기구분 연구 성과 즉 글자체의 분석을 지나치게 강조했다. 특히 은허복사의 “왕王”자의 자형 변천을 서주갑골 “왕王”자의 분석에다

---

115) 王宇信, 『西周甲骨探論』, 中國社會科學出版社, 1984, 174면.
116) 王宇信, 『西周甲骨探論』, 中國社會科學出版社, 1984, 204면.
117) 王宇信, 『西周甲骨探論』, 中國社會科學出版社, 1984, 205면.
118) 王宇信, 『西周甲骨探論』, 中國社會科學出版社, 1984, 227～228면.
119) 王宇信, 『西周甲骨探論』, 中國社會科學出版社, 1984, 227면.

그대로 적용하면서, 주원복사의 “왕王”자라는 단순한 자형에만 근거한 채 각사刻辭의 내용은 전혀 대조하지 않았다. 예컨대 『종술』에서는 “왕[illegible]”(H11 : 3 · 부풍 채집 : 94)을 제I유형 제1형식으로 확정했는데, 그 근거는 늠신 · 강정 때의 왕王자와 비슷하다는 것이었다. 그 시대라면 왕계王季의 말기나 주 문왕의 초기에 해당한다. 그래서 “왕王”자 자형이 은허 제5기와 같고, 내용으로 볼 때도 은나라 후기나 주나라 문왕의 후기와 일치한다는 것을 제외하면, 다른 각 글자 자형의 분석이나 기록된 역사적 흔적과 모순이 생기게 되었다. 하지만 부풍扶風 채집 94편이 서주 소왕과 목왕 시기의 유적지 속에서 발견되었고, 이 유형의 왕王자 갑골은 그 시대가 늦어 문왕 초기에 해당하지 않는다는 사실도 발견하게 되었다. 그리고 이 유형의 왕王자 H11 : 126편은 “상나라 왕이 융제사를商王彡”으로 되어 있다. 하지만 은허갑골에서 상나라 왕은 스스로를 “왕”이라 불렀지, 상나라 왕 스스로를 “상나라 왕商王”이라 부른 경우는 없었으며, 단지 상나라 왕은 주변국의 수령을 “모왕某王”이라 불렀을 뿐이다. 예컨대 “영종戠왕令從戠王(영을 내려 ‘戠왕’을 따르게 할까요?)”(『합집』 6편) · “왕개王光”(『합』 4,559편 뒷면) · “왕[illegible]王[illegible]”(『합』 17,998편) 등이 그러한데, 이는 윗사람의 아랫사람에 대한 호칭이다. 예컨대 “영종戠왕令從戠王”에서 “戠왕戠王”은 바로 상나라 왕의 명령을 받는 자였다. 그리고 상나라 말 주나라의 왕계王季나 문왕 초기의 경우, 왕계王季는 상나라의 문정 때 “은의 목사牧師”로 임명되어, 상 왕조에 의해 종주국의 지위를 인정받았으며, “문정이 계력季歷을 죽였다”는 기록처럼 이후 피살되었다.[120] 그리고 그의 아들인 주나라 문왕은 즉위 후 “서백西伯이 되었는데, 서백을 문왕文王이라 불렀다.” 그는 “선과 덕을 쌓아 제후들이 모두 그에게 마음을 돌렸다.” 상나라 주紂왕은 그가 ‘천자 노릇을 하는 데 해가 된다”고 생각해 “서백을 유리羑里에다 가두었다.” 우여곡절 끝에 그는 사면되었고, 상 왕실에서는 “활 ·

---

120) 李民, 『古本竹書紀年譯注』, 中州古籍出版社, 1991, 53~54면.

화살 · 도끼 · 둥근 도끼를 하사하여 서백이 정벌권을 가지도록 했으며", 이 때문에 "천자의 명을 받은 임금"이라 불렸다.[121] 그래서 주나라가 상 왕조를 종주국으로 인정한 정황과 주의 왕계王季와 문왕文王 등이 "고공 단보의 유지를 이어 인仁과 의義를 중시했으며", 또 "음으로 선을 행하여" 천하의 "제후들이 그를 따르도록" 했던 총체적 전략으로 볼 때, 주의 왕계와 문왕은 절대 감히 모반을 일으키지 않았고, 중앙 왕조의 최고 통치자를 공개적으로 "상나라 왕"이라 불렀음이 분명하다. 그렇기 때문에 봉추 H11 : 126편의 "상나라 왕商王"은 무왕이 상나라를 멸망시킨 후, "은의 유민인 상나라 주紂왕의 아들 녹보祿父"를 무경武庚에 책봉하고, 성왕 때에는 "무경武庚을 주살하고", "미자微子를 은의 후예의 시조로 삼아 송宋에다 나라를 주고"[122] 미자계微子啓를 "상나라 왕商王"으로 책봉했던 것이다. 그래서 이 유형의 "왕王"자를 "왕계에서 문왕 초기"에 이르는 제I유형의 제1형식이라고 확정한 『종술』이 이를 제III유형, 즉 무왕 · 성왕 · 강왕 시기의 것으로 확정한 『탐론』보다 분명 못하다. 이외에도 『종술』의 「표 1」의 "기산현 봉추촌과 부풍 제가촌의 서주갑골문의 여러 '왕王'자 유형"에서 열거한 제I유형 제1형식의 8편의 "왕王"자와 제I유형 제2형식의 4편의 "왕王"자 간의 자형의 변화, 즉 제I유형 제1형식과 제I유형 제2형식을 구분해 주는 근거를 근본적으로 찾아볼 수 없다. 게다가 소위 제II유형의 "왕王"자에 열거된 3편의 경우, 자형 구조는 소위 제I유형과 같다. 이 「표」에서 열거한 자형 중 진정으로 그 차이를 찾아볼 수 있는 것은 소위 제III유형의 왕王자, 즉 세 가로획에 하나의 세로획으로 구성된 것으로, 은허 갑골문의 제5기 제을 · 제신 때의 왕王자와 같은 경우이다. 그래서 이 제III유형의 "왕王"자에서야 비로소 제I유형과 제II유형의 "왕王"자와의 차이를 찾아볼 수 있다고 할 수 있다. 『연구』에서도 은허갑골의 "왕王"자의 자형 변화를 근거로 주원갑골의 시기구분을 탐색

121) 『史記』「周本紀」.
122) 『史記』「周本紀」.

했다. 그리하여 주원갑골에서의 세 가로획과 하나의 세로획으로 구성된 "왕王"자는 "그 시간대가 은허의 제5기 복사에 상당하여, 제신 시기에 속한다." 그리고 "왕太자로 쓴 필사법은 제신 이전의 갑골에 속한다." 즉 "왕丢과 왕玉 유형은 은의 제4기 복사에서의 왕王자에 해당하며, 그 시간대는 무을·문정 사이에 속할 것이다."[123] "하지만 이 유형의 왕王자로 된 주원갑골 H11 : 80편은 "왕께서 '밀산'으로 가서 봉헌할까요? 王其往密山畀",[124] H11 : 136편은 "올해 가을 왕께서 '밀'로 갈 수 있을까요? 今秋王斯克往密"라는 내용이다. 알려진 것처럼 문왕은 상나라 왕에게 명을 받은 후 "그 이듬해 견융犬戎을 정벌했고. 그 이듬해 밀密과 수須를 정벌했다."[125] 이것은 문왕 후기 때의 일이다. 문왕이 은나라의 명을 받았던 것은 바로 주紂왕 때의 일이다. 이렇게 볼 때 『연구』에서 이 유형의 왕王자를 무을·문정 사이의 것으로 확정한 것은 역사적 사실이라는 측면의 근거를 상실한 것이다. 뿐만 아니라, 이 유형의 "왕王"자가 든 갑골에 기록된 역사적 사실, 즉 문왕이 "밀산密山으로 갔고", "밀密을 정벌하여 멸망시켰다"는 것으로 볼 때, "세로획의 끝부분이 갈라지게 필사한 것이 은나라 후기 때의 은나라의 갑골임을 판단하게 해 준다"[126]는 것도 근거가 없는 주장이다.

그리고 공교롭게도 이 유형의 "왕王"자는 상나라 왕과 같은 시기의 주

---

123) 朱歧祥, 『周原甲骨研究』, 臺灣學生書局, 1997, 79면.

124) (역주) 密은 지금의 감숙성 靈臺縣 서남쪽에 있는 密須를 말한다. 『시경』「大雅」「文王之什」「皇矣」에서 "밀나라 사람들이 불공하니, 감히 주나라에 항거하여, 완땅 공땅을 침략하였네. 임금께서 분연히 노하사, 군사들을 거느리고, 그 무리들을 막으셔서, 주나라의 복을 두터이 하시고, 천하에 본을 보이셨네 密人不恭, 敢距大邦, 侵阮徂共. 王赫斯怒, 爰整其旅, 以按徂旅, 以篤于周祜, 以對于天下"라고 했는데, 공영달의 『소』에서 "密須氏는 吉姓의 나라이다"고 했고, 두예의 『주』에서 "밀수는 지금의 安定 密縣을 말한다"고 했다. 또 『書傳』에서 "문왕이 천명을 받고 3년 만에 密須國을 정벌했다"고 했다. 密山은 密須國의 산을 말한다. 陳全方 등은 '畀'을 '舁'로 고석하여, '들것을 타다'로 해석했다. 그렇게 되면 "왕께서 밀산으로 가시는데, 산이 험해 가마를 타고 갈까요?"로 해석된다. 陳全方 등, 『西周甲文注』, 學林出版社, 2003, 65~66면 참조.

125) 『史記』「周本紀」.

126) 朱歧祥, 『周原甲骨研究』, 臺灣學生書局, 1997, 82면.

문왕이 "명을 받은" 이후의 주나라의 갑골이어야만 한다는 사실은 『탐론』 「표 3」의 "기산 봉추 갑골문에 보이는 여러 '왕王'자의 시대표" 제II유형 제2형식의 "왕王"자 및 「표 1」의 "문왕 시기 은 갑골과 주 갑골 비교표"를 보면 알 수 있다. 『연구』에서는 "왕王"자의 "중간 세로획의 끝부분이 갈라지게 필사했고 세 번째 가로획은 분명한 호선형을 나타내고 있는" 것으로 보아 "초기 주나라 시기의 주나라의 갑골임을 알 수 있다"고 했다.[127] 게다가 한걸음 더 나아가 "주원갑골의 왕王자는 응당 두 부류로 나눌 수 있다. 첫째, 왕玉과 왕王은 각각 은의 제4·5기 복사의 은왕에 해당하기 때문에 은상의 갑골에 속하고, 둘째, 왕玉자는 주나라의 필사법이다. 이는 이후 주원갑골을 연구할 때 생각해 볼만한 방향이다"고 했다.[128] 앞서 기술한 것처럼, 주원갑골 중 상나라 왕인 문정文丁이 계력季歷을 살해하기 이전의 관련 역사적 사실을 반영한 것이 보이지 않고, 게다가 문정은 계력을 살해한 후 얼마 지나지 않아 죽었기 때문에, 제을과 문왕은 기본적으로 같은 시기에 상과 주의 왕위를 계승한 것이 된다. 그래서 주원갑골 중에는 은허복사 제4기의 무을·문정 때에 상당하는 갑골이 보이지 않는다. 『탐론』에서 분석한 제I유형 제1형식의 "왕王"과 제I유형 제2형식의 "왕王"은 기본적으로 그 시간대가 비슷하다. 즉 갑골에 기록된 역사적 사실로 볼 때 제을 때이거나 문왕이 명을 받기 전임이 분명하다. 그리고 제I유형 제1형식의 왕王자로부터 변화해온 제I유형 제2형식→제II유형 제1형식→제II유형 제2형식→제III유형의 "왕王"자는 마침 부풍 제가의 제4유형의 "왕王"자와 유기적 서열을 이룬다. 이것은 갑골의 역사적 사실과 부합할뿐더러 부풍 제가의 서주 소왕昭王과 목왕穆王 때의 유적지에서 출토된 제4유형의 "왕王"자도 "중간 세로획의 끝부분이 갈라지게 필사하고 세 번째 가로획이 분명한 선형을 나타내는" "왕王"자가 분명히 주왕의 것이라는 사실을 규정해 준다. 이것은

127) 朱歧祥, 『周原甲骨研究』, 臺灣學生書局, 1997, 83면.
128) 朱歧祥, 『周原甲骨研究』, 臺灣學生書局, 1997, 85면.

『탐론』에서 배열한 여러 "왕王"자의 모습이 끝이 갈라진 것에서 갈라지지 않은 것으로 변화했다는 서열과도 부합한다. 『탐론』「표 1」과 「표 3」에서 열거한 여러 "왕王"자의 표에서 볼 수 있듯이, 주나라의 갑골만이 중간의 세로획이 갈라지지 않은 모습에서 갈라진 모습으로 변해 갔다. 그리고 은나라의 갑골에는 단지 세 가로획과 끝이 갈라지지 않은 하나의 세로획으로 된 제I유형만 나타나고 있으며, 공교롭게도 주나라의 갑골에서만 세로획이 갈라지는 특징이 나타나고 있다. 그래서 갑골에 기록된 역사적 흔적과 "왕王"자의 자형의 변화로 볼 때, "중간의 세로획의 끝부분이 갈라지게 필사하고 세 번째 가로획에 명확한 호선형이 나타나는" 왕王자를 은나라의 갑골과 주나라의 갑골을 구분하는 잣대로 삼고, 이를 "이후의 주원갑골에서 생각해 볼만한 하나의 방향이다"고 한 말은 정확하지 않다고 하겠다.

(2) 서주갑골 시기구분에서 갑골에 기록된 역사적 흔적의 중요한 작용

이상에서 든 세 학자들의 서골갑골의 "왕王"자 자형의 분석은 세 가로획과 하나의 세로획으로 된 "왕王"자에 대한 견해, 즉 그것이 상나라 말기의 제을·제신 때(주 문왕 후기에 상당함)의 것이라는 것을 제외하면, 나머지 여러 "왕王"자의 자형의 변화 서열에 대해서는 전혀 일치하지 않음을 볼 수 있다. 그 주요한 원인은 왕王자에 대한 각자의 정리 방법이 달랐기 때문이다. 서석대의 『종술』과 주기상의 『연구』에서는 은허 갑골문에서의 "왕王"자를 자형 변화의 순서를 그대로 가져와 주원갑골에서 발견된 "왕王"자에다 직접 적용했다. 그 결과 『종술』에서는 가장 이른 주원갑골의 경우 늠신·강정·무을 때의 복사가 존재한다고 주장했다.[129] 그리고 『연구』에서는 가장 이른 경우 "무을·문정 사이"의 것이라고 했던 것이다.[130] 하지만 "왕王"자가 출현하는 갑골과 거기에 실린 역사적

129) 徐錫臺, 『周原甲骨文綜述』, 三秦出版社, 1991, 155면.

흔적을 분석한 결과 단순히 은허갑골의 "왕王"자의 변화에만 근거해 기계적으로 자형만 배열하여 만들어 낸 "왕王"자 형식의 변화는 갑골에 기록된 역사적 흔적에 의해 판정되는 시대와 일치하지 않음을 알 수 있게 되었다. 이것은 은허갑골의 왕王자 자형의 변화를 주원갑골에 단순히 적용할 수 없다는 사실을 설명해 주고 있다.

그러나 왕우신의 『탐론』에서는 시대가 비교적 명확한 53편의 서주갑골문을 대상으로 이를 분석하고 정리한 결과에 의하면, "앞에서 말한 '왕王'자에 횡적 차이와 종적 시대적 변화" 외에도, "자형의 변화('왕王'자를 제외한)에 의한 서주갑골의 시기구분도 매우 곤란하다는 것을 발견할 수 있는데, 다시 말해 이러한 방법은 통하지 않는다"[131]고 했다. 바로 서주갑골에 출현하는 서로 다른 형식의 "왕王"자도 갑골에 기록된 역사적 흔적에 의해 그 시대가 결정된다는 말이다. 그런 다음 다시 시대가 다른 이러한 "왕王"자를 배열해 변화 계통으로 만들면 다음과 같다.

주周 : 문왕(명을 받기 전) (문왕이 명을 받은 후)(무왕 · 성왕 · 강왕) (소왕 · 목왕)
제I유형 제2형식 → 제II유형 제1형식 → 제II유형 제2형식 → 제III유형 → 제IV유형

상商 : (제을 · 제신)
제I유형 제1형식

이와 동시에, 주원갑골의 "왕王과 왕王 사이에는 공시적 차이도 존재하는데, 바로 제I유형 제1형식 왕王과 제II유형 제2형식王이 그것이며, 통시적 차이도 존재한다." "공시적 차이는 은 · 주 두 민족의 차이이며, 통시적 차이는 주나라의 갑골시대의 차이에 따른 규칙적인 변화이다."[132]

---

130) 朱歧祥, 『周原甲骨硏究』, 臺灣學生書局, 1997, 79면.
131) 王宇信, 『西周甲骨探論』, 中國社會科學出版社, 1984, 243면.
132) 王宇信, 『西周甲骨探論』, 中國社會科學出版社, 1984, 225~226면.

『탐론』에서 말한 이러한 발전 서열이 "왕王"자와 관련된 갑골에 실린 역사적 흔적의 시대가 서로 일치하기 때문에, 은허갑골의 "왕王"자의 자형 변화를 단순히 이식하는 방법으로 서주갑골의 왕王자의 시대를 판정하는 것보다 훨씬 신빙성이 높다. 이것이 왕우신과 서석대·주기상의 "왕王"자에 대한 판단의 출발점과 차이점이다.

"서주갑골의 '왕王'이 지칭하는 왕은 바로 갑골에 기록된 역사적 흔적—사류事類에 의해 결정된다. 그래서 한걸음 더 나아가 '왕王'자 필사법의 시기별 차이와 발전을 비교하고", 거기에 근거해 "왕王자가 출현하지 않은 다른 갑골도 사류事類에 근거해 시기구분이 가능하다."133) 왕우신의 『탐론』에서는 "봉추 갑골에 기록된 역사적 흔적에 근거하고 전인들의 성과를 참고삼아, 앞서 든 26편의 갑골을 세 시기로 귀납했다." 즉 문왕 시기의 것이 5편, 무왕·성왕·강왕 시기의 것이 21편 등이며, 그리고 「표 4」의 "기산 봉추 갑골문의 시대표"를 제시했다. 그리고 여기에다 "왕王"자가 출현하는 갑골 27편을 더해, 이 두 항목에서 총 53편을 얻었는데, 이는 봉추 갑골의 주요 내용을 기본적으로 모두 포함하고 있다."134)

바로 이런 이유로 서주갑골 시기구분 연구에서 갑골에 기록된 역사적 흔적의 고증이 가장 중요하다. 그리고 "왕王"자 자형의 선후 순서의 확정도 그것에 기록된 역사적 흔적에 의해 결정된다. "왕王"자 자형 변화의 서열은 먼저 서주갑골에 기록된 역사적 흔적의 순서에 부합해야 하며, 그것을 먼저 은허갑골의 "왕王"자의 변화에 갖다 붙여서는 아니 된다. 그래서 서주갑골의 시기구분연구에서 갑골에 기록된 역사적 흔적에 특히 주목해야만 한다. "은허갑골의 시기구분의 10가지 표준의 하나로 삼는 '사류事類'는 원래 세계世系·칭위稱謂·정인貞人이라는 이 세 가지의 중요한 표준에서 파생되어 나온 것이다. 하지만 이와 반대로, 주원 갑골

133) 王宇信, 『西周甲骨探論』, 中國社會科學出版社, 1984, 227면.
134) 王宇信, 『西周甲骨探論』, 中國社會科學出版社, 1984, 238, 241~242면.

에 기록된 역사적 흔적—사류事類는 도리어 이를 고대문헌의 기록과 결합시키고 이로부터 갑골의 시대를 확정한다." 만약 서주갑골 시기구분연구에서 은허갑골의 "10가지 표준"의 성과를 억지로 참고하자면, "서주갑골에 기록된 역사적 흔적은 시기구분 연구에서 은허갑골에서의 세계世系 만큼이나 중요성을 가진다."[135]

(3) 다각도의 전 방위적인 탐색과 서주갑골 시기구분연구의 심화

서주갑골(주로 봉추 출토 갑골)의 경우 사류事類를 고대문헌 기록과 결합시켜 갑골의 시대를 고증할 수 있는 것 이외에도, 비교적 일관된 모습으로 정리할 수 있는 것은 바로 대량으로 출현하는 "왕王"자이다. 하지만 "왕王"자의 변화를 분석하는 방법의 차이 때문에 갑골의 시대에 대해서도 견해 차이가 나타나게 되었다. 왕우신은 1984년 『탐론』에서 이렇게 지적했다. "서주갑골에 대한 시기구분은 이러한 자료를 이용해 주나라 초기 역사에 대한 탐색을 과학적인 기초 위에 세우는 관건적인 작업이다." 그리고 "현재까지 시기구분에 관한 전문적이고 체계적인 문장이 아직 발표되지 않긴 했지만, 몇몇 간단한 보고簡報나 문장의 고석 등에 관한 글들의 행간에는 서주갑골시기구분에 대한 학계의 다양한 관점이 노출되어 있다."[136] 이 이후 왕우신의 『탐론』, 서석대의 『종술』, 주기상의 『연구』는 시기구분 연구를 계통적으로 탐색했는데, 이는 서주갑골 시기구분 연구가 심화되었다는 것을 말해 준다. 은허갑골의 시기구분에서 이용하던 세계世系·칭위稱謂·정인貞人·글자체 등과 같은 표준을 서주갑골 시기구분 연구에서 적용하기는 매우 어렵다. 하지만 서주갑골에 기록된 역사적 흔적(사류)으로 보면, 확실히 은·주가 서로 다른 민족임과 주나라의 서로 다른 시대의 것임이 분명해 진다. 그래서 학자들은 계속해

135) 王宇信, 『西周甲骨探論』, 中國社會科學出版社, 1984, 227~228면.
136) 王宇信, 『西周甲骨探論』, 中國社會科學出版社, 1984, 275면.

서 전 방위적이고 서로 다른 각도에서 서주갑골의 시기구분에 대한 탐색에 노력해 왔고, 그 결과 진전도 이루어졌다.

첫째, 자형의 변화에 대한 지속적인 탐색.

학자들은 서주갑골에서 가능한 한 전형적인 문자의 자형 변화를 찾아내어 시기구분의 "표준"으로 삼고, 여기서 다른 쪽으로 옮겨가 다른 갑골들의 시기구분에 노력하였다. 하지만 서주갑골의 경우 "왕王"자가 시대의 순서에 따라 변화가 있는 것을 제외하면(각가들의 근거와 정리방법의 차이로 그 변화 서열도 일치하지는 않는다), 더 이상 시간적 순서에 따른 변화를 가지는 다른 자형을 찾기가 사실 쉽지 않다. 그래서 왕우신의 『탐론』에서는 출발에서부터 "이 길은 통하지 않는다"고 개탄했다.[137] 그럼에도 어떤 학자는 여전히 세심하게 찾아 나서기도 했는데, 주기상의 『주원갑골 연구』에서는 "정貞"자의 차이를 찾아냈고, "'정貞'자로부터 주원갑골의 시기구분을 논하려고" 최대한 노력했다.

『연구』에서는 "주원갑골의 정貞자 자형에는 정[illegible]과 정[illegible]의 두 가지가 있음"을 발견했다. 전자(제1부류)는 H11 : 174 · H11 : 84 · H11 : 1 등에서 4번, 후자(제2부류)는 H11 : 167 · H11 : 13 · H11 : 10편 등 3번 보인다. 그는 "제1부류의 정貞자가 든 문장의 의미에 근거해 왕이 제사를 드렸던 대상은 문무정文武丁 · 대갑大甲 · 문무제을文武帝乙 · 성당成唐 등으로 모두 선공선왕에 속하며, 동시에 왕이 조상께 바쳤던冊獻 대상은 바로 바깥 나라의 우두머리였던 주방백周方伯의 희생인데, 이는 은복사에서의 은주 두 민족 간의 주종 관계와 완전히 일치한다. 이로부터 제1부류의 4편의 갑골에서의 왕은 은나라 왕이지 주나라 왕이 아님을 알 수 있다"고 했다. 그리고 "제2부류의 정貞자가 든 문장은 모두 떨어져 나간 잔사殘辭여서 문례文例에 근거해서는 논증할 방법이 없다. 하지만 (H11 : 167편의) '왕정王貞'에서의 왕王자를 왕玉으로 적고 있는데, 이는 주나라의 표준적인 자체이다."

137) 王宇信, 『西周甲骨探論』, 中國社會科學出版社, 1984, 243면.

"그래서 이들은 초기 주나라의 갑골임에 분명하다."[138] 『연구』에서는 제1부류의 "정貞"자를 은나라 말 제신 때의 상나라의 갑골로 보았는데, 이는 필자의 견해와 일치한다. 그리고 상 왕조의 갑골이 주원에서 출토된 이유에 대해, 주기상의 『연구』에서는 "혹 상나라 후기 주紂왕 때 세상이 혼란한 바람에 귀족이나 사관들이 제기를 갖고 주나라로 갈 때 가져간 갑골이 아닐까"[139] 하는 의견을 제시했는데, 이 또한 필자가 1988년 「주원 출토 상나라 묘제 갑골 내원 추의周原出土商人廟祭甲骨來源芻議」[140]에서 말한 관점과 약속이나 한 듯 일치한다. 하지만 『연구』에서 발견한 제2부류의 "정貞"자의 경우 그것이 주나라의 갑골에서의 특유한 필사법이라는 것에 대해서는 동의하지만, 그것의 시대가 주나라 초기라는 것은 꼭 그렇지 않다고 생각한다. 그 이유를 보면, 먼저 이 유형의 정貞자는 비록 주나라 특유의 것이긴 하지만 시기구분의 의의는 가지지 않기 때문이다. 이것은 제I유형 제1형식(문왕이 명을 받기 전) 제2부류의 "정貞"자와 북경 창평 백부白浮의 서주시대 무덤에서 출토된 갑골의 정貞자의 필사법과 일치하고, 게다가 서주 갑골이 출토된 백부촌의 목곽묘는 묘장 형식이나 목곽의 구조, 장례 풍속 및 수장기물의 특징 등으로 볼 때, 서주 중기 때의 것임이 분명하기 때문이다.[141] 이러한 사실은 이 유형의 "정貞"자가 문왕이 명을 받은 전후로부터 서주 중기까지 줄곧 사용되었음을 증명해 준다. 그래서 제1부류의 "정貞"과 제2부류의 "정貞"의 구별은 바로 은·주 두 민족 간의 횡적인 차이이며, 창평 백부의 서주 중기 묘에서 출토된 갑골의 "정貞"자는 제2부류의 "정貞"자가 주나라의 갑골에서는 시대의 선후를 가려주는 시기구분의 의미를 가지지 않음을 증명해 준다. 따라서 주기상의 『연구』에서 "정貞"자의 차이에 근거해 은·주 갑골의 족

---

138) 朱歧祥, 『周原甲骨硏究』, 臺灣學生書局, 1997, 89~90면.
139) 朱歧祥, 『周原甲骨硏究』, 臺灣學生書局, 1997, 90면.
140) 『史學月刊』, 1988年 第1期.
141) 『北京考古四十年』, 燕山出版社, 1990, 49면.

속을 논했지만, 이것이 주원갑골의 시기구분을 증명해 줄 수는 없다고 할 수 있다.

둘째, 허자 용법의 분석에 대한 새로운 발견.

『연구』에서는 또 가능한 한 "허자의 용법으로 주원갑골의 시기구분을 논하려 했다." 주원갑골에 등장하는 9개의 허자 및 그것들과 "연결되는 일상적인 문형과 특수 문형·품사詞性·출현 위치·내용·글자 사용·대정對貞 용법·시기구분 표준 등을 전반적으로 검토한 결과, 주원갑골의 절대 대부분의 용법이 은 복사에 분명하게 포함되어 있으며, 특히 은허 후기 복사의 문법과 주원갑골의 유사한 예는 대단히 보편적이었다." 그래서 "그것들이 반영하고 있는 것은 동일 언어에 대한 문자 기록임이 분명하다. 주원갑골의 발생 시간대는 은나라 말기 복사와 그다지 멀지 않음이 분명하다." 특히 "이상의 허자의 논의로부터 더욱 확정 가능한 것은 당시 이러한 주원갑골을 새겼던 사람 중에는 후기 상나라 시기의 사관이 포함되었음은 의심의 여지가 없다는 사실이다."[142)]

더욱 명확하게 말하자면, 여기서는 관련 허자 용법의 분석을 통해 주원갑골의 큰 시대적 범위가 분명히 상나라 말에 속하며, 서주갑골에 대한 더 이상의 구체적인 시기의 선후 구분이나 당시 왕의 선후에 대한 구분이 아님을 논증했다. 하지만 관련 허사 용법과 이와 은허갑골과의 비교를 통해 주원갑골을 새겼던 사람에 상나라 후기의 사관이 포함되었다고 한 것은 상당히 시사적인 의미를 가진다.

셋째, "정正"자의 고석과 "정正"자가 든 갑골의 전면적 인식.

"정正"자가 출현하는 주원갑골은 H11 : 1·H11 : 82·H11 : 84·H11 : 144·H11 : 130·H11 : 189편 등 총 6편인데, 『연구』에 의하면, "주원갑골의 정正자는 모두 정禎과 같이 읽어야만 한다." 그리고 "'정正'자의 용법으로부터 주원갑골 자료에는 상나라 후기 갑골과 시기가 일치하는 것

142) 朱歧祥, 『周原甲骨硏究』, 臺灣學生書局, 1997, 106면.

이 있다"는 것을 알 수 있다.[143] 이와 동시에 "정正"자가 든 6편의 주원 갑골 상의 계癸·사巳·왕王·정貞·재在·필弜 등과 같은 몇몇 자형의 "형체구조는 상나라 후기의 문자와 완전히 일치한다."[144] 사례辭例의 측면에서 주원의 "정正"자 문장을 가진 6편의 갑골에 등장하는 "왕께서 보살핌을 받다王受又又", "주방백을 희생으로 바쳐 보고하다典冊周方伯", "길하리라曰吉", "어御제사에 사람의 희생을 사용한 것", "제사에 사용한 희생 뒤에 숫자를 나열한 것" 등은 "모두 은허복사에 보인다." 그래서 "주원갑골의 시간대가 은허복사와 중첩된다고 긍정할 수 있다." 그리고 문장의 의미라는 측면에서 주원의 6편의 "정正자 구문 갑골은 당시 왕이 제사를 드렸던 대상이 은상의 선왕인 성탕·대무大戊·제을 등이며, 제사에 사용했던 제의로는 구求·제祭·어御·체禘 등이 있는데 이는 은허복사에도 모두 등장하고 있다. 이와 관련하여 상대적으로 왕이 책명을 내렸던 부용국은 주방백周方伯이다. 그래서 그 왕은 상나라 왕이라고 보는 것이 합리적이다. '왕께서 보살핌을 받다王受又又'는 말은 은상의 당시 왕이 보살핌을 받기를 기원한 것으로 보아야 하며, 이러한 용법은 상나라 후기 은허 갑골과 완전히 일치한다."[145]

그래서 주원의 "정正자 구문"이 든 갑골의 자형·사례辭例·문장 의미 등을 분석해 보면 "정正"자의 용법으로 추측해 낸 시대와 일치함을 알 수 있다. 즉 "제사를 드려 정상禎祥을 물어 보았던 이러한 주원갑골은 분명 은허 제5기 복사와 시대가 같다."[146]

이같이 주기상은 『연구』에서 "정貞"자의 변화와 허사의 용법 및 "정正자 구문"의 분석 등의 측면에서 주원갑골의 "시기구분"을 지속적이고도 깊이 있게 탐구했다. 비록 『연구』에서 말한 "시기구분"이 결코 엄격한

143) 朱歧祥, 『周原甲骨研究』, 臺灣學生書局, 1997, 111면.
144) 朱歧祥, 『周原甲骨研究』, 臺灣學生書局, 1997, 112면.
145) 朱歧祥, 『周原甲骨研究』, 臺灣學生書局, 1997, 113면.
146) 朱歧祥, 『周原甲骨研究』, 臺灣學生書局, 1997, 113면.

의미에서의 "왕세王世"에 의한 시기 구분은 아니고, 단지 주원갑골을 "초기 주나라" 혹은 "상나라 후기"라고 한 것은 다소 두루뭉술한 감이 있지만, 결국 주원갑골의 시기구분 탐색에는 새로운 길을 만들어 주었으며, 이로부터 여러 해 동안 침체해 왔던 주원갑골시기구분 탐색에 새로운 활력을 불어넣었다. 특히 주기상의 『연구』는 완전히 새로운 각도(예컨대 자형・허사 등의 정리분석)에서 주원갑골이 은나라의 것임을 논증했는데, 이는 장기간 동안 논쟁이 되어왔던 주원갑골이 진정으로 상나라의 것인지에 대해 새로운 증거를 더해 주었다. 이것은 이후의 주원갑골 시기구분 탐색에서, 주나라의 갑골과 은나라의 갑골이라는 "두 체계"의 기초 위에서 한 걸음 더 나아가 사류事類・왕王자의 변화・서체 등과 같은 표준을 비롯해 "허사"와 "정正자 구문" 등의 다양한 측면에서 진일보한 전면적 분석을 가능하게 해주었으며, 이로부터 주원갑골의 시기구분연구가 깊이나 넓이에서 모두 한 걸음 더 발전하게 만들었다.

3. 주원 출토 묘제廟祭 갑골의 족속族屬 및 내원

1) 주원갑골의 족속에 대한 논쟁

1977년 섬서성 기산 봉추 서주시대 궁전 기초 터의 서상西廂 2호 방 안쪽의 교혈 H11・H31에서 1만 7천여 편의 갑골이 출토된 것은 중국 고고학의 중요한 수확이었다. 섬서 기산의 주원周原은 주나라의 선공先公인 고공古公이 "그의 가족을 이끌고 빈豳을 떠나 칠漆과 저沮를 건너고, 양산梁山을 넘어서 기岐 아래에 도착하였고", "성곽과 궁실을 건축하여 읍을 나누어 거주하기" 시작한 곳으로, "계력季歷 즉 공계公季"가 거기에서 즉위했다. "공계公季가 죽자, 아들 창昌이 세워졌는데 그가 서백西伯이며, 서백은 문왕文王으로도 불린다." 주나라 문왕은 기읍岐邑에서 "후직后稷과 공류公劉의 업적을 잇고, 고공古公과 공계公季의 법을 본받아, 인仁을 돈독히 하고, 노인을 공경했으며, 어린이에게 자애를 베풀었다. 예로써 현자를 존중하였으며, 하루 종일 식사 시간도 없이 선비를 대접해, 많은 선비가 그를 따르게 되었다." 주나라 문왕이 기읍岐邑에서 여러 해 동안 경영을 하면서 상나라를 멸망시킬 형세가 만들어졌다. 동쪽으로 발전해 나가기 위해, 주 문왕은 만년에 "숭후崇侯 호虎를 정벌하여, 풍읍豐邑을 만들었는데", 이때부터 기읍岐邑은 정치 중심지의 지위를 잃게 되었다. 하지만 주나라 귀족의 궁실과 종묘는 여전히 거기에 있었으며, 기읍은 줄곧 주나라에게 "왕의 상서로운 기운이 태왕 때부터 흥기한王瑞自太王興" 성지로 여겨지고 있었다.[147]

주나라의 발상지였던 기읍岐邑 궁전 기초 터의 교혈 속에서 갑골이 발견되었고, 게다가 귀갑에 만들어진 네모꼴 조方鑿도 은허 갑골과 완전히 다르다고 한다면, 이를 주나라의 것으로 보는 것은 자연스런 이치일 것이다. 하지만 기산 봉추에서 출토된 갑골에 등장하는 상나라 왕의 종묘 이름―"문무제을종文武帝乙宗"과 "문무정필文武丁必"은 상나라의 선왕先王에게 제사를 드린 것이고, 또 "책주방백𠕋周方伯" 등과 같은 내용에 대한 해석의 차이로 인해 이의 족속族屬에 대한 논쟁이 일어나게 되었다.

섬서 주원 고고대는 1979년 『문물』 제10기의 「섬서 기산 봉추촌에서 발견된 주나라 초기 갑골문陝西岐山鳳雛村發現周初甲骨文」에서 1977년 기산 봉추 궁전 기초 터에서 발견된 갑골의 일부인 32편을 처음으로 공개하고, 관련 갑골을 고석했다. 글자 그대로, 갑골의 중요한 발견이라고 공표한 이때의 보고서의 제목으로만 보아도, 고고 전문가들이 이를 주나라의 것으로 간주했음을 알 수 있다. 하지만 글자 수가 비교적 많은 H11 : 1편

147) 『史記』「周本紀」.

에 "이문무제을종彝文武帝乙宗(문무 제을의 종묘에 '이'제사를 드리다)"과 "성당成唐"이라는 말이 등장하였기에, 학자들은 이것이 "주나라가 상나라의 조상에게 제사를 드린 것이며, 이는 무왕이 상나라를 멸망시키기 전의 주나라는 상나라의 속국이었음을 설명해준다"고 했다. 그리고 한걸음 더 나아가 이렇게 주장했다. "안양에서 출토된 은대 갑골문자의 기록에 따르면, 적어도 주나라는 무정 때 이미 은의 속국이 되어, '주후周侯'로 불렸음을 알 수 있는데, 봉추촌에서 출토된 갑골문는 이러한 면의 자료를 충실하게 해 주었다. H11 : 1편에서는 주나라가 은나라의 조상인 문무제을文武帝乙에게 제사를 드린 것을 기록했으며, H11 : 84편에서는 주나라가 은나라의 조상인 태갑太甲에게 도와달라고 기도한 것을 기록한 것으로, 이는 주나라가 확실히 은나라의 속국이었음을 설명해 준다." 봉추에서 출토된 주나라의 이 갑골문은 "글자체와 내용으로 볼 때, 전후 두 시기로 구분이 가능해 보인다. 예컨대 H11 : 1이문무제을彝文武帝乙·H11 : 84기구우대갑其求又大甲·H11 : 68벌촉伐蜀·H11 : 10정소征巢는 무왕이 상나라를 멸망시키기 이전의 것이고, H1 : 45필공畢公·H11 : 50대보大保는 무왕이 상나라를 멸망시킨 이후의 것으로 보인다."148)

1989년 11월 광주廣州에서 거행된 중국고문자 학술연구회의 제2차 연례회의에서 이학근·왕우신의 「주원 복사 선석周原卜辭選釋」에서는 "주원이라는 이 갱의 갑골은 시대와 성질적인 측면에서 상당히 복잡하기 때문에, 이후 모든 자료를 종합하여 세심하게 분석하고 판단해야 할 필요가 있다"고 했다. 또 "일부 주원 복사의 '왕王'은 주나라 왕이 아니라 상나라의 제신帝辛이며, 같은 복사에서의 '주방백周方伯'은 이후 문왕이라 불렸던 서백西伯 창昌이다. 복사의 주인이라는 측면에서 말하자면 이들은 제신 때의 복사임이 분명하다"고 여겼다. 이렇게 됨으로써 주원의 봉추에서 출토된 갑골 속에 상나라 사람들의 갑골이 분명히 존재할 것이라

148) 陝西周原考古隊, 「陝西岐山縣鳳雛村發現周初甲骨文」, 『文物』, 1979年 第10期.

는 문제가 제기되었다.

"주원 갑골이 도대체 주나라의 손에서 나온 것인가, 아니면 상나라 사람들의 손에서 나온 것인가? 이 문제는 상·주 두 민족의 역사에 있어서 매우 중요한 문제이다. 주족의 갑골이라면, 상을 멸망시키기 전의 상·주 두 민족 간의 관계는 극히 친밀한 것이 되지만, 만약 상 왕실의 갑골이라면, 이는 상과 주가 적대적이었다는 물증이 된다. 정말로 한 글자의 차이에 의해 천리의 차이가 만들어지는 셈이다. 그래서 이 문제가 해결되지 않으면, 극히 진귀한 이러한 대량의 사료는 전혀 이용할 수 없는 골동이 되고 만다."149) 그래서 문자를 고석하고, 특징을 연구하는 동시에 주원에서 출토된 갑골의 족속에 대해서도 열띤 토론이 전개되었다. 다음은 이에 관한 몇 가지 주요한 견해들이다.

(1) 주원 갑골은 주나라의 것이 아니라 상나라 왕실의 것이다

이러한 관점을 견지한 주요 학자는 왕옥철王玉哲이며 1982년 『사회과학 전선』에 발표한 「섬서 주원에서 출토된 갑골문의 내원에 관한 시탐陝西周原所出甲骨文的來源試探」이 대표적이다. 왕옥철은 H11 : 1이 "주나라 문왕이 성당成唐에게 제사를 드린 것"이고, H11 : 84이 "주나라 문왕이 태갑太甲에게 도움을 빈" 것이라는 학설에 반대했다. 즉 "이러한 갑골이 주 문왕 때의 주나라의 갑골 복사이며, 주 문왕이 상의 선조인 성탕成湯에게 제사를 드렸고, 주나라가 은의 선왕인 태갑太甲에게 도움을 구했으며, 또 상나라 주紂왕의 부친인 제을帝乙 등에게도 제사를 드렸다"는 일부 학자의 설에 대해 찬동하지 않았다. 그에 의하면, "이렇게 되면, 상주의 관계는 전혀 간극이 없는 친밀한 관계가 될 뿐 아니라 이 둘은 역사적으로 성姓이 다른 이민족이었는데도 뜻밖에 동족同族이자 동종同宗이 되어버리고 만다"고 하면서, "중국의 역사적 전통으로 볼 때, 이러한 현상은 절대

149) 王玉哲, 「陝西周原所出甲骨文的來源試探」, 『社會科學戰線』, 1982年 第1期.

불가능하다. 그래서 주원 갑골은 주나라의 것일 수가 없다"고 했다. 그가 제시했던 근거는 다음과 같다.

첫째, 은상 말기 상·주 두 민족 간에는 민족 모순이 극에 달했으며, 주 문왕의 부친인 왕계王季가 상나라의 주紂왕의 조부인 문정文丁에 의해 죽임을 당했고, 이로부터 상·주 두 민족은 서로 원수가 되었다. 비록 주나라는 표면적으로는 신하의 관계로 상나라에 복종했지만 "주나라 문왕이 스스로 자원해서 아버지를 죽인 원수의 조상에게 제사를 드렸을 리 만무하다." "제사나 복을 내려주길 기구하는 의례는 마음속에서 나오는 신앙이지 강압에 의해 이루어질 수 없기 때문이다." 그래서 "1호 복갑의 '왕王'은 절대 주나라 문왕이 아니며, 84호 복갑의 '왕王'도 주족의 특정 왕일 수는 없다."

둘째, "제사의 전통으로 볼 때, 주족은 절대 상 민족의 선조에게 제사를 드렸을 리 없다." 그것은 "상·주 때의 상장喪葬이나 제전祭奠의 예속을 보면 족族과 족族 간의 경계가 지극히 엄격하게 구분되어 있었기 때문이다." 게다가 "제후에게 상喪이 나면 이성異姓은 바깥에 서서 참여한다. 동성同姓은 종묘에서, 동종同宗은 조묘祖廟에서, 동족同族은 녜묘禰廟에서 참여한다"고 한 『좌전』「양공」 12년의 기록에 근거해, "자고이래로 형성된 제례를 보면, 본족本族은 본족의 선조에게만 제사를 드렸으며, 심지어 귀신조차도 이족의 제수를 받지 않았다"고 논증했다. 그래서 "1호 복갑은 상나라의 주紂왕이 그의 부친인 제을의 종묘에서 선조인 성탕成湯에게 제사를 드린 것이며, 84호 복사는 상나라 왕이 그의 조상인 대갑大甲에게 제사를 드린 것"이라고 했다. "이러한 복사의 내용은 애시 당초 주족과 어떠한 관계도 없으며, 상주 관계가 밀접했던 것과는 더더욱 전혀 관계가 없다."

셋째, "'책주방백册周方伯'이라는 말로 보아도, 주원갑골은 주나라의 복사가 아니다." 이것은 "책제册祭라는 것이 동물이나 사람 희생을 진짜 죽였든 아니면 죽이는 상징만으로 등록을 해 두던 것이든, 책册을 당한 사람이나 동물은 언제나 희생으로 바쳐진 대상이다." 그래서 "책주방백"은 바로 '주방백'을 제사의 희생으로 삼았다는 말이다. 그래서 주족의 우두머리를 죽여서 제사의 희생으로 삼고 이로써 상의 선왕에게 복을 빌었던 '왕'은 절대 주나라 왕이 될 수가 없다." 관건적인 문제는 갑골이 "주원에서 발견되었기에 일반인들은 이를 주족의 갑골이라 하면서, 상나라 왕을 주왕이라 여기게 되었고, 이렇게 됨으로써 자연스레 극복하기 힘든 장애물로 남고 말았다"는 데 있다. 만약 "주원복사 속의 '왕'이 주왕이 아니라 상나라 왕이라면 대부분의 주원갑골은 상나라 왕실의 것이 되며", 모든 걸림돌도 해결될 수 있다.

넷째, 주원은 "거북딱지의 생산지가 아니다." 주나라가 중원을 통일하기 전, 인구가 적고 세력이 약해, "거북이 생산되는 동남 연해의 부락들로부터 공납을 받을 수도 없었다." 그래서 "이 주원 갑골은 주족 고유의 것이 아니었다고 추정할 수 있다."

이상의 이유에 근거해, 왕옥철은 "주원의 이러한 갑골은 절대 다수가 상나라 왕실의 것이지 주나라의 것은 아니다"고 했다.[150]

(2) 주원 갑골은 주족의 것이다

주원에서 출토된 갑골이 주나라의 것이라 여기는 학자로는 주원갑골을 발굴했던 섬서성 주원고고대,[151] 서석대徐錫臺,[152] 진전방陳全方,[153] 서중서徐中舒,[154] 고명高明,[155] 전창오田昌五,[156] 양승남楊升南[157] 등이 있다.

150) 王玉哲, 「陝西周原所出甲骨文的來源試探」, 『社會科學戰線』, 1982年 第1期.
151) 陝西周原考古隊, 「陝西岐山鳳雛村發現周初甲骨文」, 『文物』, 1979年 第10期.
152) 徐錫臺, 「周原出土的甲骨文所見人名·官名·方國·地名試釋」, 『古文字研究』 第1輯, 中華書局, 1979.8; 「周原卜辭十篇選釋及斷代」, 『古文字研究』 第6輯, 中華書局, 1983.11; 『周原甲骨文綜述』, 三秦出版社, 1991.
153) 「陝西岐山鳳雛村西周甲骨文概論」, 『古文字研究論文集』(『四川大學學報叢刊』 第十輯); 陳全方, 『周原與周文化』, 上海人民出版社, 1988.9.
154) 徐中舒, 「周原甲骨初論」, 『古文字研究論文集』(『四川大學學報叢刊』 第十集), 1982.5.

이들은 또 이러한 인식 위에서 한 걸음 더 나아가 논쟁이 일고 있는 주원의 몇몇 갑골을 다른 각도에서 풀이했다. 물론 의견이 모두 일치하지는 않지만 그것들이 주나라의 것임을 심도 있게 논증했다는 점만은 일치하고 있다.

서중서는 「주원 갑골 초론周原甲骨初論」에서 이렇게 지적했다. 주나라 "고공단보古公亶父 시절의 은주 관계는 완전히 공백 상태에 놓여 있다. 기록에 보이는 것은 계력季歷에서부터 시작된다." "계력이 왕으로 불린 것은 『죽서기년』에 보이며, 『여씨춘추』 「수시편首時篇」에서도 '계력 왕은 곤란에 처해 죽임을 당했다'고 했다. 주원 갑골에서 왕으로 불린 복사는 모두 문왕文王을 지칭하는데, 문왕이 왕으로 불린 것도 그 부친의 옛 습속을 이어받은 것이다." 그는 또 "주원 갑골의 절대 대부분을 모두 문왕 때의 유물"로 보았으며, 학자들 사이에서 그 족속 논쟁이 비교적 집중되어 있는 4편의 갑골에 대해서도 진일보하게 고증하였다. H11 : 1계사이문무제을종癸巳彝文武帝乙宗…… 편은 "문왕이 문무제을의 종묘文武帝乙宗에서 성당成唐 및 그의 두 배우자에게 제사를 드렸고, 희생을 죽여 맹약으로 삼았으며, 은나라 조상신이 강림한 상태에서 주나라 대신들과 피로 만든 술을 마시면서 함께 충성을 다할 것을 맹세한 것"이라고 했다. 또 H11 : 82 …… 전典, 책주방백毌周方伯 …… 편은 "책주방백毌周方伯, 즉 문왕이 은의 종묘로 가서 은 왕이 새로 주방백을 임명한 일을 기록한 것"이다. H11 : 84왕기구우대갑王其求又大甲, 책주방백毌周方伯편의 "책주방백毌周方伯"은 앞 편과 같은 의미이다. "차이가 있다면 전자는 합제合祭였기 때문에, 복인卜人이 복전卜典을 보좌해야 했고, 순서를 따라 은의 모든 선왕에게 제사를 드려야 했지만, 후자는 대갑大甲 한 사람에게만 제사를 드렸다는 점이다." H11 : 12왕익일을유기구칭기王翌日乙酉其求爯旗 …… 편은 "문왕이

155) 高明, 「略論周原甲骨文的族屬」, 『考古與文物』, 1984年 第5期.

156) 田昌五, 「周原出土甲骨文反映的商周關係」, 『文物』, 1989年 第10期.

157) 楊升南, 「周原甲骨族屬考辨」, 『殷都學刊』, 1987年 第4期.

주 민족들 속에서 주 방백의 깃발을 들고서, 서쪽 우두머리西正와 함께 피 술을 나누어 마시며, 동심동덕同心同德하며 주나라를 지키기 위해 은 왕에게 충성을 다할 것을 맹세한 것"이라고 하였다. 서중서에 의하면, "이상의 4가지 예는 문왕 시대에 주나라가 은을 섬기면서 곳곳에서 맹서의 말을 하였고 주나라는 은을 배반하지 않을 것이라는 보증을 한 것을 증명해 준다고 했다." 그리고 "희생을 죽여 하던 맹서는 신권 시대의 옛 습속으로 중국에서 가장 오래 된 역사를 갖고 있다." 바로 은 왕이 천지신명의 보증을 받았기에 주 문왕을 새로이 임명하고 정벌에 관한 전권을 부여했던 것이다. "고대 사회에서 맹서는 이렇듯 무한한 위력을 갖고 있었는데", 이것이 바로 "은주 관계가 장기간 안정 관계에 놓일 수 있었던 까닭이다."

이와 동시에 맹서를 했던 지점, 즉 은 왕의 종묘를 주원에 설치했는가에 대해서도 논쟁이 벌어졌다. 서중서에 의하면 "문왕이 주원에다 은 왕의 종묘를 설치했는데, 이는 옛날 역사에서도 이러한 사례를 찾아볼 수 있다." 그 증거의 하나는 진秦 소왕昭王 53년(B.C. 253) 한韓과 위魏가 진秦의 속국이 된 뒤, 아들을 진나라에 인질로 보내고, "동번東藩이라 칭하며, 황제의 궁을 건축하고, 관대冠帶를 수여받아 봄과 가을로 제사를 드렸다"(하나는 장의張儀가 한韓 왕을 유세할 때, 또 하나는 소진蘇秦이 위魏왕을 유세할 때 보인다)는 사실이다. 두 번째 증거는 『후한서』 「남흉노전南匈奴傳」에서 "흉노는 한 해에 세 번 용사龍祠를 지냈는데, 일반적으로 정월 · 오월 · 구월 술일戊日에 천신에게 제사를 드렸고, 한漢나라 황제도 함께 모셨다"고 한 것이다. 서중서는 이러한 증거는 "주 문왕이 주원에다 은 왕의 종묘를 설치했으며, 거기에서 대신들과 함께 희생을 죽여 맹세를 했다"는 증거로 삼는 것은 완전히 가능한 일이라고 했다. 서중서의 이러한 논증은 "주원에 상나라 왕의 종묘를 세웠다"는 설에 중요한 이론적 근거를 제시했다.

고명은 「주원 갑골문의 족속을 간략히 논함略論周原甲骨文的族屬」158)에서

"주원 갑골문의 족속은 복잡한 문제인데, 단순히 선조들의 명호名號에 의해 결론이 날 것도 아니고, 출토 지점으로 결정될 일도 아니다"고 했다. 그는 먼저 주원 갑골의 특징 및 그것과 은허 갑골과의 차이라는 측면에서 분석하고 비교했다. 그리하여 이렇게 주장했다. "섬서의 풍서灃西·하남의 낙양·산서의 홍조洪趙, 그리고 북경의 창평昌平 등지에서 출토된 글자를 가진 서주 갑골로 볼 때, 찬조鑽鑿 형태와 스타일이 주원 갑골과 완전히 일치하는데, 이는 주원 갑골의 찬조 형태와 제작법이 결코 당시에 제한된 지역에서 이루어진 특수한 스타일이 아니라, 갑골을 다듬고 찬조를 파는 주족의 전통적인 특징을 반영했으며, 이는 전체 주족 문화를 구성하는 한 부분이다." 특히 "글자를 가진 주원 갑골이 모두 통일된 특징을 갖는데 그렇다면 그 중의 일부 복사를 다른 복사들과 완전히 분리시킬 수는 없으며, 더군다나 단순히 복사속에 상나라 왕의 선조의 이름이 나타난다고 해서 내용도 분석하지 않고 다른 특징도 고려하지 않은 채 이를 따로 뽑아 내 상나라의 것이라고 하는 것은 불가능한 일이다." 다음으로 고명은 주원 갑골문의 시대를 분석하였는데, 그 시기는 "대략 은나라를 멸망시키기 이전의 선주先周부터 시작해서 서주 때에 해당하며, 이는 이 유적지에서 출토된 도기를 분석해 보아도 시기가 기본적으로 꼭 맞아 떨어진다"고 했다. 그리고 "일부는 은의 주紂왕과 주의 문왕이 함께 생활하던 그 시기에 점복을 한 것임을 분명하게 확정할 수 있다"고 했다. 그리고 이러한 인식 위에서 무왕이 은을 정벌하기 전의 은주 두 민족 간의 관계를 살핀 후 이렇게 말했다. "적어도 무정 시대부터 시작해 상주 두 민족의 관계는 대단히 복잡했으며, 시종 공격과 평화가 교차하면서 발전했는데, 이러한 정황은 줄곧 무왕이 은을 멸망시킬 때까지 계속되었다." 그리하여 그는 무왕이 은나라를 멸망시키기 이전의 은주 두 민족 간의 관계사를 연구한 후, 서중서와는 완전히 다른 결론을

158) 『考古與文物』, 1984年 第5期.

얻게 되었다. 즉 "주족이 자신의 고향인 주원에다 상족의 선조의 종묘를 세우고, 상족의 시조인 성탕成湯에게 제사를 지냈다는 것은 불가능한 일이며, 상족의 선조인 태갑太甲에게 도움을 달라고 기구했다는 것은 더더욱 불가능한 일이다. 특히 고대의 예제에는 '귀신은 다른 민족의 제사를 받지 않고, 백성들은 다른 민족을 제사지내지 않았다 神不歆非類, 民不祀非族'는 규정이 있었기에, 문왕이 태갑과 성탕에게 제사를 드렸다는 기이한 현상은 존재할 수 없다."

그렇다면 "왕"이 "문무제을의 종묘"에 있을 수 있고, 상의 성탕·태갑에게 제사를 드릴 수도 있었으며, 책주방백𠕋周方伯과 같이 논쟁이 비교적 큰 몇몇 복사에 대해서도 고명은 이들을 주나라의 것이라고 했는데, 그렇다면 이를 또 어떻게 해석해야 한단 말인가? 그는 먼저 "주원 갑골문에서 주족과 관계된 일은 언제나 서西라고 지칭하고 있음" 고증했다. 게다가 "이러한 사실에 도움을 받아 족속 문제에서 논쟁이 일고 있는 주원에서 출토된 갑골문에 대해 논의를 했다." 그는 H11 : 82편과 H11 : 84편의 "책주방백𠕋周方伯"은 "주방백을 저주한 것이지, 결코 주방백을 도와달라고 한 뜻이 아니다"라고 했다. 그리고 H11 : 84편은 "문장의 구조로 분석해 볼 때, 이는 주절과 종속절이 결합된 복합문이며, 일종의 인과관계를 반영한 문형이다. 주절의 술어는 '정貞'이며, 주어 즉 점을 쳐 물어볼 사람은 생략되었다. 정貞이라는 술어의 뒤에 두 개의 목적어가 놓였는데, 모두 주어·동사·목적어의 세 가지로 구성된 단문이다. 정貞의 직접 목적어로 된 단문은 '서방의 우두머리가 보살핌을 받지 않지 않을까요? 西正, 不左于(與)受佑'이다. 점복을 한 사람이 물었던 주요 내용은 서방이 신의 보살핌을 받을 것인가에 관한 것이었다. 하지만 어떤 원인 혹은 어떤 조건 하에서 서방이 신의 보살핌을 받을 수 있는가? 즉 정貞의 간접 목적어로 된 단문에서는 '왕기구우대갑王其求又大甲, 책주방백주𠕋周方伯盩', 즉 은왕이 대갑大甲에게 보우해 줄 것을 기구하고, 주방백의 세력이 은 왕의 안전을 위협하게 될 것을 저주하는 내용이다." 문형의 구조 분석에 근거하고, 다시 "이 갑골 편의 복사의 내용으로 볼 때, 생략된 점복자는 바로 주 문왕이다. 문왕은 은에 구금되어 있을 당시 은의 주紂왕이 태갑太甲에게 기도를 하고, 자신에 대해 저주를 했다는 사실을 들었기 때문에, 점복을 행해 은의 주왕의 이러한 행위가 서방과 자신에게 해를 미칠 것인지, 신의 보우를 받을 수 있을 지에 대해 물었던 것이다."

고명에 의하면, 이러한 문형은 은허복사에서도 보인다고 했다. "물어봅니다. 왕께서 지멱을 따르게 하여 파방을 정벌하면, 상제께서 우리에게 도움을 주시겠습니까? 貞王惟沚戠從伐巴方, 帝受我佑"(『을』 3,787)는 바로 주어가 생략된 주—종 복합문이라는 것이다. "정貞"의 직접 목적어는 "상제께서 우리에게 도움을 주시겠습니까? 帝授我佑"이다. 하지만 신의 보우를 받는 조건과 원인은 바로 "정貞"의 간접 목적어인 "왕께서 지멱을 따르게 하여 파방을 정벌하면王惟沚戠從伐巴方"이다. 이 갑골편에서 생략된 점복자는 아마도 은 왕 자신일 것이지만, 다른 사람일 수도 있다. 하지만 주원복사의 내용을 분석해 보면, 점복자는 주紂왕일 수가 없으며, 당연히 책冊을 당한 사람일 것이며, 이는 주 문왕이 은殷에서 감옥에 갇혀 있을 때 점복을 한 것일 가능성이 높다."

그리고 그것의 족속 논쟁이 뜨거운 또 다른 주원 갑골 H11 : 1편에 대해, 고명은 "문법적으로 분석해 볼 때, 이것도 주—종 복합문이다. 다만 앞 문장과의 차이는 주절의 술어인 정貞자 앞에 일부 수식어가 더해져 점복의 시간과 지점을 설명해 주고 있다는 점이다." 즉 "계사癸巳, 이문문제을종彝文武帝乙宗"이 그것이다. "하지만 주어—점복자는 여전히 생략되어 버렸다. 점복한 내용 즉 동사 정貞의 직접 목적어는 당연히 가장 마지막의 단문인 '서유정西有正"이며, 점을 쳐 물어본 간접 목적어는 왕께서 성당成唐에게 제사를 지내고, 두 여자를 굴복시키고, 희생을 잡아 혈제를 지내는 것에 관한 것이다. 그래서 생략된 "점복자는 아마도 주 문왕일 것이며, 문왕이 은에 감금되어 대단히 위험했기 때문에, 수시로 주紂 왕의 행동에 주목하면서 서방의 안전에 대해 점을 쳤던 것이다." 고명에 의하면, "유사한 문형은 상나라의 복사에 자주 보이는데", 『후』 상 11.1에서의 "계사일에 점을 칩니다. '팔상'에서 물어봅니다. 왕에게 10일 동안 불행한 일이 없겠습니까? 4월이었다 癸巳卜在八桑貞, 王旬亡禍, 在四月"의 경우도 주절에서 주어가 생략되었다. 그리고 "생략된 주어는 은 왕 자신일 수도 있으며, 다른 사람일 수도 있다. 일반적으로 종속절에서 왕의 활동을 말한 경우 점복자는 대부분 다른 사람이다."

상술한 족속 문제에서 논쟁이 되고 있는 몇몇 복사의 내용 분석을 통해 얻은 고명의 결론은 "그것들이 모두 주 문왕이 은에 구금되어 있을 때 쳤던 점복"이라는 것이다. 그는 문형의 구조 분석을 통해 생략된 주어가 주 문왕이지, 문장에 등장하는 "왕"(상나라 왕)이 아니며, 그래서 주원갑골은 문왕이 은에 있을 때 친 점이라고 주장했다. 이는 주나라가 주원에서 상족의 선조를 위해 종묘를 세우고 상족의 선조에게 제사를 지냈을 것이라는 모순을 해결해 주었는데, 대단히 일리 있는 해석이다. 특히 주원갑골을 언어학적으로 분석하고 이를 은허복사의 문형과 비교함으로써, 주원갑골 연구의 시야를 넓혔으며, 이는 학자들에게 많은 시사를 주었다.

하지만 고명은 「주원 갑골문의 족속을 간략히 논함略論周原甲骨文的族屬」이라는 논문의 끝부분에서 이렇게 결론지었다. "문왕이 은에 기거하는 동안 은의 주紂왕과 함께 사냥을 했을 뿐 아니라 제을의 묘당에서 서방의 안위에 대해 점을 치기도 했는데, 한 차례에 그친 것은 아니었던 것으로 보인다. 그들의 관계는 친분과 적대감이 공존하여 일반적인 관계는 아니었다. 주원 복사의 일부분은 문왕이 은에 있을 때 점을 친 것이기 때문에, 그 속에 반영된 현상이 복잡하게 뒤얽히게 되었던 것이다." 하지만 필자의 생각에, 주 문왕은 "제을의 묘당에서 서방의 안위에 대해 점을 쳤다"고 한 것 등은 그가 앞에서 주장했던 "주왕이 태갑과 성탕에게 제사를 지냈던 기이한 현상"과도 서로 모순되며, 『좌전』 「양공襄公」 12년 조의 "제후가 상을 당했을 때에 이성異姓은 바깥에 머문다"고 한 말, 즉 성이 다른 제후는 종묘에 들어가 제사를 드리지 못했던 옛날 제도와도 모순된다. 이외에도 문왕이 은에 머물 때라면, 유리羑里에서 억류되어 있었던 때이기 때문에, 상의 주紂왕이 자신을 저주하고 있을 때 주 문왕이 제을의 묘당에 당당하게 나타나고 게다가 태연스럽게 서방의 안위를 물을 수는 없었을 것이다.

(3) 대부분은 주나라의 것이고 일부만 은나라의 것이다

1982년 이후 주원 갑골문 자료의 공표가 늘어나면서, 이에 대한 연구도 계속 심화되었다. 특히 1982년 5월 출판된 『고문자 연구 논문집』(『사천대학 학보 총간四川大學學報叢刊』 제10집)에 실린 진전방陳全方의 「섬서 봉추촌 서주 갑골문 개론陝西鳳雛村西周甲骨文概論」에서 봉추 궁전 기초 터의 움집 H11 · H31에서 나온 글자를 가진 289편의 갑골 모두를 공표하면서, 주원갑골 연구는 전면적인 연구의 제3단계에 접어들게 되었다. 이 새로운 시기에는 이전의 문자 고석과 시기구분과 갑골 특징 연구의 기초 위에서 "전체 서주갑골 자료에 근거해 새로운 문제가 제기되고 해결되었으며, 또 이전의 자료의 한계 속에서 얻었던 관점에 대해서도 보충 · 수정되고 재인식이 이루어졌다. 이로부터 종합적인 연구의 기초 위에서 더욱 깊은 인식이 이루어질 수 있었다."[159]

"1979년 『문물』 제10기와 『고문자연구』 제1집에 발표된 주원 갑골 자료에 근거해", "주원 갑골의 절대 대부분이 상나라 왕실의 것이지, 주나라의 것은 아니다"라는 관점이 "고고자료에 의해 한걸음 더 증명되었음"은 대단히 분명하다.[160] 봉추 H11 · H31에서 출토된 갑골을 전면적으로 정리한 후 "복사의 내용 및 그 서체로 볼 때 대체로 주 무왕이 상나라를 멸망시키기 이전과 이후의 두 시기, 즉 이른 것은 주 문왕의 시대에, 늦

---

159) 王宇信, 『西周甲骨探論』, 中國社會科學出版社, 1984, 29~30면.
160) 王玉哲, 「陝西周原所出甲骨文的來源試探」, 『社會科學戰線』, 1982年 第1期.

은 것은 성왕과 강왕 때에 이르는 것으로 나눌 수 있다"[161]고 하면서 주나라의 갑골로 여겼다. 뿐만 아니라 1979년 이후 주원의 부풍扶風현 서주 기읍岐邑의 수공업 공방과 평민거주 지역 내에서 발견된 제가촌齊家村에서 다시 복골 22점이 발견되었는데, 그중 6점에 총 1백여 자의 글자가 새겨져 있었다. 갑골이 출토된 H3·H4 회갱은 모두 서주 중기 지층에 속한다. 부풍 제가촌에서 출토된 갑골은 찬조鑽鑿의 형태가 봉추에서 출토된 갑골의 스타일과 일치하여, 이들도 주나라의 것임에 분명하다. 게다가 복골 H11(3):1의 글자체로 볼 때 서주 목왕穆王 시기의 것으로 판단되는데 이는 지층과도 합치된다.[162] 기산 봉추 갑골의 전체 자료가 공표되고 부풍 제가촌의 새로운 자료가 출토된 이후, 주원 갑골의 "절대 대부분은 은상 말기 상나라 왕실의 유물"이라는 설은 자연히 도전을 받게 되었다. 주원갑골자료에 대한 전면적인 연구의 기초 위에서 그에 대한 인식은 점차 심화되었을 뿐 아니라 의견도 일치되어 갔다. 즉 대다수의 학자들은 주원갑골(주로 봉추 H11·H31에서 나온 것들)의 대부분이 주나라의 것이라는 데로 의견이 일치되어 갔다.

대부분이 주나라의 것이라는 기초 위에서 학자의 인식은 또다시 차이를 보였다. 서석대徐錫臺의 『주원 갑골문 종술周原甲骨文綜述』은 1981년 『고문자연구』 제6집에 발표했던 「주원 복사 10편의 선별 해석 및 시기구분周原卜辭十篇選釋及斷代」의 기초 위에서 한 걸음 더 나아가 "주원 갑골문의 모든 문자를 은허복사와 서주 초기의 금문과 비교했으며, "자형 대조표"까지 만들었다. 주나라의 갑골에서 얻은 결론은 "일부분은 주의 왕계王季 후기와 문왕의 초기 때의 것이며, 대부분은 문왕의 중·후기에 속하고 극소수만 무왕 시기와 주공周公 섭정 시기에 속할 것이다"는 것이었다.[163] 진전방陳全方은 「섬서 기산 봉추촌 서주 갑골문 개론陝西岐山鳳雛村

161) 陳全方, 「陝西岐山鳳雛村西周甲骨文概論」, 『古文字研究論文集』(『四川大學學報叢刊』 第十輯), 1982.5.

162) 陝西周原考古隊, 「扶風縣齊家村西周甲骨發掘簡報」, 『文物』, 1981年 第9期.

西周甲骨文概論」과 이후 출판된 『주원과 주 문화周原與周文化』에서 주원에서 나온 갑골의 "상한 시기는 주 문왕이고, 하한 시기는 주 목왕이며, 복사의 내용 및 서체로 볼 때 대체로 주나라 초와 서주 초기, 즉 주 무왕이 상나라를 멸망시키기 이전과 이후"164)의 것으로 나눌 수 있다고 했다. 그래서 시대로 말하자면 서석대가 여겼던 것처럼 주원의 "대부분의 복갑은 문왕의 중·후기에 속한다"는 하한선 보다는 다소 늘어진다. 진전방이 상나라를 멸망시키기 전의 어떤 시기의 갑골이 많은지에 대해서 구체적으로 언급하지는 않았지만(『주원과 주 문화』에서 열거한 "섬서 주원 서주 갑골문 분류표"에서는 298편의 갑골 내용에 대해 상세하게 통계를 내었으며, 그중에 "연대"라는 항목이 있기는 하지만, 적잖은 갑골의 연대가 언급되어 있지 않기 때문에 이에 근거한 통계는 어렵다), 「섬서 기산 봉추촌 서주 갑골문 개론」의 "기산 봉추 부분 서주갑골문 시대표"를 참고할 수는 있다. 이 표에서는 봉추에서 출토된 중요한 갑골 35편을 시대에 따라 구분했는데, 문왕 시기의 것이 12편이고 나머지 23편은 무·성·강왕의 서주 전기의 것이다. 이러한 전형적인 갑골로부터 말한다면, 주원에서 나온 대부분의 갑골이 서주 초기의 것이라는 진전방의 추론은 물론 문제가 없을 것이다.

하지만 주원에서 출토된 갑골 속에 상나라의 것이 포함되었는지에 대해서는 아직 일치된 의견을 도출하지 못하고 있다.

바로 1982년 『고고와 문물』 제3기에 발표된 「기산 봉추촌에서 두 차례 발견된 주나라 초기 갑골문岐山鳳雛村兩次發現周初甲骨文」에서 섬서 주원 고고대와 주원 기산 문물관리소 소속 학자들은 1979년 『문물』 제10기의 「섬서 기산 봉추촌 발견 주나라 초기 갑골문陝西岐山鳳雛村發現周初甲骨文」에서 보도된 봉추 궁전 기초 터 H11에서 출토된 일부 갑골자료를 기초로 하고, H31교혈에서 출토된 글자를 가진 또 다른 갑골과 H11교혈에서 나온 것 중 아직 발표되지 않은 일부 자료를 공표했다. 그리고 H11 : 82편

163) 徐錫臺, 『周原甲骨文綜論』, 三秦出版社, 1991, 154면.
164) 陳全方, 『周原與周文化』, 上海人民出版社, 1988, 148면.

은 “은나라는 마침 문무정文武丁의 종묘에서 체禘제사를 거행했는데, 그 때 주방백周方伯의 책명에 관해 점을 쳐 물어 본 것”이라고 했다. 그러면서 “이 복사에서 지칭하는 왕王은 바로 제신帝辛이며, 주방백周方伯은 바로 주나라 문왕文王이다”고 했다. 게다가 주원 갑골 “H11 : 261 · 82 · 112편 및 이미 발표된[165)]H11 : 1 · 84편 등 5편은 그 내용으로 볼 때 이들은 분명 은 왕실의 복골로 원래 은의 수도였던 조가朝歌(하남성 기淇현)에 소장되어 있던 것이며, 그것이 주원에서 나왔다고 해서 주왕실의 복골로 볼 수는 없다. 그리고 그 내용이 ‘주나라가 은나라의 선제인 문무제을文武帝乙에게 제사를 지내고 (…중략…) 주나라가 은나라의 선제인 태갑太甲에게 도움을 빌었던’ 것이라고는 더더욱 말할 수 없다”고 했다. 이처럼 주원에서 나온 갑골이 대부분 주나라의 것이지만 일부 소수는 상나라의 갑골이라는 견해가 제시되었다. 그래서 주원 기산 문물관리소 소속 학자들이 H11 · H31 교혈에서 출토된 글자를 가진 더욱 많은 복골에 기초해 얻어낸 이러한 인식은 “단지 제한된 몇몇 자료”에 근거해 얻어낸 왕옥철王玉哲의 견해보다는 훨씬 더 전면적이었다고 해야만 할 것이다.

1984년 출판된 왕우신王宇信의 『서주 갑골 탐론西周甲骨探論』과 1997년 출판된 주기상朱岐祥의 『주원갑골 연구周原甲骨研究』도 주원에서 출토된 갑골의 대부분이 주나라의 것임을 긍정했다. 하지만 일부는 은나라의 것이라는 관점도 견지했다.

『서주 갑골 탐론』에서는 갑골에 기록된 역사적 사실에 근거해, 주원 갑골 중의 “왕王”자를 분석하고 자형의 변화 과정을 배열한 결과 다음과 같은 사실을 발견했다. “만약 봉추 갑골이 모두 상나라의 갑골이라면, 자형에서(갑골에 기록된 역사적 사실은 잠시 유보해 두자) I유형 1형식과 I유형 2형식 및 I유형과 II유형의 ‘왕王’자의 필사법의 차이를 설명해낼 방법이 없다. 또 봉추갑골을 모두 문왕 때의 갑골로 보게 되면 I유형 1형식과 I

165) 「陝西岐山鳳雛村發現周初甲骨文」, 『文物』, 1979年 第10期를 말함.

유형 2형식의 '왕王'자의 차이—즉 상·주 갑골의 차이라고 하지 않으면, 바로 I유형 2형식과 II유형·III유형의 '왕王'자에도 차이가 있다고 해야만 한다. 왜냐하면 두루뭉술하게 문왕 때의 것이라고 한다면 무왕·성왕과 강왕 때의 III유형의 '왕王'자를 절대 포함할 수가 없기 때문이다."

이와 동시에 서주갑골에 기록된 역사적 사실을 최근의 학설과 참고하여, 봉추에서 출토된 갑골을 다음의 세 시기, 즉 문왕 때의 5편, 무왕·성왕·강왕 때의 21편으로 나누었다.[166] 여기에다 다시 위에서 분석한 "왕王"자가 출현하는 갑골 27편[167]을 더해, "이 두 항목에서 얻은 총 53편은 기본적으로 봉추갑골 중의 가장 주요한 내용을 대표한다" 했다.[168]

이외에도 자형의 변화("왕王"자 이외의 자형)를 이용한 주원갑골의 시기 구분이 다소 어렵긴 하지만, "서체의 스타일에 근거해 H11 : 237편의 '유삼주惟三胄' 및 H11 : 168+268편의 '유이주惟二胄'와 I유형 1형식의 '왕王' 자가 출현하는 H11 : 174편의 스타일이 비슷하기 때문에 이 모두를 제을帝乙 때의 것이라 할 수 있었다."[169]

이상의 여러 방면의 분석을 통해, 『탐론』에서는 "봉추 갑골 중, 문왕 때의 것(제을·제신 때의 상나라의 것을 포함)이 총 23편('왕王'자가 있는 것이 15편, 사류로 확정할 수 있는 것이 5편, 서체로 확정할 수 있는 것이 3편)이며, 이 갑골을 제외한 나머지는 기본적으로 무왕·성왕·강왕 때의 것이다"고 했다. 주지하다시피, 봉추의 글자가 있는 289편의 갑골 중, 『개론』 "부록" 부분의 식별이 어려운 문자로 된 49편은 아마도 획을 그어 놓은 선으로 보이며, 이를 제외하면 실제 식별 가능한 문자를 가진 것은 240편 정도에 지나지 않는다. 이 240편의 갑골에서 문왕 때의 23편을 빼버리면 나머지 무왕·성왕·강왕 때의 것이 217편이 된다. 『탐론』에 의하면, "문

166) 王宇信, 『西周甲骨探論』, 表3, "岐山鳳雛甲骨文所見諸'王'時代表", 中國社會科學出版社, 1984.
167) 王宇信, 『西周甲骨探論』, 表4, "岐山鳳雛甲骨文時代表", 中國社會科學出版社, 1984.
168) 王宇信, 『西周甲骨探論』, 中國社會科學出版社, 1984, 238면.
169) 王宇信, 『西周甲骨探論』, 中國社會科學出版社, 1984, 246면.

왕 때의 23편 중에는 제을·제신 때의 상나라 갑골 8편이 포함되어 있다." 그래서 『탐론』에서는 이렇게 말했다. "이러한 숫자는 주원 봉추의 갑골은 대부분 주나라의 것임이 분명하며, 그래서 '절대 대부분이 상나라 왕실의 복사'라는 말은 결코 옳지 않다. 그리고 이러한 갑골 중, 문왕 때의 것은 겨우 15편 정도에 지나지 않는다. 이러한 사실은 주원 봉추 갑골의 절대 대부분은 무왕·성왕·강왕 때의 유물이지 결코 '절대 대부분이 문왕 때의 유물'은 아님을 설명해 준다."[170]

1976년 섬서 기산 주원에서 선주先周 때의 궁전 기초 터가 발견되었는데, 이듬해 거기서 대량의 갑골이 출토되었다. 그중 글자가 있는 갑골이 약 3백 판 정도 되었다. 이들 갑골의 대표 시기는 대체로 은·주 사이였다. 하지만 갑골이 은나라의 것이었을까, 아니면 주나라의 것이었을까? 이에 대해서는 지금까지도 논쟁 중이다. 대만의 주기상朱歧祥도 1997년 출판된 『주원 갑골 연구周原甲骨研究』에서 주원갑골의 족속 문제의 논의에 뛰어들었는데, 다른 시각에서 주원갑골의 족속 문제에 대해 여러 측면의 연구를 시도했으며, 그에 대한 적잖은 견해를 제시했다.

먼저, 『주원 갑골 연구』에 의하면, "이 문자들이 진정으로 사용 가능하고 신빙성 있는 자료가 되기 위해서, 그것의 역사적 가치를 충분히 반영하기 위해서, 갑골학이 과학적인 찰관이라는 층차에서 발전할 수 있게 하기 위해서는, 사실 전인들의 초보적인 고석 작업에 대해 새로운 검증이 필요하며, 분분한 의견에 대한 합리적이고 실사구시적인 관점이 제시되어야만 한다."[171] 주기상은 이 책의 상편 "주원 갑골문 고석"이라는 장에서 봉추 H11·H31에서 출토된 글자를 가진 모든 갑골에 대해 고석하고 정리한 기초 위에서, 갑골은 상나라와 주나라 사람들이 새긴 것으로 나눌 수 있으며, 각기 특수한 관용어와 문례文例를 갖고 있다고 했다. 상나라 사람들이 새긴 것은 문장이나 단어가 비교적 완전하고 상세한

---

170) 王宇信, 『西周甲骨探論』, 中國社會科學出版社, 1984, 47~248면.

171) 朱歧祥, 『周原甲骨研究』, 臺灣 學生書局, 1997, 3~4면.

반면, 주나라가 새긴 것은 자형이나 새김이 초솔하고 문장도 간략하고 생략되었다. 단지 한 글자로만 되어 있는 갑골이 많기도 한데, 아마도 주나라에서 시험 삼아 새겼거나 연습 삼아 새긴 것일 것이며, 적어도 근엄한 점복 기록은 아닌 것으로 보인다고 했다.

둘째, 상나라 사람들이 새긴 갑골에는 상나라 왕의 선조에 대한 제사가 기록되었는데, 문례는 은허복사와 동일하다. 하지만 주나라가 새긴 것에는 주왕의 선조들에 대한 제사의 예가 잘 보이지 않는다. 상·주 간에는 갑골을 새기는 성질에 아마도 차이가 있었을 것으로 보이며, 상나라 사람들이 새겼던 갑골이 당시에는 아마도 일종의 표준 문장으로 참고 되고 보존되었던 것으로 보인다.

셋째, 주원갑골의 뒷면에는 네모꼴의 조方鑿가 있어, 은허갑골의 찬조鑽鑿 형태와는 다르다. 이는 거북딱지를 사용하던 주나라의 특성인지 아니면 은나라 제신 때의 상나라 사람들에 의해 개혁된 것인지에 대해서는 아직 결론을 내릴 수가 없다.[172]

주원 갑골문자를 전면적으로 고증한 기초 위에서 주기상은 또 『연구』의 하편에서 주원갑골의 "시기구분"에 대해 다른 측면에서 대략적으로 논술했는데, 사실은 주원갑골에는 분명 은나라의 것이 포함되었을 것이라는 견해에 대한 다각도에서의 진일보한 논증이었다. 그는 "'왕王'자로부터 주원갑골의 시기구분을 논함"이라는 장에서 얻은 결론은 "주원갑골은 사실 은나라 후기와 주나라 초기의 갑골이 혼재되어 있으며, 그 속에 출현하는 '왕王'자는 은나라 왕을 지칭하기도 하지만, 주나라 왕을 가리키는 것도 있다"는 것이었다.[173]

그는 "'정貞'자로부터 주원갑골의 시기구분을 논함"이라는 장에서는 "정貞자의 통사론적 용법에 근거해 정鼎자로 표기한 것은 은나라의 갑골에 속하며, 정鼑으로 표기한 것은 주나라의 갑골에 속한다고 했다."[174]

172) 朱歧祥, 『周原甲骨研究』, 臺灣 學生書局, 1997, 2면.
173) 朱歧祥, 『周原甲骨研究』, 臺灣 學生書局, 1997, 74면.

"허자虛字의 용법에 근거해 주원갑골의 시기구분을 논함"이라는 장에서는 "주원갑골 중의 허자를 전반적으로 점검하였는데, 혜叀·추隹·기其·우于·유有·필弜·불不·불弗·무亡 등이 포함된 각종 문형을 은허복사와 하나하나씩 대조하여, 주원갑골의 허자가 은나라 말기 복사에서의 용법과 일반적으로 일치하며, 은허복사는 주원갑골 허자의 모든 용례를 포함할 수 있음을 발견했다. 그래서 필자의 판단으로는 은허복사와 주원갑골은 동일한 종에 속하는 언어의 문자기록이라 판단할 수 있다"고 했다.175)

"정正자를 해석함—주원갑골의 시대를 함께 논함"이라는 장에서는 "주원갑골의 정正자는 모두 정禎자와 같이 읽어야 한다"는 기초 위에서, "다시 자형(예컨대 계癸·사巳·왕王·정貞·재在·필弜)·사례辭例(예컨대 왕수우우王受又又·전책방국典冊方國·구우선왕求又先王·왈길曰吉·어제인생禦祭人牲·기약其若·제생祭牲—수사數詞)·문장의 뜻(예컨대 왕의 제사 대상이 상의 선왕인 성탕·대무大戊·제을인지, 제의를 통한 왕의 구함求·제사祭·어제사禦·체제사禘 등이 은의 관습과 같은지, 왕의 책고策告의 대상이 주방백周方伯인지) 등 세 가지 방면에서 고찰한 결과, 주원의 정正자가 든 문장은 상나라 후기 제5기의 제신 때의 복사와 시기가 맞아떨어진다고 했다."176)

주원갑골 속에 이미 은나라의 갑골이 존재하고, 게다가 "허자의 용법에 대한 논의로 확정한 것이 사실이라면, 당시 새겼던 이 주원갑골 속에 상나라 후기의 사관이 존재했다는 것은 의심의 여지가 없다."177) 그래서 "주원갑골의 출토는 은·주 두 민족 간의 공존 관계와 밀접한 접촉을 실증적으로 증명해 주었다. 주나라는 정치적으로 은상의 공주共主 지위를 대체했을 뿐 아니라 문화적으로도 은상의 특색을 충분히 계승했다." 주

174) 朱歧祥, 『周原甲骨研究』, 臺灣 學生書局, 1997, 88면.
175) 朱歧祥, 『周原甲骨研究』, 臺灣 學生書局, 1997, 91면.
176) 朱歧祥, 『周原甲骨研究』, 臺灣 學生書局, 1997, 107면.
177) 朱歧祥, 『周原甲骨研究』, 臺灣 學生書局, 1997, 106면.

기상은 "주원갑골로부터 은주문화의 관계를 말함"이라는 장에서 "주원갑골의 문자·정치·예제·역법·괘상卦象·찬조鑽鑿 등의 여러 측면에서 은주 간의 일관된 계승적 문화 변천을 기술했다." "게다가 글자체·문장·해독법·문례文例·어법 등의 측면에서 상·주 갑골문자의 계승 발전 관계를 분석한 기초 위에서 "주원갑골 자형의 원류에 대한 고찰"이라는 장을 설정하여, 진일보되게 "은주갑골의 자형을 서로 비교하고, 그 중에서 차이를 찾아내 초기문자 변화의 특징을 탐색했다." 그리하여 주원갑골은 자형상에서 은허갑골을 계승하였으며, 그 자형은 은허문자와 서로 합치된다고 여겼다. 하지만 주원갑골 자형에는 은허문자와 다른 것도 있고, 주나라 금문과 같은 것도 있다. 이외에도 주원갑골의 자형에는 예서나 전서와 같은 것도 보인다. 하지만 주원갑골의 자형의 필순은 고정화되어 갔으며, 그 필사 순서는 은나라 문자와 다소 다른 것도 있다. "주원갑골의 서사 형식이 은허복사와 같다는 것은 초기 주문화가 은상문화와 밀접하게 접촉했음을 말해 준다." "주원갑골의 자형이 은대 초기 문자와 합치되는 것도 있고 단지 은 후기 문자와만 유사한 것도 있다는 사실로부터도 주원갑골의 내용이 결코 단순하지 않으며, 주나라 문자가 결코 어떤 시간 내에 통째로 은상으로부터 가져온 것은 아님을 알 수 있다. 상나라 문자의 주에 대한 영향은 분명 점진적이고 단계인 것으로, 자연적으로 흡수 동화된 것이지 인위적인 강제에 의한 이식은 아니었다. 또 주나라는 이미 일정정도의 문화적 수준을 갖추었으며, 외래문화를 검정하고 취사선택할 수 있는 능력을 갖추고 있었다."178)

이렇게 볼 때, 주원갑골 자료의 지속적인 공표, 특히 1982년 주원 기산 봉추의 전체 갑골이 공표됨에 따라 주원갑골에 대한 인식도 날로 전면적이고 깊이를 더해갔다. 주원갑골이 "주나라의 것"이라거나 대부분이 "상나라의 것"이라는 인식은 전면적인 분석과 연구를 거쳐 점차 그

---

178) 朱歧祥, 『周原甲骨硏究』, 臺灣 學生書局, 1997, 122면.

대부분이 "주나라의 것"이며 일부 소수가 "상나라의 것"이라는 내용으로 바뀌게 되었다. 구체적으로 말해서, 주원갑골의 족속에 대한 논쟁은 점차 몇몇 "묘제廟祭 갑골"로 옮겨가게 되었는데, 이는 연구의 폭과 깊이에서 모두 전진을 이루었음을 보여준다.

2) 주원 출토 묘제廟祭 갑골의 족속에 대한 논의

"1982년 5월, 주원 봉추의 H11・H31에서 나온 글자를 가진 갑골이 전부 공표된 이후, 그것의 절대 대부분이 주나라의 것이라는 점에 대해서는 기본적으로 의견의 일치를 보게 되었다. 논쟁의 범위는 날이 갈수록 좁아졌고, 관심은 점차 상나라 왕의 종묘명宗廟名과 상나라 선조에게 제사 드렸던 H11 : 1・H11 : 84・H11 : 112・H11 : 82편 등과 같은 갑골로 옮겨 갔다." 어떤 학자는, "이러한 갑골은 그 수량이 많지 않고, 상나라 왕의 종묘명과 상나라의 선조에 대한 제사와 관련되어 있기 때문에, 이들을 주원에서 출토된 '묘제廟祭' 갑골이라 불러도 무방하다"고 했다.[179)]

그런가 하면 일부 학자는 위에서 든 H11 : 1・H11 : 82・H11 : 84편과 H11 : 114・H11 : 130・H11 : 189편 등에 모두 "정正"자가 출현하며, 이 "정正"자는 "정상禎祥이라고 할 때의 정禎으로 읽어야만 한다"고 했다. "주원갑골에서의 정正자는 모두 정禎과 같이 읽어야 하기 때문에", 이들 갑골을 "정자문正字句 갑골"이라 부르기도 한다.[180)] 하지만 주원에서 출토된 이 갑골을 "묘제廟祭 갑골"이라 부르든 "정자문正字句 갑골"이라 부르든 주원에서 출토된 이들이 상나라의 것이라는 관점은 기본적으로 일치한다. 주원에서 출토된 묘제廟祭 갑골이 주나라의 것이라거나 상나라의 것이라고 주장하는 학자들은 모두 이 갑골들이 주원 갑골의 족속 문

179) 王宇信, 『甲骨學通論』, 中國社會科學出版社, 1989, 411면.
180) 朱歧祥, 『周原甲骨研究』, 臺灣 學生書局, 1997, 107면.

제를 해결하는 데 중요한 지위를 차지한다고 여겼으며, 그래서 연구의 목표가 점차 이들 갑골에 집중되었고 열 띤 토론이 전개되었다.

(1) 상·주 제사 제도로 본 주원 출토 묘제廟祭 갑골

일부 학자들은 주원 출토 묘제廟祭 갑골 중 "H11 : 1편에서는 주나라가 은나라의 선제인 문무제을文武帝乙에 대한 제사를 기록했고, H11 : 84편은 주나라가 은나라의 선제인 태갑太甲에게 도움을 구한 것을 기록했는데, 이는 주나라가 은나라의 속국이었음을 분명하게 보여주긴 하지만 속국이 종주국의 조상에게 제사를 드렸다는 것은 문헌의 기록에서는 나타난 적이 없다"고 여겼다.[181] "고대 중국에서는 족族, 즉 성姓이 다른異姓의 조상에게 제사를 드릴 수 없었다"[182]는 고대의 제사제도가 이를 완전히 증명해 준다.

『좌전』「희공僖公」 10년 조에 "진晉의 혜공惠公이 공共 태자大子[183]의 장례법을 고쳤다. 가을, 고돌孤突이 하국下國으로 가서 태자를 만났다. 태자가 고돌에게 수레를 몰라고 하면서 이렇게 말했다. '여오余吾는 예의가 없소. 내가 이미 상제에게 청을 드렸소. 장차 진晉을 진秦에게 넘기면 진秦은 우리에게 제사를 드리게 될 것이오'. 이에 고돌이 대답하여 말했다. '신이 듣기에, 귀신은 종류가 다르면 흠향하지 않고 백성은 종족이 다르면 제사 드리지 않는다神不歆非類, 民不祀非族'고 들었습니다"라고 했다. 『정의正義』에서는 "그의 자손이 아니면서 망령스레 다른 사람의 조상에게 제사를 드리면 귀신조차도 흠향하지 않는다는 것을 말한다"고 했다.

『좌전』「희공僖公」 30년 조에서도 비슷한 내용이 보인다. 위衛의 성공成公은 하夏의 조상인 상相이 자신에 대한 제사를 빼앗았다고 강숙康叔이

181) 陝西周原考古隊, 「陝西岐山縣鳳雛村發現周初甲骨文」, 『文物』, 1979年 第10期.
182) 王宇信, 『甲骨學通論』, 中國社會科學出版社, 1989, 412면.
183) (역주) 태자 申生을 말하며, 共은 申生의 시호이다.

그에게 말하는 꿈을 꾸었다. 그래서 위衛 성공成公은 하夏의 선조인 상相에게 제사를 지내려고 했다. 그러자 대신이었던 영무자甯武子가 동의하지 않으면서 "귀신이라도 종족이 다르면 그 제사를 받지 않습니다鬼神非其族類, 不歆其祀"라고 했다. 이것은 하夏가 사姒성이고, 주周는 희姬성으로 성이 달랐기 때문이다.

『국어』「주어周語」에 기록된 혜왕惠王 15년 조를 보면, 단주丹朱의 신이 신莘 땅에 강림했는데, 내사內史였던 과過가 "태재太宰에게 명하여 축사祝史가 이狸성을 이끌고, 희생을 바치고 메기장粢을 담고 옥玉과 비단帛을 갖고 가서 바치게 했다"고 했다. 위소韋昭의 주석에서 "이狸성은 단주丹朱의 후손이다. 신이라도 종류가 다르면 음향하지 않기 때문에 이끌고 간 것이다"고 했다.

춘추 시대에는 종법제도가 이미 심각하게 파괴되었지만, 이상의 사실은 당시 각국의 통치자들이 고대 예제를 엄격히 준수하며 제사라는 "국가의 대사"를 처리하고 있었음을 보여준다. 그래서 "예악과 정벌은 천자로부터 나왔다禮樂征伐自天子出"고 말해지는 상주 때라면 당연히 이러한 것들이 더욱 엄격하게 지켜졌을 것이다. 『백호통』「종묘宗廟」에서는 "종宗은 존중하다尊는 뜻이다. 묘廟은 모습貌을 말한다. 조상의 존엄한 모습尊貌을 닮았다는 뜻이다"고 했다. 종묘의 제사는 종법제도를 구성하는 중요한 내용이다. 『국어』「주어周語」에서 "상나라 사람들은 순舜에게 체禘제사를 드리고 설契을 조상으로 삼았으며, 명冥에게 교郊제사를 드리고 탕湯을 종주로 삼았다"고 했으며, "주나라는 곡嚳에게 체禘제사를 드리고 직稷에게 교郊제사를 드렸으며, 문왕文王을 조상으로 삼고 무왕武王을 종주로 삼았다"고 했다. 상주는 원래 다른 성을 가진 민족이었으니, 각자 자신의 조상에게만 제사를 드리는 것이 당연하다. 하지만 주원에서 출토된 묘제廟祭 갑골을 해석하면서 주나라가 상족의 조상에게 제사를 드렸다고 했으니, 이는 전통 문헌에서는 분명 "찾아볼 수 없는 부분이다."

종묘의 제사에는 엄격한 제도들이 있었다. 『좌전』「양공襄公」 12년 조에서 "(제후가 죽었을 때) 동성同姓이면 종묘宗廟(즉 왕을 배출한 사당)에서, 동종同宗이면 조묘祖廟(제후가 처음으로 임금君에 봉해진 사당)에서, 동족同族이면 녜묘禰廟(즉 부친의 사당, 동족은 고조 이하를 말한다)에서 곡을 한다. 그런 까닭에 노魯나라는 희姬 성이므로 주나라의 묘당周廟에 가서 곡을 하며, 형邢·범凡·장蔣·모茅·조胙·제祭 등 6국은 주공周公의 묘당廟에서 곡을 한다"고 했다. 위에서 든 여섯 제후국은 모두 주공周公의 서자들이기 때문에, 노나라에 임금으로 처음 봉해졌던 주공周公의 묘당廟을 조묘祖廟로 삼았던 것이다. 주周 천자의 세상에서 주나라를 받들고 대종大宗의 특수한 지위를 보호받고자 제후들이 왕묘王廟를 세울 수는 없었던 것이다. 『예기』「교특생郊特牲」에서는 "제후들은 감히 천자를 조상으로 삼지 못하고, 대부들은 감히 제후들을 조상 삼지 못한다"고 했다. 이의 주석에서는 "노魯는 주공周公의 옛 땅이기 때문에 문왕文王의 묘당을 세웠다"고 했는데, 소疏에서는 이렇게 풀이했다. "『정의』에서 문왕文王의 묘당을 '노魯나라에 세울 수 있었던 이유를 알 수 있다. 양공襄公 12년 가을의 기록을 보면 오吳의 임금인 수몽壽夢이 죽자 주공의 묘周廟에서 곡을 했는데, 이는 예에 맞다'고 했다. 『정의』의 주석에서는 주공의 묘周廟는 문왕文王의 묘당이다'고 했다. 『춘추』의 경문에서 '제후는 감히 천자를 조상으로 삼을 수 없다'고 했지만, 『좌전』「문공文公」 2년 조에서 송宋나라는 제을帝乙을 조상으로 삼고, 정鄭나라는 역왕歷王을 조상으로 삼는다고 했다. '대부는 감히 제후를 조상으로 삼을 수 없다'고 했는데, 『좌전』「장공莊公」 28년 조에서 선군先君의 신주를 모신 종묘가 설치된 읍邑을 도都라고 한다고 했다. 이 글과 다르게 된 것은, 후자는 일반적인 제후와 대부에 근거했고, 전자는 큰 공덕을 세운 제후에 근거했기 때문이다." 서주 각국의 제후들 중, 노魯나라는 문왕文王이 나왔던 곳일 뿐 아니라, 서주 왕조에 큰 공덕을 세웠기 때문에, 노나라에 주공의 묘周廟, 즉 문왕文王의 묘당을 세우는 것이 특별히 파격적으로 허용되었던 것이다. 그리고 정鄭나라는 여왕厲王의 출신지였기 때문에 왕의 묘당王廟이 세워졌다. 주나라에 큰 공덕을 세우지 않은 제후이면서, 주 천자의 특별한 허락을 받지 않고서 왕의 묘당을 세운다는 것은 "예에 맞지 않는非禮" 것이었으니, 어떤 제후국이라도 천하의 대역죄를 짓고자 모험하지 않았을 것이다. 주 왕조에서 성이 같은 제후들도 모두 제후국 안에다 왕의 묘당을 짓지 못했을진대, 다른 성을 가진 주나라가 주원의 기읍岐邑에다 상나라 왕의 묘당을 세운다는 것은 더더욱 불가능한 일이다. 그래서 주원 출토 묘제廟祭 갑골이 주나라가 기읍에서 상나라 왕의 묘당을 세웠고 거기서 상나라 왕의 조상에게 제사를 드릴 때 사용했던 점복 기록일 것이라는 가능성은 없어진다.

『좌전』「양공襄公」12년 조에서 "제후에게 상이 나면, 성이 다른 사람들은 바깥에서 곡을 한다"고 했다. 성이 다른 제후는 성 밖에서 그 "나라國"를 향해 곡을 할 수 밖에 없었으며, 종묘에 들어가 제사를 지낼 자격은 주어지지 않았다. 고대 문헌에서 자주 보이는 회맹會盟에서도 "성이 다른 제후를 뒤에 배치하는異姓爲後"[184] 원칙이 고수되었다. 그래서 종법의 혈연관계는 상·주 노예제 사회의 모든 정치활동을 지배하고 있었다고 할 수 있다. 『좌전』「성공成公」4년 조에서 "우리 종족이 아니면 필시 다른 마음을 가질 것이다非我族類, 其心必異"라고 했다. 상나라 왕과 성이 다른 주 문왕이 상의 도읍에 마련된 종묘에 들어가 상의 선왕의 제사 의식에 참여하였고, 그가 "은殷에 거주할 때" "제을의 묘당에서 서방의 안위에 대해 물어볼 수 있었다면"[185] 그것은 분명 다른 마음을 품고 있었던 것이 된다. 이외에도 문왕이 은에 기거할 때라면 구속되어 유리羑里에 갇혀 있을 때였으니, 상나라 주紂왕의 계단 아래 꿇어앉은 죄수였다. 그런 그가 당堂의 계단을 올라가 묘실 안으로 들어 갈 수는 없었을 것이다. 주紂왕이 주나라 왕을 저주하는 제사를 조상에게 올리고 있을 때, 황당하기 그지없게 서방의 안위를 물었단 말인가?

---

184) 『左傳』 隱公 11.

185) 高明, 「略論周原甲骨文的族屬」, 『考古與文物』, 1984年 第5期.

앞서 말했던 것처럼, "주원에다 상나라 왕의 묘당을 세웠다"는 사실이 주원 갑골이 모두 주나라의 것이라는 중요한 근거가 되며, "옛날 역사에서도 이러한 일은 있었다"고 했다.[186] 하지만 이에 대해서는 더 구체적인 분석이 필요하다.

"주원에 상나라 왕의 묘당을 세웠다"는 설의 중요한 근거의 하나는 『후한서』「남흉노전南匈奴傳」의 "흉노의 습속에 의하면, 매년 세 번 '용사'를 지내는데, 언제나 정월·오월·구월의 '무'일에 천신께 제사를 올린다. 남흉노가 속국이었기 때문에 한나라의 황제에게도 제사를 지냈다 匈奴俗, 歲有三龍祠, 常以正月·五月·九月戊日祭天神. 南匈奴旣內附, 兼祠漢帝"는 부분이다. 한나라 선제宣帝 때 "겸해서 한나라의 황제들께 제사를 드렸다"는 기록은 상나라 말 주나라 초와는 이미 1천여 년의 시간적 차이가 있다. 이 기간 동안 중국 사회는 커다란 변화가 일어났다. 상·주 이래의 혈연 종법제도는 춘추시기의 전쟁을 거쳤고, 게다가 가족의 번성과 종족 내부 및 종족들 간의 투쟁이 더해짐으로써, 대단히 박약해지거나 파괴되었다. 춘추시기에는 "진晉나라에 공족公族이 없었고",[187] 전국시기에는 "선비들에게 정해진 곳이 없었다士無定主"는 말과 같이 사회의 극렬한 변동과 변화는 국왕과 신하간의 관계를 더 이상 대종·소종의 종법 혈연관계가 아니도록 만들었다. "분봉제分封制"는 이미 군현제에 의해 대체되었고, 세경世卿과 세록제世祿制는 봉급을 주며 언제라도 파면 가능한 관리들에 의해 대체되었다. 진秦나라의 통일 전쟁은 종법제의 잔재를 또 다시 한 차례 청산했으며, 진한秦漢 이후로는 고도의 중앙집권적 봉건제 하의 관료 기구가 형성되었다. 한나라 초에는 "동성同姓"을 왕으로 봉하기도 했지만 그들은 군현의 사이에 끼워 배치되었으며, 게다가 중앙 왕조로부터 대부大傅·승상丞相 내지는 2천 석 이상 봉급을 받는 관리가 함께 배분되

---

186) 徐中舒, 「周原甲骨初論」, 『古文字研究論文集』(『四川大學學報叢刊』 第十輯), 1982.

187) 『左傳』 宣公 2. (역주) 麗姬의 난이 있고서부터 晉나라에서는 맹약을 맺어 公子를 키우지 않기로 했으며, 이로부터 公族이 없어지게 되었다.

었다. 그래서 제후국의 왕은 끝내 국사를 처리할 수 없었고, 이 때문에 상주시기의 종법 혈연제도 하의 제후와는 이미 함께 논할 수 있는 위치가 아니었다. 한 무제의 "추은령推恩令"이 내려지면서 제후의 적자들의 봉지는 날로 줄어들었고, 군현에 의해 관할되는 "열후列侯"로 전락했다. 그러자 종법제는 파괴되었고 제사제도 및 그 내용에도 심각한 변화가 일어나게 되었다. 『사기』「고조본기高祖本紀」에는 한나라 혜제惠帝가 왕위를 계승한 이후 "군국의 제후들에게 고조高祖의 묘당을 세우게 하고, 해마다 시제를 지내도록 했다"는 기록이 있다. 이때의 "고조의 묘당"은 순전히 한나라 중앙왕조의 상징이었으며, 이는 "제후들은 감히 천자를 조상으로 삼지 않고, 대부들은 감히 제후를 조상으로 삼지 않는다"던 상주시기의 예제와는 전혀 다른 모습이었다.[188]

이외에도 "속국이 된" 이후의 남흉노와 "속국이 되기" 전의 차이에도 주목해야만 한다. 남흉노가 "속국이 된" 이후 "한나라 황제에게 함께 제사를 드린" 것은 흉노의 귀족들이 선우單于의 보위를 탈취하기 위해 일으킨 내부모순으로 남과 북의 선우로 분할되었기 때문이다. 남흉노의 선우는 한나라의 지지를 받기 위해 "영원히 번폐蕃蔽가 되어 북방 오랑캐들을 막겠다"는 의지를 표시하기 위해, "천신께 제사를 지낼 때" "겸해서 한나라 황제에게도 제사를 지냈던" 것이다. 그러나 남흉노가 "속국이 되기" 전의 경우, 『한서』「흉노전」에서도 매년 5월, 흉노가 "용성龍城에 모두 모여 그들의 선조와 천지와 귀신에게 제사를 올리던" 습속이 기록되어 있지만, 그때에는 한나라의 황제에게 제사를 드리지 않았음에 주의해야 한다. 그래서 『후한서』「남흉노전」에서 기록한 "속국이 되었기에 한나라 황제에게도 함께 제사를 드렸다"는 것은 종법제도가 이미 더 이상 존재하지 않는 봉건사회에서 중앙왕조의 승인을 받기 위한 지방정권의 조치였던 것이다. 그래서 이것이 종법 혈연관계에 의해 자신의 통치

188) 金景芳, 『古史論集』, 齊魯書社, 1981, 111~141면; 田昌五, 『古代社會斷代新論』, 人民出版社, 1982, 83~101면 참조.

를 강화하던 주나라가 "주원에 상나라 왕의 묘당을 세우고", 상나라 왕에게 제사를 드렸다는 것의 증거가 될 수는 없다.

"주원에 상나라 왕의 묘당을 세웠다"는 또 다른 근거는 『전국책』「위책魏策1」에 기록된 두 가지 사건이다. 하나는 소진蘇秦이 조趙에게 "합종合縱"을 권유하면서, 위魏 왕을 설득해 진秦과 연합하지 말라고 한 말이다. 그는 이렇게 말했다. "위나라는 천하의 강국이며, 대왕께서는 천하의 현명한 군주입니다. 그런데도 지금 서쪽으로 향하여 진秦을 섬기고, 동쪽의 속국이라 불리며, 황제의 궁을 짓고, 관대를 수여받고, 춘추로 제사를 모실 뜻을 갖고 계신다면, 이는 대왕께서 수치스런 일이라 생각합니다." 두 번째는 장의張儀가 진秦과의 "연횡連橫"을 주장하면서, 위魏왕에게 진秦과 연합할 것을 유세하면서 위 왕에게 "동쪽의 속국이라 불리며, 황제의 궁을 짓고, 관대를 수여받고, 춘추로 사를 모실 것"을 설득한 것이다. 고증에 의하면, 소진이 "위나라를 설득해 진나라가 위나라의 조음雕陰을 가져간 해는 현왕顯王 36년 때의 일이다." 소진이 조나라에게 "합종"을 위해 위왕을 설득한 『전국책』「위책1」의 기록은 "당시의 정세와도 절대 맞지 않다. 그것은 첫째, 현왕 36년이라면 진秦이 아직 왕王이라 불리지 못했을 때인데, 어떻게 위魏가 그때에 '동쪽의 속국이라 불리며, 황제의 궁을 짓는다'는 말인가? 둘째, 전 해에 위魏와 제齊나라가 막 서주徐州에 모여 서로 왕王이라 칭하면서 두 나라가 패권을 나누어 가졌을 때인데, 그때에 어떻게 '서쪽을 향하여 진나라를 섬길 뜻을 가진단 말인가?"[189] 이 외에도 장의가 위나라 왕을 설득했다면 이는 "진秦의 정政이 한韓나라의 신차申差 장군을 무찔렀던 해, 즉 신정愼靚 4년(B.C. 317)"이어야만 한다. 『전국책』「위책1」에서 이 사건을 기록하면서, "전체적으로 볼 때 역사적 사실에 위배된다. 큰 것만 들어 보아도 네 가지나 되는데 (…중략…) 위魏 왕이 '동번東藩이라 칭하면서 황제의 궁을 축조한 것이다'라고 했다. 진秦

189) 繆文遠, 『戰國策考辨』, 中華書局, 1984, 213면.

이 황제를 칭한 것은 난赧 27년(B.C. 288)인데, 그때보다 29년 뒤의 일이며, 장의가 죽은 지 이미 22년이 되던 해이니(『사기』「육국표」에 근거함, 이 장에서 말한 때와 큰 차이를 보인다."[190] 이렇게 볼 때 『전국책』「위책1」에서 말한 "동쪽의 속국"이나 "춘추로 제사를 드렸다"고 한 것 등은 순전히 허구에 불과하다. 그래서 이에 근거해 "주원에 상나라 왕의 묘당"을 짓고 상나라 왕의 조상들에게 제사를 드리는 의식을 거행했다는 증거로 삼는다는 것은 충분한 증거가 되지 못한다.

이처럼 고대 예제와 종법제도의 분석에 근거해 볼 때, 주나라가 주원에다 상나라 왕의 묘당을 짓고 상나라 사람들의 선왕에게 제사를 드렸다는 것은 불가능하다. 게다가 주 문왕도 은나라의 수도에 세워진 상나라 왕의 종묘에 들어가 상나라 왕에 대한 제전에 참여하고 점복을 했다는 것도 불가능해졌다. 그래서 묘제廟祭 갑골은 자연히 주족들의 것이 아니라 상 왕조의 것임은 명약관화한 사실이 되었다.[191]

(2) 상나라 왕에게 제사를 드린 주원의 묘제 갑골로 본 족속

주원에서 출토된 묘제 갑골에서 제사를 드렸던 상나라의 선왕으로는 성당成唐(H11 : 1) · 대갑大甲(H11 : 84) · 문무정文武丁(H11 : 112) 등이 있다. "상 왕조와 외족과의 전쟁에서 이러한 선왕이 발휘했던 역할과 상나라에서 가지는 지위에 대한 충분한 인식은 주원에서 출토된 묘제 갑골의 족속 판정에 매우 중요한 의미를 가진다."[192]

묘제 갑골이 "주나라의 것이라는 설"을 견지하는 학자는 이들 선왕이 모두 주 문왕이 제사를 지냈던 대상이며, "문왕이 주방백이 되어 은 왕의 종묘에 가서 새롭게 임명 받은 일을 기록한 내용"으로 본다.[193] 하지

190) 繆文遠, 『戰國策考辨』, 中華書局, 1984, 213면.

191) 王宇信, 「試論周原出上的商人廟祭甲骨」, 『中國史研究』, 1988年 第1期.

192) 王宇信, 「周原出土廟祭甲骨商王考」, 『考古與文物』, 1988年 第2期.

193) 徐中舒, 「周原甲骨初論」, 『古文字研究論文集』(『四川大學學報叢刊』 第十輯), 1982.

만 이는 고대 종묘제도 자체로부터 본다하더라도 불가능한 일이다. 게다가 갑골문 자체, 즉 은나라의 전쟁 복사에서 차지하는 대갑大甲의 지위로 보더라도 주나라가 은나라의 선왕에게 제사를 드릴 수는 없다. 갑골문에 나타난 상술한 왕들이 전쟁에서 발휘했던 역할을 정리해 보자.

"나라의 큰일은 제사와 전쟁"(『좌전』「성공成公」 13년)이라는 말처럼 제사와 정벌은 상·주 노예제 국가에서 가장 중요한 일이었다. 재산과 노예를 약탈하고 자신의 영토를 확장하기 위해 상 왕조의 통치자들은 외부와 끊임없는 침략 전쟁을 벌였는데, 갑골문에는 이러한 기록이 적지 않다.

주변국이 침입해 오거나 병력으로 주변국을 정벌하는 등 전쟁을 칠 때마다 상나라 왕은 항상 점복이나 전문적인 제사를 거행해, 상제나 선공 등 먼 조상·선왕·선비·옛날 신하 등에게 그들의 군사 행동을 보살펴주길 기원했다. 주원 묘제 갑골에 출현한 상나라 왕의 이름을 보면 대을大乙 당唐 이하부터 시작된다. 그래서 고찰 대상을 상나라 선왕으로 범위를 한정해도 무방할 것이다.

무정 시기 상 왕조와 자주 전쟁을 벌였던 주변국으로는, 공방𢀛方·토방土方·방方·[illegible]方·[illegible]方·호방虎方·강방羌方·오방卬方·오방鳥方·파방巴方·이방夷方·기방基方·정방井方·제방祭方·전방湔方·[illegible]方·재방𢦏方·[illegible]方·주방周方·흥방興方·부缶·촉蜀·방방旁方·[illegible]方·하위下危 등이 있다. 그중 주변국을 정벌할 때 선왕들에게 제사를 드린 경우로는 다음의 예가 있다.

① 공방 : 공방은 상나라를 통틀어 무정武丁 때 가장 근심거리가 되었던 나라이며, 무정 말엽과 상나라 조경祖庚 때에 이르러서야 비로소 정복되었다. 그래서 "은나라는 공방이 쳐들어온다는 것을 알게 되면 두려움에 떨었고, 항상 선조들에게 기도를 올렸으며, 그때 거행했던 제사를 고告·구求·개匃라 불렀다."194) 그리고 제사를 드렸던 대상에는 당唐(즉 대을大乙) 성당成唐·대정大丁·

조을祖乙 등이 있었다.

② 토방土方 : 토방은 "은의 북쪽, 공방의 동족에 위치했다."195) 토방은 공방과 마찬가지로 비교적 강대한 부족이었으며, 일찍이 상 왕조에게 심각한 위협이 되기도 했다. 상나라 무정의 대대적인 정벌에 의해 신하의 관계로 복속되었다. 토방을 정벌하기 위해 고告제사를 드렸던 선왕으로는 대을大乙 당唐이 있다.

③ 방方 : 방方은 "심양沁陽의 북쪽, 태행산 이북의 산서성 남부 지역이었음이 분명하다."196) 갑골문에서 방方과 상 왕조 간의 교전 기록은 제1기부터 제5기까지 모두 보이지만, 제1기, 무정 때가 가장 많다. 상 왕조와 방方과의 교전으로 제사에 언급되었던 선왕으로는 제1기 때 선왕인 대을大乙과 정丁이라는 이름을 가진 어떤 선왕이 있다.

④ [illegible]方 : 일부 학자들은 이 나라가 바로 "『서』「목서牧誓」에서 말한 '용庸 · 촉蜀 · 강羌 · 무髳 · 징微 · 로盧 · 팽澎 · 복濮 사람들'이라고 할 때의 "무髳"라고 한다.197) 이 나라는 은 왕조의 서남쪽에 위치했다. 이와의 전쟁에서 제사를 지냈던 선왕에는 대갑大甲이 있다.

⑤ [illegible]方 : [illegible]방과의 전쟁은 은허복사의 제1기와 제3기에 보인다. 제사에서 언급되었던 선왕은 제1기 때에만 보이는데 대정大丁과 대갑大甲이 있다.

⑥ 호방虎方 : 상나라 무정 때에 강한江漢 지역에서 전쟁을 치렀는데, 『시경』「상송商頌」「은무殷武」에서 "날쌔고 씩씩한 은의 무위는, 능히 초나라를 쳐부수었네撻彼殷武, 奮伐荊楚"라고 노래했다. 갑골문에서의 상나라 무정 때 정벌했던 호방虎方에 대해 학자들은 "지금의 호북성 자귀秭歸의 동쪽에 있었다"고 한다.198) 호방을 정벌할 때 제사를 드렸던 선왕으로는 대갑大甲 · 조을祖乙 · 정丁이라는 이름을 가진 어떤 선왕 등이 있다.

---

194) 胡厚宣, 「殷代舌方考」, 『甲骨學商史論叢』 初集 二冊.
195) 島邦男, 『殷墟卜辭研究』(中譯本), 鼎文書局, 385면.
196) 陳夢家, 『殷虛卜辭綜述』, 科學出版社, 1956, 270면.
197) 于省吾, 『甲骨文字釋林』, 中華書局, 1979, 17면.
198) 江鴻, 「盤龍城與商朝的南土」, 『文物』, 1976年 第2期.

제1기 무정 이후로 갑골문에서 정벌복사는 급격히 감소한다. 무정 때 주변국을 정벌했기 때문에 이후의 각 시기에서는 강방羌方 · 대방大方 · [illegible]方 등을 제외한 나머지 주변국은 더 이상 등장하지 않는다. 이외에도 제3기부터는 저방戲方 · 세방繐方 · 茲方 등이, 제4기에서는 소방召方 · 저방戲方 등이, 제5기에서는 인방人方 · 우방盂方 · 임방林方 등이 출현한다. 그리고 전쟁 때 선왕에게 제사를 드리는 복사도 다소 줄어들어, 제4기 소방召方을 정벌할 때 부정父丁에게 고제告祭를 드렸을 뿐이다. 이 부정父丁은 상나라 무을武乙이 제사를 드렸던 그의 부친 강정康丁임에 분명하다.

비교의 편의를 위해, 상 왕조의 정벌을 받았던 주변국과 제사를 드렸던 왕과의 관계를 표로 제시하면 다음과 같다.

〈표 15〉 상 왕조가 정벌했던 주변국 및 제사 드렸던 왕

선왕 나라 이름	공舌방	토土방	방方	[illegible]방	[illegible]방	호虎방	소召방
대을大乙 당唐	√	√	√				
대정大丁	√				√		
대갑大甲	√			√	√	√	
조을祖乙	√					√	
강정康丁							√

이 표에 의하면 "상 왕조는 전쟁을 할 때, 모든 전쟁마다 선왕들에게 제사를 드려 보고한 것이 아니라 가장 골칫거리가 되는 나라에 대해서만 그렇게 했음을 알 수 있다." 그리고 제사의 대상이 된 선왕은 "상나라 전체 선왕 중에서도 차지하는 비율이 매우 낮다. 제사를 받았던 이러한 선왕의 경우 방국에 따라 차이가 있는데, 그중에서도 대을大乙 당唐과 대갑大甲이 가장 많다." "이것은 대을大乙과 대갑大甲 등 몇 명의 선왕이 상 왕조의 대외전쟁에서 특수한 지위를 차지하고 있었음을 분명하게 설명해 주고 있다."

『안자』 「내편內篇」 「간諫」에서 "탕湯 · 태갑太甲 · 무정武丁 · 조을祖乙은

천하의 성군盛君이었다"고 했다. 『공총자』 「논서論書」에서는 "탕湯을 비롯해 태갑·조을·무정은 천하의 대군大君이었다"고 했다. 바로 상탕·대갑·조을 등은 상나라 역사에서 이름 있는 왕이었기 때문에 강력한 적과 전쟁이 일어날 때마다 그들에게 제사를 드렸으며, 이를 통해 자신을 보호하고 적에게 재앙을 내려달라고 하면서 심리적인 위안을 얻을 수 있도록 했던 것이다. "상과 주 사이에는 아직 전쟁 신인 치우蚩尤가 등장하지 않았기 때문에, 상·주 통치자는 자신들이 수행하는 전쟁이 선왕의 의지를 계승한 '조상의 명령을 받은受命于祖' 것임을 밝혔다. 또 선왕들이 전쟁 과정에서 자신을 보호해 주고 사기를 높여 주기를 희망했다. 그래서 자신의 역사에서 유명한 선왕들에게 제사를 지냈던 것인데, 이는 후세에서 전쟁 신인 치우蚩尤에게 제사를 드렸던 것과 같은 성격이다."

그래서 주원에서 출토된 묘제 갑골 속의 "왕王"을 만약 주 문왕으로 해석하게 되면, 상나라 왕의 묘당에서 거행한 상 왕조의 유명한 왕들—전쟁 신인 성당成唐·대갑大甲 등에 대한 전례典禮도 앞에서 말했던 고대의 예제와도 맞지 않게 된다. 게다가 은나라 말 상·주 두 민족간의 긴장관계로 볼 때도 주 문왕이 상 왕조의 전쟁 신인 성당과 대갑에게 제사를 드렸다는 것도 불가능한 일이다.

(3) 주원 묘제 갑골의 "책주방백𦉪周方伯"에 대한 전석과 다양한 분석

"책주방백𦉪周方伯"은 주원 묘제 갑골 H11 : 82편의 "전典, 책주방백𦉪周方伯……" 및 H11 : 84편의 "구우대갑求又大甲, 책주방백𦉪周方伯……"에 보인다. 묘제 갑골의 "책주방백𦉪周方伯"에 대한 학자들의 견해가 다르기 때문에 그것의 족속에 대해서도 전혀 다른 결론이 도출되었다.

① 주원 묘제 갑골의 "책주방백𦉪周方伯"에 대한 다양한 전석

"주원에 상나라 왕의 묘당을 세웠다"는 설을 지지하는 학자들에 의하면, "책𦢩은 『설문』에서처럼 알리다告는 뜻이다. 그래서 책주방백𦢩周方伯은 문왕文王이 은 왕의 종묘에서 은 왕의 새로운 명을 받아 주방백周方伯이 된 일을 기록한 것이다"고 풀이한다. 4편의 묘제 갑골은 "문왕 시대 때 주나라는 사사건건 언제나 맹서를 통해 주周가 은殷에 반역하지 않겠다는 보증을 해야 했음을 충분히 보여준다." 게다가 이는 "은·주 관계가 장기간 안정될 수 있었던 원인을 설명해 줄 수 있다."199) 그래서 갑골은 주 문왕 때의 것이라고 주장한다.

어떤 학자들은 "주원에 상나라 왕의 묘당이 세워졌다"는 설에는 동의하지 않지만, 주 문왕이 은 왕조에 의해 책봉을 받았던 것으로 여긴다. 그렇다면 "책주방백𦢩周方伯"은 주나라의 발전사에서 대단히 중요한 진척이라고 했다. 문왕에 의해 계속되었던 정벌 전쟁은 그 규모가 그의 아버지 계력季歷에 결코 뒤지지 않는 규모였다. 하지만 그의 아버지처럼 상나라의 의심을 받지는 않았으며, 그래서 문왕은 "'서백西伯'으로 봉해졌고, 정벌에 관한 전권을 부여받았는데, 이는 계력季歷이 갖지 못했던 부분이다." 그리고 "이러한 갑골은 상·주 갑골의 특징을 모두 갖추고 있는데, 이를 상나라의 갑골이라거나 주나라의 것이라고 하게 되면 이러한 현상을 원만하게 해석하기 힘들어 진다." "이 몇몇 갑골편의 발생과 제작을 어떤 한 민족에게로 한정하는 한계를 벗어나기 위해, 또 다른 각도에서 생각해 보아야 한다. 이렇게 함으로써 두 가지 특징을 동시에 지닌 오묘한 신비를 들추어내어야 할 것이다." 원래 "이 몇몇 갑골의 문사文辭는 상나라의 것으로, 그것은 상나라의 제신帝辛 임금이 주방백을 책봉하는 의식에서 진행되었던 일련의 점복에 관한 복사였다. 책봉을 받은 주나라는 제신의 점복 내용을 주나라의 언어로 기록했고 이를 주나라의 갑골에다 새겼던 것이다." "상나라 왕의 점복을 기록한 것이기에 사례辭例·용어用語·제사 이름·희생의 사용 등은 모두 상나라 갑골의 몇몇 특징

199) 徐中舒, 「周原甲骨初論」, 『古文字硏究論文集』(『四川大學學報叢刊』 第十輯), 1982.

을 그대로 갖고 있다. 하지만 기록자는 주나라의 점복관이었기 때문에 갑골의 형태와 글자체의 스타일 등은 순전히 주나라의 것에 속한다. 게다가 그 속에는 주나라의 습관적 용어까지 들어 있고, 은허갑골과 비교해 볼 때 갑골의 격식이 일부 바뀐 것도 있는데, 그 원인은 바로 여기에 있다."[200]

H11 : 112편의 "'이'제사를 문무정 필에게 드리다彝文武丁必"를 통해 문정文丁의 묘당에서 "문무정에 대한 의식文武丁豊", 즉 상나라 문정文丁에게 제사를 드릴 때, "칭중稱中"의식을 행해 깃대를 세우는 의전을 거행했음을 볼 수 있다. 고증에 의하면, "깃대를 세우는 것은 종종 군사 행동과 밀접한 관계를 가진다."[201] 문헌 기록에 의하면, 상나라 말 제을·제신 때 상 왕조와 주나라 교체기에 교전도 없이 철수했던 때는 제을 때로 한정된다. "제을 2년에 주나라가 상나라를 정벌했는데"[202] 이는 주 문왕이 즉위한 후 "문정文丁이 계력季歷을 살해했던" 원수를 갚기 위해 제을 2년 자신의 국력도 고려하지 않은 채 갑자기 상나라를 쳤던 사건이다. 문정의 묘당에서 문정에게 제사를 드리고 깃대를 세우는 의식을 거행했던 상나라 왕은 분명 제을이었을 것이다. "깃대를 세운" 것은 병력을 모으고 장수를 파견하기 위한 것으로, 주나라의 침입에 대한 대응이었다. 다른 H11 : 84편에서는 은 왕이 "대갑에게 도와줄 것을 기구하고求又大甲", 또 "주나라의 우두머리로 책봉했다𠕋周方伯"는 사실, 즉 은 왕은 상 왕조의 전쟁 신이었던 대갑大甲에게 도와줄 것을 기구하는 제사를 드렸고, "책주방백冊周方伯" 운운한 것은 당연히 전쟁과 관련된 내용일 것이다. 이외에도 H11 : 82편은 " …… 문무文武 …… "는 바로 문정의 묘당에서 제사를 거행했으며, "천□전책주방백天□典𠕋周方伯"이라는 말은 비록 전쟁 신에 대해서는 언급하지 않았지만 H11 : 84편의 "책주방백𠕋周方伯"의 사례

200) 楊升南, 「周原甲骨族屬考辨」, 『殷都學刊』, 1987年 第4期.
201) 王宇信, 『甲骨學通論』, 中國社會科學出版社, 1989, 422면.
202) 范祥雍, 『古本竹書紀年輯校訂補』, 上海人民出版社, 1962, 23면.

와 비교해 볼 때 같은 시간대의 것임이 분명하며, 이것도 전쟁과 관련된 것임이 틀림없다. 그래서 상 왕조와 주나라 간의 전쟁은 문왕이 살아있는 동안 계속되었으며, "9년, 무왕이 필畢에서 제사를 드리고, 동쪽으로 병력을 살피기"(무왕 때에는 문왕의 년 수를 계속 사용했다)[203] 전까지, 제을 2년 주나라가 위험을 무릅쓰고 은나라를 침입했던 것 이외에도 다섯 번의 군사행동이 있었다. 그래서 문정의 묘당에서 문정에게 제사를 드리고 — 주 문왕이 아버지를 죽인 원수와는 같은 하늘 아래 살 수 없다고 천명하고, 이와 동시에 깃대를 세워 군중을 모았던 것은 제을 2년 변경을 침입한 주나라에게 반격을 했을 때의 일임이 분명하다. 그래서 위에서 말한 3편의 갑골은 제을 때의 것임이 틀림없다. 그리고 H11 : 1편의 "계사일에 '이'제사를 문주 제을의 종묘에 드릴까요? 癸巳彝文武帝乙宗"와 전쟁신인 성당成唐에게 제사를 드렸던 것은 상나라 제신이 그의 아버지 제을의 묘당에서 행한 것이며, 이는 무왕이 "동쪽으로 병력을 살필 때"(혹은 "군사들이 맹진孟津을 건넜을 때")의 군사행동에 대한 대응을 기록한 것임이 분명하다. 이 갑골은 위에서 말한 3편과는 다른 시기의 것이다. 그래서 간지干支에 근거해 그것들을 한 곳에 배열하고, 이에 근거해 "같은 사안을 점친 갑골"[204]이라 본 것은 다시 생각해 보아야 할 것이다. 시기가 다른 갑골을 함께 놓고서 "상나라 왕이 거행했던 이 책봉 의식의 과정 — 깃대를 세움建旗 · 성탕成湯과 대갑大甲에게 제사를 드림 · 책봉冊封 등을 기록했다"고 하는 것, 즉 "우두머리로 책봉하다䎃方伯"는 해석의 근거는 그 기반부터 무너지고 만다.

전창오田昌五도 "책䎃은 바로 주방백에게 책명을 내리다冊告周方伯나 주방백에게 명을 내리다命周方伯로 해독해야 한다"는 것에 동의했다. 하지만 그는 양승남楊升南이 말한 "깃대를 세우고 대전大典을 거행했다는 것의 앞에 놓이며, 이를 이어서 상제에 대한 제사가 진행되었으며, 태갑太

203) 『史記』「周本紀」.

204) 楊升南, 「周原甲骨族屬考辨」, 『殷都學刊』, 1987年 第4期.

甲에게 보살핌을 기구하게 되었으므로, 계사일이 기록된 다른 조의 복사 기록과 연계시켜, 이것을 바로 9일 내에 완성된 일(갑신일부터 계사일까지는 9일이다)이라고 본 것은, 그다지 타당해 보이지 않는다"고 했다. 그것은 "깃대를 세우고 대전大典이 이루어졌다면 이미 책명冊命이 완료된 때이기 때문에 다시 책명에 대한 것을 점을 쳐 물어볼 필요조차 없기 때문이다. 책명이 완성된 후, 다시 점을 친 사안은 다른 차원의 문제이다." 그래서 그는 주원 봉추 갑골의 H11 : 82 · H11 : 84 · H11 : 112편의 책주방백冊周方伯, 대갑에게 보살핌을 구함求又大甲, 깃대를 세움稱中 등 3편과 H11 : 174편의 "왕께서 군사 행동 때 투구를 사용할까요? 투구를 내리면 보살핌을 받을까요? 王其師用冑, 惟錫冑, 乎奉受", H11 : 237편의 "투구 3개를□惟三冑□" 등 2편의 갑골의 글자 배치가 모두 왼쪽에서 오른쪽으로 되었기에, 이들을 주나라가 기록한 상나라 왕의 일"과 관련된 일련의 갑골 편으로 보았다. 그리고 뒷 2편의 의미는 바로 "투구를 수여 받은 주 문왕은 온 힘을 다해 상 왕조를 지킬 것이라는 뜻으로, 주나라의 입장에서 말하자면 상나라 왕을 보좌할 것"이라는 의미이다. 이상에서 말한 두 복사에 의하면 "주紂왕이 문왕을 서백으로 책봉할 때 물건을 하사한 것이 된다. 이것은 '활弓과 화살矢과 도끼斧와 둥근 도끼鉞을 하사해 정벌에 쓰도록 했다'는 말이 사실임을 충분히 증명해 주며, 또 문왕이 책명冊命을 받은 후 수락에 수반되는 의무에 대해서도 설명해 주고 있다." 그래서 "주방백을 책봉하는 전 과정으로 볼 때, 이 복사를 얻었다는 것은 정말 금상첨화라 아니 할 수 없다. 그리고 이 복사가 주원에서 발견되었던 것도 완전히 이해 가능하다." 그리고 또 다른 조組의 주원 봉추 H11 : 1편의 "'이'제사를 문무 제을의 종묘에 드리다 彝文武帝乙宗"와 성당成唐에게 제사를 드렸다는 1편은 "무왕이 제을의 종묘로 갔고, 달기妲己 자매를 희생으로 삼았으며, 소뢰少牢의 피를 청동제기에 담아 성탕에게 어御제사를 드림으로써, 주나라가 이미 상나라의 명을 이어받았음을 표명했다." "이 복사는 무왕이 상나라를 정벌한 후 천명을 받을 때의 작품이며, 반사班師가 서쪽으로 돌아간 후 이 사실을 주나라의 선조들께 보고하고, 그 후 이를 문서 창고에 보관해 둔 것이다."

그래서 전창오田昌五는 이렇게 말했다. "주나라의 갑골 중에는 상나라 왕의 복사가 포함되어 있으며", "이는 주나라가 기록한 상나라 왕의 복사로, 상나라 왕의 입장에서는 제사복사이지만 주나라의 입장에서는 기사각사로, 주나라가 그 사실을 기록하여 자신들의 종묘에 보고하고 이를 문서 창고에 보관해 둔 것이다. 주원에서 출토된 갑골은 거의 모두가 기사각사인데 이 몇 편도 예외가 아니다. 다만 상나라 왕의 제사에 관한 점복을 기록하였을 뿐이다."[205)]

비록 위에서 기술한 두 가지 설은 상술한 몇몇 갑골이 주나라의 "문왕이 은에 기거할 때 점친 것"이라는 고명高明의 인식과 기본적으로 일치하지만, "책䇲"자에 대한 해석은 전혀 다르다. 고명은 은허 갑골문 "책䇲"자의 용법 분석 근거했다. 즉 그중 한 가지 용법은 "자신의 선조를 향해 정벌할 적국이나 그 수령에 대해 저주한 것"으로, '모두 상나라와 자주 전쟁을 일으켰던 주변국이나 그 우두머리들이었다." 그래서 주원 묘제 갑골의 "책주방백䇲周方伯"은 "주원복사의 내용으로 분석해 볼 때, 점을 쳤던 사람이 주紂왕일 수는 없으며, 책䇲을 당할 대상이어야만 한다." 즉 주방백을 저주한 것이지 절대 주방백을 보호해 달라는 뜻이 아니다." "왜냐하면 문왕이 은에 구금되어 있을 때라면 주나라는 대단히 위험한 상태였고, 그래서 주紂왕의 행동을 수시로 주목하고 있었으며 서방의 안정을 지킬 수 있을 지를 점쳤던 것이다."[206)] 주 문왕이 은에 있으면서 저주를 당했다면, "책주방백䇲周方伯"은 "주紂왕이 서백을 유리羑里에 감금했을" 그때이다. 서백이 유리에 감금된 이후로 굉요閎夭 등 주 나라 대신들의 계책에 의해 서백은 주紂왕의 손에서 풀려나게 된다. "그리하여 서백을 사면하고, 그에게 활弓·화살矢·도끼斧·둥근 도끼鉞를 하사해 서

205) 田昌五, 「周原出土甲骨中反映的商周關係」, 『文物』, 1989年 第10期.
206) 高明, 「略論周原甲骨文的族屬」, 『考古與文物』, 1984年 第5期.

백에게 정벌을 할 수 있도록 했다."[207] 이는 문왕이 "천명을 받았던 그 해였다." 이 두 가지 설은 기본적으로 동일하지만 "책䇲"자에 대한 견해가 달라 이 갑골 4편의 시간 확정에 차이가 있게 되었으며, 후자를 약간 늦게 잡았던 것이다. "문왕이 은에 기거할 때"가 "제을의 묘당에서 서방의 안위을 첨 쳤을 때"[208] 인지의 여부에 대해서는 앞에서 이미 기술했기 때문에 여기서는 줄인다.

왕옥철王玉哲은 "책주방백䇲周方伯"은 "바로 주방백을 희생으로 삼아 제사를 지냈다는 말이다"라고 주장했다. 은허 갑골문에는 책䇲제사가 대량으로 존재하는데, '동물의 희생이든 사람의 희생이든 상관없이 실제로 죽이는 것은 물론 단지 죽이는 상징이라도 모두 장부에다 등록했다. 책䇲을 당한 사람이나 동물은 언제나 희생의 대상이었다." 그래서 주원 84호 복갑에서 "'왕王'은 상나라의 선왕인 태갑에게 도움을 기구하기 위해 '책주방백䇲周方伯'했다고 했는데, 바로 주방백을 희생으로 삼았던 것이다. 이 주방백이 주 문왕을 지칭하는지는 알 수 없으나, 주족의 수령임에는 분명하다. 주족의 수령을 죽여 제사의 희생으로 삼아 상나라의 선왕에게 복을 기구했던 '왕'은 절대 주왕일 수 없다는 것은 분명한 사실이다."[209] 그래서 이 갑골은 상 왕조의 유물이라는 것이다.

주기상朱歧祥은 이렇게 주장했다. 주원 H11 : 82편의 "□전책주방백□□典䇲周方伯□"에서의 "책䇲"은 "책冊의 번체자이다. 은허복사에서의 책䇲은 책에다 선조에게 제사드릴 때 사용했던 희생의 종류와 숫자를 기록한 것을 말한다." 그래서 "이 편의 뜻은 책봉 의식에 주방백의 어떤 사람을 희생물로 사용하라는 의미이다."[210] 그리고 H11 : 84편의 "책주방백처䇲周方伯𧟄"는 "전책에서 주방백의 처𧟄를 희생으로 사용했다"는 뜻이

207) 『史記』「周本紀」.

208) 高明, 「略論周原甲骨文的族屬」, 『考古與文物』, 1984年 第5期.

209) 王玉哲, 「陝西周原所出甲骨文的來源試探」, 『社會科學戰線』, 1982年 第1期.

210) 朱歧祥, 『周原甲骨研究』, 臺灣學生書局, 1997, 32면.

다. 문장에 보이는 왕과 주방백은 동일인이 아님이 분명하다. 그래서 "주어인 '왕'은 은나라의 왕임에 분명하다."[211] 게다가 "왕王"과 "정貞"자의 필사법에 근거해 이 주원갑골을 은나라의 갑골이라 단정했다.[212]

이학근李學勤 등의 「주원 복사 선석周原卜辭選釋」에서는 이렇게 말했다. H11 : 84편의 "왕과 주방백이 차지하는 복사에서 지위는 크게 다르다. 왕은 제사를 주재한 사람이며, 주방백은 '책𠭯'의 대상이다." "이 복사에서의 주방백은 분명 문왕을 말한다." 게다가 은허의 전쟁복사인 "책우방백염𠭯盂方伯炎"(『췌』 1,190편)과 "'저방'·'강방'·'양방'·'비방'을 희생물로 삼고, 우리가 '후'와 '전'을 따르게 하여 사방의 주변국을 정벌할까요? 𠭯𢿨方·羌方·羞方·轡方, 余其比侯田甾伐四邦方"(『속』 3.13.1편)를 증거로 삼아, "이 두 복사는 모두 적(우방의 우두머리盂方伯인 염炎과 저방𢿨方 등)으로써 조상들의 신령께 보고하고, 또 후侯와 전甸을 정벌에 참가하게 하였다고 했다. 다만 이 복사에서 말한 '책고주방백우대갑𠭯告周方伯于大甲'이 도대체 무엇을 지칭하는지에 대해서는 설명이 없다"고 했다.[213] 왕우신王宇信은 여기서 한 걸음 더 나아가 주원 묘제 갑골의 "□전□典, 책주방백𠭯周方伯"은 은허갑골의 "칭책稱冊, X방X方"의 사례辭例와 같으며, 그래서 "여기서 기록한 것은 책명을 내린 것과 주방백을 정벌한 일을 기록한 것"[214]이라고 했고, 그래서 이 갑골은 상 왕조의 것이 틀림없다고 했다.

② 주원 묘제 갑골의 "책주방백𠭯周方伯"에 대한 제설의 분석

주원 묘제 갑골의 "책주방백𠭯周方伯"의 갖가지 해석을 종합해 보면 대체로 "책"봉설·제사 희생설·정벌설 등이 있다. "책봉설"에서는 상·주가 서로 융합된 관계였다고 생각한다. 하지만 "제사 희생설"·"전쟁설"

211) 朱歧祥, 『周原甲骨研究』, 臺灣學生書局, 1997, 33면.
212) 朱歧祥, 『周原甲骨研究』, 臺灣學生書局, 1997, 89면.
213) 李學勤·王宇信, 「周原卜辭選釋」, 『古文字研究』 第4輯, 中華書局, 1981.
214) 王宇信, 「試論周原出土的商人廟祭甲骨」, 『中國史研究』, 1988年 第1期.

등은 상·주가 적대 관계에 놓였던 것으로 간주한다. 이처럼 "한 글자의 차이로 인해 얻어진 결론은 완전히 상반된다." 그래서 학자들은 "시대가 비슷한 은허 갑골문에서 이와 성질이 비슷한 사례를 가지고 비교 분석해 왔다."[215]

첫째, "책주방백𠕋周方伯"이 "전쟁에 관한 것"이라는 견해.

"은허 갑골문에는 '칭책稱冊'이라는 말이 자주 보이는데, 언제나 주변국의 정벌 전쟁과 관련되어 있다." 게다가 많은 복사에서 "'칭책稱冊'이라는 말 뒤에 '벌伐' 등과 같이 군사행동에 관한 글자가 등장한다." 그리고 "칭책稱冊"·"칭전稱典"과 같은 사례도 적지 않다. "칭책稱冊이나 칭책稱𠕋이든 칭전稱典이든 모두 전쟁을 치르기 전에 거행된 의식, 즉 은 왕이 전쟁의 서약 선언 혹은 출병의 명령 등을 대중 앞에서 책을 읽거나 병력을 이끌 장수에게 책을 수여하는 데 사용되고 있다. 상나라 말 무왕이 주紂를 정벌할 때, 목야牧野의 결전에 앞서 주나라 장수들에게 「목서牧誓」를 낭독했는데, 이것은 바로 이러한 의식의 계승이었다." 하지만 주의해야 할 것은 "'칭책稱冊'은 종종 '책모방𠕋某方'과 연계되어 있다는 점이다." "게다가 '책모방𠕋某方'이라고만 표현된 것도 반드시 전쟁과 관계되어 있다." 『합집』 3,653편에서 "'벌伐'과 '책𠕋'이 같은 단어同辭인 것을 보면 이것이 군사행동을 지칭한다는 더욱 직접적인 증거가 된다." 그리고 개별적으로 "책𠕋"방方이라 표현한 경우도 있다. 『합집』 36,528편의 "…… 저방𢦔方·강방羌方·수방羞方·비방𩑬方을 정벌하고𠕋 …… 우리가 '후'와 '전'을 따르게 하여余其從侯田, 사방의 주변국들을 칠까요?甾伐四邦方"라고 했을 때의 "책𠕋"은 "주변 4개국을 책벌𠕋伐하는 군사행동과 관련 있다고 이해해도 전체 문장의 의미를 해치지 않는다. 왜냐하면 정벌𠕋을 당한 강방羌方·수방羞方 등 주변의 4개국은 바로 '우리가 후와 전을 따르게 하여余其從侯田', '정벌甾伐'한 '네 주변국四邦方'이기 때문이다. '책𠕋'이 여기에서 네 주변국

215) 王宇信, 「周原廟祭甲骨"𠕋周方伯"辨析」, 『文物』, 1988年 第6期.

을 책봉冊封 · 책명冊命했다는 의미로 사용될 수는 없다." 그래서 "은허 갑골문에서 어떤 주변국을 '책䜌'하거나 '책冊'한다는 말이 주변국과 관련된 군사행동을 지칭한다면, '책주방백䜌周方伯'도 당연히 주방백을 정벌하는 군사행동이어야만 한다."

이외에도 "□전□典, 책주방백䜌周方伯"은 은허 갑골문에서의 "…… 책전䜌典, 책강방䜌羌方 ……"(『경인』 1,878편)의 사례와 완전히 같은데, 『경인』 1,786편의 "책강방䜌羌方(강족을 정벌하다)"은 "강羌족을 정벌하는 전쟁을 말한다." 그리고 "'전典'이 방국方國과 바로 연이어 나타나도 주변국과의 전쟁과 밀접한 관계를 가진다." 『합집』 33,020편의 "…… 전典, 발소방伐召方 ……"은 바로 이를 증명해 준다. 은허 갑골문에서의 "…… 전典, 책강방䜌羌方"과 "…… 전典, 벌소방伐召方"의 문례로 볼 때, 전典과 방국方國 이름 앞에 놓인 '책䜌'과 '벌伐'은 의미도 기능도 같다. 그래서 "□전□典, 책주방백䜌周方伯"은 자연히 주방백周方伯을 정벌䜌伐한 군사행동으로 이해해야만 한다."[216]

둘째, "책주방백䜌周方伯"의 책䜌이 제사에 사용된 희생이라는 것에 대한 반론.

선배 학자인 우성오于省吾는 "책䜌"자가 사람 희생이나 동물 희생으로 사용되었다는 2백여 조목의 용법에 근거해 이렇게 말했다. "책약간벌䜌若干伐이나 책벌䜌伐이라고 할 때, 벌伐은 명사로 쓰여, 낫창戈으로 머리를 자른 사람의 희생을 두고 한 말이다. 벌伐이라고 하였는데 또 책䜌이라고 한 것은 머리통이 잘린 사람 희생을 대상으로 다시 몸통을 잘랐음을 말한다." 그리고 "책강䜌羌"은 "강족 포로의 시체를 잘랐다는 말로, 책벌䜌伐이라고 한 것과는 다르다." "책복䜌𠬝이나 책약간복䜌若干𠬝라고 한 것은 항복한 포로의 몸통을 잘랐다는 말이다." 그리고 "동물 희생에 대해 책䜌이라는 말을 쓴 것도 마찬가지로 동물 희생의 몸통을 잘랐다는 말이

216) 王宇信, 「周原廟祭甲骨"䜌周方伯"辨析」, 『文物』, 1988年 第6期.

다.”217) “이것은 ‘책주방백𦉢周方伯’을 두고서 주방백을 희생물로 삼았다”218)고 풀이하는 해석의 근거가 되고 있다. 갑골문에서 주변국의 우두머리方伯를 희생물로 삼는 예는 적잖게 보인다. “은나라가 주변국을 정벌하고, 주변국의 우두머리를 사로잡으면, 자주 그들을 제사에 사용했다. 때로는 용用·우又라는 용어를 사용하기도 했고, 때로는 염酓·심尋 등의 용어를 사용하기도 했는데, 모두 제사와 관련된 명칭이다.”219) 은허 갑골문을 정리해 보면, “은나라가 포로로 잡은 주변국의 우두머리를 선조의 제사에 쓸 때, 그 희생 사용법은 대부분 용用·우又·염酓·심尋·해戠 등이라 불렀다. 책𦉢제사에 사용했던 대상은 대부분 짐승이거나 복艮·수垂·벌伐(머리를 자른 사람 희생)·강羌·첩妾 등과 같이 신분이 비교적 낮았던 사람들이다. 하지만 어떤 주변국의 우두머리가 ‘잘려졌다𦉢’는 복사는 아직 보지 못했다. 그래서 주원 갑골의 ‘책주방백𦉢周方伯’이나 ‘□전□典, 책주방백𦉢周方伯’과 같은 것을 ‘주방백’을 ‘잘라𦉢’ 희생으로 쓴 것으로 풀이해서는 아니 된다.”220)

셋째, “책주방백𦉢周方伯”이 “책봉”설이라는 견해.

“금문을 보면 책봉冊封·책명冊命 등의 의미로는 ‘구口’가 생략된 형태의 ‘책冊’자가 자주 쓰이며, 게다가 문자의 성질도 꼭 같지는 않다.” 그리고 주원 묘제 갑골과 “시대가 비슷하고 성질이 같은 은허 갑골문에서도 책冊과 책𦉢자가 어떤 주변국의 우두머리를 대상으로 한 책명冊命과 책봉冊封으로 쓰인 구체적인 실례가 보이지 않는다. 그래서 ‘책주방백𦉢周方伯’과 ‘□전□典, 책주방백𦉢周方伯’도 주방백에 대한 책명이나 책봉을 기록한 것이 아니다.”221)

일부 학자는 간혹 “신하 ‘지’를 불러 ‘유’제사와 ‘책’제사를 드리는데

217) 于省吾, 「釋哲」, 『甲骨文字釋林』, 中華書局, 1979.
218) 王玉哲, 「陝西周原所出甲骨文的來源考辨」, 『社會科學戰線』, 1982年 第1期,
219) 胡厚宣, 「中國奴隸社會的人殉和人祭」 下篇, 『文物』, 1974年 第8期.
220) 王宇信, 「周原廟祭甲骨‘哲周方伯’辨析」, 『文物』, 1988年 第6期.
221) 王宇信, 「周原廟祭甲骨‘哲周方伯’辨析」, 『文物』, 1988年 第6期.

30개의 읍을 쓸까요?乎從臣沚㞢𠕋卅邑”(『을』 696편)와 “물어봅니다. ‘부양’으로 하여금 ‘화’를 책봉하게 할까요? 貞婦䄵𠕋冊畫”(『보잡簠雜』 89편)를 “책봉설”의 증거로 삼는다. 하지만 갑골문에 보이는 이와 유사한 사례인 “물어봅니다. ‘즉’이 ‘유’제사와 ‘책’제사를 드릴까요? 貞卽㞢𠕋”(『을』 220편)의 경우, 즉卽은 제사를 주재하는 사람이며, 유㞢와 책𠕋은 제사 이름이다. “제사에서 유책侑冊이라고 한 것이 간책簡策을 두고서 한 말”222)임을 고려하면 바로 간책簡策으로써 신명에게 제사를 드리며 고하는 제사를 말할 것이다. 다음처럼 “유책㞢𠕋”으로써 선조들에게 제사를 드린 사례도 보인다.

> 물어봅니다. ‘자상’이 ‘유’제사와 ‘책’제사를 ‘부을’께 드리는데, 소를 사용해 ‘주’제사를 올릴까요? 貞子商㞢𠕋于父乙, 牛酒.
>
> —『속』 1.28.5편

> 물어봅니다. ‘자어’가 ‘유’제사와 ‘책’제사를 ‘부을’께 드릴까요? 貞子漁㞢𠕋于父乙.
>
> —『철』 231.1편

> □유일에 점을 칩니다. □이 물어봅니다. ‘자어’가 ‘유’제사와 ‘책’제사를 ‘아’에게 드리는데, ‘주’제사를 올릴까요? □酉卜, □, 貞子漁㞢𠕋于娥, 酒.
>
> —『철』 264.1편

이 사례들은 “‘유’제사와 ‘책’제사를 드리는데 30개의 읍을 쓸까요?㞢𠕋卅邑”(『을』 696편)와 기본적으로 같다. “30개의 읍卅邑”은 당연히 제수와 관련 있을 것이며, 무엇 때문에 제사를 드리는 것인지, “30개의 읍卅邑”을 어떻게 사용하여 제사를 드렸는지는 알 수 없다. 하지만 앞서 말한 사례

222) 于省吾, 「釋𠕋」, 『甲骨文字釋林』, 中華書局, 1979.

들과 같기 때문에, 제사의 사안도 비슷하여 "책봉"과는 전혀 달랐을 것임이 분명하다. 그리고 "책책화𠔁冊畫"에 대해, 일부 학자들은 '자화子畫'가 상 왕조와 친밀한 관계였다는 자료를 열거한 후, "'책화𠔁畫'는 전쟁을 선포한 '전쟁의 책𠔁'이 아니라 '화'를 책봉하고 임명한 책𠔁이다"라고 한다.[223] 하지만 사례로 볼 때, "책책화𠔁冊畫"는 앞서 인용한 "전쟁에 관한 것"이라고 할 때 인용했던 『경인』 1,876편의 "책책강방冊𠔁羌方"과 기본적으로 같다. 게다가 상 왕조와 친선 관계를 가진 동시에, '화畫'는 상 왕조에 대해 악감정을 가졌던 자료도 많이 보이므로, "전쟁에 관한 것"이라는 설의 방증으로 삼을 수 있다. 그래서 "복사에서는 이와 유사한 사례로서의 책명이나 책봉한 직접적인 증거를 아직 찾을 수가 없다."

이상을 종합하면, 주원에서 출토된 묘제 갑골은 주방백을 책봉한 것도 아닐 뿐 아니라, "전쟁에 관한 것"이라는 사례와도 일치한다. 게다가 상나라 말기 은주 두 큰 민족 간의 첨예한 대립 형세와도 부합하고 있다. 그래서 주원에서 출토된 묘제 갑골은 자연히 "제을·제신 때(주 문왕와 동시대)의 상나라의 것임에 분명하다."[224]

(4) "정正자 구문"의 분석과 주원 출토 갑골의 족속

대만 주기상의 『주원 갑골 연구』에서는 주원 묘제 갑골 H11 : 1·H11 : 82·H11 : 84편 등에 기록된 "유우정惟又正"과 "유정惟正"이 든 구문을 "정正자 구문"이라 불렀다. 그는 "은허복사에서 제사류로 사용된 정正자의 사례를 자세히 살핀 후, 다음의 7가지로 분류할 수 있다"고 했다.

① 어떤 선공先公과 선왕先王에게 제사를 지낸 뒤 "정正"이나 "우정又正"이라 물어 본 경우.

---

223) 楊升南, 「周原甲骨族屬考辨」, 『殷都學刊』, 1987年 第4期.
224) 王宇信, 「周原廟祭甲骨'哲周方伯'辨析」, 『文物』, 1988年 第6期.

② 어떤 제의를 거행 한 후 "정正"이나 "우정又正"이라 물어본 경우.

③ 약간의 제사 희생을 쓴 후 "정正"이나 "우정又正"이라 불어 본 경우.

④ 직접 "어떤 선왕이 '정正'한지正某先王"의 여부를 물은 경우.

⑤ 선왕先王이 "모선왕정某先王正"이라고 말한 후, "왕께서 도움을 받을지王受祐"의 여부를 물은 경우.

⑥ 선왕先王과 선비先妣에 대한 제사 뒤에 그날 낮이나 밤에 "정正"이나 "우정又正"할지를 물은 경우.

⑦ 선왕이 화를 면하고 질병을 떨쳐버리길 기구한 뒤 "정正"할지의 여부를 물은 경우.

그리고 "제사와 관련된 이러한 부류의 정正자는 정禎으로 읽어야만 한다"고 했다. "정禎자는 복을 받고 길조가 내려지기를 기구한다는 뜻을 갖고 있다." 그리고 주원갑골의 "정正자 구문"의 경우, "앞뒤 문맥에 근거해 볼 때, 모두 제사류에 속한다. 정正이 여기서는 정禎의 용법으로 쓰였다고 해석해도 문맥에 전혀 어그러짐이 없다." 그리고 주원갑골의 "정正자 구문"은 앞에서의 은허복사에서의 정正자가 제사류로 사용되어 "⑤에서와 같이 선왕先王이 '모선왕정某先王正'이라고 말한 후, '왕께서 도움을 받을지王受祐'의 여부를 물은 경우와 완전히 합치하고 있다." 이러한 문장 형식으로 된 은허복사는 기본적으로 "모두 은상의 제5기의 제신 때의 복사에 속한다. 그래서 '정正'자의 용법으로부터 주원갑골의 시대는 상나라 후기 갑골과 일치하는 것으로 추정할 수 있다."[225]

이러한 기초 위에서 그는 한 걸음 더 나아가 자형·사례·문장의 의미 등의 측면에서 은허 갑골문과 비교하였으며, "정正자 구문"의 구체적인 시대 및 족속을 확정했다. 자형적인 측면에서, 주원갑골의 "정正자 구문"의 계癸·사巳·왕王·정貞·재在·필弜 등과 같은 특수 글자는 "그 형

225) 朱歧祥, 『周原甲骨硏究』, 臺灣學生書局, 1997, 111면.

체 구성에서 상나라 말 때의 문자와 서로 일치한다." 사례라는 측면에서 주원의 "정正자 구문"의 "왕께서 보살핌을 받겠습니까? 王受又又"는 "제5기 복사에 보편적으로 보인다." 주원갑골의 "정正자 구문"의 "전책주방백典冊周方伯"은 "상나라의 은허복사에서도 자주 보이는 부용국을 책봉典冊하는 예에 속한다." 그리고 주원갑골에서의 "길하리라曰吉"와 같은 파손된 예殘例는 "은허의 제1기와 제5기 복사에서 자주 보이는 '왕께서 점괘를 해석해 말했다. 길하리라王占曰, 吉'라는 용법과 같다." 주원갑골의 "사람 희생을 사용한 '어'제사禦祭人牲"의 예는 "은허복사에서도 사람의 희생을 사용한 '노예를 사용한 어제사禦奴'나 '강족을 사용한 어제사禦羌'의 예가 보인다." 주원갑골에서 희생을 사용한 제사 뒤에 숫자를 연결시킨 예의 경우, "이 또한 은허복사의 용법과 같다." 문장의 의미라는 측면에서 주원의 "정正자 구문"이 포함된 갑골에는 당시 왕이 제사를 드렸던 대상으로 상의 선왕인 성탕成湯·대무大戊·제을帝乙 등이 있으며, 사용한 제의에는 구求·제祭·어禦·체禘 등이 있는데, 모두 은허복사에 보인다. 그리고 "왕께서 보살핌을 받겠습니까? 王受又又"는 은상 때의 왕이 보살핌을 받게 해달라고 빈 것임에 분명하며, "이러한 용법은 상나라 말기의 은허 갑골과 완전히 일치한다." 그래서 문장의 의미 분석으로부터 이러한 "정正자 구문"의 갑골은 "상나라 후기 제신 때의 자료임이 분명하다는 것"을 확정할 수 있다.[226]

3) 주원 출토 묘제 갑골의 내원에 관한 논의

주원에서 출토된 묘제 갑골의 족속에 대한 학자들의 인식 차이로 그 내원에 대한 견해도 통일되지 않고 있다. 주요한 것으로는 주원 "본토에

---

226) 朱歧祥, 『周原卜辭研究』, 臺灣學生書局, 1997, 107~113면 참조.

서 점복을 했다"는 설과 "주원으로 가져왔다"는 설의 두 가지가 있다.

(1) 주원 "본토에서 점복을 했다"는 설

"주원에다 상나라 왕의 묘당을 세웠다"는 주장은 주원 출토 묘제 갑골이 주나라의 것이라는 설의 중요한 근거가 된다. 그래서 주원의 "묘제 갑골"은 주 문왕이 상나라 왕의 묘당에 들어가 상나라의 선왕에게 제사를 드렸거나 상나라 왕의 종묘에서 "새로운 임명을 받았을" 때 친 점이라 주장한다. 하지만 서중서의 다음과 같은 지적은 주목할 만하다. 즉 주원에서 출토된 갑골(필자 주-묘제 갑골에 한정되는 것은 아니다)의 "저자도 은나라의 손에 나왔음이 분명하다. 당시의 조건하에서 사제나 정인 집단의 구성원 및 그 후손이 아니면 학습할 교본도 없고 참고할 사전도 없었기 때문에 그들은 이러한 글자를 인식할 방법도 없었다. 게다가 이렇게 숙련되게 글자를 새길 수 있었다는 가능성은 더더욱 있을 수 없다." 이러한 논단은 다년간에 걸친 그의 연구 결과에 의한 것이다. 즉 "중국의 상형문자는 은상시대의 정인 집단에서부터 점차 발전해 온 것"에 기초하고 있다. 그에 의하면 주 문왕 시대의 주원 일대에는 이미 5만 명 정도의 무사武士가 집결해 있었다고 한다. 그들은 군대 전체가 무술을 연마해야 했으며 동시에 농사도 발전시켜야 했고, 또 이러한 무사들을 먹여 살려야 했다. 그래서 "그들은 문자를 배울 준비를 할 수 없었을뿐더러, 이러한 문자를 이용하고자 할 때에는 은나라에 도움을 청할 수밖에 없었다." 청동기 명문에 보면 대를 이어 책서 만드는 일을 담당했던 측夨씨·미微씨 등이 등장하는데, 이들은 은나라의 후예임이 분명하다. 그리고 주나라 초 때의 "작책作冊과 작책윤作冊尹은 왕명의 출납을 담당했고 왕의 대변자 역할을 했는데, 이렇게 중요한 임무를 관계가 소원했던 은나라 사람들에게 맡겼다는 사실은 바로 이러한 문제를 분명하게 설명해 주고 있다. 즉 주나라의 개국 초기에는 아직 이러한 상형문자에 밝은 사람이 없었다는 말이다." 이외에도 주초에는 "선조에게 제사를 드릴 때에도 은나라의 도움을 받아야 했다"는 사실 등은 주나라 초기 사회문화 생활에서 은나라가 중요한 기능을 했음을 보여 준다. 그래서 "주원복사는 글자의 획이 섬세하게 새겨지긴 했지만, 문자의 구조는 은허를 계승하여 은허복사와 전혀 차이가 없었다. 그래서 그것을 만들었던 사람들도 은나라였음이 분명하다."[227] 즉 주원 묘제 갑골은 주나라에 들어간 은나라가 기읍岐邑에서 점을 쳤던 것임이 분명하다.

(2) 주원 묘제 갑골은 "점복 후 주원으로 가져온 것"이라는 설

이학근은 「주원 복사 선석」에서 주원 출토 갑골의 분석에 근거해 이렇게 주장했다. "일부 주원 복사에 등장하는 '왕'은 주나라 왕이 아니라 상나라 왕인 제신을 말한다. 같은 복사의 '주방백'은 이후 문왕으로 불렸던 서백 창昌을 말한다. 그 복사의 주인으로 볼 때 제신 때의 복사임이 확실하다." 비록 몇몇 "주원 복사가 기산의 봉추에서 출토되긴 했지만, 그 점복 지점은 결코 그곳이 아니다. '문무 제을의 종묘文武帝乙宗'라는 복사의 경우, 점복은 상나라 왕의 종묘에서 거행되었고, 제을의 묘당은 자연히 주원에 있을 수가 없다. 백帛 땅에서 사냥을 한 복사의 경우도 주원 이외의 지점에서 점을 쳤던 것이 분명하다. 이러한 복사는 모두 점을 친 후 주원으로 옮겨 간 것이다." 은허갑골에서도 이러한 상황은 자주 보인다. "은허복사에는 자주 어떤 지점에서 점을 쳤다고 기록하고 있는데, 점복을 행한 지점이 대단히 광범위하다. 최근의 연구에 의하면, 이러한 부류의 지명은 중국 내에서 대단히 넓은 지역에 분포해 장강 유역의 일부 지역까지 포함되어 있다. 외지에서 점복한 많은 갑골은 최종적으로 은허로 옮겨져 보관되었다. 그래서 은허나 주원에서 출토된 갑골이라고 해서 반드시 그곳에서 점복한 유물이라고 할 수는 없다."[228] 주원 출토

227) 徐中舒, 「周原甲骨初論」, 『古文字硏究論文集』(『四川大學學報叢刊』 第十輯), 1982.

묘제 갑골이 주나라의 것이라 주장하든 아니면 상나라의 것이라 주장하는 학자든, 많은 사람들이 묘제 갑골은 "주원으로 가져 간 것"이라는 학설에 찬동하고 있다.

그렇다면 주원묘제 갑골은 또 어떤 과정을 거쳐 주원으로 옮겨졌던 것일까? 이에 대해서는 다시 다음의 두 가지 견해가 있다.

① 주나라가 상의 수도에서 점을 쳐 "주원으로 가져갔다"는 설.

고명은 묘제 갑골이 주 문왕 때 주나라의 것임을 주장했다. 그는 "주민족이 자신의 고향인 주원에다 상나라 선조의 종묘를 세우고 상나라의 시조인 성탕에게 제사를 드렸을 리 없고, 상나라의 선조인 태갑에게 보살핌을 기구했다는 것은 더더욱 불가능하다"고 했다. 하지만 그는 족속 문제의 논쟁이 비교적 많은 몇 편의 묘제 갑골의 내용을 분석한 후, "그것들은 모두 주 문왕이 은에 감금되어 있을 때 점을 친 것이며, 주원복사 중 일부는 문왕이 주나라로 돌아올 때 은에서 주원으로 가져간 것이다"고 했다.[229]

양승남에 의하면, "찬조鑽鑿 형태로부터 관찰해 볼 때, 이 몇 편의 갑골은 주나라가 만든 것임이 확실하다." 하지만 그는 이 4편의 갑골을 분석한 결과 이렇게 주장했다. "내용적으로 서로 관련되어 있고, 시간적으로도 그다지 떨어져 있지 않음이 분명하다. 앞서 말한 이 두 가지 측면으로 볼 때, 이 4편의 갑골은 당연히 그 시간적 차이가 크지 않으며, 같은 사안에 대해 점을 친 것이다." "주 문왕이 책봉을 받았을 때, 그의 점복관도 그곳에서 책봉의식에 참여했을 것이다." 그래서 책봉 의식의 과정을 기록했고, 그것을 갑골에다 기록한 것이다. 그래서 주원에서 출토된 묘제 갑골은 "주나라가 상나라 왕의 이때의 책봉 의식 때 점친 것이다."[230] 주나라는 이를 영광으로 생각하였으며, 그것을 대대로 보물처럼

228) 李學勤・王宇信, 「周原卜辭選釋」, 『古文字硏究』 第4輯, 中華書局, 1980.

229) 高明, 「略論周原甲骨文的族屬」, 『考古與文物』, 1984年 第5期.

230) 楊升南, 「周原甲骨族屬考辨」, 『殷都學刊』, 1987年 第4期.

귀하게 간직했을 것이다. 양승남은 이러한 분석이 바로 주원에서 출토된 묘제 갑골에 상·주 두 민족의 갑골의 특징이 함께 존재하는 신비를 파헤칠 수 있다고 했다. 그리고 이러한 갑골이 상나라 왕의 종묘에서 문왕에게 책봉의식을 거행할 때의 점복 기록이라면, 이 "대대로 전해지는 가보"는 자연히 "주원으로 옮겨간" 것임에 분명하다고 했다.

② 은나라의 갑골이 "주원으로 가게 되었다"는 설.

왕옥철은 주원갑골은 대부분 상나라 왕실의 것이라 주장했다. "이 상나라 왕실의 갑골은 아마도 풍豐·호鎬에 수도를 건설하기 전, 다시 말해 주나라가 상나라를 멸망시키기 전, 이미 주원으로 가져갔을 것이다. 은이 멸망하기 전 주원은 주 문왕 시대 주 민족의 정치 중심지였다. 그래서 이러한 갑골은 은상 말기 주紂왕 때, 점복을 관장하던 점복관이 주나라에 투항할 때 가져간 것"으로 추정할 수 있다. 이것은 상나라 말기, 상의 주紂왕이 포학무도했기 때문이다. 나라 안의 노예주 귀족과 노예·평민 간의 계급모순이 첨예하게 대립했고, 통치계급의 내부에서도 붕괴되어 지리멸렬하게 되었으므로, 적잖은 귀족이 상의 주紂왕을 떠나거나 차라리 주나라로 피난했다. 많은 문헌기록에서 표명하듯이 "상나라 말기, 이러한 선견지명을 갖고 있던 은상의 귀족이나 왕실의 대신들이 주나라로 투항할 때, 결코 빈손으로 간 것은 아니었다. 그들은 대부분 그들이 상나라에서 관장하고 있던 부분적인 기물을 갖고 서쪽으로 갔으며, 이로써 보상을 받고자 했다. 점복을 주관했던 정인들은 갑골을 담당했으므로, 그들이 주족에게 투항할 때 갑골 문서를 갖고 갔을 것임은 당연하다. 이것이 바로 주원에서 발견된 대량의 상 왕실 갑골의 주요한 내원이다."

하지만 그는 "상나라 왕실의 점복관들이 기왕 주원으로 갔다면, 주족을 위해서도 복무한 것은 자연스런 일이다. 그래서 주원 갑골 중의 일부 복갑은 주나라의 것임이 분명하다"는 점에도 주의했다.[231]

---

231) 王玉哲, 「陝西周原所出甲骨文的來源試探」, 『社會科學戰線』, 1982年 第1期.

이러한 견해는 대만의 주기상의 지지를 받았다. 그는 주원갑골에 출현하는 허자虛字가 은허 갑골문의 관련 글자들과 용법상에서 보편적으로 일치하며, 또 은허복사에서는 더더욱 주원갑골 허자의 모든 용례를 포함할 수 있다는 사실을 발견했다. 그래서 "은허복사와 주원갑골은 동일한 종류의 언어 문자 기록에 속한다"고 했다.232) 게다가 허자의 문형 분석을 통해 "이러한 자료는 주나라 지역에서 출토되긴 했지만 분명히 초기 주나라 때의 것이다"고 했다. 특히 주원과 은허갑골의 허자 용법에 근거해 "확정 가능한 것은, 당시에 각사한 이러한 주원갑골 속에는 상나라 후기 사관의 작품이 포함되어 있다는 것은 의심의 여지가 없다"는 점이라고 했다.233)

주기상에 의하면, 주원갑골의 핵심인 "정正자 구문", 즉 현재 그 족속 논쟁이 비교적 집중된 몇 편의 묘제 갑골은 "상나라 후기 제신 때의 자료임에 틀림없다"고 했다.234) 하지만 제을의 종묘가 안양의 은허에 설치되었든 아니면 조가朝歌에 설치되었든, 주나라가 모여 살던 섬서 기산의 주원과는 관련이 없다. 그래서 은나라의 이러한 갑골들이 주원에서 출토될 수 있었던 것은, 당시 상나라의 주紂왕이 무도한 바람에 은의 사관들이 갑골로 된 문서를 들고 주나라에게 투항했기 때문이며, 주나라가 참고했던 교본으로서의 거북딱지들이 이후 주원의 궁실에 쌓이게 된 것이라 추정할 수 있다."235)

하지만 그래도 문제가 모두 해결된 것은 아니다. 그것은 은나라 갑골의 다듬기 스타일이 어떻게 도리어 각지에서 출토된 주나라의 네모끌조方鑿의 스타일과 일치하게 되었는가 하는 점 때문이다. 주원 묘제 갑골이 "주나라의 것"이라는 설과 "상나라의 것"이라는 설을 견지하는 학자

232) 朱歧祥, 『周原卜辭研究』, 臺灣學生書局, 1997, 91면.
233) 朱歧祥, 『周原卜辭研究』, 臺灣學生書局, 1997, 106면.
234) 朱歧祥, 『周原卜辭研究』, 臺灣學生書局, 1997, 113면.
235) 朱歧祥, 『周原卜辭研究』, 臺灣學生書局, 1997, 80면.

들 모두 이 문제를 피해갈 수는 없다. 갑골이 "주나라의 것"이라는 학자들은 "이 갑골들이 상·주 갑골의 특징을 함께 갖고 있음"에 주목하여, "이 몇 편의 갑골의 발생과 제작을 어떤 한 족속의 범위에 한정하는 것을 벗어나 다른 각도에서 사고함으로써 두 가지 특징을 함께 가진 신비를 파헤치고자 했다." 양승남은 「주원 갑골 족속 고변周原甲骨族屬考辨」에서 이 몇 편의 묘제 갑골을 "시간적 차이가 크지 않은, 같은 사안에 대해 점을 쳤던 것", 즉 "상나라 제신이 주방백을 책봉하기 위한 의전 진행과정에서 점을 쳤던 일련의 복사로서", "주나라의 언어로 기록한 것이며, 주나라의 갑골에다 새긴 것이다"고 했다.[236] 하지만 이러한 해석도 여전히 문제의 소지가 있으며, 이에 대해서는 이미 앞에서 논증한 바 있다.

주원에서 출토된 묘제 갑골이 "상나라의 것"이라 주장하는 학자들은 "상나라와 주나라는 두 개의 동등한 개념이 아니라, 중앙과 주변, 종주국과 속국이라는 서로 다른 차원의 종속 관계"라고 여긴다. 그래서 "소위 '상나라의 것'이라는 것은 상 왕조의 것임에 분명하지만 '주나라의 것'이라는 것은 단지 상 왕조의 주변국의 하나인 주 문왕(무왕이 상을 멸망시키기 전까지) 시기 때의 주족의 것일 뿐이다." 상 왕조에서 지방 제후국이 "상 왕조에 대해 가졌던 군사적 경제적 부담은 상당히 무거웠다."[237] 특히 "상나라 때의 제후들의 봉지에서는 사람을 보내 상 왕조에 봉사하는 의무도 가졌다. 파견되어 봉직하는 사람은 종종 봉지의 수령이거나 특수한 기능을 가진 사람들이었다." 비록 "상나라 때의 인력 공납貢士 제도에 대해서는 구체적인 것을 살펴볼 수는 없지만, 인력의 공납貢士이 존재했던 것은 사실이며, 이는 고대문헌이나 갑골문자에서도 자주 보인다." 은 왕조는 주변의 군소 국가를 통치하고 그러한 관계를 공고히 하기 위해 여러 가지 제어 수단을 사용했는데, 그중에는 군소국으로 하여금 인력을 공급

236) 楊升南, 「周原甲骨族屬考辨」, 『殷都學刊』, 1987年 第4期.

237) 楊升南, 「卜辭中所見諸國對商王室的臣屬關係」, 『甲骨文與殷商史』, 上海古籍出版社, 1983.

하게 했던 것도 포함된다. "황국黃國은 은 왕실에 인력을 공급해야 하는 의무가 있었다." 그 중에는 "정인貞人을 파견해야 하는 경우도 있었다." 조경祖庚·조갑祖甲 때와 제을帝乙·제신帝辛 때에는 모두 황국黃國으로부터 정인 "황黃"이 파견되어 점복을 담당했다. 하지만 제을帝乙·제신帝辛 때에는 그 지위가 더욱 중요해졌다. 황黃은 이 시기의 점복에서 대부분 인방人方의 정벌에 관한 복사를 담당했다. "은 왕은 대군을 이끌고 인방人方과 수개월에 걸친 전쟁을 벌였는데, 가는 곳마다 복순卜旬·복석卜夕·복제사卜祭祀·복행지卜行止 등에 관해서 끊임없이 점복을 행했다. 게다가 점을 쳐 물어본 내용도 모두 기록해 두었다. 정인 황黃은 실제로 은 왕을 수행한 중요한 사관이었다." 여기에 그치지 않고, "갑골문에는 정인 황黃 이외에도 정인의 이름이 각자의 출신국 족명과 일치하는 경우가 적잖게 등장하고 있는데, 각㱿·고𡆥·영永·긍亘·행行·대大·교敎 등은 모두 그 이름에 상응하는 나라에서 온 정인들이다."[238]

그래서 어떤 학자는 "이상의 주변국의 인물들이 상나라 왕실로 들어가 정인이 된 실례에 근거해, 상나라 제을·제신 시기의 속국이었던 주족 사람들이 정인으로 충당되었을 가능성도 완전히 가능하다고 본다. 이것이 바로 묘제 갑골에 점복자의 이름을 기재하지 않은 이유일 것이다. 물론 그들은 이미 상나라 왕실로 보내져 직무를 맡고 있었기 때문에, 다른 주변국에서 온 정인과 마찬가지로 중앙왕조의 일원으로서 상나라 왕을 대신해 점복을 했지, 주나라의 대표로서 일을 했던 것은 아니었다." 그래서 주원 H11 : 1편 등의 묘제 갑골은 상 왕조의 정인(주나라로부터 온)이 상의 선왕의 종묘에서 선왕인 성당成唐·대갑大甲 등에게 제사를 드려 전쟁 신의 보살핌을 받기를 기원하고, 주방백을 정벌하는 전쟁에서 승리를 거두길 빌었던 것이다. 상 왕조의 속국인 주나라 사람으로서 정인 자신의 바람을 표현하여 서방의 보살핌을 기구할 수 없었던 것은 당연하

238) 齊文心, 「商殷時期古黃國初探」, 『古文字研究』 第12輯, 中華書局, 1985.

다. “이것이 바로 주나라 사람의 손에서 나온 묘제 갑골이 도리어 주방백을 정벌 하는 등에 관한 일에 대해 점을 치게 된 원인이다. 그래서 이러한 의미에서 묘제 갑골은 상나라 중앙 왕조의 것임이 분명하며, 통상적으로 말하듯 상나라의 것”이다. 하지만 “이러한 갑골이 결국 상나라 왕실로 들어간 주족 출신의 복관의 손에서 나왔다고는 하지만, 주족의 점복의 어떤 스타일을 피해가기는 어려웠을 것이다. 이렇게 되면 갑골 다듬기에서의 네모꼴 조方鑿는 통상적인 은허갑골과는 다르다”는 사실 등에 대해서도 합리적인 해석이 가능해 진다.

주 무왕이 상나라를 멸망시킨 후, 주나라는 속국의 지위에서 졸지에 천하의 주인이 되었으며, 상 왕조의 모든 권력과 재산과 노예를 탈취했다. 그리고 그러한 “주족으로부터 온 원래 상 왕조의 정인들은 자연히 그들이 점을 쳤던 각 편에 기록된 이해관계는 물론 보관해 놓은 곳을 잘 알고 있었을 것이다.” 무왕이 서쪽의 호경鎬京으로 되돌아 갈 때, “그들은 이러한 묘제 갑골을 헌상했을 것이고, 무왕을 따라 고향으로 되돌아 간 것은 자연스런 일일 것이다.”[239] 그래서 이러한 상나라 묘제 갑골이 주원에서 출토되었다는 합리적인 해석이 이루어지게 되었다. 그리고 상나라의 묘제 갑골과 은허갑골 사이에서 스타일에 차이가 있다는 모순도 날을 맞대고 있지만 해결된다. 그래서 이러한 의미에서 말하자면, 이러한 복사는 모두 점복 후 “주원으로 가져 간” 것이 된다.

이상을 종합해 볼 때, 주원 출토 묘제 갑골의 내용, 즉 상나라 왕의 종묘 이름 · 상의 선왕에 대한 제사 · 책주방백𠟭周方伯 및 복사에 등장하는 왕 등의 측면에서 학자들 간의 의견이 여럿으로 나뉘고 있으며, 그래서 그 족속에 대한 논의에서도 전혀 상반된 결론, 즉 주원의 묘제 갑골이 “주나라의 것”이라는 설과 “은나라의 소유”라는 설 등이 나오게 되었다. 하지만 거시적인 관점에서 상나라 말 은주 두 민족 간의 관계와 고대 종

---

239) 王宇信, 「周原出土商人廟祭甲骨來源芻議」, 『史學月刊』, 1988年 第1期.

묘 제사제도 등의 측면에서 고찰하든, 아니면 구체적이고 미시적인 관점에서 묘제 갑골에서 제사를 드렸던 상나라의 선왕 · 책주방백晉周方伯, 정貞자 및 다른 글자로 구성된 문장 · 정正자 및 허사와 문례 등의 측면에서 비교분석하든, 피할 수 없는 분명한 사실은 바로 이러한 갑골이 은나라와 밀접하게 관계되어 있다는 사실이다. 다만 갑골의 찬조鑽鑿 형태는 분명 주나라의 스타일이다. 그래서 "주나라의 것"이라는 설의 지지자인 양승남의 지적처럼 "이 갑골은 상 · 주 두 민족의 갑골의 특징을 함께 갖고 있다."[240] 양승남의 이러한 관점은 비록 주원갑골(묘제 갑골 뿐 아니라)이 "은나라의 손에서 나왔지만", "당시의 조건하에서 그들이 사제나 정인집단의 성원 및 그 후예가 아니었다면, 학습할 교본도 없고, 참고로 할 사전도 없었기 때문에, 이러한 문자를 인식할 수도 없을뿐더러 이렇게 숙련되게 새긴다는 것은 더더욱 불가능한 일이다"고 한 서중서의 의견[241]에 비해 더 발전했으며 더욱 전면적이라 하겠다. 게다가 "상나라 사람들의 것"이라는 설을 견지하는 학자들이 열거한 주원갑골 속의 여러 은나라 갑골의 특징들은 잠시 제쳐 두더라도, 바로 주원묘제 갑골이 "주나라의 것"이라는 학자들도 주원갑골 속의 은나라의 스타일에 대해 회피하지 않았으며, 과학적인 해석을 하고자 극력 노력했다. 이것은 서주갑골 연구가 끊임없이 전진하고 깊어지고 있다는 것을 말해준다. 그래서 단언하자면, 주원갑골과 은허갑골과의 차이가 "천양지차"[242]라고 운운한 것은 독단이라 하지 않을 수 없으며, 연구의 심화에도 도움이 되지 않는다는 것만은 대단히 자신 있게 말할 수 있다.

240) 楊升南, 「周原甲骨族屬考辨」, 『殷都學刊』, 1987年 第4期.

241) 徐中舒, 「周原甲骨初論」, 『古文字研究論文集』(『四川大學學報叢刊』 第十輯), 1982.

242) 譚步云, 「讀王宇信「周原出土商人廟祭甲骨來源芻議」等文後的思考」, 『考古與文物』, 1996年 第3期.

4) 서주갑골의 학술적 가치

서주갑골, 특히 섬서 기산 봉추의 궁전 기초 터에서 글자가 새겨진 갑골이 발견된 것은 중국 고고학사의 중요한 수확이었다. 섬서 주원 갑골은 그 수량이 많고 글자 수도 많을뿐더러, 내용도 풍부해 국내외 학자들의 주목을 받았다. 학자들은 그것을 고대 문헌과 은허갑골에 대한 기존의 연구 성과와 비교함으로써, 그 속에 숨겨진 비밀을 찾아내고, 주원갑골의 오묘함에 대한 다각적이고 전 방위적인 탐색을 통해 그 특징과 족속에 대한 인식도 점차 심화시켰다. 현재까지도 여전히 적잖은 부분에서 큰 의견 차이가 있긴 하지만, 이는 서주갑골 연구가 진일보하여 깊이나 넓이에서 모두 발전하고 있다는 표지이기도 하다. 실천 과정을 거치면서 서주갑골의 새로운 증거가 출토되고 인식도 끊임없이 심화되었고 몇몇 의견 차이는 끊임없이 보충·수정되었으며, 이로부터 새로운 기초 위에서 전진하고 서주갑골 연구의 발전을 촉진하게 되었다.

주지하다시피, 서주 때의 문자유물은 대량의 금문 발견으로 잘 알려져 있다. 하지만 서주 금문은 "대부분 제후와 대신들의 활동에 관한 기록이고, 왕실의 활동에 관해서는 단지 언급만 되었을 뿐이다. 그러나 서주 갑골문은 왕실과 관련된 내용이 적지 않을 뿐 아니라, 주초 왕실 최고통치 계층의 정치활동을 직접 기록함으로써 상주 사이의 역사 연구에 진귀한 자료를 제공했는데, 이는 지금까지 발견된 금문에서는 볼 수 없었던 부분이다."[243] 그래서 이렇게 진귀한 서주 갑골문, 특히 주원갑골이 무더기로 출토됨으로써, 주족 문명의 형성과 상말 주초의 상주 관계사를 비롯해 갑골학연구의 새로운 분과의 형성에 대단한 의미를 가지게 되었다.

---

243) 陳全方, 「陝西岐山鳳雛村西周甲骨文概論」, 『古文字研究論文集』(『四川大學學報叢刊』 第十輯), 1982; 陳全方, 『周原與周文化』, 上海人民出版社, 1988, 14면.

(1) 문왕 시기에 주족은 이미 "성문 역사시기"에 진입했다는 확실한 증거

어떤 학자들은 주나라 초기사회가 처한 역사 발전 단계를 다소 낮게 설정해, 문왕시기 주나라는 야만시대의 고급단계에 처해 있었으며, 아직 계급사회－성문 역사시기의 문턱을 넘어서지 못한 것으로 여겼다. 그리고 주 문왕은 단지 "채찍을 들고 방목하며",[244] 씨를 뿌리고 소나 양을 치는 데 바쁘던 "야만" 부족의 추장 정도로 여겼다. 이러한 견해를 가진 학자들이 총애하는 사료는 바로 『상서』「무일無逸」편의 "문왕께서는 허름한 옷을 입으시고 편히 해주는 일과 밭일을 하셨다네 文王卑服卽康功田功"라는 언급이다.

조광현趙光賢에 의하면, 이상에서 든 『상서』「무일」을 근거로 주족 사회의 발전수준을 낮게 잡았던 것은 "이전의 『상서』 연구자들이 줄곧 그것을 잘못 이해해온 때문이며, 지금은 고문자의 뜻풀이를 근거로 그것의 정확한 해석을 찾아야만 한다"고 했다. 그는 이전 사람들이 "'비복卑服'을 비천한 의복이나 남루한 의복을 걸쳤다는 뜻으로 해석했는데, 이는 완전히 틀린 해석임"을 제기했다. "비俾·복服·솔率·종從·순順 등은 모두 같은 뜻으로, 모두 '복종'·'순종'이라는 뜻으로 해석된다." 그리고 "'강공康功'의 '강康'은 '갱賡'으로 읽어야 하는데, 이는 계속 잇다賡續, 계속하다繼續는 뜻이다." 소위 "강공전공康功田功"의 경우 "앞의 '공功'자는 '공攻'의 가차자로, 동사로 쓰여 다스리다는 뜻으로 해석해야만 한다. 두 번째 '공功'자는 일事이라는 뜻으로, '전공田功'은 농사라는 뜻이다. '강공전공康功田功'은 농업을 관리하는 일을 계속했다는 뜻으로, 농업에 대한 문왕의 관심을 말한다. 이는 주나라가 농사를 일관되게 중시해왔던 전통과 일치하며, 여기에 문왕이 직접 땅을 갈았다는 의미는 전혀 들어 있지 않다." 그래서 조광현은 이렇게 단언했다. 만약 "문왕께서는 허름한 옷을 입으시고 편히 해주는 일과 밭일을 하셨다네 文王卑服卽康功田功"라는

---

244) 『楚辭』「天問」.

이 말이 "문왕 당시에도 아직 농업 노동을 벗어나지 못하고, 직접 밭에 나가 씨를 뿌렸다는 증거라고 한다면, 이런 식의 해석은 전혀 근거가 없는 것이라고 생각한다."[245]

고대 문헌에 대한 뜻풀이訓詁는 사승과 가법의 차이로 인해 그 해설에 종종 차이가 존재한다. 그리고 역사학자들은 단지 한 가지 학설만을 선택적으로 채택해 동일한 역사적 사건에 대해 완전히 다른 결론을 도출하곤 했다. 하지만 서주갑골, 특히 주원에서 나온 문왕 시기의 갑골은 도리어 주족이 일찍이 문왕시기부터 이미 "야만"에서 "문명"시대로 진입했었다는 움직일 수 없는 확증을 제공했다.

비록 주원 출토 묘제 갑골의 족속문제에 대한 학자들의 견해가 서로 다르긴 하지만, 주원갑골에 존재하는 무왕이 상나라를 정벌하기 이전, 즉 문왕시기의 갑골에 대한 견해는 도리어 일치하고 있다. 어떤 학자들은 한 걸음 더 나아가 문왕 때의 갑골을 초·중·후기로 로 나누고, 가장 이른 것은 "주의 왕계王季나 문왕의 초기", 즉 은허갑골에서의 늠신廩辛·강정康丁의 제3기 때까지 거슬러 올라간다고 한다.[246] 그런가 하면 또 어떤 학자들은 문왕시기의 갑골을 문왕이 "천명을 받기受命" 이전과 "천명을 받은" 이후의 두 시기로 나누기도 한다.[247] 통계에 의하면, "문왕 시기의 23편의 갑골 속에는 제을·제신 시기의 상나라 갑골 8편도 포함되어 있다."[248] 비록 갑골의 숫자는 많지 않지만, 주원갑골의 정수는 여기에 다 들어 있다. 문왕시기의 이러한 갑골은 문왕 때 주족의 역사활동을 재현시켜 주었다. 문왕시기의 이러한 갑골이 발견됨으로써 "주 문왕이 이미 비교적 높은 '문명'을 가진 '성문 역사'시기 계급사회의 '왕'이었지, 아직 '야만'시대에 처한 부족의 추장은 아니었다고 설명할 수밖

245) 趙光賢, 『周代社會辨析』, 人民出版社, 1980, 215～219면.
246) 徐錫臺, 『周原甲骨文綜述』, 152·155면.
247) 王宇信, "岐山鳳雛甲骨文所見諸'王'時代表", 「表3」; "岐山鳳雛甲骨文時代表", 「表4」, 『西周甲骨探論』, 239～242면.
248) 위의 책, 247면.

에 없음을 보여 주고 있다."[249]

문왕시기 주나라의 갑골은 이미 초창기의 문자가 아니었다. 학자들은 은주갑골의 자형을 서로 비교 분석한 후 이렇게 말했다. "주원갑골의 필사법은 은허복사와 같으며, 이는 초기 주문화가 은상 문화와 밀접하게 접촉하였음을 보여준다. 주원갑골은 은나라 복사로부터 주나라 금문으로 넘어가는 문자 발전사의 빈 공간을 채워 주었으며, 은주문자 변화의 일관성과 정체성을 이해하도록 만들어 준다." "주나라는 분명히 이미 일정정도의 문화 수준을 갖고 있었으며, 외래문화를 검정하고 취사선택할 수 있는 능력을 갖고 있었다."[250] 문왕시기의 갑골문자는 이미 장기간의 발전을 거쳐 형성된 문자이다. 갑골 상에 기록된 역사적 사실은 주족으로 하여금 야만시기 고급단계의 문자 "창제시기"가 아니라 이미 "성문역사"시기, 즉 문자기록의 역사시기에 진입하도록 한 문자였다. 그래서 "야만"시대의 고급단계에서는 이미 문자가 만들어졌지만, 문자가 출현한 원시사회는 "성문역사"의 선사 기초에 지나지 않으며, 문명사가 발전할 수 있는 선사 단계이다. 그래서 고대문헌의 문구에 대한 훈고학적 논쟁을 차치하더라도 문왕 갑골 그 자체는 바로 주나라의 "야만"과 "문명"의 분수령이었으며, 주나라가 계급사회와 "성문역사"로 진입했다는 표지가 되었다. 서주갑골의 무한한 학술적 가치는 바로 여기에 있다.

고대 문헌의 기록에서도 이러한 점을 증명해 주고 있다. 『시경』「대아大雅』「면緜」에서는 고공단보古公亶父가 기산 아래의 주원에서 종묘를 세우고 성을 축조할 때의 떠들썩한 정경을 이렇게 노래했다.

> 집일 맡은 사공 부르고, 乃召司空,
> 백성을 맡은 사도를 불러, 乃召司徒,
> 집을 세우게 하네. 俾立室家.

249) 위의 책, 254면.
250) 朱歧祥, 『周原甲骨硏究』, 臺灣學生書局, 1997, 122면.

터는 먹줄 따라 곧게 긋고, 其繩則直,

새끼로 널을 묶어 세워 놓고, 縮版以載,

종묘를 지으니 하늘 높이 솟았네. 作廟翼翼.

(…중략…)

바깥 문 세우니, 迺立皐門,

바깥문 우뚝하고, 皐門有伉.

정문이 세워지니, 迺立應門,

정문은 반듯하고 너무 장엄하네. 應門將將.

대사를 세우니, 迺立冢土,

나쁜 오랑캐 두려워 도망질치네. 戎醜攸行.

『사기』「은본기」에서는 고공단보가 융적의 침입을 피해 "그의 가솔을 이끌고" 빈豳 땅을 도망 나와 "기산 아래岐下"에 머물렀다고 했다. "빈豳 사람들은 거국적으로 노인을 부축하고 어린이를 손에 잡은 채 모두 고공단보의 기산 아래로 복귀했다." 그리고 "그의 주변 나라에서 고공단보가 어질다는 소식을 듣고서 많은 사람이 그에게 귀속했다." "그리하여 고공단보는 융적의 습속을 버리고, 성과 가옥을 세우고, 읍邑을 나누어 거주하도록 했으며, 오관五官과 유사有司를 설치했다."

위에서 인용한 『시경』에서의 "사공司空"과 "사도司徒"는 『사기』에서 말한 "오관五官과 유사有司를 설치했다"는 말로, 이는 주나라가 고공단보 때부터 이미 "관직을 나누어 사무를 분장했음"을 설명해 준다. 『사기』「주본기」 집해集解에서는 『예기』를 인용해, "천자天子의 관직에는 사도司徒·사마司馬·사공司空·사토司士·사구司寇가 있는데, 다섯 무리를 관장했다"고 했다. 이것은 바로 국가로서 옛날 씨족과는 다른 중요한 특징의 하나, 즉 "공권력의 설치인데, 이러한 공권력은 이미 더 이상 무장 역량으로 조직된 거주민과 직접적으로 부합하는 것은 아니었다."[251] 이외에도 고공단보는 이미 "거국적으로 노인을 부축하고 어린이를 손에 잡고"

온 "빈豳 땅 사람들"을 비롯해 "또 많은 사람들이 귀의했던" "그의 주변국"의 인민들로 구성된 그의 "가족적 범위" 내에 속하지 않았으며, "융적의 풍속을 없애고, 성을 쌓고 집을 지어, 읍邑으로 나누어 기거하게 했던 것이다." 이것은 바로 "지역에 따라 그의 국민을 나누는" 국가형성의 또 다른 중요한 특징의 하나이다. 주원에 우뚝 선 견고하고 웅위한 성곽은 주족 내부계급 모순이 화해할 수 없는 단계로 발전했다는 표지이며 씨족 제도를 매장해 버린 무덤이었다. 권력의 상징인 "하늘 높이 솟은翼翼" 종묘와 궁실은 주나라가 고공단보의 시대에 "문명"의 문턱으로 넘어 들어가도록 만들었다.

주족은 멀리 문왕 이전, 즉 고공단보 시대에 이미 계급사회에 진입했으며 국가를 세웠다. "이것은 문왕 때의 갑골문자가 이미 상당히 성숙했으며, 주나라가 문명시대에 진입한 것은 응당 문왕 이전임이 분명하다는 우리의 견해와 일치하고 있다."[252]

(2) 주나라 초기의 "중대 사건 기록"

서주갑골, 특히 주원 갑골에 기록된 "왕"의 많은 주요 활동들이 고대 문헌에 기록된 상말 주초의 중대한 역사적 사건과 서로 증명이 가능하여, 이 시기의 역사연구에 진귀한 사료를 제공해 주고 있다.

상주 두 민족은 매우 일찍부터 교류해 왔다. 상대 후기에는 더욱 밀접한 관계를 형성했는데, 이는 은허 갑골문에 자주 기록되어 있다. 범육주范毓周가 「상나라 멸망 이전의 상주 관계에 대한 시론試論滅商以前的商周關係」[253]에서 이에 대해 상세하게 논술했기 때문에 여기서는 더 이상 기술

---

251) 恩格斯, 「家庭・私有制和國家的起源」, 『馬克思恩格斯選集』 第4卷, 人民出版社, 1972, 167면.

252) 王宇信, 『西周甲骨探論』, 中國社會科學出版社, 1984, 252~259면 참조. 徐錫臺, 『周原甲骨文綜述』, 三秦出版社, 1991, 173면 참조.

253) 『史學月刊』, 1981年 第1期.

하지 않는다.

주나라는 상나라 문정文丁시대 때 융적과 이 힘겨운 투쟁 과정에서 국력이 비교적 크게 신장되었다. 주나라의 우두머리 계력季歷은 일찍이 "은殷의 목사牧師로 임명되었으며",[254] 융적과의 투쟁에서 번번이 승리했다. 주나라의 발전을 제어하기 위해, 얼마 지나지 않아 상나라의 "문정은 계력을 살해했다."[255] 이때부터 은주 두 민족은 깊디깊은 원수 관계가 되었다.

"공계公季가 죽자 아들 창昌이 왕위를 이었는데, 그가 서백西伯이다. 서백은 문왕文王으로도 불린다."[256] 문왕이 즉위한 이후, 아버지의 원수를 갚기 위해, 제을帝乙 "2년 주나라는 상을 정벌했다."[257] 비록 이때의 전쟁의 결과에 대해서는 역사서에서 빠져 있지만, 이후 문왕은 상나라 제신帝辛에 의해 유리羑里에 구금되었다. 석방된 후에는 고생을 참고 견디며 상나라를 멸망시킬 준비를 힘들게 했을 것이라는 점을 미루어 알 수 있지만, 당시 국력이 비교적 약했던 주나라는 아마도 강대한 상 왕조에 패배했을 것이다.

주원의 묘제 갑골이 "상나라 사람들의 것"이라는 설을 견지하는 학자들에 의하면, "역사서의 기록이 비교적 적은, 이때의 주나라의 상나라 정벌에 관해서는 섬서 봉추에서 출토된 서주갑골에 반영되어 있다"고 한다. 이것은 바로 "제을 때의 것(문왕시대와 기본적으로 비슷함)으로 확정된 제12편(7) H11 : 84편의 상나라 제을이 조상인 태갑太甲에게 제사를 드리고, 주방백의 책봉에 대해 점을 친 것을 비롯해 제14편(41) H11 : 82편의 상나라 제을이 주방백의 책봉에 대해 점을 친 것, 제8편(46) H11 : 174편 · 제9편(47) H11 : 112편 · 제10편(182) H11 : 237편 · 제11편(161) H11 : 168편 등에

254) 『後漢書』「西羌傳」注에서 인용한 『竹書紀年』.
255) 『晉書』「束晳傳」에서 인용한 『竹書紀年』.
256) 『史記』「周本紀」.
257) 『太平御覽』83卷에서 인용한 『竹書紀年』.

기록된 "깃대를 세우다稱旗"나 "투구胄" 등도 이때의 전쟁과 관련이 있다.[258] 그래서 『죽서기년』에서 기록한 제을 2년 주나라의 상나라 정벌은 기록이 상세하진 않지만 순전히 허구에 속하는 것은 결코 아니다.

주 문왕은 상 왕조에 대해 경솔하게 병력을 사용했던 교훈을 받아들여, 기읍岐邑에서 암암리에 역량을 집중시켰다. "현자를 예로써 대하고, 낮이면 선비를 대접하느라 틈이 없었다. 이 때문에 많은 선비들이 그에게 귀의했다." 예컨대 "태전太顚·굉요閎夭·산의생散宜生·죽자鬻子·신갑辛甲 같은 대부도 모두 그에게 귀의했다." 그래서 "서백이 선과 덕을 쌓자 제후들은 모두 그에게로 갔다." 주나라가 나날이 저절로 강대해지자, 상 왕조의 의구심을 사게 되었다. 그리하여 "주紂임금이 서백을 유리성에 가두게 되었던 것이다." 이후 여러 과정을 거쳐 상의 주紂왕은 "서백을 석방하게 되었고, 그에게 활弓·화살矢·도끼斧·둥근 도끼鉞를 하사해 서백이 정벌할 수 있는 권한을 갖도록 했다."[259] 역사에서 "문왕수명文王受命"이라 불리는 이 일은 주족의 역사에서 중대한 사건이었다. 주원 묘제 갑골이 "주나라의 것"이라 주장하는 학자들은 이 사건이 갑골에 반영되어 있다고 한다. "주원에다 상나라 왕의 묘당을 세웠다"고 주장하는 학자들의 경우, H11 : 1편·H11 : 82편·H11 : 84편·H11 : 112편 등은 "문왕이 주방백이 되어 은 왕의 종묘에 가서 새로운 임명을 받는 일"을 기록했으며, 또 "주족들은 주방백의 깃대를 중앙에 세우고, 서백과 함께 피로 만든 술을 나누어 마시며 한마음 한 뜻이 되며 주나라를 보위하고 은 왕에게 충성을 다할 것을 맹세했다."[260] 비록 "주원에 상나라 왕의 묘당을 세웠다는 설"에 대해서는 찬동하지 않지만, 양승남 같이 주원묘제 갑골이 "주나라의 것"이라 주장하는 학자들은 이 4편의 묘제 갑골은

---

258) 王宇信, 『西周甲骨探論』, 中國社會科學出版社, 1984, 251면; 王宇信, 「試論周原出土的商人廟祭甲骨」, 『中國史研究』, 1988年 第1期 참조.

259) 『史記』 「周本紀」.

260) 徐中舒, 「周原甲骨初論」, 『古文字研究論文集』(『四川大學學報叢刊』 第十輯), 1982.

한 조이며, "주나라가 상나라 왕의 이번 책봉 때의 점복을 기록한 것"이라 여긴다. "상나라 왕이 책봉 의식을 거행하는 과정—깃대를 세우고建旗, 성탕成湯과 대갑大甲에게 제사를 드림, 책봉을 하는 것 등을 기록해 갑골에다 새겨서, 이를 자손에게 물려줄 기념품을 삼았다"고 주장한다.[261] 전창오의 견해도 이와 같지만, 상술한 4편은 두 조로 나누어져야만 하며, 그중 H11 : 82편 · H11 : 84편 · H11 : 112편등 3편에다 H11 : 174편과 H11 : 237편의 "투구胄"와 관련된 2편의 갑골을 더해 한 묶음으로 보아야 한다. 이로부터 "주紂왕이 문왕을 서백으로 책봉할 때 내린 하사품을 알 수 있다. 이것은 '활 · 화살 · 도끼 · 둥근 도끼를 하사해 정벌에 쓸 수 있도록 했다'는 것이 잘못된 말이 아님을 충분히 증명해 주며, 또 문왕이 책봉을 받은 후 져야 했던 의무를 설명해 주고 있다. 주방백에게 책명을 내린 전체 과정으로 볼 때, 이 복사들은 금상첨화라 할 수 있다."[262]

문왕이 "명을 받은受命" 이후, 자신의 후방을 공고히 하고 상 왕조의 날개를 자르고, 동방으로 발전해 나가기 위해, 일련의 군사적 정치적 조치를 취했다. 『시경』「대아」「황의皇矣」에서는 "밀나라 사람들이 불공하여, 감히 주나라에 항거하여, 완 땅과 공 땅을 침략하였네. 임금께서 분연히 노여워 하사, 군사들을 거느리고, 그 무리들을 막으시고, 주나라의 복을 두터이 하시어, 천하에 본을 보이셨네密人不恭, 敢距大邦, 侵阮徂共. 王赫斯怒, 爰整其旅, 以按徂旅, 以篤周祜, 以對于天下"라 노래했고, 『대아』「문왕유성文王有聲」에서는 "이미 숭나라를 쳐서 정벌했고, 풍 땅에 도읍을 만드시니, 훌륭하도다 문왕이시여! 旣伐于崇, 作邑于豐, 文王烝哉"라고 노래했다. 『상서』「대전大傳」 제4권에서는 문왕이 명을 받은 이후의 일련의 군사적 정치적 행동을 이렇게 귀납했다. "1년에는 우虞와 예芮 땅의 인질을 끊었고, 2년에는 한邗을 정벌했으며, 3년에는 밀密과 수須를 정벌했고, 4년에는 견이畎夷를 정벌했으며, 5년에는 기耆를 정벌했고, 6년에는 숭崇을 정벌했으

261) 楊升南, 「周原甲骨族屬考辨」, 『殷都學刊』, 1987年 第4期.
262) 田昌五, 「周庶出土甲骨中反映的商周關係」, 『文物』, 1989年 第10期.

며, 7년에 붕어했다." 『사기』「주본기」에서 말한 것도 이와 대동소이하다. 즉 "이듬해(필자 주—명을 받은 2년째 되던 해) 견융犬戎을 정벌했고, 그 이듬해(즉 3년)에 밀密과 수須를 정벌했고, 그 이듬해(즉 4년)에는 기耆를 패퇴시켰으며", "그 이듬해(즉 5년)에는 한邗을 정벌했고, 그 이듬해(즉 6년) 숭崇의 제후 호虎를 정벌하고 풍읍豐邑을 세웠으며, 기산 아래로부터 풍豐으로 도읍을 옮겼다. 그 이듬해(즉 7년) 서백이 붕어했고, 태자인 발發을 세웠는데, 그가 무왕武王이다." 징과 북을 울려대며 여론을 모았던 이러한 일련의 경영은 상·주의 역량에 큰 변화를 일으켰으며, 문왕 말년에는 이미 "천하의 3분의 2가 그의 것"이 되었다.[263] 이것이 바로 그 후 무왕이 상나라를 멸망시키는 기초가 되었다. 문왕 시기의 갑골에 출현하는 "올해 가을 왕께서 '밀'로 갈 수 있을까요? 今秋王斯克往密"(H11 : 136편), "왕께서 '밀산'으로 가는데, 가마를 탈까요? 王其往密山舁"(H11 : 80편), "'밀'에다 외성을 쌓을까요? 密斯郭(城)"[264](H11 : 5편), "'밀'에서于密"(H11 : 31편) 등을 비롯해 "촉의 정벌伐蜀"(H11 : 68편), "소의 정벌征巢"(H11 : 110편), "해의 정벌伐䝟"(H11 : 232편) 등[265]은 바로 주나라 "문왕이 명을 받고, 이로부터 무공을 세웠다"[266]는 역사적 기록이다.

『사기』「주본기」의 기록에 의하면, 무왕이 왕위를 계승한 이후, 상나라를 멸망시키겠다는 주 문왕의 필생의 과업을 완성하기 위해 상나라 정벌을 시작했다. 처음 시도는 이렇게 이루어졌다. 즉 "9년, 무왕이 필畢에서 제사를 드리고, 동쪽으로 병력을 살펴東觀兵, 맹진孟津에 도착했다."

---

263) 『論語』「泰伯」.

264) (역주) 王宇信의 해석에 의하면, 이는 "郭斯密"에서 목적어인 "斯密"이 도치된 것으로, 여기서의 郭은 동사로 외성을 쌓다는 뜻으로 쓰였다고 했다. 문왕 2년 密을 멸망시키고, 외성을 쌓아 방어한 일을 기록한 것으로 추정했다. 『西周甲骨探論』 228면.

265) 王宇信, "岐山鳳雛甲骨文所見諸'王'時代表", 「表3」; "岐山鳳雛甲骨文時代表", 「表4」, 『西周甲骨探論』, 中國社會科學出版社, 1984, 239~242면 참조. 徐錫臺, "岐山鳳雛村與扶風齊家村西周甲骨文諸"王"字型", 「表1」, 『周原甲骨文綜述』, 三秦出版社, 1991, 156~159면 참조.

266) 『詩經』「大雅」「文王有聲」.

"이때 약속 없이 회맹에 참여해 강을 함께 건넌 제후가 8백여 명이나 되었다. 제후들은 이구동성으로 '주紂왕은 정벌되어야 합니다'라고 했다." 하지만 무왕은 상나라를 멸망시킬 때가 아직 이루어지지 않았다고 생각해, "'여러분은 하늘의 명天命을 알지 못하고 있소. 아직 할 수가 없소이다'라고 하면서, 군사를 되돌렸는데", 이는 상나라 정벌의 예행 연습인 셈이었다. 2년 후, 무왕은 상나라를 멸망시킬 때가 이미 성숙했다는 것을 보고서, "문왕의 바람을 받들어, 드디어 융거戎車 3백 대, 돌격대虎賁 3천 명, 무장한 병사 4만5천 명을 이끌고 동쪽으로 가 주紂를 정벌했다. 11년 12월 무오戊午일, 군사들이 모두 맹진盟津을 건넜다." "제후들이 데려 온 병력을 보면 수레가 4천 대였고, 군사들을 목야牧野에 진을 치게 했다." 그러자 "주紂왕은 무왕이 쳐들어온다는 소식을 듣고, 그 역시 병력 70만 명으로 무왕과 대치했다." 목야牧野에서의 결전을 거쳐 주紂왕은 패해 도망하여 "녹대鹿臺 위로 올라갔고, 옥을 옷으로 덮은 채蒙衣其殊玉, 스스로 불에 몸을 태워 죽었다." 이렇게 해서 상 왕조는 멸망했고, 무왕은 "위대한 명을 이어받아 은나라를 없애고 하늘로부터 새로운 명을 받았도다膺更大命, 革殷, 受天明命"라고 선언함으로써, 서주 왕조가 정식으로 세워졌다.

상주 두 민족 간의 역사적인 이 대결은 주원갑골에도 반영되어 있다. 봉추 H11 : 3편의 "대출우하大出于河"는 무왕 9년 "동쪽으로 병력을 살피어, 맹진盟津에 이르렀을" 때 "무왕이 황하를 건넜던" 것과 서로 증명이 된다. 또 무왕 11년 목야牧野에다 군진을 치고 상 왕조와 결전을 벌였던 일에 대해서는『시경』·『상서』·『좌전』·『순자』·『맹자』·『일주서』등과 같은 선진 문헌에 모두 기술되어 있다. 하지만 이보다 늦은『사기』의 기록이 가장 상세하다. 그러나 주나라의 병력이 동진한 데 대한 상 왕조의 반응에 대해서는 문헌에 자세한 기록이 보이지 않는다.『사기』에서는 단지 "주紂왕이 무왕이 온다는 소식을 듣고 병력 70만 명을 발동해 무왕과 대치했다"는 말 정도로만 넘기고 있다. 바로 1976년 섬서 임동臨潼에서 출토된「이궤利簋」[267]만 해도 무왕이 목야에서 결전을 한 후 공을 세운 이利

에게 상을 내리는 것만 기록하고 있다. 그러나 주원 묘제 갑골이 "상나라의 것"임을 주장하는 학자들은, 봉추 H11 : 1편이 "이러한 역사적 사실을 보충해 주었다"고 여긴다. 즉 "상나라 주紂왕이 소식을 듣고, 계사일에 그의 부친인 제을帝乙의 종묘에서 점을 쳤으며, 영민하고 용맹스런 선왕 성당成唐에게 제사를 드려 전쟁 신께서 주나라의 반란을 평정하고 보살펴 주시기를 기구했다. 이 갑골은 또 주나라의 갑골에서 기록한 상나라 정벌에 관한 다른 사건들과도 서로 보충할 수 있다"고 했다. 더욱 구체적으로 말해서, "주 무왕이 정식으로 주紂왕을 정벌했던 것은 '11년 12월 무오일, 군사들이 모두 맹진盟津을 건넜을 때이며', '2월 갑자일 동이 틀 무렵, 무왕은 아침 일찍 상나라의 교외인 목야牧野에 도착했는데', 그때까지 총 67일의 시간이 걸렸다. 계사일 상나라 주紂왕이 성당成唐에게 보살펴 달라고 기구하면서 제사를 거행했을 때는, 무왕의 군사가 맹진을 건넜던 무오일로부터 이미 46일째 되던 때였으며, 갑자일의 결전까지는 아직 31일 정도가 남아 있었다."[268] 그래서 상나라 주紂왕은 "70만 명을 동원해 무왕과 맞설 수 있었던" 것이다.

하지만 주원 묘제 갑골이 "주나라가 친 점"임을 주장하는 학자들은, H11 : 1편이 "무왕이 상을 멸망시킨 후 은허에서 친 점"이라고 주장한다. 즉 "'무왕이 상나라를 멸망시킨 이후 상의 수도에서 천명을 받아 천자에 등극하는 의식을 거행할" 때, "상의 선왕에게 제사를 드려, 자신이 하늘의 명을 받아 은을 없앴음을 표명한 것이다." "무왕이 상식적인 예를 위반했던 것은, 분명 은나라 백성들에게 왕조가 이미 바뀌었으며, 오늘 이후로 그들은 열성을 다해 신하의 관계로서 주나라에 복종해야 함을 선포하기 위한 것임에 다름 아니다. 그렇지 않다면 일반적인 예처럼 무왕이 개선해 귀국했다면 이는 상 왕조의 존재를 묵인하는 것이 되고, 그렇게

267) 臨潼縣文化館, 「陝西臨潼發現武王征商簋」, 『文物』, 1997年 第5期. 唐蘭, 「西周時代最早的一件銅器利簋銘文解釋」, 『文物』, 1977年 第8期.

268) 王宇信, 『甲骨學通論』, 中國社會科學出版社, 1989, 343면.

되면 천명을 받았다는 것 등도 말이 되지 않는다. 이렇게 되면 그는 관중關中 지역에서는 왕이 될지언정 천하의 왕이 되지는 못하기 때문이다."[269)]

『사기』「주본기」에는 주 무왕이 은나라를 멸망시킨 이후, "소공召公에게 명하여 갇혔던 기자箕子를 석방했다"고 했다. "그 뒤 2년에는 기자에게 은이 망한 까닭에 대해 물었는데" 이것도 주원갑골에 반영되어 있다. 봉추 H31 : 2편에서 "은나라의 기자가 와서 투항했고, 그의 집사와 사관도 함께 왔다唯衣箕于來降; 其執罜𠦪史"고 한 것은 고대 문헌과 서로 검증이 가능한 부분이다.

"작은 나라小邦"였던 주나라가 하루아침에 갑자기 "큰 나라大國"였던 은을 멸망시켰으므로, 서주왕조의 통치를 어떻게 공고히 할 것인가 하는 것은 분명 주 무왕을 노심초사하게 하여 "밤에도 잠 못 이루게" 했을 것이다. "천하를 다 아우르지 못한" 상황에서, 주 무왕은 일찍 죽어버렸다. 주나라 "성왕成王은 어렸다. 주나라 초 처음 천하를 통일했을 때, 주공周公은 제후들이 주나라에 반기를 들까 두려웠다. 주공은 그래서 섭정으로 국사를 맡았다." 서주 초기, 서주왕조의 존망과 관계된 가장 큰 역사적 사건은 바로 "주공의 동정東征"과 "낙읍洛邑의 건설"이었다. 주초의 이 두 가지 중요한 역사적 사건에 대한 기록은 『상서』·『좌전』·『맹자』·『일주서』 등 선진 시대 문헌과 『사기』「주본기」 등에 보인다. 그리고 주초의 적잖은 청동기 명문들, 예컨대 「𡍜방정𡍜方鼎」·「보유保卣」·「하존何尊」 등에서는 주초의 이 두 가지 역사적 사건의 실증을 제공해 주고 있다. 주원봉추의 H11 : 132편의 "왕염진王酓森"은 주공의 동쪽 정벌과 관련이 있다. 또 H11 : 27편의 "우락于洛"과 H11 : 102편의 "견공우락見工于洛" 등은 주공이 낙읍洛邑을 건설했다는 것에 새로운 증거를 제공해 주었다. 북경 방산房山 유리하琉璃河의 연燕나라 도읍 유적지에서 출토된 복갑

269) 田昌五, 「周原出土甲骨中反映的商周關係」, 『文物』, 1989年 第10期.

G11 108③ : 10편의 "성주成周" 두 글자는 주공이 낙읍洛邑을 완성했다는 표지이며, 또 북경 방산 유리하의 연나라 도읍 유적지의 건설 연대에 증거를 제공해 주었다.[270]

이 뿐만 아니라 주원갑골에는 인명 · 관직명 · 방국명 등이 적잖게 출현하고 있으며, 이들의 많은 부분은 고대 문헌과 서로 검증 가능하며, 서주의 관직제도 · 방국 · 지리 등의 연구에도 큰 가치를 가진다.[271] 이외에도 주원갑골은 "은주 간에 일관되어 계승된 문화의 변화" 연구에도 큰 의미를 가진다.[272]

이처럼 "주초의 적잖은 중대한 역사적 사건이 서주갑골에 반영되어 있다. 그래서 서주갑골은 주초 역사 활동의 '대 역사 기록大事記'이라 할 수 있다."[273]

(3) 갑골학연구 영역의 새로운 분과의 형성—서주 갑골학

"서주갑골이 각지에서 출토되면서, 사료가 비교적 적었던 서주사 연구에 대단히 진귀한 자료가 제공되었으며, 게다가 갑골학에서의 새로운 분과 형성에도 기초가 마련되었다."[274] 각지에서 출토된 서주갑골이 지속적으로 공표되면서, 특히 봉추갑골의 계속된 공표로, 사람들의 인식도 부단히 심화되었으며, 서주갑골 연구는 그 연구 경로 상에서 서로 다른 발전단계를 경험하면서 전진을 이루었다. 1956년 11월 이학근이 방퇴坊堆의 갑골이 "주나라 초기의 것"이라는 설을 제기한 것이 서주갑골 연구의 제1단계였다. 이때는 "주로 서주갑골문에 대해 알지 못하던 단계로부터

---

270) 琉璃河考古隊, 「琉璃河遺址1996年度發掘簡報」, 『文物』, 1997年 第6期. 雷興山, 「北京琉璃遺址新出十甲淺識」, 『中國文物報』, 1987.3.30.

271) 陳全方, 『周原與周文化』, 上海人民出版社, 1989, 134~147면 참조. 徐錫臺, 『周原甲骨文綜述』, 三秦出版社, 1991, 126~129면.

272) 朱歧祥, 『周原甲骨研究』, 臺灣學生書局, 1997, 114~122면.

273) 王宇信, 『西周甲骨探論』, 中國社會科學出版社, 1984, 134~147면.

274) 王宇信, 「近百年來的甲骨學研究」, 『炎黃文化研究』 第3輯(『炎黃春秋』 增刊), 1996.12.

알게 되는 단계로 비약하게 되었으며, 갑골학연구의 새로운 분과를 형성하게 되었다." 1956년 12월부터 1982년 5월 이전은 서주갑골 연구의 발전단계이자 "제2단계인데, 서주 갑골자료의 지속적인 축적과 공표를 그 특징으로 한다. 이 시기의 주요 성과는 문자의 고석과 시기 구분과 갑골의 특징에 대한 탐색이라 하겠으며, 이는 서주갑골에 대한 인식을 부단히 심화시켰다." 그리고 "이 단계의 완성은 1982년 5월 출판된 『고문자연구 논문집』에서 주원봉추에서 출토된 299편의 모든 갑골을 공표한 것을 표지로 삼고 있다." 그리고 1982년 5월 이후로는 서주갑골 연구는 심화 연구의 제2단계에 진입했다. 즉 "서주갑골의 전체 자료에 근거해 새로운 문제를 제기하고 이를 해결했으며, 제한된 자료에 근거해 얻었던 이전의 관점을 보충하고 수정하고 새로이 인식했으며, 그리하여 종합 연구의 기초 위에서 인식이 더욱 깊어지도록 만들었다."275) 이 시기에 출판된 왕우신王宇信의 『서주 갑골 탐론西周甲骨探論』, 진전방陳全方의 『주원과 주나라 문화周原與周文化』, 서석대徐錫臺의 『주원 갑골문 종술周原甲骨文綜述』, 그리고 최근 출판된 대만의 주기상朱歧祥의 『주원 갑골 연구周原甲骨研究』 등과 확실한 견해를 가진 몇몇 논문들은 서주갑골을 다각도에서 전방위적으로 연구했으며, 서주갑골이라는 이 새로운 분과의 연구를 깊이 있고 번성하게 만들었다.

비록 서주갑골의 연구가 풍성한 성과를 이루긴 했지만, 아직도 적잖은 문제에서 여전히 의견이 대립되어 있다는 것은 말할 필요도 없다. 이렇게 된 것은 첫째, 서주갑골, 특히 주원갑골은 글자가 작아서 5배 확대경을 사용해야만 알아 볼 수 있다는 데 있다. 이 때문에 베껴 그리는臨摹 과정에서도, 글자의 점선이 반드시 일치하지는 않게 되고, 그리하여 적어도 세 벌의 모사본이 등장하게 되었다. 연구 과정에서 그중 두 벌의 모사본을 서로 비교해 교감하는 것이 한 가지 모사본에만 근거하는 것

275) 王宇信, 『西周甲骨探論』, 中國社會科學出版社, 1984, 29~30면.

보다는 훨씬 더 전면적이기 때문이다.276) 몇몇 관건적인 글자는 모사본이 서로 다른 학자들의 손에서 나온 탓에, 주원갑골의 여러 "왕王"자와 같은 것들의 변화 발전 등을 연구할 때에는 어느 특정한 것을 따르기가 마땅치 않다. 사실 이에 머무는 것만도 아니다. 학자들은 동일 글자의 점과 획의 차이의 분석에 근거해 종종 서로 다르게 해석하기도 하며, 이로부터 동일한 갑골 복사를 전혀 다르게 인식하고 이해하기도 한다.

둘째, 역대 각지에서 출토된 서주갑골의 경우, 주원에서 출토된 것이 가장 많다. 하지만 주원갑골은 대단히 잔 파편의 상태로 출토되었고, 그래서 거북딱지에 새겨진 각사가 전체 갑골에서 어떤 부위에 분포했던 것인지 그 규칙을 인식하는 데 큰 한계를 가졌다. 짜 맞추기綴合가 비교적 어려운 상태이고, 또 지금까지도 글자를 가진 각 편들이 전체 갑골에서 "차지했던 위치"를 복원하는 비교 작업을 아무도 하지 않고 있다. 그래서 글자의 방향에 대한 해독에 의견이 일치하지 않고 있는데, 이러한 것은 필연적으로 복사의 해석에 차이를 발생시켰다. 예컨대 주원 봉추의 H11 : 3편의 "왕추전지우백王隹田至于帛, 의衣, 왕전王田(왕께서 수렵을 나가는데, '백' 땅과 '의' 땅에 이르면 사냥을 할까요?)"이라는 복사의 경우 완전히 상반된 방향으로 읽어 "의왕전衣王田, 지우백至于帛, 왕추전王隹田('의' 땅에서 왕께서 사냥을 하는데, '백' 땅에 이르면 왕께서 사냥을 할까요?)"이라고 읽을 수도 있다. 이외에도 주원갑골 중의 H31 : 4편의 경우 어떤 학자는 "점왈卧曰—"이라고 읽어 왼쪽에서부터 오른쪽으로 읽어 나가야 한다고 하지만, 또 어떤 학자들은 이와 정반대로 주장하여 오른쪽에서부터 왼쪽으로 읽어나가야만 하며, "점왈卧曰"은 한 문장의 시작부분이 아니라 문장의 가운데 든 글이라고 주장한다.

---

276) 朱歧祥, 『周原甲骨研究』, 159~215면의 「附二」, 陳仝方 『周原甲骨與周文化』, 徐錫臺, 『周原甲骨文綜述』의 모사본, 다른 한 벌의 모사본은 陝西岐山文管所(編)의 『周原甲骨文』(1982年 7月 晒藍本)이 있다. 이 책에서는 출토 번호에 따라 번호를 붙였는데, 鳳雛 H11갱에서 출토된 글자를 가진 甲骨이 282號, H31갱에서 나온 글자를 가진 甲骨이 10號 등 총 292片 전부가 공표되었다.

어떤 학자들은 주원복사의 행의 배치行款를 정리 분석한 후, "주원에서 출토된 갑골각사의 글자 배열 형식은 기본적으로 다음과 같은 4가지 유형으로 나눌 수 있다"고 했다. 즉 어떤 "각사의 글자배열 형식은 왼쪽에서 시작해 아래쪽으로 내려가다가 다시 오른쪽으로 가는 경우", "어떤 것은 오른쪽에서 시작해 아래쪽으로 내려가다 다시 왼쪽으로 가는 경우", "어떤 것은 위쪽에서 아래쪽으로 직선으로 내려간 경우", "어떤 것은 형식이 극히 불규칙적인 경우" 등이 있다.[277] 서주갑골의 새로운 발견은 주원복사의 글자배열 형식에 대한 인식을 심화시켰다. 1991년 하북성 형대邢臺 남소왕南小汪에서 발견된 서주갑골[278]은 주원복사의 글자배열 형식의 이해에 새로운 증거를 제공했다. 학자들은 주원의 H31 : 4편 복사에 대한 진일보한 분석과 연구를 통해, "이 복사 이전에 해독했던 H31 : 4편의 글자배열 형식의 경우, 적어도 절반에 이르는 각사의 글자배열 형식에 오류가 있었음을 설명해 준다"고 했다. 그리고 이 각사의 나머지 절반은 H11 : 4+H11 : 32편과 사례가 극히 비슷하기 때문에, 그 글자배열 형식은 오른쪽으로부터 왼쪽으로 된 것으로, "전체 복사는 '기불극우선既弗克尤宣, 점왈卟曰, 무毋'라고 읽어야만 하는데, 이렇게 읽는 방법은 이전과는 완전히 다르다."[279] 전면적인 분석을 통해 볼 때, "기왕에 H31 : 4편의 나머지 각사에서 '점왈무卟曰毋'를 전체 문장의 시작으로 볼 수 없다면, 즉 복사가 왼쪽에서 오른쪽으로 새겨진 것이 아니라면, 이 전체 각사의 글자배열 형식은 오른쪽으로부터 왼쪽으로 새긴 것으로 보는 것이 합리적일 것이다." "형대邢臺에서 출토된 이 완전한 형태의 갑골 복사가 '기其'자로부터 문장이 시작된다는 것은 '점왈사卟曰巳'가 전체 복사의 끝부분이지 시작부분이 아님을 말해준다." 그래서 "주원갑골의 진일

277) 王宇信, 「周原甲骨刻辭行款的初步分析」, 『人文雜志』, 1987年 第3期.

278) 河北省文物硏究所, 「邢臺南小汪周代遺址西周遺存的發掘」, 『文物春秋』, 1992年 增刊.

279) (역주) 陳全方의 경우, 왼쪽에서 오른쪽으로 읽어나가 "卟曰, 女旣弗克, 尤宜用隊越, 惟亡咎(점괘를 해석해 말했다. 너는 이길 수 없다. 더욱이 마땅히 군대를 이용해 정벌해야만 재앙이 없을 것이다)"로 끊어 읽기도 했다. 陳全方 등, 『西周甲文注』, 36~37면.

보된 심화된 연구와 종합적인 연구는 그것을 형대邢臺 갑골들과 서로 비교하여 상호 보충하고 증명함으로써, 서주갑골 연구에 새로운 인식을 가져다주고"[280] 발전시킬 것이다.

주원복사에 대해 전체 거북딱지에서의 원래의 "위치 선정"에 대한 연구가 부족했기 때문에 글자배열 형식을 잘못 해독하게 되었던 것이다. 근년에 들어 학자들은 서주갑골을 연구하면서 이러한 방면에 주목하기 시작했다. 1998년 북경 유리하 유적지에서 "출토된 3편의 각사 복갑의 한 특징은 거북딱지 상의 위치가 모두 대단히 분명하다는 것인데, 이는 이전의 발견에서 찾아보지 못했던 아쉬움을 보충해 주었다."[281] 이로부터 서주갑골 연구의 고고학적 관찰이라는 측면에서 한 걸음 더 발전하게 되었다.

서주갑골의 "점왈卟曰"로 된 복사의 글자배열 형식의 방향에 대한 재인식은 대단히 의미 있는 일이다. 학자에 의하면, "서주갑골 중의 '점卟' 복사는 정사貞辭의 성질과 비슷하긴 하지만 또 차이를 갖고 있으며, 은허복사의 점사占辭의 기능과 동일하다. 정사貞辭에다 점사卟辭가 더해져야만 비로소 비교적 완전하면서도, 은허복사와 분명하게 구분되는 전형적인 서주복사가 될 수 있다."[282] 이상에서 말한 주원복사에서의 소위 "점왈卟曰"로 시작되는 문장의 글자배열 형식에 대한 수정과 "점왈卟曰" 복사에 대한 견해는 다른 학자들의 지지를 얻었다.[283]

"주목할 만한 것은, 논쟁거리가 없는 비교적 전형적인 서주복사(주원의 것이든 아니면 수천 이 떨어진 형대의 것이든)에서 각사의 글자배열 형식은 거의 예외 없이 오른쪽에서 왼쪽으로 배열되었다는 점이다. 학자들 간에 그 족속 문제에서 의견 대립이 비교적 심한 또 다른 유의 전형적인 복사

---

280) 王宇信, 「周原甲骨卜辭行款的再認識和邢臺西周卜辭的行款走向」, 『華夏考古』, 1995年 第2期.
281) 雷興山·鄭文蘭·王鑫, 「北京琉璃河遺址新出卜甲淺識」, 『中國文物報』, 1997.3.30.
282) 王宇信, 「周原甲骨卜辭行款的再認識和邢臺西周卜辭的行款走向」, 『華夏考古』, 1995年 第2期.
283) 裘錫圭, 「釋西周甲骨文的"卟"字」, 『第三屆國際中國古文字學硏討會論文集』, 香港中文大學, 1997.

(즉 주나라의 것이든 아니면 상나라 사람들의 것이든)는 그 글자배열 형식의 방향이 전형적인 서주복사(즉 정사貞辭 · 점사卟辭가 포함된 것)와는 달라, 모두 왼쪽으로부터 오른쪽으로 향하고 있다. 혹 믿지 못한다면 주원에서 출토된 글자를 가진 모든 갑골의 모사본을 펼쳐 보라! 이러한 현상은 도대체 무엇을 말해주고 있는가? 이는 앞으로 더욱 깊이 있게 사고하고 연구해야 할 부분이다."[284]

셋째, 학자들에 의하면 주원 갑골문은 "왕실과 관련된 내용이 적지 않으며, 게다가 주초 왕실의 최고통치 계급의 정치활동을 직접 기술했기 때문에, 상주 교체기의 역사 연구에 진귀한 자료를 제공해 준다. 이것은 지금까지 중국에서 발견된 금문에서는 찾아 볼 수 없는 부분이다."[285] 그리고 "주원갑골에 기록된 역사의 흔적－사류事類는 언제나 고대문헌의 기록과 결합 가능하고, 이로부터 갑골의 시대를 확정해 낼 수 있다." "시기구분 연구에서 서주갑골에 기록된 역사적 흔적이 가지는 작용은 은허갑골에서의 세계世系와 같이 중요하다."[286] 서주갑골과 은허복사가 시간상으로 일부 중첩되긴 하지만, 즉 은말 주초 때의 것이고, 게다가 거북딱지甲와 동물 뼈骨로 점복하는 계통에 속하는 등 이러한 연계성을 갖고 있기는 하지만 은허갑골에서 총체적으로 규정해 낸 시기 부분의 "10가지 표준"을 그대로 서주갑골에 갖다 쓴다는 것은 불가능하다. 이것은 은허갑골에서는 세계世系 · 칭위稱謂 · 정인貞人 등을 시기구분의 "제1 표준"으로, 글자체字體 · 문례文例 · 방국方國 등을 "제2 표준"으로 사용할 수 있으며, 또 "제1 표준"은 "제2 표준"의 기초가 되며, 세계世系는 또 "제1 표준"의 핵심이 되기 때문이다. 하지만 서주갑골에는 명확한 세계世系가 존재하지 않고, 정인貞人도 보이지 않는다. 그래서 서주갑골의 시대 확정은 갑골의 역사적 흔적을 문헌에 기록된 역사적 사실과 결합시키는 데 의

284) 王宇信, 「周原甲骨卜辭行款的再認識和邢臺西周卜辭的行款走向」, 『華夏考古』, 1995年 第2期.
285) 陳全方, 『周原與周文化』, 上海人民出版社, 1989, 148면.
286) 王宇信, 『西周甲骨探論』, 中國社會科學出版社, 1984, 228면.

존하게 된다. 예컨대 서주갑골의 여러 "왕王"의 시대의 경우, 『서주 갑골 탐론』에서는 갑골의 역사적 흔적과 문헌의 기록을 서로 결합시켜 그 시대를 고증해 내었다. 그리고 다시 시대가 다른 "왕王"자의 자형 변화로부터 유형과 형식을 분류하고, 그것들의 횡적, 종적 발전을 찾아내었는데, 자형의 변화는 갑골에 보이는 역사적 흔적의 시기의 차이에 의해 결정된 것이다. 하지만 어떤 연구자들은 갑골에 기록된 역사적 흔적의 "왕王"자들을 뽑아내 자형적인 측면에서 은허갑골의 5시기 구분법에서 총체적으로 정리해 낸 "왕王"자의 자형 변화와 단순하게 대비하여, 주원갑골의 "왕王"자는 가장 빠른 경우 은허갑골의 늠신廩辛·강정康丁·제을武乙·문정文丁 시대의 "왕王"자와 비슷하며, 그래서 은허갑골의 제3·4시기, 즉 계력季歷과 문왕文王 초기 때의 갑골이 많이 존재하는 것으로 보는 견해도 존재한다. 하지만 주원갑골에 기록된 역사적 흔적을 살펴보면, 계력季歷 때의 주나라의 활동을 반영한 경우는 하나도 없다. 은허갑골의 "왕王"자의 변화와의 비교를 지나치게 강조했기 때문에, 갑골에 기록된 역사적 흔적을 벗어나 순전히 문자로써만 억지로 비교하게 되었고, 그래서 다수의 주원갑골을 상나라 때의 제5기 즉 제을帝乙·제신帝辛 시기에 상당하는 문왕文王 시기의 것으로 확정하게 되었으며, 그리하여 무왕武王의 것을 문왕文王의 것으로 잘못 귀속시켰던 것이다.

은허갑골과 주원갑골 간에 이런 저런 연계가 존재하며, 은허갑골의 연구 성과가 서주갑골 연구에 큰 참고적 가치를 지닌다는 점은 부인할 수 없는 사실이다. 하지만 주원갑골에 실려 있는 역사적 흔적은 서주갑골의 족속族屬과 시대를 결정하는 데 가장 중요한 근거가 되며, 이를 "제1 표준"이라 부를 수 있을 것이다. 그리고 나머지 측면, 예컨대 글자체 등은 "제1 표준"에 의해 결정된다. 그리고 기본적으로 동시대의 것인 은허갑골은 참고자료로만 가능하다. 만약 주원갑골에 기록된 역사적 흔적을 살피지 않은 채 단순히 은나라 갑골의 시기구분 성과(사실은 주로 자형이다)를 주원갑골의 시기구분에 적용한다는 것은 대단히 큰 한계성을 가진다. 그래서 주원갑골에 기록된 역사적 흔적을 고대문헌에 기록된 주초의 중요한 역사적 사건들과 상호 비교하고, 다시 은허갑골의 연구 성과를 결합하여, "그 전체를 살피는" 작업을 해야 한다. 즉 종합적으로 연구하고 다각도에서 심층적으로 인식해야만 편협되고 주관적인 연구를 면할 수 있을 것이다.

서주갑골 연구가 더욱 깊은 차원으로 발전하기 위해서 현재 가장 절실하고도 근본적인 문제는 학술계에 비교적 정확한 갑골 모사본이 제공되는 것이다. 최근 국가 "9 · 5" 사회과학 연합 난관 돌파攻關 프로젝트인 "하 · 상 · 주 시기구분 프로젝트夏商周斷代工程"에서는 이미 관련 전문가에게 주원갑골을 재정리하도록 했다는 소식을 들었다. 아마도 머지않아 주원갑골을 저록한 비교적 권위를 가진 판본이 출간될 것으로 기대된다.[287] 이는 서주갑골 연구의 발전과 각종 논쟁 중인 문제의 해결에 분명 커다란 도움이 될 것이다.

287) (역주) 2002년 10월 曹瑋의 『周原甲骨文』(世界圖書出版公司)이 夏商周斷代工程 叢書의 하나로 출간되었다. 여기서는 주원에서 출토된 서주 갑골 모두를 컬러 사진(실물크기와 확대 크기)과 해독문을 함께 실었다.

제9장 선배 학자들의 성과와 경험

귀감 삼을 만한 문화유산

1899년의 은허 갑골문의 발견은 중국 근대 학술사에서 대단히 중요한 사건이었다. 그 후 약 백 년 동안 출토된 10여만 편의 갑골문은 중국 고대사와 고대문화 연구의 면모를 많은 부분 바꾸어 놓았다. 이렇게 많은 갑골문은 "조각 당 평균 10자로 계산한다 하더라도 이미 160~170만 자나 된다. 짧고 짧은 50년 동안, 그 옛날 공자가 증거로 찾을 수 있는 문헌이 없다고 한탄했던 상나라 때의 직접적인 사료가 뜻밖에도 160~170만 자나 발견되었으니, 이 어찌 근대 중국 학술사의 놀랄 만한 대사건이 아니겠는가?"[1)]

"옛날부터 새로운 학문의 흥기는 대부분 새로운 발견에 의해 이루어졌다."[2)] 이렇듯 눈이 휘둥그레 해지고 입을 다물지 못하도록 만든 은허 갑골문은 나진옥羅振玉, 왕국유王國維, 곽말약郭沫若, 동작빈董作賓, 우성오于

1) 胡厚宣, 「序言」, 『五十年甲骨學論著目』, 中華書局, 1952, 7면.
2) 王國維, 「最近二三十年中中國新發現之學問」, 『學衡』 第45期, 1925.

省吾, 진몽가陳夢家, 호후선胡厚宣 등과 같은 몇 대에 걸친 우수 학자들의 노력 끝에 "초창기"(1899~1928), "발전기"(1928~1937), "심화연구기"(1949년부터 지금까지)라는 연구의 발전사를 거쳤으며, 찬란한 성과도 거두었다. 중국 고대문명 연구에 대한 갑골문의 특수한 기능은 더욱 많은 외국학자들의 주목을 끌어내어 갈수록 "국제적인" 학문으로 발전했다.

갑골학의 형성과 발전의 백여 년 역사 속에서 많은 선배 학자들의 훌륭한 저술은 갑골학 연구에 기초를 마련해 주었다. 이러한 저술은 갑골문 그 자체와 마찬가지로 그 하나하나가 보물이라 할 수 있으며 귀감으로 삼고 계승해야 할 인류의 공동문화유산이 되었다. 그리고 그들이 걸었던 길과 쌓아 놓은 연구 경험은 우리로 하여금 깊이 있는 성찰을 유도했고, 후학들의 새로운 백 년의 갑골학 연구가 더욱 찬란하도록 격려하고 고무해 주었다.

1. 갑골학 연구자와 연구 성과

갑골문의 지속적인 출토는 갑골학과 상나라 역사 연구를 활성화했다. 백여 년 동안의 갑골학 연구는 기본적으로 전・후 두 시기로 나눌 수 있다. 1949년 이전의 '이전 50년'과 1949년 이후부터 현재까지의 '이후 50년'이 그것이며, 호후선胡厚宣이 「갑골문 발견 50년간의 총결五十年甲骨文發現的總結」과 『50년 갑골학 논저 목록五十年甲骨學論著目』의 출판을 그 표지로 삼을 수 있다. 전・후 50년간의 각 시기 동안 갑골학에 관한 새로운 저작이 쏟아져 나왔고, 새로운 한 세대의 연구자가 대거 배출되었다.

1) 이전 50년(1899~1949)

1903년 최초의 갑골문 저록인 『철운장귀鐵雲藏龜』가 유악劉鶚에 의해 편집 출판된 이후, "갑골문은 소수의 학자들만 감상하고 만져볼 수 있던 '골동'에서 많은 학자들의 연구 자료로 변신하였고, 갑골의 유통 범위를 확대시켜 갑골학 연구를 촉진시켰다."[3] 1904년 손이양孫詒讓이 『철운장귀』에 근거해 문자를 고석한 『계문거례契文擧例』를 출판했다. 하지만 당시는 갑골문 연구의 초기단계에 처해 있었기 때문에 갑골문 자체에 대한 내용에서도 아는 것도 적었고 연구자도 찾아보기 힘들었다. "전후 몇 년간을 살펴보아도, 오직 손중용孫仲容 징군徵君, 이양詒讓 한 사람만이 찰기札記를 지었고, 그 이외에는 찾아볼 수가 없었다."[4] 나진옥羅振玉은 1907년 쯤, 이미 갑골문에 대해 "점차 그 뜻을 풀어 갈 수 있게 되었으나", "아직 전기箋記를 쓸 정도는 되지 못했다." 하지만 그는 이미 손이양의 『계문거례』에 부족함을 느끼고 있었다. "중용仲容은 옛날부터 창아倉雅와 주관周官의 학문에 밝은 학자였지만 그의 찰기札記는 깊은 뜻을 파헤치지 못하였다. 그래서 나는 여기에 이르러 처음으로 이의 연구에 뜻을 두게 되었다"고 하여, 문자의 연구에 뜻이 있었음을 밝혔다. 하지만 "그 당시만 해도 나이가 젊은 청년이었을 때라 세월이 장구하다 생각하였고 게다가 학문도 깊지 않았으며 (…중략…) 이 책(『철운장귀』를 말한다-인용자 주)이 이미 출간되었을진대, 분명 박식한 사람들이 널리 세밀하게 살펴서 이를 고석하여 밝혀줄 것이라 여겼고, 그 때문에 이는 나 같은 부족한 사람이 할 일은 아니라고 생각했었다."[5] 이 때문에 그는 주된 정력을 갑골문 자료의 수집과 갑골 저록서의 출판 등에 집중했다. 1911년 나진옥도 『은허서계殷虛書契』를 출판했으나 이 책이 출판된 4년 후까지도

3) 王宇信, 『甲骨學通論』, 中國社會科學出版社, 1989, 327면.

4) 羅振玉, 「序」, 『殷虛書契』, 1911.

5) 羅振玉, 「序」, 『殷虛書契後編』, 1916.

대다수의 학자는 여전히 갑골문자를 해독하지 못하고 있었다.

나진옥은 "책이 이미 출판되었지만(필자 주–『전편前編』을 말한다), 많은 사람들이 읽어 낼 수가 없었다"[6]고 했다. 갑골문을 더욱 적극적으로 학계에 소개하고 더 많은 학자를 끌어 들이기 위해–"많은 사람들"이 연구할 수 있도록, 나진옥은 "발분하여 이를 고석했다." 그는 정력을 집중시켜 문을 걸어 잠근 채 "두문불출한 지 40여 일 만에 마침내 6만여 자 분량의 『고석考釋』을 완성했다."[7] 나진옥의 『은허서계 고석殷虛書契考釋』에서는 제왕帝王의 이름 22자, 선비先妣의 이름 14자, 인명人名 78자, 지명 192자, 일반 글자 485자를 고석했다. 1927년에 나진옥은 다시 이 책을 증정增訂하여 『증정 은허서계 고석增訂殷虛書契考釋』으로 출판하였으며, 제왕의 이름 23자, 선비先妣의 이름 16자, 인명 90자, 지명 230자, 일반 글자 560자를 고석했다. 이를 계기로 갑골문 연구에는 근본적인 변화가 일어나게 되었다. "손이양이 『계문거례』를 썼을 때에는 해독된 글자가 많지 않았고, 또 틀리게 고석한 글자도 너무 많아 일반적인 복사의 내용도 해독하기가 매우 어려웠고 통독할 수도 없었다. 하지만 『은허서계 고석』이 출판된 이후로는 갑골 상의 문자는 기본적으로 인식 가능하게 되었고, 전체 문장도 통독할 수 있게 되었다."[8]

곽말약郭沫若의 지적처럼, "갑골이 출토된 후, 그것을 수집하고 보존하고 널리 전파한 공은 당연히 나진옥이 최고일 것이다. 하지만 고석의 공도 나진옥에게 크게 신세지고 있다. 나진옥은 1910년 『은상 정복문자 고殷商貞卜文字考』 1권을 출판했지만 이는 윤곽에 불과했다. 1915년 『은허서계 고석』 1권(이후의 증정본은 3권)은 갑골문자학을 대단한 것으로 만들어 놓았다. 갑골을 논하는 자라면 이 책에 권위를 부여하지 않을 수 없고, 중국 고대학문을 논하는 자라도 그것은 마찬가지이다."[9] 그리고 더욱 중요

---

6) 羅振玉, 「自序」, 『殷虛書契考釋』, 1915.
7) 羅振玉, 「序」, 『殷虛書契後編』, 1916.
8) 王宇信, 『甲骨學通論』, 中國社會科學出版社, 1989, 78면.

한 것은 그가 왕국유王國維를 갑골학 연구의 길로 이끌었다는 점이다.[10] 나진옥과 왕국유는 서로 절차탁마해 가면서 갑골학 연구의 중요한 성과를 일구어 내었다. "중국의 옛날 전통 학문은 갑골이 출토됨으로써 새로운 기원을 이루었고, 나씨와 왕씨가 갑골을 고석하고서부터 또 다른 신기원이 열렸다고 하는 것은 결코 지나친 말이 아니다."[11] 나진옥과 왕국유를 핵심으로 하여 많은 갑골 학자들에게 영향을 끼쳤다. "나·왕의 학문"은 갑골문의 "골동시기" 왕의영王懿榮과 유악劉鶚 등 소수의 학자에 의해서만 연구되던 썰렁한 국면을 바꾸어 놓았고, 이로부터 갑골문이 사회 속으로 진입하여 학계에 뿌리를 내리도록 만들었다. 갑골학에 헌신하고 학문적 사승師承관계를 가지는 고정된 "군群"체體가 되도록 그들은 계속해서 출토되는 갑골문 자료를 연구대상으로 삼아 대를 이어 전수함으로써 자신의 연구 과제를 만들었을 뿐만 아니라 이 학문이 더욱 완전해지고 풍부해지도록 만들었다. 이때부터 갑골학 연구는 활성화되었고 발전의 길로 들어서게 되었다. 그래서 "갑골문자학에서 나·왕씨를 두 큰 스승을 삼고 있다"고 한 곽말약의 평가는 지나친 것이 아니다.[12]

어떤 학자는 "은대의 갑골문자는 3,300~3,400년 전에 지하에 묻힌 시점부터 최근에 이르러 발굴되고 연구 논의되기까지 그 성질에 따라 다음의 8시기로 구분할 수 있다"고 했다. 즉 매장埋藏시기·파괴破壞시기·약재藥材시기·골동古董시기·금석金石시기·문자文字시기·사료史料시기·고고考古시기가 그것이다. 앞의 세 시기 동안은 "아직 갑골이 은대 때의 것인지를 알지 못했고, 갑골에 은나라 왕이 점쳤던 내용과 점과 관련된 기록이 새겨졌는지는 더더욱 몰랐다. 이것은 50년 전의 일로 갑골의 전기前期라 할 수 있다." 그리고 1899년 갑골문이 발견된 이후 갑골학

9) 郭沫若, 「卜辭中的古代社會」, 『中國古代社會研究』, 人民出版社, 1954, 213면.
10) 張永山·羅琨, 『羅振玉評傳』, 百花洲文藝出版社, 1996, 110면.
11) 郭沫若, 「卜辭中的古代社會」, 『中國古代社會研究』, 人民出版社, 1954, 213면.
12) 郭沫若, 「卜辭中的古代社會」, 『中國古代社會研究』, 人民出版社, 1954, 214면.

연구는 장족의 발전을 이루었다. 그리고 1950년, 학자들은 50년간 갑골학 연구가 이룩한 성취를 총결 지으면서 "이 50년간, 갑골학은 골동 금석의 연구로부터 고문자학의 연구로, 사료고고학의 연구로 변했는데, 이는 대단한 발전이었다"[13]고 했다. 이것은 바로 나진옥 · 왕국유와 그 학생들이 문자고석과 상나라 역사 연구의 저작활동을 통해 갑골학 연구가 "골동시기" · "금석시기"로부터 "문자시기"와 "사료시기"를 거쳐 "고고시기"로 변화하도록 만들었다는 말이다.

갑골연구의 앞 50년간에도 적잖은 갑골학 연구 저작이 출판되었다. 호후선胡厚宣의 『50년간 갑골학 논저 목록五十年甲骨學論著目』의 통계에 의하면, 50년 동안 출판된 갑골논저는 876종인데, 그중 단독 저서가 148종, 논문이 728편이었다. 이 때문에 "갑골학의 논저에서 매년 배 이상 증가한 이 숫자는 한 학문이 장족의 발전을 이루었음을 보여주며, 그 신비한 속도로의 발전은 근대의 그 어느 학문도 미치지 못한 것이었다."[14]

갑골학 연구의 풍성한 성과는 식음도 잊은 채 발분 노력하고 고독하게 연구해 온 학자들에 의해 이루어진 것이었다. 정말이지 "긴 밤 지새우고, 언뜻 눈 들면 새벽 별이네. 미미한 길을 얻었는가 싶으면, 다시 가시밭길에 빠져드네. 생각을 집중시키면 아픔처럼 느껴지고, 천둥소리조차 들리지 않네. 글을 쓰다보면, 침식조차 잊기 일쑤라네 冥行長夜, 乍睹晨星. 既得微行, 又陷荊棘. 積思若痛, 雷霆不聞. 操觚在手, 寢饋或廢"[15]라고 한 말처럼, 그 과정에 얼마나 어려운 과정이 담겨 있었겠는가! 학자들의 창조적인 연구 성과는 갑골문 그 자체와 마찬가지로 중국과 인류문화 보고의 진품이며, 그들의 이름도 그들의 저술과 마찬가지로 하나하나가 갑골학 발전사에서 새로운 좌표가 되었다. 갑골학 발전사의 앞 50년 동안 갑골학 저작을 출판한 연구자는 총 289명이며, 그중 중국인이 230명, 외국인이 59명이

---

13) 郭沫若, 「卜辭中的古代社會」, 『中國古代社會研究』, 人民出版社, 1954.

14) 胡厚宣, 「序言」, 『五十年甲骨學論著目』, 中華書局, 1952.

15) 羅振玉, 「自序」, 『殷虛書契考釋』, 1914.

었다. 주요한 갑골 학자로는 다음의 인물들이 있다.

첫 번째 10년(1899~1909)에는 왕의영王懿榮, 유악劉鶚, 손이양孫詒讓과 미국인 찰펀트方法斂 등이 있다. 왕의영은 갑골문자를 제일 먼저 알아냈고, 유악은 1903년 최초의 갑골문 저록서인 『철운장귀鐵雲藏龜』를, 손이양은 1904는 최초의 갑골문자 연구서인 『계문거례契文擧例』를 출판했다. 찰펀트는 구미인 중 갑골문자를 수집하고 연구한 최초의 인물이었다.

두 번째 10년(1910~1919)에는 나진옥羅振玉, 왕국유王國維와 일본인 임태보林泰輔, 영국인 홉킨스金璋, 캐나다인 멘지스明義士 등이 가세했다. 임태보는 일본인으로 갑골문자를 수집하고 연구한 최초의 인물이었으며, 그가 편찬한 『귀갑수골 문자龜甲獸骨文字』는 일본에서 출판된 최초의 갑골 저록이었다. 멘지스의 『은허복사殷虛卜辭』는 구미학자가 저록한 최초의 저서였으며, 갑골문을 모사본으로 저록한 시초가 되었다. 나진옥은 갑골문의 수집과 전파에 가장 공이 컸는데, 1910년 출판된 『은상 정복 문자고殷商貞卜文字考』와 1914년 출판된 『은허서계 고석殷虛書契考釋』은 갑골문의 "문자를 해독하고, 문장을 해석하는" 데 기초를 마련해 주었다. 왕국유는 갑골문자의 고석에 많은 공헌이 있었을 뿐 아니라 1917년 출판한 「은 복사에 보이는 선공 선왕 고殷卜辭中所見先公先王考」 및 「속고續考」 등은 역사학의 발전에 가장 큰 공을 끼쳤다.

세 번째 10년(1920~1929)에는 다시 왕양王襄, 상승조商承祚, 섭옥삼葉玉森, 호광위胡光煒, 용경容庚, 문유聞宥, 정경程憬, 정산丁山, 곽말약郭沫若, 동작빈董作賓 등이 가세했다. 왕양의 『보실 은계 유찬簠室殷契類纂』은 최초의 갑골문 자전이다. 곽말약이 1929년 출판한 『중국 고대사회 연구中國古代社會研究』는 복사에 나타난 고대사회를 유물사관으로 연구한 시발이 되었으며, 중국학계에 커다란 영향을 미쳤다. 그 후 1933년과 1937년 연속해서 출판된 『복사통찬卜辭通纂』과 『은계수편殷契粹編』은 갑골 학자라면 반드시 참고해야 할 몇 대에 걸친 갑골 학자들의 경전적인 입문서가 되었다. 『복사 통찬』은 또 갑골을 종합적으로 분류한 선집이었다. 동작빈은 은허의 갑골문을 과학적으로 발굴했던 최초의 인물이며, 그 후 1933년 출판한 「갑골문 시기구분 연구 예甲骨文斷代硏究例」는 근대 고고학적 방법을 갑골학 영역에 성공적으로 진입시킨 모범이 되었다.

네 번째 10년(1930~1939)에는 또 속세징束世澂, 유조양劉朝陽, 오기창吳其昌, 당란唐蘭, 손해파孫海波, 주방포朱芳圃, 진몽가陳夢家, 문일다聞一多, 김조동金祖同, 호후선胡厚宣, 증의공曾毅公과 미국인인 브리톤白瑞華(Roswell S. Britton), 영국인 깁슨吉卜生, 구 소련의 보우나코프布那柯夫 등이 가세했다. 호후선은 갑골학사에서 최대의 발견이라 일컬어지는 YH127갱坑을 최초로 실내에서 발굴하고 정리했던 인물이다. 그는 얼마 지나지 않은 1944~1946년 논문 32편을 수록한 『갑골학 상사 논총甲骨學商史論叢』 1~4집을 출판했는데, 모든 갑골을 종합하여 전면적으로 철저히 정리함으로써 갑골문의 몇몇 문제를 해결하고자 했던 것으로, "이 학문에서 전에 볼 수 없었던 논문집의 금자탑"[16]이 되었으며 지금까지도 국내외에 커다란 영향을 미치고 있다. 1939년 출판된 증의공의 『은계 철존殷契綴存』은 갑골을 짜 맞추기綴合한 최초의 저서이다. 그 후 다시 1950년에는 『갑골 짜 맞추기편甲骨綴合編』을 출판했다.

다섯 번째 10년(1940~1949)에는 다시 우성오于省吾, 장종건張宗騫, 이단구李旦丘, 양수달楊樹達 등과 독일의 비트포겔魏特夫格(Karl August Wittfogel) 등이 가세했다. 우성오는 1940~1944년 『쌍검치 은계 변지雙劍誃殷契駢枝』, 『속편續編』, 『삼편三編』 등을 출판했는데, 다시 증감과 수정을 거쳐 35년 후인 1979년 이미 이루어놓았던 문자 고석에 관한 성과를 한데 모아 『갑골문자 석림甲骨文字釋林』으로 출판했다. 또 90여 년간의 갑골문자 고석 성과를 모은 대형 공구서인 『갑골문자 고림甲骨文字詁林』을 주편하여 1996년에 출판하기도 했다.

16) 白川靜, 「胡厚宣氏的商史硏究」 下篇, 『立命館文學』 103號, 1953, 56면.

2) 이후 50년(1949~1999)

1949년 신 중국 성립 이후 지금까지의 갑골학 연구는 백 년 갑골문 연구사의 이후 50년에 해당한다. "이 시기 갑골학 연구의 진전은 주로 새로운 자료의 지속적인 출토와 자료의 집중화와 정리와 공표 등에서 이루어졌다. 이와 동시에 갑골문 자료를 통해 상나라 사회의 성질과 계급 구조 등에 관한 연구에서도 많은 문제가 해결되었다. 또 갑골자료의 집중과 지속적인 출토로 문자의 고석과 시기구분 연구 등도 더욱 심화되었으며, 서주갑골의 연구와 논의가 갑골학 영역에서 새로운 분과를 이루게 되었다."[17)]

이후 50년을 더 세분한다면 1978년의 『갑골문 합집甲骨文合集』의 출판을 계기로 다시 이전과 이후의 두 단계로 나눌 수 있다. 전 단계(1950~1979)의 30년간 선배학자들은 가슴 가득 이렇게 희망했다. "이 새로운 시대에서 우리는 새로운 입장에 서서 새로운 관점과 방법을 응용해 다시 한 번 새롭게 연구해야만 할 것이다." 새로운 시기의 갑골학 연구의 발전을 자신의 임무로 삼아, "발분 노력하고 이 위대한 시대의 위대한 임무를 의연히 짊어져야만 할 것이다"[18)]고 했다. 비록 정국은 급변하고 여러 어려움이 존재했지만 그들은 전과 다름없이 과학적이며 무한한 충성으로 학술 사업에 대해 헌신한다는 견고한 신념을 갖고서 불굴의 투지로 갑골학의 심화발전에 노력했다. 곽말약 · 우성오 · 호후선 등 원로 선배학자들은 "역사에서 전례를 찾아볼 수 없었던" 문화의 명줄을 "바꾸어버리겠다" 문화대혁명의 시대에도 여전히 "학문을 이어갈 후속세대를 배양하는"[19)] 임무를 잊지 않음으로써, 갑골학 연구의 공백상태를 바꾸어 놓았다. 그들의 참담한 심정을 경영한 결과 갑골학 연구의 새로운 인

---

17) 王宇信, 『甲骨學通論』, 中國社會科學出版社, 1989, 91면.

18) 胡厚宣, 「序言」, 『五十年甲骨學論著目』, 中華書局, 1952.

19) 胡厚宣, 「人生漫漫爲"甲骨"」, 『我與中國的20世紀』, 河南人民出版社, 1994.9, 296면.

재들이 배양되었고 과학의 봄날을 맞게 되었으며, 이로부터 갑골학은 새로운 꽃을 피우게 되었다. 통계에 의하면, 1950~1979년 사이에 출판된 각종 논저는 315종이다.[20] 그러나 1978년 갑골학 발전사에서의 "기념비"라 할 수 있는 『갑골문 합집』이 출판된 이후에는, 자료 찾기가 편리해져 갑골학은 크게 발전했다. 갑골에 관한 새로운 연구서가 끊임없이 쏟아져 나왔고 새로운 인재도 대거 배출됨으로써, 갑골학 연구가 "황금시대"에 진입하게 되었다. 그래서 1980~1999년의 갑골학 후반 단계에서는 대단히 번영된 모습을 보이게 되었다. 통계에 의하면, 1980~1989년 약 10년간 출판된 갑골논저만 해도 약 9백 종에 이르는데, 이는 이전 30년간의 3배에 해당하는 양이다. 그리고 마지막 10년간(1990~1999) 발표된 논저는 무려 2천여 종에 이르러 앞 10년간의 2배를 넘었다.

여섯 번째 10년(1950~1959)에는 관섭초管燮初, 이학근李學勤, 조석원趙錫元, 요효수姚孝遂, 요종이饒宗頤, 엄일평嚴一萍, 이준李棪, 장병권張秉權, 김상항金祥恒 등과 일본의 패총무수貝塚茂樹, 도방남島邦男, 적총충赤冢忠, 백천정白川靜, 지전말리池田末利, 임사내부林巳奈夫, 이등도치伊藤道治, 송환도웅松丸道雄 등이 가세했다. 이학근은 1959년 『은대 지리 간론殷代地理簡論』을 출판했는데, 이는 중국에서 출판된 지리에 관한 최초의 저술이었다. 1959년 출판된 요종이의 『은대 정복 인물 통고殷代貞卜人物通考』는 복사에 보이는 정인貞人을 전면적으로 정리한 최초의 저술이다.

일곱 번째 10년(1960~1969)에는 구석규裘錫圭, 임운林澐, 이효정李孝定, 허진웅許進雄, 황연위黃然偉 등이 가세했다. 구석규는 갑골문자의 고석에서 두각을 나타냈는데 그 성과들을 1992년 『고문자 논집古文字論集』으로 묶어 출판했다. 이효정은 1965년『갑골문자 집석甲骨文字集釋』을, 허진웅은 1968년 『은 복사의 5가지 제사에 관한 연구殷卜辭中五種祭祀的研究』 등을 출판했다.

---

20) 王宇信, 『建國以來甲骨文編年論著簡目』의 통계에 의함. 「부록 2」, 『建國以來甲骨文研究』, 中國社會科學出版社, 1981.

여덟 번째 10년(1970~1979)에는 고명高明, 왕우신王宇信, 장영산張永山, 양승남楊升南, 왕귀민王貴民, 맹세개孟世凱, 초애肖艾, 제문심齊文心, 초남肖楠, 진위담陳煒湛, 증헌통曾憲通, 서석태徐錫台, 진전방陳全方 등과 미국의 키틀리吉德煒, 일본의 옥전계웅玉田繼雄, 한국의 윤내현尹乃鉉, 구 소련의 류코프劉克甫 등이 가세했다. 고명은 1987년 『중국 고문자학 통론中國古文字學通論』 등을, 왕우신은 1981년 『건국 이래 갑골문 연구建國以來甲骨文硏究』 등을, 양승남은 1992년 『상나라 경제사商代經濟史』를, 맹세개는 1980년 『은허 갑골문 간술殷墟甲骨文簡述』 등을, 제문심은 1985년 『영국 소장 갑골집英國所藏甲骨集』을, 초남은 1980년 『소둔 남지 갑골小屯南地甲骨』을, 진위담은 1987년 『갑골문 간론甲骨文簡論』 등을, 서석태는 1991년 『주원 갑골문 종술周原甲骨文綜述』을, 진전방은 1989년 『주원과 주나라 문화周原與周文化』 등을, 미국의 키틀리는 1978년 『상나라 사료商代史料－중국 청동시대의 갑골문中國靑銅時代的甲骨文』 등을 출판했다.

아홉 번째 10년(1980~1989)에는 초량경肖良琼, 사제謝濟, 팽방형彭邦炯, 상옥지常玉芝, 상정광常正光, 오호곤吳浩坤, 반유潘悠, 원정동袁庭棟, 온소봉溫少峰, 종백생鍾柏生, 채철무蔡哲茂, 주기상朱歧祥, 계욱생季旭生 등이 새로 가세했다. 그리고 새로 출현한 인재들로 송진호宋鎭豪, 범육주范毓周, 주봉한朱鳳瀚, 갈영회葛英會, 연소명連劭名, 정혜생鄭慧生, 진은림陳恩林, 조복림晁福林, 왕신행王愼行, 오진무吳振武, 유쇠劉釗, 조금염曹錦炎, 탕여혜湯余惠, 황석전黃錫全, 하림의何琳儀, 임소안林小安 등이 있다. 상옥지는 1987년 『상나라 주제 제도商代周祭制度』 등을, 종백생은 1989년 『은상 복사 지리 논총殷商卜辭地理論叢』을, 주기상은 1980년 『은허 갑골 복사 구법 논고殷墟甲骨卜辭句法論稿』를, 팽방형은 1998년 『갑골문 농업자료의 고변과 연구甲骨文農業資料考辨與硏究』를, 오호곤·반유는 1985년 『중국 갑골학사中國甲骨學史』를, 송진호는 1994년 『하상 사회 생활사夏商社會生活史』를, 주봉한은 1990년 『상주 가족형태 연구商周家族形態硏究』를, 진은림은 1991년 『선진시대 군사제도 연구先秦軍事制度硏究』를, 조복림은 1996년 『하·상·서주의 사회변천夏商西周

的社會變遷』을, 정혜생은 1995년 『고대 천문역법 연구古代天文曆法硏究』를, 오진무 등은 1989년 『은허갑골 각사 유찬殷墟甲骨刻辭類纂』을, 왕신행은 1992년 『고문자와 은·주 문명古文字與殷周文明』을 출판했다.

열 번째 10년(1990~1999)에는 채운장蔡運章, 유항劉桓, 팽유상彭裕商, 방술흠方述鑫, 황천수黃天樹, 심배沈培, 침건화沈建華, 이종곤李宗琨 등이 새로 가세했다. 채운장은 1996년 『갑골』「금문과 고대사 신탐甲骨金文與古史新探」을, 팽유상은 1994년 『은허갑골 시기구분 殷墟甲骨斷代』을, 황천수는 1991년 『은허 왕 복사의 분류 연구殷墟王卜辭的分類硏究』를, 방술흠은 1992년 『은허복사 시기구분 연구殷墟卜辭斷代硏究』을, 심배는 1992년 『은허 갑골복사 어순 연구殷墟甲骨卜辭語序硏究』 등을 출판했다.

강산도 변하고 인재도 대를 이어 배출되었다. 백여 년 동안, 갑골학이라는 정원에는 새로운 저작과 새로운 연구자들이 끊임없이 나타나 갑골학 연구가 무한한 생기와 활력이 넘쳤다. 비록 나아가는 길에 어려움과 우여곡절이 있었지만, 학자들은 의지를 꺾지 않고 갑골학 연구가 "초창기"(1899~1929), "발전기"(1929~1949), "심화연구기"(1949~1999)를 거치도록 만들었다. 그리고 선배 학자들의 저작과 그들의 연구 경험은 세대를 이어 계승되었고 발양해야 할 귀중한 문화유산이 되었다. 몇 대에 걸친 학자들이 걸어왔던 길을 충분히 인식하고 그들이 이루었던 학술적 성취 및 연구 경험을 귀감삼아 갑골학 연구에 적용한다면 앞으로 다가올 찬란한 백 년은 대단히 의미 있는 시대가 될 것이다.

2. 갑골문 연구를 "최전방의 출발점으로 삼아 다시 출발한" 선배 학자들

갑골문 발견 백 년 동안, 갑골은 그것을 알지 못하던 것으로부터 아는 단계로, 제한적인 해독으로부터 글자나 문장이 기본적으로 모두 해독되는 단계로, 상나라 273년간의 것이라는 모호한 개념에서 각각의 개별 왕 때의 것으로 정확하게 구분될 수 있었으며, 단편적인 문구의 연구로부터 전체적이고 철저한 정리에 이르게 되었다. 이렇듯 학자들은 전인들의 연구 성과 위에서, 그리고 자신의 창조적인 연구를 통해 이전의 해설을 발전시켰고 새로운 문제를 끊임없이 제기했다. 이렇게 이루어진 발견과 발명은 갑골학 연구로 하여금 오늘날의 성취를 이루게 하였고 하나의 성숙한 학문이 되도록 만들었다. 곽말약의 말처럼, "복사연구는 새로 일어난 학문으로, 그것은 언제나 변화의 과정 속에 있으며, 이전에 알지 못했던 것을 이후에는 알게 되었으며, 이전에 잘못 알았던 것도 후에는 바로 잡히게 되었다. 우리는 그것을 사회의 사료로 삼아 '노력하여 선두를 따라 잡는' 방법을 채택해야 할 것이며, 그것을 최전선의 출발점으로 삼아 다시 출발해야만 할 것이다."[21] 갑골학사에서 중요한 지위를 차지하는 많은 갑골 학자들이 갑골학 연구를 최전선의 출발점으로 삼아 다시 출발함으로써 창조와 전진을 이루고 많은 성과도 거둘 수 있었다. 그들의 저작과 그들 자신은 갑골학 연구의 이전 제1단계에서 최고의 위치를 차지했으며 다음의 새로운 단계의 시작이 되었다.

1) 초기 출토 갑골문의 소장가 및 공헌 학자들

이 시기에는 갑골학 연구의 이전 3개 10년, 즉 1899년 갑골문이 발견된 이후부터 1928년 은허 갑골문의 대규모 과학적 발굴이 이루어지기 이전의 "초창기"가 포함된다. 이 시기의 경우 1899년 왕의영王懿榮 등이 갑골을 인식하고 의식적으로 구매함으로써 그것들을 고대 중국의 진귀한 사

21) 郭沫若, 「古代研究的自我批判」, 『十批判書』, 人民出版社, 1956, 5면.

료로 보존했다. 1903년 유악劉鶚 등이 갑골을 저록하기 시작했고, 갑골을 학계로 끌어 들였다. 1904년 손이양孫詒讓 등은 갑골문자를 고석하기 시작했고, 나진옥羅振玉과 왕국유王國維 및 그 제자들의 노력으로 "나羅·왕王의 학문"이 형성되었고, 그들은 "은허의 과학적 발굴 이전의 갑골학 연구의 최고 수준을 대표했다."[22]

(1) 왕의영王懿榮(1845~1900)

산동성 복산福山 사람이다. 자가 정유正儒이고 호는 염생廉生으로 중국 청나라 말의 저명한 금석학자였다. 『청사고淸史稿』「왕의영 전傳」에서는 "왕의영은 여러 서적을 섭렵하였고, 금석을 좋아하였으며, 옹동화翁同龢(즉 옹방강)와 반조음潘祖蔭과 함께 금석학의 대가로 병칭되었다"고 했다. 그는 1899년 은허 갑골문을 최초로 인식하고 구매했기 때문에[23] 갑골문의 아버지라 불린다.[24]

왕의영은 청나라 광서光緖 6년(1880) 진사 시험에 합격하여 한림翰林이 되었다. 그는 금석 문물을 대단히 좋아하여, 『천양각 잡기天壤閣雜記』에서 "천하의 땅 중에서 제청齊靑 일대와 하섬河陝에서부터 한중漢中에 이르는 길은 모두 골동의 구덩이다. 내가 이 지역을 지나면서 차마 그냥 지나칠 수가 없었다"고 했다. 1881년과 1882년 그는 산동·섬서·사천 등지에서 대량의 문물을 사들였다. 왕의영은 청렴하였으므로 문물을 사들였으나, "정말로 하루도 거액을 손에 쥐어 본적이 없다. 대단히 어려운 상황이었을 때는 전의典衣를 팔아 사기도 했고 다른 문물을 저당 잡혀 새로

22) 王宇信, 『甲骨學通論』, 中國社會科學出版社, 1989, 329면.

23) 갑골문의 발견 연대와 최초의 발견자에 대해서는 학자들 간에 의견이 분분하다. 王宇信의 전면적인 고증에 의하면, 1899년이 갑골문이 처음으로 인식되고 의식적으로 구매 소장되기 시작한 해이며, 王懿榮이 이의 최초 발견자임에 분명하다고 했다. 王宇信, 「關于殷墟甲骨文的發現」, 『殷都學刊』, 1984年 第4期; 崔志遠, 「關于殷墟甲骨文發現的通信」, 『殷都學刊』, 1985年 第2期 참조.

24) 呂偉達, 『甲骨文之父－王懿榮』, 山東畵報出版社, 1995.

구입하기도 했는데, 많은 시간을 상가에 빌붙어 살기도 했으며 전당포에 저당 잡힌 문물이 1백여 종에 이른 적도 있었다. 하지만 이들을 내다 팔지는 않았다."[25] 『왕문민공 연보王文敏公年譜』(즉 왕의영 연보)에는 이렇게 기록되어 있다. "공께서는 옛것을 좋아하는 성격이었다. 서적이나 글씨와 그림, 하·상·주 삼대 이후의 청동기·인장·화폐·잔석殘石·기와 조각 등 보배롭게 소장하여 비밀스레 감상하지 않은 것이 없었다. 그 연대를 살펴서 경전과 역사서를 보충하기도 했다. 이전 사람들이 듣지도 못했던 것을 찾아 모았고, 선현들이 해독하지 못했던 것을 해독했다." 왕의영은 대단히 많은 고대 유물을 수집하고 연구했으며, 또 당시의 저명한 금석학자였던 진개기陳介琪, 남재藍齋·반조음潘祖蔭·오대징吳大澂·호석사胡石査 등과 항시 절차탁마하였기 때문에 그는 문물의 감정과 문자의 고석에서 비교적 깊은 조예를 가질 수 있었다. 그의 주요 저작으로는 『한 석존목漢石存目』·『육조 석존목六朝石存目』·『왕문민공 유집王文敏公遺集』(8권) 등이 있다.

왕의영은 중국 고대 문물을 매우 깊이 연구해 왔기 때문에, 1899년 "상나라 사람"들이 갑골을 가지고 경사로 갔을 때 "공께서 이를 은상 때의 고대 유물로 확정하고 수천 편을 사들였던 것이며, 이것이 중국에서 은허 갑골문 연구의 시작이 되었다."[26] 이 이후로 은허 갑골문은 "용골龍骨"로부터 진귀한 고대문화 연구 자료로 변신할 수 있었으며, 중국 고대문화의 예술진품이 "약재"로 "먹혀버리고" 그리하여 "탕湯왕을 멸망시키고자" 했던 인위적인 훼멸을 막을 수 있었다. 왕의영은 은허 갑골문을 감정하고 구매하여 소장함으로써 중국 고대문화 유산을 보호하고 발양하며 갑골학을 건립하는 데 공헌하였다. 뿐만 아니라 왕의영은 문물과 유적의 보호자였다. 그는 많은 고대 묘장墓葬과 고대 유적지가 파괴되거나 도굴되는 것을 보고서 매우 마음 아파했으며, 일찍이 「천하의 고대 무덤의 도

25) 王崇煥(漢章)輯, 『王文敏公年譜』 23年 丁酉 53歲 條, 『中和』 第4卷 7期, 1943.7.
26) 『王文敏公年譜』 20年 己亥 55歲 條, 『中和』 第4卷 7期, 1943.7.

굴을 금한 옛날의 법령을 다시 청구하는 소請重申舊章封禁天下古墓疏」를 올려 청나라 조정에서 고대 묘장과 고대문물의 보호에 힘쓸 것을 주문했다. 그 보호범위에는 역대 제왕의 침릉陵寢 및 선왕先王・선현・충신・열사의 무덤 및 지방지에 기록된 고대 유명 무덤이나 이름 없는 무덤 등이 포함되었다. 그리고 고대 무덤의 도굴에 대해 관을 파헤치고 보물을 훔치는 자는 일괄 체포하여 엄한 벌로 다스릴 것을 주문했다. 이것은 오늘날 고대문화 유적지를 보호하는 지방 정부의 전범이 되었다.[27]

학문적 조예가 깊은 학자로서 왕의영은 그의 풍부한 문물 소장과 연구로 전통적인 금석학연구를 "고대 기물학" 단계로 변화하도록 만들었으며,[28] 중국 근대고고학의 형성에 대량의 자료를 축적해 주었다.

왕의영은 또 중국 근대사에서 제국주의 침략에 반대했던 저명한 애국주의자였다. 1894년 갑오甲午전쟁 이후, 일본은 조선을 점령하고 중국의 동북지역에 군사를 출동시켜 여순旅順을 점령했다. 1895년 1월, 일본이 산동성의 영성榮城을 함락시키자, 전 해군이 위해威海를 둘러싸고 지켰다. 당시 51세의 왕의영은 남서방행주南書房行走와 국자감좨주國子監祭酒 직을 맡고 있었는데, "고향으로 돌아가 방위군을 조직할 것을 건의했다." 황제의 재가를 얻자 그는 "곧바로 북경에서 제남濟南으로 달려가 산동 순무巡撫와 회동하여 방책을 논의한 후 재빨리 등주登州로가 방어를 했다."[29] 하지만 얼마 되지 않아 「마관 조약馬關條約」이 체결되어 청나라 조정은 국권을 상실하는 치욕을 당함으로써, 일본 침략자들과 결전을 벌이고자 했던 왕의영의 의지는 실현되지 못하고 말았다. 1900년 8개국 연합군이 북경을 침공해 들어오자 경성단련대신京城團練大臣을 맡고 있던 왕의영은 "대세가 이미 기운 것"을 보았고, 또 7월 20일 "이튿날 새벽 황제의 어가가 서쪽으로 나갔으며", 자희慈禧 태후와 광서光緖 황제가 이미

27) 王宇信, 「道德文章耀千秋－讀『甲骨文之父－王懿榮』」, 『中國文物報』, 1996.9.22.

28) 張豈之(主編), 『中國近代史學學術史』, 中國社會科學出版社, 1996, 431～432면.

29) 『王文敏公年譜』 21年 乙未 51歲 條, 『中和』 第4卷 7期, 1943.7.

황망히 서안西安 쪽으로 도망을 한 후라는 소식을 듣고서는 순국을 결심했다. 그는 "금金 2전錢을 삼켰으나 죽지 않았고 다시 약을 먹었으나 그래도 죽지 않자 우물 속으로 뛰어들어"[30] 목숨을 끊음으로써, 죽음을 자신이 돌아가야 할 길로 보았던 위대한 애국주의자가 되었다.

이 진정한 학자이자 위대한 애국지사를 기념하기 위해, 왕의영의 고향인 산동성 연대烟臺의 복산福山에 "왕의영 기념관"이 만들어졌다. 왕의영의 평생의 경력을 소재로 삼아 갑골 학자이자 민족영웅으로서의 위대한 형상을 재현한 TV드라마 "갑골혼甲骨魂"이 1987년 촬영되었으며, 그해 9월 하남 안양에서 개최된 "중국 은상문화 국제학술 토론회" 석상에서 처음 방영되었다. 이외에도 왕의영의 생평과 학술 성취를 모은 여위달呂偉達의 『갑골문의 아버지－왕의영甲骨文之父－王懿榮』이 1995년 산동화보출판사에서 출판되었다. 또 『왕의영 문집王懿榮文集』도 1999년 편집되어 출판되었다. 이렇게라도 중국인들은 왕의영에 대한 흠모와 존경을 표시했다.

(2) 왕양王襄(1876～1956)

원적은 절강성 소흥紹興이었으나 평생 천진에서 살았다. 자는 윤각綸閣이며, 왕의영이 옛날 소장했던 「백려보白旅簠」를 얻었다고 해서 이를 실명室名으로 삼았고, 이 때문에 별호를 보실簠室이라 했다. 왕양은 왕의영과 기본적으로 같은 시기에 은허 갑골문을 최초로 감정하고 사들였던 인물의 하나이다.[31]

왕양은 7세 때 서당에 들어가 경전과 역사서 및 문장을 배웠다. 20세 이후부터 금석학 연구를 시작했다. 그는 전서에 뛰어났으며 전각에도 정통했다. 하지만 주된 정력을 갑골문의 수집과 연구에 쏟았다. 왕양의 주

30) 『王文敏公年譜』 26年 庚子 56歲 條, 『中和』 第4卷 7期, 1943.7.

31) 王宇信, 『甲骨學通論』, 中國社會科學出版社, 1989, 35～42면 참조.

요저작으로는 『보실 고용簠室古俑』(1909), 『보실 은계 유찬簠室殷契類纂』(1920), 『보실 은계 징문簠室殷契徵文』(1925), 『고문 유변 억설古文流變臆說』(용문龍門 연합서국, 1961) 등이 있다.

왕의영은 1899년 최초로 갑골을 확정하고 구매하여 소장했지만 1900년 순국하는 바람에 그가 소장했던 갑골을 전면적으로 연구할 겨를이 없었고 그 때문에 갑골학에 관한 기술을 남길 수도 없었다. 하지만 왕양은 비교적 일찍부터 갑골을 감정하고 수장하여 적잖은 저술을 남겼는데, 그의 갑골학 연구에 대한 공헌은 다음과 같다.

첫째, 왕양이 1920년 출판한 『보실 은계 유찬』은 갑골학사에서 글자를 모아 놓은 최초의 저작이다. 이 책이 출판된 후 비로소 상승조商承祚의 『은허문자 유편殷虛文字類編』(1923), 주방포朱芳圃의 『갑골학 문자편甲骨學文字編』(1933), 손해파孫海波의 『갑골 문편甲骨文編』(1934) 등과 같은 자서가 계속해 출판될 수 있었다. 『보실 은계 유찬』은 갑골문자 연구에 대한 왕양 자신의 심득은 물론 당시 학자들의 문자고석에 관한 최신 성과가 반영된 책이었다. 이밖에도 『보실 은계 유찬』에서는 각각의 글자 아래에 뜻을 해석해 두었을 뿐 아니라 전체 복사를 사례辭例로 인용함으로써, 독자들로 하여금 해당 글자의 복사속에서의 위치와 의미를 파악하는 데 편의를 제공했으며, 이를 통해 복사에서 기록한 해당 글자의 상나라 사회역사 방면의 내용을 이해하도록 만들어 주었다. 이것은 그보다 뒤에 출판된 『은허문자 유편』·『갑골학 문자편』·『갑골 문편』 등보다 훨씬 편리한 체계를 갖고 있다. 이 때문에 왕양의 『보실 은계 유찬』은 자서의 편찬 체제를 창조적으로 만들어 내었으며 이는 이후의 대형 공구서의 편찬에 깊은 영향을 미쳤다.[32)]

둘째, 왕양은 갑골문 자료의 공표라는 측면에서도 공헌 했다. 1925년 출판된 『보실 은계 징문』은 그가 소장하고 있던 5천여 편의 갑골 중에

32) 崔志遠, 「王襄及其甲骨文研究」, 『天津社會科學』, 1982年 第5期.

서 정수 부분을 공표함으로써 갑골학과 상나라 역사 연구에 대단히 진귀한 자료를 제공했다. 이 책은 만들 때 탁본을 하면서 분류에 따라 옮겨 다닐 수 있도록 하기 위해 오려 붙이기도 하고 "많은 글자들을 붓으로" "수식했기" 때문에 출판 후 한 때 이 책이 가짜가 아닌 가 의심을 받기도 했다. 하지만 이후 학자들은 관점을 바꾸어 "『징문』이 가짜가 아니며, 그런 즉 이 책은 귀한 연구 자료이다"33)고 했다. 이 책은 중요한 자료를 많이 포함했을 뿐 아니라 적잖은 장점을 갖고 있는 중요한 갑골 저록서이다.34)

갑골 학자로서의 왕양이 걸었던 학술의 길도 우리에게 많은 시사점을 던져준다. 왕양은 초기 가정 형편이 어려웠지만 그는 백방으로 방법을 찾아 은허 갑골문을 수집했고, 이 고대의 우수한 문화유산을 보존하는 데 대단한 노력을 쏟았다. 그는 먹고 쓰는 것을 아껴가며 구입한 이 갑골문들을 마치 진주를 손안에 두고 아끼듯 끝없는 사랑을 보냈다. 1934년 왕양이 호북에서 천진으로 돌아가면서, 갑골과 나머지 물건을 철도국에 위탁해 진문津門(즉 천진)으로 탁송했다. 천진 역에서 물건을 찾았을 때 다른 상자들은 모두 있었으나 갑골을 담았던 상자만 행방을 찾을 수 없었다. 수 년간의 심혈이 담겼던 이 "보물"이 날개도 없이 날아가 버렸기에, 왕양은 다급하기 그지없었다. 이후 이리저리 찾아 나선지 50여 일, 장가구張家口역에서 이 갑골 상자를 찾을 수 있었다. 하지만 상자는 이미 심각하게 손상되어 있었으며 속에 담았던 갑골도 이리저리 어수선하게 뒤적거린 뒤였다. 알고 보니 원래 철도로 오는 과정에서 운송 책임자가 상자 속에 무슨 진귀한 것이라도 있을까 해서 뒤적거렸으나 별다른 것 없이 썩어빠진 거북딱지와 뼈 덩어리만 들어있자 다시 덮어두고 포기했던 것이었다. 다행히도 그들의 문화적 소양 탓에 갑골문의 진귀함을 몰라보는 바람에 재앙을 면할 수 있었던 것이다. 1937년 중일전쟁이 발발

33) 郭沫若, 「後記」, 『卜辭通纂』, 日本 文求堂, 1933.

34) 崔志遠, 「王襄及其甲骨文研究」, 『天津社會科學』, 1982年 第5期.

하자 왕양은 직장을 잃고 집에서 지내면서 생계를 잇기가 어려울 정도로 힘든 생활을 했다. 천진의 "대라천大羅天" 일대의 골동상들은 자주 그의 집을 찾아다니며 갑골을 일본인에게 팔라고 설득했다. 하지만 왕양은 조국에 남겨준 진귀한 문물이 국외로 흘러나가는 것을 막기 위해 이미 중국의 내륙으로 갑골을 보내버렸다고 거짓말을 했다. 그는 옷가지나 집안의 물건을 전당잡혀 입에 풀칠을 할지언정 일본인에게 갑골을 "고가"로 팔고 싶지는 않았다. 1945년 항전에서 승리한 이후, 북경의 조옥당藻玉堂 서점 주인과 몇몇 학교의 책임자가 천진으로 달려가 그가 소장하고 있던 갑골을 사들이고자 한 달 이상을 괴롭혔다. 당시 물가가 폭등해 왕양 일가의 생활이 대단히 어려웠지만 그는 여전히 돈의 유혹에 굴복하지 않았으며 그들의 제의를 한마디로 거절하였다. 왕양은 이렇게 말했다. "갑골은 조국이 남겨준 귀한 보물이다. 지금 이미 새로운 발견이 없고 앞으로도 많이 발견되지는 않을 것이다. 어느 대학에다 팔든 모두가 외국인이 건립한 학교이므로 장차 다른 나라로 흘러들어가게 될 것이 분명하다. 그렇게 되면 중국인들이 연구를 하려해도 어려워지고 말 것이다!"

1952년에 이르러서도 왕양 일가의 생활은 여전히 어려웠다. 동작빈董作賓은 미국에서 그의 갑골을 미국의 모 대학에다 팔 의사를 편지로 물어왔으나 왕양에 의해 일언지하에 거절당하고 말았다. 1952년, 왕양은 천진 문사관文史館의 관장으로 위촉되자 그는 평생 동안 수집했던 진귀한 모든 갑골문을 국가에 헌납했다. "온 천하의 강물이 바다로 흘러들듯 민심이 한 곳으로 쏠렸다." 왕양의 모든 마음과 정력과 재산이었던 그토록 오랜 세월을 거쳤던 갑골도 인민에게로 돌아갔고, 1956년 왕양은 81세의 고령으로 중국공산당에 입당했으며 애국주의의 지식분자로부터 중국 노동자 계급의 선봉대인 영광스런 전사로 변신했다.[35)]

35) 王翁如, 「『簠室殷契』跋」, 『歷史教學』, 1982年 第9期 참조.

(3) 유악劉鶚(1857～1909)

강소성 단도丹徒사람으로, 원래 이름은 맹붕孟鵬 자는 운박雲搏이었는데, 이후 이름인 악鶚을 철운鐵雲으로 고쳤다. 또 다른 자로 공약公約이 있으며, 달리 홍도백련생洪都百練生이라는 이름으로 서명하기도 했다. 1903년 『노잔유기老殘游記』를 출판했는데, "이 책은 노잔老殘이라 호를 붙인 철영鐵英의 여행기로, 그가 보고 들은 것과 주장을 생생하게 기록했는데, 경치와 사물의 묘사가 뛰어났으며, 저자의 철학을 그 속에 드러내 관리들을 공격한 부분도 많이 있다." "탐관오리의 죄상이나 부패한 관리의 악행을 파헤친 소설은 『노잔유기』로부터 시작 된다"[36]는 말처럼 그는 중국 근대의 저명한 소설가였다. 유악은 금석에도 조예가 대단히 깊었던 학자로서 『철운장귀鐵雲藏龜』(1903), 『철운 장도鐵雲藏陶』(1904), 『철운 소장 봉니鐵雲藏封泥』 등을 출판하기도 했다.

유악은 천성적으로 금석金石・비첩碑帖・글씨나 그림字畵 및 선본善本 서적들을 좋아했다. 1895년 상해에 살 때 청동기를 수집하기 시작하여 이미 "고대 기물 수십 점을 사들였다."[37] 1900년 8개국 연합군이 북경을 침공하여 함락시키자 사회질서는 크게 어지러웠다. 몇몇 고대기물 소장가들이 소장품을 내 놓았는데, 이때 유악은 정이鼎彝・비첩碑帖・자화字畵 및 선본 서적들을 대거 구매했다. 게다가 은허 갑골문이 발견되자 이를 대량으로 사들이고 연구함으로써 갑골학의 초창기에 커다란 공헌을 했다.

첫째, 유악은 대량의 자료들을 집중하고 보호했다. 1902년 10월, 왕의영王懿榮의 아들인 왕한보王翰甫가 옛날 부채를 청산하고자 아버지가 생전에 갖고 있던 갑골의 대부분을 유악에게 팔았다. 이외에도 유악은 방약方若이 소장하고 있던 갑골 3백여 편을 사들였고, 골동상 조집재趙執齋

36) 魯迅, 『中國小說史略』, 人民文學出版社, 1973, 260면.
37) 羅振玉, 「序」, 『夢郭草堂吉金圖』, 1917～1918.

의 손을 통해서도 3천여 편을 사들였다. 또 자신의 아들인 대신大紳을 직접 하남으로 보내 1천여 편을 사들이는 등, 총 5천여 편의 갑골을 소장함으로써[38] 초기 출토 갑골의 저명한 소장가가 되었으며, 갑골자료의 보존과 집중화에 큰 공헌을 했다. 하지만 유악이 세상을 떠난 후 갑골은 다시 여러 사람의 수중으로 분산되었다.[39]

둘째, 유악은 갑골문 자료의 간행에 적극적임으로써 갑골학 연구의 발전을 추동시켰다. 그가 1903년 출판한 『철운장귀』는 갑골학사에서 최초의 저록이다. 이를 계기로 갑골문은 소수학자만이 서재에서 감상하고 만지작거리던 "골동"으로부터 사회의 많은 학자에게 제공되어 연구하는 진귀한 사료로 변신하게 되었고, 이로부터 갑골문의 유통 범위를 확대시켜 갑골학 연구가 발전할 수 있었다. 『철운장귀』는 출판 연대가 비교적 이른데다 탁본도 부정확하며 또 소수의 위조된 갑골까지 포함되긴 했지만, 이 책에는 적잖은 중요 자료가 실려 지금까지도 갑골학 연구의 중요한 서적이 되고 있다. 유악은 솔선해서 갑골문 자료를 탁본 출판하였는데 이는 갑골학사에서 개창의 공을 갖고 있다.

셋째, 갑골문 연구라는 측면에서도 유악은 독창적인 견해들을 제시했다. 갑골문이 발견되자 많은 학자들이 그것의 시대와 출토 지점에 대해 탐색했다. 유악은 갑골문이 "은나라 사라들의 도필刀筆문자"[40]임을 처음으로 주장했는데, 그 심오한 견해는 후일 날로 늘어난 증거에 의해 사실로 증명되었다. 유악이 개척한 초기의 공은 갑골학사에서 응당 일정한 지위를 가져야 한다. 유악은 박학다재하여 수학·의술·수리水利 등 자연과학에도 뛰어났다. 청나라 광서 13년(1887) 8월 하남성 정주에서 황하의 둑이 무너졌다. 무너진 둑의 길이가 550여 장丈이나 되어 오랫동안

38) 胡厚宣, 『五十年甲骨文發現的總結』, 商務印書館, 1951, 22~23면.

39) 劉鶚이 1909年 세상을 떠난 이후의 갑골의 분산과 저록 정황에 대해서는 『甲骨學通論』(中國社會科學出版社, 1989), 247~248면에 보인다.

40) 劉鶚, 「自序」, 『鐵雲藏龜』, 蟫隱廬出版, 1903.

막을 수가 없었다. 1889년 유악은 황하의 수리 공정에 참여하였는데, "단기필마로 인부들과 함께 섞여 작업했으며, 동료들 중 잘못이 있으면 모두 자신이 책임을 졌다."[41] 끝내 무너진 둑을 메울 수 있었고 황하는 다시 정상을 되찾았다. 황하의 치수에서 공을 세운 유악은 당시 하독河督이었던 오대징吳大澂의 큰 칭찬을 받았다. 그런가 하면 그는 또 근대자본주의 문명에 비교적 민감한 인물이었으며, 철로를 깔고 광산을 개척하는 등의 "양무洋務"운동을 몸소 실천했다. 그는 1896년 직례총독直隸總督에게 글을 올려 천진에서 진강鎭江에 이르는 진진津鎭 철로의 건설을 주청했다. 1897년 외국 상사인 조복공사組福公司에서 산서성의 광산 개발을 준비할 때 유악은 중국 측 사장으로 초빙되었다. 유악은 이렇게 말했다. "최근 산서성의 철을 개발하여 산서 지역의 백성들을 진무하고자 조정에 청을 드립니다. 산서성의 광산이 개발되면 백성을 부양할 수 있고 나라도 부유해 질 수 있습니다. 중국에 평소 축적된 기술이 없다면 차라리 유럽인들로 하여금 개발하도록 하는 것이 낫습니다. 저는 그 제도를 엄격하게 제정하여 30년이면 모든 광산이 우리의 손에 넘어오도록 만들겠습니다. 그렇게 된다면 그들의 이익은 잠시 한 때이겠지만 우리의 이익은 백세를 가지 않겠습니까?"[42] 이러한 주장은 대단히 독창적인 것이지 않는가? 이밖에도 유악은 무역을 하고 공장을 세우기도 했다. 1908년 원세개袁世凱 등에 의해 보복을 당하면서 여러 죄명을 둘러쓰게 되었는데, 유악은 "태창太倉의 곡식을 마음대로 뿌리고" "포구浦口의 땅을 사들였다"는 죄명으로, 양강총독兩江總督 단방端方에게 체포되어 신강新疆으로 유배되었다.

소위 "태창太倉의 곡식을 마음대로 뿌렸다"는 것은 원래 유악이 백성을 재난에서 구하고자 했던 선행이었다. 1900년 8개국 연합군이 북경을 함락시킨 후 전란으로 양식의 운송이 막히게 되었고, 북경 천진 일대에

41) 蔣逸雪, 『劉鶚年譜』 光緒 14年 條, 齊魯書社, 1980.
42) 蔣逸雪, 『劉鶚年譜』 光緒 23年 條.

서는 식량이 매우 부족하게 되었다. 북경으로 와서 장부 계산을 하던 유악은 북경 시민들 중 "굶주린 자들이 길에 널려 있는" 것을 보고서는 이들을 구제할 방법을 논의하게 되었다. 그 당시 "태창太倉"이 러시아 군에 의해 점거 당했지만, 유럽인은 밀가루로 구운 빵을 좋아하지 쌀은 잘 먹질 않았다. 그래서 유악은 러시아 군의 우두머리와 상의해 "태창"의 곡식을 사들이기로 했다. 그는 "싼값에 그것을 살 수 있었으며", 이를 다시 북경 시민에게 되팔았고 북경성의 백성은 기아에서 벗어나 "그 덕에 편안해질 수 있었다." 이것이 바로 유악이 청나라 조정이 주장한 "태창의 곡식을 마음대로 뿌렸다"는 것이며, 그가 신강으로 추방되는 중요한 "죄목"의 하나였다. 이와 동시에 유악은 동정심이 많은 사람이었다. 그가 북경에서 "예매국瘞埋局"을 만들어 주인 없는 시체를 매장할 때였다. 저명한 애국 의사였던 대도大刀 왕오王五가 희생된 후 그의 시신도 유악에 의해 수습되어 안치되었다. 대도 왕오는 북경성에서 이름을 날리던 의협이었으며, 그는 8개국 연합군이 북경성에서 사람을 죽이고 약탈과 강간을 일삼는 등 온갖 악행을 자행하는 것을 보고서는 군중 수십 명을 이끌고서 대표적인 침략자들을 죽이는 일을 전문으로 했다. 1901년 11월 어느 날, 침략군이 백성들의 주택을 에워쌌다. 마침 이 길을 지나가던 의협 왕오는 이를 보고서 침략군과 격투를 벌여 침략군 수십 명을 때려 죽였다. 하지만 중과부적이었고 또 몸에 총을 몇 발 맞았던지라 침략군에 의해 사로잡히고 말았다. 침략군은 그가 의화단義和團의 "잔당"이라 생각해, 그를 총살시키고 잔인하게 그의 시신을 형장에서 갈기갈기 찢고 말았다. 유악은 그의 시신을 수습했는데, 그의 정의감의 표현이었다. 소위 "포구浦口의 땅을 사들였다"는 것은 죄를 더 뒤집어씌우려 한 것이었다. 유악은 포구浦口가 "훗날 분명 상품의 새로운 기지가 될 것"이라 예측했으며, 그 때문에 친척의 돈을 모아 포구 일대의 땅을 사들였다. 진포津浦철로가 건설된 이후 포구는 철로의 종점이 되었다. 과연 유악의 예측이 빗나가지 않았고, 포구의 땅값은 날개 돋친 듯 올랐다. 이익에 눈이 멀었던 포구의 한 관료가 유악의 땅을 사들이려 했지만 유악에게 거절당했다. 그러자 그는 앙심을 품고 원세개 등과 결탁하여 죄명을 덮어 씌워 유악을 "매국노"로 만들었다. 유악은 신강에서 유배되어 있으면서 1909년 적화迪化(지금의 우루무치)에서 뇌일혈로 세상을 뜨고 말았다.[43)]

결론적으로 말해서, 유악은 비교적 일찍부터 서방세계에 눈을 떴던 근대의 중국인이었으며, 소설가이자 금석학자이기도 했다. 그는 박학다재하였으며 특히 고대 중국의 문물연구에 조예가 깊어 그 진위를 감정할 수 있었을 뿐 아니라 문자에도 높은 공력을 갖고 있었다. 그 때문에 그의 갑골문의 수집과 배포와 연구는 갑골학의 발전에 공헌을 했다.

2) 나진옥羅振玉·왕국유王國維와 "나羅·왕王의 학문"

(1) 나진옥羅振玉(1866～1940)

1866년 강소성 회안淮安에서 태어났다. 자는 숙온叔蘊이며 달리 숙언叔言이라고도 한다. 호는 설당雪堂이며 달리 정송貞松이라고도 한다. 원적이 절강성 상우현上虞縣 영풍향永豐鄕이어서 달리 상우인上虞人·영풍향인永豐鄕人이라 불리기도 한다. 나진옥은 5세 때 서당에 들어가 『모시毛詩』를, 15세에 『주역周易』·『상서尙書』 등 5경을 다 읽었다. 16세에 수재秀才가 되었으나 이후 과거에서 여러 차례 낙방하였으며, 일찍이 산양山陽의 유씨劉氏·구우번邱于蕃·유악劉鶚 등의 집에서 가정교사 노릇을 했다. 유악의 아들 대신大紳이 나진옥에게 글을 배웠는데 유악은 그의 장녀를 나진옥과 결혼시켰다. 나진옥은 경전과 역사서를 열심히 읽었을 뿐 아니라 훈고訓詁 명물名物과 금석문자 등도 섭렵했다. 1896년 나진옥은 상해에서 "농학사農學社"를 만들고 "농학관農報館"을 창설하여 서양의 농업기술을

43) 蔣逸雪, 『劉鶚年譜』, 齊魯書社, 1980年 참조.

소개하였으며 10년 동안 농업관련 서적 백여 종을 번역했다. 일본어 번역 전문 인재를 양성하고자 1898년에는 "동문학사東文學社"를 설립하여 일본어를 가르쳤다. 1900년 호광湖廣 총독 장지동張之洞의 요청으로 호북湖北 무창武昌으로 가 농무국農務局를 주관하고 농업학교의 감독監督이 되었다. 이후 나진옥은 한 걸음 한 걸음 관직으로 나가게 되었고 청나라 정부와 관계를 맺게 된다.

1901년 나진옥은 무창武昌 강초편역국江楚編譯局을 주재하고 『교육敎育』잡지를 창간했으나, 이후 사직하고 상해로 돌아갔으며 장지동·유곤劉坤 일파에 의해 일본으로 파견되어 교육 사찰을 떠나게 된다. 1902년 양광兩廣총독이었던 잠춘훤岑春煊이 나진옥을 교육고문으로 초빙했다. 1906년 나진옥은 단방端方 등의 적극적인 추천으로 지방에서 경사로 올라가게 되었으며, 청나라 정부의 학부學部에서 참사청 행주參事廳行走를 맡았다가 이후 참사參事로 승진하였으며, 1911년 청 왕조가 무너질 때까지 직을 유지했다. 이 기간 동안 나진옥은 직례直隷·산서山西·산동山東·강서江西·안휘安徽성 등에서 교육업무를 시찰했다. 북경에 머무르는 동안 그는 상점을 들락거리며 고대문헌古籍·청동기·비첩碑帖·자화字畵 및 갑골문 등 고대문물을 수집했다.

1911년 신해혁명이 발발하자 나진옥은 청나라 왕조의 유신遺臣으로 자처하면서 왕국유와 식구를 모두 데리고 일본으로 건너갔다. 일본에 머무는 동안 나진옥은 경전과 역사 및 금석학 연구에 매진하여 『은허서계殷虛書契』·『은허서계 정화殷虛書契精華』·『은허서계 후편殷虛書契後編』·『은허서계 고석殷虛書契考釋』 등 중요한 갑골학 저작을 출판했다. 1919년 나진옥은 일본에서 귀국한 후 천진에 살면서 저술에 매진했다. 1924년 나진옥은 청나라의 폐제廢帝 부의溥儀의 부름을 받아 남서방南書房에 배치되어 궁중의 기물을 정리하게 되었다. 그해 11월 풍옥상馮玉祥이 "북경 정변"을 일으키자, 나진옥과 진보탐陳寶琛은 비밀리에 부의溥儀를 궁에서 탈출시켜 일본 대사관으로 피신시켰고, 1925년에는 다시 부의를 천진의 일본 조계 지역인 "장원張園"으로 옮겼으며, 나진옥은 청나라의 폐제에 의해 "고문"으로 임명되었다. 1929년 나진옥은 여순旅順으로 거처를 옮겼고, 일본 제국주의의 힘을 빌려 "청나라 황실을 회복"시키고자 하는 꿈으로 위만주국僞滿洲國의 건설 계획에 참여했으며, 1933년에는 위만주국의 감찰원 원장과 만일滿日 문화협회 상임이사를 맡기도 했다. 1934년 위만주국이 황제 체제로 개편되자 나진옥은 취임식 준비 위원회 위원으로 위촉되었으며, "서훈 일위"의 상을 받음으로써, 민족의 이익을 내다판 "매국노"가 되고 말았다. 1937년 6월 퇴역하였으며 1940년 6월 여순의 자택에서 병으로 죽었다. 이 기간 동안 나진옥이 출판했던 주요 저작으로는 『정송당 길금도貞松堂吉金圖』 3권, 『정송당 집고 유문貞松堂集古遺文』 20권 및 『삼대 길금문존三代吉金文存』 20권 등이 있다.[44]

나진옥은 중국 근대 학술사의 새로운 중요 사료들, 예컨대 은허 갑골문・돈황 사경寫經 및 서부 변방 지역에서 출토된 한진漢晉 목간木簡・내각대고內閣大庫의 명・청 당안檔案・이민족들의 비명碑銘・중원지역의 명나라 기물中州明器・제로齊魯 지역의 봉니封泥 등은 물론 상・주 때의 명문을 가진 청동기 등이 끊임없이 출토・발견되던 시대에 살면서 학술연구에 전통적인 금석문자 이외의 중요한 자료를 제공해 주었다. 새 자료의 발견은 이미 전통적인 금석학이 포함할 수 있는 내용이 아니었다. 나진옥이 1918년 출판된 『운창만고雲窗漫稿』에서 지적한 것처럼, 전통적인 금석학은 "청동 이기彝器의 명문에 관한 학문으로, 옛날의 청동 기물에 제한되어 고문자학 연구에 전력하던 전인들에 비해 정교했으나 범위는 더욱 좁아졌다." "가경・도광 연간 이래로 예기 이외의 다른 고대기물도 다루기 시작하여, 유연정劉燕庭・장숙미張叔未 등에 이르러 수집이 날로 늘어났지만 연구자들은 모두 금석학에 종속되어 끝내 그 이름을 바르게

44) 羅振玉의 生平에 관해서는 甘孺, 『永豐鄕人行年表』(羅振玉年譜), 江蘇人民出版社, 1980年과 楊升南, 「羅振玉傳略」, 『中國現代社會科學家傳略』 第3輯, 山西人民出版社, 1983年 및 羅琨・張永山, 『羅振玉評傳』, 百花洲文藝出版社, 1996年을 참조.

하지 못했다. 지금 이를 두고 '고대 기물학古器物學'이라 한다. 고대 기물학은 금석학을 포괄할 수 있지만 금석학은 사실 고대 기물을 포함할 수가 없다."

새로운 사료의 발견은 필연적으로 새로운 학문의 흥기를 촉진시키기 마련이다. 이 때문에 수집되고 보존되었던 자료는 나진옥에게 연구의 새로운 광활한 천지를 제공했다. "나진옥의 공로는 바로 진실된 무수한 사료를 제공했다는 데 있다." 특히 갑골학 연구에서 나진옥의 공헌이 크다. "은대 갑골에 대한 그의 수집과 소장·공표·고석은 실로 중국의 근 30년 이래 문화사에서 대서특필해야만 할 사건이었다."[45] 나진옥이 갑골학 연구에 끼친 공헌은 다음과 같은 몇 가지로 요약된다.

첫째, 갑골문의 수집과 소장이라는 측면에서 나진옥은 대단한 힘을 쏟았다. "수집하는 일이 고석하는 것보다 어찌 급한 일이라 하지 않겠는가?" 갑골문 자료의 손실을 막기 위해 나진옥은 당면의 시급한 문제는 출토된 갑골문 자료를 한데 모으는 데 있다고 생각했다. 그래서 그는 골동상을 하남의 안양으로 보내 "힘닿는 데까지 구매했다. 일 년 동안 사들인 것만 대략 1만 점을 넘었다." 게다가 자신의 가족과 친척까지 "원수洹水 남쪽으로 보내 직접 발굴하게 하였는데, 다시 두 배 가량을 얻게 되었다."[46] 그래서 나진옥이 이때 얻은 갑골이 3만 편에 이르렀고, 이들 중에는 『청화菁華』 1면과 2면의 것처럼 "공公"이나 "왕王"이라 불렀던 희귀한 진품들(나진상羅振常, 『원락방고유기洹洛訪古游記』 선통宣統 3년(1911) 2월 28일의 말)도 들어 있었고, 작은 조각편이고 글자도 적었지만 "신기한 글자가 새겨진 것"도 적지 않았다. 이것은 나진옥이 갑골문의 "높은 가격"만을 위해 "큰 것만 골라 사들이고 부스러기 거북딱지들은 사지 않았던" 당시의 골동상과는 달랐음을 보여 준다. 그는 "거북딱지에는 어느 것에나 특이한 글자가 있기 때문에 반드시 함께 갖추어야 한다"고 생각했고,

45) 郭沫若, 「自序」, 『中國古代社會硏究』, 人民出版社, 1954.
46) 羅振玉, 「序」, 『殷虛書契』, 1911.

이 때문에 갑골을 사들일 때 "비록 거북의 잔 부스러기라 할지라도 남김없이 사들였다."47) 이는 당시의 조건 하에서 갑골문이 다시 한 번 줄어들 인위적 손실을 막아주었고, 이로 인해 비교적 전면적인 연구 자료가 제공될 수 있었다. 이와 동시에 나진옥은 갑골문과 함께 "반드시 아직 삼대三代 때의 고대 기물이 남아 있을 것이나, 그중 준이尊彝나 과검戈劍 등은 필시 상인들에게 팔려나갔을 것이지만 상인들이 가지지 않는 나머지는 분명 아직 남아 있을 것이다"라는 사실을 깊이 인식하고 있었다. 그리하여 나진옥은 하남 안양의 소둔小屯으로 사람을 보내 갑골을 구매할 때, 그들에게 "이름을 알지 못한다하더라도 근대의 것이 아닌 고대의 물건이 분명하기만 하면, 동생(즉 나진상羅振常)은 나에게 보내 주면 좋겠다"고 부탁했으며, 은허갑골 이외의 고대 기물도 의식적으로 있는 힘을 다해 찾도록 했다. 그리고 나진옥이 안양으로 보냈던 사람들은 갑골을 사들이면서, 나진옥의 명령에 따라 소둔촌민들에게 "어떤 물건이든 흙 속에서 나온 것이라면 남김없이 가져오라"48)고 했다. 이런 과정을 거쳐 상商·주周·진秦·한漢 때의 기물은 물론 원나라 때의 문물까지 적잖게 사들였으며, 그중 귀한 것도 적지 않았다.49) 이는 근대고고학에서 연구자료를 보존하고 소장하도록 만들어 주었다.

둘째, 나진옥은 갑골문 자료의 저록과 유포라는 측면에서도 최고의 노력을 했다. 갑골학사에서 최초의 저록인 『철운장귀鐵雲藏龜』(1903)는 바로 유악을 졸라 나진옥이 직접 탁본하여 출판한 책이다. 나진옥은 자신이 구매했던 대량의 갑골문의 탁본을 "아직 뜨지 않았는데, 그것은 뼈의 재질이 대단히 약해 문자를 손상시킬까 걱정이 되어서였다." "하지만 인멸되어 전해지지 않는 것을 참을 수도 없어서",50) 이 진귀한 사료가 서

47) 羅振常, 『洹洛訪古游記』 宣統 3年(1911) 2月 15日 條, 河南人民出版社, 1987.
48) 羅振常, 『洹洛訪古游記』 宣統 3年(1911) 2月 16日 條.
49) 적잖은 문물들이 羅振玉, 『殷虛古器物圖錄』(1916)에 수록되었다.
50) 羅振玉, 「序」, 『殷虛書契精華』, 1914.

재 속에 갇혀 몇몇 소수 학자만의 놀잇감인 "골동"이 되어버린 것을 대단히 안타까워했다. 특히 1911년 그의 『은허서계』가 출판된 이후, 문자 고석이라는 측면에서 "분명 나에게 상세히 밝혀줄 사람이 있을 것이라"는 그가 기대했던 국면은 출현하지 않았고 여전히 "오랜 시간이 지나도 고요하기만 한" 냉랭한 국면만 지속되었으며, 게다가 갑골문의 저록에서 다른 사람이 "은허문자를 한 속에 모아 내 책의 뒤를 이어주길" 바랐던 그의 은근한 기대도 그의 생각과는 완전히 달리 "여전히 잠잠하기만 할 뿐 다른 소식이 들리지 않았다." 갑골문의 유포와 연구를 추동하기 위해 그는 "소장하고 있던 수만 편의 모든 갑골을 꺼내 『전편前編』에 들어있지 않는 것만 골라 다시 천여 점을 얻었고, 손수 탁본을 하여 백여 일만에 완성했다." "다시 10여 일의 노력을 거쳐 2권으로 만들고 이를 『전편』과 함께 세상에 전해지도록 했다."[51] 이렇게 해서 『은허서계 후편殷虛書契後編』이 1916년 출판되었다. 결론적으로 말해서, 나진옥은 갑골문의 저록과 공표에 대단한 노력을 했다.

그가 출판한 『은허서계殷虛書契』(1911), 『은허서계 청화殷虛書契菁華』(1914), 『철운장귀의 나머지鐵雲藏龜之餘』(1916), 『은허서계 후편殷墟書契後編』(1916), 『은허서계 속편殷虛書契續編』(1933) 등에 저록된 갑골이 총 5,446편이나 되었다. 나진옥이 출판했던 갑골저록은 출판시기가 비교적 일러 갑골학 연구의 "초창기"의 발전을 이끈 데다 인쇄 상태도 훌륭해 수록된 자료는 1983년 『갑골문 합집甲骨文合集』이 출판되기 전까지 줄곧 갑골학과 상나라 역사 연구학자의 손을 떠날 수 없는 중요한 참고문헌으로 기능했으며, 갑골학 발전사에서도 중요한 지위를 차지했다. 그 때문에 나진옥은 갑골문의 유포라는 측면에서 커다란 공헌을 했다.

셋째, 나진옥은 갑골문의 출토 지점을 하남 안양安陽의 소둔촌小屯村으로 확정하였는데, 이는 갑골학 연구의 발전에 더 없이 중요한 의미를 지

51) 羅振玉, 「序」, 『殷虛書契後編』, 1916.

닌다.[52] 그리고 한 걸음 더 나아가 갑골문 자료에 근거해 소둔촌이 바로 은나라 후기 때의 도성이었음도 확정했는데, 이는 갑골학과 은상 고고연구에 끼친 또 다른 큰 공헌이었다. 이것은 갑골문이 후기 상나라의 유물임을 확정하는 대단히 중요한 의미를 가졌으며, 학자들도 나진옥의 연구 위에서 하남 안양의 소둔촌을 상나라 말 반경盤庚이 은殷으로 옮겨 주신紂辛 때 멸망하기까지 273년간 더 이상 천도를 하지 않았던 후기 은나라의 도성임을 확정했다. 이로부터 이후 갑골문에 대한 진일보한 시기구분 연구와 1928년 중앙연구원 역사어언연구소에서 전개한 대규모의 은허의 과학적 발굴의 물꼬를 텄다.[53]

넷째, 나진옥은 갑골문자의 고석과 편장篇章의 통독이라는 측면에서도 크게 공헌을 했다. 나진옥이 1910년 출판한 『은상 정복문자 고殷商貞卜文字考』와 1914년 출판한 『은허서계 고석殷虛書契考釋』 및 1927년 출판한 『증정 은허서계 고석增訂殷虛書契考釋』은 갑골문의 "책은 이미 나왔으나 많은 부분을 읽어낼 수 없던"[54] 국면을 종결시켰다. 이로부터 "문자를 해독하고, 문장을 끊어 읽는" 데 한정되었던 갑골 학자들의 한계를 뛰어넘어 갑골문의 "예제禮制를 연구하고 상나라 역사를 탐구하는" 훌륭한 분위기로 나아가도록 만들었다. 이 때문에 중국 신사학의 개산조이자 저명한 고문자학의 권위자이자 역사학자였던 곽말약은 나진옥의 『은허서계 고석』 등이 갑골문자 고석에서 이루어 낸 성취를 대단히 높게 평가하여, "갑골문자학을 대단한 부분으로 만들었다. 갑골 학자들만 이 책에 권위를 부여하지 않을 수 없을뿐더러 중국의 고대 학문을 논하는 자라면 모두 마찬가지이다"[55]고 했다.

나진옥이 갑골문을 고석하면서 "허신의 책으로부터 고대 금문으로 거

---

52) 王宇信, 『甲骨學通論』, 中國社會科學出版社, 1989, 47~51면 참조.
53) 王宇信, 『甲骨學通論』, 中國社會科學出版社, 1989, 53~54면.
54) 羅振玉, 「序」, 『殷虛書契後編』, 1916.
55) 郭沫若, 「卜辭中的古代社會」, 『中國古代社會硏究』, 人民出版社, 1954, 213면.

슬러 올라가고, 고대 금문으로부터 복사卜辭를 살피는"[56] 방법을 견지함으로써 "『설문』을 참증삼아 갑골문을 해독했지만 더 이상 『설문』에 속박되지 않음으로써 『설문』과 다른 갑골문을 해독해 낼 수 있었고, 이를 도로 『설문』의 오류를 바로잡는 자료로 삼았는데, 이는 전인들보다 대단히 발전한 부분이다." 나진옥 이전의 학자들은 『설문』을 규범으로 삼았기 때문에 감히 『설문』을 넘어 한 발자국도 나가지 못했다. 바로 나진옥의 이러한 창조적 정신 때문에 그의 갑골문자 고석은 전인들을 넘을 수 있었고 후세의 갑골문자 연구에도 커다란 시사를 안겨 주었던 것이다.[57]

다섯째, 나진옥은 갑골문 자료를 이용한 상나라 역사 연구의 선구자가 되었다. 나진옥은 『은허서계 고석』에서 766조條의 복사를 통독했으며, 그 내용을 8가지로 분류하기도 했다. 그리고 『증정 은허서계 고석增訂殷虛書契考釋』이 출판될 당시에는 이미 통독한 복사가 1,303조에 이르렀으며, 내용에 따른 분류도 9가지로 늘어났다. 그는 솔선해서 갑골문 속에 보이는 왕王 이름과 『사기』 「은본기殷本紀」의 왕 이름을 서로 대조하였다. 1910년의 『은상 정복문자 고殷商貞卜文字考』에서는 이미 "각사에 새겨진 은나라 왕 이름 10여 개를 얻었으며, 이를 계기로 이 복사들이 실재로 은나라 왕실의 유물임을 홀연히 깨닫게 되었다." 게다가 나진옥은 왕국유와 자신의 연구 성과를 수시로 교환하였으며, 왕국유의 유명한 논문인 「은 복사에 보이는 선공 선왕 고殷卜辭中所見先公先王考」 및 「속고續考」에는 "나숙언羅叔言 참사參事의 두 가지 책"과 왕국유와 "상갑上甲"에 관해 전문적으로 논의했던 일이 부록으로 달려 있다. 왕국유도 나진옥의 이 두 책이 "상갑上甲이라는 두 글자에 대한 나의 해석에 증명을 해주었다"고 했다. 그리고 "복사에 보이는 계季는 바로 명冥을 말한다"는 것에 관해, 왕국유는 이것은 "나참사의 학설"이라고 주석을 달았다.[58] 왕해王亥

56) 羅振玉, 『殷虛書契考釋』, 1914, 76면.

57) 陳煒湛・曾憲通, 「論羅振玉和王國維在古文字學領域內的地位和影響」, 『古文字研究』 第4輯, 中華書局, 1980年 참조.

에 관해서 왕국유는 "갑인년 세모에 상우上虞 나숙언羅叔言 참사參事께서 『은허서계 고석』을 편찬하여, 복사속에서 왕해王亥라는 이름을 처음으로 찾아냈다"[59]고 하여 남의 공을 가로채지 않고 그것이 나진옥의 발명임을 밝혔다. 이처럼 나진옥의 연구는 왕국유로 하여금 「은 복사에 보이는 선공 선왕 고」 및 「속고」를 쓰는 데 기초를 마련해 주었다. 나진옥은 갑골학의 발전에 성과를 이루었을 뿐 아니라 지식도 박학하여 다양한 분야를 섭렵하였으며, 한진漢晉 간독簡牘·돈환敦煌 사본寫本과 돈황학敦煌學·내각대고內閣大庫의 당안檔案·금석학과 고대 기물학·경학과 고문자학 등의 방면에서 두루 수준 높은 실력과 깊은 연구를 이루었다. 그는 이상의 각 연구영역에서 수많은 가치 있는 저록과 연구저작을 발표하였으며, 관련 학과의 건립과 발전에 기초를 마련했다.[60]

하지만 분명하게 지적해야 할 것은, 1911년 신해혁명이 일어난 이후, 나진옥은 역사 조류에 반하는 행동을 했다는 점이다. 특히 그는 만년에 들어 일본 제국주의의 힘을 빌려 청나라 왕조를 회복시키려 했는데 이는 분명히 비판받아야 할 부분이다. 하지만 "나진옥과 왕국유처럼 이러한 반동적인 정치입장을 고수했지만 학술적으로 공헌을 한 인물에 대해 형이상학인 방법은 적용하지 않으면서 그의 정치적 태도를 무시한 채 전적으로 긍정하는 것은 물론 불가능하다. 하지만 그의 정치 태도에 근거해 완전히 그를 부정하는 것도 해서는 아니 될 일이다. 유일한 방법은 사실에 근거한 명확한 태도의 실사구시적인 방법으로 분석하여 옳지 않은 것은 옳지 않고 옳은 것은 옳다고 하는 것이다."[61] 이것은 나진옥과 같은 유형의 학자들을 전면적으로 평가하고 과학적으로 인식할 때 응당 취해야 할 태도이다.

---

58) 王國維, 「殷卜辭中所見先公先王考」, 『觀堂集林』, 中華書局, 1959, 436면.

59) 王國維, 「殷卜辭中所見先公先王考」, 『觀堂集林』 等402頁, 中華書局, 1959.

60) 楊升南, 「羅振玉傳略」, 『中國現代社會科學家傳略』 第3輯, 山西人民出版社, 1983.

61) 陳煒湛·曾憲通, 「論羅振玉和王國維在古文字學領域內的地位和影響」, 『古文字研究』 第4輯, 中華書局, 1980.

나진옥의 생평과 학술에 대해서는 1996년 출판한 나곤羅琨·장영산張永山의 『나진옥 평전』(백화주百花洲문예출판사)을 참조하면 된다.

(2) 왕국유王國維(1877~1927)

1877년 절강성 해녕海寧에서 태어났다. 자는 정안靜安이며 달리 백우伯隅라고도 한다. 호는 관당觀堂·영관永觀이며, 중국 근대의 저명한 학자이자 역사학자이며 갑골 금석학자이다.

왕국유는 20세(1898) 때 상해로 가 『시무보時務報』의 서기 자격으로 교열 업무를 보았으며, 나진옥이 창설한 "동문학사東文學社"에서 일어를 배웠는데, 그때 나진옥의 신임을 받았다. 1901년 왕국유는 나진옥을 따라 무창농학武昌農學의 교사로 부임했다. 1902년 남양공학南洋公學의 홍구虹口 분교에 부임하였으며, 철학을 연구하기 시작했다. 1903년 통주通州사범학교의 심리학·윤리학 교사로 부임했다. 1906년 나진옥을 따라 북경으로 가 학부총무사행주學部總務司行走 등의 직을 맡았다. 1911년 나진옥과 함께 일본으로 건너가 경학·소학·역사를 공부했으며, 나진옥을 도와 소장하고 있던 대량의 갑골·금석 등 문물을 정리·편집하고 고정考訂했다. 1916년 왕국유는 일본에서 돌아와 상해에서 영국인이었던 하통哈同을 위해 『학술총편學術叢編』을 편집했고, 상해 창성명지倉聖明智 대학의 교수를 겸직했다. 1922년 북경대학 대학원 국학 부문 통신 지도교수를 역임했으며, 1923년 북경으로 가 청나라 폐제인 부의溥儀에 의해 청나라 궁실의 남서방행주南書房行走에 임명되었다. 1925년 청화대학 대학원 지도교수가 되었고, 전 가족이 청화원淸華園의 서원西院으로 이사했다. 1927년 6월 2일, 스스로 이화원頤和園의 곤명호昆明湖에 몸을 던져 자살했는데, 그때 나이 50세였다.

왕국유는 50년이라는 짧은 일생 동안, 60여 종의 학술저서와 역서를 남겼다. 그가 친히 비정批定 교감한 고대문헌만 해도 2백 종에 이른다.

특히 사막에 떨어진 죽간流沙墜簡·갑골문과 금문의 연구·돈황학 연구·위魏 석경石經의 고찰·고대 기물의 연구·신사학新史學의 제창·몽골 역사와 원나라 역사 연구 등에서 대량의 논저를 남겼으며, 새로운 학문에 많은 기초를 마련해 주었다. 게다가 날이 갈수록 왕국유는 응집되고 수준 높은 견해를 저작 속에서 보여 주었는데, 이는 "국학 연구에서의 역사적인 공헌"[62]으로 중국 근대 학술사에서 거대한 영향을 끼친 학자가 되도록 만들어주었다. 바로 저명한 학자였던 곽말약의 말처럼, "왕국유의 학문 연구 방법은 근대적이었지만, 사상 감정은 봉건적이었다. 두 개의 시대가 그의 몸속에서 극렬한 계급투쟁을 일으켰으며, 그 결과는 봉건사회가 그의 몸뚱어리를 빼앗아가 버렸다. 그러나 그가 우리에게 남겨준 것은 그의 지식적 결과물이며, 그것은 우뚝 솟은 누각처럼 몇 천년간의 옛 학문의 보루 위에 서서 특이한 광채를 찬란히 비추어주었다."[63]

왕국유의 짧고 짧은 50년의 생명의 여정 속에서 그의 생활과 사상의 발전은 기본적으로 4시기로 나눌 수 있다. 제1시기(1877~1894)는 18세 이전의 소년시대로, 전통적인 교육을 기본적으로 하여 "옛 학문을 받아들였던 시기"이다. 제2시기(1894~1911)는 고향에서 상해로 가, "새로운 학문을 따라가던 시기"이다. 이 시기 그는 칸트와 쇼펜하우어 등 독일 철학자들을 받아들이고 배웠으며, 새로운 사상을 이용해 중국 전통문화 발전의 역사적 경험을 총결하고자 노력했다. 그는 이 시기에, 문학창작의 측면 특히 미학 연구에서 공헌했다. 제3시기(1911~1923)에는 나진옥과 함께 가족 전체가 일본으로 옮겨갔으며, 나진옥의 영향 하에서 중국고대문화의 연구에 전력하여, 고대사·갑골문·금문·고고·음운학 등의 방면에서 풍성한 학술적 수확을 이루었다. 그가 1921년 편찬한 『관당집림觀堂集林』 24권은 그의 대표적 국학연구 성과로, 국내외에서 대단히 높은 명예

62) 劉烜, 『王國維評傳』, 百花洲文藝出版社, 1996, 270~323면 참조.
63) 郭沫若, 「自序」, 『中國古代社會硏究』, 人民出版社, 1954.

를 갖고 있다. 이 시기는 왕국유 학술의 "성숙된 시기"이다. 제4시기(1924~1927)에 그는 상해에서 북경으로 옮겨갔다. 비록 청나라 폐제의 작은 조정의 정치활동에 참여하긴 했으나, 청화대학 대학원의 지도교수에 정력을 주로 쏟았고, 학술적으로 여러 방면에서 개척적인 일을 이루어 내었다. 이 시기는 그의 "학술연구의 풍성한 수확 시기"이자 "인생의 최고봉"이었다.[64)]

왕국유가 1911년 일본으로 건너간 이후부터 인생의 제3시기가 시작되었으며, 그의 학술방향을 바꾸어 놓았다. "그때 나진옥의 책을 일본으로 옮겨 경도京都대학에 임시로 맡겨 두었는데, 장서가 50만 권, 고기물 명문의 탁본이 수천 점에 이르렀다. 고대 청동기 및 다른 기물이 1천여 점이었으며, 대운서고大雲書庫라 이름 붙이고, 왕국유를 초빙해 함께 목록을 정리했다."[65)] 이때부터 왕국유는 나진옥의 영향과 제휴 하에 중국 고대 문화 예술품의 연구에 매진했고 학술적으로도 여러 가지 성취를 이룰 수 있었다. 하지만 가장 주요한 것은 "학술연구에서의 성취로, 주요 저작에 『사막에 떨어진 죽간流沙墜簡』, 『송대 금문 저록표宋代金文著錄表』, 『국조 금문 저록표國朝金文著錄表』 등이 있으며, 몽골사·고대 예제·복식·지리 등을 고증한 대량의 글을 발표했다. 이 시기에 이룬 그의 갑골문 연구·금문 연구·한간 연구는 그 시대의 최전선에 서 있었으며, 당시에 이미 세계적으로 학술적 영향을 미쳤다. 고대사에서 이룬 그의 구체적인 고증은 그의 학술연구의 새로운 흥취와 방향을 보여 주었다."[66)] 이 때문에 갑골학의 연구 방면에서 왕국유는 나진옥과 마찬가지로 중국의 갑골학의 형성과 발전에 거대한 공헌을 했으며, 나진옥과 이름을 나란히 하는 명사의 대열에 들게 되었다. 왕국유가 갑골학에서 얻은 위대한 성취로는 다음의 것들이 있다.

---

64) 劉烜, 『王國維評傳』, 百花洲文藝出版社, 1996, 11~12면.
65) 劉烜, 『王國維評傳』, 百花洲文藝出版社, 1996, 154면.
66) 劉烜, 『王國維評傳』, 百花洲文藝出版社, 1996, 155면.

첫째, 갑골문의 저록 방면이다. 왕국유가 편찬하고 희불타姬佛佗의 이름으로 출판된 『전수당 소장 은허문자戩壽堂所藏殷虛文字』에서는 유악이 옛날 소장하고 있던 갑골 655편을 공개했다. 내시羅詩(영국 국적의 유대인으로 대단한 자본가였던 하동哈同의 부인이며, 달리 나가릉羅迦陵이라 부르기도 한다)의 「서」에서, "병진년(1916) 겨울, 갑골 1천 편을 상해에서 얻었는데 바로 단도丹徒 유씨의 옛날 소장품이었다. 그 속에는 『철운장귀』에 수록된 것도 열에 한 둘 있었으나 수록되지 않는 것이 열에 여덟아홉이었다. 그 중에서 훌륭한 것을 골라 영인을 하였다." 희불타는 배우지 않아 학식이 전혀 없었던 터라 "이 책은 사실 왕국유가 편찬한 것이다."67) 왕국유의 이 책의 편찬은 학계에 적잖은 중요 연구 자료를 제공해 주었다.

둘째, 왕국유는 갑골문자의 고석에서도 많은 발견을 이루었으며, 많은 논저가 지금까지도 여전히 높은 가치를 갖고 있다. 왕국유의 『전수당 소장 은허문자 고석戩壽堂所藏殷虛文字考釋』·「은 복사에 보이는 선공 선왕 고殷卜辭中所見先公先王考」·「은 복사에 보이는 선공 선왕 속고殷卜辭中所見先公先王續考」·「은주 제도론殷周制度論」 등을 비롯해 갑골문자 고석과 관련된 다른 논저들은 갑골학 연구 초창기의 최고 수준을 대표한다. 특히 문자 고석에 대한 왕국유의 방법은 중국 "옛 학문舊學"의 울타리를 벗어난 "신기원을 마련하여" 후대 학자에게 깊은 영향을 미쳤다. 그의 문자고석 방법은 이러했다.

> 역사적 사실과 제도문물을 진실 되게 파헤침으로써 그 시대적 정황을 밝혔다. 『시』·『서』에 근거해 그 글들의 의례義例를 밝혔고, 고대음에 근거해 그 뜻의 가차假借에 통했으며, 청동기 명문을 참조해 문자의 변화를 검증했다. 이것으로부터 저것으로 나아가는 방법, 즉 갑甲에 근거해 을乙을 추론해 나갔다. 그리고 해독하지 못한 문자와 통하지 않는 뜻에 대해서는 이후 학자들의 연구를 기다

67) 胡厚宣, 『五十年甲骨學論著目』, 中華書局, 1952, 34면.

렸으니, 그렇게 된 즉 거의 다 되었다 하겠다.[68]

셋째, 왕국유는 갑골문 자료를 이용해 상나라 역사와 전장典章제도를 연구함으로써 갑골문의 학술적 가치를 극대화 했다. 그가 1917년 쓴 「은복사에 보이는 선공 선왕 고」 및 「속고」는 복사에 보이는 은의 성공선왕先公先王의 이름을 전면적으로 고증하여 "상나라 전체의 선공 선왕의 이름들 중 복사에 보이지 않는 것은 매우 드물다'는 사실을 증명했다. 그는 또 『후』 상 8.14편과 『전戩』 1.10편을 짜 맞추기 하여 보을報乙·보병報丙·보정報丁의 세차世次가 '『사기』 「은본기」 및 「삼대세표三代世表」와 다르다는 사실을 발견했고', '상갑上甲 이후 선공의 차례는 응당 보을報乙·보병報丙·보정報丁·주임主壬·주계主癸의 순서가 되어야 한다'고 하면서, '『사기』에서 보정·보을·보병의 순으로 한 것은 사실에 위배된다고 했다.' 또 『후』 상 5.1편에 근거해 '조을祖乙은 중정中丁의 아들'임을 밝혔고, '『은본기』에 근거한 즉 조을祖乙은 바로 하단갑河亶甲의 아들이니 (…중략…) 『사기』가 아마도 틀렸을 것'임을 지적했으며, 이로부터 사마천의 『사기』 「은본기」의 개별 세차의 잘못을 바로잡았다. 그는 또 '『세본世本』과 『사기』에 실린 실록들은 오늘날의 자료로 증명되어야 한다'고 했다." 이 두 논문은 갑골학사에서의 명저로, "문자고석의 기초 위에서 갑골문 연구를 진일보시킨 중요한 대표작이다."[69] 이는 갑골학 연구사에서 학자들이 "갑골의 문자를 전문적으로 연구하던" "문자시기"에서 "갑골문을 사료로 인식하고, 이러한 직접적인 사료로써 고대의 역사를 고증하는" "사료시기"로 발전해 갔음을 보여 준다.[70]

넷째, 왕국유는 조각으로 된 갑골문의 짜 맞추기綴合 방면에서 범례를 만들었다. 갑골학 연구의 발전은 갑골문 자료가 많아야 할 뿐 아니라 자

68) 王國維, 「序」 「毛公鼎考釋」, 『觀堂集林』, 中華書局, 1959, 293면.
69) 王宇信, 『建國以來甲骨文硏究』, 中國社會科學出版社, 1981, 16~17면.
70) 胡厚宣, 「序言」, 『五十年甲骨學著目』, 中華書局, 1952.1, 18면.

료의 "완전함"도 요구된다. "완전함"이란 바로 원래는 한 판版이었던 것이 부서진 후 서로 다른 책에 저록된 갑골을 짜 맞추기 하여 그것들이 "한 곳에 모이도록"하는 것을 말한다. "갑골문의 경우 짜 맞추기를 통한 복원 처리만이 각각의 복사 간의 상호 관계를 찾아내고 당시의 복법卜法과 문례文例 등을 회복해 낼 수 있으며, 이렇게 함으로써 상나라 사회를 인식할 진귀한 사료로 변하게 된다. 그래서 갑골의 짜 맞추기도 갑골학 연구의 중요한 과제의 하나가 되었다."71) 근 백 년 이래, 많은 학자들이 심혈을 기울여 추구하고 노력을 기울여 갑골의 짜 맞추기도 커다란 성과를 거두었으며, 이에 관한 전문적 저작이 발표되기도 했다.72) 하지만 이 작업을 처음으로 한 사람은 응당 왕국유로 보아야 할 것이다. 그는 1917년 「은 복사에 보이는 선공 선왕 고」를 저술할 때, 『전』 1.10편과 『후』 상 8.14편이 분명 한 조각이 부서진 것이라 생각하고서는 이를 하나로 결합했고, 이렇게 해서 은나라 선공인 상갑上甲부터 시계示癸에 이르는 세차世次가 『사기』 「은본기」와 맞지 않음을 발견했고, 『사기』 「은본기」의 잘못을 바로잡았다. 이후 왕국유는 더 이상 이러한 작업을 계속하진 않았고 우연이긴 하더라도 범례를 만든 그의 개창 정신은 그 이후의 곽말약 등과 같은 갑골 학자들에 의해 발양되었고, 그리하여 갑골의 짜 맞추기가 갑골학 연구의 기초 작업인 동시에 중요한 과제의 하나가 되게 만들었으며 풍성한 성과를 거두게 했다.

다섯째, 왕국유는 학식이 연박하고 다양한 분야를 광범위하게 섭렵하여, 적잖은 학문의 건립과 발전에 공헌을 했다. 예컨대 금석학과 고대사, 소학과 경학, 원대 희곡학, 사막에 떨어진 죽간流沙墜簡과 돈황 사경寫經, 서북 역사지리 및 원사元史 등의 방면에서 모두 적잖은 이론을 세워 대단한 가치를 가진 대량의 저술을 남겼다. 이에 관해서는 주전유周傳儒의 『사학 대가 왕국유史學大師王國維』,73) 초애肖艾의 『왕국유 평전王國維評傳』74)과

71) 林甘泉 等 主編, 『郭沫若與中國史學』, 中國社會科學出版社, 1992, 48면.
72) 王宇信, 『甲骨學通論』, 中國社會科學出版社, 1989, 228～230면 참조.

얼마 전 출판된 유원劉垣의 『왕국유 평전』[75] 등에 전문적으로 기술되어 있다.

1927년은 마침 왕국유가 50세 되던 해였다. "학술의 최고봉"에 올라 있던 왕국유는 북경에서 국민혁명군의 북벌이 시작되었으며 가는 곳마다 승리를 거두었다는 소식을 들은 후, 음력 5월 13일 이화원頤和園의 곤명호昆明湖에 몸을 던져 그의 귀중한 학술생애를 마감했다. 왕국유의 죽음에 대해서는 "순직설"과 "나진옥과의 불화설" 등이 있는데, 이는 한때 시끌벅적한 논쟁거리가 되었으며 장기간 학계를 곤혹스럽게 사건이 되었다. 지금 밝혀진 바에 의하면 소위 "순국설"의 내막은 이렇다. 왕국유가 청나라 폐제 부의에게 밀봉해서 올린 「유절遺折」에 "서명된 시간이 바로 왕국유가 자살했던 날짜이다. 게다가 그날, 새벽부터 이화원으로 갔을 때까지 그의 스케줄은 빡빡하게 짜져 있었다. 그런데 언제 그 「유절遺折」을 쓸 수 있었단 말인가! 왕정명王貞明이 1972년 쓴 글에서도 이렇게 말했다. 이 「유절」은 원래 나진옥 선생이 왕국유의 넷째 아들에게 명하여 아버지의 글씨체를 모방해 쓰게 한 것이다. 나진옥 선생이 왜 그렇게 했던 것일까? 그것은 부친의 '청나라 왕실에 대한 충성'으로써 자기 자신을 드러내고자 했기 때문일 것이다." 그리고 청나라 폐제 부의가 왕국유가 죽자 "상유上諭"를 내렸고 여기에다 "충각忠愨"이라는 시호를 내렸다는 등은 청나라 폐제와 유로遺老들이 꾸며낸 코미디일 뿐이다. "부의 자신도 스스로 '합작자'임을 인정한 바 있다. 소위 왕국유의 「유절」은 본디부터 가짜였으며, 나진옥이 위조한 것이었다. 부의는 이후 이것이 '왕국유의 친필이 아님'을 알았고, 게다가 주위 사람의 건의도 있었지만 '황명皇命'은 이미 내려진 상태였고, 왕국유가 이를 듣고 따라 버렸던 것이다."[76] 그리고 소위 "나진옥과의 불화설"이라 운운하는 것도, 비록 곽

---

73) 『歷史研究』, 1981年 第6期에 실림.

74) 浙江文藝出版社, 1983.

75) 百花洲文藝出版社, 1996.

말약이 「노신과 왕국유魯迅與王國維」라는 글에서 이 설을 극력 주장하였고 대단히 큰 영향을 끼쳤지만, 나곤羅琨·장영산張永山의 『나진옥 평가羅振玉評價』에서 공표된 자료에 의하면, 소위 "절친한 친구와의 절연"도 왕국유 자살의 치명적인 원인은 아니었다. 초애肖艾는 『왕국유 평전』에서 왕국유의 죽음에 대해 비교적 전면적이며 과학적으로 분석했고, 이를 통해 앞서 말한 여러 가설은 모두 왕국유 자살의 주요한 원인이 아니라고 했다. 대신 그는 "쇼펜하우어의 비관주의적 인생관이 왕국유 자살의 가장 근본적인 원인"이라고 했다. "쇼펜하우어의 유有의지론, 니체의 초인학설 등이 왕국유의 자아의식을 더욱 강화하고 압박했다." 이 때문에 그는 혁명의 충격을 두려워했고, "차라리 죽음으로써 '인간'의 존엄을 지키려 했다. 그는 차라리 변발을 지닌 채 죽을지언정 살아서 변발을 잘리고 싶진 않았던 것이다. 자산계급의 비관주의자이자 서방 인문주의자였던 왕국유는 마지막에 이렇게 그의 일생을 마감했던 것이다."77)

왕국유는 풍부하고 가치 있는 저작과 귀중한 학문연구 경험을 남겨주었으며, 짧았던 그의 일생도 후학들에게 많은 시사점과 생각할 거리를 남겨 주었다. 초애가 『왕국유 평전』의 머리말에서 지적했던 것처럼, "왕국유의 연구를 통해 나는 한 사람이 세상을 살면서 반드시 정확한 세계관을 가져야 되겠다는, 한 학자라면 더더욱 선진적인 이론을 지도로 삼지 않을 수 없다는 사실을 더욱 깨닫게 되었다. 그렇지 않으면 왕국유와 같이 그렇게 뛰어난 학자라도 결국에는 자살의 길을 걸을 것이며, 학술연구도 칼에 잘린 듯 멈추어 버리고, 시대를 따라 진보하지도 못하며, 더욱 크고 더욱 새로운 성공도 이루지 못할 것이다." 이것은 대단히 심각한 교훈이며, 우리 같은 후학이 깊이 새겨야 할 부분이다.

---

76) 劉烜, 『王國維評傳』, 百花洲文藝出版社, 1996, 351~352면.
77) 肖艾, 『王國維評傳』, 浙江文藝出版社, 1983, 220면.

(3) "나 · 왕의 학문羅王之學"

1928년 은허에서 갑골문이 과학적으로 발굴되기 전, 나진옥과 왕국유는 대량의 저술을 통해 갑골학 연구에 기초를 마련했으며 갑골학을 대단한 학문으로 발전시켰다. 이와 동시에 나진옥과 왕국유는 갑골문자 연구의 전문인재를 발굴하고 키웠다.[78)]

그들과 그 제자들의 창조적인 연구는 갑골문자 연구가 전통적 금석학 연구의 최고봉에 이르도록 만들었다. 그리고 1928년 은허의 과학적 발굴이 시작된 이후, 현장 고고학이 중국에서도 흥기함으로써 근대고고학의 과학적 방법이 적잖은 갑골 학자에 의해 수용되고 갑골학 연구 영역으로 진입하게 되었다. 이로부터 갑골학(전통적인 금석학 전체를 포함함) 연구가 대대적으로 변화되었으며, 갑골학 연구는 고고학연구 영역으로 편입되어 고고학 연구의 한 분과가 되었다. 나진옥 · 왕국유 및 그 제자들의 갑골학 연구는 이미 갑골문의 금석문자학 연구에 총결을 지었을 뿐 아니라 갑골문의 역사고고학 연구에도 큰 영향을 미쳤다. 곽말약 · 동작빈 등 갑골학 대가들은 바로 나진옥과 왕국유 등이 마련해 놓은 기초 위에서 전통적인 방법을 근대과학과 결합시켜 선진적인 고고학방법을 갑골학 연구영역에 도입시켰고, 이로부터 갑골문 역사고고학 연구에 일대 새로운 바람을 일으켰다. 나진옥과 왕국유 및 그 제자들의 갑골학 연구는 이전의 성과를 계승하고 이후의 연구를 열어준, 갑골학 발전사에서 대단히 큰 영향을 끼쳤다. 그래서 1928년 은허의 과학적 발굴이 이루어지기 이전의 갑골학 연구를 학계에서는 달리 "나 · 왕의 학문"이라 부르기도 한다.

"나 · 왕의 학문"은 갑골학 발전의 한 단계를 이루었을 뿐 아니라 1928년 은허의 과학적 발굴이 이루어지기 이전, 나진옥과 왕국유는 갑골학 연구 방법론을 대표하기도 했다. 그들의 방법론은 바로, "① 고대의

78) 王宇信, 『甲骨學通論』, 中國社會科學出版社, 1989, 327면.

문헌에 익숙할 것, ② 청나라 때의 고증학·소학·음운학 등 연구 도구를 받아들일 것, ③ 이로써 지하의 새로운 자료를 정리할 것, ④ 고대지리의 연구와 결합할 것, ⑤ 이중증거二重證據로써 역사학과 경학을 연구할 것, ⑥ 사료를 정리하고 역사 기록의 수정하는 임무를 완성할 것" 등이다.[79] "나·왕의 학문"은 이전을 계승하고 이후를 열어 몇 대의 갑골 학자들에게 영향을 끼쳤다.

3) 갑골문의 과학적 발굴 시기에 공헌한 학자들

1928년 은허 갑골문에 대한 과학적 발굴이 전개된 이후 근대 현장 고고학적 방법이 갑골학 연구 영역에 도입되었고, 대량의 새로운 갑골자료의 출토와 연구방법의 과학화는 이 시기의 갑골학 연구로 하여금 "금석문자" 단계를 완성하고, 역사고고학 고찰로 비약하도록 만들었으며, 이로부터 나·왕 시대보다 더욱 풍성한 성과를 얻을 수 있었다. 이 시기 갑골학 연구에서 일어난 큰 변화와 장족의 발전은 동작빈董作賓·곽말약郭沫若·당란唐蘭·우성오于省吾·진몽가陳夢家·호후선胡厚宣 등과 같은 학자들의 사력을 다한 탐색과 창조적인 연구와 뗄 수 없다.

(1) 동작빈董作賓(1895~1963)

동작빈은 1895년 3월 20일 하남성 남양南陽 장춘가長春街에서 태어났다. 선조들은 하남성 온현溫縣 동양문촌董陽門村에 살았었다. 원래 이름은 작인作仁이었으나 이후 작빈作賓으로 고쳤으며, 자는 언당彦堂이며 달리 언당雁堂이라고도 했고, 따로 평려平廬라는 이름으로 서명하기도 했다. 동작빈은 1900년(6세) 서당에 들어가 경전과 역사서를 배웠으며, 일찍이 저명

79) 陳夢家, 『殷虛卜辭綜述』, 科學出版社, 1956, 51면.

한 고고학자 곽보균郭寶鈞과 함께 사구史九 선생께 사사했다. 집안이 어려워 14세(1908) 때 과외 시간을 이용해 아버지를 도와 수공업과 옷소매를 찍는 일 등에 종사하였다. 그리고 다재다능한 재주로 매년 연말이면 새봄맞이 대련春聯을 쓰고 평일에는 도장을 새겨(한 글자에 동원銅元 4매枚를 받았다) 번 돈으로 집의 생계를 도왔다. 1910년(16세)에 남양南陽 원자元字고급소학에서 공부하였고, 1912년(18세)은 학업을 그만두고 장사를 시작하였으며, 진요원陳耀垣과 공동으로 전수관을 세워 제자들을 받았다. 5월 단오 때 처음으로 4만 문文의 학비를 마련해 진학할 수 있었다.

1913년, 동작빈은 19세 때 남양에서 서점을 경영했는데 새 책이 들어오면 반드시 먼저 읽은 후에 내다 팔면서 지식을 늘려 나갔다. 21세(1915) 때, 2등이라는 우수한 성적으로 남양 현립 사범강습소에 입학하였으며, 22세(1916) 때에는 가장 우수한 성적으로 졸업했다. 1913년(24세) 때 성도였던 개봉開封으로 유학하였으며, 그해 본 하남 육재관河南育才館에 입학하여, 시경훈時經訓 선생을 스승으로 모시고 처음으로 갑골문자를 배웠다. 25세(1919) 때 육재관을 졸업하고, 처음에는 『신예일보新豫日報』에서 편집 교열을 맡았으나 그해 겨울 북경으로 갔다. 동작빈은 28세(1922)에 북경대학의 방청생이 되어 처음으로 갑골문자를 배우기 시작했고, 등사지로 『은허서계 전편殷虛書契前編』의 탁본을 영사했다. 1923년(29세) 때 북경대학연구소 국학과國學門가 성립되어 연구생이 되었다. 31세(1925) 때 복건성 복주의 협화協和대학 국문과로 가 교수직을 맡았다.

1926년 동작빈(32세)은 하남의 개봉으로 돌아가 중주中州대학 문학원의 강사가 되었고, 1927년(33세)에 다시 북경으로 갔는데, 그해 여름 북경대학 연구소 국학과의 강사가 되었다. 그해 가을 다시 광주廣州로 내려가 중산中山대학의 부교수가 되었고, 저명학자였던 부사년傅斯年과 알게 된다. 1928년 동작빈(34세)은 모친의 병으로 고향으로 돌아갔으며, 남양중학에서 국문과목을 강의했다. 그해 중앙연구원 역사어언연구소 주비처가 광주에서 성립되었고, 동작빈은 통신원으로 초빙되었다. 여름 방학 때

동향이었던 장중부張中孚와 함께 낙양洛陽으로 가 삼체석경三體石經을 조사했으며, 온현溫縣과 휘현輝縣 등을 거쳐 안양安陽으로 가 역사어언연구소 주비처의 명령을 받아 은허 갑골문자의 출토 정황을 조사했다. 그는 「민국 17년 안양 소둔 시굴 보고서民國十七年試掘安陽小屯報告書」에서 이렇게 말했다. "갑골의 발굴은 분명 아직 다 끝나지 않았으며", "갑골이 아직 많이 남아 있을뿐더러 근년에 들어서도 끊임없이 출토가 이어지고 있다. 이렇게 계속 나간다는 것은 우리 중국 고대문화의 지극히 중요한 보물이 장차 무지한 인사들에 의해 도굴되어 모두 팔려나가게 되고 마는 것과 관계된다. 그 때문에 발굴이 하루가 늦어지면 그것이 바로 하루의 손실이며, 이것이 바로 국가학술기관에서 과학적 방법으로 발굴해야 하는 이유이며, 실로 조금이라도 늦추어서는 아니 되는 이유이기도 하다."[80] 이것이 중앙연구원의 은허 갑골문에 대한 대규모 과학적 발굴이라는 엄청난 사업을 촉발하게 되었다. 1928년 10월 13일부터 10월 30일까지 중앙연구원은 은허 갑골문에 대한 제1차 과학적 발굴을 시작했고, 동작빈을 주관자로 임명하여 발굴의 전체 작업을 책임지게 했다. 1929년(35세) 봄 제2차 발굴작업에 참여했고, 또 그해 가을 제3차 발굴에도 참여했다. 1930년(36세) 때 마침 산동고적연구회山東古迹硏究會가 성립되어 동작빈이 위원이 되었고, 성자애城子崖 유적의 제1차 발굴에 참여하였다. 1931년(37세)에는 안양의 제4·5차 발굴에 참여했다. 1932년(38세)에는 제6·7차 발굴에 참여하였고, 북경대학의 강의도 겸하여 "갑골문자연구"라는 과목을 강의했다. 그해 봄, 갑골학사에서 시대의 획을 그을 만한 유명한 글인 「갑골문 시기구분 연구 예甲骨文斷代硏究例」를 완성했고, 1933년(39세)에 출판했다. 1934년(40세) 봄, 은허의 제9차 발굴을 지휘했고, 가을에는 중앙고대기물 보관 위원회中央古物保管委員會의 위원으로 위촉되었다. 1935년(41세)에는 중앙고대문물보관위원회의 위탁을 받아 그해 봄 안양으로 파견

80) 『安陽發掘報告』 第1期, 1929.

되어 제11차 은허 발굴을 감독하였다. 1936년(42세)에는 『은허문자 갑편殷虛文字甲編』의 도판을 편집하여 상무商務인서관에서 출판했다.

1937년(43세) 남경에 있었으며, 그해 여름 안양으로 가 제15차 발굴을 시찰했다. 당시 안양에서는 도굴의 풍기가 홍행하였으며 "인민의 생계를 파괴하는 동董(즉 동작빈을 지칭)·양梁(즉 양사영梁思永을 지칭)을 타도하자", "정부 관리만 불을 지필 수 있게 하고, 백성에게는 허락하지 않는다"는 식의 표어가 공공연하게 등장하여, 중앙연구원의 은허 발굴을 반대하였다. 그해 동작빈은 재난의 여파로 남겨진 고대기물의 사진을 출판하여 이름을 『평려영보平廬影譜』라 하고 부제를 "백성의 등불燈"이라 붙여 이를 역설적으로 비웃었다. 그해 7월 7일 노구교盧溝橋 사변의 발발로 은허의 발굴은 잠시 중지되었고, 역사어언연구소는 장사長沙로 옮겨갔으며, 그해 겨울 다시 계림桂林으로 옮겨갔다. 11월 5일 안양은 일본군에게 점령되었다. 동작빈은 1938년(44세) 역사어언연구소를 따라 안남安南을 거쳐 운남의 곤명昆明으로 옮겨갔고, 가을에 용두촌龍頭村에 도착했다. 1942년(48세) 역사어언연구소가 사천의 남계南溪로 옮겨감에 따라 가족들도 이장판률요李莊板栗坳에 정착했다. 동작빈은 이리저리 옮겨 다니는 극도의 어려운 조건하에서도 연구를 계속하여 저술을 멈추지 않았다. 1945년(51세)에는 『은력보殷歷譜』를 써 석인石印으로 2백 부를 인쇄했으며 매 부마다 번호를 매겼다. 1946년 동작빈(52세)은 미국 시카고 대학의 객좌교수로 초빙 받아 1947년(53세)에 미국으로 건너가 강의를 하였으며, 1948년(54세)에는 인문조人文組의 제1기 원사院士에 당선되었고, 그해 겨울 귀국하여 역사어언연구소 전임연구원을 맡았다. 동작빈은 1949년(55세)에 대만으로 건너갔으며, 대만대학 문학원의 교수가 되었다. 1951년(57세)에는 역사어언연구소 소장을 맡았다. 1954년(60세) 국가학술 장학금(사회과학 부문) 및 훈장을 받았다. 동작빈은 61세(1955) 때 한국의 서울대학으로 가서 강의하였고, 그해 5월 서울대학의 대학원에서 문학박사 학위를 수여받았다. 8월 홍콩대학 동방문화연구원의 초빙으로, 홍콩대학의 연구원이 되었다. 1958년(64세) 가을 대만으로 돌아갔고, 11월 역사어언연구소 갑골문 연구실의 주임이 되었다. 동작빈은 1963년(69세) 대만대학 부속병원에서 서거했다.[81)]

동작빈은 평생 학술 연구에 공헌했으며 중국 근대고고학과 갑골학의 기초를 마련한 사람 중의 하나였다. 그는 폭넓게 공부했고 지식이 연박하여 고문자학 · 고고학 · 역사학 · 고대연대학 · 지리학 · 문학예술 등에서 대단한 조예가 있었으며 자신의 키만큼이나 되는 높이의 저작을 남겨, 국내외적으로 저명학자로 칭송받았다. 동작빈은 평생 연구를 게을리하지 않아 후학들에게 10여 종의 저서와 2백여 편의 논문을 남겼으며, 지금은 이미 『동작빈 전집董作賓全集』 갑 · 을편의 총 12책으로 편집되어 1977년 대만 예문인서관에서 출판되었다. 동작빈은 여러 차례 은허의 과학적 발굴을 지휘하거나 발굴에 참여하였으며, 과학적 발굴에 의한 전체 갑골문을 정리하고 공표함으로써 갑골학 연구의 발전에 시대적 획을 그을 만한 공헌을 했다. 그 구체적 내용으로는 다음의 것들이 있다.

첫째, 동작빈은 1928년 8월 하남성 안양의 은허로 가서 갑골문의 출토 정황을 조사한 후 "갑골의 발굴은 분명 아직 완료되지 않았다"는 결론을 통해 전 중앙연구원에서 1928~1937년까지 10년 동안에 걸쳐 총 15차례에 걸친 대규모의 과학적 발굴을 진행하게 하였다. 은허에서 갑골문을 과학적으로 발굴한 것은 은허 갑골문의 "도굴시기"의 종식을 선언했으며, 국가의 학술연구기관에서 조직적으로 은허 갑골문을 발굴한 "과학적 발굴시기"의 시작이었다. 과학적 발굴에 의해 얻은 대량의 은허 갑골문은 명확한 갱위坑位기록과 동반 출토 유물과 유적 등을 갖고 있기에 그 학술적 가치는 대대적으로 제고되었다. 이와 동시에 1928년부터 시작된 대규모의 은허발굴은 중국의 역사시기의 고고학연구를 "맹아시기"로부터 "형성시기"를 거쳐 점점 "성숙 시기"로 들게 만들었다.[82)] 이 때문에 은허의

81) 嚴一萍, 「董作賓先生傳略」, 『甲骨學六十年』 附錄, 藝文印書館, 1965. 「董作賓年表」, 『殷商史的解謎者』(董作賓 百年冥誕 特輯, 臺灣) 藝術家出版社, 1994年 참조.

과학적 발굴은 중국 현장 고고학의 기초를 마련해 주었으며 세계적으로 영향력 있는 고고학 전문가와 갑골 학자를 배출했다. 동작빈은 중국 근대 고고학의 기초를 마련한 사람의 하나로, 중국고고학의 발전에 공헌했다.

둘째, 동작빈은 은허의 과학적 발굴의 중요한 계획수립자이자 직접 삽을 들고 발굴을 몸소 실천한, 은허의 과학적 발굴의 실천자이자 조직자였다. 그는 때로는 예컨대 제1·5·9차 발굴에서와 같이 은허발굴의 지휘자로서 전체 작업을 책임지기도 했으며, 때로는 제2·3·4·6·7차 발굴에서와 같이 은허발굴의 중요한 참여자로서 온 힘을 다해 이제李濟와 곽보균郭寶鈞 등을 도왔다. 비록 제9차 은허 발굴 이후, 동작빈은 연구의 초첨을 은허의 제1~9차 발굴에서 얻은 갑골문의 정리와 연구로 옮긴 탓에 더 이상 제10~12차 서북강西北崗 왕릉 구역의 대규모 발굴과 제13~15차 소둔촌小屯村 북쪽 궁전구역의 대규모 "평번平翻"작업에는 참여하지 않았지만, 여전히 은허발굴의 진전과 중요한 유물과 유적 등 새로운 자료의 출토 정황에 관심을 가졌다. 그는 일찍이 유관 부문의 위탁으로 일부러 안양으로 가 제11·15차 은허발굴 작업을 시찰하기도 했다. 은허의 제1차부터 제9차 발굴과정에서 총 6,513편의 갑골을 얻었고, 제13차부터 제15차의 발굴에서는 총 18,405편의 갑골을 얻었다. 이렇게 볼 때, 대량의 과학적 기록을 가진 갑골문의 출토는 동작빈의 노력과 불가분의 관계에 있다고 해야 할 것이다. 그리고 과학적 발굴로 얻은 갑골문의 과학적 가치는 도굴에서 얻어진 갑골문과 같은 선상에서 이야기 할 수 있는 것이 아니며, 이는 갑골학 연구가 나·왕 시대를 벗어나는 출발점이며, 갑골학 연구의 역사고고학 고찰에 견실한 기초를 마련해 주었다.

셋째, 동작빈은 은허의 과학적 발굴에서 얻은 갑골문을 『은허문자 갑편殷虛文字甲編』과 『은허문자 을편殷虛文字乙編』으로 출판함으로써 갑골문 자료의 공표라는 측면에서도 큰 공헌을 했다. 그리고 『갑편』과 『을

82) 『中國近代史學學術史』, 中國社會科學出版社, 1996, 483~490면 참조.

편』은 과학적 발굴에서 얻은 갑골문을 저록하는 새로운 체제를 마련하여, 이후의 과학적 발굴에 의한 갑골의 저록에 전범을 수립했을 뿐 아니라 갑골문의 고고학적 고찰에도 대단한 편의를 제공했다. 사실 『갑편』의 출판은 갖가지 우여곡절을 겪었다.[83] 동작빈 등이 전후 3번이나 배열하여 출판한 『갑편』은 바로 백전불굴의 정신을 통해 이 중요한 자료가 완전한 모습으로 학계에 공개될 수 있도록 만들었다. 하지만 몇몇 학자들은 과학적 발굴에서 얻은 갑골자료에 대한 몰이해 혹은 『갑편』 출판의 갖가지 어려움을 이해하지 못하는 바람에 은허발굴자들이 갑골을 "궤짝 속에 비장했다"거나 "품속에 안고서 내놓지 않는다"고 비난하기도 했다. 동작빈 등은 굴욕을 참고 책임을 진채 묵묵히 작업을 진행한 결과 『갑편』 출판이라는 "사실로써 자신들의 결백을 대신했다."[84]

넷째, 동작빈은 은허발굴에 참여하는 과정에서 대량의 진귀한 갑골문을 발굴했을 뿐 아니라 "안양현 소둔촌의 은허의 지하로부터 "갑골문자의 시기구분 방법"을 "발굴해"냈다.[85] 이것이 바로 그가 1933년 발표했던 「갑골문 시기구분 연구 예甲骨文斷代硏究例」이다. 이 글은 갑골학사에서 시대의 획을 긋는 명문으로, 갑골학 연구를 완전히 새로운 단계로 올려놓았다. "이로부터 큰 물길이 뚫려, 갑골문에 기록된 역사적 사실·예제禮制·제사·문례文例 등의 발전 변화를 탐색하고, 후기 상나라 각 왕의 역사를 과학적인 기초 위에 건립할 수 있게 되었다."[86] 동작빈은 「갑골문 시기구분 연구 예」에서 구축한 "5시기" 구분법 및 시기구분 연구의 "10가지 표준"은 비록 개별적인 부분에서는 아직 진일보된 수정과 완비가 필요하지만, 50여 년 동안 계속 사용되어 왔고, 갈수록 그것의 체계가 대단히 과학적이며 강력한 생명력을 갖추고 있음이 증명되었다.

---

83) 王宇信, 『甲骨學通論』, 中國社會科學出版社, 1989, 272면.

84) 董作賓, 「自序」, 『殷虛文字甲編』, 1947.

85) 董作賓, 「爲書道全集詳論卜辭時期之區分」, 『中國現代學術經典』 「董作賓卷」, 河北教育出版社, 1996, 528면.

86) 王宇信, 『建國以來甲骨文硏究』, 中國社會科學出版社, 1981, 20면.

동작빈은 갑골문의 시기구분 연구에서 커다란 성공을 이루었지만, 결코 여기에서 멈추지 않고 더욱 새로운 방안을 찾아 보충하려고 노력했다. 그 때문에 그는 다시 갑골문 시기구분 연구의 기초 위에서 "자료를 수집해 『은력보殷歷譜』를 완성했다. 이 10여 년간의 연구를 통해 다시 분파신법分派新法을 찾아냈다." 그는 "분파라는 안목에서 복사를 보는 것이 시대구분이라는 시각에서 복사를 보는 것과 완전히 다른 것이라 자신하였다." 그러나 "전자의 시각으로 보면 복사에서 대표할 수 있는 문화와 은대 273년간의 예제禮制의 변혁과 정치적 사조의 기복 등이 꽉 막힌 시야가 휑하니 뚫리듯 막힌 산을 돌아 길을 바꾸듯 역경 속에서도 새로운 희망이 보일 듯한 경지에 이르게 되지만", "후자의 시각으로 보면 단지 갑골이 다섯 무더기로만 보여 이리저리 주워 모으고 단장취의 함으로써, 여전히 캄캄한 암실 속에서 탐색하는 꼴로 암흑천지일 뿐이다."[87] 동작빈의 "분파신법" 및 그 시대구분에 나타난 한계에 대해서는 이미 제5장 제5절에서 상세히 논의했으므로 여기서는 줄인다. 하지만 학자들의 지적처럼, "분파라는 학설은 그 구체적 결론이 신빙성에 관계없이, 갑골복사 속의 몇몇 해석이 필요한 중요 현상을 파헤침으로써 갑골문의 시기구분 연구와 예제 등에 관한 연구에 추동적인 기능을 하였음은 분명하다."[88]

다섯째, 동작빈은 갑골학의 자체 규칙과 적잖은 기본적인 문제들, 예컨대 갑골의 다듬기와 점복·갑골 문례·짜 맞추기와 복원·가짜의 변별 등과 같은 측면에서 많은 범례를 만들고 개척적인 작업을 했다. 그리고 "은허 발굴 이전, 갑골문자 연구자들은 대부분 탁본에 근거해 문자를 고석함으로써 모두 단장취의 식으로 해석하였으며, 게다가 완전한 해독도 아니어서 문제가 많았다. 개별 글자도 연구할 수 없을진대 문장을 어떻게 읽어 낼 수 있겠는가? 하물며 편篇이나 단락을 읽어 낼 수 있겠는

87) 董作賓, 「爲書道全集詳論卜辭時期之區分」, 『中國現代學術經典』 「董作賓卷」, 河北教育出版社, 1996, 528면.

88) 裘錫圭, 「董作賓先生小傳」, 『中國現代學術經典』 「董作賓卷」, 河北教育出版社, 1996.

가? 그리고 전체 편의 상호관계를 어떻게 이해할 수 있겠는가?"[89] 바로 동작빈과 같은 학자들이 근대고고학적 방법을 이용해 갑골문을 전면적으로 정리함으로써 상나라의 점복과 문자 계각 규칙의 복원에 기초를 마련해 주었다. 이 때문에 오늘날 엄밀한 규칙을 가진 갑골학은 갑골학의 "금석문자시기"였던 "나·왕의 학문"에 비해 크게 진보할 수 있었다.

여섯째, 동작빈은 중국의 고대 연대학의 연구에도 공헌을 했다. 1934년부터 1943년까지 이 10년의 기간 동안, 동작빈은 새로운 영역을 개척해 『은력보』의 연구를 더했다. 그는 "수년간 이루어진 이의 연구에 오로지 혼자만의 길을 걸어" 은대의 역법 연구에 전심전력했다. 그가 방대한 은나라 역법 체계를 구축하고자 했던 목적은 다음의 두 가지였다. 즉 "하나는 복사속에 나타난 천문 역법의 기록을 통해 은·주의 연대의 문제를 해결하고자 함이었고, 둘째는 새로운 방법으로 연구한 갑골문자의 성과를 이 분야 연구자들에게 참고로 제공하기 위한 것이었다." 중일 전쟁이 극으로 치닫는 곤란한 상황에서, 비록 이리저리 옮겨 다니며 유랑을 했지만, 그는 의지를 꺾거나 마음을 변화시키지 않고 『은력보』의 연구를 완성했다. "발분하여 필사하여 석인본으로 출판하였는데, 32년 9월(1943)부터 시작해 지금에서야 인쇄가 끝났으니(이 머리말에 서명된 날짜는 1945년 4월 30일이다—인용자 주) 무려 1년 8개월이 걸렸다."[90] 이것이 바로 1945년 출판된 『은력보』라는 상나라 역법 연구의 거작이다. 그 후 동작빈은 주요 정력을 연대학에다 쏟았고, 『서주 연력보西周年曆譜』(1952)와 『중국 연력 총보中國年曆總譜』(1959) 등을 완성했다. 동작빈은 이 거작 『은력보』에서 갑골문 자료를 기초로 은주의 연대 문제를 해결하고자 극력 노력하였다. 하지만 역보의 편찬은 원래 대단히 어렵고 거대하며 번거로운 작업이다. 대량의 자료의 휘집과 정리가 필요할 뿐 아니라 천문역법

89) 董作賓, 「甲骨實物之整理」, 『中國現代學術經典』 「董作賓卷」, 河北教育出版社, 1996, 505면.

90) 董作賓, 「自序」, 『殷曆譜』, 1945.

지식에 정통해야만 한다. 그래서 개인의 지식이 아무리 연박하다 하더라도 한계를 가질 수밖에 없다. 이 때문에 『은력보』가 출판된 후, 「갑골문 시기구분 연구 예」와 같이 그렇게 빠른 속도로 학계의 수용을 받지는 못했다. 믿는 사람은 믿고 의심하는 사람은 의심했다. 적잖은 학자가 『은력보』에 대해 논박을 벌이고 의심했다. 어떤 학자의 지적처럼, "갑골각사에 월일에 관한 기록이 적지 않은 것은 사실이지만 그것들이 연관되어 있지 않기 때문에 어떤 특정 1년이나 2년의 역보를 복원시킬 수가 없다. 전체적으로 연결된 1~2년의 역보가 없다면 어느 특정 왕 때의 역법의 구체적인 내용도 재구해내기가 쉽지 않다." 그래서 『은력보』는 풍부한 갑골자료를 수집하긴 했지만, "그 기초는 강건하지 않았다." 하지만 이렇다 하더라도 『은력보』가 "은대 역법에 이용 가능한 자료를 제공했으며, 약간의 가설을 제공했는데, 이는 은대역법에서 없어서는 아니 될" 전문 연구라는 것에 대해서는 충분히 긍정하고 있다.[91]

동작빈의 『은력보』 편찬의 두 번째 목적은 "새로운 방법으로 갑골문자를 연구하고자 한 데 있었다." 즉 「자서」의 시작 부분에서 밝혔듯이, "사실은 「갑골문 시기구분 연구 예」를 응용한 진일보된 방법으로써 갑골문자의 분기·분류·분파 연구를 하고자 했던 책이다." 『은력보』는 이러한 측면에서 성공을 거두었다. 특히 "동씨는 『은력보』에서 같은 조각편과 다른 갑골편에 보이는 대단히 많은 유관 복사를 점친 날짜대로 배열하고 이를 종합적으로 연구한 배보排譜 방법을 대량으로 사용했으며, 동시에 '신파新派'의 복사로부터 상나라 왕이 엄격하게 규정된 날짜에 따라 선왕先王과 선비先妣를 제사 지냈던 '5가지 사전祀典'(이후의 연구자들은 달리 '주제周祭'라 부르기도 한다)의 제전制典을 정리해 내었는데, 이는 갑골문 연구에 커다란 반향을 일으켰다."[92]

일곱째, 갑골학의 심화연구기와 갑골학의 발전에 방향을 제시했다. 동

---

91) 陳夢家, 『殷虛卜辭綜述』, 科學出版社, 1956, 223면.

92) 裘錫圭, 「董作賓先生小傳」, 『中國現代學術經典』 「董作賓卷」, 河北教育出版社, 1996.

작빈은 1949년 대만으로 건너간 이후, 여전히 "고대사 연대학의 연구와 찬술에 중점을 두어 갑골학에 관련된 많은 작업을 해 냈다. 하지만 여러 가지 원인 때문에 본래 대단한 일을 할 수 있었던 이 학자는 일정한 제한을 받고 말았다."[93] 은허의 과학적 발굴의 기초를 마련했던 탁월한 갑골 학자 동작빈은 갑골문의 발상지—은허라는 현장 작업으로부터 멀리 떨어지면서 그는 그의 사고와 전진을 끊임없이 추동했던 현장 고고학의 신선한 1차 자료로부터 괴리되었고, 이 때문에 갑골학 연구에서 더 이상 예리하게 파헤치고 새로운 연구의 영역 개척 없이 기본적으로 수성과 정체 상태에 빠지고 말았는데, "이 학문이 다소 시들해졌다"[94]고 한 그의 개탄도 이상할 것이 없다. 하지만 동작빈은 여전히 국내외 갑골학 연구의 상황과 미래의 발전에 관심을 가졌다. 그는 『갑편』의 「자서」와 다른 저작 속에서 금후의 갑골학 연구 발전에 관한 계획을 한두 번 밝힌 것이 아니다. 그는, "첫째, 먼저 자료를 집중시켜야만 하는데, 이미 얻은 10여만 편의 갑골을 하나로 묶어내야 한다. 둘째, 분파·분기分期·분왕分王의 방법을 이용해 전체 자료를 정리해야 한다. 셋째, 가능한 한 짜 맞추기를 통한 복원작업을 이루어 전체 자료들을 완전하게 만들어야 한다. 넷째, 자전·사전·유전類典 등의 색인을 만들어 이 학문의 연구에 편의를 제공해야 한다. 다섯째, 유추의 원칙을 응용해 비늘 하나 발톱 하나로부터 전체 은대의 문화를 추측해 나가야 한다." 그리고 이상의 여러 작업들은 "자료의 결집이 첫째이고, 그 다음이 짜 맞추기를 통한 복원, 그 다음이 색인 공구서의 편찬이며, 연구방법은 이전의 분기·분류 이외에도 '분파'의 관찰에 더욱 주의해야 한다"고 했다.[95] 현재 국내외에서 많은 갑골 학자들이 이미 이와 관련된 중요한 과제를 완성했거나 완성 중에 있다. 예컨대 『갑골문 합집甲骨文合集』, 『상주 갑골문 총집商周甲骨文總

93) 陳建敏, 「董作賓後期的甲骨學研究」, 『中國史研究動態』, 1981年 第8期.
94) 董作賓, 「甲骨學六十年」, 『中國現代學術經典』「董作賓卷」, 河北教育出版社, 1996, 290면.
95) 董作賓, 「甲骨學六十年」, 『中國現代學術經典』「董作賓卷」, 河北教育出版社, 1996, 293면.

集』, 『갑골문 합집 보편甲骨文合集補編』, 『은허갑골 각사 유찬殷墟甲骨刻辭類纂』, 『갑골문자 고림甲骨文字詁林』, 『갑골문자 자석 종람甲骨文字字釋綜覽』, 『갑골문 통검甲骨文通檢』 등이 그렇다. 이는 그때 동작빈의 "이상 속의 기대"이자 "향기 그윽한 축복"할 성과들이라 하겠다.

동작빈은 1928년 은허의 과학적 발굴을 지휘한 이후, 대량의 갑골문자를 발굴해 냈을 뿐 아니라 시기구분 연구라는 새로운 방법을 발굴하게 해 주었다. 그가 추구해 온 35년간의 학술, 갑골문에 대한 추구는 갑골학의 과학적 체계의 건립에 많은 발명과 창조를 이루었고, 몇 대에 걸친 국내외의 여러 갑골 학자에게 대단한 영향을 끼쳤다. 이 때문에 동작빈은 나진옥과 왕국유를 이어 갑골학 발전사에서 시대의 획을 그을 만한 일대 종사宗師가 되었다.

(2) 곽말약郭沫若(1892～1978)

곽말약은 1892년 11월 16일 사천성 낙산樂山시 사만진沙灣鎭에서 태어났다. 어머니가 그를 임신했을 때 작은 표범이 왼손을 무는 태몽을 꾸어, 아기 때의 이름을 문표文豹라 했다. 배울 때의 이름이 개정開貞, 호는 상무尙武이다. 곽말약의 고향인 낙산은 대도하大渡河(옛 이름은 말수沫水)와 청의강靑衣江(옛 이름은 약수若水)가 서로 만나는 곳이었기에, 1919년 말약沫若을 이름으로 삼았으며, 1925년부터 호를 정당鼎堂이라 했다. 곽말약은 4세(1895) 때부터 어머니를 따라 당시唐詩를 외웠고, 6세(1897)에는 "수산서관綏山書館"이라는 서당에 들어갔다, 1906년 봄(15세)에 낙산현의 고등소학에서 공부했는데, 14～15세 때 이미 사서·오경·『좌전』 등과 같은 고전을 외웠다. 1907년 가을(16세) 가정부嘉定府의 중학에 입학했으며, 1910년(19세) 사천성 중학당의 분교에 입학하고 성도成都로 편입하여 학업을 계속했다. 1912년(21세) 겨울 성도고등학교의 이과에 입학하였으며, 1913년(22세) 천진天津 육군 군의관 학교에 입학했다. 1914년(23세) 일본으로 건너 가 동경 제일고등학교의 예비 의과에 입학하였으며, 1915년(24세) 강산岡山 제6고등학교로 진학하였다. 1918년(27세), 복강福岡으로 가 구주九州제국대학 의과에 입학하였다. 1919년(28세) 두 귀에 중이염을 앓아 수업이 곤란하여, “의학을 배우는 자신의 길이 잘못되었다”는 생각을 하게 되었으며, 『여신女神』 등과 같은 시대적 획을 긋는 시를 발표하였다. 곽말약은 1923년(32세) 구주제국대학 의과를 졸업했으나, 의학을 포기하고 문과로 전향했으며, 창작과 번역을 병행했으며, 4월 상해로 돌아갔다. 1926년(35세) 광주廣州대학 문학원 원장이 되었다. 북벌에 참여하여 정치부 선전과장 겸 행영비서장行營秘書長·총 정치부 부주임 등을 역임했으며, 남창南昌에서 총 정치부 주 강서성 판사처 주임을 겸임했다. 1927년 4월 12일, 장개석蔣介石이 혁명에 반하여 공산당 인사와 혁명지사들을 학살하자, 곽말약은 8월 남창으로 가 남창 봉기군에 참여하여 광주로 진격하였고, 8월에는 주은래周恩來와 이일맹李一氓의 소개로 중국공산당에 가입하였다. 국민당정부의 검거를 피해 곽말약은 1928년(37세) 일본으로 건너 가 천엽현千葉縣 시천시市川市에 거주했다. 형사와 헌병들의 감시 하에 곽말약은 중국 고대사회 연구를 시작했다. 8월 말 동경의 상야上野도서관에서 나진옥이 편집한 『은허서계殷虛書契』를 보고 갑골문 연구를 시작했다. 9월 초 문구당文求堂에 가 『은허서계』에 관한 입문서를 찾다가 나씨의 『은허서계 고석殷虛書契考釋』을 보게 되었다. 또 동양東洋문고로 가 한 두 달 사이에 “서고에 소장된 모든 갑골문자와 금문에 관한 저작을 통독했으며”, 중국 경내의 고고발견에 관한 기록을 찾았다. 그리하여 “중국고대에 대한 인식이 비교적 자신있다고 할 정도가 되었다.” 곽말약은 1929년(38세) 7월, 번역한 『미술고고 발견사美術考古發現史』를 상해 낙군樂群서점에서 출판했다. 8월, 복사에 대한 전문적인 연구 성과들을 모아 『갑골문자 연구甲骨文字硏究』로 출판하고, 「서」와 「서록」을 첨부했다. 1930년(39세) 3월, 『중국 고대사회 연구中國古代社會硏究』가 상해의 연합聯合서점에서 출판되었다. 1931년(40세) 5월, 『갑골문자 연구』가 상해의 대동

大東서국에서 출판되고, 6월에는 『은주 청동기 명문 연구殷周青銅器銘文研究』도 대동大東서국에서 간행되었다. 1932년(41세) 봄, 『금문 여석金文餘釋』이 만들어졌는데, 논문 16편이 수록되었다. 5월, 『금문 총고金文叢考』가 만들어졌고, 6월 6일에는 「『금문총고』 발미跋尾」가 작성되었다. 10월에는 『금문 여석의 나머지金文餘釋之餘』가 만들어졌고 「머릿말」까지 갖추었다. 1933년(42세) 5월, 『복사통찬卜辭通纂』이 일본 동경의 문구당 서점에서 간행되었다. 12월, 『고대 명인 휘고 4종古代銘印彙考四種』이 일본 동경 문구당 서점에서 간행되었고, 여기에는 『은계 여론殷契餘論』·『금문 속고金文續考』·『석고문 연구石鼓文研究』·『한대 각석 2종漢代刻石二種』 등이 포함되었다. 1934년(43세) 5월, 『고대명각 휘고 속편古代銘刻彙考續編』이 동경 문구당 서점에서 간행되었다. 1935년(44세), 『양주 금문사 대계 고석兩周金文辭大系考釋』이 동경 문구당 서점에서 출판되었다. 곽말약은 1936년(45세) 5월, 김조동金祖同의 『갑골문자 변증甲骨文字辯證』에 「서」를 지어 장태염章太炎이 김조동에게 보낸 갑골문에 대한 글을 평하였다. 1937년(46세) 4월『은계 수편殷契粹編』이 완성되어 5월 동경 문구당 서점에서 출판되었다. 1937년 7월 7일 중일전쟁이 발발하자, 곽말약은 7월 25일 곧바로 일본을 떠나 중국으로 가 반침략투쟁에 참여하였으며, 정치부 제3청 청장이 되었다. 1938년(47세) 곽말약은 중경重慶으로 갔으며, 1947년(56세) 11월 홍콩으로 가기 이전까지의 10년 동안 혁명에 참여하는 동시에 그의 중국 고대사회 연구를 계속해, 『십비판서十批判書』·『청동시대靑銅時代』·『역사인물歷史人物』 등과 같은 중요 학술저작을 연속해서 출간했다. 1948년(57세) 바닷길을 통해 동북 해방구로 진입했다. 북평北平이 평화적으로 해방된 후 1949년(58세) 2월 심양沈陽에서 북평으로 갔다.

신 중국 성립 이후 곽말약은 요직을 거쳤는데, 정무원 부총리, 문화교육위원회 주임, 중국과학원 원장, 철학사회과학부 주임, 역사연구소 소장 등을 역임했다. 그는 바쁜 국무활동과 과학문화조직의 지도와 국제간 우호교류 등을 수행하는 동시에도 주경야독의 정신으로 문예창작을 견지하였으며, 고대사와 갑골학·고고학의 연구에 매진하여 연속해 『노예제 시대奴隸制時代』·『문사 논집文史論集』·『관자 집고管子集校』 등을 출판했고, 『중국 사고中國史稿』·『갑골문 합집甲骨文合集』 등 세계적으로 영향을 끼친 대형 역사학·갑골학 저작들을 주편했다. 1978년 6월 12일, 곽말약은 북경에서 세상을 떠났는데, 향년 87세였다.96) 곽말약은 국내외에 이름을 떨친 대량의 역사·고고학 관련 저작들을 남겼고, 특히 방대하고 깊이 있는 갑골문·금문 연구저작들은 중국 문화의 보물 중 진품이 되었으며, 이미 『곽말약 전집』의 역사편과 고고편에 포함되어 출판되었다.

곽말약은 재주가 뛰어나고 지식이 연박하여, 문학예술·철학·역사학·고고학·갑골 금문 등 고문자 연구, 마르크스 레닌주의 저작과 외국 문예작품의 번역과 소개 등과 같은 철학 사회과학 영역에서 커다란 공헌을 했다. 곽말약은 노신魯迅 이후, 중국의 문화전선에서 또 다른 한 사람의 위대한 무산계급 문화전사이자 화려한 기치를 올렸던 사람이었다. 곽말약은 중국과 세계적으로 명성을 날렸던 작가이자 시인이자 극작가였으며, 마르크스주의 역사학자이자 고고학자이자 고문자학자였다.

1928년부터 곽말약은 갑골문 등과 같은 고문자 연구를 시작하여 1978년 세상을 떠날 때까지, 반세기 동안 그는 줄곧 갑골문에 대한 탐색과 연구를 중단하지 않았다. 그는 "갑자기 일어난 특이한 학파異軍突起"처럼 역사유물주의를 지도 사상으로 삼아 고문자학을 고대사 연구와 결합시켜 역사학 연구의 새로운 천지를 개척했으며, 갑골학 연구의 발전과 은상사의 연구에 불멸의 공헌을 했다.

첫째, 곽말약은 갑골문 자료의 수집과 공표에 주력하여, 갑골학과 상나라 역사 연구를 발전시켰다. 주지하다시피 곽말약은 일본에 머물렀던 10년 동안, 온갖 방법을 다해 일본 각지의 개인과 공공기관 소장 갑골을 찾아 다녔고, 일본 각지의 소장품들을 하나로 모아 출판하여 학계에 연

96) 龔濟民·方仁念, 『郭沫若年譜』 上·下, 天津人民出版社, 1982·1983; 謝保成, 「郭沫若學術行年簡表」, 『郭沫若評傳』, 百花洲文藝出版社, 1996 참조.

구 자료로 제공하고자 했다. 하지만 갖가지 원인으로 뜻을 이루지 못하자, 애초의 마음을 바꾸어 『복사 통찬』과 『은계 수편殷契粹編』 두 책으로 출판할 수밖에 없었다. 『복사 통찬』은 "전해지는 복사 중 최고의 것만 뽑아 속에 품고 있던 체계에 따라 배열하였으며, 그와 동시에 일일이 고석하여 참고하는 데 도움이 되도록 했다. 근거 자료는 주로 유악·나진옥·왕국유·임태보 등의 책에서 가져왔지만, 저록을 거치지 않은 것도 있었으며", 총 929편의 갑골을 저록했다. 이와 동시에 "원래 복사에 소증疏證해야 할 부분이 있는 경우에는 모두 복사 뒤에다 첨부해 두었다."[97] 그리고 『은계 수편』은 바로 저명한 소장가였던 유체지劉體智가 옛날 소장했던 2만8천여 편의 갑골 중 "1,595편을 선택하여 만든 것이었다." 비록 『은계 수편』의 편집체제는 『복사 통찬』과 기본적으로 같았지만 "이 책은 한 소장가의 소장품"[98]에서 정수를 뽑은 것이었다. 이 두 책은 수록한 자료가 비교적 정교하여 갑골학과 상나라 역사 연구에 중요한 자료를 제공했을 뿐 아니라 문자고석이 뛰어나고 깊이 있는 사회현상의 기술은 유물사관에 의한 갑골문자 연구의 선구가 되었다. 바로 이러한 이유 때문에 앞의 두 책은 지금까지도 학자들의 연구에 중요한 참고서이자 입문자들이 좌우명으로 삼아야 할 필독서가 되고 있다. 그래서 『복사 통찬』과 『은계 수편』은 몇 대의 학자들을 배양하고 영양분을 제공했다고 해도 전혀 과장이 아니다.

신 중국 건립 이후, 곽말약은 또 『갑골문 합집』을 주편했다. 갑골문의 집대성이라 불릴 수 있는 이 책은 총 41,956편의 갑골을 수록함으로써, 오늘날의 갑골문의 발전에 기초를 마련했다. 해외 학자들도 "갑골학의 전도가 대단히 암담하다"고 한탄하였고[99] 중국 본토의 갑골 학자들이 받았던 10년간의 "문화대혁명"의 고통이 막 끝났을 때, 『갑골문 합집』이

---

97) 郭沫若, 「述例」, 『卜辭通纂』, 日本 文求堂, 1933.
98) 郭沫若, 「述例」, 『殷契粹編』, 科學出版社, 1956.
99) 董作賓, 「甲骨學六十年」, 『中國現代學術經典』 「董作賓卷」, 河北教育出版社, 1996, 277면.

1978년 출판되고 1982년 13책의 거대한 분량이 모두 출판될 수 있었던 것은 주편이었던 곽말약의 이 책에 대한 편찬과 출판에 관한 배려 등 각 방면에 대한 전폭적인 지원과 정성 어린 지지와 뗄 수 없는 관계에 있다. 그래서 『갑골문 합집』의 편찬과 출판은 만약 곽말약의 전폭적인 지지와 정성 어린 지지가 없었더라면 전국 25개 성・시・자치구와 40개 도시의 95개 기관 및 44개의 개인 소장가들이 소장했던 9만여 편의 갑골자료를 수집할 수 없었을 것이다. 게다가 이러한 자료들은 호후선胡厚宣이 『갑골문 합집』의 「서」에서 밝혔듯이 "어떤 것은 아직도 대단히 중요한 자료이다. 이러한 자료는 해당 기관에서 일반적으로 모두 진품珍品이나 선본善本으로 부류되어 탁본과 정리를 거치지 않은 것이어서 더더욱 사용하기 어려운 것들이었다." 만약 곽말약의 전폭적인 지지와 정성 어린 지지가 없었더라면 호후선을 선두로 하는 당시 아직 청년이었던 갑골 학자들이 "남정북전南征北戰"하면서 얻어 낸 진품자료는 아마도 전前 철학 사회과학 학부의 최대의 "뇌물"에 의해 처분되고 말았을 것이다. 그리고 또 다른 큰 "뇌물"—편집조의 청년학자들도 곽말약의 전폭적이고도 정성 어린 지지로 "5・7" 간부학교에서 북경으로 돌아간 후, 전前 철학 사회과학 학부의 대다수 연구원들이 업무 수행과 연구를 "불허 한다"는 금지령 하에서 "특수"하게 『합집』의 편집 작업을 회복시킬 수 없었을 것이다. 바로 곽말약의 대대적이고도 정성어린 지지 덕분에 분산되어 있던 노련한 아라판珂羅版 인쇄공을 상해에서 초빙해 와 이 전통적인 인쇄 기술을 회복시켜 『합집』의 인쇄에 창조적인 조건을 제공할 수 있었던 것이다.[100] 이 때문에 특수한 역사와 곽말약의 특수한 지위 덕택으로 『갑골문 합집』은 끝내 편집이 완성되어 순조롭게 출판될 수 있었다.

"곽말약이 편찬한 일련의 갑골문 저록들은 중국 갑골 학자들이 마르크스주의의 지도하에서 갑골문 자료를 수집하고 정리하고 공표한 발전

100) 胡厚宣, 「郭沫若同志在甲骨學上的巨大貢獻」, 『考古學報』, 1978年 第4期.

의 궤적을 그려주고 있다." 『갑골문 합집』의 출판은 1949년 이후의 갑골학 연구의 "심화발전기"에서 자료의 집중, 자료의 정리, 자료의 공표라는 측면에서 커다란 성과를 이루었다. 이와 동시에 "곽말약이 『복사 통찬』과 『은계 수편』 두 책에서 처음 열었던 갑골의 분류편찬 체제가 그가 『갑골문 합집』을 주편할 때 충분히 실현되었다." 『합집』은 각 시기의 갑골을 내용에 따라 4개의 큰 부류에 22개의 작은 부류로 나누었으며, "경제라는 하부구조는 물론 상부구조에 대해서도 논의하였다. 그것은 대단히 일목요연하여 역사유물주의의 지도하에서 성공적으로 갑골문 내용을 분류한 범례가 되었다."[101] 그리하여 이후의 갑골저록의 편찬에 깊은 영향을 끼쳤다.

둘째, 곽말약은 갑골문자의 고석에서도 커다란 성과를 거두었다. 그는 한학의 전통을 비판적으로 계승했고, 고대문헌에 정통했을 뿐더러 각종 고문자 연구에도 상당한 조예가 있었다. 그래서 그의 역사유물주의의 지도하에 이루어진 고문자 연구는 높은 지붕에서 물을 붓듯 대단히 유리한 국면에서 각종 새로운 학설을 쏟아 내었으며, 많은 방면에서 전인들의 성과를 능가했다. 곽말약의 갑골문 연구는 "중국사회의 기원의 탐색에 뜻을 두었던 것이지, 원래부터 문자학이나 역사지리학에 제한하고자 했던 것은 아니다. 하지만 글자의 인식이 바로 모든 논의의 첫걸음이었던지라 이에 대해서도 주의하지 않을 수 없었다. 게다가 문자는 바로 사회문화의 중요한 특징의 하나이기 때문에 사회생산 상황과 조직관계에서도 얻는 바가 있으며, 더 나아가 그 문화의 대강을 추구하려면 이를 버리고서는 다른 방법이 없다."[102] 그래서 곽말약의 갑골문 연구에 대단한 명성을 가진 문자고석 작품이 많게 되었으며, 게다가 많은 문자해설의 행간에 담긴 의미는 상나라 사회의 수많은 역사적 사실을 들추어주고 있다. 곽말약의 방대하고 깊이 있는 문자고석의 새로운 학설은 그의

101) 林甘泉 等 主編, 『郭沫若與中國史學』, 中國社會科學出版社, 1992, 460~461면.
102) 郭沫若, 「序」, 『甲骨文字研究』, 1931.

『갑골문자 연구』·『복사 통찬고석』·『은계 수편 고석』 등에서 체현되었다. 특별히 지적해야 할 것은, 곽말약이 앞에서 든 책들의 문자고석 과정에서 "비록 상나라 역사를 의도적으로 논술하지는 않았지만 '한 두 마디 속에 계급통치사가 자연스레 모습을 드러냈는데, 이것은 문자학자들이 몰라서는 아니 될 부분이며', 기본적으로는 상나라 노예제 사회의 생산방식과 의식형태라는 갖가지 측면을 그려주고 있다는 점이다."[103)]

셋째, 곽말약은 갑골학의 고유한 규칙에 대해, 깊은 통찰력과 엄격한 과학정신으로 수많은 범례를 만들었으며 새로운 발명을 이루었다. 예컨대 그의 "창조적인 시기구분에 대한 탐색", "미세한 것에서부터 큰 줄기를 찾아낸 상나라 복법의 복원", "수준 높은 갑골 문례文例의 연구", "갑골문의 체계적인 짜 맞추기와 중복편의 대조"[104)] 등이 그렇다. 이것처럼 전인들이 발견하지 못했던 것을 발견해 내었을 뿐 아니라 한계를 돌파하는 성과를 이루었다. 게다가 정교하고 뛰어난 논단이 많아 연구자로 하여금 더욱 깊고 계통적인 연구의 출발점이 되도록 하여, 그것을 전면적으로 천명하게 하거나 그것들을 갑골학 연구의 중요한 과제로 만들기도 하였으며, 끊임없이 중요한 성과를 이루도록 했고, 이로부터 갑골학이 엄밀한 규칙을 지닌 성숙한 학과가 되도록 만들었다. 응당 지적해야 할 것은 갑골문자 고석과 상나라 역사 연구 방면에서 이룬 곽말약의 거대한 성취를 인식하고 연구할 때, "그가 갑골학 자체의 규칙의 발견과 연구 성과와 한계를 극복한 성취들에 대해 기술한 경우는 대단히 드물거나 거의 없다는 사실이다. 이것은 분명 갑골학의 일대종사인 곽말약의 학술적 성취를 전면적으로 인식하는 데 분명 부족한 부분이다."[105)] 곽말약이 이 방면에서 이루었던 선구적인 공헌에 대해 충분히 주의를 기울여야만 할 것이다.

---

103) 林甘泉 等 主編, 『郭沫若與中國史學』, 中國社會科學出版社, 1992, 460~461면.
104) 林甘泉 等 主編, 『郭沫若與中國史學』, 中國社會科學出版社, 1992, 463~485면.
105) 林甘泉 等 主編, 『郭沫若與中國史學』, 中國社會科學出版社, 1992, 462~463면.

넷째, 곽말약은 역사유물주의를 지도 사상으로 삼아 갑골문 자료를 이용해 상나라 사회의 역사를 연구함으로써 중국의 마르크스주의 역사 과학의 기초를 마련했다. "시대의 획을 그었다"는 곽말약의 저작 『중국 고대사회 연구中國古代社會硏究』·『십비판서十批判書』·『노예제 시대奴隷制時代』와 그가 주편한 『중국 사고中國史稿』 등은 중국 마르크스주의 역사 과학이 이전의 미성숙 단계로부터 성숙 단계로 발전해 간 궤적을 그려주고 있다. 곽말약은 갑골문 자료를 끊임없이 깊이 연구하는 과정에서 "십수 년 전에 은나라가 원시 공산제 말기였다고 생각했던 그러한 관점은 당연히 수정되어야 함"[106]을 인식하게 되었다. 그리하여 처음의 관점을 바꾸어 상나라는 노예제사회라고 했는데, 이는 전혀 부끄러운 일이 아니라 갑골학과 은상 고고학이 전면적으로 발전한 필연적인 결과였으며, 갑골학 연구의 "전면적 발전시대"의 상나라 역사 연구를 새로운 최고봉에 올려놓았다. 그리하여 "어떤 의미에서는 왕국유가 1917년 쓴 「은 복사에 보이는 선공 선왕 고殷卜辭中所見先公先王考」와 「속고續考」에서 이루었던 것처럼 갑골학 '초창기'의 상나라 역사 연구를 하나의 새로운 단계로 올려놓았다. 왕국유의 연구는 기껏해야 상나라의 세계世系와 몇몇 예제에 한정되었지만, 곽말약의 연구는 상나라 사회의 갖가지 방면을 섭렵함으로써 연구의 넓이나 깊이에서 왕국유보다 훨씬 나았다."[107]

다섯째, 곽말약은 나이든 선배 갑골 학자들의 "좋은 벗"이자 초학자의 훌륭한 스승으로서, 중국 갑골학 연구 인력의 단결과 발전에 크게 노력했다. 곽말약은 장기간 갑골문·금문과 고대사회에 대한 창조적인 연구를 실천하는 과정에서 남에겐 한없이 관대했지만 자신에게는 엄격하였으며, 자아비판을 견지하여 세상이 주목할 만한 성취를 이루었다. 곽말약은 학술적인 부분에서 평등하게 사람을 대했으며, 언제나 나이 든 선배 학자들과 서로 다른 견해를 나누고 절차탁마하였다. 그는 물 흐르듯

106) 郭沫若, 「古代硏究的自我批判」, 『郭沫若全集』(歷史編), 第2卷, 1982, 19면.

107) 林甘泉 等 主編, 『郭沫若與中國史學』, 中國社會科學出版社, 1992, 497면.

다른 사람과 잘 어울려 노학자들의 사랑과 존중을 한몸에 받았다. 곽말약은 매우 일찍부터 유체지劉體智・당란唐蘭・용경容庚・우성오于省吾・상승조商承祚・호후선胡厚宣 등 저명한 갑골・금문 전문가 및 소장가들과 깊고 도타운 우의를 맺었다.[108] 신 중국 성립 이후, 그는 지위에 커다란 변화가 생겨 공사다망했지만 여전히 옛날 친구를 잊지 않고 선배학자들의 생활과 연구에 관심을 가졌다. 곽말약은 원로 학자들과 술을 기울이면서 갑골에 대해 논의하거나 혹은 책을 주고받으면서 새로운 정보를 교환함으로써 신 중국 갑골 학자들을 결합하는 핵심 역할을 했다. "문화대혁명" 후기, 곽말약은 자신의 환경이 극히 어려운 가운데서도 원로 갑골 학자들의 연구를 지원했다. 1973년 그가 호후선에게 보낸 편지에서 호후선에게 젊고 능력 있을 때 시간을 잘 활용해 자신의 저작을 정리해 두라고 충고했다. 동시에 자신의 경험을 의미심장하게 이야기 하면서, "눈이 나빠져 지금은 갑골문을 보는 데 매우 힘이 든다. 젊고 능력 있을 때 빨리 작업을 해 두어야 한다"[109]고 하기도 했다. 이에 원로 학자들은 크게 고무되었다. 이와 동시에 갑골학 연구 인력의 발전을 위해 곽말약은 또 갑골학을 처음 시작하는 청년 학자들에게도 친절하게 가르침을 주어, 그들을 잘 타이르며 이끌어 가는 "훌륭한 스승"이었다. 곽말약이 1930년 출판한 『중국 고대사회 연구』는 당시의 열혈 청년들과 대를 이은 역사학 연구자들에게 영향을 미쳤다. 뿐만 아니라 『복사 통찬』・『은계 수편』・『양주 금문사 대계 도록 고석』 등과 같은 수많은 갑골・금문 저작과 논문들은 학술적 가치가 높고 체계가 엄밀하며 글이 자연스럽고 막힘이 없고 고석도 간명하고 이해하기 쉬워, 대대로 갑골 학자의 입문서이자 필독서가 되었다. 이 때문에 곽말약의 풍부한 저작은 정치나 학술적인 부분에서 청년들의 말없는 스승이 되었다. "사인방"이 문화를 파괴하고, "문화"인들의 명줄을 바꿔놓은 혁명 시절, 곽말약은 건강이 급

108) 王宇信, 『建國以來甲骨文硏究』, 中國社會科學出版社, 1981, 181면 참조.
109) 胡厚宣, 「郭老對甲骨學的重大貢獻」, 『光明日報』, 1978.6.26.

속도로 악화되는 상황에서도 고문자 사업의 미래와 청년의 배양을 한시도 잊은 적이 없다. 그는 원로 갑골 학자들에게 "온 힘을 다하여 후계자를 양성할 것"을 간절히 바랐고,[110] 1976년 겨울 『갑골문 합집』 편집 작업조의 책임자를 접견했을 때도 『합집』 편집조의 청년학자들이 자료의 정리와 연구 작업을 결합하여 많은 것을 발견하고 발명해 주기를 간절하게 희망했다. 그는 몸소 체험하고 실천하여 몇 차례나 젊은 학자의 습작을 살펴보고 답신을 보내 격려했으며, 청년학자들로 하여금 이후 기나긴 학문의 여정에서 영원히 잊지 못하도록 만들었다. 학자들의 말처럼, 곽말약은 "'온 힘을 다해 대를 이을 사람을 배양해야 한다'는 바람을 진정으로 실천했으며, 몸소 힘닿는 데까지 진력을 마다하지 않고 죽은 뒤에서야 그만 둔 사람이었다. 청년들에 대한 곽말약의 관심을 생각할 때마다 또 어떻게 그렇게 열심히 연구하고 노력하여 갑골과학의 최고봉에 올랐는가를 생각하게 된다. 또 어떻게 그렇게 청년들에게 간절한 희망을 주고자 노력했던가를 생각하게 된다."[111]

이와 같이 곽말약은 갑골·금문과 고대사회연구 영역에서 얻은 찬란한 성취와 그가 걸었던 50여 년간의 유물주의 사학자의 길은 후학들에게 커다란 시사를 주었다. 먼저, 그의 역사유물주의 입장에서의 갑골·금문과 고대사회 연구는 조국의 운명과 혁명사업과 긴밀하게 연계되어 있었다. 곽말약은 혁명이 침체되었던 시기에, "멀리서 금과 옥을 끌어와 스스로를 연마했다."[112] 그가 머리를 파묻고 이를 악물고 눈을 부릅뜨며 연구해 발굴해낸 갑골과 금문은 "옛 학문을 하려는 사람들에게의 도전이었다."[113] 즉 그는 중국 고대사회의 연구를 통해 인류 공동의 사회발전 규칙에 관한 학설을 해석해 내고자 했던 것이다. 곽말약의 『중국 고

110) 胡厚宣, 「郭老對甲骨學的重大貢獻」, 『光明日報』, 1978.6.26.
111) 王宇信, 『建國以來甲骨文研究』, 中國社會科學出版社, 1981, 183~185면.
112) 郭沫若, 『金文叢考』, 人民出版社, 1954. 안쪽 날개 말(扉頁).
113) 郭沫若, 『金文叢考』, 人民出版社, 1954. 重印 머리말.

대사회 연구』의 출판은 "각종 기이한 학설에 유력한 해답을 주었고, 방황하고 분열되어 있던 혁명가들을 크게 고무시켰다. 특히 청년 세대에게 마르크스주의에 대한 그들의 믿음을 견고하게 해 주었다. 이것은 바로 곽말약이 혁명이 퇴조했을 때 그의 학술연구 성과가 혁명사업에 끼쳤던 새로운 공헌이었다."[114)]

다음으로 곽말약은 역사유물주의를 자신의 지도 사상으로 견지하면서 연구하였다. 그는 중국에서 역사유물주의의 입장과 관점으로써 고문자와 고대사회를 연구했던 최초의 학자였다. 그의 『중국 고대사회 연구』는 가능한 한 엥겔스의 연구 방법을 지도방침으로 삼았으며 체제에서도 『가정・사유제와 국가의 기원』을 모방했다. 곽말약의 갑골학 저록, 예컨대 『복사 통찬』이나 『은계 수편』 등으로부터 그가 주편했던 『갑골문 합집』의 분류에 이르기까지 모두 가능한 한 역사유물주의를 지도 사상으로 삼았다. 이 때문에 곽말약은 중국 갑골문과 고대사회연구 영역에서 역사유물주의를 열었던 시조이며, 오늘날까지도 중국의 고문자와 고대사 연구에 깊은 영향을 미치고 있다.

셋째, 곽말약은 사료와 관점을 통일시킨 과학정신을 견지했다. 그는 일관되게 이렇게 주장했다. "정확한 과학적 역사 관점을 장악하는 것이 대단히 중요하며, 이것은 선결되어야 할 문제이다. 하지만 정확한 관점을 가졌다 해도 풍부하고 정확한 자료가 없다면, 자료의 시대성이 불명확하다면 정확한 결론을 얻을 수 없다."[115)] 또 이렇게 강조했다. "단지 역사유물주의의 일반 원리만 있고 사료가 없다면 이 또한 공허한 것일 뿐이다. (…중략…) 사료가 없으면 역사의 연구는 불가능하다."[116)] 이 때문에 곽말약의 중국 고대사회 연구는 처음부터 사료의 수집과 정리를 대단히 중요하게 생각했다. 그는 은허의 고고발견을 충분히 중시하였고, 갑골문

114) 尹達, 「郭沫若」, 『中國史學家評傳』 下, 中州古籍出版社, 1985.
115) 郭沫若, 『中國古代社會硏究』 新版 머리말, 人民出版社, 1954.
116) 郭沫若, 『文史論集』, 人民出版社, 1961, 3면.

연구의 최신 성과에 주목하였다. 그는 "최전선"을 기점으로 삼아 "박차를 가해 선두를 따라 잡았다." 하지만 사료가 있다는 것과 역사학 연구가 동등한 것은 아니다. "학문을 한다는 것은 언제나 비판적인 태도와 실사구시적인 태도를 취해야만 하며, 자료를 소유해야지 자료에 의해 소유되어서는 아니 된다."117) 그래서 언제나 마르크스주의의 입장과 관점과 방법으로써 사료를 분석하고 연구해 과학적인 결론을 얻어내야만 한다.

넷째, 실사구시 정신을 견지하며 자아비판에 용감했다. 곽말약은 자신이 걸어왔던 역사학 연구의 길을 회고하면서 이렇게 말했다. "20여 년 동안 나 자신의 관점은 이미 여러 번 바뀌었다. 거의 언제나 오늘의 나와 어제의 나가 투쟁 중에 있었다." 하지만 "잘못이란 인간이 피하기 어려운 부분이다. 중요한 것은 잘못을 은폐하지 않는 것이며, 용감하게 잘못을 고치는 데 있다."118) 곽말약은 한 차례에 그치지 않고 상나라 사회성질에 관한 자신의 초기의 잘못된 관점에 대해 자아비판하면서 이렇게 말했다. "십 수 년을 지나면서 나 자신의 연구가 더욱 깊어졌으며, 견해도 더욱 성숙해져 많은 잘못이 이미 내 자신에 의해 바로잡혔다. 그러한 바로잡힘은『복사 통찬』·『십비판서』 등에 들어 있으며, 특히『십비판서』의「고대연구의 자아비판」에 집중되어 있다."119) "책임은 사실 응당 내 자신이 져야만 한다는 것을, 내가 이전에 잘못 생각해 은대를 금석병용 시대와 씨족사회 말기로 보았다는 것을 나는 솔직하게 말하고자 한다." "나는 친구들에게 실사구시적일 것을, 역사적 사실에 근거해 그러한 부정확한 판단을 잘라버리길 희망한다."120) 곽말약은 진리를 견지하고 잘못을 끊임없이 수정하는 데 용감했으며, 이는 은상고고와 갑골학 연구의 발전에 결정적인 영향을 미쳤다. 이 때문에 곽말약은 줄곧 갑골

117) 1964年 가을, 郭沫若이 胡厚宣에세 선물한 붓글씨.
118) 郭沫若,『中國古代社會研究』新版 머리말, 人民出版社, 1954.
119) 郭沫若,『中國古代社會研究』後記, 人民出版社, 1954.
120) 郭沫若,『奴隸制時代』, 人民出版社, 1973, 95~96면.

학 연구의 가장 선두에 설 수 있었으며, 이전 사람들이 거두었던 충실한 성과를 뛰어 넘을 수 있었다.

곽말약이 정치와 학문을 겸한 인물이며, 그래서 그의 학술형상은 그의 정치형상에 의해 거의 가려져 있음은 말할 필요도 없다. 비록 그렇긴 하지만 곽말약의 50여 년간에 걸친 찬란한 성취는 정직한 학자들의 추앙을 받았을 뿐 아니라 심지어 그에 반대하는 인사들도 그의 커다란 영향을 인정하지 않을 수 없었다. 그래서 "곽말약의 필생에 걸친 학술활동으로 말하자면 그가 국학의 대가였다는 평가는 전혀 무리한 이야기가 아니다."121)

(3) 진몽가陳夢家(1911~1966)

진몽가는 1911년 남경南京에서 태어났으며, 원적은 절강성 상우上虞이다. 1927년(16세), 검정고시로 중앙대학 법률학과에 입학했으며, 이때부터 시를 짓기 시작했다. 1931년 『몽가 시집夢家詩集』을 출판했으며, 신월파新月派 시인이 되었다. 진몽가는 1932년 문일다聞一多를 따라 청도青島대학에서 교편을 잡았으며, 고문자학 연구를 시작했다. 1933년 안휘성의 무호蕪湖에서 중학교의 어문교사를 역임했으며, 1934년부터 1936년까지 연경燕京대학에서 용경容庚 교수의 고문자학 전공 대학원생이 되었으며, 이때부터 고문자학과 고대사를 연구하기 시작했다. 1937년 중일전쟁이 발발한 이후, 청화대학(이미 장사長沙로 이전하였을 때)에서 교편을 잡았으며, 1938년에는 서남西南연합대학(곤명昆明에 있을 때)의 부교수가 되어 청동기와 『상서尙書』를 연구했다. 1939년에는 곤명으로 옮겨간 북경도서관의 요청으로 청동기를 전면적으로 연구하고 고대사를 연구했다. 1944년 미국의 시카고 대학에서 중국문자학을 강의했고, 미국 · 캐나다 · 영국 · 프랑스 · 스위스 · 네덜란드 등 구미 지역에 산재되어 있던 중국 고대청동기를 수

---

121) 林甘泉, 「序」, 『郭沫若評傳』, 百花洲文藝出版社, 1995.

집했다. 1949년 신 중국이 건립되자 미국 거주를 의연히 뿌리치고 귀국하여 청화대학에서 교편을 잡고 갑골문 연구에 종사하였으며. 1952년에는 중국과학원 고고연구소(지금의 중국사회과학원 소속)의 연구원과 고고연구소의 학술위원회 위원 등을 역임했다. 하지만 1966년 "문화대혁명"의 치욕을 감당하지 못하고 분을 품은 채 죽었다.

진몽가는 지식이 연박하고 섭렵한 범위도 비교적 넓었다. 그는 갑골학 연구에서 커다란 성취를 이루었을 뿐 아니라 은주 청동기·한대 간독 및 연대학 등의 연구에서도 매우 깊은 조예를 가졌다. 진몽가는 "고고학의 요구하는 바대로 금석학의 전통을 발휘할 수 있었으며, 대량의 발굴 출토 자료들을 가능한 한 과학적으로 정리해, 특정 부분에서 전인을 능가하는 수준에 이르렀다."[122)]

진몽가는 1930년대부터 갑골학 연구를 시작하여 많은 성과를 거두었다. 특히 1952년 고고연구소로 옮긴 후 4만여 편의 갑골 탁본을 정성스레 수집하여 전면적이고 종합적으로 정리함으로써 커다란 성과를 이루었다.

첫째, 갑골문의 시기구분 연구에 새로운 공헌을 했다. 진몽가는 『은허복사 종술殷虛卜辭綜述』의 「머리말」에서 자신이 진행 중인 갑골문의 시기구분 연구에 대한 고충을 이렇게 토로했다. "1932년부터 갑골연구에 종사하면서 한 때는 단편적인 문자의 분석과 복사속의 예속 탐구에 치중해 있었다. 이후 청동기 시기구분 작업을 완료한 후부터는 시기구분에서부터 착수하여 복사를 전면적으로 연구해야 하겠다는 생각을 하게 되었다." 그는 1949년부터 연구를 시작하여 「갑골 시기구분학甲骨斷代學」이라는 4편의 논문을 1951년 『연경燕京학보』(40)와 1951~1954년 『고고학보』 제5·6·8기에 발표했다. 이후 수정과 보충을 거쳐 『은허복사 종술』의 제4장 시기구분(상)과 제5장 시기구분(하)에 포함시켰다. 진몽가의 시기구

122) 周永珍, 「懷念陳夢家先生」, 『考古』, 1981年 第5期, 王世民, 「陳夢家」, 『中國史學家評傳』 下, 中州古籍出版社, 1985年 참조.

분 연구는 동작빈이 1933년 제시했던 "5시기" 구분법과 "10가지 표준"을 보충하고 수정하게 만들었다. 진몽가는 시기구분 의 "3가지 표준"과 "9시기" 구분법을 제시했다. 소위 "제1 표준"은 "바로 갑골 시기구분 의 첫째 조건", 즉 세계世系·칭위稱謂·정인貞人이다. "제2표준"은 "이 특징을 이용해 정인이 없는 복사의 연대를 판정하는 표준", 즉 글자체·어휘·문례文例 등이다. "제3표준"은 "어떤 시기로 종합할 수 있는 사전祀典·역법曆法·역사적 사실 및 기타 제도들이다." 바로 "각종 제도가 갖는 차이 때문에 이를 시대의 판별 척도로 쓸 수 있는" 제사·천상天象·작황年成·정벌·왕의 일王事·복순卜旬 등 6가지 항목이다. 진몽가는 바로 "위에서 말한 3가지 표준은 반드시 순서에 따라 점차적으로 진행해야 하며, 반드시 자료에 근거해 귀납해야 하고, 반드시 엄격한 통제 속에서 조례條例를 추구해야 한다"[123]는 원칙에 근거해 은허갑골을 "9시기"로 구분했으며, 가능한 한 갑골복사를 후기 은나라 각 왕의 이름 아래에다 귀속시키려고 노력했다. 즉 "세분할 수 있을 때에는 가능한 한 9시기 구분법을 사용하고, 세분하기 쉽지 않을 때에는 5시기, 심지어는 3시기 구분법을 쓰기도 했다." 진몽가의 "3가지 표준"과 "9시기" 구분법은 동작빈의 "10가지 표준"과 "5시기" 구분법보다 한걸음 진보했다고는 하지만 "내용과 방법적인 측면에서 볼 때 동작빈의 '5시기'설과 '10가지 표준'과 실질적으로는 차이는 없다."[124]

응당 이렇게 말해야 할 것이다. 진몽가의 정인貞人 "분조分組"설의 제기는 시기구분 연구에 대한 그의 커다란 공헌이자 갑골학 시기구분 연구의 심화에 커다란 영향을 미쳤다. "소위 동조복인同組卜人이라는 것은 어떤 복인이 다음과 같은 두 가지의 상황 하에서 함께 출현하면 동시대의 사람으로 증명되는 것을 말한다. 하나는 동판복인同版卜人, 즉 동일한 갑골 상의 몇몇 복사가 서로 다른 복사 내에서 몇 가지의 다른 복인의

123) 陳夢家, 『殷虛卜辭綜述』, 科學出版社, 1956, 138면.
124) 王宇信, 『甲骨學通論』, 中國社會科學出版社, 1989, 183면.

이름을 가질 때, 이들은 동시대의 인물이 된다. 다른 하나는 병복복인弁卜卜人, 즉 동일 판의 동일 복사 내에 두 사람의 복인이 함께 같은 사안에 대해 점을 친 것을 말한다." "또 다른 한 가지는 '이복동사異卜同辭', 즉 서로 다른 판에 서로 다른 복인이 같은 날 같은 사안에 대해 점을 친 경우인데, 이러한 복인은 동시대에 속한다." "이상의 각각의 방법에 의해 몇 개 조組의 복인이 구성되고, 특정 조의 복인이 서로 다른 판에 나타나는 칭위를 한데 모으면 특정 조의 복인의 칭위계통이 만들어지며, 이러한 계통은 그 시대를 결정하게 된다."[125] 진몽가는 무정武丁 때의 정인을 빈조賓組·오조午組·자조子組·사조𠂤組로 나누었고, 조경祖庚·조갑祖甲 때의 정인을 출조出組라 불렀으며, 늠신廩辛 때의 정인을 하조何組 등으로 불렀다. 게다가 "어떤 특정 시대 특정 조의 복인에 대해서도 그 시기의 이르고 늦음을 구분하는 시도를 하기도 했다." 또 "각 조 복사의 글씨체·문례文例·제도 등을 정리하여 체계화 한 후에 비로소 복인들과 연계되지 않은 복사들을 어느 시대에 귀속시켜야 할지에 관한 개별 연구에 착수할 수 있다"고 여겼다.[126] 진몽가의 복사 분조 정리는 학자들의 지지를 받아, "이러한 방법은 왕세王世로 구분하던 이전의 방법보다 훨씬 세밀하며 적합하다"고 여겨졌다. 게다가 이러한 기초 위에서 더욱 완전하게 만들어 나간다면, "은허갑골은 대체로 다음과 같은 9개의 조組로 나눌 수 있으며, 각각의 조는 그 중의 한 복인의 이름을 빌려 조의 이름으로 삼을 수 있고, 전체 조를 통틀어 복인이 하나도 없을 경우에는 무명조無名組라 부를 수 있다고 생각한다."[127] 이것은 이학근李學勤 등이 제기한 복사의 분조와 시기구분의 "두 체계설"의 기점이 되었으며, 시기구분 연구의 심화를 촉진시켰다. 이에 관해서는 이미 앞에서 상세히 논술했으므로 여기서는 더 설명하지 않는다.

125) 陳夢家, 『殷虛卜辭綜述』, 科學出版社, 1956, 173~174면.
126) 陳夢家, 『殷虛卜辭綜述』, 科學出版社, 1956, 202면.
127) 李學勤, 「小屯南地甲骨與甲骨分期」, 『文物』, 1981年 第5期.

특별히 지적해야 할 것은, "오조"·"사조"·"자조" 복사의 시기가 무정 때의 것이라는 진몽가의 문제 제기와 분석에 관한 논술은 "문무정文武丁 때의 수수께끼"에 관한 논의에 공헌했다는 점이다. 이에 관해서도 앞에서 이미 논술했으므로 더 이상 설명하지 않는다. 이 밖에 진몽가는 은허복사에 보이는 정인에 대해서도 철저하게 정리하여 총 120명의 정인을 정리해 내었는데, 이는 "20년 전 동작빈의 「갑골문 시기구분 연구예」보다 4배나 증가했으며, 동작빈이 이후 『은대문화 개론殷代文化概論』의 제2장에서 수록한 것의 거의 2배에 이르는 숫자이다. 동작빈은 후자의 강의록에서 총 68명을 수록했는데 그중 제4기 때로 확정한 정인들은(『을편乙編』의 「서」에는 2명이 더 많다) 대부분 무정武丁 후기 때의 것으로 보아야만 한다."[128] 이와 같은 것들은 갑골문의 시대를 더욱 정확하게 확정하는 데 새로운 공헌을 했다.[129]

둘째, 진몽가는 갑골문자의 고석에서도 공헌을 했다. 예컨대 그의 「고문자에 보이는 상·주 때의 제사古文字中之商周祭祀」,[130] 「상나라의 신화와 무술商代的神話與巫術」,[131] 「조묘와 신주의 기원祖廟與神主的起源」[132] 등은 문자고석과 고대 예제의 연구에서 많은 창견을 보여 지금까지도 상당히 참고할 만한 가치를 가진다.

셋째, 진몽가는 60여 년에 걸친 갑골학 연구 성과를 과학적으로 총결했다. 1954년 완성되어 1956년 과학출판사에서 출판된 『은허복사 종술殷虛卜辭綜述』은 전인과 근인들의 각종 학설을 정리하고 자신이 장악한 갑골문 자료에 근거해 보충하고 수정했다. 이와 동시에 그는 자신의 연구를 결합하여 복사의 각 방면의 중요 내용을 전면적이고 계통적으로 기술했다. 70여 만 자에 이르는 방대한 분량의 이 책은 "갑골문 연구와 관

---

128) 陳夢家, 『殷虛卜辭綜述』, 科學出版社, 1956, 202면.
129) 王世民, 「陳夢家」, 『中國史學家評傳』 下, 中州古籍出版社, 1985.
130) 『燕京學報』 第19期, 1936.
131) 『燕京學報』 第20期, 1937.
132) 燕京大學 『文學年報』 第3期, 1937.

련 고고발견의 객관적 상황을 진지하게 총결함으로써 전문 연구자의 참고가 될 뿐 아니라 초학자의 지도서가 되었으며, 국내외학계에서 비교적 큰 영향을 미쳤고, 갑골학의 보급과 수준 제고에도 긍정적인 기능을 했다."[133] 그렇기 때문에 『은허복사 종술』이라는 이 백과사전식 저작은 "중국 갑골문 연구의 수준을 새로운 단계로 올려놓았다. 이 책은 이전의 성과를 계승하고 이후를 열어 줌으로써 갑골학사에서 중요한 지위를 차지하고 있다."[134]

이처럼 진몽가는 재주가 출중한 시인으로부터 고고학·고문자학·고대사·연대학 등 수많은 영역을 하나로 아우를 수 있었고, 이를 통해 스스로의 체계를 가진 저명한 학자가 되었는데, 이는 그의 수십 년에 걸친 근실한 연구 태도와 불가분의 관계에 있다. 그는 불운하게도 일찍이 1957년부터 정치적으로 불공정한 대우를 받았지만 끝내 이를 인내하면서 책임감을 통감하며 학문 연구에 게으르지 않고 매진하여 풍성한 연구 성과를 냈었다. 이 얼마나 큰 용기와 헌신 정신이었던가? 이외에도 진몽가는 다른 학자들의 장점을 본받아 자신을 위해 썼으며, 중요한 문제를 탐색할 때마다 "언제나 이미 이루어 놓은 연구 성과를 철저하게 분석하였고, 가능한 한 전인들의 기초 위에서 전진하고 수준을 높여 나가고자 함으로써 항상 이전보다 나은 성과를 일구어 내었다." 그는 상세하게 확보한 자료의 기초 위에서 "자기 자신의 학술연구를 점차적으로 확대해 나가고 다시 확장 변화시켜 하나의 믿을 수 있는 역사를 회복시키기를 요구했다." 그는 "전체적인 목표를 위해 어떤 영역의 섭렵이 필요하다고 생각하면 해당 영역에서 이미 이루어 놓은 자료와 연구 성과를 철저하게 정리 분석하여, 큰 곳에 시야를 두되 작은 곳에서부터 시작하였으며, 언제나 전면적인 성질의 종합적 연구를 이루어 내었다. 그는 한 번도 지엽적인 문제 때문에 예각을 세우지는 않았다."[135] 창견으로 가득

133) 王世民, 「陳夢家」, 『中國史學家評傳』 下, 中州古籍出版社, 1985.
134) 王宇信, 『建國以來甲骨文研究』, 中國社會科學出版社, 1981, 65~70면.

한 진몽가의 많은 저작과 그의 학문적 경험은 이미 중국 학술사의 귀중한 재산이 되었다.

(4) 당란唐蘭(1901～1978)

당란은 1901년 1월 8일 절강성 가흥현嘉興縣 수수두秀水兜에서 태어났기 때문에 스스로 수수秀水 당란唐蘭이라 불렀으며, 호가 입엄立厂, 달리 입암立庵이나 입암立盦으로 쓰기도 했다.

당란은 어려서부터 가정환경이 어려워 상업학교에 진학하였고, 이후 의학으로 전공을 바꾸었다. 하지만 1920년 의학을 포기하고, 무석無錫 국학전수관에 입학하여 소학과 여러 경전을 배웠다. 1929년 천진에서 월간『장래將來』와 문학 주간週刊『상보商報』의 편집 일을 하면서 고문자를 연구했다. 그는 고학으로 고문자학의 인재로 성장하였으며, 국학대가였던 왕국유王國維의 큰 칭찬을 받았다. "오늘날 약관의 나이에 고문자를 연구하는 자 중 내가 본 사람은 넷뿐인데, 그중 한 사람이 가흥嘉興의 당란唐蘭 입암立庵 우란友蘭이며",[136] "입암立庵은 고학을 하였지만 보지 않은 책이 없었고, 고서에 실린 고대 기물에 근거해『설문해자』를 교감했다"[137]고 했다. 당란은 비록 나・왕의 문하에 들지는 않았지만 나진옥과 왕국유와의 서신 교환을 통해 언제나 그들의 격려와 지도를 받았다. 1931년 심양沈陽으로 가『동북 총서東北叢書』의 편찬 작업에 참여하는 동시에 동북東北대학에서『상서』를 강의했다. "9・18" 사변 후, 심양에서 북평北平(즉 북경)으로 돌아갔다. 1932년부터 연경燕京대학・북경대학・북경사범대학・보인輔仁대학・청화대학・중국대학 등에서 교편을 잡으면서(혹은 겸직하면서)『상서』・『시경』・"삼례三禮"를 비롯해 금문・갑골학・고문자학

135) 王世民,「陳夢家」,『中國史學家評傳』下, 中州古籍出版社, 1985.
136) 나머지 세 사람은 商承祚・容庚・柯昌濟 등이다.
137) 王國維,「序」,『殷虛書契類編』, 1923.

등을 강의했다. 1936년에는 고궁故宮박물원의 전문위원으로 초빙되었다. 1939년 당란은 곤명昆明까지 가게 되었고, 서남西南연합대학 중문과에서 교편을 잡았다. 1940년 북경대학 문과연구소의 지도교수가 되었고, 1947년 북경대학 교수와 중문과 주임을 맡았고, 1952년 고궁박물원으로 자리를 옮겼으며, 이후 설계원·연구원·학술위원회 주임·진열부 주임·미술사부 주임·부원장 등을 역임했다.

당란은 1920년대에 이미 견실한 학술기초를 마련했을 뿐 아니라 두각을 나타냈으며, 1930년대에 들어서는 학술적으로 날로 성숙해 갔으며, 대단히 풍성한 논저를 출간했다.

1940년대라는 대단히 어려운 환경 속에서도 학문을 견지하며 끊임없는 저술 활동을 했다. 1950년대 이후로도 자신의 연구 수준을 끊임없이 제고시켰으며, 그는 역사유물주의 경전들을 힘겹게 독파했고, 고학으로 러시아어를 배우기도 했다. 1970년대에 들어 당란은 청동기·죽간·백서帛書 등에 관해서 일련의 커다란 영향력을 미친 논저를 발표했는데, 이때가 그의 학문의 최고 시기였다.

당란의 학문 연구는 엄격했으며, 섭렵한 범위도 넓어 고문자학·청동기학·고대사·음운학·문자개혁 등의 영역에서 모두 성과를 이루었다. 그의 저술은 자신의 키만큼이나 되어, 저서와 논문이 약 2백여 종에 이를 정도였으며, 국내외 학계에 광범위하게 영향을 끼쳤던 저명한 학자였다.138)

당란은 갑골학 연구의 발전에도 크게 공헌했다. 그가 1939년 출판한 『천양각 갑골 문존天壤閣甲骨文存』은 갑골학 연구에 신선한 자료를 제공했다. 이 책에서 수록한 108편의 갑골은 바로 저명한 소장가였던 왕의영王懿榮의 옛날 소장품들이다. 왕의영이 1900년 순국한 이후, 그가 갖고 있던 1천여 편의 대부분 갑골은 유악劉鶚에게로 넘어갔다. 하지만 일부는

138) 曾孔, 「唐蘭傳略」, 『中國当代社會科學家』 第3輯, 書目文獻出版社, 1983.

천진天津 신학서원新學書院에 귀속되었는데, 1938년 출판된 홉킨스金璋의 『갑골복사 7집甲骨卜辭七集』에 수록된 바 있다(원래 갑골은 이미 행방을 알 수 없다). 그리고 일부분인 490편이 왕복중王福重에게로 갔다가 지금은 천진 역사박물관으로 귀속되었다(그중 2편은 이미 방호方豪에게 증정되어 지금은 대만에 소장되어 있다). 또 다른 1백여 편은 왕복장王福莊에게 갔으나 원 갑골은 현재 이미 미국으로 들어갔다. 나머지 일부인 왕의영의 옛날 소장 수십 편은 여러 손을 거치다가 지금은 중국사회과학원 역사연구소에 소장되어 있다.[139] 왕의영의 둘째 아들인 왕한보王漢輔가 갑골 탁본 1책을 펴냈으며, 이후 보인輔仁대학에 귀속되었다(지금은 북경사범대학 도서관에 소장되어 있다). 왕의영의 넷째 아들인 왕한장王漢章도 갑골 탁본 2책을 펴냈는데, 지금은 천진의 남개南開대학 도서관에 소장되어 있다. 당란의 『천양각 갑골 문존』은 바로 위에서 든 3책의 탁본 중에서 108편을 골라 편집 출판한 것이다.

당란은 『천양각 갑골 문존』의 "고석考釋" 부분과 『은허 문자기殷虛文字記』 등과 같은 논저에서 갑골문자 1백 여 자를 해석함으로써 문자의 해독과 연구라는 측면에서도 공헌했다. 바로 당란이 『천양각 갑골 문존』의 「자서」에서 말했던 것처럼, "복사의 문자에 힘을 쏟은 것이 가장 오래되었으며, 해석한 글자도 전인들의 두 배에 이른다." 그리고 『고문자학도론古文字學導論』의 「자서」에서도, "전인들이 이미 해독했다고 하는 글자라 해도 1천 자를 넘지 않으며, 그 속의 일부는 신빙성도 떨어진다. 내 자신의 방법에 의한다면 인식할 수 있는 글자가 두 배에 이를 수 있다"고 했다. 그래서 당란은 어려운 갑골문자의 해독이라는 측면에서 새로운 성과를 얻었고 더 큰 공헌을 했는데, 그것은 그가 전인들의 경험과 자신의 실천적 연구에 근거하고 문자 고석방법을 이론화하고 계통적으로 총결하였기 때문이다.

---

139) 胡厚宣, 『五十年甲骨文發現的總結』, 商務印書館, 1952, 22～24면.

당란은 이렇게 생각했다. 문자의 고석과정에서 "자형을 분명하게 인식하는 것은 학자가 가장 주의를 기울여야 할 부분이다. 만약 형체와 필획을 분명하게 인식하지 못할 경우 모든 연구는 손도 댈 수 없게 된다. 자형을 인식하는 방법은 제일 먼저, 문자의 변화가 비록 복잡하긴 하지만 찾을 수 있는 규칙이 있으며, 규칙에 부합하지 않거나 불합리한 필사법은 모두 틀린 것이라는 사실을 알아야만 한다."[140] 그는 문자를 고석해 내는 방법을 총결해 다음의 네 가지로 정리했다.

첫째, 대조법對照法(혹은 比較法). 당란은 이렇게 지적했다. "고문자와 근대문자의 차이는 때로는 대단히 크다. 『설문해자』는 바로 이 둘 사이를 연결하는 연결고리가 된다. 물론 엄격하게 말해서 이러한 연결 고리는 소전과 육국의 고문 차이를 말하는 것이다." 이 둘 간의 형체가 비교적 근접해 있기 때문에 송대 이래로 어떤 학자는 청동기 상의 문자와 소전을 대조하여 문자를 해석하고 확정하기도 했다. 나진옥은 "허신의 책으로써 위로 거슬러 올라가 금문을 추적했고, 고대 금문으로부터 복사를 살폈는데", 이것이 바로 대조법이다. 하지만 "이러한 방법을 응용할 때에는 대단히 주의해야만 하는데, 그것은 서로 다른 글자를 하나로 끌어다 붙여서는 아니 된다는 점이다."[141]

둘째, 추감법推勘法. "많은 문자들이 해독되지 않고 있다. 하지만 문장의 의미를 파헤친 결과 글자를 해독할 수 있게 되었다. 비록 이러한 방법으로 알아낸 문자들은 꼭 믿을 수 있는 것은 아니지만 적어도 이러한 방법이 글자를 인식하는 길을 찾는 데 도움을 주는 것만은 사실이다."[142] 이것이 바로 고문헌이나 이미 알아낸 고문자의 성어에 근거하고 문장의 교감을 통해 알지 못하던 글자의 의미를 확정해 내는 방법이다. 이러한 방법은 송나라 때부터 일부 학자들에 의해 사용되었다.

140) 唐蘭, 『古文字學導論』(增訂本), 齊魯書社, 1981, 165면.
141) 唐蘭, 『古文字學導論』(增訂本), 齊魯書社, 1981, 168면.
142) 唐蘭, 『古文字學導論』(增訂本), 齊魯書社, 1981, 170면.

셋째, 편방偏旁분석법. 이미 알아낸 고문자를 약간의 개별 단위(즉 편방)로 해체하고 "다시 각각 개별 단위의 각종 형식을 한데 모아 그것들의 변화를 살피며, 대중들이 알지 못하는 글자들을 만나게 될 경우에도 단지 약간의 개별 형체로 분석만 하고, 각각의 개별 단위를 모두 알게 되면 다시 결합해 그것이 어떤 글자인지를 알아내는 방법이다."143) 편방분석은 당연히 허신으로부터 시작되었으며 손이양에 의해 이미 광범위하게 응용되었다. 하지만 "자료의 부족"과 "손이양도 때로는 소홀한 부분이 없지 않은" 바람에, "그가 해석해낸 글자를 일일이 따져보면 논의할 부분이 대단히 많다."144) 그래서 문자의 편방을 분석할 때에는 "첫째, 편방을 진지하게 확정해야 한다. 둘째, 약간의 편방으로 조합된 개별 글자에 대해 그 글자의 사료에 주의해야 한다. 만약 이 글자의 사료가 망일되었을 경우에는 같은 부류同類의 문자의 관례와 명문 속에서의 용법 등에 근거해 각 방면으로부터 추측해야만 한다. 만약 추측할 방법이 없다면 그냥 비워두어야만 한다."145) 이와 동시에 "이러한 방법의 가장 큰 효험은 하나의 편방만 인식하게 되면 많은 글자들을 인식할 수 있다는 데 있다."146)

넷째, 역사 고증법. 문자의 편방을 정밀하게 분석한 후, 그래도 인식할 수 없거나 여전히 의문이 남을 경우에는 "그것의 역사를 파고 들어가야 한다. 이때 절대 억측으로 나가지 않도록 경계해야 한다. 그리고 자료를 수집하고 증거를 찾아 많은 공식적인 예들을 귀납해 내야만 하는데", 이것이 바로 "역사 고증"법이다. "편방분석법이 공시적인 부분의 연구라면 역사 고증법은 통시적인 부분의 연구이다. 이 두 가지 방법은 고문자 연구에서 가장 중요한 부분이며, 그 중에서도 역사고증법이 더욱 중요하다."147)

이와 동시에 당란은 중국 학계에서 2천여 년 동안이나 씨름해 왔던

143) 唐蘭, 『古文字學導論』(增訂本), 齊魯書社, 1981, 178면.
144) 唐蘭, 『古文字學導論』(增訂本), 齊魯書社, 1981, 184면.
145) 唐蘭, 『古文字學導論』(增訂本), 齊魯書社, 1981, 186~187면.
146) 唐蘭, 『古文字學導論』(增訂本), 齊魯書社, 1981, 188면.
147) 唐蘭, 『古文字學導論』(增訂本), 齊魯書社, 1981, 198면.

"육서六書"설에 도전장을 던졌다. 소위 "지사·상형·형성·회의·전주·가차"의 "육서"는 실제로는 한나라 사람들의 문자구조에 대한 견해일 뿐 결코 한나라 이전 고대한자의 구조를 반영할 수 없다. 하지만 그간의 한자 이론 연구자들은 대체로 이러한 전통적 관점의 속박을 벗어나지 못했다. 당란은 갑골문자에 대한 그의 연구에 근거하여, 『중국문자학』 75면에서 이렇게 지적했다. 소위 "육서"에 대해 "이전에는 명확한 정의가 이루어지지 않아 사람마다 나름대로의 해석이 있었다. 다음으로, 개별 문자를 육서로 분류할 때 종종 그것이 어떤 부류에 속하는 지를 확정하기가 어려웠다. 단지 이 두 가지만 가지고 말한다고 해도 육서만 믿고서 다른 해석법을 찾지 않는다는 것은 있을 수 없는 일이다." 그는 홀로 길을 개척하여 "삼서三書"설, 즉 상형문자·상의象意문자·형성문자를 창조적으로 제시했다. 아울러 "삼서는 모든 중국문자를 포함할 수 있다. 각 부류의 정의와 특징만 분명하게 이해한다면 누가 분석하더라도 같은 결과를 얻을 수 있다"고 했다.148) 당란은 1935년에 한자 이론에 관한 이러한 새로운 학설을 제시하여, "오늘날의 안목으로 본다면 선생의 문자이론은 아직 몇몇 완전하지 않은 부분이 있긴 하지만 당시로서는 커다란 한계 극복이 아닐 수 없었다."149)

당란의 문자고석에 관한 이론과 방법의 독창적인 논술은 중국 고문자학 연구를 발전시켰을 뿐 아니라 후대의 학자들에게도 커다란 영향을 미쳤다. 저명학자 진몽가는 "형체의 판명에서 당란이 강조했던 분석법은 정확했으며, 그가 응용 분석하여 확정한 글자들은 분명히 공헌을 했다"고 평가했다.150) 당란의 『중국문자학』·『은허 문자기』·『고문자학 도론』 등 고문자학 이론 논저는 학자들의 존숭을 받았다. 이것은 "중국 고문자학 연구가 이미 1~2천 년의 역사를 갖고 있지만 이론에 관한 저작

148) 唐蘭, 『中國文字學』, 上海古籍出版社, 1979, 79면.
149) 朱德熙, 「紀念唐立厂先生」, 『古文字研究』 第3輯, 中華書局, 1981.
150) 陳夢家, 『殷虛卜辭綜述』, 科學出版社, 1956, 70면.

은 많지 않았기 때문에" 당란의 상술한 저작은 "전에 볼 수 없던 것으로 오늘날도 여전히 유용하다."[151] 당란의 고문자 고석과 연구, 특히 이론적인 수준과 전면적 체계의 논의로 끌어 올린 그의 연구는 고문자학 연구가 맹목적으로 흐르는 것을 막아 주었으며, 고문자학(갑골문을 포함하여) 연구의 발전과 수준 제고에 대단히 지도적 의의를 가졌다.

(5) 우성오于省吾(1896～1984)

우성오는 1896년 12월 23일 요녕성 해성海城에서 태어났으며, 자가 사박思泊이다. 일찍이 오왕부차검吳王夫差劍과 소우검少虞劍을 소장했기 때문에 "쌍검치雙劍誃"를 그의 제명齋名으로 삼았고, 스스로 "쌍검치주인雙劍誃主人"이라 불렀으며, 달리 호를 택나거사澤螺居士·숙흥수夙興叟 등이라 했다. 7세에 서당에 들어갔으며, 17세에 해성海城 중학에 입학했고, 1919년 심양沈陽 국립고등사범을 졸업했다. 일찍이 안동현서安東縣署에서 현지를 편찬하였으며, 이후 봉천奉天교통은행의 직원으로 들어갔다. 1920년 서북주변사문독위원西北籌邊使文牘委員 및 봉천성교육청과원奉天省教育廳科員 겸임시 성독학省督學이 되었다. 1924년 봉천성 성세연국城稅捐局 국장, 1928년 봉천 췌승서원萃升書院의 원독院督이 되었다. 1931년 "9·18"사변이 일어나자 북경으로 이주하여 고대 문물과 고문자학 연구에 전념했다. 1932년부터 1949년까지 보인대학·연경대학·북경대학 등에서 교수와 명예교수로 재직하면서 고문자학을 강의했다. 1952년 고궁박물원 전문위원으로, 1955년에는 동북인민대학(지금의 길림대학) 역사학과 교수로 초빙되어 고문자학과 고문헌의 교학과 연구 및 정리 작업에 종사했다.[152] 1984년 7월 17일 길림성 장춘長春시에서 죽었으며, 향년 88세였다.

---

151) 張政烺, 「『古文字學導論』出版附論」, 齊魯書社, 1981.

152) 姚孝遂, 「辛勤求索, 無怨無悔－對于老的懷念」, 『于省吾教授百年誕辰紀念文集』, 吉林大學出版社, 1996.

우성오는 평생 풍부한 경력을 가졌다. "그는 한 때 벼슬길에 나가기도 했으며, 일찍이 큰돈을 모아 저명한 문물을 소장하기도 했다. 하지만 그는 결국 과학의 최고봉에 오르고자 이 어려운 길을 선택하고 말았다. 그의 모든 몸과 마음을 과학의 신비를 푸는 사업에 쏟았으며, 교사라는 숭고하지만 청빈한 직업을 선택했다." 그는 "스스로 절약하며" 근실하고 근엄한 태도로 학문에 임했으며, 고문자의 고석과 고대문헌의 고증 및 고대사 연구 등에서 탁월한 성과를 이루었다. 그는 "경전과 역사와 제자백가에 두루 통한 국학 대가로서, 고문자의 학술연구를 새로운 높이로 끌어 올린 거장으로서",[153] 60여 년에 걸친 학술 생애를 거치면서 중단없이 연구함으로써 저서 18종과 논문 60여 편을 남겼으며, 모두 중국민족의 귀중한 문화재산이 되었다.

1931년 "9 · 18"사변 이후, 우성오는 북경으로 집을 옮겼다. "이때 그는 대량의 문물을 사들이기 시작했으며 저명한 문물 감정가이자 소장가가 되었다." "신중국 성립 이후 그는 그의 모든 소장품을 국가에 헌납했다." 우성오는 많은 문물을 소장했을 뿐 아니라 감정에도 뛰어나 국가를 위해 진귀한 문물을 보존해 주었으며, 『쌍검치 고기물 도록』과 『쌍검치 길금 도록』 등을 출판함으로써 학술연구에 중요한 자료들을 제공했다. 우성오가 "문물을 소장했던 것은 고대 기물 및 그 명문을 연구하기 위한 것이었다. 그는 종종 '골동에 빠져서 원래의 뜻을 잃어버려서는 안 된다'고 말해왔다."[154]

우성오는 청동기 명문의 고석과 연구에서 공헌했을 뿐 아니라 갑골문의 연구에서도 커다란 성과를 이루었다.

첫째, 우성오의 갑골문자 고석의 성과는 나 · 왕 이후의 그와 동년배

153) 姚孝遂, 「辛勤求索, 無怨無悔－對于老的懷念」, 『于省吾教授百年誕辰紀念文集』, 吉林大學出版社, 1996.
154) 姚孝遂, 「辛勤求索, 無怨無悔－對于老的懷念」, 『于省吾教授百年誕辰紀念文集』, 吉林大學出版社, 1996.

학자들의 성과를 뛰어 넘었다. 우성오의 갑골문 고석은 그의 저서 『쌍검치 은계 변지雙劍誃殷契駢枝』 초편(1940)과 2편(1941) · 3편(1944) 등에서 총 1백여 자 이상 해석함으로써, 동년배 학자 중에서 가장 뛰어났다. 주지하다시피, 갑골문 4천5백여 글자 중 알기 쉬운 일부 글자는 이미 나진옥 · 왕국유 등에 의해 해석되었다. 하지만 남은 몇몇 글자는 그 해독의 난이도가 대단히 높다. 우성오는 어려움을 알면서도 나아가 열심히 연구함으로써 풍성한 성과를 이루었다. 그는 1977년 자신이 고석한 성과를 한데 모은 『갑골문자 석림甲骨文字釋林』에서 전인들이 해석하지 못했거나 글자를 만들 당시의 원래 뜻을 알지 못했던 3백 여 글자를 해독함으로써 당대 갑골문자 고석의 최고봉을 이루었다. 이와 동시에 1973년부터 우성오는 『갑골문자 고림甲骨文字詁林』의 편찬 작업을 기획하고 주편했다. "금세기 초부터 1989년 말까지 갑골문자가 발견된 이후 90년간의 갑골문자 고석 관련 연구 성과들을 광범위하게 수집하였으며 이에 대한 총결을 시도하여 그 시비와 득실을 따지고 결론적 의견을 제시하고자 한"[155] 이 저작은 갖가지 어려움을 극복하고 마침내 1996년 중화서국에서 출판되었다. 『갑골문자 고림』이 20여 년 만에 세상에 모습을 드러낼 수 있었던 것은 중국 갑골학계의 대사건이라 할 수 있다. 학자들의 지적처럼, "고문자 고석 성과를 총 정리하고 근본부터 뜯어 고친 이러한 일은 대단히 어려운 작업으로, 『갑골문자 고림』을 편찬한 고문자학자들은 그 어려움을 알면서도 그 일을 시작하여 학계에서 오랜 동안 바라왔던 큰 숙원을 완성하였다. 독자들이 이를 손에 넣고 있으면 엄청난 양의 책을 소장한 책방 속에 앉은 듯, 또 갑골학사와 고문자학사의 깊은 연구에 풍부한 자료를 갖춘 것처럼 착각하게 해 준다."[156]

우성오가 고문자 연구에서 이룩한 커다란 성취는 과학적인 문자고석

155) 姚孝遂, 「序」, 『甲骨文字詁林』, 中華書局, 1996.
156) 陳偉武, 「『甲骨文字詁林』補遺」, 『甲骨文發現一百周年學術研討會論文集』, 臺灣師大國文系編, 1998.

방법을 운용한 것과 불가분의 관계에 있는데, 이는 후세 학자들에게 커다란 시사를 준다. 그는 "청대 한학자들이 고거학考據學을 이용해 얻었던 우수한 성과의 기초 위에서", 창조적으로 "변증법을 운용하여, 문자의 점획이나 편방 및 그것과 독음 · 의미와의 관계"157)를 분석했다. 그는 이렇게 지적했다. "고문자를 고립적으로 연구해서는 아니 되며, 사회발전사의 시각으로부터, 세계의 고대사와 소수민족지에 보존된 원시민족의 생산 · 생활 · 사회의식 등의 측면으로부터 고문자의 기원을 연구해야만 고문자가 만들어질 당시의 본래 뜻을 정확하게 이해할 수 있으며, 고문자 자료의 정확한 해독에도 도움을 줄 수 있다."158) 이는 고문자 고석에서 완전히 새로운 길을 열어 주었다. 게다가 그는 이를 실행에 옮겨 적잖은 문자들을 고석해 내었는데, 이는 전혀 새로운 길의 실천이자 모범사례였다.159) 이밖에 우성오는 또 "초기 고문자에서의 성부를 가진 일부 독체 상형자는 형성자의 맹아로 볼 수 있지만 그것은 두 개나 그 이상의 편방으로 구성된 합체 형성자와는 전혀 다르다"160)고 했다. 우성오의 "독체 형성자"에 관한 독창적인 견해는 전인들이 발견하지 못했던 것으로, 문자의 구조를 분석할 때 많은 시사점을 던져 준다. 우성오의 갑골문자 고석과 연구는 그 깊이와 넓이에서 모두 전인들의 수준을 뛰어 넘었다. 그가 고석하고 해설한 3백여 글자는 대단히 정교하고 일리가 있어 참고 가치를 가질 뿐 아니라, 나 · 왕 이래 이루어졌던 갑골문자의 해독에 유효한 방법론을 보탰고 이를 계승 발전시킴으로써 문자 고석의 새로운 길을 개척했으며, 이후의 갑골문자 고석 작업에 헤아릴 수 없는 영향을 끼쳤다.

둘째, 우성오는 갑골문자의 고석을 통해 상나라 역사를 연구하여, 중

157) 于省吾, 「關于古文字研究的若干問題」, 『文物』, 1973年 第2期 참조.
158) 于省吾, 「于省吾自傳」, 『中國現代社會科學家傳略』 第三輯, 山西人民出版社, 1983.
159) 王宇信, 『建國以來甲骨文研究』, 中國社會科學出版社, 1981, 55~56면 참조.
160) 于省吾, 「釋羌 · 苟 · 敬 · 美」, 『吉林大學社會科學學報』, 1963年 第1期.

국 고대사회의 실상을 재구하는 데 공헌했다. 우성오는 이렇게 주장했다. "고문자 연구의 주된 목적은 고대사의 논의, 특히 고대의 계급과 계급투쟁사의 논의에 있다. 게다가 중국 고문자 중의 일부 상형자와 회의자는 종종 고대사회 활동의 실제 정황을 형상적으로 반영하고 있기 때문에 문자 그 자체만으로도 대단히 진귀한 사료가 된다." 그는 갑골문자 자형 그 자체에 상나라 통치계급의 민중들에 대한 "인신 유린"·"속박"·"형벌 도구와 감옥"·"육체형"·"화형"·"사람을 구덩이에 넣어 제사 지냄"·"머리를 잘라 제사지냄"·창자를 도려내고 배를 가르며 사체를 찢어 죽이는 등의 모습을 반영되어 있다고 했다.[161] 그의 「갑골문 "상갑부터의 육시"의 묘호 및 중국 성문 역사의 시작을 간단히 논함略論甲骨文"自上甲六示"的廟號及我國成文歷史的開始」,[162] 「은대의 교통도구와 일전제도殷代的交通工具和馹傳制度」,[163] 「상나라의 곡물商代的穀類作物」,[164] 「갑골문으로 본 상나라의 농지개간從甲骨文看商代的農田墾殖」,[165] 「노비에 대한 해석釋奴婢」[166] 등과 같은 논문에서는 중국의 성문 역사의 시작, 중국 고대사회의 경제 기초와 상부구조 등에 대해 창조적으로 탐색했다.

우성오는 오랜 기간 고문자와 고대사 연구에 종사하면서 "고대사 연구에서 단지 문헌에만 근거한다는 것은 대단히 부족함을 한 번 더 직접 체험하게 되었다." 왕국유가 이미 지하자료와 고대문헌을 서로 참조 증명하는 고대사 연구의 "이중증거법"을 제시해 이전 학자보다 대단히 진보하긴 했지만, 우성오는 그것이 "아직 지하자료의 중요성을 충분히 인식하지 못했다"고 생각했다. 우성오가 보기에 "지하자료와 선진 때의 문헌 사이에는 주主와 부副의 차이가 존재하며, 지하자료가 주가 되고 문헌

---

161) 于省吾, 「序」, 『甲骨文字釋林』, 中華書局, 1979 참조.
162) 『社會科學戰線』(創刊號), 1978.
163) 『東北人民大學人文科學學報』, 1955年 第2期.
164) 『東北人民大學人文科學學報』, 1957年 第1期.
165) 『考古』, 1972年 第4期.
166) 『考古』, 1962年 第9期.

이 부가 되어야만 진정으로 객관적 실제에 부합하는 결론에 이를 수 있다고 했다. 왜냐하면 지하에서 출토된 고문자 자료와 기타 고고자료는 원래 상태의 가장 믿을 만한 자료이며, 이는 이리저리 전해지면서 변형되어 그대로 다 믿을 수 없는 문헌 기록과는 주와 부의 차이가 있기 때문이다."[167] 이러한 우성오의 견해는 왕국유의 "이중증거법"보다 더욱 진보했다 할 수 있다. 우성오는 고문자와 고고자료를 충분히 이용해 고대문헌을 교감하여 『역경 신증易經新證』·『논어 신증論語新證』·『제자 신증諸子新證』 등을 출판하여 "지하 출토문헌으로 전래 문헌을 증명하는 이 새로운 학술영역을 개척함으로써, 신증파新證派라 불리게 되었다."[168]

셋째, 우성오는 갑골학과 기타 각종 고문자의 연구 인재를 적극 배양하여, 고문자학 연구 인력의 구축과 발전에 공헌했다. 우성오는 평생 각고의 노력으로 "배경의 변화에 관계없이 조금의 틈만 있으면 잠시라도 독서와 지식 탐구를 멈춘 적이 없다." "그 자신은 평생 동안 독서와 지식에 대한 탐구를 생활의 제일로 삼고 게으름 없이 이를 즐겼다."[169] 그는 바쁜 연구와 고령의 나이에도 연구생들의 배양에 노력했다. 그는 1955년과 1966년에 두 차례의 연구생을 배출했는데, 지금은 모두 저작이 자신의 키만큼이나 되는 국내외에 저명한 갑골문 전문가로 성장했다. 1978년 이후, 우성오는 또 석사와 박사 대학원생을 배양함으로써 고문자학의 고급 연구 인력 배양에 공헌했다. 오늘날 그중 많은 사람들이 이미 대단한 학문을 이루어 국내외의 상당한 지명도를 갖고 있으며, 고문자 연구 영역에서 활약하는 중견학자이자 21세기의 이 학과를 이끌어 갈 지도자로 평가받고 있다. 이외에 그는 또 고문자학 진수반을 편성하여 직접 강단에 올라 강의를 함으로써, 전국의 각 대학·문물 고고연구 기

---

167) 于省吾, 「于省吾自傳」, 『中國現代社會科學家傳略』 第3輯, 山西人民出版社, 1983.

168) 姚孝遂, 「辛勤求索·無怨無悔－對于老的懷念」, 『于省吾教授百年誕辰紀念文集』, 吉林大學出版社, 1996.

169) 姚孝遂, 「辛勤求索·無怨無悔－對于老的懷念」, 『于省吾教授百年誕辰紀念文集』, 吉林大學出版社, 1996.

관에서 참여한 고문자학 연구 인력의 증강에 새로운 활력을 불어 넣어 주었다. 그래서 우성오는 고문자학 연구 인력에 "공백이 생기지 않도록" 만들었으며, 정말 "죽는 그날까지 나라를 위해 몸을 아끼지 않았다." 이처럼 오늘날의 고문자학 연구의 번영은 우성오의 헌신과 불가분의 관계에 있다.

(6) 호후선胡厚宣(1911～1995)

1911년 12월 20일 하북성 망도현望都縣 대왕장大王莊에서 태어났으며, 1916년 국민소학에 입학하였고, 1924년 하북성 보정保定의 배덕培德 중학에 입학하여 무월繆鉞의 문하에서 공부했다. 무월은 국문·국학개론·중국문학사 등을 강의했으며, 양임공梁任公이 개설한 교과목에 근거하여 학생의 과외 독서를 지도했다. 4년간의 중학 과정에서 호후선은 선진 시대의 경전·『설문해자』·4사史 『통감通鑒』·『소명문선昭明文選』과 시사詩詞 선집 등 배우지 않은 것이 없었고, 이를 통해 국학 방면에 깊은 기초를 마련했으며 무월繆鉞의 찬사를 받았다. 1928년 배덕중학을 졸업하고 북경대학 예과에 입학했다. 성적이 뛰어나 모교에서 매학기 백 원(예과 2년·본과 4년 총 1,200원)이라는 파격적인 장학금을 내 놓아 청년 호후선이 깊이 있게 연구하는 데 도움을 주었다. 북경대 예과에서 학습하는 동안 허유휼許維遹·이증독李曾篤 등과 연합하여 "예사禮社"를 만들고 『삼례 주소三禮注疏』 등을 교정했다. 북경대 본과에 재학하는 동안에는 양향규楊向奎·고거심高去尋·장정낭張政烺·왕수민王樹民·손이제孫以悌 등과 교유하면서 "잠사潛社"를 만들었고, 학생 학술 간행물인 『사학 논총史學論叢』 2기를 편집 출판했으며, 「초 민족은 동방에서 기원했다楚民族源于東方考」 등의 논문을 발표하기도 했다. 북경대학에서 학습하는 동안 "중화교육문화기금회 이사회"의 장학금을 매년 280위안씩 제공받았다. 1934년 호후선은 북경대학을 졸업하고 중앙연구원 역사어언연구소 고고조에 들어갔다. 1934년 양사영梁思永을 따라 안양의 은허 발굴단에서 1년 있었고, 후가장侯家莊 서북강西北崗 왕릉구역의 발굴에 참여했으며, 그해 11월 추구동락재秋口同樂寨를 발굴하여 앙소仰韶・용산龍山과 소둔小屯 시기 등의 문화 퇴적층을 발견했다. 1935년 봄, 양사영이 주도했던 제11차 은허발굴작업에 참여하여 주로 서북강의 왕릉을 발굴했으며, 호후선은 1004호 대묘의 발굴작업을 책임졌다. 남쪽 묘도墓道에서 나무 손잡이가 달린 창戈 한 층層과 묶음으로 된 뾰족창矛 한 층, 7가지의 서로 다른 형식의 동회銅盔 한 층 등을 발견했고, 총 2백여 점을 발굴했다. 저명한 「우록정牛鹿鼎」과 「녹정鹿鼎」 또한 이때 호후선의 손에 의해 발굴되었다. 1935년 호후선은 남경으로 가 먼저 동작빈의 『은허문자 갑편』의 편찬을 도왔고, 다시 『은허문자 갑편』의 석문을 책임 편찬했으며 간단한 고증도 덧붙였다. 이후 역사어언연구소가 대만으로 옮겨가면서 굴만리屈萬里에 의해 『갑편고석甲編考釋』이라는 이름으로 출판되었다. 1936년 안양 은허의 제13차 발굴 기간에는 소둔 북쪽 지역인 C구역에서 저명한 YH127갱의 갑골 저장고를 발견하기도 했다. 이 갱에서 나온 많은 갑골은 현장에서 정리하기가 힘들어 갱에서 나온 진흙 범벅이 된 상태의 전체 갑골을 커다란 나무 상자에 실어 남경의 역사어언연구소 도서관 1층의 큰 홀에다 옮겨 놓고, 동작빈의 지도하에 호후선 등이 갑골을 뜯어내고 그림을 그리고 씻어내고 서로 합치고 번호를 매기는 등 8여 개월의 긴장된 작업 끝에 "실내 발굴"을 끝내 총 17,096편의 갑골을 얻었다. 1939년 호후선은 성도成都 제로齊魯대학의 초빙으로 국학연구소 주임을 맡았다. 1940년 역사어언연구소를 떠나 정식으로 제로대학 국학연구소의 연구원・중문과 주임・중국역사사회학과 주임 등을 맡았다. 연구소에서 대학원생들에게 "갑골학"을 강의했으며, 학부에서는 "상주사商周史"와 "고고학 통론" 등을 강의했다. 1944년부터 1946년까지 국내외 갑골학자의 찬사를 받았던 명저 『갑골학 상사 논총甲骨學商史論叢』 4집 9책을 출판해 논문 33편을 실었다. 1947년부터 1956년까지 복단復旦대학에서 중국고대사 교연실 주임과 교수를 맡았다. 역사학과에서 "사료학"·"고고학"·"선진사" 등을 강의했으며, 중문과에서는 "고문자학"과 "갑골학" 등의 강좌를 개설했다. 이외에도 기남暨南대학 역사학과에서 1년 동안 겸임 교수로 있었다. 호후선은 막중한 교학의 임무를 완수해 내는 동시에 저술을 게을리 하지 않아 『고대 연구의 사료 문제古代硏究的史料問題』, 『50년 갑골문 발견의 총결五十年甲骨文發現的總結』, 『50년 갑골학 논저목五十年甲骨學論著目』, 『은허 발굴殷墟發掘』 등의 저서와 갑골저록인 『전후 남경 상해 지역에서 새로 얻은 갑골집戰後寧滬新獲甲骨集』, 『전후 남북에 보이는 갑골록戰後南北所見甲骨錄』, 『전후 북경 천진에서 새로 얻은 갑골집戰後京津新獲甲骨集』, 『갑골 속존甲骨續存』 등의 저작을 출판했다. 1956년에는 북경중국과학원 역사연구소(지금의 중국사회과학원)로 옮겨 선진사연구실 주임·연구소 학술위원 등을 역임했고, 『갑골문 합집』의 편찬작업을 준비했다. 1961년 4월 『갑골문 합집』의 편찬작업이 정식으로 가동되었다. 하지만 정치적 환경이 유동적이어서 작업이 수시로 중단되었고 1976년 이후에 들어서야 정상적으로 운행되었다. 1978년 『갑골문 합집』 편집이 완성되어 인쇄가 시작되고, 1982년에 이르러 총 13책의 전체가 출판되어, 총 41,956편의 갑골을 수록함으로써 국내외 학계에 커다란 영향을 미쳤다. 1984년 이후로는 국내외 갑골학과 상나라 역사 연구의 발전과 번영을 위해 안양安陽·낙양洛陽·정주鄭州·남창南昌 등지에서 대규모의 국제학술회의를 조직했다. 이외에도 안양 은허 유적지의 보호와 은허박물원殷墟博物苑의 건립에 커다란 노력과 공헌을 했다. 만년에는 고령에도 아랑곳하지 않고 연구를 계속했으며, 동시에 몇 년에 걸쳐 석사·박사 연구생을 배출했다. 지금 이러한 연구생들은 이미 학계에서 영향력 있는 갑골학 전문가들로 성장했다. 1995년 4월 16일, 호후선 선생은 누적된 과로가 병이 되어 북경에서 병사했으며,170) 향년 84세였다. 호후선 선생은 일찍이 은허의 제10·11

170) 胡厚宣, 「人生漫漫爲甲骨」, 『我與中國20世紀』, 河南人民出版社, 1994.

차 과학적 발굴에 참여하였으며, "엄격한 과학적 고고 발굴과 고대기물 정리 훈련을 받은 후", 1935년부터 "다시 은허의 과학적 발굴에서 얻은 갑골을 정리하는데 혼신의 힘을 쏟았다." 1995년 그가 세상을 떠나기까지 60여 년에 걸친 학술생애는 정말 "인생이 점차 갑골로 변한 것과 같았다." 그는 "은상 문화의 연구와 탐색에 게을리 하지 않아, 이미 출판한 저서와 논문만 해도 160여 종에 이르러 국내외에서 명성을 누리고 존경을 받는 갑골학의 일대종사가 되었다." 백 년 동안의 갑골학 연구발전사에서 60여 년은 호후선 선생의 추동과 공헌과 분리될 수 없다. "그의 모범적인 문장은 갑골학 연구의 발전(1928~1949)을 촉진시켰고, 갑골학 연구의 심화(1949년부터 지금까지)를 추동시켰다."[171] 갑골학과 은상사 방면에서 이룬 그의 성과와 공헌은 다음과 같다.

첫째, 갑골문 자료의 집중과 정리와 공표의 측면에서 호후선은 전인을 뛰어 넘는 공헌을 했으며 갑골학과 상나라 역사 연구의 지속적인 발전에 기초를 마련했다. 호후선이 총 편집한 『갑골문 합집』은 신 중국 성립 이후, 갑골자료를 집중시키고 정리하며 공표한 최대의 성공작이었다. 이 이전 80여 년간 출토된 갑골문은 "아직 국내외에 산재되어 있으면서도 저록서에 수록되지 않은 것도 적지 않았다." "이미 출판된 70여 종의 갑골 저록서 중 어떤 것들은 출판 시기가 이른데다 당시 인쇄된 수량도 적어 세계의 대형 도서관에는 소장되어 있으나 중국 내에는 찾아보기가 대단히 드물었다. 또 어떤 갑골 저록들은 당시의 인쇄 조건 때문에 탁본이 희미하여 교환이 시급하거나, 또는 당시 수준의 한계로 인해 어떤 저록에는 가짜도 함께 들어 있기도 했다." "이러한 상황은 갑골을 전면적으로 철저히 정리하고 자료를 더욱 완벽하게 확보하여 갑골문과 상나라 역사를 연구하고자 할 때 갖가지 불편을 초래했다."[172] 하지만 『갑골문

171) 王宇信, 「甲骨學硏究的發展與胡厚宣敎授的貢獻」, 『甲骨文與殷商史』 第3輯, 上海古籍出版社, 1991.

172) 王宇信, 『建國以來甲骨文硏究』, 中國社會科學出版社, 1981, 44면.

합집』이 출판되면서 "연구 자료가 부족하던 국면은 극복되어 여러 분야의 학문, 특히 갑골학과 은상사·고고학의 발전을 대대적으로 촉진했다. 최근 들어 갑골 논저들은 『합집』의 출판 이전에 비해 수량이나 질적인 면을 막론하고 모두 크게 진보되었다." 이외에도 중국 내 "갑골학 붐"을 초래하여 갑골학 연구에 뜻을 둔 많은 사람들이 "더 이상 갑골저록을 접할 수 없다는 고민을 하지 않도록 만들었고, 갑골학이라는 명줄이 '끊어진 학문'의 심오한 학문에 용감히 도전하도록 만들었다." 『갑골문 합집』의 출판은 연구 자료의 준비든 아니면 연구 인력의 구축이든 갑골학과 상나라 역사 연구를 전진시키고 심화 발전시키는 데 견실한 기초를 마련했다. 이 때문에 "그것은 이전의 성과를 계승하고 이후의 연구를 열어 준, 갑골학사에서 기념비적인 저작이었다."173)

『갑골문 합집』의 출판은 80년 동안 출토된 갑골문의 총결일 뿐 아니라, 중일 전쟁 승리 이후 그리고 신 중국 성립 초기 전국 각지를 돌아다니면서 지속적으로 작업을 했던 호후선의 노력에 의한 결과물이었다. "일찍이 1945년 항전에서 승리한 후, 호후선 선생은 곧바로 후방에서 북평(즉 북경)·천진으로 날아가 '전후 출토된 갑골문자들을 조사하고 수집했다.' 이후 '다시 후방의 성도로 날아갔다.' 1946년 가을, 호후선 선생은 '성도에서 제로대학이 복원되어 제남濟南으로 갈' 때, '남경과 상해를 지나면서 일정 기간 동안 머물게 되었는데, 이때에도 갑골 출토 정황을 찾아 헤맸다.' 호후선 선생의 남북 행로에서 얻은 갑골은 대단히 많았다."174) 그리고 『전후 남경 상해 지역에서 새로 얻은 갑골집』(1951), 『전후 남북지역에 보이는 갑골록』(1951), 『전후 북경 천진에서 새로 얻은 갑골집』(1954) 등과 같은 갑골저록의 출판은 분명 "이후 갑골문 자료를 대규모로 집중하고 정리하며 공표한 작업의 '서막'이었다." 그리고 "신중국 성립 이후, 그는 휴가를 이용해 전국 각지를 찾아다니며 갑골을 계속

---

173) 王宇信, 『甲骨學通論』, 中國社會科學出版社, 1989, 284~285면.
174) 王宇信, 『甲骨學通論』, 中國社會科學出版社, 1989, 95면.

조사했으며, 출판된 『갑골 속존甲骨續存』(1955)은 그 이후의 갑골자료를 대규모로 집중하고 정리하여 공표한 작업의 '준비단계'였다."[175] 중국에 개혁 개방이라는 새로운 시대가 도래함에 따라 호후선 선생은 국외 갑골의 소장 현황도 진지하게 조사했다. 이 때문에 수십 년을 하루 같이 한결 되게 찾아 나갔으며, "호후선 선생은 15만 편의 갑골 개별 덩어리와 한 조각 한 조각의 내원과 저록 정황 및 현재 소장처에 대해서 훻하니 꿰뚫고 있었다. 그리하여 『갑골문 합집』은 '가능한 한 자료의 수집을 완벽하게 하라'는 곽말약의 요구를 실현할 수 있었고, 학술연구에 가장 완비된 전래 갑골을 저록한 총집이 되었다."[176]

집대성식의 저록인 『갑골문 합집』은 호후선의 수십 년간의 심혈이 응축된 사심 없는 헌신의 결과물이었지만 호후선 개인의 저술도 갑골문 자료의 공표라는 측면에서 전에 없던 업적이었다. 통계에 의하면, "호후선 선생의 『전후 남경 상해 지역에서 새로 얻은 갑골집』·『전후 남북지역에 보이는 갑골록』·『전후 북경 천진에서 새로 얻은 갑골집』·『갑골 속존』 등 4책에 저록된 갑골은 총 13,814편으로 은허에서 출토된 전체 10여만 편의 10분의 1이 넘는다."[177] 호후선이 세상을 떠난 후, 1996년 천진고적출판사에서 호후선이 편집하고 호진우胡振宇·왕굉王宏이 정리한 『갑골 속존 보편甲骨續存補編』 상·중·하 3집을 출판했는데, 총 18,836편의 갑골을 수록했다. 이 두 가지를 합치면 호후선 개인이 공표한 갑골만 31,650여 편이 된다. 만약 은허에서 출토된 갑골을 10만 편으로 잡는다면 호후선의 손에 의해 저록된 갑골이 무려 3분의 1이나 되는 셈이다. 은허에서 출토된 갑골을 15만 편으로 잡는다고 해도 호후선의 손에 의해 저록된 갑골이 적어도 5분의 1은 된다. 여기에다 호후선의 손에 의해 『갑골문 합집』에 저록된 41,956편의 갑골을 함께 더한다면 그 비율은 훨

175) 王宇信, 『甲骨學通論』, 中國社會科學出版社, 1989, 346~347면.
176) 王宇信, 『甲骨學通論』, 中國社會科學出版社, 1989, 347면.
177) 王宇信, 『建國以來甲骨文研究』, 中國社會科學出版社, 1981, 37면.

씬 더 늘어난다.

둘째, 호후선은 갑골학 자체 규칙의 연구, 예컨대 거북점의 원류·복법卜法 문례文例·복사동문卜辭同文·복사잡례卜辭雜例·기사각사記事刻辭·잔사호보殘辭互補·변별辨僞과 짜 맞추기綴合· 시기구분 分期斷代 등에서 창조적인 발명을 많이 이루었으며, 이전의 오류를 바로잡고 보충하기도 했다. 특히 동작빈의 학설에 대해 진전을 이루었으며, 그것을 진일보하게 구체화하고 심화시켰다. 이 때문에 "동작빈과 호후선 선생 등 학자들의 갑골 문례에 대한 연구를 통해, 비로소 '복잡하게 뒤얽혀 있고 아무 법칙도 없어 보이던 복사들이 질서정연하고 분명하게 연계되어 있는 복사로 환원될 수 있었다.'"178)

셋째, 호후선은 갑골문 자료의 집중과 정리와 공표라는 측면에서 전에 볼 수 없는 공적을 이루었을 뿐 아니라 그가 1946년 출판한 『전후 북평·천진에서 새로 얻은 갑골집』은 "갑골학의 저록편찬에서 '먼저 시기구분 한 후 다시 분류하는' 새로운 체제를 처음으로 만들었으며, 그 뒤를 이어 출판한 『전후 남경 상해 지역에서 새로 얻은 갑골집』·『전후 북경 천진에서 새로 얻은 갑골집』·『갑골 속존』 등 몇몇 저록에서도 이를 일관되게 응용했다."179) 그래서 이러한 전래 갑골의 새로운 저록 체제는 대강이 분명하고 과학성이 강하며, 자료의 사용이 대단히 편리하여 대형 갑골 저록서의 편찬에 심대한 영향을 끼쳤다. 저명한 몇몇 대형 갑골 저록서, 예컨대 『경도대학 인문과학연구소 소장 갑골문자京都大學人文科學研究所藏甲骨文字』·『갑골문 합집』 및 『갑골문 합집 보편甲骨文合集補編』 등도 바로 호후선이 창시한 갑골저록의 새로운 체제를 모범삼아 편찬했다.

넷째, 호후선은 갑골문 자료를 이용해 은상사를 연구함으로써 상나라

178) 王宇信, 「甲骨學研究的發展與胡厚宣教授的貢獻」, 『甲骨文與殷商史』 第3輯, 上海古籍出版社, 1991.
179) 王宇信, 「甲骨學研究的發展與胡厚宣教授的貢獻」, 『甲骨文與殷商史』 第3輯, 上海古籍出版社, 1991.

역사의 중요한 문제를 적잖게 해결했다. 그의 『갑골학 상사 논총』은 "갑골학 상대사 연구의 각 영역을 섭렵했다." "그는 상나라 사회의 경제기초인 농업생산의 발전을 논의했을 뿐 아니라 상나라 사회의 상부구조 영역, 예를 들어 봉건제도 · 혼인과 가정 · 종법宗法과 생육 · 천신숭배 등에 관해서도 논술했다. 상나라 사회의 과학기술 문화, 예를 들어 천문과 역법 · 기상과 의학 등에 대해서도 논의했다."[180] 그의 갑골문 연구는 "모든 갑골을 종합해 전면적이고 철저하게 정리함으로써 갑골문의 몇몇 문제를 해결하고자 하는 데 그 종지를 두었다." 그는 풍부한 갑골문 자료에 대해 "가장 과학적인 방법을 응용해 통계를 내고 분석하며 해석하는, 일종의 정밀한 연구를 주장했으며", "전체적이고도 철저한 정리"를 주장했다. 호후선이 주창한 갑골문 연구의 이러한 방법은 후학들에게 커다란 영향을 미쳤다. 그의 『갑골학 상사 논총』 등은 바로 이러한 주장의 구체적 실천이자 후대 학자들의 전범이 되었다. 신 중국 성립 이후, 호후선은 "새로운 입장에 서서 새로운 관점과 방법을 이용해, 갑골문에 대해 새롭게 연구했다."[181] 그리하여 상나라 역사 연구의 각 방면에서 언제나 새로운 성과를 이루었다. 상나라의 경제와 사회생활 방면에서, 「은대 농작 시비설殷代農作施肥說」, 「은대 농작 시비설 보정殷代農作施肥說補正」, 「은대 농작 시비 문제를 다시 논함再論殷代農作施肥問題」, 「귀전에 대해서說貴田」, 「은대의 잠상과 베짜기殷代的蠶桑和絲織」 등을 발표했다. 상나라의 사회성질과 국가 메커니즘에 관해서 「갑골문에 보이는 은대 노예의 반압제 투쟁甲骨文所見殷代奴隸的反壓迫鬭爭」, 「중국 노예제 사회의 인순과 인제中國奴隸社會的人殉和人祭」, 「"여일인"에 대한 해석釋"余一人"」, 「"여일인" 문제를 다시 논함重論"余一人"問題」, 「"아왕"에 대해서說我王」, 「중국 노예제 사회의 최고 통치자의 호칭 문제中國奴隸社會最高統治者的稱號問題」, 「은대의 사

180) 王宇信, 「甲骨學硏究的發展與胡厚宣敎授的貢獻」, 『甲骨文與殷商史』 第3輯, 上海古籍出版社, 1991.

181) 胡厚宣, 「序」, 『五十年甲骨學論著目』, 中華書局, 1952.

관은 무관이 맡았다는 설殷代的史爲武官說」 등을 발표했다. 상나라의 종교 신앙과 토템숭배에 관한 연구로는 「갑골문 상족 새 토템의 흔적甲骨文商族鳥圖騰的遺迹」, 「갑골문 세 토템의 새로운 증거甲骨文鳥圖騰的新證據」, 「은 복사속의 상제와 왕제殷卜辭中的上帝和王帝」, 「은대 사방과 사방풍에게 풍년을 기원한 제사에 관한 해석釋殷代求年于四方和四方風的祭祀」 등이 있다. 상나라의 과학기술사 연구에 관한 것으로, 기후 · 천상에 관한 전문적인 논의로 「은대의 우박殷代的冰雹」, 「복사의 "일월유식"에 관해卜辭"日月有食"」 등이, 상나라의 의학에 관한 논문으로 「은나라 사람들의 질병 치료 방법論殷人治療疾病之方法」 등이 있다. 이외에도 "전인들의 연구기초 위에서 갑골문에 보존된 하夏나라 역사 유적에 대해서도 고찰하여 「갑골문의 토방은 하 민족임에 관한 고찰甲骨文土方爲夏民族考」이 있으며, 이로부터 하나라 역사의 유력한 증거를 갑골문에서 찾게 되었다." 이상의 기술은 솔직히 말해 호후선이 "상나라 사회역사에 대해 전방위에서 연구하였음"[182]을 보여 주며, 깊이 있는 많은 논점들은 학계에 커다란 영향을 끼쳤다.

다섯째, 은허 유적지의 보호에 공헌했다. 하남 안양의 은허는 대량의 갑골문과 청동기가 출토됨으로써 그 이름을 세상에 날렸다. 특히 1928~1937년 중앙연구원 역사어언연구소에 의해 이루어진 15차례의 대규모 발굴 이후, 궁전 구역과 왕릉 구역이 오늘날 다시 모습을 드러내었고 대량의 갑골문과 아름다운 문물이 과학적으로 발굴됨으로써, 안양 소든촌이라는 이 "작디작은 일개 읍"은 세계적인 명승지가 되었다. 비록 대단히 일찍부터 전국 중점문물 보호단위의 하나로 지정되었지만 다년간 자연 혹은 인위적인 원인으로 유적지는 지속적으로 파괴되고 잠식당했다. 이름을 듣고 달려온 많은 국내외 학자들의 눈앞에 펼쳐진 은허는 단지 논밭과 공터를 비롯해 그 속에 뒤섞여 있는 민가들뿐이어서 그들로 하여금 실망을 금치 못하게 만들었다. 그리고 유적지의 지속적인 파괴도

---

182) 王宇信, 「甲骨學硏究的發展與胡厚宣教授的貢獻」, 『甲骨文與殷商史』 第3輯, 上海古籍出版社, 1991.

우려를 자아내었다. 안양에 있던 유지들은 은허를 보호하고 개발하기 위해 유적지 위에다 은나라의 건축을 복원하여 짓기로 하였는데, 이는 유적지를 보호할 수 있을 뿐 아니라 거기를 상나라의 정취가 물씬 풍기는 유적지 공원으로 만들어 애국주의와 역사유물주의 교육 현장으로 만들 수 있다고 생각했기 때문이었다. 호후선과 왕우신·양승남 등의 적극적인 주장과 분주히 뛰어다니며 호소한 결과 문물·고고부문 지도자들의 지지를 얻을 수 있었으며, 안양 은허의 궁전구역에 대형의 유적지 공원 —은허박물원殷墟博物苑이 1987년 8월 완공되었다. 이 이후로 은허유적지는 마구 파헤쳐지는 액운과 건물이 들어서 현대적인 촌락으로 변하는 것을 막게 되었고, 끝내 안양과 전국의 인민들은 이 녹지를 보존하게 됨으로써 국내외 학자들의 높은 평가를 받았다. 이는 "중국 고대문화 유적지의 보호와 개발과 이용에서의 창조적인 범례가 되었고, 문화사업에 도움 되는 창조적인 업적으로 평가되었다." 은허박물원의 내용을 더욱 발전적으로 확충하고 갑골학 연구에서 얻은 성과와 국내외 학자들의 공헌을 전시하기 위해 호후선은 또 "은허 갑골문 전시 홀"의 전시 내용과 설계에 아이디어를 제공했으며, 왕우신으로 하여금 전시 내용의 대강을 기술하도록 했다. 학자들은 이 전시 홀이 "국내외 갑골학 연구의 새로운 성과를 반영하여 깊고 심오한 갑골문을 통속적이고 형상적으로 만들었으며, 중국 문명을 드높이는 데 새로운 공헌을 했다"[183]고 평가하고 있다. 그래서 어떤 학자들은 "호후선 선생은 은허와 분리될 수 없으며 은허 또한 호후선 선생을 원하고 있다. 은허의 옛 모습이 새로운 얼굴로 변하고 전 세계적으로 이름을 날리게 된 것은 호후선 선생이 이끌었던 학자들과 의식 있는 인사들의 은허에 대한 보호와 선전과 연구와 불가분의 관계에 있다."[184]

---

183) 「殷墟甲骨文發現90周年國際學術硏討會紀要」, 『中原文物』, 1990年 第3期.

184) 王宇信, 「甲骨學硏究的發展與胡厚宣教授的貢獻」, 『甲骨文與殷商史』 第3輯, 上海古籍出版社, 1991.

여섯째, 호후선은 중국의 갑골학 연구사업의 발전을 위해, 갑골학의 일대종사였던 곽말약이 그에게 요구했던 "대를 이을 학자를 많이 키우라"는 부탁을 저버리지 않고, 갑골학 연구 인재의 배양에 노력했다. "호후선 선생의 자신의 키 높이나 되는 저작은 후학의 '말없는' 스승이었고, 많은 청소년이 이로부터 '금과옥조를 얻어' 갑골학과 상나라 역사 연구의 전당으로 한 걸음 한 걸음 나아갔다. 그리고 그는 또 몸소 실천하여, 갑골학 은상사의 석사·박사 연구생 지도교수로서 매 년 연속해 졸업생을 배출했다. 학생에 대한 그의 요구는 엄격하였으나 차근차근 잘 타이르며 이끌어 갔고, 그들로 하여금 실제작업의 단련을 통하게 함으로써 갑골학 상나라 역사 연구의 전문가가 되도록 했다." "호후선 선생은 그의 학생들에게 도를 전하고 학문을 전수하며 의혹을 해소시켰을 뿐 아니라 그와 함께 일을 한 젊은이들에게도 이렇게 했다." 이 때문에 "독학으로 인재가 된 청년들에게도 호후선 선생은 꼭 같이 지대한 관심을 가졌다. 그는 문장력도 뛰어나 높은 수준의 많은 학술 논저를 완성하였으며, 또 문장의 수사에도 뛰어나 대단히 어려운 갑골학 규칙 등을 쉽게 풀어냄으로써 더욱 많은 청년 학자들로 하여금 갑골학을 인식하고 이해하게 하였고 갑골학을 열렬히 사랑하도록 만들었다. 그는 다년간 갑골학의 기초지식을 보급하는 데 많은 힘을 쏟았는데, 이는 갑골학 연구의 후진을 확충한다는 목표 때문에 한 노력이었다."[185] 바로 호후선 등 원로 학자들의 관심과 배양에 의해 갑골학 연구 신인들이 무성하게 배출될 수 있었으며, 갑골학 연구를 변화시켜 공백 없는 상태로 만들었다.

일곱째, 호후선은 "은상 문화연구의 발전을 위해 이곳저곳 분주히 찾아다니며 호소하였으며, 은상 문화연구의 인력을 단결시키고, 국내외 학자들 간의 우의와 교류를 강화했다." 호후선 선생은 갑골학 연구에서 커다란 공헌을 함으로써 국내외에서 대단한 명성을 갖게 되었다. 모든 사

185) 王宇信, 「甲骨學硏究的發展與胡厚宣敎授的貢獻」, 『甲骨文與殷商史』 第3輯, 上海古籍出版社, 1991.

람의 존경을 한 몸에 받았으며 "중국 은상문화 학회"의 회장으로 추대되어 1984년의 "전국 상나라 역사 학술토론회", 1987년의 "중국 은상문화 국제학술 토론회", 1988년의 "은허 발굴 60주년 기념회", 1989년의 "은허 갑골문 발견 90주년 국제학술 토론회", 1991년의 "낙양 하상문명 국제학술 토론회", 1993년의 "정주 상성商城과 은상문명 국제학술 토론회"와 남창의 "남방 청동기와 은상문명 국제학술 토론회", 1994년의 "은허 갑골문 발견 95주년 국제학술 토론회" 등을 준비하고 주관했다. "몇 차례의 대규모학술회의를 개최함으로써 그 자체만으로도 풍성한 성과를 거두었으며, 은상 문화연구의 발전을 추동시켜 국내외 학계에 큰 영향을 끼쳤다."[186] 이러한 모든 것은 바로 그가 신 중국이 막 성립되었을 때 "흥미를 가진 모든 용감한 동지들이 함께 모여 집체적으로 학습하고 논의하며 연구함으로써, 광명의 새로운 시대에 대중인민을 위해 복무할 기회가 있기를 바랬던"[187] 숙원의 실현이었다.

"호군胡君께서 사군四君[188]을 이은 후, 붉은 거북딱지와 푸른 글은 다시 빛을 발하게 되었다네."[189] 호후선은 평생 동안 갑골을 추구하고, 학문을 추구했으며, 갑골학과 은상사 연구에 뛰어난 공헌을 하여, 국내외 학자들에 의해 나진옥・왕국유・동작빈・곽말약 등 선배 학자들의 뒤를 이은 또 한 사람의 갑골학의 일대종사라 칭송 받았다. 특히 갑골학 발전사에서의 호후선의 중요한 지위에 대해서는 1951년 일본 대판大阪사립대학 교수인 좌등무민佐藤武敏이 「호씨의 최근 업적胡氏的近業」이란 글에서 다음처럼 명확하게 지적했다. "동작빈씨가 대만으로 건너간 후, 한 때 대만이 중국갑골문 연구의 중심이 되는 듯 했다. 하지만 중공에서도 호

186) 王宇信, 「甲骨學硏究的發展與胡厚宣教授的貢獻」, 『甲骨文與殷商史』 第3輯, 上海古籍出版社, 1991.

187) 胡厚宣, 「序」, 『五十年甲骨學論著目』, 中華書局, 1952.

188) (역주) 四君은 갑골학 4대가로 불리는 나진옥雪堂, 왕국유觀堂, 동작빈彦堂, 곽말약鼎堂을 말한다.

189) 陳子展, 「題『戰後南北所見甲骨錄』」, 北京 來薰閣書店 印行, 1951.

후선씨가 대표주자로 나섰는데, 아마도 오늘 이후 그가 중공 측 갑골문 연구에서 가장 가능성이 있는 인물이 될 것이다."[190] 1953년 일본 입명관立命館대학 교수인 백천정白川靜도 "오늘날 나·왕이 이미 작고했고, 동·곽 두 사람의 연구도 많은 어려움에 봉착한 시점에서 호씨가 중공의 영도 아래 실제적으로 이 학문에서 제1인자 위치를 차지하고 있다"[191]고 했다. 호후선은 과연 기대를 져 버리지 않고 그의 풍부한 저술과 집대성작인 『갑골문 합집』을 총 편집함으로써 "중국 갑골학 연구의 1인자가 되었다."[192]

4) 갑골문 심화연구기의 새로운 갑골 학자

1949년 신 중국 성립 이후 지금까지 갑골학 연구는 갑골문 연구사에서의 두 번째 50년의 길로 접어들었다. 이 새로운 시기에서 선배 노학자들은 끊임없이 역작을 저술했을 뿐 아니라 몸소 가르침을 펴면서 갑골학자들을 길러 냈다. 신 중국의 갑골학 연구는 역사유물주의를 지도 사상으로 삼는 심화 연구기에 접어들었으며, "이 시기 갑골학 연구에서 이룬 진전은 주로 새로운 자료의 계속적인 출토와 자료의 집중화와 정리와 공표라는 측면에서 이루어졌다. 자료의 공표라는 측면에서 성공을 이루었고, 동시에 갑골문 자료를 이용해 상나라의 사회성질과 계급구조 등에 대해 연구함으로써 많은 문제들이 제기되었고 해결되었다. 또 갑골자료의 집중과 지속적인 출토로 문자의 고석, 시기구분 연구 등에서도 진일보한 발전이 이루어졌으며, 서주갑골의 연구와 논의도 갑골학 연구 영역에서 새로운 분과 학문을 이루게 되었다."[193]

---

190) 日本『甲骨學』, 1卷 1號, 23면.
191) 白川靜, 「胡厚宣氏的商史研究」 上篇, 『立命館文學』 第103號, 1953, 51면.
192) 松丸道雄, 「日本現存的殷墟甲骨」, 『朝日新聞』, 1981.8.21. 第5版.

세월은 흘렀지만 연구 인력은 꼬리에 꼬리를 물며 충원되었다. 원로 학자들이 온 힘을 다해 희생하였고, 새로운 세대의 갑골 학자들도 갑골학이라는 동산의 번영을 위해 온갖 지혜를 짜내고 심혈을 다 바침으로써, 조예가 깊은 학계의 선도적 인물들과 갑골학 연구 인력의 주력군이 되었다. 그리고 이 학문에 뜻을 둔 청년학자들은 각고의 연찬 끝에 갑골학 연구의 전당으로 발을 들여 놓았으며, 또 한 세대의 신인들로 자라고 성장하고 있었다.

(1) 이학근李學勤(1933～)

1933년 3월 22일 북경시에서 태어났으며, 1945년 북경 회문滙文중학에 입학하였고, 1951년 청화대학 철학과에 입학했다. 고문자학에 대단한 흥미를 느껴 1952년 청화대학에 재학하면서 중국과학원 고고연구소(지금의 중국사회과학원에 속함)로 들어가 곽약우郭若愚와 증의공曾毅公과 함께 『은허문자 짜 맞추기殷墟文字綴合』 편찬 작업을 했다. 1954년 고고연구소에서 역사연구소로 옮겼으며, 저명 학자였던 호외루侯外廬의 지도로 사상사를 연구했다. 1973년 이후, 연구의 관심을 고문자학과 고고학과 중국고대사로 옮겼다. 1975년 국가문물국에서 조직한 새로 출토된 백서帛書와 죽간竹簡의 정리에 참여하였다. 이학근은 역대로 역사연구소 연구원・부소장・소장・학술위원회 부주임・국무원 학위위원회 위원・중국 선진先秦사학회 회장 등 직을 역임했다.

이학근은 광범위한 학문을 섭렵하고 지식이 연박하여, 중국 고대 사상사 연구에서도 깊고 도타운 공력을 보였을 뿐 아니라 갑골학・청동기・전국戰國문자와 진한 간백簡帛 및 선진사先秦史 등에서도 높은 조예를 가졌다. 그는 학문 태도가 근엄하였고, 저술에 힘써 『은허문자 짜 맞추기殷墟文字綴合』(증의공・곽약우와 공저, 과학출판사, 1955), 『은대 지리 간론殷代地理簡

193) 王宇信, 『甲骨學通論』, 中國社會科學出版社, 1989, 91면.

論』(과학출판사, 1959), 『동주와 진대 문명東周與秦代文明』(문물출판사, 1984), 『고문자학 첫걸음古文字學初階』(중화서국, 1985),[194] 『영국 소장 갑골집英國所藏甲骨集』(Sarah Allan과 공저, 중화서국, 1986), 『이학근 집李學勤集』(흑룡강교육출판사, 1989), 『새로 출토된 청동기 연구新出青銅器研究』(문물출판사, 1990), 『주역 경전 소원周易經傳溯源』(장춘출판사, 1992), 『간백 역경과 학술사簡帛易經與學術史』(요녕인민출판사, 1995), 『의고주의를 넘어서走出疑古時代』(요녕인민출판사, 1995), 『중국청동기 개설中國青銅器概說』(문물출판사, 1995), 『은허 갑골 시대구분 연구殷墟甲骨分期研究』(상해고적출판사, 1996), 『비교고고학 수필比較考古學隨筆』(광서사범대학출판사, 1997), 『중국 고대문명과 국가형성 연구中國古代文明與國家形成研究』(광서인민출판사, 1997) 등이 있으며, 이외에도 국내외 각종 학술간행물에 수백 편의 논문을 발표했다. 이학근의 풍성한 저작과 정교한 논단은 갑골학과 청동기학 등 고문자학 연구에 추동적 작용을 했으며, 고문자학 영역의 많은 새로운 학과의 건립과 발전에 중요한 공헌을 했다. 그리고 갑골학 연구 영역에서 그가 동년배 학자들 사이에서 성취한 성과는 주목할 만한 것이었으며, 다음의 몇 가지로 요약된다.

첫째, 갑골의 짜 맞추기에서 성과를 이루었다. 이학근은 1950년 처음으로 갑골문 연구를 시작하였으며, 매우 이른 시기에 증의공과 함께 『은허문자 을편』의 갑골에 대해 짜 맞추기를 하였으며, 곽약우와 짜 맞추기를 한 『은허문자 갑편』의 갑골을 함께 모아 1955년 『은허문자 짜 맞추기殷墟文字綴合』라는 이름으로 출판하여, 학계에 비교적 완전한 과학적 발굴에 의한 갑골문 자료를 제공해 주었다. 2년 후인 1957년에서야 장병권張秉權이 갑골실물에 근거해 짜 맞추기를 하여 완성한 『은허문자 병편』이 출판되었다.

둘째, 갑골문 시기구분 연구의 심화에 공헌했다. 학계의 붐을 일으켰던 화제인 "문무정文武丁 복사의 수수께끼"에 관한 논의 과정에서 이학근

194) (역주) 경성대학교의 河永三 교수에 의해 1991년 東文選 출판사에서 한국어로 번역 출판되었다.

은 「제을 시대의 비왕 복사帝乙時代的非王卜辭」(『고고학보』1958년 제1기)를 발표했다. 비록 그는 한 차례 이 갑골의 시대를 제5기의 것으로 판정하긴 했지만, 1960년 이후로는 이러한 관점을 바꾸었다. 하지만 그가 당시 "논의 과정에서 일부 갑골이 비왕非王복사임을 제시하면서, 이를 상세히 획분하고 정리했는데",[195] 이는 시기구분 연구의 논의를 심화시켰다. 그는 근년에 심화된 연구의 결과에 근거해 다시 「사조 복사의 몇 가지 문제를 논함論自組卜辭的一些問題」(『고문자 연구』 제3집, 중화서국, 1980)에서 이미 대부분의 학자들이 그것을 "무정시기의 복사"라는 관점을 긍정하는 상황 하에서 또 새로운 몇 가지 문제를 제기함으로써 이들 복사의 논의에 더욱 깊이를 더하게 만들었다. 그는 "갑골과 청동기의 연구는 응당 고고학적 방법을 따라 분기分期와 분조分組로부터 시작해야 함"[196]을 강력하게 주장했다. 그는 이렇게 생각했다. 전통적인 "5시기 구분법에는 결점이 있는데, 그중 중요한 한 가지는 갑골 자체의 분조分組와 왕세王世의 추정이 서로 혼재되어 있다는 것이다. 단순히 왕세로써 시대구분을 한다면 실제로는 이 한 왕세에는 단지 한 가지 유형의 복사만 존재하는 것이 되고 만다. 그래서 일단 동일 왕세라도 다른 종류의 복사가 발견되기만 하면 5시기의 틀에 집어넣기가 힘들어지고 만다."[197] 이 때문에 그는 1977년 "역조歷組"복사의 시대를 "무정 후기에서 조경 시기"로 앞당겨야 한다는 견해를 발표했다.[198] 그 후 다시 은허갑골을 9조組로 나누어야 한다는 의견을 제시했고, "두 체계설兩系說"로써 전통적인 시기구분 법을 대체하고자 극력 노력했다.[199] 이 이후로 갑골학계에서는 이에 대한 열렬한 토론이 이루어졌고, 갑골학 시기구분 연구에 "백가쟁명"의 국면이 열리도록 만들었다. 이학근은 복사를 전면적으로 정리한 기초 위에서,

---

195) 李學勤, 「李學勤自傳」, 『中國現代社會科學家傳略』 第3輯, 山東人民出版社, 1983.
196) 李學勤, 「李學勤自傳」, 『中國現代社會科學家傳略』 第3輯, 山東人民出版社, 1983.
197) 李學勤, 「小屯南地甲骨與甲骨分期」, 『文物』, 1981年 第5期.
198) 李學勤, 「論"婦好"墓的年代有關問題」, 『文物』, 1977年 第11期.
199) 李學勤, 「小屯南地甲骨與甲骨分期」, 『文物』, 1981年 第5期.

다시 그의 "두 체계설"을 계통화시켰으며, 『은허갑골 시대구분 연구殷墟甲骨分期研究』라는 이름으로 1996년 상해고적출판사에서 출판했다. 이 책에서의 시기구분 연구의 의의에 대해서는 이미 앞의 제5장에서 기술했으므로 여기서는 줄인다.

셋째, 갑골문 자료의 공표라는 측면서도 공헌했다. 영국의 각 기관과 개인들이 소장하고 있는 갑골에는 많은 것들이 쿨링庫壽齡・찰펀트方法斂・홉킨스金璋 등의 초기 소장품이며, 그 중의 일부는 이미 저록과정을 거친 것들이다(총 1,649편). 예컨대 브리태니커 도서관 소장의 일부분은 『쿨링・찰펀트庫方』 1,506～1,688번에 저록되었다. 그리고 왕립 스코트랜드 박물관(Royal Scottish Academy) 소장품은 이미 일부분이 『쿨링・찰펀트』의 1～760번에 저록되었다. 이외에도 요종이饒宗頤의 『구미・아시아 지역에 보이는 갑록존歐美亞所見甲錄存』(1970)에서도 브리태니커 도서관, 캠브리지 대학 도서관과 애슈몰린 박물관 소장 갑골의 탁본과 사진 35편을 실었고, 또 몇몇 갑골 도편은 관련 논문의 발표 과정에서 첨부되기도 했다. 『쿨링・찰펀트』 등에서는 적지 않은 중요 자료를 모사본의 형식으로 수록했다. 하지만 거기에 수록된 것들은 영국의 전체 소장품이 아닌데다 잘못 모사된 것과 가짜 편이나 논쟁이 많은 갑골까지 수록되었기에 학계에서는 영국 소장 갑골에 매우 높은 관심을 가졌다. 이학근・제문심齊文心・알란艾蘭(Sarah Allan)은 영국의 11개 기관과 개인 소장의 갑골 탁본을 『영국 소장 갑골집英國所藏甲骨集』이라는 이름으로 1985년 중화서국에서 출판했는데, 저명한 갑골 학자 호후선이 쓴 이 책의 「서언」에서 한 말처럼 "이는 갑골학 연구에 커다란 공헌을 했음은 의심의 여지가 없다."

넷째, 갑골문 자료를 이용해 상나라 역사와 주변국의 지리에 관한 연구에서도 성공을 거두었다. 그는 상나라의 친족제도에 대해 깊이 있는 논의를 이루어, 친족 칭위는 가장 복잡한 형식의 경우 구별자區別字・친족칭위・날짜 명日名 등 세 가지 성분으로 구성될 수 있으며, "날짜 명이 일부 익법謚法과 닮았는데, 이는 사후에 선정된 것으로 태어난 날이나 죽은 날과는 무관하다. 또 제삿날은 날짜 명日名에 의해 정해지지 결코 날짜 명이 제사 날에 의해 결정되는 것이 아님을 밝혔다."[200] 그의 『은대 지리 간론殷代地理簡論』은 중국에서 이른 시기에 출판된 상나라 지리에 관한 전문 서적이다. 이 책은 그보다 조금 일찍 출판된 "진몽가의 『은허복사 종술』에서의 주변국 지리에 관한 기술과 함께 상나라 지리 연구에 비교적 유용한 참고서이다." "이외에도 책에서는 무정시기 적국과 상 왕조 간의 중요한 전쟁을 초기와 후기로 나누기도 했는데, 이는 모두 대단히 의미 있는 작업이었다."[201] 이때부터 그는 갑골문 시기구분에서 자신의 독특한 관점을 가지기 시작했으며, 이를 통해 그가 이후 진행하게 되는 갑골문 시기구분 체계 연구의 배양이 이루어졌다고 해야 할 것이다.

다섯째, 서주갑골은 갑골학 연구영역의 또 다른 새로운 분과이며, 서주갑골학의 연구는 신 중국 갑골학의 심화 연구단계의 중요한 성과인데, 이 새로운 분과의 건립과 발전에도 중요한 공헌을 했다. 그는 산서성 홍조洪趙에서 출토된 글자가 새겨진 갑골을 서주 초기 때의 유물임을 최초로 확인했고,[202] 이로부터 "산서 홍조현 방퇴촌坊堆村에서 처음으로 글자를 가진 서주갑골이 발견됨을 계기로 수년 동안 갑골하면 반드시 은상 때의 것이라는 전통은 깨지게 되었다." "주대의 갑골문임을 모르던 상태에서 점차 서주 갑골문임을 인식하기까지 학자들의 5~6년간의 탐색이 이루어졌는데, 이는 갑골학 연구 영역에서의 또 하나의 한계 극복이었다."[203] 이는 서주갑골에 대한 탐색 단계가 종결되고 연구 단계가 시작되었음을 알려주는, 서주갑골이 미인식 단계에서 인식 단계로의 비약이 완성되었음을 알려주는 표지가 되었다. 그 후 섬서 기산岐山 봉추鳳雛와 부풍扶風 제가齊家 등지에서 글자를 가진 대량의 서주갑골이 출토되었는

200) 李學勤, 「論殷代的親族制度」, 『文史哲』, 1957年 第11期.
201) 王宇信, 『甲骨學通論』, 中國社會科學出版社, 1989, 310면.
202) 李學勤, 「談安陽小屯以外出土的有字甲骨」, 『文物參考資料』, 1956年 第11期.
203) 王宇信, 『西周甲骨探論』, 中國社會科學出版社, 1984, 15~16면.

데, 그는 새로 출토된 서주갑골 자료를 전면적으로 정리한 기초 위에서 다시 서주갑골의 특징, 문자의 해독, 서주갑골의 성질 및 그 족속관계 등 중요한 문제에 대해 관건적인 의견을 제시했으며, 이들이 학계에 수용됨으로써 서주갑골이라는 이 새로운 학과의 형성에 기초를 마련했다.

여섯째, 갑골학 연구의 현대화에 커다란 노력을 했다. 1928년 은허의 과학적발굴은 갑골학 연구에 완전히 새로운 시기를 열어 주었는데, 이는 동작빈이 근대고고학의 방법을 갑골학 연구 영역에 적용했고, 이로부터 갑골문의 시기구분 연구에 중대한 돌파가 이루어졌다. 동작빈의 말처럼, "갑골문자의 시기구분 방법은 안양현 소둔촌 은허의 땅 속으로부터 발굴해 낸 것이었다."[204)]

현대 과학기술이 발전함에 따라 많은 학자들이 오늘날의 최신 과학기술을 갑골학 연구영역으로 끌어와 갑골학 연구를 발전시키려 노력해 왔다. 1973년 외국 학자들은 컴퓨터를 이용한 갑골의 짜 맞추기를 시도했다. 그 후 중국 학자들도 컴퓨터를 이용한 갑골의 짜 맞추기에 성공했다.[205)] 또 어떤 학자는 『갑골문 합집 내원표甲骨文合集來源表』를 컴퓨터에 수록하였으며, 어떤 학자는 『갑골문 합집 석문甲骨文合集釋文』을 컴퓨터에 수록하여 갑골문 전자 검색 데이터베이스를 만들기도 했다. 또 어떤 학자는 갑골학 일백 년 논저 목록을 만들어 국제적으로 인터넷 서비스를 준비 중에 있다. 이러한 것은 갑골학 연구 수단의 현대화에 대대적인 공헌을 했다. 하지만 단지 이렇게 하는 것만으로는 동작빈이 근대고고학 방법을 갑골학 연구영역에 끌어들였던 것처럼 그렇게 대단한 변혁을 일으키기엔 부족하다. 최근 들어 이학근을 수석과학자로 하는 국가 "9차 5개년" 중점 과학연구인 "하 · 상 · 주 시기구분 프로젝트夏商周斷代工程"는

---

204) 董作賓, 「爲書道全集詳論卜辭時期之區分」, 『中國現代學術經典』 「董作賓卷」, 河北教育出版社, 1996, 526면. 『甲骨文斷代研究例』은 갑골학 연구를 역사고고학의 범주 속으로 들게 만들었고, 이로부터 갑골학이 금석학의 부용에서 벗어나 중국고고학의 한 분과 학문이 되도록 만들었다.

205) 童恩正 等, 「關于使用電子計算机綴合商代卜甲碎片的初步報告」, 『考古』, 1977年 第3期.

갑골학 연구의 현대화에 새로운 길을 열어 주었다.

소위 "하·상·주 시기구분 프로젝트"는 바로 하·상·주 연대학에 대한 학제간 연구를 말한다. 즉 역사학자들이 현대적 수단을 동원해 역대문헌 속의 하·상·주 연대와 천상에 관한 자료를 보편적으로 수집하여 검색에 편리한 데이터베이스를 만드는 일이다. 그리고 문헌학자들은 중요한 의의를 지니는 문헌의 신뢰성에 대해 평가를 하여 천문역법학자들의 연구에 사용할 수 있도록 제공하며, 고고학과 고문자학을 결합하여 금문과 갑골문 자료를 자세하게 시기구분하고 고정한 후 다시 천문 역법학자들과 함께 서주 및 상나라 후기의 역보를 새롭게 추정 배열한다. 고고학자들은 하·상·주 연대와 상관된 유적지를 더욱 체계적으로 분석하여 상대적인 연대의 서열을 확정하여 계열의 표본을 확보하고, C-14 연대 측정기술로 그 연대를 측정한다. 고정밀도의 C-14 연대 측정 기술의 출현은 은허갑골 실물의 연대 측정을 가능하게 해 주었다. "갑골의 분조分組 분기分期 연구의 기초 위에서 적당한 표본을 선택하고", "가능한 한 출토 기록을 가진 발굴품을 선택하며, 필요할 때에는 비 발굴품으로 보충한다. 어떤 표본의 문자 속에 명확한 연사年祀나 칭위가 있을 경우에는 연대 측정의 결과를 문헌기록과 연계하기가 쉬워진다." 그리고 "은허 갑골문에는 약간의 일·월식과 같은 천문 기록들이 있는데, 이는 연대학 연구에 극히 중요한 자료가 되며",[206] 현대의 천문학 수단을 이용해 일·월식과 같은 천상의 발생 연대를 추산할 수 있다. 이같이 "하상주 시기구분 프로젝트"의 연구 과정에서 질량분광기加速器質譜(mass spectroscope)의 C-14 연대 측정 방법과 현대의 천문학 수단을 갑골학 연구 영역에 끌어 들이고, 다시 고문헌학자들과 갑골학자들의 연구 성과를 서로 활용하게 한다면 갑골 시기구분학에 새로운 돌파구가 열릴 것이다.

"하·상·주 시기구분 프로젝트"가 순조롭게 진전되어 1999년 마무리

---

206) 李學勤, 「夏商周年代學的新希望」, 『中國文物報』, 1996.9.29.

된다면, 이는 사회과학과 자연과학의 결합에 유용한 경험을 쌓게 될 것이며, 또한 이학근으로 하여금 "중국 고대문명의 기원과 초기발전"의 연구, 그리고 "더욱 넓고 더욱 깊은 범위 내에서 사회과학과 자연과학의 과학연구 결과를 결합할 것인가"의 문제에서 사고를 어떻게 확장시킬 것인가를 생각하도록 만들고 있다. 그가 제시한 8개의 중요 과제 중의 하나는 "갑골문 천문기상 기록의 연구이다. 이미 발견된 10만여 편의 은허 갑골문에는 상당히 많은 천문과 기상에 관한 기록이 들어 있다. 그 연대들이 이르고(B.C. 12세기 전후) 사례도 많기 때문에 그 가치는 대단히 높다. 이전에 비록 이러한 작업을 한 사람들이 있었으나 오류도 적지 않았고, 그다지 계통적이지도 못했다. 그래서 갑골 학자들과 천문학 전문가들이 힘을 합쳐 연구해야만 한다. 그 결과는 연대학에 관계되어 있을 뿐 아니라 천문학(천체 역학)과 기상학 자체의 발전에도 도움을 줄 것이다."[207] 결코 이러한 것에 한정되지는 않을 것이다. 자신만만하게 말해서, 현대화된 과학기술이 갑골학 연구 영역에서 날로 보편적으로 사용되는 것은 이후의 갑골학 연구에 분명 새로운 돌파구와 성과를 가져다 줄 것이다.

일곱째, 비교고고학을 제창하여 중국 고대문화(갑골문 등 고문자를 포함)를 세계문명의 눈높이에 놓고서 인류역사발전의 보편적 법칙을 찾고, 이로부터 고문자 연구의 더 넓은 연구영역을 개척했다. 앞서 말했던 것처럼, 갑골문으로 대표되는 이 중국 고대문명은 "중국의 고대 사회역사와 고대문화 연구의 진귀한 사료일 뿐 아니라, 그것의 풍부한 내용과 뛰어난 문자는 전 세계에 잘 알려져 있으며, 세계문화의 보고에서도 찬란한 빛을 발하는 보석이 되고 있다. 이 때문에 갑골문이 발견되자마자 세계 각국의 학자들이 지대한 관심을 가졌던 것이다."[208] 정말이지 "산과 물

207) 李學勤, 「夏商周斷代工程的啓迪－談社會科學自然科學的結合」, 『中國社會科學院通訊』 第24期, 1998.9.25.

208) 王宇信, 『建國以來甲骨文硏究』, 中國社會科學出版社, 1981, 195면.

이 다른 나라에서도 갑골을 함께 연구했다. 국외학자들도 갑골학의 발전에 커다란 공헌을 했다. 갑골학은 이미 현대의 대단한 세계적인 학문으로 성장했다."[209] 하지만 중국학자들은 오히려 갑골문이라는 이 고대문명을 세계의 기타 고문명과 비교 연구한 경우는 많지 않다. 갑골학의 일대종사였던 곽말약이 일찍이 1930년대에 「간지를 해석함釋支干」에서 갑골문 속의 간지자를 고대 바빌론 문명과 연계하여 분석하고 비교하긴 했지만,[210] 그 이후로 갑골문과 상나라 역사를 세계의 기타 고대문명과 비교 연구한 작업은 많지 않았다. "중국에는 아직 비교고고학에 관한 체계적인 저서가 없으며, 앞으로 개척해야 하는 영역이다." 그래서 이학근의 『비교고고학 수필』은 "이러한 방면의 연구를 제창한"[211] 개척적인 저작이다. 이 책의 「갑골 점복의 비교연구甲骨占卜的比較硏究」라는 부분에서는 은허갑골의 점복으로부터 유럽·북미·동북아와 북아프리카 등지의 점복의 풍속까지 논의했다. 즉 "글로펠티克洛伯爾(Cheryll Glofelty)는 세계 각지의 이러한 복법을 동방과 서방의 두 부류로 나누었는데, 동방형의 복법은 뼈骨를 지지면서 이 과정에서 나타난 흔적과 갈라진 무늬의 모습에 근거해 길흉을 확정하지만 서방형은 불로 지지는 과정을 생략하고 대상도 집에서 키우는 면양에 한정되며 단지 뼈의 모습과 두께 혹은 무늬만 살핀다."[212] 비교 분석을 통해 그는 "특히 주의할 만한 것은 아시아 동북부에서부터 북미에 이르기까지 커로벌이 말했던 소위 동방형의 복법이 유행했지만, 진일보된 연구가 절실하다"고 했다.[213] 이런 식으로 발은 은허에 서 있지만 눈은 세계로 돌리게 함으로써 갑골학의 연구에 더욱 넓은 길을 개척해 주었다.

이학근은 그의 광박한 지식과 자신의 키만큼이나 되는 풍부한 저술

209) 王宇信, 『建國以來甲骨文硏究』, 中國社會科學出版社, 1981, 201면.
210) 郭沫若, 「釋支干」, 『甲骨文字硏究』, 『郭沫若全集』 考古編, 第1卷, 科學出版社, 1982.
211) 李學勤, 『比較考古學隨筆』, 廣西師範大學出版社, 1997, 7면.
212) 李學勤, 『比較考古學隨筆』, 廣西師範大學出版社, 1997, 97면.
213) 李學勤, 『比較考古學隨筆』, 廣西師範大學出版社, 1997, 101면.

및 고문자 연구에서 적잖은 영역을 새롭게 개척하여 국내외의 존중을 받고 있다. 어떤 사람은 그가 커다란 학문적 성과를 이룰 수 있었던 것은 "용감함과 근실함과 두루 통함"에 있다고 결론짓기도 한다.[214] 소위 "용감하다"는 것은 바로 옛날의 학설에서 벗어난 탐구정신을 말한다. 책을 읽으며 지식을 찾아 헤매던 학창 시절, 그는 "어떤 책은 완전히 이해할 수 없는 경우가 있기도 했지만, 얼마나 어려운가에 상관없이 용감하게 그것을 읽어 본다는 데 의미를 두었다. 언제라도 이해하지 못하는 부분은 있기 마련인데, 만약 부딪히는 것도 어려워한다면 자신이 이해할 수 있는 부분조차도 가져갈 인연을 만들지 못하고 말지 않겠는가?"라고 했다. 이학근의 학문방법은 권위를 존중했지만 결코 권위를 맹목적으로 믿지는 않았다. "일단 진리를 찾기만 하면 권위에 대한 도전도 서슴지 않았으며 전통의 편견에 안주하는 것에도 용감하게 대항했다." 이학근은 갑골의 시기구분 연구에서 바로 이렇게 했던 것이다. 그는 대량의 갑골 자료에 근거해 새로운 문제를 계속 제시했을 뿐 아니라 연구를 지속적으로 심화시켰고, 더욱 합리적인 시기구분 방안을 찾아 갑골학 대가 동작빈이 구축해 놓았던 전통적인 "5시기 구분법"과 "10가지 표준"을 대체하려 노력했다. "근실함"이란 어떤 일이든 성공할 수 있는 중요한 조건이다. 이학근은 16세 이후, 고문자학에 깊은 흥미를 느끼기 시작했다. 이 때문에 어떨 때에는 방학 내내 북경도서관에 가서 갑골문과 금문을 익혔고, 그 결과 길지 않은 시간 내에 북경도서관에 소장된 거의 모든 갑골과 금석자료를 섭렵할 수 있었는데, 이는 이후의 고문자 연구에 견실한 기초를 마련해 주었다. 『은허문자 짜 맞추기』의 편찬 작업에 참여하는 데 그는 2년 이상의 시간을 쏟았다. 이 기간 동안 그는 작업 참여 이외에도 일가견을 가진 논문을 적잖게 발표했다. 지금도 비록 행정 업무, 국외의 강연과 방문, 학술회의 참가, 연구생의 배양, 중・청년 학자들의

214) 忍言, 「科學高峰・學術師承及其它－李學勤治學經驗雜談」, 『讀書』, 1981年 第2期.

논문과 저서 심사와 추천 등으로 바쁘지만, 그는 여전히 연구를 중단하지 않고 출국이나 외지의 강연에서 돌아가는대로 바로 연구에 돌입한다. 부지런히 학문을 탐구하고 끊임없이 새로운 문제를 탐색해 왔기에 그는 새로운 저작을 끊임없이 내 놓을 수 있었다. 앞에서 이학근의 저술목록을 열거하면서 거의 매년 저서가 출판되었음을 볼 수 있는데, 그렇게 하려면 얼마나 강인한 용기와 근실한 분투 정신이 있어야만 했겠는가? 소위 "두루 통함"이라는 것은 역사유물주의의 지도하에 연구대상을 역사발전의 총체 속에 놓고서 전면적으로 연구하는 것으로, 이로부터 과학적인 규칙을 찾아내었다. 주지하다시피 이학근의 "학문에는 특정한 스승이 없었다." 하지만 그는 "오랜 기간의 학문 연구과정에서 수많은 선배 학자들의 장점과 전문성에 특별히 주의하여 그들을 닮으려고 진지하게 노력했으며 그것들을 융합해 자신의 것으로 만들었다." 그는 고고와 역사를 유기적으로 결합할 것을 주장하면서 이렇게 말했다. "고고학을 하는 사람들이 만약 역사 이론과 문헌지식이 없다면 시야가 제한적일 수밖에 없게 되고 가장 크게 담아낸다 하더라도 작은 단지정도의 용량에 불과할 뿐이다. 출토된 문물을 일정한 이론의 높이로 인식해야 하고, 문헌적인 각도에서 증명해 나가야만 비로소 죽은 유물을 살아있는 사회현상으로 변화시킬 수 있다." 고문자 연구도 마찬가지로 "진정으로 성취를 이루려면 역사학과 언어학과 고고학을 알아야만 한다." 그리고 "『설문』 한 권을 안고 있으면 고문자학자가 된다고 믿는다면, 그러한 식견은 청대 학자들보다 못한 것이며, 기껏해야 문물 감정가이거나 그보다 못한 수준, 심지어는 시류에 빌붙어 사는 가짜 골동상에 다름 아닐 뿐이다"215) 고 했다.

이와 같이 이학근이 걸었던 학문의 길과 연구의 특징은 고문자학과 고대사 연구자들에게 많은 시사점을 던져준다. 지금 그는 "하상주 시기

---

215) 忍言, 「科學高峰 · 學術師承及其它－李學勤治學經驗雜談」, 『讀書』, 1981年 第2期.

구분 프로젝트"의 수석과학자이자 세계의 저명한 학자로서, 사회과학과 자연과학의 상호 결합 문제를 탐색하고 있는데, 이는 앞으로의 학술연구에 깊은 영향을 미치게 될 것이다.

(2) 구석규裘錫圭(1935~)

구석규는 1935년 6월 상해에서 태어났으며, 원적은 절강성 녕파寧波이다. 1952년 상해 복단대학 역사학과에 입학했고, 1956년 대학을 졸업한 후 연구생으로 들어가 저명한 갑골 학자인 호후선 교수 아래서 갑골학과 은상사를 전공했다. 같은 해 호후선 교수가 북경으로 옮겨 가면서 그도 스승을 따라 중국과학원 역사연구소(지금의 중국사회과학원 소속) 선진사 연구실로 들어갔다. 1960년 연구생과정을 졸업한 후 북경대학 중문과에서 교편을 잡았고, 주덕희朱德熙 교수의 영향 하에서 전국戰國문자에 큰 흥미를 가졌다. 1974년 국가문물국에서 조직한 은작산銀雀山 한나라 무덤의 죽간, 운몽雲夢의 진나라 죽간, 마왕퇴馬王堆 한나라 무덤의 백서帛書 등 출토 문헌의 정리에 참여했다. 지금은 북경대학 중문과 교수, 박사 지도 교수, 고문헌연구실 주임 등을 맡고 있다.[216] 구석규는 고문자학의 적지 않은 영역, 예컨대 갑골학·금문·전국문자·간독·백서 등에 꽤 조예가 깊었다. 이외에도 역사학, 고고학, 언어학 등에서도 연구 성과를 보였다. 출판된 저작으로는 『문자학 개요文字學概要』(상무인서관, 1988),[217] 『고문자 논집古文字論集』(중화서국, 1992), 『고대 문사 연구의 새로운 탐색古代文史研究新探』(강소고적출판사, 1992), 『구석규 자선집裘錫圭自選集』(하남교육출판사, 1994) 등과 많은 논문이 있다. 구석규의 학문은 깊고 도타우며, 연구 태도가 근엄하여, 선배학자의 찬사를 받았다. 곽말약·왕력王力·호후선·장정낭張政烺·주덕희 등 저명한 학자들이 그의 문자 고석의 방법,

216) (역주) 2005년부터 모교인 상해 복단대학교 중문과로 옮겼다.
217) (역주) 경북대학교 李鴻鎭 교수에 의해 新雅社에서 2001년 한국어로 번역 출판되었다.

혹은 선진·진한사 등의 연구에 커다란 영향을 끼쳤다. 구석규는 고문자학과 고대사 연구에서 큰 업적을 세웠다. 지금은 이미 선배 노학자를 이어 국내외 학계에 이름을 날리는 저명한 학자가 되었다. 그는 갑골학 연구에서도 커다란 성과를 이루어 갑골학 연구의 발전에 커다란 공헌을 했는데, 주요한 것으로는 다음의 몇 가지가 있다.

첫째, 갑골문자의 고석에서 지속적으로 새로운 수확이 가능하게 해주었다. 주지하다시피 갑골문에는 총 4천5백여 개별 글자가 있는데, 현재 약 2천여 자는 해독되었지만 학계의 공인을 받는 것은 1천 자 정도에 불과하다. 그것은 "알지 못하는 글자의 대부분이 지명·인명·족명族名 등과 같은 고유명사여서 그 뜻은 알 수 있으나 그 독음을 읽어 낼 수가 없기 때문이다."[218] 그리고 근 백 년 동안 몇 대에 걸친 학자들의 노력을 통해 갑골문의 "쉬운 글자는 이미 전인들에 의해 해석되었고, 해독되지 않는 글자의 대부분이 상나라 이후의 문자에서는 이미 더 이상 쓰이지 않아 그 자형 변화의 실마리를 찾아내기가 힘들고 후세의 자서에서도 증거를 찾기가 어려운 것들이다. 이 때문에 더 새로운 발견을 한다는 것은 매우 어려운 작업이다."[219] 하지만 구석규는 첫 논문부터 예사롭지 않았다. 1961년 발표한 첫 번째의 문자고석 논문인「갑골문에 보이는 상나라의 5가지 형벌甲骨文中所見的商代五刑」은 학계의 주목을 받았다. 그 후 1972년 발표한「『안양에서 새로 출토된 소 어깻죽지 뼈 및 각사』를 읽고讀『安陽新出土的牛胛骨及其刻辭』」는 문화계 인사들이 침묵을 지키고 있던 "문화대혁명" 후기, 고문자 연구에 대한 그의 깊고 도타운 저력을 보여주었다. 이 이후로 그는 일련의 갑골문자 고석에 관한 논문을 선보였고, 기타의 몇몇 유관 청동기 명문과 관련된 저작 및 주석에서도 지금까지도 고석하기 어려운 갑골문자에 대해 해설을 했으며, 그 성과는 이미 그의『고문자 논집古文字論集』등에 수록되었다. 구석규의 문자고석은 정교

218) 郭沫若,「古代文字之辯證的發展」,『考古學報』, 1972年 第1期.
219) 王宇信,『建國以來甲骨文硏究』, 中國社會科學出版社, 1981, 54면.

하며 논증도 엄밀하다. 그리하여 오랜 기간 동안 갑골 학자들을 괴롭혔던 "의심가는 글자疑字"나 "어려운 글자難字"들이 그의 해설을 거친 이후 봄기운에 얼음이 녹듯 의심이 해결되어 학자들의 찬사를 받지 않은 것이 없었다. 그래서 조금의 과장도 없이, 구석규는 선배 노학자들의 기초 위에서 갑골문자의 고석을 한 걸음 진전시켰다고 할 수 있다.

둘째, 갑골문 시기구분 연구에서의 공헌이다. 그는 시기구분에 관한 열띤 토론에 적극적으로 참여하였다. 이학근이 "역조歷組복사"는 무정 후기에서 조경 시기까지 앞당겨져야만 한다는 의견을 제시한 후, 그는 "원래는 역조복사가 무을 문정 때의 복사라는 전통적인 해석을 믿고 있었으나 이학근의 글을 읽고 나서 진지하고 생각해 본 결과 옛 학설을 버리고 그의 설을 따르지 않을 수 없었다"고 했다. 또 관련 복사에 대해 진지하게 사고하고 전면적으로 정리한 후, "이학근의 생각을 따라 보충 논증을 해", 「"역조복사"의 시대를 논함論"歷組卜辭"的時代」이라는 글을 발표했다.[220] 이 글에서는 빈조賓組 · 출조出組와 "역조" 복사에 함께 보이는 인명을 총체적으로 정리하고, 20항목에 이르는 동일 점복사류의 복사를 대조하여, "역조복사는 무정 · 조경 시기에 속해야만 한다"는 논점을 전면적으로 논증했다. 구석규는 이학근 등의 관점을 견지하여 "역조복사"의 연대에 대한 토론과 시기구분 연구의 심화를 이끌어 내는 데 중요한 역할을 했다.

이와 동시에 구석규는 복사의 성질에 관한 문제, 즉 갑골복사가 의문문인지의 여부에 대한 근본적인 문제에 대해 자신의 의견을 제시했다. 그의 「은허복사의 명사가 의문문인지의 여부에 관한 고찰關于殷墟卜辭命辭是否問句的考察」이 발표된 이후[221] 국내외 학자들은 이에 대해 열띤 토론을 전개했다. 중국에서는 왕우신의 「은허복사의 명사는 의문구임을 논술함申論殷墟卜辭的命辭爲問句」,[222] 진위담陳煒湛의 「은허복사 명사의 성질을 논함論殷墟

220) 『古文字硏究』 第6輯, 中華書局, 1981.

221) 『夏商文明硏究』, 中州古籍出版社, 1996.

卜辭命辭的性質」[223] 등의 논문이 구석규의 의견에 의문을 제기했다. 미국에서는 『고대중국古代中國』의 T13(1989)에서 중국과 세계 각국의 학자를 특별히 조직하여 이 문제에 대해 토론회를 개최했다. 중국학자로는 구석규·요종이饒宗頤·장병권張秉權·이학근·왕우신·범육주范毓周 등이 참여했고, 국외 학자로는 샤흐네시夏含夷(Shaughnessy)·키틀리吉德煒(Keightley)·니비존倪德衛(David S. Nivison)·러푸웨雷煥章(Jean A. Lefeuwe)·고도겸일高島謙一 등이 참여했다. 이 토론을 통해 갑골문의 명사命辭의 성질에 대해 진일보하게 이해하게 되었다는 점은 대단히 의의가 있다고 해야 할 것이다.

셋째, 갑골문 자료를 이용한 은상사의 연구에서도 의미 있는 탐색을 이루어 냈다. 그의 「상나라의 종족 조직과 귀족과 평민 두 계급에 관한 연구關于商代的宗族組織和貴族與平民兩个階級的研究」(『문사文史』 제17집, 중화서국, 1983)에서는 상나라 사회에서는 통치계급의 족인族人으로 구성된 종족 조직이 존재했으며, "중衆"은 종족 조직에서 배척된 평민들이라고 논술했다. 「갑골복사에 보이는 "전田"·"목牧"·"위衛" 등의 직관 연구甲骨卜辭中所見的"田"·"牧"·"衛"等職官研究」(『문사』 제19집, 중화서국, 1983)에서는 "후侯·전甸·남男·위衛"라는 이 몇 가지 제후의 명칭은 모두 직관 명칭에서 변해 온 것임"을 논술했다. "제후의 성질을 가진 첫째 부류의 후侯·전田·남男·위衛는 각기 그에 상응하는 직관으로부터 일련의 발전과정을 거쳐 형성된 것이다. 중앙의 왕권은 이러한 직관으로부터 발전해 이루어진 제후를 승인한 이후 비로소 '후侯·전甸·남男·위衛' 등으로써 봉건제후를 지칭했으며, 이러한 칭호를 신하 급에 속하는 나라臣屬方國의 군주에게 수여했다"고 했다. 「갑골문에 보이는 상나라의 농업甲骨文中所見的商代農業」(『고문자 논집』, 중화서국, 1992)에서는 상나라에 경작했던 농작물을 전면적으로 고찰해, "상나라의 농업은 주로 벼쌀와 기장을 심었다"고 했다. 그리고 상나라 농업의 "생산도구에는 주로 목제로 된 쟁기耒·보습力耜과 돌이나 조개껍질로 만든

---

222) 『中國語文』, 1988年 第1期.

223) 『中原文物』, 1989年 第2期.

삽鏟·호미耨·낫刈鐮·짧은 낫銍 등이 있었다. 황무지의 나무를 제거하는 데는 불로 태우는 방법 외에도 주로 돌로 만든 칼辰과 큰 도끼斧·작은 도끼斤 등이 사용되었다. 경작제도에서는 주로 약황제撂荒制를 사용했고, 비료는 주로 '물이나 불로 변화시킨' 초목과 짚을 사용했다. 은나라 사람들은 토지의 정리에 상당히 신경을 쏟았고, 그들의 약황 경작제撂荒耕作制는 이미 종만전種縵田의 단계를 넘어섰다." "당시 이미 땅이 습한 습전隰田에 경작을 많이 했고, 수로와 배수 등의 조치도 이미 일정한 수준에 도달했을 것이다." 결론적으로 말해서, "상나라의 단위면적 당 농업생산량은 아직 비교적 낮은 상태였다. 상나라 대 귀족의 사치스런 생활은 평민과 노예와 신복족臣服族의 잔혹한 착취를 기반으로 이루어진 것이었다." 그의 「갑골문에 보이는 상나라의 5가지 형벌」은 상나라 형벌의 전면적인 연구 기초 위에서 한 걸음 더 나아가 "잔혹한 육체형을 소개했는데, 이는 세계 각국의 노예제시대에서 보편적으로 존재하는 것이었다. 그러한 형벌은 원래 대부분 이민족의 포로와 노예들에게 한정하여 시행하기 위한 것이었다. 하지만 각 민족 내부의 분화가 심해지고 국가가 형성되어감에 따라 점차 피 통치계급에게도 사용되었고 본족本族 인민들은 물론 개별 통치계급 내부의 죄가 있는 자들에게도 적용되었다." 이밖에 "어떤 형벌은 원래 어떤 이민족의 풍속 습관이었던 것도 있다. 이러한 이민족이 자주 포로로 잡혀 노예가 되자 그들의 풍속습관이 일종의 치욕의 상징으로 자리 잡았고, 죄가 있는 자를 노예와 함께 취급하는 형벌로 변하게 되었다." 갑골문에서 제공되는 정황으로 볼 때, "당시 형벌을 시행했던 주요 대상은 여전히 이민족의 포로와 노예였던 것으로 보인다. 하지만 상나라라는 국가가 이미 형성되면서 본 민족들도 노예로 전락한 정황도 이미 출현했으며(상나라의 주紂 때 '기자箕子가 노예가 되었다'는 것은 명확한 증거이다), '5가지 형벌'은 이미 통치계급이 본족을 다스리는 일종의 수단이 되었음은 의심의 여지가 없다." 이와 같이 구석규의 상나라 사회에 대한 연구는 경제 기초로부터 상부구조에 이르기까지 비교적 전면적인 고찰이 이루어졌다.

구석규가 학술 연구에서 특출한 성취를 이루고 현대의 영향력 있는 갑골 학자의 하나가 될 수 있었던 것은, 먼저 그의 학문에 대한 각고의 노력과 불가분의 관계에 있다. 30여 년간 구석규는 학문에 부지런히 힘썼으며, "허리띠가 점점 느슨해져도 후회하지 않았고, 학문 때문에 사람조차 초췌해졌으며", 어떤 경우에는 식음조차 잊을 정도였다. 대학 시절에는 시간을 잘 활용하여 낮잠도 거의 자지 않았고 일요일도 헛되이 보낸 적이 없었다. 곽말약의 『양주 금문사 대계 도록 고석兩周金文辭大系圖錄考釋』·『복사통찬卜辭通纂』·『은계수편殷契粹編』 등을 비롯해 나진옥의 문자고석 관련 저작 등은 비싸서 살 수가 없었다. 하지만 그는 한편으로 연찬하면서 다른 한편으로 일일이 한권 한권씩 베껴나갔다. 대학원 시절에는 끝없는 정치운동으로 대부분의 시간을 뺏겼지만, 갖가지 중압감을 견뎌내면서 학습이라는 전업을 견지해 몇 년 동안 6상자 분량의 자료 카드를 만들었다. 1976년 하북성 당산唐山에서 세계를 놀라게 한 대규모 지진이 일어났고, 그 여진이 북경지역까지 계속되었다. 다른 사람은 급히 대피 시설로 피하였을 때도 그는 아무 일 없다는 듯 등불 아래서 고문자 연구를 계속했다. 이렇듯 다년간의 근실한 노력의 축적으로 끝내 학문의 전당에 들어가 국내외에 이름을 떨치는 고문자학자가 될 수 있었다.[224)]

다음으로, 구석규는 엄격한 과학적 태도를 가졌다. 그는 고대사·민족학·고고학·고대 기물학·문자학·음운학·훈고학 등에서도 두루 잘 아는 등 자신의 지식이 넓어지기를 요구했을 뿐 아니라 중국의 경서·역사서·자서 등과 같은 고대문헌도 모두 읽어야 한다고 생각했다. 고문자학 영역으로 말하자면, 그는 갑골문·금문·전국문자(화폐·도기·맹서盟書·새문璽文 등)·간백 문서 등에서도 정교하고 깊은 조예를 가져야 한다고 생각했다. 그는 하나의 고문자를 증명하기 위해 언제나 대량의 유관 자료 및 해당 문자의 전후 발전변화에 관련된 각종 반증을 찾아 헤맸

224) 曉江, 「刻苦治學的古文字學家」, 『北京晩報』, 1981.4.6.

다. 「고문자 학습 방법을 말함談談學習古文字的方法」[225]에서의 말을 빌리자면, "고문자발전의 전 과정을 진지하게 인식해야 한다." "고문자 발전의 과정에 대해 반드시 전면적인 인식이 있어야 하는데 그것은 각종 고문자들이 언제나 연계되어 있기 때문이다. 만약 한 가지만 전공하고 나머지에 미치지 못한다면 전공한 그 고문자라도 결코 깊고 투철할 수가 없다." 그리하여 그는 매번 이론을 제시할 때마다 그 고증이 정교하고 설득력이 강하여 문자학자들의 칭찬과 수용을 받았던 것이다. 그가 1961년 발표한 「갑골문에 보이는 5가지 형벌」은 학계의 주목을 끌었다. 하지만 그 이후 10여 년간 더 이상 논저를 발표하지 않았다. 그것은 모든 정력을 학문의 연찬과 연구 영역의 개척에 쏟고자 했기 때문이었다. 그는 『안씨가훈顔氏家訓』 「면학편勉學篇」의 "온 천하의 책을 두루 보지 못했다면 제멋대로 비평하지 말라觀天下書未遍, 不得妄下雌黃"라는 말을 좌우명으로 삼았다. 그는 1972년 『안양에서 새로 출토된 소 어깻죽지 뼈와 그 각사』를 읽고」라는 글을 발표하였는데, 갑골학 일대종사였던 곽말약의 찬사를 받았다. 정말이지 10년 동안 한 번도 울지 않더니 단번에 사람을 놀라게 만든 격이었다! 그는 견실한 기초와 근엄한 학문 정신으로 일련의 역작들을 발표했으며, 빠른 속도로 국내외 학계의 주목을 받았고 저명한 고문자학자로 성공했다.[226] 셋째, 구석규는 고도의 과학적인 정신을 갖고 있었다. 그의 고문자 연구는, 고대사 연구를 위해서 고문자 속에서 자료를 찾았는데, 이는 고문자 연구의 사회적 가치를 가능한 한 발휘하게 하기 위한 것이었지, 단지 고문자를 위해 고문자를 연구한 것은 아니었다. 바로 이 때문에 그는 지붕에서 물을 붓듯 대단히 유리한 위치에 설 수 있었으며, 전체적인 관점에서 문자의 변화와 발전을 살필 수 있었고, 그리하여 하나만 들어도 여럿을 알게 되었고 이리저리 두루 통할 수 있었다. 고문자 연구는 그의 고대사 연구에 견실한 기초를 제공했고, 고

225) 裘錫圭, 『古文字論集』, 中華書局, 1992, 652~660면.
226) 駿征, 「鍥而不舍, 金石可鏤」, 『光明日報』, 1978.6.29.

대사 연구는 또다시 그가 고문자를 고석하는 사회배경에 더욱 깊은 이해를 제공해 주었다.

3. 계승하고 발양해야 할 공동의 재산

이상의 서술을 통해 보았듯 1899년 갑골문 발견 이후 1백여 년간의 갑골학 발전사에서 숱한 별들이 찬란히 빛나듯 대학자들이 배출되어 갑골학 연구가 오늘날의 찬란함에 이를 수 있었다. 비록 그들이 처했던 시대가 다르고 걸었던 길도 완전히 달랐지만 모두 자신의 성취를 자신이 처한 갑골학 연구 발전단계에서 최고봉에다 올려놓음으로써 갑골학의 일대 종사가 되었다. 이러한 대가들은 갑골학 발전사에서의 서로 다른 시기와 단계에 속했지만 그 성공의 공통점을 갖고 있다. 몇 대에 걸친 대학자들의 연구와 한계를 극복한 성공적 경험을 충분히 인식하고 총결한다면, 새로운 세기의 갑골학 연구에서 더욱 커다란 성과를 거둘 수 있는 "공동의 재산"이 될 것이다.

1) 선배 학자의 성공 조건, 튼튼한 국학 기초

튼튼한 국학 기초, 즉 중국 고대문헌에 대한 해박함과 음운·훈고 등에 관한 깊은 조예가 선배 갑골 학자들의 성공 조건이었다. 갑골문을 최초로 감정하고 인식해 내었던 왕의영王懿榮은 "경전과 역사서를 광범위하게 섭렵했고 금석문을 좋아하여, 옹동화翁同龢·반조음潘祖蔭과 함께 이름이 거론될 정도로"[227] 튼튼한 국학기초를 갖고 있었기에, 갑골문을 한 번 보기만 하고서도 "갑골문이 은상 때의 고대 유물임을 알아 낼 수 있었던 것이다." 그리고 갑골학의 대가 나진옥羅振玉은 16세 이전까지 엄격한 국학 기초교육을 받았다. 왕국유는 1911년 일본으로 건너간 이후 경학·소학·역사학을 전공함으로써 정교하고 깊은 조예를 가진 국학의 대가가 되었다. 저명한 학자였던 곽말약郭沫若도 14~15세 때 이미 사서오경과 『좌전』 등 고전을 숙독했고, 동작빈董作賓은 집안이 가난했지만 일찍이 "서당에 들어가" 전통 고전을 배웠다. 이렇듯 선배 갑골 학자들 중 "서당에 들어가" 일찍부터 중국 고대문헌에 대한 엄격한 훈련과 전통문화의 훈도를 받지 않은 사람이 없었다.

"무술변법"이 비록 실패로 돌아갔지만, 1905년 이후 청나라 정부는 과거제를 폐지하고 학당을 세웠다. 전통적인 유가 경전이 신식 학교의 교실에서 밀려났긴 했지만 성취를 이룬 갑골 학자치고 고대경전과 전통문화에 깊은 조예를 가지지 않은 사람은 없었다. 다만 호후선의 경우 "서당" 훈련을 거치지 않았지만 그도 1924년 보정保定의 배덕培德중학에서 이미 튼튼한 국학 기초를 닦았다.

이학근과 구석규 등과 같이 신 중국 성립 이후에 성장한 저명 학자들도 "학교"에서는 이미 더 이상 "사서"·"오경" 등의 전통문헌에 관한 수업이 이루어지지 않았지만, 그들 스스로의 연찬 과정을 통해 고대문헌에 관한 튼튼한 실력을 구축했다. 이학근은 16세 이후, 고문자학에 깊은 흥미를 느끼고서는 방학의 대부분을 북경도서관에 가서 갑골문과 금문을 학습하는 데 보냈고, 북경도서관의 거의 모든 관련 서적을 독파함으로써 이후 고문자 연구에 견실한 기초를 마련했다. 그리고 구석규는 고대사·민족학·고고학·고대 기물학·문자학·음운학·훈고학 등의 영역에서 자신의 지식을 넓히기 위해, 경서·역사서·자서 등과 같은 중국 고대문헌을 두루 읽었으며, 이로부터 중국 고대문헌에 관한 튼튼한 실력을 쌓

---

227) 『淸史稿』「王懿榮傳」.

고 깊은 연구를 해 나갔다. 이 때문에 고문자와 고대사 연구에서 힘들이지 않고도 공을 세우고 새로운 학설을 지속적으로 제시할 수 있었다.

이처럼 갑골학사에서 성취를 이룬 학자치고 "국학의 대가"라 불려지지 않은 사람이 없다. 바로 그들이 가졌던 중국 고대문헌과 전통문화의 풍부하고 도타운 축적 덕택에 그들은 문자 고석과 상나라 역사의 연구에서 숨겨졌던 부분을 파헤쳐 내 광범위하게 논증하고 하나로써 여럿을 증명할 수 있도록 했고, 이로써 새로운 수준의 갑골학 연구 성과를 이룰 수 있었다. 오늘날의 우리는 시대와 조건의 제약으로 문헌과 국학 기초라는 측면에서 이미 선배 학자와는 비교할 수도 없을 정도로 열악한 상태에 놓여있음은 두 말할 필요도 없다. 그래서 이러한 방면에서의 어려움을 알고 나아가야만 선배 학자들처럼 해당 연구 영역에서 끝없는 창조와 전진을 이룰 수 있다. 이것이 바로 우리 신세대 학자들이 평생 가져야 할 목표이다.

2) 갑골학 연구의 끊임없는 전진을 보증한 동서양 학문의 관통

1840년 이후, 제국주의의 포성으로 봉쇄되었던 청 왕조의 문호가 열렸다. 제국주의는 봉건세력과 결탁하여 중국의 식민지·반식민지 진행을 가속화했고, 결과 중국은 근대시기에 진입하게 되었다. 1894년 중일 갑오전쟁의 실패와 북양함대의 전멸로 청 왕조의 "양무"운동은 막을 내렸다. 하지만 청 왕조는 "양무"운동을 시작할 당시의 생각과는 달리, 파견되었던 많은 유학생이 서양의 과학기술을 학습하고 서양사회를 알게 되었고 서양의 사회학설을 받아들임으로써, 서학과 서양의 사회학을 통해 민중을 일깨워 나라를 구해야겠다는 필요성을 느끼게 되었다. 그래서 그들은 서양의 사회·정치·경제학설 및 철학·자연과학 지식 등에 관련된 많은 책을 소개하고 번역했는데, 이는 수천 년 동안 내려온 봉건사상에 일대 충격을 안겨 주었을 뿐 아니라 중국의 근대학계에도 심각한 영향을 끼쳤다. "중국 근대의 학풍을 살펴보면 대단히 분명한 경향이 나타나는데, 그것은 동서양의 결합이었다. 근대 이래 서학은 동점하여 중국학자들에게 점차 많은 영향을 끼치게 되었다. 의식 있는 사람치고 서학으로써 이론을 세우지 않은 자가 없었다. 초기에는 간단한 맛보기에 그쳤으나 점차 깊이 이해하게 되었다. 이와 동시에 그들은 튼튼한 전통학문의 뿌리를 갖고 있었기에 비교적 높은 감별력을 가질 수 있었으며, 그 때문에 전통학술의 기초 위에서 서방의 지혜를 흡수하였고, 이로부터 비교적 높은 성취를 이룰 수 있었다."[228]

중국에서 근 백 년 이래로 갑골학사에서 성취를 이룬 학자들도 그러하지 않은 사람이 없었다. 그들은 이미 "튼튼한 옛날 학문의 뿌리를 갖고 있었으며", 여기에다 "전통 학술의 기초 위에서 서양의 지혜"를 받아들였기에 갑골학 연구에서 성취를 이룰 수 있었다. 나진옥은 비록 "만주족이 세운 청나라의 유신遺臣임을 자처했지만",[229] 서양의 선진 과학기술을 받아들이고 이를 중국에 전파하는 데 적극 노력했다. 그는 1896년 상해에서 "농무사農學社"를 창설하고 "농보관農報館"을 세워 농업에 관한 1백여 종의 책을 번역하여 서양의 농업기술을 소개하고 선전했다. 이와 동시에 "동방학사東方學社"의 감독이 되어 일어 번역 인재도 양성했다. 그 자신도 1900년에는 직접 호북에서 농무국農務局을 맡는 동시에 농업학교의 감독을 겸임함으로써 새로운 농업 과학기술 인재를 양성했다. 이밖에도 그는 1901년 일본으로 건너가 교육계를 시찰하면서, "일본의 산업은 각국을 두루 배웠다. (…중략…) 날이 추워야 푸르름이 빛을 발하며, 이전의 일을 스승으로 삼아야 하는 법이다. 중국인도 이를 배우는 데 힘써야 할 것이며, 배우는 것을 부끄럽게 여겨서는 아니 될 것이다"고 생각해, 서양의 과학기술을 배울 것을 주창했다. 일본에 머무는 동안 심지어

228) 張岱年, 「總序」, 『國學大師叢書』, 百花洲文藝出版社, 1995.
229) 郭沫若, 「自序」, 『中國古代社會硏究』, 人民出版社, 1954.

수리토목 공사도 살펴보았다. 그는 “시찰의 여가 시간을 이용해 책방을 두루 살폈으며”, 일본의 저명학자인 하정전려河井荃廬와 일하부명학日下部鳴鶴 등과도 교류하면서, “금석학에 대해 이것저것 숨김없이 토론하고”[230] 연구 과정에서 느꼈던 소감들을 깊이 있게 교환했다. 나진옥은 자연과학과 사회과학의 선진적인 지식과 연구방법을 받아들이고 잘 소화했기 때문에 “그의 은대 갑골의 수집 · 소장 · 유포 · 고석 등은 실로 중국 최근 30년 이래 문화사에서 대서특필해야 할 일대 사건이 될 수 있었다. 게다가 금석기물과 일서佚書의 수집과 공표는 그 내용이 풍부하고 감별이 근엄하며 성과도 끝없이 넓었고 방법도 참신하여”[231] 선배 학자들보다 훨씬 진보할 수 있었다. 그리고 또 다른 갑골학 종사였던 왕국유는 18세 이전(1877~1894)이 “전통적인 교육을 받아, 기본적으로 옛날 학문을 받아들였던 시기였다”면, 18세 이후 고향을 떠나 상해로 간 이후는 “새로운 학문을 추구했던 시기였다.” 이 기간(1894~1911) 동안, 그는 일찍이 나진옥이 만들었던 “동문학사”에서 일어를 배워 서양 근대과학 지식을 배우는 등 시야를 넓혔으며, 1900년에는 일본으로 유학을 떠났다. 그는 1901년 나진옥을 따라 무창의 농업학교에서 교편을 잡았으며, 근대 농업과학 기술 방면에서의 훈도를 받았다. 왕국유는 1902년 남양공학南洋公學의 홍구虹口 분교에서 재직하면서부터 서양철학을 연구하기 시작했다. “그는 칸트와 쇼펜하우어 등 독일 철학자의 사상을 학습했고, 자신이 배운 새로운 사상으로써 중국문화 발전의 역사적 경험을 총결했다.”[232] 그는 1911년 나진옥을 따라 일본을 건너간 후, 중국 고대문화의 연구에 전력하였다. 그의 튼튼한 국학기초가 근대 과학방법과 서로 결합하면서 고대사 · 갑골문 · 고고 · 음운학 등의 연구에서 성취를 이루었다. 그 주요한 성과는 1921년 자신이 편집한 『관당집림觀堂集林』에 들어 있

230) 羅繼祖等, 『羅振玉年譜』, 行素堂發行, 1986, 26~27면.
231) 郭沫若, 「自序」, 『中國古代社會硏究』, 人民出版社, 1954.
232) 劉烜, 『王國維評傳』, 百花洲文藝出版社, 1996, 11면.

다. 저명 학자 곽말약의 지적처럼 "왕국유의 평생 동안의 학문적 결정체는 모두 『관당집림』과 최근에 출판되었지만 이름은 『관당집림』보다 훨씬 못한 『해녕 왕충각공 유서海寧王忠慤公遺書』" 속에 들어 있다. "그 유서의 외관은 비록 옛날식의 화려한 옷으로 장식되었지만 속에 포함된 내용은 오히려 근대의 과학적 내용이었다."[233] 바로 "왕국유의 학문 방법이 근대적이었기 때문에", "그가 남겨준 지식의 산물은 마치 우뚝 솟은 누각처럼 수천 년 동안 내려온 옛날 학문의 성루 위에 서서 찬란하고도 이채로운 광채를 내비칠 수 있었던 것이다."

또 다른 갑골학 대가였던 동작빈도 전통 교육을 받았었다. 그는 6세(1900)에 서당에 들어가 튼튼한 국학기초를 쌓았다. 하지만 1905년 이후, 그는 학당에 들어가 근대 학교 교육을 받았다. 특히 그는 28세(1922) 때 북경대학의 청강생이 되었으며, 1923~1924년에는 북경대학 연구소의 국학 전공 연구생이 되었고, "5·4" 이후에는 신문화 운동의 강력한 영향을 받아 근대 과학연구의 전면적인 훈련을 받게 된다. 그리고 1927년 중산대학에 재직할 때 저명 학자 부사년傅斯年과 알게 되었다. 신문화 운동의 선구자이자 역사어언연구소의 설립을 준비한 중요인물인 부사년은 "동작빈의 학술 생애에 중요한 영향을 미쳤다."[234] 1928년 8월 동작빈이 그의 명을 받고 하남성 안양으로 달려가 은허의 갑골문 출토 상황을 조사했고, 같은 해 10월에는 직접 은허의 제1차 과학적 발굴을 진행함으로써 서양의 근대 현장 고고학을 중국 역사 시기의 도성 유적지에 대한 고고연구에 응용시켰다. 동작빈은 바로 은허 고고 발굴에 참여하면서 현장 고고학을 갑골학 연구에 응용했는데, 이것이 그로 하여금 "갑골문자의 시기구분 방법"을 "안양현 소둔촌 은허의 지하로부터 발굴해 내게 했던 것이다."[235] 이로부터 "금석 문자학의 영향 하에 형성되었던 갑골학에

---

233) 郭沫若, 「自序」, 『中國古代社會硏究』, 人民出版社, 1954.

234) 裘錫圭, 「董作賓先生小傳」, 『中國現代學術經典』 「董作賓卷」, 河北教育出版社, 1996.

235) 董作賓, 「爲書道全集詳論卜辭時期之區分」, 『中國現代學術經典』 「董作賓卷」, 河北教

대단히 심각한 변혁이 일어났다. 즉 「갑골문 시기구분 연구 예甲骨文斷代研究例」에서 갑골학 연구를 역사 고고학의 범주로 진입시켰으며, 이로부터 갑골학은 금석학의 부용에서 벗어나 중국 고고학의 한 분과로 자리 잡게 되었다."236) 뿐만 아니라 동작빈은 갑골문 자료를 전면적으로 파악한 기초 위에서 학제간 연구를 진행하여 은력의 재구에 정력을 집중시켰다. 주지하다시피 "중국의 역법은 원래부터 적지 않은 문제를 안고 있었는데, 특히 고대 역법은 훌륭한 역법 기초가 없으면 어떤 결론을 내기가 쉽지 않다."237) 동작빈은 스스로 "천문 역법의 지식이 특히 천박함을 알고 있었지만",238) 어려움을 알면서도 나아갔기 때문에 천문 역법 연구에 온 심혈을 쏟았다. 동작빈은 일찍이 천문 역법이라는 자연과학을 연구하면서 겪은 자신의 역정을 피력한 적이 있다. "25년(1936) 고평자高平子 선생과 약속하여, 그에게 은대의 연대력을 추산하게 하여 일합천一合天의 역보를 편찬하기로 하고, 복사에 보이는 역법 관련 자료는 내가 그에게 제공하기로 했으나, 의논이 확정되지도 않았을 때 전쟁이 터지고 말았다. 26년 가을(1937) 장사로 옮겨갔다. 제을帝乙·제신帝辛의 사보祀譜 각각 20년 분량을 편찬하여, 원고를 몇 번이나 고쳤으나 감히 자신할 수가 없었다. 이듬해 곤명昆明에 있으면서 천문 역법서를 발분해 읽었고, 다시 천문연구소의 이명종李鳴鍾 선생과 함께 상의해 사분술四分術의 일부一蔀 76년간의 삭윤표朔閏表를 대신 추산해 달라고 했다. 이와 동시에 고대 역기원장부대조표曆紀元章部對照表를 작성했고, 이로써 육력六曆을 추산했고, 그것을 역원曆元으로 삼아 비교하고 계산해 방대한 숫자를 정리해 낼 수 있었으나, 공만 많이 들였지 결과는 얼마 되지 않았다. 그때 나는 비로소 천문 역법에 조금의 상식을 갖게 되었고, 드디어 은력도殷曆圖를 만들 수

育出版社, 1996, 528면.

236) 張豈之(主編), 『中國近代史聿學術史』, 中國社會科學出版社, 1996, 514면.

237) 黃競新, 「董彦堂先生對甲骨學的貢獻」, 『國立歷史博物館館刊』 第3卷 第3期, 1993.7.

238) 董作賓, 『殷曆譜』 「曆譜之編制」 上編 卷二, 史語所專刊之二十三, 1992年 9月 影印版, 8면.

있었다. 이로써 한나라 때부터 전해지던 육력六曆 중의 은력殷曆을 기초로 삼아 삭윤朔閏을 바로잡았고, 고거심高去尋에게 도움을 청하여 은력殷曆을 편찬하기 시작했다. 1년 반 정도의 공을 쏟아 몇 권의 역보를 완성할 수 있었는데, 위로는 은殷으로 천도한 때부터 시작해 아래로는 한나라의 원년까지 이르렀다."[239] 이렇듯 동작빈은 『은력보殷曆譜』의 편찬을 위해 자신의 연구를 끊임없이 확장해 나갔다. 특히 그는 처음부터 천문역법이라는 이 자연과학 영역에 많은 공을 쏟았다. 정말이지 "수년 동안 이를 연구하면서 지독한 고독함에 홀로 몸부림치는 어려움을 겪었으나",[240] 마침내 "필생의 거대한 헌신―『은력보』의 편찬"이라는 학계의 찬사를 받게 되었고, 갑골학의 학제간 연구에 전범을 수립했다. 비록 『은력보』의 성취에 대해 찬사만 있었던 것은 아니지만, "어느 학문이든 범례를 만드는 것이 필요하고 연구를 이끌어 주어야만 발전해 나갈 수 있는 법이다. 『은력보』는 이미 우리 후학에게 완전한 틀을 만들어 주었으며, 따라 할 수 있는 전범이 되었다. 어떻게 수정하고 보충할 것인가? 틀을 어떻게 더욱 충실하게 만들 것인가? 그리하여 더욱 완전한 것으로 만드는 것은 원래부터가 후학들의 책임이었다"[241]고 했는데, 이는 대단히 공정한 평가이다.

또 다른 갑골학의 대가 곽말약이 걸어 왔던 길은 더욱 모범적이다. 그는 6세 때 서당에 들어가 일찍부터 사서오경을 숙독하는 등 중국 전통문화의 훈도를 받았다. 하지만 16세 이후 곽말약은 다시 근대의 소학·중학 교육을 받았으며, 1914년 23살 이후로는 일본 제국대학의 의과에 유학하면서 근대 자연과학의 훈련을 체계적으로 받았다. 이후 양쪽 귀 모두 중이염을 앓는 바람에 의학도의 길을 멈추고 창작과 번역활동으로 돌아섰

---

239) 董作賓, 『殷曆譜』 「曆譜之編制」 上編 卷二, 史語所專刊之二十三, 1992年 9月 影印版, 8면.

240) 傅斯年, 「序」, 『殷歷譜』, 史語所專刊之二十三, 1992年 9月 影印版.

241) 黃競新, 「董彦堂先生對甲骨學的貢獻」, 『國立歷史博物館館刊』 第3卷 第3期, 1993.7.

다. 1928년 37살 이후로는 "미래 사회에 대한 기대가 우리로 하여금 과거의 사회를 청산하도록 요구했기에",[242] 중국 고대사회의 연구에 전념했다. 그의 『중국 고대사회 연구中國古代社會硏究』는 "엥겔스의 『가족·사유제와 국가의 기원』의 속편"[243]이었으며, "그것은 『갑골문자 연구甲骨文字硏究』 등과 '상호보완 관계를 이루면서', 중국 마르크스주의 역사과학의 기초를 마련했다."[244] 그래서 "곽말약은 1920년대의 최신 사상이었던 유물사관을 지도로 삼아 당시 국학의 가장 대표적인 학파였던 고사변파古史辨派와 고고증사파考古證史派의 최신 연구 성과를 종합해 자신만의 독특한 '국학' 연구체계를 확립하고, 당시의 학술문화 조류를 선도해 갔다."[245]

이와 동시에 곽말약은 또 중국에서 막 시작된 현장 고고학을 대단히 중시했으며, 서양의 저명한 고고학자였던 독일의 미하이리스米海里斯(Adolf Michaelis)의 『미술고고 발견사』(오전경작澳田耕作의 일본어 번역본)를 중국에 번역 소개했다. 그는 "중국의 고대사회는 아직도 대규모의 지하 발굴이 진정으로 필요하며, 이는 '호미 고고학'의 힘에 의해서만 최후의 궁극점에 이를 수 있다"[246]고 생각했다. 그는 1928년 시작된 은허의 과학적 발굴은 "충분히 중국고고학의 신기원을 이룰 것이다"고 하면서 대단히 높게 평가했다.[247] 그래서 은허의 과학적 발굴은 그의 갑골문과 중국 고대사회 연구에 분명한 영향을 끼쳤다. 하지만 곽말약에게 가장 큰 영향을 끼쳤던 것은 그래도 그가 번역하여 중국에 소개한 미하이리스의 『미술고고 발견사』(즉 『미술고고 1세기』)였다. 바로 이 책을 번역하는 과정에서 서양의 근대 필드고고학의 연구방법을 접하고 받아들였다. 곽말약은 이 책

---

242) 郭沫若, 「自序」, 『中國古代社會硏究』, 人民出版社, 1954.
243) 郭沫若, 「自序」, 『中國古代社會硏究』, 人民出版社, 1954.
244) 王宇信, 『甲骨學通論』, 中國社會科學出版社, 1989, 304면.
245) 謝保成, 『郭沫若評傳』, 百花洲文藝出版社, 1995, 29면. (역주) 원서명은 *Die archäologischen Entdeckungen des neunzehnten Jahrhunderts*으로 1906년 Leipzig에서 출판되었으며, 영어로는 같은 해 *A century of archaeological discoveries*라는 이름으로 London에서 출간되었다.
246) 郭沫若, 「周代彝銘中的社會史觀」, 『中國古代社會硏究』, 人民出版社, 1954, 279면.
247) 郭沫若, 「殷墟之發掘」, 『中國古代社會硏究』, 人民出版社, 1954, 301면.

의 중국어 번역본의 「서」에서 이렇게 말했다. "은허복사와 청동기 명문에 관한 나의 연구는 주로 이 책에서 방법을 가져왔다. 그래서 고대사회의 대한 나의 연구가 어느 정도의 성과를 가지게 된다면 이의 대부분은 이 책이 가져다 준 것이다." "나 자신은 솔직하게 인정할 수 있다. 만약 이 책을 번역하지 않았더라면 나는 분명 은허복사와 은주 청동기를 정리하는 데 그 어떤 실마리도 찾을 수 없었을 것이다." 곽말약은 근대 필드고고학의 방법을 갑골학과 청동기 연구에 들여다 놓았으며, 특히 그가 처음으로 시작한 중국 청동기 시기구분 연구의 새로운 체계는 "전통적인 금석학에 한바탕 심각한 변혁을 일으켰다. 그의 은주 청동기 시기구분 연구 체계는 동작빈의 갑골 시기구분 '10가지 표준'과 서로 빛을 발하며, 중국 전통의 금석학 연구가 중국 근대 과학적 의미의 역사고고학의 궤도로 진입했음을 알려주는 표지가 되었다."[248]

신 중국 성립 이후, 원로 갑골 학자들은 "새로운 입장에 서서 새로운 관점과 방법을 응용해 갑골문자를 새롭게 연구하기 시작했다."[249] 과학적인 역사 유물주의와 변증법적 유물주의가 그들 연구에서의 망원경이자 현미경이 되었으며, 이 때문에 높은 지붕에서 물을 붓듯 유리한 국면에 설 수 있었고 새로운 연구 성과를 이룰 수 있었다. 이와 동시에 어떤 학자들은 "고문자를 고립적으로 연구해서는 아니 되며, 사회발전사의 시각에서, 세계고대사와 소수 민족지에 보존된 원시민족의 생산·생활·사회의식 등에 관한 연구로부터 고문자의 기원을 추적해 나가야 한다"[250]고 주장했다. 이로부터 세계사와 민족학의 성과가 갑골학 연구에 들어가게 되었으며, 갑골문자의 고석과 상나라 역사 연구의 여러 방면에서 새로운 길이 열리게 되었다. 호후선의 「갑골문 '호'자 해설甲骨文虎字說」[251]에서는 3세기에서 9세기에 이르는 마야 인들의 전사와 포로에 관

248) 張豈之(主編), 『中國近代史學學術史』, 中國社會科學出版社, 1996, 525면.
249) 胡厚宣, 「序言」, 『五十年甲骨學論著目』, 中華書局, 1952, 22면.
250) 于省吾, 「于省吾自傳」, 『中國現代社會科學家傳略』 第3輯, 山西人民出版社, 1983.

한 벽화 자료를 인용하였는데, “호랑이 가죽을 사용한 전사들의 모습이 살아 있는 듯 생동감 있게 표현되어 있다. 그것으로써 갑골복사에서의 호虎자를 설명했는데 이보다 더 적당한 방법은 없을 것이다.” 우성오의 「강羌·구苟·경敬·미美에 대한 해석釋羌·苟·敬·美」[252] 등의 논문에서는 양의 뿔을 뒤집어 쓴 강족羌族의 오래된 습속을 증명하기 위해 고대 문헌과 해외의 정기 간행물에 소개된 양 뿔이나 소뿔과 사슴 뿔 등을 장식물로 사용한 세계 각 원시민족의 12가지 자료를 수집해 증거로 삼았으며, 그것들의 서로 다른 용도에 대해서도 논증했다.

이처럼 19세기 말 은허 갑골문이 발견되었을 때는 마침 “서학의 동점”으로 중국의 전통문화가 충격과 도전을 받고 있을 때였다. 많은 갑골 학자들은 변화의 시대에 처했으면서도 놀라지 않고 시대의 흐름을 따라 서양의 자연과학과 사회과학의 정수를 흡수하여 건가乾嘉 시대를 뛰어넘는 연구 성과를 도출했다. 그래서 “그들은 경·사·자·집 등에서 두루 통하였으면서도 연구 방법에서 이미 새로운 창조를 이루었다. 그들의 서양 학문에 대한 조예가 사람들을 놀라게 했지만, 그들이 발을 디디고 섰던 기초는 중국에 있었으며, 이로부터 현대적 기풍의 선구자가 될 수 있었다.”[253] 즉 선배 학자들은 튼튼한 중국 전통문화의 기초 위에서 서양의 자연과학과 사회과학의 이론과 방법을 자신의 학술연구에 적용시키고자 노력함으로써 갑골학 연구의 성공을 일구어 내었던 것이다.

앞으로 다가올 새로운 세기에도 갑골학 연구의 현대화 문제는 여전히 존재할 것이다. “동서양에 함께 관통했던” 선배 학자들의 정신은 우리에게 중국 전통 문화연구를 현대화로 전환시킨 성공적인 범례를 제공해주고 있다. 오늘날 갑골학 연구의 현대화는 바로 사회과학의 여러 학과, 예컨대 역사문헌학·민족학·종교학·고고학 등과 같은 학과의 연구와

---

251) 『甲骨探史錄』, 三聯書店, 1982, 66~67면.

252) 『吉林大學社會科學學報』, 1963年 第1期.

253) 錢宏, 「重寫近代諸子春秋」, 『郭沫若評傳』, 百花洲文藝出版社, 1996.

결합해야 할 뿐 아니라, 지금의 자연과학, 예컨대 천문학·기상학·농업학·물리학 등과 같은 여러 학과의 연구와도 결합해야만 한다. 지금은 과학이 비약적으로 발전하고 학과가 세밀하게 분화되었으며, 여기에다 한 개인이 여러 학문을 함께 한다는 것 자체가 갈수록 어려워지고 있다. 하지만 우리는 사회주의 학술사업의 우월성을 충분히 발휘하여 다양한 전공의 학자들과 연합해 난관을 극복해야 한다. 중국의 "9개 5년" 중점 과학연구 과제인 "하·상·주 시기구분 프로젝트夏商周斷代工程"는 바로 사회과학자와 자연과학자들을 연합해 난관을 극복하고자 한 성공 사례라 할 것이다. 그것은 하·상·주의 연대학 연구에 커다란 발전을 이루었을 뿐 아니라 갑골학 연구의 현대화에도 훌륭한 경험을 제공해 주었다. "하·상·주 시기구분 프로젝트"의 순조로운 진전으로, 자연과학과 사회과학 연구가 서로 결합해 중대한 학술문제를 성공적으로 해결한 경험을 축적함으로써, 지금은 더 넓고 더 깊은 범위에서의 사회과학과 자연과학과의 과학적 연구를 결합시키는 문제를 탐색하고 있다. 갑골문 발견 때부터 시작해서 몇 대에 걸친 학자들이 실현했던 전통으로부터 현대로의 전환을 이룬 갑골학 연구는 반드시 새로운 세기의 갑골학을 더욱 발전시킬 것이라 믿는다. 그리고 갑골학 연구 수단의 현대화와 자연과학 연구와의 진일보한 결합 등은 다가올 세기의 갑골학 연구에 새로운 성과를 이루게 해 줄 것이다.

3) 갑골문 자료의 수집·정리·공표 작업의 중시

백 년 동안의 갑골학사에서 성취를 이룬 사람치고 갑골문 자료의 수집과 정리와 공표 작업을 중시하지 않은 이는 없었다. 갑골문 자료의 수집과 정리와 공표는 갑골 학자들로 하여금 계속해서 새로운 창조를 이루도록 했을 뿐 아니라 전체 갑골학계가 연구의 폭이나 깊이에서 지속적으로 발전하도록 만들었다. 갑골학의 일대종사였던 나진옥은 "찾아 모으는 것이 고석보다 급하지 않단 말인가?"[254)]라고 반문하면서 갑골문 자료의 수집을 대단히 중시했다. 그는 골동상을 안양으로 보내 갑골문을 수집하게 하였을 뿐 아니라 자신의 친지를 안양의 소둔촌으로 보내 상주하게 하면서 구매하게 하여, 총 3만여 편의 갑골을 수집함으로써 중국 내 학자들 중 최고의 소장가가 되었다.[255)] 나진옥은 이 진귀한 자료가 "인멸되어 전해지지 않는 것을 견디지 못했다."[256)] 그리하여 그는 탁본을 뜨고 정리하여 책으로 편찬해 공표함으로써 더욱 많은 학자들이 연구하도록 했다. 이 때문에 그가 1911년 출판한 『은허서계』에서는 2,229편의 갑골이 실렸다. 그 후 1914년 출판된 『은허서계 청화』에서는 68편을, 1915년의 『철운장귀의 나머지』에서는 40편을, 1916년의 『은허서계 후편』에서는 1,140편을 공표했다. 여기에다 1916년 『은허 고기물 도록』에서는 4편의 갑골과 나복성羅福成이 1928년 출판한 『전고별록傳古別錄』 2집에서 4편을 공표함으로써, 총 3,485편의 은허 갑골이 공개되었다. 갑골학 연구의 "초창기"(1899~1928) 때 출판된 갑골저록이 "12종"이었고, 총 9,919편"이 공표되었다.[257)] 그중 나진옥이 소장한 갑골과 관련된 책은 6종으로 전체의 절반을, 그리고 나진옥에 의해 공표된 갑골문은 당시 전체 저록 수량의 3분의 1 이상을 차지하고 있다. "결론적으로 말해서, 개인적인 차원에서 나진옥은 갑골문의 수집과 인쇄와 공표에서 크게 공헌했던 사람이다. 50년간 정리된 갑골자료로 말한다 해도 이전 중앙연구원의 『은허문자 을편』을 제외하면 지금까지도 나진옥의 4가지 책(즉 『전』·『후』·『속』·『청』)이 여전히 가장 중요한 부분을 차지하여",[258)] "초창기" 갑골학 연구를 발전시켰다.

254) 羅振玉, 「序」, 『殷虛書契』, 1914.
255) 胡厚宣, 『殷墟發掘』, 學習生活出版社, 1955, 36면.
256) 羅振玉, 「序」, 『殷虛書契精華』, 1914.
257) 胡厚宣, 『殷墟發掘』, 學習生活出版社, 1955, 37면.
258) 胡厚宣, 『五十年甲骨文發現的總結』, 商務印書館, 1951, 31~32면.

갑골학 대가였던 왕국유는 “옛날부터 새로운 학문은 언제나 새로운 발견에 의해 일어났다”[259]고 했다. 그 때문에 그는 갑골문 등 새로운 자료의 출토에 특별히 주목했다. 비록 그는 재력의 한계로 갑골을 대량으로 구매하고 소장하지는 못했지만, 1911년 나진옥을 따라 일본으로 건너가 중국 고대사회와 고대문물 연구로 전공을 바꾼 후, 대량의 실물 갑골과 탁본을 접하고 연구할 수 있었다. “그래서 그는 그 당시 이 방면의 자료를 가장 많이 본 사람이라 할 수 있을 것이다. 유악과 나진옥이 출판한 자료 외에도 그는 하통哈同이 소장하고 있던 자료도 보았으며, ‘근현鄞縣 마군馬君 숙평叔平이 나에게 증정한 경사京師대학 및 그가 소장했던 갑골 탁본 1천여 편’도 보았으며, 서내창徐乃昌이 소장했던 갑골 탁본도 보고서 『수암 소장 갑골문자隨庵所藏甲骨文字』 「서序」를 지었다. 이런 과정을 거치면서 그의 시야는 더욱 넓어졌다.”[260] 왕국유는 1916년 일본에서 상해로 돌아간 후, 영국 국적의 유대인이었던 하통哈同 아래서 학술잡지의 편집 일을 볼 때, 하통 부인이었던 나씨羅氏가 사들인 철운鐵雲의 옛날 소장 갑골 1천여 편도 보았다. 그는 1917년 이 갑골들을 『전수당 소장 은허문자戩壽堂所藏殷虛文字』로 출판하여, 갑골 655편을 수록하는 한편 고석까지 보태 출판했다. 이 책의 서명은 희불타姬佛佗로 되어 있지만 왕국유가 자료를 저록하고 공표하는 데 중요한 공헌을 했다는 것은 학계에서 알만 한 사람들은 다 알고 있는 사실이다. 왕국유는 바로 이 자료들을 정리할 때, 『전』 1.10편과 『후상後上』 8.14편이 같은 판에서 나누어진 것이라는 사실을 발견하였고, 갑골문의 상갑上甲부터 시계示癸에 이르는 세차世次가 『사기』와 맞지 않음을 논증했으며, 이로부터 『사기』 「은본기」에서 열거한 상나라 왕들의 세차의 잘못을 바로잡았다. 이에 대한 그의 학설은 시대적 획을 그은 저작으로 평가받는 「은 복사에 보이는 선공 선왕 고殷卜辭中所見先公先王考」 및 「속고續考」에 보인다. 왕국유는 갑골문으로

259) 王國維, 「最近二三十年中中國新發現之學問」, 『學衡』 第45期, 1925.

260) 劉垣, 『王國維評傳』, 百花洲文藝出版社, 1996, 286면.

써 상나라 역사를 연구함으로써 "갑골학의 학술적 지위를 대대적으로 높였을 뿐 아니라",[261] 갑골문의 부서진 조각을 짜 맞추기綴合하는 작업의 선례를 보였다. 갑골의 짜 맞추기는 오늘날 갑골학 연구의 중요한 과제가 되었고 이 부분에서 중요한 성과를 이룰 수 있었던 것은 왕국유가 범례를 제공했던 공헌과 불가분의 관계에 있다.

갑골학의 일대종사였던 곽말약도 고대사회 연구를 시작하면서부터 갑골문 자료의 수집과 공표에 온 몸을 바쳤다. 그는 1928년부터 "고대사회의 연구"를 시작했는데, 자신의 말처럼 "연구를 철저하게 하고자 나는 발설할 곳 없던 나의 모든 정력을 은허 갑골문자와 은주 청동기 명문의 연구에 바쳤다."[262] 그는 "은허에서 출토된 갑골이 일본으로 많이 흘러 들어갔지만, 고 임태보林泰輔 박사가 지은 『귀갑수골 문자龜甲獸骨文字』 이래로 저록에도 보이지 않고 학자들 사이에서도 이에 관한 이야기가 매우 드물었음"을 심각하게 생각하고 있었다. 1899년 갑골문의 발견 이후부터 1928년 은허의 과학적 발굴이 이루어지기 전까지 일본인들은 약 1만5천 편 정도의 은허갑골을 소장했다. 하지만 이렇게 많은 진귀한 자료들 중, 임태보林泰輔가 1921년 출판한 『귀갑수골 문자』에서 공표한 1천23편을 제외하면 절대 다수가 학계에 공개되지 않아 연구에 대단히 어려움을 주고 있었다. "나는 이 나라에 있다는 편리함으로 여러 학자들이 소장하고 있는 갑골을 수집해 책으로 만들어" 갑골 학자들에게 연구 자료로 제공하고 싶었다고 했다. 이를 위해 곽말약은 1932년 여름과 가을 사이 일본의 공공기관과 개인 소장가를 찾아다니며 갑골을 수집하기 시작했다. 그는 이미 3천여 편의 행방을 확인하긴 했지만, "대부분의 소장품은 갖가지 이유로 볼 수조차 없었다." 그리고 볼 수 있었던 자료라 하더라도 "그때에는 탁본을 해 줄 사람도 없었고 나도 탁본에 뛰어나지 않았던지라", "탁본을 떠 보존할 수가 없었다." 그래서 곽말약은 처음의 생

261) 王宇信, 『甲骨學通論』, 中國社會科學出版社, 1989, 79면.
262) 郭沫若, 「十批判書」「後記」, 『十批判書』, 科學出版社, 1956, 462면.

각을 바꾸어 먹을 수밖에 없었다. "마음을 바꾼 후의 성과"는 바로 1933년 『복사통찬卜辭通纂』의 출판이었다. 이 책은 "세상에 전해지는 복사들 중 정수를 뽑아 모은 것", 즉 "근거한 자료의 대부분을 유(철운)·나(진옥)·왕(앙)·임(태보) 등의 책에서 가져왔다." 하지만 "그간 저록되지 않는 것도 있었으며", 마형馬衡의 『범장재 소장 갑골문자凡將齋藏甲骨文字』의 탁본과 하숙보何叙甫 소장 갑골 탁본 및 일본에서 수집한 87편의 갑골 등 "공공기관과 개인 소장품들 중 정수들의 탁본 및 사진들 중 뛰어난 것만 골라 저록했다." 이외에도 은허의 제3차 과학적 발굴에서 얻은 "대귀 4판" 및 제1차 발굴에서 새로 얻은 복사 22편이 수록되었다. 이러한 갑골은 저록 과정에서 항상 중복 편과의 대조와 짜 맞추기 등 과학적인 정리를 거쳤다. "2편 이상의 부서진 조각이 나의 손을 거쳐 짜 맞추어진 경우가 30종 이상이었는데, 그 중에는 4편을 짜 맞춘 것도 있고(필자 주—즉 『통通』 596편), 3편을 짜 맞춘 것도 있고(필자 주—즉 『통』 259편), 2편을 짜 맞춘 것도 있는데(필자 주—즉 『통』 730편), 이들은 모두 이 책에서 처음 이루어진 것이다." 그리고 나아가 고석에서도 의외의 수확이 있었다." 갑골학과 상나라 역사 연구의 중요한 발명에 대해서는 곽말약이 『복사 통찬』의 「서」(1900.1.11)에서 결론적으로 정리했다. 1937년 곽말약은 또 대단한 소장가였던 유체지劉體智가 소장했던 갑골 탁본집 『서계 총편書契叢編』(20책) 중에서 "1,595편을 뽑아 내 재편집하였는데" 그것이 바로 『은계수편殷契粹編』이다. 이 책은 "원 저록의 10분의 1정도에 불과하지만 그 정수는 거의 대부분 다 실렸다." 특히 "이번 편집에서의 제113편은 바로 유劉씨의 부서진 2편과 연경대학 소장 갑골 편을 합쳐 다시 만든 것이다. 거기에는 선공先公의 이름이 보이는데, 그 순서 또한 상갑上甲·보을報乙·보병報丙·보정報丁·시임示壬·시계示癸로 되어 있다." 또 "제114편은 비록 글자에 가로획이 빠져 있고 복사도 완전하지 않지만, 보을報乙이 상갑上甲의 바로 뒤에 놓여 있으며", 게다가 "제112편의 갑甲 을乙로 나눈 부분은 바로 왕王씨가 나羅씨 및 전수당戩壽堂 소장 갑골 편을 다시 합친 것으로", 이는 "『사기』의 오류가 절대적으로 분명함"을 증명해 주었다. 하지만 이 작업이 이루어지기 전까지만 해도 이렇게 생각했다. "왕씨가 얻은 것이 단지 이 한 가지 예에 불과하다. 복사에는 일을 잘못 기록한 경우가 항상 있을진대 어찌 이 한 가지 예에 불과하겠는가? 그래서 옛것을 신봉하는 자들은 그것만으로는 근거로 삼기가 힘들며, 그래서 왕씨의 학설로는 그 선입견을 깨트리기에 아직 부족했다." 그래서 『은계 수편』은 "은대의 세계에서 많은 새로운 발견을 이루었고, 이는 복사를 저록한 문헌 중 정鼎의 세 발에 해당하는 중심축이라 할 수 있다."[263] 곽말약은 이러한 자료를 정리하고 공표하는 과정에서 또 적잖은 창조적인 발견이 있었다. "식견이 미치는 곳이면 가능한 상세히 해석해 두었으며, 그중에서도 특출한 것을 몇 가지 모아 이 책의 앞부분에다 배열해 두었다." 그는 『은계 수편』의 「서」에서 이러한 갑골은 "갑골의 숲에서 도도한 자태를 충분히 드러내게 될 것"이라는 연구 과정에서 얻은 느낌과 창조적인 발견에 대해 과학적인 논단을 했으며, 이로부터 갑골학의 상나라 역사 연구를 전진시켰다.

이 뿐만 아니라 곽말약은 노년에 『갑골문 합집甲骨文合集』을 편찬함으로써 갑골문 자료의 수집과 정리 및 공표에 새로운 공헌을 했다. 『갑골문 합집』의 편집조는 주편이었던 호후선胡厚宣 교수의 지도하에 "수집 가능한 모든 가료를 가능한 한 완벽하게 수집하라"[264]는 곽말약의 요구에 따라 "먼저 180여 종의 갑골 저록서를 갖은 방법을 다 동원해 완벽하게 수집할 계획을 세웠고, 항상 비교적 훌륭한 판본을 사용하기로 했다." "갑골 저록서 이외에도 전국 각지의 협력 기관에서 소장하고 있던 실물 갑골의 수집을 위해 실사 방문하기로 했다. 총 30여 개의 도시를 방문했고, 어떤 경우에는 한 번에 그친 것도 아니었다." "중국 외에 산재되어 있는 자료에 대해서는 가능한 한 출국 방문과 학술강연의 기회를 이용

263) 郭沫若, 「序」, 『殷契萃編』, 科學出版社, 1965.
264) 胡厚宣, 「郭沫若同志在甲骨學上的巨大貢獻」, 『甲骨探史錄』, 三聯書店, 1982.

하거나, 외국에서 돌아오는 전문가들이나 외국 학자들에게 수집을 부탁하였는데, 모두의 적극적인 도움 덕택에 해결할 수 있었다." 이렇게 해서 "십 몇 만 편에 이르는 대량의 갑골자료 중에서 약 4분의 1 정도가 선별되었으며",[265] 최종적으로 총 41,956편이 수록되었다. 『갑골문 합집』의 편집과 출판은 80여 년간의 갑골문 발견을 총결한 것이었으며, 신중국에서 자료를 집중하고 정리하며 공표한 것 중 가장 큰 성공작이었다. 그것은 "고대사회 연구에 풍부한 '자료 휘편'을 제공한 것에 그치지 않고 사회주의의 학풍을 반영했다는 데 더 큰 의의가 있다." 그것은 과학적 정리를 거친 갑골문 자료를 국내외 학계에 집중적으로 제공함으로써, "그것이 학자들의 공동 재산이 되도록 만들었다."[266] 그래서 『갑골문 합집』이라는 이 집대성적인 저록은 갑골학의 진일보된 발전에 기초를 마련해 주었으며, "그것은 이전의 성과를 계승하고 미래를 열어 준 갑골학사에서의 기념비적인 저작이라 할 수 있다."[267]

또 다른 갑골학의 대가 동작빈은 은허갑골의 과학적 발굴과 연구 및 정리와 공표에 모든 심혈을 바쳤다. 바로 그가 하남 안양에서의 진지한 조사 연구를 함으로써 1928년 10월 중앙연구원에 의한 은허 갑골문의 대규모 과학적 발굴이 이루어졌고, 갑골문의 "도굴시기"도 종식되었다. 이후 1937년까지 10년간 계속되었던 대규모의 과학적 발굴에서 동작빈은 지휘자로서 혹은 참여자로서, 때로는 작업을 지도하기도 하고 때로는 감독하기도 했다. 총 15차에 걸쳐 진행되었던 과학적 발굴에서 "대량의 갑골문을 과학적으로 발굴하였을 뿐 아니라 중국의 고고학 특히 은상 고고학에 기초를 마련했다. 그리고 현장 고고학의 과학적 방법론은 갑골학 연구의 발전에 지대한 영향을 끼쳤다. 이 이후로 갑골학은 문자만 중시하고 문자와 동반 출토된 유물과 유적은 중시하지 않던 전통적인 금

265) 胡厚宣, 「序」, 『甲骨文合集』 第1冊, 中華書局, 1982.
266) 尹達, 「前言」, 『甲骨文合集』 第1冊, 中華書局, 1982.
267) 王宇信, 『甲骨學通論』, 中國社會科學出版社, 1989, 285면.

석학의 굴레에서 벗어나 대단한 발전을 이룰 수 있었다."[268] 은허의 과학적 발굴을 통해 제1차부터 제9차 발굴 과정에서 총 6,513편의 갑골을, 제13차부터 제15차의 발굴에서는 총 18,405편의 갑골을 얻었는데, 이 과학적 발굴에서 얻은 갑골문 자료를 학계에 제공하기 위한 동작빈의 노력도 대단했으며, 은허에서 출토된 갑골의 정리와 편집 출판을 위해 노력했다. 그는 1935년 봄과 여름 사이, 은허의 제1~9차 발굴에서 얻은 갑골의 『은허문자 갑편殷虛文字甲編』의 도판 배열을 완성했다. 하지만 갖가지 우여곡절 끝에 1948년에서야 세상에 모습을 드러낼 수 있었다. 그리고 제13~15차 발굴에서 얻은 갑골을 모은 『은허문자 을편殷虛文字乙編』 상·중·하 3집輯도 각각 1948년, 1949년, 1953년에 모두 출간되었다. 『은허문자 갑편』과 『은허문자 을편』은 "과학적 발굴로 얻은 갑골문의 총집"이었을 뿐 아니라 "새로운 시기의 갑골학과 고고학이 서로 결합했던 표지였으며, 이로부터 갑골문의 과학적 가치는 더욱 제고되었다."[269] 동작빈은 은허의 갑골문들을 과학적으로 발굴하고 정리하고 공표하는 과정에서, 지하로부터 갑골문의 시기구분에 관한 과학적 방법을 발굴해 내었을 뿐 아니라 "갑골학과 상나라 역사 연구를 하나의 완전히 새로운 단계로 발전시켰으며",[270] 또 『갑편』과 『을편』의 「서」에서 창조적인 견해를 많이 제시함으로써 이 시기의 갑골학과 상나라 역사 연구를 더욱 수준 높게 만들었다.

또 다른 갑골학 대가였던 호후선은 갑골문 자료의 수집과 정리와 공표에서 미증유의 성적을 거두었다. 그는 일찍이 1934년과 1935년에 은허의 과학적 발굴에 참여했으며, 1935년부터는 동작빈을 도와 『은허문자 갑편』을 편집했고, 1936년에는 『은허문자 을편』에 저록된 주요 부분인 YH127갱에서 나온 갑골을 "실내에서 발굴"하고 정리했다. 그는 갑골학

268) 王宇信, 『甲骨學通論』, 中國社會科學出版社, 1989, 87면.

269) 王宇信, 『建國以來甲骨文硏究』, 中國社會科學出版社, 1981, 10~12면.

270) 王宇信, 『甲骨學通論』, 中國社會科學出版社, 1989, 183면.

과 상나라 역사를 연구하면서 "단장취의 하고 경강부회 했다는 혐의를 벗기 위해서는 반드시 많은 자료를 보아야만 한다. 그 때문에 중국 내외의 공공기관과 개인 소장품들이 이미 저록되었는지에 대한 총체적인 연구가 먼저 이루어져야만 한다고 생각했다." 이를 위해 그는 "10여 년 동안 이미 출판된 모든 서적을 구매 비치할 방도를 강구했고, 출판되지 않은 자료에 대해서는 그 행방을 확인하여 여러 경로를 거쳐서라도 반드시 탁본하고 모사할 방법을 준비했다. 국내든 국외든, 공공기관이든 개인 소장이든, 한 조각도 남김없이, 비록 천금을 줘야 한다하더라도 아끼지 않았다. 그리고 중앙연구원에서 발굴한 큰 판版으로 된 조각만 약 3만 편에 이르렀는데, 그동안 작업을 해 보았던 관계로 이것들에 더욱 익숙해 있었다." 호후선이 당시에 볼 수 있었던 이미 출판된 43종의 갑골 저록과 아직 출판되지 않았던 22종의 갑골 탁본, 특히 자신이 정리했던 중앙연구원의 과학적 발굴에 의해 얻은 갑골자료의 기초 위에서 "갑골문자를 전체적으로 총괄하여 철저하게 정리할 수 있다."[271] 그는 『갑골학 상사 논총甲骨學商史論叢』이라는 갑골학에서의 "전에 볼 수 없었던 금자탑 식의 논문집을 완성하였는데, 이는 동작빈 선생의 「갑골문 시기구분 연구 예甲骨文斷代研究例」를 이은 또 한 시대의 획기적인 저작이 되었다."[272]

신 중국 성립 이후, 호후선은 "이러한 염원을 안고서 연구자의 편의를 위해 반드시 자신이 수집해 얻은 갑골자료는 곧바로 공표해야 한다"고 했다.[273] 그리하여 그는 갑골문 자료의 수집과 정리와 공표라는 측면에서 새로운 성과를 이룰 수 있었다. 『갑골문 합집』의 편집과정에서 호후선은 "정치운동에도 참가하였고 '10년간의 문화대혁명'을 겪으면서도 수십 편의 논문을 썼다. 이밖에도 절대 대부분의 시간과 정력을 초학자

271) 胡厚宣, 「自序」, 『甲骨學商史論叢』, 齊魯大學國學研究所出版, 1944.
272) 白川靜, 「胡厚宣氏的商史研究」 下篇, 『立命館文學』 103號, 1953, 56면.
273) 胡厚宣, 「序」, 『甲骨續存』, 上海群聯出版社, 1955.

들인 10여 명의 청년 동지들에게 투자하였으며, 자료의 수집과 정리와 배열과 교정과 인쇄에 투자하여 『갑골문 합집』이라는 책을 출판했다."[274] 바로 호후선은 "그의 근실한 노동과 귀중한 봉사 정신으로 『합집』의 총 편집 작업을 성공적으로 이끌어 국가의 영예를 드높였다."[275)]

이뿐만 아니다. 호후선은 또 개인적으로 『전후 남경 상해 지역에서 새로 얻은 갑골집戰後寧滬新獲甲骨集』, 『전후 남북 지역에 보이는 갑골록戰後南北所見甲骨錄』, 『전후 북경 천진 지역에서 새로이 얻은 갑골집戰後京津新獲甲骨集』, 『갑골 속존甲骨續存』, 『소련·독일·미국·일본에 보이는 갑골집蘇德美日所見甲骨集』 등과 같은 책을 편찬 출판했고, 자신이 편집하고 호진우胡振宇와 왕굉王宏이 정리한 『갑골 속존 보편甲骨續存補編』을 출간하기도 했다. 이상의 책에서 총 31,650편 이상의 갑골을 저록함으로써 출토된 10여만 편의 갑골의 3분의 1을 수록했다. 그래서 조금의 과장 없이 말하자면, 호후선은 50여 년간의 이러한 노력을 통해 백 년 이래 갑골 저록의 수량에서 타의 추종을 불허하는 하는 사람이 되었다고 해야 할 것이다.

이처럼 백 년 갑골학 발전사에서 성취를 이룬 학자라면 언제나 갑골문 자료의 수집과 정리와 공표를 대단히 중시했다. 갑골문 자료는 갑골학과 상나라 역사 연구의 기초이다. 학자들은 새로운 자료의 수집과 정리와 공표를 통해 자신의 연구가 깊어지고 새로운 수확이 이루어지도록 유도했을 뿐 아니라 갑골학과 상나라 역사 연구에도 새로운 활력을 불어 넣었고, 이로부터 여러 사람의 지혜를 함께 모아 연구를 새로운 고지에 올려놓았다. 이 때문에 백 년 동안 갑골학 연구가 번영해 왔던 것은 갑골 학자들의 갑골문 자료의 수집과 정리, 갑골문 자료를 제때제때 공표하려 노력한 근실한 노동과 밀접하게 관련되어 있다. 선배 학자들의 이러한 헌신적인 정신과 자료라면 "하늘 끝까지도 올라가고자 했던" 고

---

274) 胡厚宣, 「總序」, 『蘇德美日所見甲骨集』, 四川辭書出版社, 1988.

275) 王宇信, 「甲骨學研究的發展與胡厚宣教授的貢獻」, 『甲骨文與殷商史』 第3輯, 上海古籍出版社, 1991.

독한 노력과 집착은 새로운 시기 우리가 계승하고 발양해야 할 귀중한 재산이다.

4) 갑골학 연구를 심화시킨 진취적인 개척과 끊임없는 추구

1899년 은허 갑골문이 발견되고 1903년 『철운장귀』가 출판된 이후, 갑골문은 고대 문헌에 기록이 없었기 때문에 "고문과 달랐으며, 정말 한나라 이후의 장창·두림·양웅·허신 등과 같은 문자학자들도 보지 못했던" 것임을 알게되었다. 그래서 1911년 나진옥의 『은허서계』가 출판되기 전까지 국내외의 학계에서는 그것을 전통적인 금석 문자자료로 간주하였으며, 연구 또한 그것의 출토 지점 및 큰 시간적 범위의 고증에만 한정되었을뿐, 그것의 내용에 대해서는 아는 것이 많지 않았다. "최근 수년간을 살펴도 단지 손중용孫仲容 징군徵君, 이양詒讓이 찰기札記를 지었을 뿐 그 외에는 존재하지 않았다"[276]고 한 나진옥의 말처럼, 연구자도 매우 드물었다. 비록 국학의 대가 손이양이 1904년 『계문거례』를 쓰긴 했지만 극히 제한적으로 유통되었으며, 나진옥과 유철운과 단방 정도에게만 보내졌다고 한다(왕국유가 1913년 상해에서 원고를 찾아내어 1917년 정식으로 출판되었다). 1914년에 이르러 나진옥이 문자의 해독이 갑골학 연구의 관건임을 이미 인식하고서 문을 걸어 잠근 채 "두문불출한지 40여 일, 드디어 6만여 자의 글을 완성했는데",[277] 이것이 바로 『은허서계 고석』이며, 1914년 출판되었다. 그 후 다시 1927년 이를 증정하고 보충해 『증정增訂 은허서계 고석』으로 출판했다. 나진옥의 문자 고석은 예리하고 창조적인 진취 정신으로 가득했다. "이미 『설문』에 근거해 갑골문을 해석했지만 『설문』에 구속되지 않았는데" "이것은 이전 사람들에 비해

276) 羅振玉, 「序」, 『殷虛書契』, 1911.
277) 羅振玉, 「自序」, 『殷虛書契考釋』, 1914.

매우 큰 발전이었다."[278] 나진옥 등의 노력으로 갑골학 연구는 크게 발전했다. "손이양이 『계문거례』를 썼을 때만 해도 해독한 글자가 너무 적었고, 또 잘못 해석한 글자도 너무 많아, 일반적인 복사의 내용을 해독하려면 정말 힘이 들었고 통독할 수도 없었다. 하지만 『은허서계 고석』이 출판된 이후, 갑골상의 문자는 기본적으로 인식이 가능해졌고 전체 문장도 읽어낼 수 있게 되었다."[279] 나진옥은 남이 가지 않은 일을 처음으로 개척하였으며, 그의 갑골문자 고석은 갑골문 연구를 "골동시기"로부터 "문자시기"의 새로운 경지로 올려놓았다.

왕국유는 갑골의 저록과 문자고석 방면에서 많은 발명을 이루었을 뿐 아니라 "문자고석의 기초 위에서 갑골문을 사료로 삼아 상나라 역사를 연구했다." "특히 그가 1917년에 쓴 「은 복사에 보이는 선공 선왕 고」와 「속고」라는 두 편의 명 논문은 갑골학 연구를 하나의 새로운 단계로 올려놓았으며, '문자시기'로부터 '사료시기'로 진입했음을 알리는 표지가 되었다."[280] 이와 동시에 왕국유는 「은주 제도론殷周制度論」에서 한걸음 더 나아가 상나라 역사 연구를 서주사 연구와 결합시켰다. "주나라의 제도와 상나라의 제도 중 크게 차이를 보이는 것은, 첫째 장자를 세우고 적자를 세우는 제도이며", "둘째 묘의 수廟數에 관한 제도이며", "셋째 동성 간에는 혼인하지 않는 제도" 등이라고 했다. 게다가 대량의 갑골·금문 자료와 고대 문헌자료에 근거해 상주 제도의 차이를 충분히 분석하고 비교하였으며, 이로부터 "중국의 정치와 문화의 변화가 은주 교체기 때보다 더 심했던 적은 없다"는 논지를 제시했다. 곽말약은 이 글이 학술사에서 가지는 지위를 대단히 높게 평가하면서 "또 「은주 제도론」(『관당집림』 제10권)은 복사를 종합적으로 비교하는 연구의 시작이 되었다"[281]

278) 陳煒湛·曾憲通, 「論羅振玉和王國維在古文字研究領域內的地位和影響」, 『古文字研究』 第4輯, 中華書局, 1980.

279) 王宇信, 『甲骨學通論』, 中國社會科學出版社, 1989, 78면.

280) 王宇信, 『甲骨學通論』, 中國社會科學出版社, 1989, 78면.

281) 郭沫若, 「卜辭中的古代社會」, 『中國古代社會硏究』, 人民出版社, 1954, 213면.

고 했다.

왕국유는 다년간 고문자와 고대사 연구에 종사하는 과정에서 출토 문물이 연구에서 가지는 중요한 기능을 충분히 인식했으며, 1925년 『고사신증古史新證』에서 유명한 "이중증거법"을 제시했다. "내가 오늘날 같은 세상에 태어나 다행스럽게도 종이 위의 자료 외에도 지하의 자료까지 얻게 되었다. 이러한 자료에 근거해 종이 위의 자료를 증명할 수 있게 되었고, 고대문헌에서의 어떤 부분들은 모두가 사실의 기록임을, 즉 아름답지 못한 제자백가의 말이라 하더라도 일면의 사실을 이야기 하지 않은 것이 없다는 사실을 증명할 수 있었다. 이러한 이중증거법은 오직 오늘날에 이르러서만 가능한 일이었다." 이렇게 해서 왕국유는 건가乾嘉학파의 국학대가들의 학문연구가 문헌에서 시작하여 문헌에서 끝났던 것에 비해 크게 발전할 수 있었다. 왕국유는 고대 문헌을 십분 중시했을 뿐 아니라 전래되거나 새로 출토된 고대문물도 광범위하게 수집하였기에 "이 둘을 결합해 연구함으로써 새로운 국면을 열 수 있었으며, 중국 학술사의 새로운 한 페이지를 장식할 수 있었다."[282]

갑골학 대가였던 동작빈이 시작한 은허 갑골문의 과학적 발굴과 그가 구축한 「갑골문 시기구분 연구 예」는 갑골학 연구의 역사고고학이라는 새로운 시대를 열었다. 그의 「갑골문 시기구분 연구 예」에서 "구축한 '5시기' 구분법과 '10가지 표준'은 아직까지도 국내외 갑골학계와 상나라 역사 연구에서 보편적으로 사용되고 인정되는 기본 방법이며",[283] 갑골학사에서의 기념비적인 저작이다. 하지만 동작빈은 결코 여기에서 멈추지 않았고 그것이 "스스로의 생각에도 그다지 만족스럽지 못하다고 생각했으며", "이것은 시기구분 연구가 성공을 이룬 뒤의 결론이 아니다"고 정중하게 선언했다. 그는 정열적으로 이렇게 희망했다. "이 학문을 하는

---

282) 陳煒湛・曾憲通, 「論羅振玉王國維在古文字學領域內的地位和影響」, 『古文字研究』 第4輯, 中華書局, 1980.

283) 王宇信, 『甲骨學通論』, 中國社會科學出版社, 1989, 162면.

사람들이 평상심으로 이 방안의 사용 가능성과 완비 여부를 평가해 주길 바라며",[284] 더 많은 학자들이 갑골문 시기구분 체계의 토론에 참여하여 이를 더욱 완전하게 만들어 주길 바란다. 동작빈 자신도 이의 실천에 앞장섰는데, 『은허문자 을편』의 「서」에서 "문무정 복사의 수수께끼를 풀었다"고 했다. 18년간의 연구를 통해 "마을 가운데 지역에서 출토되었고, 이전에 저록되었던, 문무정 시대의 유물이 우리에 의해 대부분 무정 때의 것으로 되돌려졌다"는 일련의 갑골의 시대에 관한 문제는, 이로부터 「갑골문 시기구분 연구 예」에서 "복卜자 아래에 정인을 기록하되 정貞자를 생략해 버린 그러한 예에 주목하지 못했고", 또 "당시에는 단지 무을 시대의 복사의 예로 들었던 제4기의 것도 무을 때의 것에 한정해서 주목했던" 부정확했던 부분을 보완하고 수정하게 만들었다.

"정확한 방법을 찾아내기 위해 모든 복사를 다 정리했으며", 동작빈은 계속해서 시기구분에 관한 끝없는 탐색을 계속했다. 그는 「갑골문 시기구분 연구 예」에서의 방안을 이용해 "진일보한 연구를 계속했다. 다시 10여년이 지나 민국 34년(1945)이 되어 나는 또 『은력보殷歷譜』를 세상에 내놓게 되었다. 이번 시기구분 연구에서 집록한 복사는 1천여 편만을 정리한 연구 결과이며, 복사에 표현된 은대의 예제禮制는 일찍이 네 차례의 변화가 있었음을 알게 되었고, 그리하여 시기구분법을 수정하게 되었고, 다시 분파설分派說을 제시하게 되었다." 비록 "이러한 분파 방법이 여전히 다수의 갑골 학자의 동의를 받지 못하고는 있지만", "나 자신의 경우 최근 10여 년 동안 언제나 새롭게 간행된 갑골 자료에 주목해 왔는데, 분파 연구의 반증을 발견하였을 뿐 아니라 이러한 연구방법의 증거가 날로 증가함을 느낄 수 있었으며, 자신에 대한 믿음을 강화할 수 있었다."[285] 이처럼 동작빈은 갑골문 시기구분 연구에 오랜 기간 지속적으로 탐색해 왔

284) 董作賓, 「甲骨文斷代硏究例」, 『慶祝蔡元培先生六十五歲論文集』 上冊, 1933.

285) 董作賓, 「爲書道全集詳論卜辭時期的之區分」, 『中國現代學術經典』 「董作賓卷」, 河北教育出版社, 1996, 524~546면.

으며, 학술연구에 대한 그의 창조 정신을 충분히 살펴볼 수 있다.

또 다른 갑골학 대가였던 곽말약은 "자신의 흥미는 어떤 것을 찾아 추구하는 데 있다"고 했다. 그래서 그의 갑골학과 상나라 역사 연구는 끊임없는 탐색과 부단한 인식 과정에서 발전해 나갔다. 자신의 말처럼, "20여 년간 내 자신의 관점은 이미 몇 번이고 바뀌었다. 거의 매일 오늘의 나와 어제의 나 사이에 투쟁이 벌어지고 있었다."[286] "나 자신의 연구는 더욱 깊어졌으며, 견해도 더욱 성숙해졌으며, 많은 잘못들을 나 자신에 의해 바로잡을 수 있었다. 그러한 수정은 『복사 통찬』과 『십비판서』 등에 실려 있다. 특히 『십비판서』 속의 「고대 연구의 자아비판」 편에 집중되어 있다."[287] 고대사회의 연구에서도 찬란한 성취를 이루었는데, "곽말약은 1945년 상나라의 노예제 사회에 대해 전면적으로 논술하여, 갑골학 연구를 '전면 발전기'의 상나라 역사 연구에서 새로운 수준으로 올려놓았다."[288]

갑골학 연구에서 "특이한 학파異軍"였던 곽말약은 "직접 은허의 과학적 발굴에 참여했던 동작빈 등과 같은 갑골 학자와 걸었던 길은 달랐지만 귀결점은 같아서, 갑골학 연구의 발전에 함께 탁월한 공헌을 했다."[289] 곽말약이 성취를 얻을 수 있었던 것은 시종 갑골학과 상나라 역사 연구의 최신 성과를 출발점으로 삼았기 때문이었다. "복사 연구는 새롭게 일어난 학문으로, 그것은 언제나 변천 속에 있다. 이전에 알지 못했던 사물을 이후에는 인식하게 되고, 이전에는 잘못 알았던 것을 이후에는 바로잡기도 한다. 그것을 사회 연구의 사료로 삼아야 하며, '노력해 선두를 따라잡는' 방법을 사용해 그것들을 최전선에 두고서 출발점으로 삼아 다시 출발해야만 한다"고 했다.[290] 1928년부터 시작된 은허의 과학

286) 郭沫若, 『中國古代社會研究』 新版引言(1952.11), 人民出版社, 1954.
287) 郭沫若, 「後記」, 『中國古代社會研究』, 人民出版社, 1954.
288) 林甘泉 等 主編, 『郭沫若與中國史學』, 中國社會科學出版社, 1992, 497면.
289) 林甘泉 等 主編, 『郭沫若與中國史學』, 中國社會科學出版社, 1992, 463면.
290) 郭沫若, 「古代研究的自我批判」, 『十批判書』, 科學出版社, 1956, 5면.

적 발굴은 갑골문 연구를 "금석문자"의 시기로부터 "역사고고학"의 새로운 단계에 올려놓았으며, 이로부터 갑골학 연구를 "전면 발전기"에 들여 놓았다. 곽말약은 바로 새로운 시기의 갑골학 연구의 성과에 대한 "추구"를 출발점으로 삼아 다시 전진했으며, 이러한 것이 그의 연구를 선도적인 위치에 놓이게 만들었다. 그리하여 "방대하고 깊이 있는 수많은 저작과 개척적인 성격의 다방면의 연구 성과로 이전 학자를 능가했으며, 그의 수많은 뛰어난 견해는 동시대 학자들의 눈과 귀를 새롭게 만듦으로써 갑골학 연구에 깊은 영향을 끼쳤다."[291]

바로 선배 학자들의 개척과 전진, 부단한 추구 등이 갑골학 연구를 깊이 있게 만들었으며, 오늘날의 찬란한 성적을 거두게 하였다.[292] 곧 도래하게 될 새로운 백 년 동안, 우리의 갑골학 연구는 또 선배들의 성과를 이어받고 더욱 연마하여, 선배 학자들의 진취적인 정신을 발양하고 어떤 성과를 이루도록 노력해야 할 것이며, 갑골학 연구의 깊이와 넓이의 확장을 위해 나아가야 할 것이다. 선배학자들의 진지한 충고와 간절한 희망은 그들이 평생 추구해왔던 목표이자 우리의 연구를 이끌어 줄 방향이다. 선배학자인 동작빈은 이렇게 말했다. "갑골학은 가장 새로운 학문이지만, 중국에서 가장 오래된 문자이며, 중국 문학과 역사의 원천이다. 나의 관점에 의하면, 이 학문은 현재 막 길이 열렸을 뿐, 아직도 본당에 들어가 그 깊은 곳을 들여다 볼 수 있는 상태는 아니다. 60년 동안 이미 연구하지 않은 것이 없다고 생각하지 말라. 우리는 모든 힘을 바쳐 이 일에 종사해야 할 것이며, 그렇게 함으로써 가장 진실한 은대 역사를 얻고, 가장 정확한 고대문화를 얻어서 갑골학이라는 이 학문의 연구를 완성해야 할 것이다."[293] 호후선도 이러한 관점을 견지했다. 그

291) 林甘泉 等 主編, 『郭沫若與中國史學』, 中國社會科學出版社, 1992, 498면.

292) 王宇信, 「近百年來的甲骨學硏究」, 『炎黃文化硏究』 第3期(『炎黃春秋』 增刊), 1996.12. 曹定雲, 「殷墟甲骨文硏究百年回顧與展望」, 『社會科學戰線』, 1997年 第5期. 朱鳳瀚, 「近百年來的殷墟甲骨文硏究」, 『歷史硏究』, 1997年 第1期. 李學勤, 「甲骨學一百年的回顧與前瞻」, 『文物』, 1998年 第1期.

는 이렇게 말했다. "진정으로 과학적인 갑골학 연구는 기껏해야 이제 막 시작되었으며, 아마도 아직 시작을 기다리고 있을지도 모를 일이다."[294] 이학근도 이렇게 말한 적이 한 두 번이 아니다. "갑골학에서 현재 풀어야 할 과제는 아직도 많이 남아 있다." "갑골학은 이미 완성된 것이 아니라 이제 막 시작되었다. 어떤 사람들은 단지 목록과 색인만 하더라도 두꺼운 책이 될 정도로 이 학문에 이렇게 많은 논저가 나왔음을 보고서는 중요한 과제는 이전 학자들에 의해서 모두 해결되었고 이후로는 비교적 큰 한계 극복은 이루어지지 못할 것이라 생각하기도 한다. 하지만 이는 학과 발전의 실제에 들어맞지 않는 말이다. 갑골학 연구에 깊이 들어간 사람이라면 갑골학이라는 이 정원이 이미 많은 사람에 의해 많이 개간되긴 했지만 여전히 온 천지가 아직도 개척되지 않은 풀밭이며 많은 기본적이고 중요한 문제가 해결되지 않고 있음을 알게 될 것이다."[295] 그리고 반복해 이렇게 강조했다. "실제로 갑골학의 심오한 대부분의 문제들은 파헤쳐진 적이 없다. 고대역사 문화로서 연구해도 크게 이룰 부분이 있을 것이며, 갑골학 연구를 이제 곧 문을 닫아야 할 것이라 보는 관점은 받아들일 수 없다."[296] 이처럼 학자들의 성공 후의 냉정함과 학문에 대한 집착이라 할 정도의 추구 정신은 종이 위해서 펄펄 살아 있다.

그래서 한 세기 동안의 갑골학 연구 성취를 총결하면서, 우리는 다음의 사실을 분명하게 인식해야 할 것이다. 교만과 자만에 빠진 관점과 아무 할 것이 없다는 생각은 모두 잘못된 것이다. 몇 대에 걸친 학자들의 힘겨운 탐색은 우리에게 갑골학의 전당으로 가는 길을 열어 주었다. 그러나 "전당에 들어가 그 오묘한 부분을 보는 것"은 우리의 몫이다. 이를 위해서는 선배학자들처럼 그러한 개척적이고 진취적이며 새로운 것을

293) 董作賓, 『甲骨學六十年』, 藝文印書館, 1965, 146～147면.
294) 胡厚宣, 「序言」, 『五十年甲骨學論著目』, 中華書局, 1952.
295) 李學勤, 「序『甲骨學通論』」, 『甲骨學通論』, 中國社會科學出版社, 1989.
296) 李學勤, 「甲骨學一百年的回顧與前瞻」, 『文物』, 1998年 第1期.

끊임 없이 추구하는 최고의 노력이 필요하며, 이로써 새로운 시기의 갑골학 연구가 발전할 수 있도록, 새로운 발명이 이루어질 수 있도록, 새로운 창조와 발전이 있기를 희망해야 할 것이다.

제10장 학문성과의 지속적인 인식과 총결

연구 발전의 선도와 촉진

1. 논저목록의 편찬과 갑골학 영역의 지속적인 개척

갑골학 논저목록의 편찬은 갑골학 발전과 밀접한 관계를 갖고 있다. 이는 갑골학 발전의 단계적 총결일 뿐 아니라 연구가 지속적으로 심화되고 개척되었다는 반영이기도 하다. 또 학자들에게 가장 최신의 정보를 전달해 이전의 연구 기초 위에서 새로운 창조가 가능하도록 하며, 서로운 성과의 획득과 축적은 논저목록의 재 편찬에도 조건을 제공해 준다.

1) 갑골학 연구의 일정한 발전단계의 성과물인 갑골학 논저목록

1899년 왕의영王懿榮이 갑골문을 발견하고 수장한 이후, 갑골문은 곧

바로 학술계의 미담이 되었다. 하지만 그때부터 갑골문은 "용골"이라는 약으로 사람들에 "먹히는" 액운은 벗어났지만, 소장가에 의해 높은 누각에 갇힌 채 공개되지 않는 "골동"으로 변하고 만다.

갑골문이 "처음 출토된 후, 유濰현의 상인들은 갑골 몇 편을 복산福山의 왕문민王文敏 의영懿榮(글자 당 은전 4량에 팔았다고 한다)에게 팔았다. 문민공께서는 이를 비밀에 붙이고, 당시 출토되었던 모두를 자신에게 가져오도록 하여 소장했다."[1] 골동상이었던 범范씨라는 자가 왕의영에게 갑골을 전문적으로 갖다 팔았다. "이후 마을 사람들은 갑골을 찾으면 모두 범씨에게 내다 팔았고, 범씨는 이를 전적으로 왕 문민공에게만 팔았으며, 다른 사람에게는 비밀로 했다."[2] 유악劉鶚이 왕의영의 처소에서 갑골을 보았다는 여러 이야기가 있긴 하지만, 진몽가의 고증처럼 "왕의영 생전에 유악이 그의 갑골을 본 적은 결코 없어 보이며, 당시 왕의영은 갑골을 비장해 둔 채 사람들에게 내 보이지 않았다."[3] 왕의영과 같이 있었던 동료 유악조차 왕의영이 소장했던 갑골을 볼 기회가 없었는데, 일반 학계에서 갑골문을 어떻게 연구할 수 있었겠는가!

왕의영이 1900년 순국한 이후, 대부분의 갑골은 유악에게로 넘어갔고, "해를 넘겨 신축년(1901), 단도丹徒 유군劉君이 탁본을 보도록 허락했다."[4] 그래서 1901년이 되어서야 나진옥은 유악의 거처에서 갑골을 볼 수 있었다. 그는 "이 갑골 각사의 문자는 세상에 전해지는 고문古文과는 달라 실로 한나라 이래의 장창·두림·양웅·허신 등과 같은 소학가조차도 보지 못했던 것이다"라고 생각했다. 그리고 이 진귀한 자료가 "내가 살아 있을 때 출토되었다는 것은 바로 이를 전파시키고 멀리 전해야 하는는 것이 나의 책임이라는 뜻이다"고 했다. 더 많은 학자들이 갑골문을 연구

1) 王國維, 「二三十年中中國新發現之學問」, 『學衡』 第45期, 1925.
2) 羅振常, 『洹洛訪古游記』, 河南人民出版社, 1987, 21면.
3) 陳夢家, 『殷虛卜辭綜述』, 科學出版社, 1956, 647면.
4) 羅振玉, 「序」, 『殷虛書契前編』, 1911.

하고 발전시킬 수 있도록 나진옥은 "유악이 소장했던 1천 여 편의 갑골을 탁본해 이를 편집해 책으로 묶었지만 그 문자를 해독할 여유는 없었다."[5] 그래서 해독 없이 탁본만 실은 유악의 『철운장귀鐵雲藏龜』가 1903년에 출판되었다. 갑골학사에서의 첫 번째 저록인 이 책이 중요한 까닭은 "갑골문을 소장가의 서재에 놓인 '골동'을 학자들의 연구에 사용되는 과학적 자료가 되게 만든 개척의 공을 가지며",[6] 갑골문 전파의 범위를 확장시켰다는 데 있다. 갑골학은 새로 일어난 학문으로, "역사에 증거가 없던" 것이었고, 초기에는 무슨 참고할 만한 저작도 없었기에, 학자들의 모색 속에서만 전진할 수 있었다. 그래서 당시에는 갑골학 논저목록이라고 할 만한 것이 편찬될 수 있는 상황이 아니었다.

손이양孫詒讓은 『철운장귀』가 출판된 이듬해(1904), 이 책의 기초 위에서 『계문거례契文擧例』를 출판했다. 갑골학사에서의 첫 번째 문자고석에 관한 저작인 이 책은 이미 갑골문을 일월月日·정복貞卜·복사卜事·귀신鬼神·복인卜人·관사官事·방국方國·전례典禮·문자文字·잡례雜例 등 10가지 내용으로 나누었는데, 당시로서는 대단히 어려운 일이었다. 학자들의 지적처럼, "『계문거례』라는 책 이름 및 장의 제목으로 볼 때, 손이양의 탁견은 대단했다. 유악이 이전에 갑골을 귀판龜版이라 불렀지만 그 용도에 대해서는 정확하게 알지 못했다. 하지만 손이양이 이미 계문의 내용을 분류했다는 것은 대단한 진전이었다."[7] 그리고 또 어떤 학자들은 "밥을 물린 여가 시간을 이용해 소장하고 있던 모든 탁본을 살피고, 또 중주中州에서 온 상인들로부터 귀갑수골 수천 매枚를 널리 관찰해", 진일보한 깊이 있는 연구를 통해 갑골문의 내용을 비교적 전면적으로 인식하게 되었다고 했다. 나진옥은 1910년 『은상 정복문자 고殷商貞卜文字考』를 출판했는데, 갑골문의 내용을 "고사考史"·"정명正名"·"복법卜法"·"여론餘論" 등 네 가

5) 羅振玉, 「序」, 『殷虛書契前編』, 1911.
6) 王宇信, 『甲骨學通論』, 中國社會科學出版社, 1989, 244면.
7) 肖艾, 『甲骨文史話』, 文物出版社, 1980, 37면.

지 측면에서 창의적으로 탐색했다. 그래서 갑골문에 대한 나진옥의 분류 연구는 이후 갑골학 연구와 갑골학 논저목록의 편찬에 큰 영향을 미쳤다고 해야만 할 것이다.

그렇긴 하지만 당시 학자들은 주로 갑골문의 구매와 수장에 정력을 바쳤기 때문에, 갑골문의 내용을 전문적으로 연구한 글은 매우 드물었다. 1911년 나진옥이 『은허서계殷虛書契』를 출판할 때에 이르러서도 학계에서는 아직 "책이 출판되었는데도 읽어낼 수도 없었던" 상황이었으니, 논저목록의 편찬은 필요도 없었을 뿐더러 가능하지도 않은 일이었다.

"2년이 지나, 나는 발분해 이를 고석하게 되었다."[8] "때로는 하루에 몇 글자를 변별하기도 했지만, 어떤 때에는 며칠이나 걸려도 반쪽밖에 통독하지 못했다." 나진옥은 1914년 『은허서계 고석殷虛書契考釋』을 출판했다. 이 책에서 "해독된 글자가 거의 6백 자에 이르렀다. 전장典章 제도를 고구하고, 옛날 들었던 것을 살펴 증명하였으며, 새로운 길도 열리고 빗장도 풀리게 되었다." 문자의 고석을 기초로 하였기 때문에 갑골문의 내용에 대해서도 진일보한 인식이 이루어졌다. 즉 "첫째 제계帝系", "둘째 경읍京邑", "셋째 사례祀禮", "넷째 복법卜法", "다섯째 관제官制", "여섯째 문자文字" 등으로 나눈 것이 그렇다. 나진옥의 『은허서계고석』은 문자의 고석이라는 측면에서 수확이 있었을 뿐 아니라 연구 내용에서도 『은상 정복문자 고殷商貞卜文字考』보다 진일보한 개척이 이루어졌다.

이 이후로 또 왕국유王國維·섭옥삼葉玉森 등의 노력에 힘 입어 "갑골문의 글자들은 기본적으로 인식이 가능하게 되었고, 전체 문장도 통독이 가능해졌다." "갑골학 연구에서 경험한 문자의 해독과 문장의 끊어 읽기 단계, 여기에다 초기 연구자들의 출토 지점에 대한 탐색, 갑골문의 시대와 안양 소둔촌이 은허로 확정되기까지는 대략 30여 년이 세월이 걸렸다. 갑골자료가 대량으로 축적되고 저록과 연구가 이루어짐으로써 갑골

8) 羅振玉, 「序」, 『殷虛書契後編』, 1916.

학은 이미 초보적인 규모를 갖추게 되었으며, 갑골학의 '초창기'가 완성되었다."[9]

갑골학 연구가 일정 기간 동안의 발전을 거치고 상당한 성과가 이루어져야만 갑골학 논저목록 편찬이 가능해지고, 더 많은 사람들에게 연구의 성과와 정보를 제공될 수 있다. 그래서 왕국유의 「은허 갑골문자 및 서목殷墟甲骨文字及書目」(『학형學衡』 제45기, 1925)과 그를 이은 황립유黃立猷의 「갑골류 서목甲骨類書目」 1권(『금석서목金石書目』, 1926) 등은 최초로 편찬된 갑골학 논저목록이라고 해야 할 것이다. 이들은 갑골학 "초창기"의 연구성과를 반영했을 뿐 아니라 "발전기"의 심화된 연구로 나아가는 데 기초를 만들어 주었다.

갑골학 논저목록은 갑골 학자들의 연구와 갑골학 발전에 중요한 기능을 하기에 갑골학 논저목록의 편찬은 매우 중요한 작업으로 평가된다. 갑골학 발전의 각 단계마다 일련의 학자들(특히 주의할 만한 것은 많은 사람들이 저명한 갑골학 전문가라는 사실이다)이 이러한 방면에 종사했다.[10] 그래서 갑골학 논저편목의 수량이 증가했다는 것은 백 년 동안의 갑골학 연구가 끊임없이 발전했다는 반증이며, 연구 논저의 논제와 내용이 점차 심화되고 확대되었다는 것은 백 년 동안의 갑골학 연구의 영역이 끊임없이 개척되었음을 반영해 준다.

2) 몇 가지 편찬 체제에 의한 갑골학 논저목록의 장단점

백 년 동안의 갑골학 연구는 "초창기"(1899~1928), "발전기"(1928~1949), "심화 발전기"(1949~현재)를 거치면서 커다란 진전을 이루어왔으며, 갑골학 연구 발전의 단계마다 일련의 논저목록이 출간되었다. 이러한 갑골학

9) 王宇信, 『甲骨學通論』, 中國社會科學出版社, 1989, 78~79면.

10) 濮茅左, 「甲骨文索引」, 『甲骨學與商史論著目錄』, 上海古籍出版社, 1991, 140~147면.

논저목록은 갑골학 연구의 일정 시기의 발전의 반영일 뿐 아니라 연구자들에게도 최신의 정보를 제공해 주었으며, 이를 새로운 기반으로 삼아 앞으로 나아가도록 만들었다. 그래서 갑골학 논저목록의 편찬은 "남에게 도움을 주는 기계적인 작업"이었으며, 학자들의 봉사정신의 발로였다. 하지만 논저목록의 편찬에서 중점을 두었던 부분에는 서로 차이를 보인다. "어떤 사람은 차라리 빼버릴지언정 넘치지 않게 했던 반면, 어떤 사람은 차라리 넘치더라도 빼지 않았다. 이것은 편찬자의 식견과 견해와 관련된 문제였으며, 더욱이 편찬자의 학식과 태도와도 커다란 관계를 가진 문제였다."[11] 여기서는 널리 이용되고 큰 영향을 미쳤던 몇 가지 논저목록을 소개하고자 한다.

갑골학 논저목록의 편찬체제는 일정하지 않은데, 주요한 것으로는 다음의 몇 가지가 있다.

(1) 편년체 논저목록

이는 시간적 순서에 따라 저작을 발표 년월의 순서로 나열하는 것을 말한다. 멘지스明義士가 1933년 출판한 『갑골강의甲骨講義』의 제6장 "출판물"에서 열거한 편목이 이에 해당한다. 여기서는 1903년 출판된 『철운장귀』로부터 1933년 발표된 동작빈의 「갑골문 시기구분 연구 예甲骨文斷代研究例」까지 연대순에 따라 총 30년간의 132종의 갑골 논저목록을 나열했다. 1993년 초남肖楠의 『갑골학 논저목록甲骨學論著目錄』에서는 1949년부터 1979년 초까지의 "갑골학 및 갑골자료를 이용해 은상 사회를 논의한 저서와 논문의 목록을 열거했다." "제1부분은 중국 내의 것으로, 대만 및 홍콩 지구 학자들의 논저가 포함되었으며", 30여 년간 총 830여 종에 이른다. 그리고 "제2부분은 국외의 것으로 주로 일본 학자들이며, 소수의 다른 국가의 논저도 포함되어 있는데", 30여 년간 총 250여 종에 이른다.

11) 張秉權, 『甲骨文與甲骨學』, 國立編譯館, 1988, 16면.

이 두 항목을 합치면 총 1,080여 종이 된다.[12)] 이와 동시에 왕우신王宇信이 1981년 출판한 『건국 이래의 갑골문 연구建國以來甲骨文硏究』[13)]의 "부록 1"인 "갑골문 주요 저록 목록 및 통용되는 간칭簡稱"에서는 1903년부터 1975년까지의 갑골 저록서 및 논문 77종을 수록했다. 또 "부록 2"의 "건국 이래 갑골문 편년 논저 간목簡目"에서는 1949년부터 1979년 9월까지의 30여 년 동안의 "중국내에서 발표된 갑골문 논저를 수록했다. 다만 갑골과 관련되었더라도 갑골에 관한 전문적인 논의가 아니면 모두 제외했다." 이외에도 "이 간목簡目에서는 일상적으로 손에 두고 사용하던 자료를 수록했기 때문에, 국외와 홍콩 및 대만학자들의 관련 논저는 일체 수록하지 않았으며", 총 315종이 수록되었다. 10년 후, 1989년 출판된 왕우신의 『갑골학 통론甲骨學通論』의 "부록 2"의 "갑골문 저록 목록 및 간칭簡稱"에서는 1903년부터 1987년까지 발표된 104종의 갑골 저록 논저를 수록했다. "부록 3"의 "신 중국 갑골학 논저목록"에서는 1949년부터 1986년까지 약 40년간에 걸친 1,082종을 수록했다. "부록 4"의 "서주갑골 논저목록"(1951년부터 1986년까지)에서는 서주갑골에 관한 102종의 논저를 수록했다. 초남과 왕우신이 편찬한 편년체 갑골 논저목록은 호후선胡厚宣의 『50년 갑골학 논저목록五十年甲骨學論著目』의 "편년 색인"(1899~1949)과 서로 보완할 수 있어, 80여 년간의 갑골학 연구 논저의 발표 정황을 파악할 수 있다.

이러한 편년체 갑골 논저목록은 대강과 세목이 분명하여 매년 발표된 논저의 정황 및 저작의 수량을 편리하게 알 수 있고, 갑골학 연구가 어떻게 진전되어 왔는지를 비교할 수 있다. 이외에도 논저의 내용에 의한 분류의 노고를 덜 수도 있다. 하지만 시간이 흐르고 연구가 발전함에 따라 갑골 논저가 증가하면서 편년체로 된 논저목록에서 관련 주제를 가진 연구 성과를 찾기가 상당히 어렵게 되었다. 전인들의 연구 성과를 파

12) 肖楠, 『甲骨學論著目』(1949~1979), 『古文字硏究』 第1輯, 中華書局, 1979.
13) 王宇信, 『建國以來甲骨文硏究』, 中國社會科學出版社, 1981, 212~239면.

악하기 위해서는 1903년부터 해당년도마다 논저목록을 들추어야만 관련 논저를 모두 찾아낼 수가 있다. 그래서 편년체로 된 논저목록은 비교적 쉽게 수록할 수는 있지만 공구서로서의 불편함은 곳곳에서 발견된다.

또 『갑골 연표甲骨年表』의 "찬술撰述"난은 편년체의 논저목록과 성질이 기본적으로 비슷하기 때문에 연구할 때 참고할 만하다. 가장 이른 『갑골 연표』는 동작빈에 의해 만들어졌는데, 1930년 『중앙연구원 역사어언연구소 집간』 제2본 제2분에 발표되었다. 이후 동작빈·호후선胡厚宣은 동작빈이 1930년 만든 『갑골 연표』의 기초 위에서 "이를 증정하여 새로운" 『갑골 연표』를 만들었는데, 새로 만든 표에서 "민국 19년(1930) 7월 이후 부분은 원래 표에서는 없던 부분이다." 이 표의 속편은 1936년까지 수록하였는데, 1937년 상무인서관에서 출판되었다. 황연위黃然偉와 동작빈은 또 1937년의 『갑골 연표』를 이어서 "『속續 갑골 연표』를 편찬했는데" 『갑골 연표』에서 빠졌던 "1937년부터 1961년까지의 자료를 보충하여 1960년부터 『중국문자』에 연속으로 발표했다. 1965년 대만 예문인서관에서는 동작빈·호후선의 『갑골 연표』와 동작빈·황연위의 『속 갑골 연표』를 동작빈의 『갑골학 60년』 뒤에 첨부하여 『갑골 연표』라는 이름으로 출판하였다. 이 표는 모두 3란으로 되었다. 첫 번째 난은 "기년紀年"이며, 두 번째 난은 "기사記事"로, "갑골문자의 발견 과정과 유전 상황, 및 연구저술의 경과 등을 대략 기술했다." 그리고 『갑골 연표』의 세 번째 난은 "찬저撰著"인데, "갑골문자의 논저를 열거했다." "찬저撰著 난은 들은 바가 있기만 하면 그 상세함에 구애받지 않고 반드시 기록하였다. 다만 갑골문자를 인용 하긴 했지만 포괄적 논술이 아닌 경우에는 모두 제외시켰다." 저술의 배열은 "원고 완성의 년도를 기준으로 하였으며, 출판 년 월을 명기했다." 동작빈·호후선의 『갑골 연표』의 찬저撰著난에는 1903년부터 1936년까지 총 333종의 갑골논저가 포함되었다. 그 중 1930년 7월 이후의 논저는 1930년의 동작빈의 『갑골 연표』에는 수록되지 않았던 것들로, 새로 증가된 것이 187종이다. 그리고 동작빈·황연위의

『속 갑골 연표』에서는 1937년 이후 1961년까지의 갑골 논저 572종이 수록되었다. 이상의 『갑골 연표』에서는 총 905종이 수록되었다.

동작빈이 1930년 편찬한 『갑골 연표』는 1937년 호후선의 증보와 1965년 황연위의 속보續補를 거쳐 1899년 은허 갑골문 발견 이후 1961년까지 약 62년간의 갑골학사에서 일어난 대사건과 매 년도마다의 중요한 저술의 출판 정황이 기본적으로 모두 망라되었다. 그래서 『갑골 연표』는 60여 년간의 갑골학 연구의 발전을 파노라마식으로 전개함으로써, 갑골학사의 연구에 큰 가치를 가진다. 1965년 동작빈 · 황연위의 『속 갑골 연표』가 완성된 이후, 지금까지 약 40년의 세월이 흘렀다. 1961년부터 지금까지 갑골문의 새로운 발견과 저록과 연구는 다시 장족의 발전을 이루었으며, 갑골문 저술도 대량으로 쏟아져 나왔다. 하지만 이 40여 년간의 『갑골 연표』는 아직 완전히 보충되지 못했다. 그래서 이 방면의 작업이 계속되어 완전한 모습의 백 년간의 『갑골 연표』가 학계에 제공되길 바란다. 하지만 『갑골 연표』도 갑골학 편년체 논저목록과 마찬가지로 학자들이 관련 주제의 연구 정황을 찾는 데는 여전히 불편한데, 그것은 대량의 연구 정보가 60여 년의 각기 다른 년도에 분산되어 있기 때문이다. 그래서 이러한 의미에서 갑골학의 연구 성과를 부문별로 분류하는 "유목類目"이 대단히 필요하게 되었다. 그리고 갑골학 연구 내용의 점진적인 확대도 분류 목록의 편찬에 필요하고도 가능한 조건을 제공했다.

(2) 분류식 논저목록

이러한 논저목록은 갑골학의 논술 내용을 집중적으로 분류하여 차례를 매긴 것이다. 앞서 말한 것처럼, 손이양孫詒讓은 1904년 『계문거례』에서 이미 갑골문의 내용을 10가지 부류로 나누었다. 1910년 나진옥의 『은상 정복문자 고殷商貞卜文字考』에서도 갑골문의 내용을 4가지 큰 부류로 나누어 연구했다. 나진옥이 1914년 출판한 『은허서계 고석』은 바로 『은상 정복문자 고』의 분류를 기초로 하여 진일보 확대시켰다. 즉 6개의 큰 부류로 확대시켰던 것이다. 그중 "문자"라는 항목은 6가지 큰 부류 중의 하나에 지나지 않는다. 이는 이 시기의 갑골문 연구가 이미 문자의 고석에 한정되지 않았음을 설명해 주고 있다. 그래서 분류의 내용도 더욱 풍부하게 되었던 것이다. 갑골학 연구가 발전하고 새로운 과제가 지속적으로 제시됨으로써, 갑골학의 연구범위도 점차 확대되었으며, 갑골학 연구의 일정 단계의 내용을 비교적 전면적으로 반영한 유목類目도 출현했다.

갑골학 연구 내용과 과학적인 분류의 갑골학 유목類目을 비교적 전면적으로 반영한 것으로는 1945년 출판된 호후선의 「갑골학 유목類目」14)을 제일 먼저 들어야 할 것이다. 호후선이 1944년 10월 편집한 『갑골학 유목』은 8가지 대 부류의 36가지 소 부류로 되어 있다.

1. 발견發現

(1) 보고報告 (2) 기술記述 (3) 추측推測

2. 저록著錄

(4) 영조影照 (5) 묵탁墨拓 (6) 모사摹錄

3. 고석考釋

(7) 전저專著 (8) 산편散篇

4. 연구研究

(9) 문자文字 (10) 문법文法 (11) 문례文例. (12) 문학文學 (13) 역사歷史 (14) 지리地理 (15) 제왕帝王 (16) 예제禮制 (17) 사회社會 (18) 경제經濟 (19) 문화文化 (20) 종교宗教 (21) 풍속風俗 (22) 역상曆象 (23) 고고考古

5. 통설通說

(24) 개론概論 (25) 방법方法

6. 평론評論

14) 胡厚宣, 「甲骨學類目」, 『甲骨學商史論叢』 二集 下冊, 齊魯大學國學研究所, 1945.

(26) 총론總論 (27) 교보校補 (28) 서발序跋 (29) 서평書評

7. 휘집彙集

(30) 자서字書 (31) 시련詩聯 (32) 고증考證 (33) 목록目錄 (34) 색인索引 (35) 연표年表

8. 잡저雜著

(36) 잡저雜著

이상 8가지 대 부류와 36가지 소 부류에 갑골 논저 540종이 포함되었다. 그래서 1903년 『철운장귀』가 출판된 이후, 1944년 10월까지 40여 년 간의 갑골학 연구 저술은 기본적으로 모두 『갑골학 유목』에 포함되었다. 이외에도 호후선의 『갑골학 유목』에는 "부록1 저자 색인"이 들어 있는데, 성씨의 필획 순으로 되어 있다. 정산丁山 등 40여 년 동안의 195명의 연구자가 열거되었고, 각각의 논문을 저자의 이름 아래 제시했다. 그리고 "부록2 연대 색인"에서는 또 1903년부터 1944년까지 40여 년간 발표된 5백여 종의 갑골 논저를 발표 연대 아래에 열거해 놓았는데, 이것의 성격은 전술한 "편년체 논저목록"과 같다고 해야 할 것이다. 그래서 호후선의 『갑골학 유목』은 갑골학 연구 영역이 확대되었음을 반영했을 뿐 아니라 관련 과제 연구 성과를 편리하게 이용할 수 있도록 만들어 주었다. 또 "연대 색인"으로부터 50여 년 동안의 갑골학 발전의 전체 모습을 파악할 수 있으며, "저자 색인"으로부터 관련 학자의 연구 과제 및 갑골학 연구에 대한 공헌을 이해할 수 있도록 하였다. 호후선의 『갑골학 유목』은 갑골학 유목과 편년체 논저목록과 작자 논저목록을 융합시킨 것으로, 당시 제공될 수 있는 갑골학 연구의 최신 정보를 전면적으로 제공했을 뿐 아니라 갑골학 논저목록의 편찬에도 가장 성공적인 범례를 제공했다.

호후선의 『갑골학 유목』은 항일전쟁 기간 동안 완성되었다. 이 논저목록이 완성된 1944년 10월 10일 호후선은 이렇게 말했다. "때는 바야흐로 항전 시기라 멀리 성도成都까지 피난을 왔다. 하지만 상해와 북평 및 해외의 새로운 저작이 불에 탔을 것임은 분명하다. 교통도 단절되어 백방으로 노력했으나 찾아보기 힘들었기 때문에, 빠진 것을 보태고 흘린 것을 주워 넣는 작업은 다음으로 기약해야 할 것이다."[15] 그는 이 『유목』의 기초 위에서 한걸음 더 나아가 증정하고 보충했는데, 특히 1945년부터 1949년 12월 이전의 갑골 논저를 보충해 『50년 갑골학 논저목록五十年甲骨學論著目』을 출판했다. 이 책의 완성은 마침 은허 갑골문 발견 50주년과 일치했다. "이제 막 반세기의 역사를 가지게 된 이 역사적인 신흥 학문을 기념하고", "또 이 50년 동안의 갑골학을 위해 이 조그만 것을 정리하고자 한다. 『50년 갑골학 논저목록』은 아마도 초학자들이 쓸 수 있는 도구서이기에 먼저 이를 출판한다."[16] 이것이 바로 1952년 중화서국에서 출판한 『50년 갑골학 논저목록』이다.

『50년 갑골학 논저목록』의 편찬 체제는 여전히 1945년 출판된 『갑골학 유목』의 분류 항목을 따랐다. 즉 "본 항목을 8가지로 나누었는데, 첫째 발견發現, 둘째 저록著錄, 셋째 고석考釋, 넷째 연구研究, 다섯째 통설通說, 여섯째 평론評論, 일곱째 휘집彙集, 여덟째 잡저雜著이며, 각각의 부류는 다시 세부항목門으로 나뉘었다."[17] 1899년 갑골문이 발견된 이후(사실은 1903년 『철운장귀』부터) 1949년 12월 이전까지의 50년간 발표된 갑골학 저작을 각기 8가지의 큰 부류와 36가지의 작은 항목에다 귀속시켰다. "대략 성질에 의해 각 부류에 속한 논저의 순서를 구분했고, 같은 성질에 속하는 것은 출판 년 월을 순서로 삼았다."[18] 『50년 갑골학 논저목록』에는 갑골 논저 876종이 수록되어 1945년의 『갑골학 유목』에서의 540종보다 336종이 더 늘어났다.

---

15) 胡厚宣, 「甲骨學類目」, 『甲骨學商史論叢』, 二集 下冊, 齊魯大學國學研究所, 1945.
16) 胡厚宣, 「序言」, 『五十年甲骨學論著目』, 中華書局, 1952.
17) 胡厚宣, 「略例」, 『五十年甲骨學論著目』, 中華書局, 1952.
18) 胡厚宣, 「略例」, 『五十年甲骨學論著目』, 中華書局, 1952.

바로 『50년 갑골학 논저목록』의 "저자 색인"과 "편년 색인"의 성격도 『갑골학 유목』의 부록과 같았다. 『50년 갑골학 논저목록』의 "저자색인"은 성씨의 필획 순을 따랐고, 갑골학 논저의 저자 296명을 나열해 1945년의 『갑골학 유목』에서 열거한 195명보다 100명이 더 늘어났다. 또 "편년 색인"에서는 876종의 갑골 논저를 인용해, 각기 1903년부터 1949년까지의 출판연대의 아래에 배열했다. 그것은 그 후의 초남肖楠 및 왕우신이 편집한 편년체 논저목록과 엇물려 서로 보충할 수 있다. 그래서 이것은 갑골학 50년 동안의 저술을 가장 잘 갖춘 편년체 논저목록이라고 해야만 할 것이다.

호후선의 『50년 갑골학 논저목록』은 『갑골학 유목』보다 더욱 발전한 모습을 갖추었는데, 바로 "편명 색인"을 더했다는 점이 그렇다. 갑골 논저 편명의 첫 번째 글자의 필획 순으로 순서를 잡았으며, 50년 동안의 갑골 논저 876종을 각기 1획부터 22획까지의 순서로 배속시켰다. "편명 색인"의 의도는 그 편명의 출처를 찾게 하기 위한 것에 있었지만, 이 때에는 사용자가 갑골학 연구 성과에 대해 비교적 익숙해야만 하기 때문에, "그림을 보고 준마를 찾아 나서는按圖索驥" 격이 되어 일반적인 연구자는 찾기가 다소 어려웠다. 그것은 그들이 필요로 하는 연구과제와 관련된 편명이 바로 "그림을 보고 준마를 찾아 나서는按圖索驥" 식으로 융통성 없이 기계적으로 처리했기 때문이다. 편명도 모르는데 어떻게 "필획 색인"에 근거해 필요한 논저의 출처를 찾는단 말인가? 그래서 『50년 갑골학 논저목록』의 "편명 색인"은 일반 연구자들에게는 실용적 가치가 없는 부분이다. 그래서 그 후에 나온 갑골학 논저목록에서는 이 색인 항목이 기본적으로 삭제되었다.

호후선의 『갑골학 유목』과 『50년 갑골학 논저목록』에서 효시를 이룬 갑골학 저작분류 목록과 저작 편년 목록과 저자 목록 등을 유기적으로 결합한 체제는 이후의 갑골학 논저목록의 편찬에 커다란 영향을 끼쳤다. 1956년 진몽가陳夢家가 출판한 『은허복사 종술殷虛卜辭綜述』의 "부록附錄"

인 "갑골 논저 간목"은 60여 년간 발표된 갑골학 논저의 분류 목록이었다. 그것의 분류를 보면, ① 총론總論, ② 문자文字, ③ 문법文法, ④ 시기구분斷代, ⑤ 연대年代, ⑥ 역법曆法과 천상天象, ⑦ 방국方國과 지리地理, ⑧ 선공先公과 선왕先王, ⑨ 예제禮制, ⑩ 종묘宗廟, ⑪ 농업農業, ⑫ 종교宗敎, ⑬ 역사歷史와 사회社會 등이다. 각각의 부류 아래에 저자에 따라 해당 부류와 관련된 연구 논저를 이름 밑에 배열했다. 이러한 "논저 간목簡目"은 사실 갑골학 유목과 작자 논저색인의 두 가지 체제를 유기적으로 결합시킨 것이었다. 진몽가의 "갑골 논저 간목簡目"에는 논저 338종이 수록되었다. 그리고 「부록 3」의 "갑골 저록 간표簡表"에서는 갑골 저록서 50종이 제시되었다. 이상의 두 가지 항목에서 60년 동안의 갑골 논저 388종이 수록되었다. 진몽가가 만든 목록이 호후선의 『50년 갑골학 논저목록』에서 수록한 갑골 저술의 종류보다 적은 것은 자신이 생각하기에 중요하지 않은 저술은 빼버렸기 때문이다.

진몽가의 『은허복사 종술』의 부록 "갑골 논저 간목" 및 "갑골저록 간표"에 수록된 것이 60여 년간의 비교적 중요한 갑골학 논저라고는 하지만 적잖은 저작이 빠져버림으로써 연구자의 깊이 있는 연구를 위한 탐색에는 대단히 부족하다. 이외에도 각 부류 하의 작자의 이름 배열순서 및 논저 연대의 선후도 일정한 근거 없이 자의적인 것이 많다.

진몽가의 "갑골학 논저 간목"과 "갑골저록 간표"가 1956년 세상에 나온 이후 갑골학 연구 성과를 비교적 전면적으로 반영한 또 다른 분류 논저목록이 편찬되었다. "현재 국내외 연구의 필요에 부응하기 위해, 특별히 약 90년간의 갑골학과 상대사 연구에 관한 논저를 수집하여 분류 편집한" 복모좌濮茅左의 『갑골학과 상대사 논저 목록甲骨學與商史論著目錄』이 1989년 완성되어 1991년 상해고적출판사에서 출판되었다.

『갑골학과 상대사 논저 목록』은 갑골학 연구 논저를 다음의 6가지 대부류와 43가지의 소 부류로 분류했다.

(1) 갑골학甲骨學

1. 갑골문의 발견과 총결. 2. 갑골학 개설. 3. 갑골문 저록. 4. 갑골문자 고석. 5. 복사卜辭 석문. 6. 갑골 짜맞추기綴合. 7. 갑골문 변별辨僞. 8. 갑골문 시기구분斷代. 9. 점복占卜. 10. 갑골학 논술. 11. 갑골문 집련集聯. 12. 갑골문 색인.

(2) 상대 사회商代社會

13. 사회 계층(노예주 계급 · 관리 · 중인衆人 · 평민 · 노예 · 순장殉人). 14. 사회와 국가. 15. 방국方國과 지리. 16. 군사와 형벌. 17. 민족. 18. 기년紀年.

(3) 상대 경제商代經濟

19. 경제 종술綜述. 20. 농업. 21. 목축 · 부업 · 어업牧副漁業.

(4) 상대 문화商代文化

22. 문화 종술綜述. 23. 문자. 24. 회화 예술. 25. 서예書法. 26. 음악 무도 27. 교육.

(5) 상대 사상商代思想

28. 사상 종술綜述. 29. 종교 30. 예속禮俗.

(6) 상대 과학기술商代科學技術

31. 과기 일반. 32. 천문 역법. 33. 의학. 34. 주조鑄造. 35. 도시城市와 건축.

(7) 고고考古

36. 고고 종술綜述. 37. 은허 발굴. 38. 상대 유적지. 39. 고고유물(도자기 · 옥기 · 청동기 · 기타 유물). 40. 고고 기술.

(8) 기타其他

41. 학술 동태. 42. 잡평雜評. 43. 방법론.

이상의 6가지 대 부류와 43가지의 소 부류에 1903년부터 1987년까지 근 90년간의 국내외 학자들의 갑골학과 상대사 관련 논저 8천6백여 종이 수록되었다.

복모좌의 『갑골학과 상사 논저 목록』에는 이외에도 「부록 2」의 “주원

갑골문 및 서주 초기 관련 주요 논저목록周原甲骨文及有關西周早期主要論著目" 이 있는데 이는 서주갑골문의 발견과 저록 및 연구논문과 서주 초기 역사 연구와 관련된 논저 250여 종을 발표 시대 순으로 배열하여 연도에 따른 논저 목록이 되었다.

그래서 『갑골학과 상사 논저 목록』은 국내외 갑골학과 상대사에 관한 논저 8천 여 종을 수집한, 약 90년간의 갑골학과 상대사 연구 발전의 성과를 비교적 전면적으로 반영한 목록이라고 해야만 할 것이다. 이외에도 이 논저목록에서는 서주갑골 연구 논저를 따로 수집함으로써, 갑골학의 새로운 분과인 서주갑골학의 형성과 발전을 반영했으며, 서주갑골 연구 종사자들의 검색에도 편의를 가져다주었다.

『갑골학과 상사 논저 목록』에 수록된 90년간의 갑골학 상대사 저작목록인 8천여 종은 지금까지 가장 완비된 갑골학 분류 목록이며, 갑골학 상대사 연구자들에게 대단히 중요한 도구서라 할 수 있다. 하지만 꼭 지적해야 할 것은 이 책의 저자가 완전함을 추구하다보니, "차라리 넘칠지언정 빠트리지는 않겠다"고 하여 하夏나라나 서주 때와 같이 갑골학과 상대사와 관련도 없는 일부 문헌목록도 수록하고 말았다는 점이다. 특히 「서주갑골문 및 서주 초기 관련 주요 논저목록」이 그러하다. 본래 서주갑골학은 1970년대에서야 점차 형성된 학문인데도 논저목록에서는 1920~1930년대부터 시작된 대량의 서주사 연구논문도 함께 수록함으로써, 서주갑골의 발견과 연구는 도리어 파묻혀 부각되지 못하게 만들었으며, 그 때문에 상당히 난잡하고 무질서해 보인다. 따라서 모든 것을 갖추되 넘치지 않게 하는 것, 그것이 앞으로 갑골학 논저목록을 편찬할 때 주의해야 할 부분이다.

(3) 전문주제專題 · 특정인專人에 대한 갑골학 논저목록

앞서 기술한 몇 가지 "유목類目"식 갑골학 논저목록은 갑골학의 내용에 따른 분류이다. 하지만 적잖은 "논저가 둘 혹은 그 이상의 부류에 해당하여", 때로는 내용이 교차되기 때문에 목록의 편찬자는 "그 성격이 가장 근접한 것만 선택하여 해당 부류에다 넣어야 한다."[19] 이것은 전문주제에 대한 연구를 대단히 불편하게 만든다. 그래서 어떤 학자는 전문주제에 근거하여 다시 갑골학 전문주제專題 논저목록이나 특정인專人의 갑골학 논저목록을 편찬하기도 했다. 몇몇 갑골 논저목록에서 이미 "편찬자撰人 색인"이나 "저자 색인"들이 있긴 했지만 논저목록의 출판 시기에 차이가 있음으로 해서 갑골 학자의 전체적인 연구 성과를 완전하게 반영할 수가 없었다. 백 년간의 갑골학 연구가 이루어낸 성취는 몇 대의 학자들의 창조적인 탐색과 진지한 노력의 성과물이다. 갑골학사에서 공헌했던 학자들을 기리기 위해 몇몇 특정인專人에 대한 논저목록이 계속해서 편찬되었다.

전문 주제 논저목록 중 가장 완비된 것은 송환도웅松丸道雄과 고도겸일高嶋謙一이 1993년 출판한 『갑골문자 자석 종람甲骨文字字釋綜覽』의 "문헌목록"이다. 이 문헌목록은 1899년 갑골문 발견 이래 1988년에 이르기까지의 갑골문자 고석 관련 논저목록을 한데 모아 놓았으며, 90년간의 갑골문자 연구의 발전 수준을 반영하고 있다. 이 목록은 저자의 성씨 필획에 따라 2획부터 21획까지 총 562명을 나열했으며, 서양 학자 47명도 수록했다. 그리고 각각의 저자 이름 아래에, 발표 순서에 따라 논저를 배열해, 총 1,835종을 수록했으며, 서문으로 발표된 77종도 함께 수록했다. 전문주제 논저목록은 어떤 주제의 심화 연구를 추동시킨다는 점에서 대단한 의의를 가진다. 하지만 이러한 체제의 논저목록은 많지 않기 때문에 앞으로 이 방면에 관한 작업이 강화되어야 할 것이다.

특정인에 대한 갑골학 논저목록은 갑골학 연구 과제 및 갑골학 연구에서 얻었던 해당 학자의 성취를 전면적으로 인식하는 데 대단히 편리하다.

19) 胡厚宣, 「略例」, 『五十年甲骨學論著目』, 中華書局, 1952.

호후선의 『50년 갑골학 논저목록』의 "저자 색인"은 바로 1949년 이전, 50여 년간의 갑골학 발전사에서 논저를 발표한 갑골 학자들에 대한 전문 논저목록이라 할 수 있다. 이 목록에서 나진옥·왕국유 등과 같이 이미 세상을 떠난 선배 학자의 논저를 전면적으로 수집하였다. 하지만 그 후에도 적잖은 선배 학자들이 불철주야 노력하였으며 1949년 이후에도 적잖은 갑골학 논저가 발표되었다. 선배 학자들이 물려준 귀중한 문화 재산을 전면적으로 계승하고 발양시키기 위해, 또 그들이 갑골학 발전에 바친 거대한 공헌에 손상이 가지 않게 하기 위해, 최근 다음과 같은 갑골학사에서 중요한 학자들의 논저목록이 전문적으로 정리되었다.

「패총무수 교수·수야청일 교수 저작 목록貝塚茂樹教授·水野淸一教授著作目錄」[20]

「동작빈 선생 논저 요목董作賓先生論著要目」[21]

「동작빈 선생 저작 목록董作賓先生著作目錄」[22]

「곽말약 역사 저작 연표郭沫若歷史著作年表」[23]

「도방남 박사 저작 목록島邦男博士著作目錄」[24]

「이제 선생 저술 목록李濟先生著述目錄」[25]

「상승조 주요 저작 주석商承祚主要著作注釋」[26]

「우성오 저작 목록于省吾著作目錄」[27]

「서중서 선생 논저목록徐中舒先生論著目」[28]

「용경 교수 저작 서록 및 논술 연표容庚教授著作書錄及論述年表」[29]

---

20) 『東方學報』 第40冊, 1960.3.
21) 『慶祝董作賓先生六十五歲論文集』, 『歷史語言硏究所集刊外編』 第四種 下冊, 1961.6.
22) 『傅斯年董作賓先生百歲紀念專刊』, 1995.12.
23) 『社會科學戰線』 增刊, 1978.12.
24) 『甲骨學』 第12號, 1980.8.
25) 「紀念李濟·屈萬里兩先生論文集」, 『歷史語言硏究所集刊』 第51本 4分, 1980.12.
26) 『中國當代社會科學家』 第1輯, 書目文獻出版社, 1982.
27) 『中國當代社會科學家』 第1輯, 書目文獻出版社, 1982.
28) 『先秦史硏究動態』, 1983年 第1期.
29) 『中山大學學報』(哲學社會科學版), 1984年 第3期.

「엄일평 선생 유저 목록嚴一萍先生遺著目錄」[30)]

「김상항 선생 전집 목록金祥恒先生全集目錄」[31)]

「호후선 선생 저작 선목胡厚宣先生著作選目」[32)]

「장정낭 선생 논저 목록張政烺先生論著目錄」[33)]

이러한 특정 갑골 학자들의 논저목록은 하나하나 모두가 높이 우뚝 선 비석같이 1백 년 갑골학 발전사에서 영원히 자리할 것이다.

3) 갑골학 논저목록과 갑골학의 발전

갑골학 논저목록의 편찬은 갑골학 연구가 성취를 이루었다는 것을 반영한다. 논저목록의 편찬 체제가 일정하지 않고 게다가 "어떤 경우에는 차라리 빠질지언정 넘치지 않게 하거나, 차라리 넘칠지언정 빠지지는 않게 하였기" 때문에 갑골학 논저의 수록 표준도 일정치 않다. 이외에도 조건의 한계로 인해, 종종 해외학자의 논저를 포함시키지 않았기 때문에 어떤 갑골학 논저목록이라 하더라도 소위 "완전하다"는 것은 상대적인 개념일 수밖에 없다.

하지만 비교적 "완전하다"는 것은 대단히 중요하며, 갑골학 연구 발전에 추동적 기능을 했던 저작의 수록에 큰 누락이 없어야만 한다. 이외에도 갑골학은 신흥 학문이기 때문에, 끊임없이 발전하고 심화되어 왔다. 그래서 어떤 갑골학 논저목록이라 하더라도 갑골학사에서의 일정한 발전 단계의 성취만을 반영할 뿐이다. 어떤 발전시기에 대해 상대적으로

30) 『中國文字』 新12期, 藝文印書館, 1988.
31) 『中國文字』 新13期, 藝文印書館, 1990.
32) 『甲骨文與殷商史』 第3輯, 上海古籍出版社, 1991.
33) 『盡心集－張政烺先生八十慶壽論文集』, 中國社會科學出版社, 1996.

"완전하다"는 논저목록이라 하더라도 시간이 흐르고 갑골학 연구가 진전함에 따라 보충과 수정이 필요한 "불완전한" 논저목록으로 변하고 만다. 설사 그렇더라도 근 백 년 동안 출현한 갑골학 논저목록은 서로 다른 시기의 갑골학 연구의 성취를 반영하였다. 갑골학 연구의 서로 다른 시기의 성취를 반영한 이러한 논저목록을 종횡으로 고찰하기만 한다면 논저목록의 수량적인 계속된 증가와 새로운 과제의 지속적인 제시로부터 갑골학 연구가 장족의 발전을 이루었으며 부단히 연구 영역이 개척되고 심화되었음을 알 수 있다.

갑골학 저작을 연대별로 정리한 논저목록은 종적인 면에서 갑골학 연구의 발전을 반영할 수 있다. 백 년의 갑골학 발전사는 1949년을 경계로 전후 각 50년씩 두 시기로 나눌 수 있다. 전반 50년은 갑골학의 "초창기"와 "발전기"이다. 갑골학 연구의 "초창기"는, 멘지스가 1933년 출판한 『갑골강의』에 의하면, 1903년부터 1933년까지 30여 년간 발표한 저작 132종이 해당된다. 하지만 호후선의 『갑골학 유목』에 의하면, 이 시기 발표된 갑골학 논저는 238종이 되어야 한다. 이후 호후선은 또 『50년 갑골학 논저목록』에서 보충하고 증정하여 293종이라 했다. 호후선의 『50년 갑골학 논저목록』에서는 1899년 은허 갑골문의 발견부터 1949년까지 50여 년간 발표된 갑골학 저작이 876종이라고 했다. 그리고 1933년부터 1949년 갑골학 연구의 "발전기"까지 발표된 논저는 583종이라고 했다. 이 두 시기 동안 발표된 저작의 수량으로 볼 때, 이후 20년간이 이전 30년간의 갑골학 연구에 비해 크게 발전했음을 알 수 있다. "만약 이 50년을 다시 10년 단위의 5단계로 나누어 보면" 갑골학 발전의 정황을 다음과 같이 살펴볼 수 있다.

1. 첫 번째 10년(1899~1909) 4종.
2. 두 번째 10년(1910~1919) 41종.
3. 세 번째 10년(1920~1929) 95종.

4. 네 번째 10년(1930~1939) 371종.

5. 다섯 번째 10년(1940~1949) 312종.

"첫 번째 10년에는 논저가 겨우 4종에 불과했지만, 두 번째 10년에 이르러서는 10배로 증가했다. 세 번째 10년에는 다시 두 번째 10년보다 두 배 반이나 늘었다. 네 번째 10년에는 세 번째 10년보다 다시 4배가 증가했다." 그리고 "다섯 번째 10년에는, 만약 항전에 참여하지 않았다면 이전의 증가 비율로 추산할 경우 적어도 1천 종 이상의 논저가 출간될 수 있었을 것이다." "갑골학 논저가 매년 이렇게 배 이상 증가했다는 것은 이 학문이 장족의 발전을 이루고 있었음을 설명해 주며, 그 발전 속도는 근대의 그 어떤 학문도 이룰 수 없었던 부분이다."[34] 1949년 이후, 갑골학 연구는 두 번째 50년에 진입하게 된다. 1979년 초남의 『갑골학 논저 목록』(1949~1979)에 의하면 불완전한 통계이긴 하지만 30여 년 동안 국내외에서 간행된 갑골 논저는 모두 1,080여 종에 이른다. 이는 1949년부터 1979년까지 30년 동안 발표된 갑골학 논저가 1899~1949년까지 전반 50년간의 수량의 합을 넘어서고 있으며, 비록 "동아시아를 두루 돌아보면 갑골학의 전도는 심히 암담하다"[35]는 걱정을 하기도 했지만 갑골학 연구는 그래도 크게 발전했다.

그리고 이 기간 동안 중국 본토 학자들은 비록 갖가지 정치운동의 간섭, 특히 잘 알려진 것처럼 "10년간의 문화혁명"이라는 어려움을 겪었지만, 지극한 인내심을 가지고 노력한 결과 갑골학 연구는 여전히 전진할 수 있었다. 왕우신의 『건국 이래 갑골문 연구』의 「부록 2」의 「건국 이래 갑골문 편년 논저 간목」(1949~1979.9)에 의하면, 30년 동안 출간된 갑골 논저는 315종 정도 된다.

1978년 중국에 개혁개방 정책이 시행되고 과학의 봄날이 도래한 이후,

---

34) 胡厚宣, 「序言」, 『五十年甲骨學論著目』, 中華書局, 1952.

35) 董作賓, 『甲骨學六十年』, 藝文印書館, 1965, 138면.

심각한 타격을 받았던 갑골학 연구도 점차 소생하여 번영 발전하게 되었다. 왕우신의 『갑골학 통론』의 「부록 3」의 「신 중국 갑골학 논저목록」(1949~1986)에 의하면, 1949년부터 1986년까지 약 40년간, 중국 본토 학자들이 발표한 갑골 저작은 1,050여 종에 이른다. 이외에도 「부록 4」의 "서주갑골 논저목록"(1951~1986)에 의하면 신 중국 성립 후 40여 년간 서주갑골에 관한 논저도 102종 정도 발표되었다. 이 둘을 합치면 40여 년간 발표된 갑골학 연구 논저는 1,100여 종에 이른다. 그리고 1979년 이전 발표된 300여 종의 논저를 제외해도 1980년 이후부터 1986년까지 발표된 갑골학 논저만 800여 종에 이른다. 7년도 채 되지 않는 기간 동안 발표된 저작이 1899년부터 1949년까지 50년간 발표된 것과 비슷한 것을 볼 때 중국학자의 노력이 어떠했는지를 살펴볼 수 있다.

여기서 주의해야 할 것은, 왕우신이 만든 갑골학 논저목록은 중국 본토학자에 한정된다는 점이다. 같은 시기의 해외 학자의 논저까지 합친다면 그 수량은 훨씬 더 늘어날 것이다.

구체적 상황은 이렇다. 복모좌의 『갑골학과 상사 논저 목록』에 의하면, 1899년부터 1987년까지 90년 동안 국내외 학자가 발표한 갑골학과 은상사 관련 논저는 8,600여 종에 이른다. 물론 이러한 숫자는 넓은 의미의 숫자이지만 문자고석과 복사 석문과 같은 논저만 해도 1,200여 종에 이른다. 이는 송환도웅의 『갑골문자 자석 종람』의 "문헌 목록"에 수록된 1,800여 종에 비교적 근접하고 있는데, 이는 『갑골문과 상사 논저 목록』이 국내외 갑골학 연구의 번영을 기본적으로 잘 반영했다고 할 수 있다.

하지만 유감스럽게도 편년체의 논저목록이든 분류식의 논저목록이든 모두 1986년까지만 한정되고 있다. 그 이후부터 지금까지, 매년 발표된 갑골학 논저를 정리하고 이를 연도별로 혹은 분류별로 논저목록을 만드는 작업은 더 이상 진행되지 않고 있다. 그래서 100년간의 갑골학 논저목록은 1987년부터 1999년까지는 공백으로 남아 있다.

주지하다시피, 1983년 갑골학사에서 금자탑을 이룬 『갑골문 합집』이 완간된 이후, “연구 자료가 부족하던 국면은 타개되었고, 여러 학과들 간의, 특히 갑골학과 은상사·고고학 간의 발전이 대대적으로 이루어지게 되었다. 최근 들어 갑골 논저는 『합집』 출판 이전보다 양이나 질을 막론하고 큰 증가와 진전이 있었다.”[36] 1986년 이후, 갑골학과 상대사 연구의 중요한 논저가 끊임없이 출간되었다. 그래서 “수량에서 다시 기록 갱신이 이루어졌다. 이렇게 풍부한 재료에다 의견까지 분분하여, 갑골학을 전문적으로 연구하는 사람이라 하더라도 일일이 다 찾아보기란 어렵다.” “갑골학 연구에서 분명 정보량이 신속히 증가하고 있는 것은 사실이며”,[37] 세기가 교차하는 이 시점에서 갑골학 일백 년간의 연구발전을 반영한 완전한 논저목록은 대단히 필요할 뿐 아니라 새로운 100년의 갑골학 발전을 위해서도 극히 필요한 부분이다.

이러한 작업은 이미 중국사회과학원 역사연구소의 왕우신·양승남楊升南 두 교수가 책임지고 있는 “갑골학 일백 년” 과제 팀의 송진호宋鎭豪와 상요화常耀華 교수가 완성한 상태이다. 이 『1백 년 갑골학 논저목록百年甲骨學論著目』은 국내외 갑골 논저 1만여 종을 수록하고 있어, 갑골학 상대사 연구에 대한 1세기 동안의 총결이라 할 수 있다. 1987년 이후부터 1998년까지 10여 년간 발표된 갑골학 상대사 논저만 2천여 종에 이르며, 매년 평균 2백여 종에 이른다. 이는 근년에 들어 이루어진 갑골학 상대사 연구의 번영을 보여준다. 갑골학의 대가 동작빈 선생은 1957년, “갑골학의 극성시대는 지금이 아니라 20년 전이었다. 이 학문은 지금 아직 계몽시대에 처해 있으며, 연구의 최종 결과 또한 지금에 있는 것이 아니라 미래에 있다”고 했다.[38] 동작빈 선생이 말한 “20년 전”의 “갑골학 극성”시대는 당연히 갑골학 전반 50년의 후기, 즉 1928년부터 1949년까지의 22년간을 말한다. “이 후기를 갑골학의 극성시대라 할 수 있는데, 다

36) 王宇信, 『甲骨學通論』, 中國社會科學出版社, 1989, 284면.
37) 李學勤, 「序」, 『甲骨學通論』, 中國社會科學出版社, 1989.
38) 董作賓, 『甲骨學六十年』, 藝文印書館, 1965, 152면.

만 그 처음 10년간 정도는 마침 은허의 발굴 기간에 해당한다."[39] 1928년 시작된 은허의 과학적 발굴은 고고학적 방법을 갑골학 연구에 도입했으며, 지하에서 발굴해낸 갑골 시기구분 체계로써 갑골학 연구를 역사고고학의 절정에 이르게 만들었다. 과학적으로 발굴한 대량의 갑골문, 특히 1936년의 저명한 YH127갱의 1만7천여 편 갑골의 중대한 발견은 갑골학 상대사 연구를 전면적으로 발전시켰다. 동작빈 선생이 기대했던 "미래"는 공교롭게도 20여년 후의 1978년이었으며, 과학적 봄날이 중국 땅에 도래하고, 갑골학 상대사 연구는 또다시 새로운 번영과 발전을 맞이하게 되었으며, 갑골학 "연구의 마지막 성과"를 위해 견실한 기초를 마련했다. 이미 도래한 새로운 1백 년은 동작빈 선생이 기대했던 갑골학의 "미래"와 이미 멀지 않았다.

갑골학 논저목록은 갑골학 상대사 연구의 부단한 발전과 번영을 반영했을 뿐 아니라 갑골학 연구를 끊임없이 개척하고 심화시켰다.

1899년 은허 갑골문 발견 이후부터 1928년 은허의 과학적 발굴에 이르기까지가 갑골학 연구의 초창기에 해당한다. 이 시기 갑골학 연구의 주요한 성취는 손이양·나진옥·왕국유 등과 같은 학자가 "문자의 고석과 문장의 통독 등에서 만든 많은 범례와 오묘한 내용을 파헤친 공헌에서 찾을 수 있다." 문자고석의 기초 위에서 진일보한 상대사 연구가 이루어졌다. 왕국유는 1917년 편찬한 「은 복사에 보이는 선공 선왕 고殷卜辭中所見先公先王考」 및 「속고續考」에서 "갑골학사에서의 저명한 논문은 갑골학 연구를 '문자시기'에서 '사료'시기로 바꾸어 놓았다"고 했다.[40] 1904년 손이양의 『계문거례』와 1911년 나진옥의 『은상 정복문자 고』 및 1914년의 『은허서계 고석』 등의 찬술 목적이 주로 갑골문자를 고석하기 위한 것이었다. 하지만 앞에서 말한 것처럼 문자 고석 기초 위에서의 분류는 갑골문에 대한 학자들의 인식을 반영하여, 이미 "갑골문을 골동품

39) 董作賓, 『甲骨學六十年』, 藝文印書館, 1965, 7면.
40) 王宇信, 「近百年來的甲骨學硏究」, 『炎黃文化硏究』 3, 1996.12.

으로 보고" "갑골문을 금석학의 한 분과로 보던" "골동 금석학 연구"의 수준을 넘어 서고 있었다.[41]

『철운장귀』나 『은허서계』 등과 같이 분류를 하지 않은 갑골저록과 함께 학자들은 갑골문의 내용에 근거해 분류한 갑골 저록서를 편찬하기 시작했다. 1925년 왕양王襄의 『보실은계징문簠室殷契徵文』은 내용 분류로 차례 매김을 한 최초의 갑골 저록이다. 이 책은 1,125편의 갑골문을 다음의 12부류로 나누었다.

> (1) 천상天象. (2) 지리적 위치地望. (3) 제계帝系. (4) 인명人名. (5) 세시歲時. (6) 간지干支. (7) 정류貞類. (8) 전례典禮. (9) 정벌徵伐. (10) 사냥游田. (11) 잡사雜事. (12) 문자文字.

이와 같이 나누긴 했지만 기본적으로는 손이양의 『계문거례』에서 갑골문의 내용을 10부류로 나누었던 범위를 넘어 나지 않는다. 다음의 표를 보자.

〈표 16〉『보실』과 『겨례』의 분류 대조표

책이름	내용 분류				
『보실』	(5) 세시歲時 (6) 간지干支	(7) 정류貞類	(1) 천상天象 (9) 정벌徵伐 (10) 사냥游田 (11) 잡사雜事	(3) 제계帝系	(4) 인명人名
『거례』	(1) 일월日月	(2) 정복貞卜	(3)천상天象	(4) 귀신鬼神	(5) 복인卜人
책이름	내용 분류				
『보실』		(2) 지리적 위치地望	(8) 전례典禮	(12) 문자文字	
『거례』	(6) 관씨官氏	(7) 방국方國	(8) 전례典禮	(9) 문자文字	(10) 잡례雜例

41) 胡厚宣, 「序言」, 『五十年甲骨學論著目』, 中華書局, 1952.

다만 손이양의 『계문거례』에서 나눈 "관씨官氏"와 "잡례雜例"류에는 틀리게 해석한 글자가 너무 많기 때문에, 그 분류는 근거로 삼기가 힘들다. 그래서 『보실』에서는 분류할 때 고려하지 않았을 뿐이다. 나머지 각 부류는 『겨례』에서 그대로 가져오거나 계승했으며, 가끔 한 가지 부류이던 것을 『보실』에서는 더 자세히 나누기도 했다. 이렇게 해서 『계문거례』에서는 갑골문 내용을 10부류로 나누었지만 『보실』에서 나눈 12부류의 내용과 기본적으로 일치하게 되었다. 그렇지만 『보실 은계 징문』에서 갑골을 분류하여 저록했다는 것은 대단히 의미 있는 일이다. 이것은 갑골학 연구가 문자의 고석에 한정되지 않는다는 것이 이미 점차 학자들의 인정을 받았음을 의미한다. 그리고 『보실』에서 갑골을 분류하여 저록하는 데 성공하자 이는 나아가 다른 학자의 갑골문의 내용별 분류에 대한 탐색에 영향을 주게 되었으며, 그리하여 연구의 범위도 부단히 확대되었다.

1928년 은허의 과학적 발굴이 이루어진 후, "갑골학의 극성 시대"로 진입하게 된다. 동작빈은 갑골학의 일대종사라는 자신의 예지와 안목, 그리고 갑골학 연구를 전반적으로 통제했던 유리한 위치 등으로 해서 갑골학 연구의 범위를 진일보하게 확대시켰다. 그는 1930년 발표한 「갑골문 연구의 확대甲骨文硏究的擴大」[42]에서 의미심장하게 다음처럼 지적했다.

> 민국 17년 가을, 국립중앙연구원에서 은허를 발굴한 이래, 갑골문의 연구범위는 자연스레 확대되는 추세에 놓이게 되었다. 그리하여 점차 탁본상의 문자 연구로부터 실물(거북딱지와 동물 뼈)의 관찰로 진입하게 되었으며, 실물로부터 다시 지층에 주목하게 되었고, 다른 유물을 참조하는 것에도 주목하게 되었으며, 국외의 재료와의 비교에도 주목하게 되었다. 다시 말해, 문자학과 고대 역사학의 연구로부터 고고학적 연구로 진입하게 된 것이다.

42) 『安陽發掘報告』 第二期, 1930.12.

호후선이 1945년 출판한 『갑골학 유목』과 이의 기초 위에서 1952년 증보 출판한 『50년 갑골학 논저 목록』의 분류는 갑골학이 "문자와 고대 역사학의 연구로부터 고고학적 연구로 진입하게 되었다"는 반영이었다. 앞서 말했던 것처럼, 호후선의 『갑골학 유목』과 『50년 갑골학 논저 목록』에서 열거한 8가지 대 부류와 36가지 소 부류의 갑골학 연구내용은 손이양의 『계문거례』나 왕양의 『보실 은계 징문』보다 훨씬 상세하고 완비되어, 갑골학의 "전성시대" 때에는 연구의 넓이와 깊이라는 측면에서 갑골학의 "초창기"보다 크게 진보했음을 반영해 준다.

1992년 출판된 복모좌의 『갑골학과 상사 논저 목록』은 1990년 이전에 발표된 대량의 갑골학 논저의 기초 위에서 호후선의 『50년 갑골학 논저 목록』보다 진일보하게 분류했다. 호후선의 『50년 갑골학 논저 목록』의 8가지 대 부류와 36가지 소 부류는 주로 갑골문 자체의 연구에 한정되어, 갑골문의 발견 · 저록 · 고석 · 통설 · 평론 · 수집 · 잡저 등과 같은 것이었다. "연구"라는 대 부류의 소 부류인 문자 · 문법 · 문례 등도 갑골문 자체에 대한 연구 내용이었으며, 특히 문자고석의 저작이 "연구" 류의 대종을 차지하여 5분의 2 정도에 이르렀다. "연구"의 대 부류 중 나머지 소 부류인 역사 · 지리 · 제왕 · 예제 · 사회 · 경제 · 문화 · 종교 · 풍속 · 역상曆象 등은 사실 갑골문 재료를 이용한 상대사의 갖가지 측면에 대한 연구였다. 그리고 "연구" 대 부류 속의 소 부류인 "고고" 류는 갑골학 연구가 고고학 영역에 진입했다는 반영이다. 복모좌의 『갑골학과 상사 논저 목록』은 호후선의 『50년 갑골학 논저 목록』의 8가지 대 부류를 기초로 하여 이를 집중시켰으며, "갑골학"이라는 대 부류의 경우 다시 12개의 소 부류로 나누었다. 이와 동시에 호후선이 나누었던 "연구"의 대 부류 중 상대사 연구에 관한 각종 소 부류를 합병하거나 부각시켜 상대 사회 · 상대 경제 · 상대 문화 · 상대 사상 · 상대 과학기술 등의 대 부류로 승격시켰다. 각각의 대 부류 하에 다시 몇 개의 소 부류를 나누었으며, 이외에도 호후선의 논저목록에서 소 부류였던 "고고"는 복모좌의 『갑골학과 상사 논저 목록』에서는 대 부류로 승격되었으며, 그 아래 다시 약간의 소 부류가 설정되었다. "갑골학의 정의는 광의와 협의의 두 가지로 나뉜다. 협의의 갑골학이란 갑골 및 그 문자 자체의 연구를 가리키며, 광의의 갑골학은 갑골문을 자료로 하여 논술한 역사문화 모두가 포함된다."43) 복모좌의 목록에서는 협의의 갑골학 연구 성과로는 첫째 대 부류인 갑골학 및 그 아래의 12가지 소 부류의 목록이 포함되며, 갑골 재료를 이용해 논술한 상대 역사 문화라는 광의의 갑골학 논저목록—두 번째의 "상대 사회"부터 여덟 번째의 "기타"까지 7개 대 부류와 31개 소 부류 등도 포함되었다. 그래서 복모좌의 『갑골학과 상사 논저 목록』의 분류는 비교적 합리적이며 제대로 갖추어진 것으로, 호후선의 『50년 갑골학 논저 목록』에서의 내용분류에 비해 또 새로운 개척이 이루어졌다.

복모좌의 『갑골학과 상사 논저 목록』에서 호후선의 『50년 갑골학 논저 목록』의 분류보다 비교적 큰 폭으로 조정이 이루어졌던 것은 90년 동안의 갑골학 연구가 이룩한 커다란 발전을 반영해야 했기 때문이다. 그간 전문적으로 갑골학 자체의 법칙을 연구하는 협의의 "갑골학"에서도 적잖은 진전이 이루어졌지만, 『갑골문 합집』이 출판된 이후 여러 학문 영역에서 갑골문 자료를 이용할 수 있게 됨으로써, 질 높은 상대 문명사에 대한 연구라는 광의의 "갑골학" 논저가 부단히 세상에 모습을 드러냈기 때문이다. 그래서 호후선의 『50년 갑골학 논저 목록』에서 나누었던 8가지 대 부류 36가지 소 부류는 자연히 새로운 과제의 제시와 갑골학 연구 내용의 확대를 잘 반영할 수 없게 되었던 것이다. 이와 동시에 신 중국 성립 전 은허의 과학적 발굴 성과가 끊임없이 공표되었고 신 중국의 은허고고학도 중대한 고고 발견을 계기로 중요한 과제가 지속적으로 제시되고 해결되었다. 그래서 복모좌는 『50년 갑골학 논저 목록』에서 소 부류로 설정했던 "고고"가 대 부류로 승격되었고 그 아래 5개의 소 부류

43) 李學勤, 「甲骨學一百年的回顧前瞻」, 『文物』 第1期, 1998.

를 설정함으로써, 갈수록 늘어나는 고고학 이론과 방법을 이용해 갑골학을 연구하는 학자들의 성과를 반영했던 것이다.

특히 의미 있는 것은 왕우신이 1989년 출판한 『갑골학 통론』에서 처음으로 "서주갑골 논저 목록"(1951~1986)이라는 제목으로 서주갑골 연구 논저를 정리하고 공표했다는 점이다. 그 후 얼마 지나지 않아 복모좌는 1991년 출판된 『갑골학과 상사 논저 목록』에서도 "부록 2"의 「주원 갑골문 및 관련 서주갑골 주요 논저 목록」을 따로 설정하여 주원 갑골문의 관련 연구논저를 소개했다. 주지하다시피 "서주갑골의 발견과 연구는 신중국 갑골학 연구의 중요한 수확의 하나이다. 학자들은 서주갑골의 족속族屬·특징·문자·시기구분·지리·관료제도·상말의 은주관계 등에 관해서 연구함으로써 갑골학 연구의 새로운 분과를 만들었으며, 갑골이라 하면 반드시 은상의 것이라는 전통적인 관념을 타파하게 되었다." 많은 저명한 갑골 학자와 고고학자가 "이에 관한 전문 논저를 발표함으로써 서주갑골이라는 이 새로운 분과 학문의 건립에 공헌했다."[44] 그래서 1989년부터 갑골학 논저목록에서 서주갑골 논저목록을 따로 설정한 것은 바로 전통적인 갑골학 연구가 은허갑골에서 진일보하여 서주갑글로 확대되었음을 반영해 준다.

결론적으로 말해서, 백 년 갑골학사에서 서로 다른 시기에 공표된 갑골학 논저목록은 갑골학 발전의 일정 단계의 성취의 반영이다. 갑골학은 넓고도 깊으며, 게다가 적잖은 영역과 과제가 아직 개척과 발견을 기다리고 있다. 발견된 갑골문 속에 감추어져 있는 중국 고대문명은 또 계속된 노력과 탐구를 필요로 하고 있다. 날마다 바뀌고 새로운 것이 그치지 않는다. 갑골학 연구는 끊임없이 발전해 가고 있으며, 갑골학 논저목록의 편찬도 멈추지 않을 것이다. 그래서 새로운 갑골학 연구의 백 년에는 더욱 찬란한 갑골학 논저목록이 모습을 드러낼 것이라 믿는다.

44) 王宇信, 「近百年來的甲骨學研究」, 『炎黃文化研究』 3, 1996.12.

2. 심화 연구의 조건을 제공한 갑골각사의 분류와 편집

1) "진정한 과학적 갑골학 연구"의 필요조건인 갑골각사의 분류와 찬집

갑골문은 갑골학의 연구대상이며, 상대 문명 연구의 제1차 자료이기도 하다. 동시에 갑골문은 일종의 특수한 고대 문물이기 때문에 소장가에게는 대단히 희귀한 보물로 간주된다. 그럼에도 갑골 소장가와 갑골문을 과학적으로 발굴했던 소수의 인원만이 실물을 어루만져볼 기회가 있었으며, 이외의 다수 갑골 학자는 잘 부서지고 손상되기 쉬운 갑골문의 특성 때문에 실물 갑골에 근거해 연구할 수가 없었다. 게다가 근 백 년 동안 출토된 갑골은 국내외의 여러 소장처에 분산 소장되었기 때문에, 운 좋게 실물 갑골을 접촉한 학자라도 여러 가지를 두루 볼 수는 없었다. 또 갑골을 과학적으로 발굴한 학자라 하더라도 연구의 근거로 삼을 수 있는 발굴품은 출토된 10여 만 편의 일부분에 지나지 않는다. 그래서 실물 갑골에 근거한 연구에는 여러 가지 한계가 존재했다.

1903년 첫 번째의 갑골저록인 『철운장귀』가 출판됨으로써 갑골문의 전파 범위를 확대해주었으며, 갑골 학자들이 쉽게 볼 수 있는 과학적 연구 자료가 되었다. 이 이후로 적잖은 수장가의 갑골이 계속해서 저록 출판되었다. 지금까지 국내외에서 출판된 "갑골문 재료와 관련된 저록은 1백여 종 이상이며, 저록된 갑골도 10만 편에 이른다." 그래서 역대로 출토된 중요한 갑골문은 이미 모두 공표되었다고 할 수 있다. "이것은 중국고대사 특히 상대사나 중국 고문자학 특히 갑골학 연구에서 지극히 중요한 의의를 지님에 분명하다."[45)]

앞에서도 말했듯이, 갑골학의 발전과 갑골문에 대한 인식이 날로 심

45) 胡厚宣, 「八十五年來甲骨文材料之再統計」, 『史學月刊』 第5期, 1984.

화됨으로써, 갑골학 그 자체의 법칙에 관한 협의의 갑골학뿐만 아니라 광의의 갑골학, 즉 갑골문에 반영된 은상 문명에 대해서도 다각도의 전방위적인 연구가 이루어졌다. 1952년의 『50년 갑골학 논저 목록』에서는 갑골학 연구논저를 8가지 대 부류와 36가지 소 부류로 나누었는데, 1992년의 『갑골학과 상사 논저목록』에서는 갑골학 연구가 8가지 대 부류와 43가지 소 부류로 조정되고 변화되었다. 이는 90년 동안의 갑골학의 연구범위가 지속적으로 확대되고 심화되었음을 보여 준다.

갑골학 연구가 발전함으로써 학자들의 갑골에 대한 인식도 점차 전면적으로 변했다. 그래서 갑골문의 저록과정에서 갑골문의 내용에 근거해 갑골이 분류되고 찬집纂輯될 수 있었다. 갑골의 분류와 찬집은 또 갑골문에 대한 인식이 심화되도록 했다.

최초의 갑골 분류 저록서는 왕양王襄이 1925년 출판한 『보실 은계 유찬簠室殷契類纂』이다. 그 후 곽말약郭沫若이 1933년 출판한 『복사통찬卜辭通纂』도 저록된 갑골을 8부류로 나누었다. 비록 적잖은 갑골저록이 여전히 옛날처럼 갑골을 분류 처리하지는 않았지만 갑골문 시대 구분 연구가 심화됨으로써 호후선은 갑골학 분류를 시기구분 성과와 유기적으로 결합시켰다. 그는 1949년 출판된 『전후 북평·천진에서 새로 획득한 갑골집戰後平津新獲甲骨集』에서 "'먼저 시기를 나누고, 그 다음 분류하는' 갑골학 저록 편찬의 체제를 처음으로 확립했으며, 그 후에 출판된 『녕호寧滬』·『경진京津』·『속존續存』 등에서도 일관되게 이를 적용했으며, 이로부터 전래되는 갑골 저록의 범례를 제공했다."[46] 1959년 패총무수·이등도치의 『경도대학 인문과학 연구소 소장 갑골문자京都大學人文科學研究所藏甲骨文字』, 1983년 완간된 곽말약 주편의 『갑골문 합집』 등 이후의 몇몇 대형 갑골 저록서는 모두 갑골문을 "먼저 시대를 구분한 다음 다시 분류"하여 저록했다. 이렇게 갑골을 저록하게 되면 자료를 찾아보기에는

46) 王宇信, 「甲骨學硏究的發展與胡厚宣敎授的貢獻」, 『甲骨文與殷商史』 第三輯, 上海古籍出版社, 1991.

편리하지만 여전히 일정한 한계를 가진다. 각종 분류 저록된 갑골서 중, 『갑골문 합집』은 갑골문의 내용을 4가지 대 부류 22가지 소 부류로 나누었는데, 지금까지 가장 완비된 분류라고 할 수 있다. 하지만 『갑골문 합집』의 경우 "책에 수록된 크기가 큰 많은 갑골은 종종 갖가지 다른 내용의 복사가 중간에 끼어 있기도 한데, 이를 한 가지 부류에만 귀속시킨다는 것은 당연히 전면적이지 못하다. 그렇지만 주요한 내용에 근거해 처리하는 변통적인 방법을 쓸 수밖에 없다."[47] 그래서 어떤 방면에 대해 깊이 연구하고자 할 때에는 단지 한 부류의 갑골 속에서 자료를 정리한다는 것은 당연히 매우 전면적이지 못한 것이 되고 만다.

분류가 가장 완비되었다고 하는 『갑골문 합집』도 자료를 찾을 때 갖가지 불편함이 존재한다면, 분류나 시대 구분을 하지 않은 다른 시기에 출판된 대량의 갑골저록에서 어떤 주제에 관련된 연구 자료를 찾는다는 것은 정말 넓은 바다에서 바늘 찾기 식의 대단히 어려운 일이 되고 만다. 호후선의 말처럼 "자료의 출토가 날로 늘어나면서, 분산된 조각의 수집이 어렵고, 문자를 고석하려면 반드시 10여 만 편의 모호한 탁본 모사본을 찾아야만 하는데, 그 작업 또한 번거롭고 어려운 일이다. 정말 인내심을 가지고 마음을 다하여 노력하여 찾지 않는다면, 단장취의 하여 억측으로 설명하고 끝내 견강부회하는 결론에 이르지 않기가 쉽지 않을 것이다. 아니면 개별 글자에 얽매여 두루 통하지 못하고, 혹은 복사를 억지로 해석하는 바람에 해당 글자에 소홀하고 말 것이다. 그것도 아니면 역사적 사실을 살피지 않고 왜곡되게 설명하거나, 혹은 선입견을 억지로 갑골문에 다 갖다 붙이고 말 것이다." 그리하여 갖가지 황당무계한 설이 갈수록 심각해질 것이다. 또 "이는 모두가 핵심에 정통하고 참고할만한 것을 두루 살펴 세심하게 고찰하지 않는 결과"임을 심각하게 지적하였다.[48]

바로 이러한 이유로, 현재 볼 수 있는 갑골 논저목록은 비록 갑골학

47) 王宇信, 『甲骨學通論』, 中國社會科學出版社, 1989, 280면.
48) 胡厚宣, 「自序」, 『甲骨學商史論叢』, 齊魯大學國學研究所專刊之一, 1944.

발전의 다른 단계의 연구 성과를 반영하였고 그리하여 논저목록에서 수집한 대량의 편목들이 갑골학 연구의 발전을 반영하였다고는 하나, 다음과 같은 사실도 냉정하게 직시해야만 한다. 즉 "과거 각 방면에 대한 연구가 비록 독특한 견해, 중요한 고증, 특수한 공헌이 적지 않지만, 사실을 말하자면 그중에는 황당무계한 학설도 많은 부분을 차지하고 있으며, 베끼고 표절한 글도 적지 않다. 갑골학의 과거의 모든 연구는 단지 초보적인 시도로서 입문하는 참고로 제공된 것이지, 최종 단계의 결론은 지금도 이야기 할 수 없는 상태이다."[49]

"정확한 결론"을 얻기 위해 "진정한 과학적 의미의 갑골학 연구"가 학자들의 의사 일정에 상정되었다. 호후선 선생은 "모든 국내외 공공기관과 개인 기관에서 소장한 저록 자료를 수집하여 먼저 총괄적으로 연구해야 하며", "갑골문자를 전체적으로 총괄할 수 있는 철저한 정리가 필요하다"고 했다.[50] 바로 풍부한 갑골 자료에 대해 "가장 과학적인 방법을 응용해 통계내고 고증하고 비교 검토하며, 분석하고 해석하여, 정밀한 연구를 이루어야만 한다."[51]

각종 저록에 분산되어 있는 대량의 갑골 자료를 놓고 관련 색인을 편찬한다는 것은 갑골문자를 총체적으로 정리하는 첫 번째 작업이며, 많은 학자들도 이 방면에서 노력했다. "과거에는 비록 『은허문자 유편』·『갑골문편』·『속 갑골문편』 등의 자료를 이용할 수 있었지만, 이들은 단지 문자의 자형에만 치중하였기 때문에 여기에 근거해 실마리를 찾아 사례를 탐구한다 하더라도 사용해 보면 대단히 불편함을 느낄 수 있다. 갑골각사의 사례를 전면적으로 파악하지 못한다면, 문자 자체의 운용 법칙을 이해할 수도 없을뿐더러 갑골각사에 반영된 사회역사 내용도 탐구할 수가 없다."

49) 董作賓, 『甲骨學六十年』, 藝文印書館, 1965, 9면.
50) 胡厚宣, 「自序」, 『甲骨學商史論叢』, 齊魯大學國學研究所專刊之一, 1944.
51) 胡厚宣, 「序言」, 『五十年甲骨學論著目』, 中華書局, 1952.

문자 유편이나 자전 류도 갑골문이 문례를 전체적으로 총괄 정리하는 데는 여러 가지 한계를 가지기 때문에, "갑골각사 연구에 종사하는 사람이라면 대부분 상세하든 간략하든 대부분 사례 색인 정도는 갖고 있을 것이며, 최소한 몇몇 전문 주제에 관한 색인을 갖고 있을 것이다. 그렇지 않으면 깊이 있는 연구를 수행할 수가 없다." 하지만 학자들의 연구 경향은 일정하지 않아, 과제에도 크고 작음이 있고, 관련된 면도 넓고 좁은 차이가 있으며, 만든 사례색인도 많아야 몇몇 방면 혹은 몇 가지 방면의 자료 모음집에 불과할 뿐이다. 학자들은 이미 자각적이든 자각적이지 않든 사례색인을 만드는 작업을 해왔다. 하지만 이미 출판된 갑골 저록을 전면적으로 정리한 기초 위에서 모든 갑골을 사례에 따라 다시 나열하고, 그것을 분류별로 함께 모은 대형 색인 공구서가 나온 적이 없다. 그래서 "이러한 의미에서 모두들 중복된 일을 하고 있다는 것은 효율적인 연구에 도움이 되지 못한다."[52)]

바로 갑골문 저록에서 새로운 성취를 얻고 갑골문 고석에서 전면적인 발전이 이루어졌을 때, 이미 저록된 갑골각사의 의미에 대해 다시 한 번 "전체적으로 총괄하고 철저히 정리한" 대형의 색인 공구서인 도방남島邦男의 『은허복사 종류殷墟卜辭綜類』가 1967년 출판되었다. 이의 출판은 "장기간 동안 대단히 필요 했지만 해결되지 못했던 갑골각사의 사례 색인과 관련된 공구서 문제를 해결했을 뿐 아니라",[53)] "진정한 과학적 갑골학 연구"의 발전을 한걸음 더 추동시켰다.

2) 이전의 성과를 계승하고 미래를 연 『은허복사 종류殷墟卜辭綜類』

1967년 출판되고 1970년 증정 재판된 일본 도방남島邦男의 『은허복사

52) 姚孝遂, 「『殷墟卜辭綜類』簡評」, 『古文字硏究』 第三輯, 中華書局, 1980.
53) 姚孝遂, 「『殷墟卜辭綜類』簡評」, 『古文字硏究』 第三輯, 中華書局, 1980.

종류』는 은허 갑골문을 “전체적으로 총괄하고 철저히 정리한” 대형 갑골문 사례 색인 공구서이다. 이 책은 1903년 출판된 첫 번째 갑골저록인 『철운장귀』부터 시작해서 1967년 출판된 『은허문자 병편殷虛文字丙編』에 이르기까지 60여 년간 저록된 갑골문을 각사 사례를 조목조목 세세하고도 조리 있게 정리하고 종합적으로 집중시킨, 이 시기 갑골문 자료 저록의 성과와 문자고석의 수준을 충분히 총결한 저작이라 할 수 있다. 이 책은 이전의 성과를 계승하고 미래를 열어 준 저작으로 갑골학을 크게 발전시켰다.

『은허복사 종류』는 1967년 이전 출판된 수십 종의 갑골저록을 전면적으로 정리한 대형 사례事例 색인 공구서이다. 이 책은 당시 공표된 모든 갑골문 자료를 분해하여, 편片과 조목과 글자에 따라 각각의 원문을 모사해 제시했다. 그리고 이러한 기초 위에서 사례를 종합적으로 귀납했다. 즉 갑골문의 자형에 따라 164개의 “부수”로 귀납했으며, 본문편의 첫 번째 예시 표에서 이를 밝혔다. 그리고 각 부수 아래에 오른쪽에는 검자 색인의 쪽수를 명기했고, 왼쪽에는 본문의 출현 쪽수를 명기했다. 부수는 책 전체의 중심축으로, 글자구조와 이와 비슷한 구조를 가진 갑골문자를 그 아래에다 귀속시켰으며, “목차”표를 열거했다. 책에서는 2,604개의 개별 글자와 선왕·선비에 관한 칭위 79개 및 부모·형·아들에 관한 칭위 34개가 제시되었다. 이상에서 총 3,322자의 개별 갑골문자를 유형이 비슷한 것을 함께 모아 부수 속에다 씨줄과 날줄 형식으로 배치했다. 그리고 “목차”표에서는 각각의 개별 글자 아래에 다시 본문이 출현하는 쪽수를 명기함으로써 본문 속에서의 그 글자의 순서를 일목요연하게 볼 수 있도록 했다. 이 책의 각각의 복사 사례에 출현하는 관건적인 갑골문 자형을 근거로 삼아 부수와 목차 분류에다 집중시켜 놓았다. 이 책의 “본문”부분은 555면이나 되는 방대한 분량인데, 문자의 형체와 각사의 역사적 내용을 유기적으로 결합시켜 놓았으며, 책 전체의 핵심부분으로, 60여 년간 공표된 갑골문 사례를 모두 다 모아 놓았다. 그래서 이 책은 권질이 방대하고, 갑골각사를 철저하게 정리한 최초의 대형 공구서라고 해야 할 것이다.

『은허복사 종류』에 수록된 갑골각사 사례에 대해 문자를 벼리綱로 삼아, "벼리綱"(부수)로 "목차目"를 펼쳐 볼 수 있도록 함으로써, 갑골자료를 대단히 편리하게 정리 정돈하고 찾아볼 수 있도록 하였지만, 저자는 여기에 그치지 않고 남다른 독창성을 가진 몇 가지 색인을 제공함으로써 『은허복사 종류』의 사용가치를 더욱 높였다.

이 책의 591면부터 601면까지는 "검자 색인"이다. 이 표에서 수록된 갑골문자는 7,221개, 찾기 어려운 글자 93개, 선왕 선비 75자, 부모·형·자식 32개 등을 합쳐 모두 7,421개의 문자에 대해 색인이 가능하게 했다. "색인" 속의 각 갑골문자의 원래 자형은 소속된 "부수"의 뒤에 나누어 모아두었으며, 각각의 글자 아래에 "본문"에 출현하는 쪽수를 명기해 두었다. 그래서 갑골각사의 사례 속에 출현하는 관건적인 갑골문자에 근거해 "검자 색인"을 통해 "본문"의 출처를 찾을 수 있으며, 나아가 "본문"의 해당 쪽에서 각종 저록에 출현하는 관련 갑골각사의 사례를 찾아 분석할 수 있도록 했다.

저자는 또 『은허복사 종류』의 "목차"표에서 갑골문자의 원래 자형을 열거함으로써 1965년 출판된 이효정李孝定의 『갑골문자 집석甲骨文字集釋』에서 해석한 문자와도 대조 가능하도록 하였으며, "해석자釋字 일람" 표도 만들었다. 즉 각각의 원래의 갑골문 자형 아래에다 『갑골문자 집석』에서 해석 확정한 문자를 표기했고, 그 아래에다 다시 "본문"에서 출현하는 쪽수를 명기해 둠으로써, 이 글자의 각사 사례를 수집할 수 있도록 만들어 놓았다. 만약 이 글자에 대한 이전의 고석 성과를 찾고 싶다면, "본문"의 이 글자의 원형 아래에 열거해 놓은 『갑골문자 집석』의 쪽수에 근거해 『갑골문자 집석』의 해당 페이지를 찾아가 이전 학자들의 견해를 살피면 된다.

이외에도 『은허복사 종류』에는 "한자 색인"을 마련해 두었다. 이 "색인"은 필획 수에 의해 2획부터 33획까지 『갑골문자 집석』에서 이미 해독된 이 책의 수록 글자 939자의 원형을 제시했다. 각각의 글자 아래에는 또 해당 글자의 원래 자형이 『은허복사 종류』의 "본문"에 출현하는 쪽수를 명기해 관련 복사사례를 찾아보기 편리하게 해 두었다. 또 이 글자가 『갑골문자 집석』에 출현하는 쪽수도 함께 명기해 이 글자에 대한 이전의 해설도 찾아 볼 수 있도록 했다.

이처럼 『은허복사 종류』는 60여 년간 이미 저록된 갑골각사의 사례를 부문별로 나누어 "본문"편에다 함께 "집중"시켜 놓았기에, 마치 갑골문의 찬란한 보물창고 같다고 할 수 있다. 언뜻 보기에는 들어가는 통로를 쉽게 찾지 못할 것 같아 보이지만, 이 책의 "검자 색인"(갑골문 원래 자형)은 그 열쇠로서, 갑골학 연구자들로 하여금 그 신비한 방으로 재빠르게 들어 갈 수 있도록 해 주며, 자신이 연구하고자 하는 과제와 관련된 귀한 갑골각사 자료를 모을 수 있게 해준다. 그래서 『은허복사 종류』의 "검자색인"과 "본문"은 상호 표리관계를 이루면서, 서로를 보충하고 빛내 주며 대단히 편리함을 제공해 준다.

"해석자 일람"과 "한자 색인"에서는 『은허복사 종류』를 『갑골문자 집석』과 유기적으로 결합시켰다. 그렇게 함으로써 『종류』의 갑골문자 원형으로 된 표제자 아래에서 『집석』의 관련 고석을 찾을 수 있도록 했을 뿐 아니라 『집석』에서 고석한 문자들은 『종류』에서 관련 각사의 사례를 찾을 수 있도록 했다. 그래서 『종류』는 다기능을 가졌다고 할 수 있으며, 대형 공구서로서의 사용가치를 충분히 발휘했다고 하겠다.

『은허복사 종류』의 출판은 1903년 『철운장귀』가 출판된 이래, 1967년까지의 몇 세대 학자들의 은허 갑골문에 대한 저록과 공표에 대한 성취를 충분히 반영했다. 주지하다시피, 60여 년간의 갑골문 저록은 상당한 성과를 거두었지만 적잖은 저작들, 특히 초기에 출판된 몇몇 중요 갑골저록들은 이른 시기에 출판된 데다 인쇄 부수도 많지 않았고(2~3백 부), 국외에서 출판되는 바람에 중국내로 들어간 것이 드문 경우도 있었다.

여기에다 우여곡절의 역사 속에서 그나마 보존된 갑골 저록이라도 이미 희귀한 진본이 되고 말았으며, 몇몇 새로 출판된 갑골저록이라 하더라도 "한 번 지나가 버리면 찾아보기 힘든" 저작이 되고 말았다. 그래서 1960년대 이후 적잖은 대학이나 과학 연구기구에서 소장한 갑골 서적은 정말 봉황의 털이나 기린의 뿔처럼 대단히 드문 존재가 되었고, 60년 동안 출판된 갑골저록을 모두 갖추어 놓는다는 것은 이미 매우 어려운 일이 되고 말았다. 연구 자료의 부족이라는 국면은 갑골학 연구의 발전에 심각한 영향을 미쳤다. 그러나 『은허복사 종류』가 1967년 출판됨으로써 이러한 불리한 국면은 해결되었으며 연구 자료를 갈망해 오던 학자들의 수요를 기본적으로 만족시켜 주었다. 『은허복사 종류』에 의하면 "이 책에서 인용한 갑골저록 서목"에 열거된 자료는 1903년 『철운장귀』로부터 시작해서 1967년 출판된 『은허문자 병편』에 이르기까지 60여 년간 국내외에서 출판된 63종의 갑골저록이 포함되었다. 이렇게 완비된 자료를 한 책에 모아둠으로써 갑골 학자들이 "전체적으로 철저하게" 갑골문 자료를 수집하고 진정한 과학적인 갑골학 연구의 발전을 추동하는 데 많은 편의를 제공했다. 『은허복사 종류』가 1967년 출판된 이후, 1971년과 1977년 10여 년간 몇 차례에 걸쳐 증정 재판되었는데, 이는 갑골학계에서 이 책이 얼마나 중시되었으며 갑골학 발전사에서 중요한 지위를 차지했음을 설명해 준다.

이와 동시에 『은허복사 종류』는 갑골문에 대해 "전체적으로 총괄하는 철저하게 정리한" 이전에 볼 수 없었던 저작이라 할 수 있다. 그것은 60여 년 이래의 갑골 문자고석이 도달했던 수준을 충분히 반영했을 뿐 아니라 전인들의 갑골문자에 대한 정리와 연구의 기초 위에서 새로운 창조와 전진을 이룬 저작으로, 갑골문에 대한 총정리 격의 대형 색인 공구서 편찬의 선하를 이룬 저작이었다. 이것은 주로 『종류』가 비록 갑골각사 사례자료를 편집한 공구서였지만 이 책의 "저자는 결코 단순하게 몇몇 자료를 나열하여 정리하지 않고, 자료를 깊이 있고 진지하게 관찰함으로써 옛날 학설에 미혹되지 않고 취사선택 과정에서도 신중한 모습을 보였으며, 어떤 경우에는 다수의 의견을 부정하고 자신의 독특한 견해를 제기하기도 했다." 그래서 『종류』는 원시자료를 찬록할 때, "몇몇 의문이 가는 자료는 버리고 수록하지 않았던 것은 옳았다. 모사와 해독은 심사숙고 끝에 얻어지는 법이다. 원래 있던 연구 성과를 충분히 받아들였을 뿐 아니라 기존의 성과를 경솔하게 맹신하지도 않았는데, 이러한 점은 대단히 귀중한 부분이다." 이외에도 『은허복사 종류』의 "본문"에 열거된 각사의 사례는 그 윗부분에다 자료의 출처를 명기해 두었다. 중복 출현할 경우에는 해당 각사의 아래에다 중복 출현하는 저작 및 갑골편의 번호를 밝혀 두었다. 주지하다시피 "저록에서 중복 출현하는 갑골 편은 갑골학 연구에 많은 불편을 가져다준다. 같은 갑골이 다른 책에서 중복 출현한다는 것은, 연구자의 시간을 낭비할 뿐 아니라 연구에도 혼란을 가져다주기 때문이다."[54] 그래서 『종류』에서 진행했던 전면적인 중복 교정 작업은 전에 볼 수 없던 성과를 이루었다. 특히 의미 있는 것은 『은허복사 종류』의 편찬 체제가 "상당한 창조성을 갖추었다"는 점이다. 즉 "『종류』는 갑골문자 형체구조 자체의 특징에 근거함으로써 오랜 세월 동안 이루어져 왔던 『설문』의 부수 배열에 근거한 관습에 얽매이지 않았는데, 이것은 대단하고도 긍정할 만한 시도였다." 『종류』에서는 수록한 갑골문자를 "164부수로 나누었는데, 물론 이 164부수의 획분이 완전히 타당한지의 여부, 그리고 약 3천여 글자를 같은 부류끼리 모은다는 것이 완전히 합리적인 지의 여부에 대해서는 논의해 볼만하다." 하지만 "이러한 새로운 부수 분류는 이전의 틀을 완전히 벗어버렸다는 점에서 전체적인 방향은 옳았으며, 그 기본적인 내용도 충분히 긍정할 만하다."[55] 이것은 20여 년 이후, 1989년 출판된 『은허갑골 각사 유찬殷墟甲骨刻辭類纂』에서 다시 한 번 은허 갑골문을 "전체적이며 총괄적으로 철저하

54) 姚孝遂, 「『殷墟卜辭綜類』簡評」, 『古文字硏究』 第三輯, 中華書局, 1980.
55) 姚孝遂, 「『殷墟卜辭綜類』簡評」, 『古文字硏究』 第三輯, 中華書局, 1980.

게 정리하는 데" 범례를 제공했다.

『은허복사 종류』는 "이전에 볼 수 없었던, 편폭이 거대한 저작"이며 "갑골각사 연구에 종사하는 연구자에게 대단히 과학적인 편의를 제공했다." 하지만 학자들은 이 책을 대단히 높이 평가한 동시에 그 부족한 부분에 대해서도 지적을 했는데, 그중 하나는 "해독의 오류이다." 이것은 "저자가 여전히 이전의 어떤 잘못을 계속 답습했기 때문이다." 이외에도 "기존의 연구 성과를 완전히 받아들이지 못한 부분도 있었다. 다시 말해 기존의 학설 중 정확한 부분을 버림으로써 해독에 오류가 생기기도 했는데", 총 12가지가 지적되었다. 두 번째는 "앞뒤 간의 모순"으로, 6가지 예가 지적되었다. "복사의 글자 배열 방향行款에는 언제나 극히 불규칙한 것들이 있는데, 이때에는 관련 사례를 다양하게 참고해야만 확정 가능하다." 세 번째는 "중복 및 잘못된 예"인데 12가지가 지적되었다. 네 번째는 "위각僞刻을 인용한 경우"이다. 이외에도 『종류』에는 인용서의 권수와 쪽수의 오류, 사례의 모사가 원래 복사와 차이가 있는 등의 부족한 부분이 있다.[56] 이러한 부분은 이후 다시 한 번 갑골문 자료를 철저하게 정리하는 데 좋은 교훈을 남겨 주었다.

결론적으로 말해서, 도방남이 10년의 공력을 들여 60여 년간 공표된 갑골문에 대해 조목조목 세밀하게 분석하여 정리하고 종합적으로 귀납한, 이전에 볼 수 없었던 『은허복사 종류』는 이전의 성과를 계승하고 앞으로의 연구를 열어 주었다. 그것은 학자들에게 모든 갑골각사 사례를 제공한, 대단히 실용적인 대형 색인 공구서로서, 이 시기 갑골학의 발전에 공헌을 했다.

56) 姚孝遂, 「『殷墟卜辭綜類』簡評」, 『古文字研究』 第三輯, 中華書局, 1980.

3) “진정한 과학적 갑골학 연구”를 심화시킨 『은허갑골 각사 유찬殷墟甲骨刻辭類纂』

1967년 도방남의 『은허복사 종류』는 1989년 요효수姚孝遂・초정肖丁이 주편한 『은허갑골 각사 유찬』이 출판되기 전까지 20여 년간 몇 차례 재판을 거치면서 국내외에 널리 보급되었으며, 진정한 과학적 갑골학 연구의 발전에 커다란 공헌을 했다.

중국이라는 대지에 과학의 봄날이 도래하면서, 1978년 이후 중국 갑골학계에서는 “갑골문 자료의 집중과 정리 및 공표라는 부분에서 성공했는데”, 이는 “갑골학과 상대사 연구의 심화에 훌륭한 기초를 마련했다.”[57] 국내외의 “갑골각사 연구자에게 『은허복사 종류』는 1960년대 이후 줄곧 가장 중요한 상용 공구서의 하나가 되었으며”, 그 역사적 공헌은 어떻게 평가해도 지나치지 않을 정도였다. 하지만 세월은 흐르고 흘러 『은허복사 종류』가 출판된 이후, “20여 년이라는 세월이 흘렀고, 몇몇 새로운 원시자료가 출토되고 저록되었다. 동시에 관련된 대량의 연구성과도 축적됨으로써, 『은허복사 종류』는 이미 당시의 연구 작업의 수요를 채우기 힘들게 되었다. 특히 『갑골문 합집』이 출판된 후, 원시자료는 상대적으로 비교적 집중되었지만, 『은허복사 종류』는 단지 옛날 저록들의 저록 번호만 기록해 『합집』과 서로 대조가 불가능하여 재간을 발휘할 방법이 근본적으로 없었다.” 또 “갑골각사에 기록된 내용은 대단히 광범위 해, 은상 문화의 모든 방면과 관련되어 있는데, 현대의 각 학문의 발전에 따라 갑골각사를 이용하는 각 학문의 학자도 갈수록 많아졌다. 특히 역사학・고고학・언어문자학・인류학・지리학・천문 역법학 등은 더욱 절실한 부분이었다. 하지만 갑골문자 형체를 해독하고 그 내용을 이해한다는 것은 소수의 고문자 전공자에게만 한정되었다. 『종류』는 이러한 수요를 해결할 방법이 없었다.” 『종류』에는 “또 하나의 커다란 결

57) 王宇信, 「近百年來的甲骨學硏究」, 『炎黃文化硏究』 3, 1996.12.

점이 있었는데, 바로 원래의 갑골 자형을 현대글자로 옮겨 놓지 않았다는 점이다. 이런 이유로 갑골문자를 모르는 사람은 이 공구서를 이용할 방법이 없었다." 그래서 새로운 시기의 갑골문저록 성과를 충분히 반영하고 "관련 학문 영역에서 갑골문을 알고 있는지의 여부에 관계없이 갑골 각사자료를 이용하고자 하는 학자라면 모두 이용할"[58] 수 있는 『은허갑골 각사 유찬』이 대단히 필요하게 되었다.

『은허갑골 각사 유찬』은 성격이 도방남의 『은허복사 종류』와 같아, "문자 형체를 주된 실마리로 하고, 사례 조항辭條을 기본 단위로 하였으며, 사례 조항의 내용과 결합하여 분류하고 편찬한 책이다." 그 편찬 체제는 여전히 『종류』의 옛날 체제를 본받았는데, 즉 "이 책의 부수는 『설문』의 540부를 채택한 것이 아니라 기본적으로 도방남의 『종류』의 부수 분류에 근거해 일부를 조정했다. 이러한 분류가 갑골문 형체 구조의 실제 모습에 더 부합된다고 생각한다." 『유찬』은 상·중·하 3권의 거대한 책으로 출판되었는데, 책의 앞머리에 모두 "부수 표"를 제시했다. 이 표에서는 갑골자형 부수 149개를 제시했으며, 각 글자의 아래 좌우 두 줄로 색인 번호를 매겼는데, 왼쪽은 『유찬』 본문의 쪽수이다. 이 부수 표는 도방남의 『종류』의 부수 표와 기본적으로 일치하지만 부수의 수와 일부 부수의 순서에서 차이가 있다. 이렇게 된 까닭은 진지한 분석 연구를 거친 결과 "『종류』의 어떤 부수는 없애거나 합병할 수 있었기 때문이다." 그래서 『종류』의 15개 부수가 『유찬』의 부수 표에서는 사라졌다. 도방남의 『종류』에서의 부수 배열순서가 "형체의 내원 문제를 진지하게 고민하여, 대체로 인체와 자연의 도상에 근거해 배열하긴 했지만", 『종류』의 부수는 "원래의 배열 순서에서 일정 정도 『설문』 부수의 영향을 받았다. 또 다른 측면에서, 단순하게 형체의 표면적인 형식을 준거로 했기 때문에, 표준이 비교적 혼란스러웠다." 그래서 요효수의 『유찬』은

58) 姚孝遂, 「序」, 『殷墟甲骨刻辭類纂』, 中華書局, 1989.

"어떤 문자부호라도 그 형체의 최초 모습은 객관사물의 도상에서 근원한다는, 즉 소위 '가까운 것은 신체에서, 먼 것은 사물에서 취한다近取諸身, 遠取諸物'"는 글자 창제 원칙에 근거해, 『종류』 부수 표에서 열거했던 원래의 부수 순서를 진지하게 심의하고 조정했던 것이다.

『은허갑골 각사 유찬』의 "자형 총표字形總表"도 『은허복사 종류』의 "본문 목차"에 비해 진보된 모습을 보인다. 먼저, 형식상에서 『유찬』에서는 수록된 갑골문자의 원래 자형 아래에, 이 자형을 현대 글자로 옮겨 놓았고, 글자의 번호 및 해당 글자가 "본문"에 출현하는 쪽수를 표기해 두었다. 그러나 도방남의 『종류』의 "목차"에서는 갑골의 원래 자형이 현대의 어떤 글자로 옮겨지는 지를 보면 알 수 있도록 하는 것이 결여되었고, 또 열거한 문자의 글자 번호가 빠져 이 책에 수록된 개별 글자가 도대체 얼마나 되는지를 알려면 다시 진지한 통계가 필요했다. 둘째, 내용상으로 볼 때, 『유찬』의 "자형 총표"에서는 총 3,639개의 개별 갑골문자를 수록했고, 여기에다 해당 글자 뒤에 첨부되어 열거된 숫자가 976개 정도 된다. 그래서 "자형 총표"에서 열거한 개별 갑골문자는 4,615개에 이르는데, 이는 도방남의 『종류』의 "본문 목차"에서 열거한 3,322개의 개별 갑골문자보다 3분의 1 정도가 늘어난 숫자이다. 요효수의 『유찬』에서 갑골문 자료를 전반적으로 정리하기 위한 "임무의 하나는 바로 어떤 동일한 문자의 서로 다른 형체를 통일된 표제자 아래에다 귀속시키는 것이었다. 동시에 형체가 비슷하지만 분명히 다른 문자로 여겨지는 경우에는 분리시켜 놓았다." 이러한 복잡하고도 난이도가 상당히 높은 작업은 "그 목적의 차이를 구별함으로써 갑골문에 대한 인식을 강화하고 갑골문에 도대체 얼마의 독립된 문자형체가 있는지를 밝히기 위한 것이었다." 그래서 『유찬』의 "자형 총표"에서 열거한 3,639개의 문자 번호는 도방남의 『종류』의 "본문 목차"에 비해 진일보한 성과였다.

『은허갑골 각사 유찬』의 "본문"편은 상 · 중 · 하집으로 편찬되었고 총 1,473면에 이르는 거질이며 『유찬』을 구성하는 핵심부분이다. "본문"편은 "부수"를 벼리綱로 삼고 "자형 총표"를 세목으로 삼아, 관련 각사의 사례조항辭條을 서로 따르게 하여, 20여 만 조목條의 갑골각사를 "자형 총목"의 각 개별 표제자 아래에 귀속시켰다. 그래서 『유찬』에서 수록한 각사자료는 도방남의 『종류』보다 훨씬 풍부해졌으며, 90여 년 동안의 갑골문 저록의 최신 성과를 반영했다.

『은허갑골 각사 유찬』에서 수록한 갑골문 자료는 이미 『종류』를 훨씬 넘어섰다. 1967년 『은허문자 병편』이 출판된 이후, 대형의 갑골저록이 지속적으로 출판되었는데, 1972년 허진웅許進雄의 『멘지스 소장 갑골문집明義士收藏甲骨文集』·『은허복사 후편殷墟卜辭後編』, 1976년 주홍상周鴻翔의 『미국 소장 갑골록美國所藏甲骨錄』 등과 같이 중요한 갑골문 자료도 적잖게 공표되었다. 이상의 여러 저록을 포함하여 80년 갑골문을 집대성한 『갑골문 합집』의 41,956편의 갑골이 1982년 12월 출판됨으로써, 1967년 도방남의 『은허복사 종류』에서 수록한 갑골의 범위를 이미 넘어섰다. 요효수의 『은허갑골 각사 유찬』은 『갑골문 합집』에 수록된 갑골을 기초로 하고, 여기에다 1980년 출판된 『소둔 남지 갑골小屯南地甲骨』(상책 1·2)의 갑골 4,626편, 1986년 출판된 이학근 등의 『영국 소장 갑골집英國所藏甲骨集』의 2,674편, 1979년 허진웅이 출판한 『화이트 씨 등 소장 갑골문집懷特氏等收藏甲骨文集』의 1,915편 등을 수록했다. 하지만 "그중 『갑골문 합집』의 제13책의 모사본은 모두 수록하지 않았고, 위각僞刻이나 습각習刻도 빼버렸으며, 중복 출현하는 것도 삭제했고, 자주 보이는 사례는 절록節錄했으며, 자주 보이는 글자의 잔사殘辭도 수록하지 않았다. 그래서 실제 수록된 총수는 5만 편보다 훨씬 적다."[59] 그럼에도 『은허갑골 각사 유찬』은 『종류』가 출판된 이후 20여 년간 새로 공표된 재료를 수록함으로써 『종류』의 범위를 훨씬 초월했으며, 갑골학 연구자들에게 가장 완비된 갑골자료를 제공하고 있다. 바로 『유찬』이 90년 동안 출토된 갑골문

---

59) 姚孝遂, 「序」, 『殷墟甲骨刻辭類纂』, 中華書局, 1989.

재료를 집대성했기 때문에 20년 전 출판된 『종류』를 대신하게 된 것은 당연한 일이다.

『유찬』의 "본문"에서는 각각의 각사 아래에 다시 해석문과 갑골각사의 원래 갑골자형을 서로 대조하도록 해 두었는데, 이는 단지 원문만 있고 해석문이 없던 『종류』의 최대 결함을 극복하도록 만들어주었으며, 다른 분야의 학자들이 갑골문 자료를 이용하여 '중국'을 발굴하도록 만들어 주었다. 고대문명에 대한 발굴의 필요성은 갑골학 연구 범위의 확대에 창조적인 조건을 제공했다. 더욱 의미 있는 일은 『유찬』의 편찬자들이 20여 만 조목의 갑골각사를 현대 글자로 옮기는 과정에서 90여 년간의 갑골문자 연구의 최신 수준이 반영되었다는 점이다.

『은허갑골 각사 유찬』에서는 또 유관 연구 자료를 찾는 데 편리하도록 책의 뒷부분에 "부수 색인", "필획 검색", "병음 검색" 등의 몇 가지 색인을 덧붙여 두었다. 그중 『은허갑골 각사 유찬』의 "부수 색인"은 『은허복사 종류』의 "검자 색인"과 체제가 기본적으로 같지만, 총 9,505자를 수록함으로써 『종류』의 검자 색인에서 수록한 7,421자보다 2천여 자가 많다. 또 『유찬』의 "필획 검색"은 『종류』의 "한자 색인"의 배열과 같아 모두 글자의 필획 수에 의해 순서를 잡았다. 하지만 『유찬』에서는 2,038자를 현대 글자로 옮겼는데 『종류』의 "한자 색인"에서는 939자만 현대 한자로 옮긴 것에 비해 1천여 자가 늘어났으며, 매 글자 아래에 『유찬』의 본문에 출현하는 쪽수는 밝혔지만, 『갑골문자 집석』에서의 쪽수는 더 이상 명기하지 않았다. 이러한 의미에서 『유찬』은 『종류』와 다소 차이를 보인다. 이것은 1965년 출판된 『집석』이 이미 1980년대 갑골문자 고석의 수준을 반영하지 못했기 때문이다.

『은허갑골 각사 유찬』의 "병음 색인"은 검색형식의 새로운 창조였다. 편자의 설명에 의하면, 갑골문의 주음은 "순전히 검색의 편의를 위한 것이지, 갑골문의 음독을 의미하는 것은 아니며", "병음 색인"에는 현대 글자로 옮긴 1,477자를 수록했다. 그중 일부 갑골문의 주음은 현대한자의 독음일 뿐, 실제 갑골문에서는 이 독음으로 읽히지는 않는다는 점에 유의해야 한다. 또 어떤 갑골문은 해당 글자와 대응되는 현대 한자가 없어, 그 형성구조의 소리부의 독음만으로 독음을 표시한 경우도 있다. 그럼에도 "병음 검색은 필획 검색이나 부수 편방 검색에 비해 훨씬 빠르고 편리해 보인다."[60] 그래서 "병음 색인"은 갑골문자의 검색에 새로운 방안의 "대단한 시도"로서 매우 의미 있는 부분이다.

이 같이 『은허갑골 각사 유찬』는 20여 년 전 편찬되었던 『은허복사종류』에 비해 크게 진보했다. 비록 요효수는 "나는 도방남씨와 같은 그러한 학술상에서 새로운 길을 개척한 개척정신과 창조 정신을 가지지 못했다. 이 『유찬』은 단지 『종류』의 기초에서 몇몇 새로운 자료를 보충했을 뿐이며, 문자 형체의 분류에서도 그 분류와 합침을 고려했을 뿐이며, 현대 글자로 해석하여 원래 자형과 서로 대조했을 뿐이다"[61]고 겸손하게 말했지만, 이는 바로 『유찬』의 편찬자들이 고심하며 추구하고자 했던 핵심 내용이다. 그래서 이 책이 최신 자료들의 정리, 문자 형체의 심화된 인식 및 그 체현된 대강과 세목의 배열, 그리고 각사 사례의 편찬에 관한 새로운 형식 등을 반영했다는 점에서 모두 『종류』에 비해 새로운 한계 극복과 수준 제고가 이루어졌으며, 편자들이 예기했던 목표를 달성했다고 할 수 있다. 바로 이 때문에 『은허갑골 각사 유찬』은 1989년 출판된 이후, 국내외 학자들의 주목을 받았다. 이 갑골각사 연구의 대형 공구서는 1992년과 1999년 몇 차례의 재판을 거쳤고 국내외에 널리 보급되어, 이 시기 갑골학 연구의 심화와 발전에 크게 공헌했다. 그래서 "『유찬』은 분명 오늘 이후 특정 시기에서 은허갑골 각사연구 방면에서 가장 중요한 공구서의 하나가 될 것이다"라는 높은 평가를 받았던 것이다.

90년 동안의 갑골저록 성과와 문자고석 수준을 반영한 총결성의 대형 공구서인 『은허갑골 각사 유찬』은 갑골학의 갖가지 풍부한 내용을 다

60) 姚孝遂, 「序」, 『殷墟甲骨刻辭類纂』, 中華書局, 1989.
61) 姚孝遂, 「序」, 『殷墟甲骨刻辭類纂』, 中華書局, 1989.

포함하고 색인 자료의 편리와 민첩성과 실용성을 모두 갖춤으로써 연구자들이 반드시 옆에 두고 사용해야 할 참고서가 되었다. 바로 학자들이 너무나 필요로 했고 너무나 익숙한 저작이었기 때문에 반복적으로 사용하는 과정에서 『유찬』의 몇몇 부족한 부분도 발견되었다. 그 대체는 다음과 같다.

첫째, 자료의 채택 범위에 관한 문제이다. 『유찬』은 "지나치게 『합집』에 의존함으로써, 수록 자료의 완전성에 영향을 받게 되었다." 그것은 『합집』에 수록된 갑골이 있다고 해서 반드시 수록한 것도 아니고 수록할 때 중요한 재료를 "간혹 빠트린 것도 있기" 때문이다. 그래서 『합집』에서 빠트린 몇몇 중요한 재료들은 『유찬』에서도 자연히 찾을 수가 없다. 이외에도 『유찬』에서는 "습각習刻과 모사본의 경우는 수록하지 않았다는 것도 생각해 볼 문제이다." "연구자를 염두에 둔다면 습각習刻은 그래도 수록해 두는 것이 나을 것이며, 적어도 문장을 이룬 습각이라도 수록되어야만 마땅하다." 『합집』 제13책의 모사본의 경우, 적잖은 부분이 『영국소장』이나 『합집』의 탁본과 중복 출현하고 있지만, "지금까지 탁본으로 발표되지 않은 것도 상당히 많고, 일부는 내용적으로도 매우 중요하기 때문에, 일률적으로 빼버린 것은 분명 타당하지 않다."

둘째, 글자의 해석에 관한 문제이다. 학자들은 한편으로는 "『유찬』이 글자 해석의 측면에서 상당히 잘 되었다"고 평가하지만, "이러한 측면에서 몇몇 생각해 볼 문제가 있다"고 지적하기도 한다. 예컨대 "몇몇 부분에서는 지나치게 조심하거나", "가끔 우성오의 설을 따라야 했지만 따르지 않은 경우도 있으며", "글자 해석에서 간혹 자체 모순을 이룬 경우도 있고", "어떤 경우에는 한 표제자 아래에 두 가지 서로 배치되는 현대 글자로 옮긴 경우도 있다."

셋째, 각사의 모사와 해독에 관한 부분이다. 학자들은 『유찬』의 약 20여만 편에 이르는 복사 사조를 처리하는 데 있어서 편찬자들이 겪었던 어려움을 지극히 잘 이해하고 있다. "은허갑골은 대부분 부서지고 잔편인

상태이고, 발표된 탁본도 분명하지 않은 경우가 종종 있기 때문에, 모사하여 수록하고 이를 해독하는 사람들은 누구라도 오류가 없을 수 없다." 하지만 "훌륭하지만 더 잘하려고 하는 정신에 기초하여 이러한 방면의 문제를 지적했다." 즉 사례조항辭條의 방면에서 "어떤 경우에는 글자가 빠진 복사를 잘못 완정한 복사로 모사해 넣은 경우도 있고", "또 완전한 복사를 잘못해 글자가 빠진 복사로 모사해 넣은 경우도 있으며", "가끔이긴 하지만 복사의 모든 문자를 다 모사해 넣지 않은 경우도 있다." 글자의 배치 방향行款에 관한 부분에서도, "글자의 배치 방향이 비교적 특수한 각사를 모사해 넣을 때 가끔 오류를 범한 경우도 있으며", "두 개의 복사를 하나로 합친 경우도 가끔 나타난다." 글자의 모사에 관한 부분에서도 "어떨 때에는 각사 중의 어떤 글자 혹은 어떤 글자의 일부를 빠트린 경우도 있으며", 어떤 경우에는 "한 글자를 두 글자로 나눈 경우도 있고", 또 "간혹 두 글자를 한 글자로 합친 경우도 있다." 이외에도 "어떤 경우에는 『종류』에서 이미 모사한 글자도 모사하지 않은 경우도 있다." 이렇듯 여러 가지 오류가 나타나게 된 것은, 모사하여 수록할 때 근거로 삼았던 것이 원래의 저록에서 인쇄한 탁본이나 사진이 아니었으며, 또 『종류』의 모사 수록 성과를 충분히 이용할 수 없었기 때문이다.

넷째, 표제자의 확정과 표제자와 복사의 배열에 관한 문제이다. 표제자의 확정이라는 문제에서, "나누어 수록된 표제자들이 합병되어야 하는 경우도 있다." 왜냐하면 "어떤 차이는 그다지 차이가 큰 이체자가 아니어서 번호를 달리해 다른 표제자로 나눌 필요가 없기 때문이다." 그리고 "한 글자를 두 개 혹은 그 이상의 표제자로 나누어야 할 현상도 보인다." "또 어떤 형체를 하나의 표제자로 합쳤는데 그 근거가 부족해 보이는 예도 있으며" "글자를 잘못 인식하는 바람에 어떤 표제자에서 세워진 글자들이 이 표제자에 속하는 글자의 예가 되어서는 아니 되는 것을 수록한 현상도 보인다." 복사의 배열이라는 측면에서, 먼저 복사의 누락에 관한 부분인데, 몇몇 "절록의 경우가 아닌 복사에 종종 전체 복사를 넣지 않은 경우가 보인다." "자료 채택 범위의 한계와 잘못 해독하고 잘못 모사하는 등의 이유로 생겨난 누락 이외에도 완전히 소홀하여 누락된 경우도 있다." 이외에도 "잘못 해석하고 잘못 모사한 것과 동시에 복사를 누락시키고 복사를 잘못 기입한 현상도 보인다." 그 다음은 『유찬』에서 표제자 아래 귀속된 복사를 분류하고 일목요연하게 하기 위해 『종류』에서처럼의 조항을 세우는 방법을 답습했다. 하지만 "조항을 세우는立分條 표준이 명확하지 않아 보인다." 전체적으로 말해서 "『유찬』을 보면 조항을 세워야 함에도 세우지 않은 경우가 세우지 않아도 될 것을 세웠던 것보다 훨씬 많음을 볼 수 있다." 그리고 "조항을 세우는 부분으로 말한다 해도 누락시키거나 잘못 수록한 문제들이 존재한다." 그래서 『유찬』이 "표제자와 복사의 예문 배열에 있어서, 개진할 여지가 아직 많다고 생각한다."[62)]

『갑골문 합집』 석문조釋文組의 학자들도 『유찬』의 주요 자료인 『모석 총집摹釋總集』의 모사 해석과 복사 예문의 예정隸定 과정에 대해, 자신들의 해석과 『합집』 원고를 서로 교감하였으며, 이로부터 복사 예문의 예정隸定 과정에서 『모석 총집』에 분명히 생각해 볼만한 적잖은 문제가 존재함을 발견했다. 예컨대 복사의 예문에서 글자가 빠졌다든지, 글자가 더 들어갔다든지, 글자가 틀렸다든지 등의 현상이 존재한다. 특히 복사에서의 글자쓰기 방향行款을 잘못 읽는 바람에 "둘을 하나로 합쳐" 두 개의 복사를 하나의 복사로 읽거나, "하나를 둘로 나누어" 하나의 복사를 둘로 분할하거나, 혹은 복사를 거꾸로 읽은 경우도 있다. 이같이 『은허 갑골각사 모석 총집』에서 수록한 『합집』 해석문이 부정확한 곳에 대해 하길족何吉足은 『합집』 석문조釋文組의 편찬자들이 교정한 기초 위에서 이미 문장으로 발표한 바 있다.[63)] 길림대학 백우란白于蘭 박사는 「『은허 갑골각사 모석 총집』 교정『殷墟甲骨刻辭摹釋總集』校訂」에서 이렇게 말했다.

62) 裘錫圭, 「評『殷墟甲骨刻辭類纂』」 上・下, 『書品』 第1・2期, 1990.
63) 何吉足, 「『殷墟甲骨刻辭摹釋總集』讀後意見」, 『紀念胡厚宣先生論文集』, 科學出版社, 1999.

"바로 『모석』에는 적잖은 문제가 존재하기 때문에, 이 책을 사용하는 많은 학자들에게 좋지 않은 영향을 미친다는 것은 어쩔 수 없는 일이다. 그래서 그것에 대해 교정할 필요가 있으며, 본 박사논문에서의 교정은 향후 『유찬』의 수정작업에 도움을 줄 것이다." 『유찬』에 대한 전면적인 교정은 이 때문에 "많은 갑골 연구자에게 더욱 정확하고 신빙성 있는 갑골문 자료를 제공함으로써, 불필요하게 잘못을 저지르는 일을 줄여 줄 것이다."[64] 이같이 『은허갑골 각사 유찬』의 『합집』 관련 복사 예문은 『모석 총집』을 기초로 했기 때문에 일부 오류가 출현하는 것은 어쩔 수 없는 일이었다. 이외에도 1995년 이종곤李宗焜의 『은허갑골 문자표殷墟甲骨文字表』에서도 『갑골 문편』과 『은허갑골 각사 유찬』 등 중요한 공구서의 글자 수록과 모사 해석 등에 존재하는 문제를 논의하였는데, 대단히 정곡을 찌르는 견해가 많았다. 그 후 다시 「『은허갑골 각사 모석 총집』 산정刪正」에서 『유찬』에서의 "잘못된 모사와 잘못된 증가誤摹誤增", "잘못된 해석과 잘못된 모사誤釋誤摹", "가짜를 잘못 수록함誤收僞片" 등의 실수로 인해 삭제되어야 할 표제자에 적어도 146개가 있으며, 이외에도 14개의 중복된 표제자가 있다고 했다.[65]

『은허갑골 각사 유찬』이 1989년 출판된 이후 지금까지 이미 약 10여 년의 세월이 흘렀다. 앞서 말한 것처럼 널리 사용하는 과정에서 적잖은 문제점이 발견되었다. 이외에도 이 10여 년간 몇몇 새로운 갑골저록도 계속 출판되었다. 예컨대 이등도치伊藤道治의 『천리대학 부속 천리참고관 소장 갑골문자天理大學附屬天理參考館藏甲骨文字』(1987), 러푸웨雷煥章(Jean A. Lefeuwe)의 『프랑스 소장 갑골록法國所藏甲骨錄』(1985)·『독일·네덜란드·스웨덴·벨기에 소장 몇몇 갑골록德·荷·瑞·比所見一些甲骨錄』(1997), 호후선의 『소

64) 白于蘭, 「前言」, 「『殷墟甲骨刻辭摹釋總集』校訂」, 吉林大學博士學位論文, 1988. (역주) 이는 같은 이름으로 2004년 12월 福建人民出版社에서 단행본으로 출판되었다. 현재 白于蘭 교수는 華南師範大學에 재직 중이다.

65) 李宗焜, 「『殷墟甲骨刻辭摹釋總集』刪正」, 『大陸雜志』 第94卷 第6期, 1997.6.

련 · 독일 · 미국 · 일본 소장 갑골집蘇德美日所見甲骨集』(1988) · 『갑골속존 보편甲骨續存補編』(1996), 대만의 『은허문자 을편 보유殷虛文字乙編補遺』(1995), 유경정劉敬亭의 『산동성 박물관 진귀 소장 갑골 묵탁집山東省博物館珍藏甲骨墨拓集』(1998), 팽방형彭邦炯 등의 『갑골문 합집 보편甲骨文合集補編』(1999) 등이 그러하며, 대량의 새로운 갑골 자료가 세상에 모습을 드러내었다. 이와 동시에 갑골문자 고석도 새롭게 발전했다. 갑골문자 고석을 집대성한 자전, 예컨대 우성오가 주편한 『갑골문자 고림甲骨文字詁林』, 송환도웅松丸道雄 등의 『갑골문자 자석 종람甲骨文字字釋綜覽』 등은 90여 년 동안의 갑골문자 고석의 최신 성과를 반영했다. 그리고 『합집』의 원고에 근거해 지금까지의 문자고석에 관한 최신 수준을 반영한 호후선 주편의 『갑골문 합집 석문甲骨文合集釋文』도 이미 출판되어, 학계에 비교적 정확한 『합집』 석문을 제공함으로써, 『모석 총집』에 대한 학자들의 갖가지 교정에 대해 일 단락을 지웠다. 그래서 새로운 백 년의 갑골학 연구가 도래한 지금, 다시 이전 백 년간의 갑골문 재료의 공표와 문자 연구 수준을 전면적으로 반영하고 총결한 대형 갑골문 사례 총집을 편찬하여 새로운 백 년 갑골학 연구의 심화 발전에 부응한다는 것은 대단히 필요한 일이다. 이 때문에 세기가 교차하는 지금, 이 중요한 과제는 갑골 학자들의 의사일정에 오르게 되었다.

3. 학과의 기초 건설에 관련된 저작과 학과의 발전

1) 학과의 기초 건설에 관련된 저작

갑골학의 기초 건설에 관련된 저작에는 주로 갑골학 기초 저작, 대형 공구 색인, 갑골학 이론의 총괄적 저작 등이 포함된다.

갑골학 기초 저작은 주로 갑골 저록서를 말한다. 지속적으로 출토되어 공표된 상대 사회연구의 제1차 자료인 갑골문은 갑골학과 상대사 연구의 기초이다. 대형 공구 색인은 주로 갑골문 자전 · 유전類典 · 논저 목록을 말한다. 자전은 갑골문자 고석 성과를 하나의 책으로 묶은 것을, 유전類典은 갑골 각사를 조목조목 나누어 자세하게 "모아 놓은" 것을, 논저 목록은 전인의 연구 목록을 하나로 모아 놓은 것을 말한다. 각종 대형 색인 공구서는 연구의 최신 성과와 학과 발전의 정보를 반영하여 연구자가 널리 인용하여 방증을 삼는 데 최상의 편의를 제공한다. 갑골학 이론의 총괄적 저작은 갑골학 자체의 법칙에 대한 지속적인 인식과 연구 심화의 반영이다. 그것은 학자들의 연구가 맹목적으로 흐르지 않도록 해주며, 그리하여 자각적으로 갑골문과 상대사 연구를 깊이있고 폭넓게 발전하도록 할 뿐 아니라 초학자도 이를 금과옥조로 삼게 하는 갑골학 연구 기초 구축의 기본 교과서이다.

갑골학 기초 저작, 즉 갑골문 저록서의 출판, 특히 80여 년간의 갑골문을 집대성한 『갑골문 합집』 등이 갑골학 연구에 끼친 공헌은 이 책의 제3장 "갑골학 연구 기초 작업의 지속적인 강화"에서 이미 논술한 바 있기에 여기서는 줄인다.

대형 색인 공구서의 편찬은 이 책의 제4장 "갑골문의 고석 및 이론화"의 관련 부분에서, 갑골문 자전 특히 90년 동안의 문자고석을 집대성한 『갑골문자 고림』과 『갑골문자 자석 종람』 등의 가치에 대해서도 이미 논술한바 있다. 그리고 이 장의 제2절과 제3절에서는 갑골학 논저목록과 갑골각사의 분류 찬집이 갑골학 연구 성과를 반영하고 연구 발전을 추동한 의의에 대해서도 기술한바 있다.

여기서 중점적으로 분석하고자 하는 것은 갑골학 이론의 총결적인 저작에 있다. 학자들이 심각하게 지적했던 것처럼 "갑골학이 채 백 년도 되지 않은 시간에 국학國學의 반열에 오르게 된 것은 학자들이 부지런하고 성실한 연구로 갑골의 가치를 밝혀낸 것 이외에도 끊임없이 연구 성과를 총결하고 연구방향을 이끌어 냄으로써 연구 수준을 높였던 것과 불가분의 관계에 있다. 이러한 방면에서의 중요한 저작으로는 호후선의 『갑골학 서론甲骨學緖論』·『50년 갑골문 발견의 총결五十年甲骨文發現的總結』, 동작빈의 『갑골학 50년甲骨學五十年』·『갑골학 60년甲骨學六十年』, 진몽가의 『은허복사 종술殷墟卜辭綜述』, 요종이饒宗頤의 『은대 정복 인물 통고殷代貞卜人物通考』, 왕우신의 『건국 이래 갑골문 연구建國以來甲骨文硏究』·『갑골학 통론甲骨學通論』, 오호곤吳浩坤의 『중국 갑골학사中國甲骨學史』 등이 있다. 이러한 저작은 갑골학 발전의 각 단계에서 연구자들을 더욱 심층 단계로 이끌고 계발시키는 기능을 했다."[66]

갑골학 이론의 총괄적 저작은 주로 갑골학 연구의 서로 다른 단계의 진전에 대한 종합적 기술을 총결하고 끊임없이 완전해지고 발전해 가는 갑골학 자체의 법칙을 반영한 통론적인 성격의 총결이다. 비록 이 두 가지 모두가 갑골학 연구의 일정 단계의 성취를 반영했지만, 종합적으로 기술하려면 "이 학과의 최신 진전을 포함시켜야만 한다. 다시 말해 갑골학에 대해 다시 한 번 총결해야만 한다. 총결이라는 것은 넓게 개괄해야 함은 물론 정밀한 구별과 선택(아마도 이것이 더욱 중요할지도 모른다)이 이루어져야만 한다."[67] 그리고 학과의 통론성의 총결적인 성격의 저작은 "한편으로 이 학문의 경위와 내력, 즉 그것의 역사에 대해서도 서술해야 하며, 다른 한편으로는 이 영역에서의 여러 가지 모습, 즉 내용에 대한 분석이 이루어져야 한다"[68]는 것을 고려하면, 갑골 자체의 법칙에 대한 설명에 치중되어 있다.

백 년 갑골학 연구의 서로 다른 발전단계에서 출판된 이론적 총결성의 저작들은 갑골학의 기본건설과 학과연구의 발전을 추동시키는 데 응분의 공헌을 했다.

66) 張永山, 「甲骨學」, 『國學通覽』, 群衆出版社, 1996, 471~488면.
67) 李學勤, 「序『甲骨學通論』」, 『甲骨學通論』, 中國社會科學出版社, 1989.
68) 張秉權, 「關于『甲骨文與甲骨學』(代序)」, 『甲骨文與甲骨學』, 國立編譯館, 1988, 2면.

2) 학과의 최신 발전을 반영한 "종합 기술"식 저작

백 년 동안의 갑골학 연구는 커다란 진전을 이루었다. 곧 출판될 송진호宋鎭豪 등의 『백 년 갑골학 논저목록百年甲骨學論著目』에 의하면, 갑골문 재료의 연구와 관련된 국내외의 논저는 1만 종을 넘어섰으며, 갑골문 속에서 중국 고대문명을 발굴하고 있는 학자들은 이미 3천 명에 이르고 있다.[69] 특히 최근 10년 동안은 매년 발표된 갑골 논문만 2백여 종에 이른다. 이렇게 많은 논문들은 갑골학 상대사 연구의 각 방면과 연계되어 있으며, 여기에다 의견이 분분해 지면서 학자들은 이를 두고 갑골학 상대사 연구의 "정보 폭발" 현상이라 개탄하기에까지 이르렀다. 게다가 각종 논저가 중앙과 지방의 각종 간행물과 학술지에 발표됨으로써 전체를 수집하기도 매우 어려워졌으며, 그래서 "설사 전문적으로 갑골학을 연구하는 자라 하더라도 일일이 살펴보기가 어렵게 되었다." 이는 학자들로 하여금 문을 걸어 잠그고 수레를 만드는 것처럼 현실에 대한 고려 없이 제멋대로 만들어 내거나, 혹은 최신 연구성과의 반영 없이 자신의 연구 위에 다시 한 층을 더하거나, 과제가 중복되는 등 학자들의 귀한 시간과 정력을 낭비하도록 만들었다. 그래서 최신 성과와 진전을 반영한 "여러 학설을 한데 모으는"[70] "종합 기술"식 저작의 출판이 대단히 필요하게 되었다.

갑골학 연구는 각 시기마다 연구의 최신 발전에 대한 총결이 이루어져왔는데, 일찍이 갑골문 연구의 "초창기"부터 그러했으며, 편폭이 비교적 작은 논문, 예컨대 1925년 왕국유의 「최근 이삼십 년간의 중국에서 새로 발견된 학문最近二三十年中中國新發現之學問」[71] 등이 그러하다. 그리고

---

69) (역주) 宋鎭豪・常耀華의 편집으로 1999년 7월 語文출판사에서 출간되었다. 1899년 갑골의 발견부터 1999년 6월까지 백 년간 정식으로 발표된 갑골학과 상대사 관련 저작들을 ① 갑골의 발견, ② 갑골 총론, ③ 갑골 저록, ④ 갑골 연구, ⑤ 주제 연구, ⑥ 갑골 類編, ⑦ 서평, ⑧ 기타, ⑨ 연구자 전기, ⑩ 부록 등의 10가지 항목으로 분류하여, 총 10,946종을 수록했다.

70) 李學勤, 「序『甲骨學通論』」, 『甲骨學通論』, 中國社會科學出版社, 1989.

종합 서술식의 저술의 경우, 비교적 일찍 출판되었으면서 상당한 영향을 끼친 것으로 멘지스明義士가 1933년 봄 제로齊魯대학에서 출판한 『갑골 연구甲骨研究』(초편)[72]를 들어야 할 것이다. 이 책의 "서언序言"에서 "이 학과의 범위는 갑골문자에 한정되지 않고 갑골과 관계된 연구는 모두 포함되며, 또한 갑골과 중국 상고 문화와 역사적 의미의 공헌에 주목한다"고 명확하게 기술했다. "이 책은 주로 1928년 은허의 과학적 발굴 이전의 갑골 초기단계의 수준을 반영했다. 이 책 전체의 목차에서 다음과 같은 점을 발견할 수 있다. 즉 제1장 갑골의 정의, 제2장 갑골 발견 소사小史, 제3장 갑골의 구매자, 제4장 결여(우리들의 고증에 의하면 "제4장 뒤 부분인 갑골 구매자들"로 보충되어야 한다), 제5장 갑골의 편수, 제6장 출판물, 제7장의 3글자는 뒤에 더해진 것이지만, 장의 제목이 없다(우리들의 고증에 의하면, "뒷 다락인 출판물"로 보충되어야 한다), 제8장 상나라 때의 제계帝系 등이다. 『갑골 연구』에서는 갑골의 용도 및 다듬기와 점복 방법 뿐 아니라 갑골문의 내용과 가치에 대해서도 논의했으며, 갑골문의 출토·수장·저록·연구 등에 대해서도 열거했다. 특히 제8장의 상대 세계世系에서는 왕국유의 선왕先王에 대한 논의를 준거로 삼고, 다시 제왕의 이름帝名·「은본기」·「삼대세표三代世表」·「고금인표古今人表」·복사 등에서의 관련 항목과 대조하였으며, 그런 뒤 상나라의 먼 조상遠祖·선공先公·선왕先王의 이름 및 관련 복사를 열거하고 이를 고증했다. 이 장에서는 갑골문 속의 상나라 선왕의 이름에 대한 당시 학자의 수준을 전면적으로 반영했다." "그래서 『갑골 연구』는 갑골학 초기 단계(30여 년간) 연구의 총결이라 할 수 있다."[73]

1928년 은허 갑골문의 과학적 발굴이 이루어짐으로써 갑골연구의 "전

71) 『學衡』 第45期(上海中華書局, 1925)에 수록됨. 胡厚宣, 『五十年甲骨學論著目』 "24. 概論"(中華書局, 1952) 참조.

72) 齊魯書社, 1996年版.

73) 王宇信, 「踏破鐵鞋無覓處－祝方輝博士整理明義士『甲骨研究』出版」, 『殷都學刊』 第4期, 1997.

성시대"에 진입했다. 1949년 신 중국이 성립되기까지 20년간 갑골학 연구는 이전 30년과는 비교할 수 없는 성적을 거두었다. 이 시기의 성취를 반영한 종합적 기술식의 논문도 많이 보이지만, 50년간의 연구를 총결한 학술서가 가장 체계적이다. 적잖은 저명한 갑골학자들이 "막 반세기의 역사를 가지게 된 이 새로운 학과를 기념하고", "이 50년간의 갑골학에 작은 정리를 하고자"[74] 권위적인 총결성의 저서를 저술했다.

그중 『갑골 연구』와 성격이 비슷한 전면적인 총결성의 종합적 서술의 저작으로는 1956년 동작빈이 출판한 『갑골학 50년』과 1965년 증정 재판한 『갑골학 60년』 등이 있다. 또 전적으로 "갑골문 발견의 역사와 출토 재료의 통계"[75]에 대해 전문적으로 추적한 것도 있는데, 1951년 호후선이 출판한 『50년 갑골문 발견의 총결』 등이 있다. 이 이후로 학자들은 갑골학 연구의 "심화시기"의 각 단계에서 전면적이고 종합적 기술과 전문적 주제의 총결성의 저작을 자주 출판했다.

(1) 전면적 총결식의 종합적 기술

동작빈이 1956년 출판한 『갑골학 50년』은 1899년 은허 갑골문의 발견부터 1949년까지의 연구 성과를 전면적으로 총결했다. 먼저, "해제와 개설"에서는 "갑골문자에 대한 명명"의 인식과정에 대해 기술하고, 또 "전기와 후기의 연구 차이"에 대해서도 분석했다. 논저 방면에서 보자면, 전기는 "도리어 후기보다 훨씬 적어", 출판된 논저는 백 종에 불과하다. 하지만 "후기의 말과 전기의 초는 바로 갑골학의 황금시대였으며", 출판된 논저가 450여 종에 이른다. 그리고 50년의 갑골 발견과 문자고석 성과에 근거해 "갑골문의 글자 수와 편수"를 통계 내기도 했는데, "은대 점복에 사용된 문자의 총 숫자는 3천 자를 넘지 않는다"고 했다. 그리고

74) 胡厚宣, 「序言」, 『五十年甲骨學論著目』, 中華書局, 1952.
75) 胡厚宣, 『五十年甲骨文發現的總結』, 商務印書館, 1951, 7면.

"갑골문자의 수량을 말하자면 50년 동안 출토된 양은 10만 편을 헤아린다"고 했다. 특히 "저록된 '양'은 현재까지만 해도 이미 절반을 넘었으며, 미 저록된 '양'도 비록 많기는 하지만 대부분 부서진 조각편이라 앞으로의 연구에서 그다지 커다란 가치를 가지지 못한다. 그래서 절반 이상의 자료가 아직 저록되지 않았다고 해서 실망할 필요는 없다"고 했다.[76] 이것은 대단히 시사적인 발언이다. 다음으로, "은대 문화의 보물창고의 개발"에서는 은허의 흥망에 대한 학자들의 견해를 "개괄"하였고 동시에 "은허에 잠재되어 있는 은대 문화의 보물은 갑골문에 그치는 것이 아니라 갑골 이외의 다른 유물도 보물이며, 과학적으로 얻은 유적에 대한 지식도 꼭같이 은대 문화의 보물임을 천명했다." 또 갑골의 출토지와 은허 및 은상 문화에 대한 인식의 발전을 반영했으며, 동시에 "은허 발굴의 전기"(1899～1927)에 개인에 의한 9차례의 갑골문 발굴에서 "총 8만 편 이상의 갑골편이 출토되었다는 것을 당연하게 여기는" 정황에 대해서도 총결했다. 비록 이러한 성과를 얻긴 했지만, 부족한 점도 많았다. 즉 "갑골문 출토의 정황에 대해서도 불분명했을 뿐 아니라, 갑골 자체에 있어서도 배딱지腹甲와 등딱지背甲, 어깻죽지 뼈胛骨와 정강이 뼈脛骨를 구분하지 못했다. 나아가 일반적인 수장가나 골동 상인들, 소둔촌의 주민도 모두 갑골문은 이미 남김없이 다 발굴되어 더 이상 출토될 희망이 없다고 생각했다." 게다가 "은허발굴의 후기"(1928～1937)에는 중앙연구원 역사어언연구소에서 15차례에 걸쳐 대규모의 과학적 발굴을 함으로써 대량의 갑골문, 특히 제13차 발굴 때의 YH127갱에서 1만7천여 편의 갑골이 든 움집을 발견했고, 동시에 많은 중요한 유적과 유물도 발굴했다. "은허의 지하에 보존된 갑골문자의 정황은 다음과 같은 네 가지", 즉 "저장存儲"·"매장埋藏"·"산일散佚"·"폐기廢棄"로 나눌 수 있다고 함으로써, 전기보다 훨씬 더 깊이를 가지게 되었다. "전기의 연구 경과"와

76) 董作賓, 『甲骨學六十年』, 藝文印書館, 1965, 1～13면.

"후기의 연구 진전"에서는 "갑골문자 연구를 네 단계로 나누었는데, ① 자구의 고석, ② 문장의 통독, ③ 시기 구분의 발견, ④ 분파의 연구 등이다." 하지만 "이러한 순서가 연구방법에서 점차 개량되고 진보한 것을 반영한 것은 맞지만 칼로 자른 듯 분명하게 그 경계가 나누어지는 것은 아니다. 후기의 연구에서는 문자의 고석과 문장의 통독을 함께 고려할 수밖에 없었지만 방법은 도리어 다소 달랐다. 전기에서는 시대구분과 분파의 문제에 대해서 전혀 알 수가 없었다." 50년 동안의 갑골문 연구는 "글자의 인식, 문장의 끊어 읽기, 단장취의 식 수수께끼 맞추기 식의 논문으로부터 시기구분 연구로, 다시 분파연구로 나아갔다. 50년간의 전체 성적을 한 마디로 요약하면 '연구의 방법을 찾아냈다"고 할 수 있는데,[77] 이는 1949년 이후의 갑골학 심화연구에 기초를 다져주었다. 갑골은 갑골학 연구의 기초로, "갑골 재료의 총 통계"를 보면, "저록에 보이는" 갑골 탁본·사진·모사본 등이 64종의 저서에 총 42,005편에 이른다. 그리고 "미 저록된 갑골문자"와 "편집은 되었으나 아직 인쇄되지 못한 것", "기관에서 채집하였으나 편집 인쇄되지 못한 것", "개인의 소장으로 아직 편집 인쇄되지 못한 것"의 총수는 약 54,113편이라고 했다. "통계의 결과는 현존하는 갑골 재료의 총수가 96,118편으로, 10만 편 조금 못되지만 여전히 10만 편이라고 할 수는 있다"고 했는데, 이는 갑골문 자료를 총정리하는데 기초를 마련하고 방향을 제시해 주었다. "만약 이미 저록된 갑골문 탁본이나 모사본을 모두 편집하여 위조 편과 중복편을 삭제하고 먼저 크기에 따라 인쇄를 하게 되면, 사실 그대로의 숫자를 확인할 수 있을 것이다. 그런 후에 다시 시기와 종류를 구분하고, 짜맞추기 하여 복원해야만 연구가 가능해진다. 미 저록된 경우에는 더 큰 에누리가 필요하며, 1~2만 편 정도라도 인쇄가 된다면 이는 대단한 일이 될 것이다"고 했다.[78]

---

77) 董作賓, 『甲骨學六十年』, 藝文印書館, 1965, 46~118면.
78) 董作賓, 『甲骨學六十年』, 藝文印書館, 1965, 119~137면.

10년 이후, 『갑골학 50년』은 "최근 10년간의 갑골학"이라는 장을 추가했는데, 이것이 1965년 『갑골학 60년』이라는 책으로 출간되었다. 이 책에서는 이렇게 말했다. "최근 10년간 비록 갑골학이 많이 소원해지긴 했지만 그래도 중요 논저가 적잖게 출판되었다." 그리고 "갑골학의 앞길을 전망해 볼 때, 재료의 결집이 첫 번째요, 그 다음이 짜 맞추기와 복원이며, 그 다음은 색인의 편찬이며, 연구방법에서는 예전처럼 시기구분과 분류에 따르지만, '분파'의 관찰에 더욱 주의하여, 앞으로 나아간다면 갑골학은 거의 정확한 결론을 얻을 수 있을 것이다!"[79]고 했다. 이같이 "『갑골학 60년』은 갑골학 대가 동작빈이 갑골학 60년, 특히 이전 50년에 대해 높은 지붕에서 병의 물을 붓듯 매우 유리한 입장에서 총결한 저작인데",[80] "이는 이후 갑골학을 연구하는 이정표가 되었다."[81]

1949년 이후, "중국의 갑골학은 역사적 유물주의의 지도하에 심화 발전 시기"에 진입하게 된다.[82] "신 중국 성립 후, 고고 발굴은 비약적으로 발전했으며, 은허에서는 또 많은 갑골이 출토되었다. 발굴 자료의 지속적인 발표는 갑골학의 진전에 토대를 마련해 주었다. 30년 동안 갑골연구는 마르크스주의 이론의 지도하에서 상대사 연구에서부터 문자의 고석・시기구분에 대한 탐색에 이르기까지 모두 전에 볼 수 없었던 성적을 거두었다. 20년의 노력 끝에 갑골자료의 총집 『갑골문 합집』이 1999년부터 출판되기 시작했는데, 이는 갑골학사에서 시대의 획을 긋는 이정표라 할 수 있다. 이전의 성과를 계승하고 미래를 열어 주어야 할 이 시점에서 신중국 성립 이후라는 이 시기의 갑골학 성과에 대한 새로운 총결이 필요하게 되었다."[83] 집대성식의 저록인 『갑골문 합집』이 1978년부터 계속해서 출판됨으로써 국내외에서 크지도 않지만 작지도 않은

79) 董作賓, 『甲骨學六十年』, 藝文印書館, 1965, 138～156면.
80) 王宇信, 『甲骨學通論』, 中國社會科學出版社, 1989, 312면.
81) 嚴一萍, 「序」, 『甲骨學六十年』, 藝文印書館, 1965.
82) 王宇信, 『甲骨學通論』, 中國社會科學出版社, 1989, 313면.
83) 李學勤, 「序」, 『建國以來甲骨文研究』, 中國社會科學出版社, 1981.

"갑골 열풍"을 형성하게 되었다. 그리고 "신중국 성립 이래의 갑골문 연구에 대한 전면적인 총결이 대단히 필요하게 되었으며, 동시에 어떤 방면에서 과학적인 결론을 얻었는지, 어떤 문제에서 현재 탐색 중인지, 어떤 문제가 막 제기 되었는지 등에 대해서도 이해가 있어야 하며, '온고지신'의 정신으로 힘들고 고된 노력을 통해 더욱 새로운 성과를 얻어야만 했다."[84] 1981년 출판된 왕우신의 『건국 이래 갑골문 연구』는 바로 『갑골학 50년』의 뒤를 이어, 갑골학 발전의 이러한 수요에 부응하고자 한 저작이었다.

왕우신의 『건국 이래 갑골문 연구』는 "신중국 성립 이전 50년간의 갑골문 발견과 연구에 대한 회고(1899~1949)"라는 장에서 갑골 발견 이후 50여 년 동안 이루었던 중요한 진전을 간단명료하게 소개했다. "신중국 성립 이후의 갑골문 발견과 저록"이라는 장에서는 소둔과 소둔 이외 지역 "갑골문의 새로운 발견"에 대해 피력했다. 특히 1973년 소둔 남지에서의 7,150편의 갑골 발견은 "'사조 복사'의 시대 등과 같은 논쟁이 끊이지 않았던 문제에 대해 과학적인 지층 발굴이라는 새로운 증거를 더해주었다."[85] 산서·섬서·북경 등지에서의 주대 갑골문의 발견은 "갑골학 연구의 범위를 확충시켰을 뿐 아니라 서주 초기 역사 연구에도 진귀한 자료를 제공해 주었다."[86] 갑골의 진위 감별辨僞과 짜 맞추기綴合 방면에서도 적잖은 작업이 있었고 성과도 함께 이룰 수 있었다. 곽약우郭若愚 등과 같은 학자들은 갑골을 짜 맞추기 하여 저서로 출간하기도 하였다. 『갑골문 합집』은 전인들의 성과의 기초 위에서 계속 진전을 이루어, 짜 맞추기를 해낸 갑골의 수가 전인들보다 많았다. 컴퓨터를 이용한 갑골 짜 맞추기는 "현대화된 기술이 갑골문 연구에 사용을 알리는 새로운 별이 되었다."[87] 호후선은 갑골의 저록에서 새로운 성과를 이루었다. 특히

---

84) 胡厚宣, 「序」, 『建國以來甲骨文研究』, 中國社會科學出版社, 1981.
85) 王宇信, 『建國以來甲骨文研究』, 中國社會科學出版社, 1981, 29면.
86) 王宇信, 『建國以來甲骨文研究』, 中國社會科學出版社, 1981, 47면.

"그가 편찬한 『녕호』에서 사용했던 '먼저 시기를 나눈 후 다시 분류하는' 편집 체제는 갑골저록 편찬의 새로운 체제를 만들었다." 그리고 『갑골문 합집』은 "일종의 집대성적 저록이라 할 수 있다. 이의 출간은 갑골학사에서의 중대한 사건이며, 중국 갑골학의 계속적인 발전에 견실한 기초를 마련했다."[88] "건국 이래의 갑골문 연구"라는 장에서는 먼저 새로 발견된 일一부터 팔八까지 직선으로 구성된 "이상한 모양의 문자"에 대해 소개했다. "고대 풍나라古豐國"의 문자를 비롯해서, 문자 형성에서의 그것의 지위에 대한 연구, "팔괘八卦"에 이르기까지 중대한 한계 돌파가 이루어졌는데, 이는 "중국 고대문자의 탄생과 발전의 연구에 대단히 도움을 주었다.[89] 갑골문자의 고석이라는 측면에서 "해독하지 못했던 일부 갑골문자에 대해 창의적인 연구가 이루어져 기뻐할 만한 성과를 얻기도 했다." 특히 "우성오 선생은 문자고석 방면에서 새로운 공헌을 했다."[90] "갑골문의 시기구분 연구에서도 새로운 진전을 이루었다. 진몽가는 갑골문을 9시기로 나누었고 120명의 정인貞人도 발견해 내었는데, 이는 갑골문 시기구분 작업이 아직도 많은 연구가 더 필요하다는 것을 보여준다. '문무정 복사의 수수께끼'에 대한 탐색에서도 기뻐할 만한 성과를 이루었는데, 이는 이학근이 갑골문에서 이미 '비왕非王 복사'를 분리한 것과 진몽가가 구분한 '사 · 자 · 오'조 복사 및 그 시대에 대해 지속적으로 새로 발견한 고고재료의 증거를 더해 주었다." 65년간의 갑골학 연구를 결산한 진몽가의 『은허복사 종술』은 "갑골문과 상대 역사를 전면적으로 정리한 거작으로, 갑골문 연구를 최고봉에 올려놓았다."[91] "건국 이래의 갑골문 연구는 고고학"과 밀접한 관계를 갖고 있다. "그것은 서로 배합되기도 하고, 또 서로 계시를 주기도 하여, 적잖은 방면에서 새

87) 王宇信, 『建國以來甲骨文硏究』, 中國社會科學出版社, 1981, 43면.
88) 王宇信, 『建國以來甲骨文硏究』, 中國社會科學出版社, 1981, 48면.
89) 王宇信, 『建國以來甲骨文硏究』, 中國社會科學出版社, 1981, 52면.
90) 王宇信, 『建國以來甲骨文硏究』, 中國社會科學出版社, 1981, 54면.
91) 王宇信, 『建國以來甲骨文硏究』, 中國社會科學出版社, 1981, 70~71면.

로운 수확을 얻었다." 특히 중요한 것은 1977년 은허 제5호 묘의 "주인 인 부호婦好가 역사적으로 활동했던 시기 및 묘장의 시대가 무정 후기의 전기로 확정된 것인데, 이는 바로 갑골문과 기타 동반 출토된 유물의 종합연구에 의한 것이다." "은허 제5호 묘의 발견과 연구를 계기로, 중국에서는 처음으로 이학근에 의해 '역조 복사'의 시대 문제가 제기되었는데, 이는 갑골문 시기구분 등의 연구를 더욱 심도 있게 만든 것으로, 대단히 의미 있는 탐색이었다."[92] "건국 이래의 갑골문 연구와 역사학"에 대한 탐색도 새로운 깊이를 가지게 되었다. 먼저, "상대 사회의 성질에 대한 토론"이라는 측면에서, "대다수의 역사학계에서 상대는 노예제 사회였다는 인식을 갖고 있었는데, 이는 갑골 학자들의 갑골복사에 대한 깊이 있는 연구의 결과이다." 둘째, "'중衆'과 '중인衆人'의 사회적 신분에 대한 '갖가지 모습'은" "상대 노예제 사회사의 깊이 있는 연구에 훌륭한 기초를 마련해 주었다." 셋째, "은대의 왕권과 왕권의 신격화"에 대한 연구를 통해 상 왕조의 국가 기구와 종교의식의 인식이 깊어 졌다. 넷째, "은대의 계급과 계급투쟁"이 대단히 첨예했다는 사실은 갑골문에 대량의 기록이 남아 있다. 다섯째, "상민족의 토템과 씨족 유적의 연구"는 "계급사회 진입 이전의 상민족 역사에 대해 인식을 높여 주었다."[93] 여섯째, "은왕조의 강역에 대한 연구"는 "은대 강역과 은문화의 영향 범위에 대한 인식을 과거보다 훨씬 더 확대시켜 주었다."[94] "건국 이래의 갑골문 연구와 고대과학기술"의 성취에 대한 발굴은 주로 다음과 같은 몇 가지 측면에서 진행되었다. "상대 농업 과학기술의 연구", "목축업과 양마 기술의 새로운 성취", "갑골문의 '금金'자의 발견과 은대의 금속에 대한 인식", "은대의 의학", "상나라 때의 천문역법과 수학" 등이다. 상대에 "이러한 성취를 거두었다는 것은 중국의 후세의 과학기술 발전에 심원한

92) 王宇信, 『建國以來甲骨文研究』, 中國社會科學出版社, 1981, 100~101면.
93) 王宇信, 『建國以來甲骨文研究』, 中國社會科學出版社, 1981, 143~144면.
94) 王宇信, 『建國以來甲骨文研究』, 中國社會科學出版社, 1981, 141면.

영향을 미쳤을 뿐 아니라 전체 고대 동양과 전 세계의 과학기술 발전에도 탁월한 공헌을 했다."[95] 그리도 또 "곽말약의 갑골문 연구에 대한 탁월한 공헌"과 "30년 이래의 갑골학의 진전과 중국 갑골문 연구의 전망"이라는 장을 따로 설정했다.

이처럼 "30년 이래의 갑골학계에서 획득한 성과와 제기된 관련 주요 문제는 이 책 속에 이미 기본적으로 모두 개괄되었다."[96] 그래서 1981년 『건국 이래 갑골문 연구』가 출판된 이후, 국내외 갑골학계의 주목과 호평을 받았던 것이다. 미국의 저명한 갑골학자인 키틀리吉德煒 교수도 이렇게 지적했다. "왕우신의 『건국 이래 갑골문 연구』는 1949년 이후의 갑골학 연구에 대해 대단히 귀중한 총결을 해 냈다. 갑골문 연구에 뜻을 둔 사람들에게 이 책은 거의 모든 중요문제에 대해 새롭게 가치 있게 소개하거나 재 소개해 주고 있다. 구체적으로 중국 갑골문 연구의 현황을 포함하였으며, 조리가 분명하고 상당한 식견도 있고 논술도 훌륭해, 상당한 지도적 의미를 지니고 있다. 이 책의 문헌목록은 사람을 고무시켜 주고 있다. 나는 이 책을 높게 평가하며 독자들에게 이 책을 추천한다."[97]

이 이후, 1989년에 왕우신은 「갑골학 연구 90년」을 발표했다.[98] 이를 통해 갑골연구의 "초창기"(1899~1928), "발전기"(1928~1937), "심화기"(1949~현재)의 성취에 대해 다시 한 번 새롭게 총결했다. 이전 80년간의 성취에 대해서는 『갑골학 50년』과 『건국 이래 갑골문 연구』에서 이미 기본적으로 개괄했기 때문에, 여기서는 1979년부터 1989년까지의 10년간의 성취에 중점이 주어졌다. 먼저, "갑골문 재료의 집중과 정리 및 공표라는 측면에서 성공을 이루었다." 1980년 『소둔 남지 갑골』 상책1·2이 출

95) 王宇信, 『建國以來甲骨文研究』, 中國社會科學出版社, 1981, 166면.
96) 「建國以來甲骨文研究」, 香港 『大公報』, 1981.9.7.
97) 戴維·恩·凱特利, 趙功民 譯, 「評『建國以來甲骨文研究』」, 『歷史教學』 第11期, 1982.
98) 王宇信, 「甲骨學研究九十年」, 『史學月刊』 第4期, 1989.

판되어 1973년 출토된 4,612편의 갑골이 공개되었다. 1983년에는 『둔남』 하책1·2·3이 출판되어 "갑골의 다듬기整治 연구 및 찬조鑽鑿 형태의 고찰을 통해 시기구분을 연구하는데, 대량의 새로운 자료가 제공되었다." 그리고 "갑골학사에서 이정표라 할 수 있는" 『갑골문 합집』 13책의 거작도 1982년 출판이 완료되었다. 이외에도 『상주 갑골문 총집商周甲骨文總集』 16책의 거질도 1985년 세상에 모습을 드러내었다. 다음으로, "소위 '역조歷組' 복사의 시대에 대한 논쟁과 무을 문정 복사에 대한 세밀한 구분 등과 같은 시기구분 연구이다." "아직 결론이 나지 않은 이 논쟁 과정에서 도리어 제4기 무을·문정 복사의 세밀한 구분이 완성되었다." 이와 동시에 "이학근은 또 은허 왕실복사가 변화 과정에서 '두 가지 체계兩系'를 가진다는 학설을 제기했으며, 적잖은 학자들이 이를 주목하면서 이에 관한 토론에 뛰어들었다." 셋째, "서주갑골의 발견과 연구는 신 중국 갑골학 연구의 중요한 수확의 하나이다." 특히 이 10년간, "학자들은 서주갑골의 족속族屬·특징·문자·시기구분·지리·관직제도 등과 같은 측면에 대해 연구하고 토론함으로써, 갑골학 연구 영역의 새로운 분과 학문을 이루어내었으며", 『서주갑골 탐론』과 일련의 논문을 발표했다. 특히 장정낭張政烺의 「주초 청동기 명문의 역괘에 관한 시험적 해석試釋周初青銅器銘文中的易卦」은 "학술계에서 수 년 동안 탐색해 왔던 '기이한 문자의 수수께끼'를 풀어 주었다." 이외에도 "몇몇 총결적 성질의 저작과 갑골학사 연구에 관한 논저도 부단히 출판되었다." 그리고 "갑골학 연구의 국제 학술교류 강화"를 통해 외국학자들의 "연구 성과 및 방법도 중국에서 마찬가지로 진지하게 거울삼을 수 있게 되었다." 이처럼 갑골학 연구의 90년은 이전의 80년에 비해 다시 진전을 이루었다.

1999년은 은허 갑골문 발견 백 주년이 되는 해이다. 이 한 세기 동안 "가시덤불 길을 헤치고 깊이 천착한 선배 학자들의 노력 끝에 풍성한 성과를 이룰 수 있었다. 그들의 저작도 갑골문 그 자체와 마찬가지로 우리가 거울삼고 계승해야만 할 귀중한 문화적 재산이다. 그래서 최근 백 년 동안의 선배 학자들의 성취를 회고함으로써, 탐색에 용감하고 부단히 전진했던 그들의 우수한 전통을 발양하고, 미래 연구의 모습을 전망한다는 것은, '후래자'들의 심화된 연구와 갑골학 연구를 촉진시키고 새로운 백 년을 번영된 것으로 발전시키기 위해 대단히 의미 있는 일이다."[99] 1999년이 막 도래하게 될 이 시점에서 적잖은 갑골 학자들은 지난 1세기 동안의 갑골학 연구를 회고하고 새로운 백 년에 대한 전망에 착수했으며, 일련의 글도 발표하기 시작했다. 이러한 방면에서의 주요한 글로는, 왕우신의 「최근 백 년 동안의 갑골학 연구」,[100] 주봉한朱鳳瀚의 「최근 백 년 동안의 은허 갑골문 연구近百年來的殷墟甲骨文研究」,[101] 조정운曹定云의 「은허 갑골문 연구 백 년간의 회고와 전망殷墟甲骨文研究百年回顧與展望」,[102] 이학근의 「갑골학 백 년의 회고와 전망甲骨學一百年回顧與前瞻」[103] 등이 있다. 이러한 주요 논문의 논제는 서로 비슷하지만 논술 방법과 중점이 꼭 같은 것은 아니다. 왕우신과 조정운 등은 종적인 방향에서 갑골학 발전의 서로 다른 단계에서 획득한 성취에 대해 논술했지만 주봉한이나 이학근 등은 횡적인 방향에서 갑골학의 서로 다른 방면 연구의 심화에 대해 밝히기도 했다. 또 왕우신·조정운·이학근 등은 백 년 동안의 갑골 및 그 자체의 법칙, 즉 협의의 갑골학에 대한 총결을 하기도 했다. 그런가 하면 주봉한 등은 협의의 갑골학에 머물지 않고 범위를 더욱 확대하여 갑골문을 이용한 상대사 연구까지 포함하는 광의의 갑골학까지 언급하였다. 이전 90년간의 갑골문 연구의 진전에 대해서는 이미 적잖은 학자들이 종합적으로 기술했으므로, 갑골문 발견 백 년간의 성취를 전면적으로 총결할 때에는 자연히 1990년대 이후의 성과가 가장 주목을 받았다.

먼저, 갑골문 재료의 집중과 정리 및 배포에서의 새로운 성과이다. 이

99) 王宇信, 「近百年來的甲骨學研究」, 『炎黃文化研究』 3, 1996.12.
100) 王宇信, 「近百年來的甲骨學研究」, 『炎黃文化研究』 3, 1996.12.
101) 『歷史研究』 第1期, 1997.
102) 『社會科學戰線』 第5期, 1997.
103) 『文物』 第1期, 1998.

는 1973년 소둔 남지 갑골이 대량으로 출토된 이후, 1991년 하남 안양 소둔 화원장花園莊 동쪽 지역 H1에서 각사 갑골 579편이 다시 출토되었다. 그리고 몇몇 갑골저록도 지속적으로 출판되었는데, 『은허문자 을편 보유殷虛文字乙編補遺』(1995), 호후선의 『갑골속존 보편甲骨續存補編』(1996), 러푸웨雷煥章(Jean A. Lefeuwe)의 『독일・네덜란드・스위스・벨기에 소장 몇몇 갑골록德・荷・瑞・比所藏一些甲骨錄』(1997), 유경정劉敬亭의 『산동성 박물관 진장 갑골 묵척집山東省博物館珍藏甲骨墨拓集』(1998), 팽방형彭邦炯 등의 『갑골문 합집 보편甲骨文合集補編』(1999) 등이 대표적이다. 그리고 은허갑골을 전면적으로 정리한 『은허 갑골각사 유찬殷墟甲骨刻辭類纂』도 1992년과 1999년에 다시 재판되었다. 요종이饒宗頤가 1989~1995년까지 주편한 『갑골문 통검甲骨文通檢』(4책)은 1990년대 갑골문 정리에서 가장 체계적인 성과물이라 해야 할 것이다. 그래서 "갑골의 저록과 정리는 몇 대에 걸친 학자들의 노력 하에서 이미 두드러진 성과를 보이고 있으며, 심화된 연구에 기초를 마련해 주었다." 하지만 "갑골의 경우 문자 이외에 갑골 자체에 대한 여러 각도에서의 고찰과 연구가 필요한데, 이는 탁본이나 모사본에 의해 대체될 수 있는 것이 아니다. 비교적 중요한 표본에 대해 채색 촬영 등에 의한 저록은 연구의 진전에 도움이 될 것이다"라고 한다. 『합집 보편』과 『을편 보유』 등과 같은 책의 출판으로 "짜 맞추기綴合의 복원도 많은 부분에서 성공적으로 진행되었다."104)

둘째, "갑골문자의 고석은 고문자에서 가장 두드러진 성과의 하나이다." "문자를 해독한 저작은 매년 갑골학 논저 중에서 언제나 수위를 차

104) (역주) 이외에도 이 방면에서의 탁월한 성과는 1998년 대만에서 출판된 蔡哲茂의 『甲骨綴合集』을 들어야 할 것이다. 이 책에서는 총 348組의 갑골 편을 짜 맞추기 했다. 1~310번까지는 직접 짜 맞추기였고, 311~348까지는 遙綴이었다. 짜 맞추기 한 모든 갑골 편에 대해 해석문과 함께 "『甲骨綴合集』 조별 번호표"를 달아 짜 맞추기 한 상황을 상세하게 설명해두었다. 부록으로 "『甲骨文合集』綴合表", "『甲骨文合集』未收綴合版", "『甲骨綴合集』綴合表", "『小屯南地甲骨』 짜 맞추기 번호표", "『英國所藏甲骨集』 짜 맞추기 번호표" 등을 달아 갑골의 짜 맞추기 현황에 대한 이해를 돕게 만들었다.

지하고 있다."[105] 구석규가 1992년 출판한 『고문자 논집』에서는 갑골문 연구 논문 40편이 수록되었다. 송환도웅松丸道雄 등이 1993년 출판한 『갑골문자 자석 종람甲骨文字字釋綜覽』에서는 색인 문자가 8,330번에까지 이르고 있다. 우성오가 1996년 주편한 『갑골문자 고림』은 "고문자학의 진영에서 하나의 기념비를 세웠다."[106] 이처럼 "갑골저록과 석문 등이 제때에 완성되고 이와 관련한 자전과 사전도 편찬 출판되었는데, 이는 이 시기 문자연구의 심화된 모습을 반영해 주고 있다."[107]

셋째, 갑골문 시기구분 연구에서도 새로운 진전이 이루어졌다. "역조복사의 연구는 갑골 분기 이론에 대한 검토로 파생되었고, '두 가지 계통설'이라는 새로운 분기 학설을 형성했다."[108] 1991년 황천수黃天樹가 출판한 『은허 왕 복사의 분류와 시기구분殷墟王卜辭的分類與斷代』, 1994년 팽유상彭裕商이 출판한 『은허갑골 시대구분 연구殷墟甲骨分期硏究』 등은 시기구분연구를 심화시켰다. 학자들이 특히 강조하고 있는 것은 "오늘날 이후의 갑골학 발전은 반드시 진일보한 고고학을 기초로 삼아야 한다는 점이다. 갑골이라는 것이 일종의 고고 유물일진대, 고고학적 이론과 방법은 마찬가지로 갑골학 연구에 적용되어야 한다."[109]

넷째, 갑골문과 상대사의 연구이다. "왕국유의 연구로부터 지금에 이르기까지, 은허 갑골문 연구는 이미 상대사 연구를 대대적으로 촉진시켰으며, 이러한 연구 영역 내에서의 많은 부분을 언급하고 있다." 최근 들어 "상나라 왕위의 계승제와 왕실 구조", "상나라 왕국의 정치체제 및 국가 구조의 형식", "등급 신분과 노예제", "가족형태 및 종법제도", "종묘・제사와 종묘제도", "상나라 때의 역법과 지리" 등에 관해서도 적잖

---

105) 李學勤, 「甲骨學一百年的回顧與前瞻」, 『文物』 第1期, 1998.
106) 陳偉武, 「甲骨文字詁林補遺」, 『甲骨文發現一百周年學術硏討會論文集』, 臺灣師大國文系, 1998.5.
107) 王宇信, 「近百年來的甲骨文硏究」, 『炎黃文化硏究』 3, 1996.12.
108) 李學勤, 「甲骨學一百年的回顧與前瞻」, 『文物』 第1期, 1998.
109) 李學勤, 「甲骨學一百年的回顧與前瞻」, 『文物』 第1期, 1998.

은 새로운 성과와 견해가 발표되었다.[110)]

다섯째, 갑골학 연구의 국제교류 강화이다. 중국의 신시기에 시행된 개혁개방 정책은 중국과 외국학자들 간의 학술합작과 교류를 촉진시켰다. "세계 각지에 분산되어 있는 갑골은 모두 탁본(일부는 모사본) 형식으로 모아져 출판되었으며, 이는 갑골학 연구에 새로운 중요 내용과 정확한 새 재료를 제공해 주었다." 이외에도 "많은 외국 학자들도 상당한 식견을 가진 갑골학 상대사 연구 논문을 발표했으며 상세하고 확실한 내용의 저서도 출간했다." 이와 동시에 "외국학자들은 중국 갑골학의 상대사 연구에도 상당히 주목하고 관심을 두어, 새로운 발견이 있을 때마다 곧바로 보도를 하곤 했다. 적잖은 중국학자의 저작도 외국어로 출판되거나 서평의 형식으로 소개되었다." 이 뿐만 아니라 각국 학자들 간의 직접적인 학술 교류의 기회도 날로 증가되었으며, 갑골학 연구의 발전을 추동했다.[111)]

이처럼 학자들은 서로 다른 각도에서 백 년 동안의 갑골학 연구를 결산하고 있다. 왕우신·양승남楊升南이 주도하는 "9·5" 국가중점 프로젝트의 하나인『갑골학 일백 년甲骨學一百年』에서는 송진호宋鎭豪·맹세개孟世凱·상옥지常玉芝 등과 같은 갑골 학자들의 힘을 모아 가능한 한 체계적이고 전면적이고 과학적으로 백 년 동안의 국내외 갑골학 연구 성과를 반영하게 될 것이다. 이는 새로운 백 년 동안 갑골학을 진일보하게 발양시킴과 동시에 찬란한 새로운 창조를 이루게 할 것이다!

(2) 전문 주제의 총결

은허 갑골문은 갑골학 연구의 기초가 되는데, 1899년 왕의영이 발견하여 의식적으로 구매하고 소장하기 시작하였다. 1903년 갑골학사에서

110) 朱鳳瀚,「百年來的殷墟甲骨文研究」,『歷史研究』第1期, 1997.
111) 王宇信,「百年來的甲骨文研究」,『炎黃文化研究』3, 1996.12.

의 최초 저록인 『철운장귀』가 출판된 이후, 중국 근대 학술사에서 완전히 새로운 학과가 출현하고 형성되었는데, 이는 중국 전통학술이 "갑골의 출현으로 인해 새로운 신기원을 이루게 된" 표지였다.[112)]

은허 갑골문은 "내용이 다양하고, 문제가 복잡하며, 글자가 잘리고 문장이 끊어졌지만, 한 편 한 편 광채를 발휘하여, 그 어느 하나도 상나라 때의 직접적인 사료가 아닌 게 없다."[113)] 하지만 이들은 비교적 분산된 상태로 공표되기 때문에, 연구 할 때 "단장취의나 견강부회함을 면하기 위해서는 많은 자료를 보아야만 한다. 그리하여 모든 국내외 공사기관에 이미 저록된 자료인지를 찾는 작업을 제일 먼저 해야 할 총괄적인 연구로 삼는다."[114)] 하지만 "반경의 천도로부터(B.C. 1384) 제신 때 멸망하기까지(B.C. 1112) 273년간, 점복을 한 후 문자를 기록한 거북딱지와 소뼈가 도대체 얼마나 될 것인가? 현재까지 이미 출토되어 존재된 것은 전 세계에 도대체 얼마나 될 것인가? 이는 영원히 풀 수 없는 수수께끼이다."[115)]

멘지스明義士의 『갑골 강의甲骨講義』, 동작빈의 『갑골학 50년』, 『갑골학 60년』을 비롯해 왕우신의 『건국 이래 갑골문 연구』 등과 같은 적잖은 총결성의 종합적 저서와 단계성을 총결한 논저에서 갑골문의 발견과 저록도 갑골학의 각 방면에서 획득한 성과처럼 빠질 수 없는 내용이다. 이 때문에 어떤 학자들은 여러 해 동안 이 부분에 유념하여, 끊임없이 전문적 주제에 대해 총결을 지었다. 일찍이 1937년에 호후선은 「갑골문 재료의 통계甲骨文材料之統計」[116)]라는 글을 발표했다. 이후 1942년에는 다시 「갑골문 발견의 역사 및 그 재료의 통계甲骨文發現之歷史及其材料之統計」를 발표했으며, 1944년 출판된 『갑골학 상사 논총』(초집 · 4책)에 수록되었다.

---

112) 郭沫若, 『中國古代社會硏究』, 人民出版社, 1954, 213면.
113) 胡厚宣, 『五十年甲骨文發現的總結』, 商務印書館, 1951, 3면.
114) 胡厚宣, 「『甲骨學商史論叢』自序」, 『甲骨學商史論叢』 初集 1冊, 齊魯大學國學硏究所專刊, 1944.
115) 董作賓, 『甲骨學六十年』, 藝文印書館, 1965, 119면.
116) 天津 『益世報』, "人文周刊" 第13期, 1937年 4月 2日에 게제.

갑골문 발견 50주년을 맞아 호후선은 "막 반세기의 역사를 가진 이 신흥 학과를 위해", 갑골문 자료를 찾아 나섰던 이전의 기초 위에서 다시 새롭게 탐색해 1951년 『50년 갑골문 발견의 총결五十年甲骨文發現的總結』를 발표했다. 이 책은 ① 머리말, ② 갑골문의 명칭, ③ 갑골문의 인식, ④ 갑골문 출토지, ⑤ 갑골문의 구매와 전파, ⑥ 과학적으로 발굴된 갑골문자, ⑦ 전후 갑골문의 출토와 탐방, ⑧ 50년간 갑골문의 출토 총계 등의 8장으로 구성되었다. 제5장 "갑골문의 구매와 전파"에서는 주로 1899년부터 1928년 이전까지의 갑골문자의 출토·구매·전파·출판 등에 관한 정황을 소개했다. 이를 구체적으로 살피면 다음과 같다.

왕의영이 1899년 구매를 시작한 이후 1900년까지, 총 4차례에 걸쳐 사들인 갑골은 1천5백 편 정도이다.

왕의영과 동시에 갑골을 구매한 사람으로는 왕양王襄·맹정생孟定生이 있는데, 모두 4천~5천 편이다. 『보실은계 징문簠室殷契徵文』은 바로 왕양의 소장품이다.

1902년부터는 유악劉鶚이 갑골을 구매하기 시작했는데, 여러 차례에 걸쳐 총 5천 편의 갑골을 사 들였다. 『철운장귀』는 바로 그중의 1,058편이다.

유악이 죽은 후, 갑골은 분산되어, 『철운장귀의 나머지鐵雲藏龜之餘』·『전수당 소장 은허문자戩壽堂所藏殷墟文字』·『철운장귀 습유鐵雲藏龜拾遺』·『복씨 소장 갑골문자福氏所藏甲骨文字』·『은계일존殷契佚存』·『중앙대학 사학계 소장 갑골문자中央大學史學系所藏甲骨文字』·『갑골 6록甲骨六錄』·『은허문자 외편殷虛文字外編』·『철운장귀 영습鐵雲藏龜零拾』 등에서 수록한 전체(혹은 부분) 갑골은 모두 유악이 옛날 소장했던 갑골이다.

1903년부터 미국의 찰펀트方法斂와 영국의 쿨링庫壽齡·홉킨스金璋 등이 차례로 갑골을 소장하기 시작했으며, 1906년에는 독일의 웰츠 빌헬름威爾次·魏禮賢 등도 갑골을 구매하기 시작했다. 이들 외국인들은 여러 차례에 걸쳐 총 4천~5천 편의 갑골을 소장했는데, 이중 적잖은 갑골이 미국·영국·독일·스위스 등의 대학과 박물관으로 팔려 나갔다. 『갑골복사 7집甲骨卜辭七集』·『쿨링 · 찰펀트 소장 갑골복사庫方二氏所藏甲骨卜辭』·『홉킨스 소장 갑골복사金璋所藏甲骨卜辭』를 비롯해 그 후 탁본으로 출판된 『미국 소장 갑골록美國所藏甲骨錄』·『영국 소장 갑골집英國所藏甲骨集』·『프랑스 소장 갑골집法國所藏甲骨集』 등은 이들 외국인이 초기에 구매했던 것으로 보아야 할 것이다.

1906년부터 나진옥이 갑골을 구매하기 시작했으며, 여러 차례에 걸쳐 약 3만 편을 사들였다. 『은허서계殷虛書契』 8권·『은허서계 청화殷虛書契菁華』·『은허서계 후편殷虛書契後編』 등은 주로 나진옥의 소장품이다. 그리고 『은허서계 속편殷虛書契續編』은 "대체로 단도丹徒 유악·천진 왕양·북경대학·사명四明 마씨馬氏 소장품이다."

1903년 『철운장귀』가 출판된 지 얼마 지나지 않아, 일본인도 갑골을 구매하기 시작했다. 임태보林泰輔·삼정원우위문三井源右衛門·하정전려河井荃廬·당야전종송堂野前種松 등도 모두 수장했다. 이외에도 적잖은 기관과 개인도 구매했는데, 곽말약은 『복사통찬卜辭通纂』의 「자서」에서 상세하게 기술해 놓았다. 일본인이 수장한 것을 모두 합치면 1만5천 편 이상에 이른다.[117] 『귀갑수골문자龜甲獸骨文字』 및 곽말약의 『복사통찬』을 비롯해 『은계유주殷契遺珠』·『귀복龜卜』 등에 저록되었다.

1914년 이후에는 캐나다의 멘지스明義士가 안양에서 갑골을 사들이기 시작했는데, 1927년 봄 안양을 떠나기 이전까지 총 3만5천 편 이상을 구매했다.[118] 『은허복사』는 바로 멘지스의 소장품의 일부분이며, 그 후 1970년대에 출판된 『은허복사 후편』·『멘지스 소장 갑골문집明義士收藏甲骨文集』 등은 바로 멘지스가 옛날 소장했던 것이다.

이 책의 제6 부분인 「과학적 발굴에 의한 갑골문자」에서는 1928~1937년까지 중앙연구원 역사어언연구소에서 10년간에 걸쳐 총 15차례

117) 胡厚宣, 『殷墟發掘』, 學習生活出版社, 1955, 36면.
118) 胡厚宣, 『殷墟發掘』, 學習生活出版社, 1955.

진행된 안양 은허 발굴에서 출토된 갑골 및 저록의 정황을 소개했다. 제1차부터 제9차 발굴까지 총 6,513편의 갑골이 발굴되어 3,866편이 선택되었고, 이를 『은허문자 갑편』으로 출판했다. 제13차부터 제15차 발굴에서는 총 18,405편이 발굴되었으며, 『은허문자 을편』의 상·중·하 3책으로 출판되었다. 이와 동시에 하남성 박물관에서도 2차에 걸쳐 은허 갑골문을 발굴해 총 3,656편을 얻었는데, 『은허문자 존진殷虛文字存眞』과 『갑골문록甲骨文錄』은 바로 이때 발굴된 갑골이다.

이 책의 제7 부분인 「전후 갑골문의 출토와 탐방」에서는 1937년 은허의 과학적인 발굴이 중지된 이후, 현지인들이 도굴에 의해 얻은 갑골이 일부는 국외로 흘러나갔고, 일부는 보인輔仁대학·북평北平도서관·청화淸華대학에 수장되었으며, 『전후 북평·천진에서 새로 획득한 갑골집戰後平津新獲甲骨集』에 일부가 저록된 과정에 대해 소개하였다.

그리고 상해로 흘러간 일부분은 공덕孔德연구소에 의해 수매되어 이미 『은계척일 속편殷契摭佚續編』에 수록되었다.

이외에도 항일 전쟁에서 승리한 이후, 1945년 호후선은 북경과 천진에서 갑골에 대해 탐방을 한 결과 새로 얻은 것을 『전후 북평·천진에서 새로 획득한 갑골집』, 『전후 북평·천진에 보이는 갑골록戰後平津所見甲骨錄』에 저록했다. 1946년 호후선은 다시 남경과 상해에서 갑골 자료를 많이 얻을 수 있었는데, 이를 『전후 북경 천진에서 새로 획득한 갑골집戰後京津新獲甲骨集』과 『전후 남경 상해에 보이는 갑골록戰後寧滬所見甲骨錄』 등으로 편집했다.

이렇듯 "이 50년 동안 얼마나 많은 양의 갑골문이 발견되었던 것일까?" 이 책의 제8부분 "50년 동안 출토된 갑골의 총계"에서는 다음과 같이 통계표를 제시했다.

> "이미 저록된 것"이 총 71종의 저서에 41,087편이다. "미 저록된 것" 중 국내의 기관에서 채집된 것이 31곳에서 총 20,971편이며, 개인 소장이 76곳으로 정

확한 편수는 계산하지 못했다. 이상을 모두 합치면 93,625편이 된다. 해외 기관에서 채집한 것이 9곳에서 총 5,481편이다. 해외의 개인 소장이 6곳에서 총 825편이다. 이상을 모두 합치면 193곳에서 총 161,989편에 이른다. "그래서 50년 동안 출토된 갑골 자료는 모두 몇 편이나 될까라는 질문에 지금 우리가 할 수 있는 대답은 대략 16만 편이라는 것이다."[119)]

하지만 "이전의 통계는 '편'을 단위로 삼았기 때문에, 작은 편의 경우 한 덩어리의 배딱지나 등딱지나 어깻죽지 뼈가 몇 개의 조각이나 수십 편의 조각이 될 수 있다. 반면 큰 편의 경우, 한 덩어리의 배딱지나 등딱지나 어깻죽지 뼈도 완전한 모습이라 해도 역시 한 조각으로 계산된다. 이렇기 때문에 '편'을 단위로 한 통계의 결과가 설사 매우 정확하다 하더라도 그것이 도대체 얼마나 되는지는 알기 어렵다"[120)]는 문제가 제기되었다. 그래서 동작빈의 통계에 의하면, 이미 저록된 갑골이 총 64종에 42,005편이며, 미 저록된 갑골문자는 총 54,113편에 이른다. "통계의 결과는 현존하는 갑골 재료의 총수가 96,118편임을 말해준다. 하지만 여전히 10만 편이라고 할 수 있다."[121)] 동작빈이 통계 처리한 50년 동안 출토된 갑골문의 총 편수는 호후선과 다를 뿐 아니라 진몽가의 『은허복사종술』의 제20장 "부록"의 "출토 갑골의 통계"에서도 마찬가지이다. 『종술』에서는 중국내에 수장된 갑골이 "약 8만" 편이라고 했으며, 해외로 나간 갑골문이 총 15,669편으로,[122)] 이 둘을 합치면 출토된 갑골은 약 95,669편이 된다.

하지만 1984년에 이르러 "갑골학이라는 이 분과 학문은 이미 85년의 역사가 되었다. 지금은 이 책(필자 주—즉 『갑골문 발견 50년의 총결』)을 수정

119) 胡厚宣, 『五十年甲骨文發現的總結』, 商務印書館, 1951, 64~65면.
120) 胡厚宣, 『五十年甲骨文發現的總結』, 商務印書館, 1951, 119면.
121) 胡厚宣, 『五十年甲骨文發現的總結』, 商務印書館, 1951, 135면.
122) 陳夢家, 『殷虛卜辭綜述』, 科學出版社, 1956, 656~657면.

할 때가 되었으며, 85년 동안 발견된 갑골문 자료에 대해 다시 통계를 낼 조건도 이미 비교적 성숙되었다." 이외에도 "과거의 갑골문 자료에 대한 통계에서는 해외로 흘러나간 자료의 처리가 가장 힘들어, 전해들은 이야기에 근거하거나 혹은 간접적으로 다른 사람의 설을 인용하거나 하였기 때문에, 종종 수많은 오류가 있었다. 이러한 문제의 경우 지금은 비교적 쉽게 해결되었다."

호후선의 최신 통계에 의하면, "해외에 수장된 갑골을 보면, 일본이 12,443편, 캐나다가 7,802편, 영국이 3,355편, 미국이 1,882편, 서독이 715편, 소련이 199편, 스웨덴이 100편, 스위스가 99편, 프랑스가 64편, 싱가폴이 28편, 벨기에가 7편, 한국이 6편[123] 등, 12개 국가에 총 26,700편이 소장되어 있다." 그리고 "중국내의 기관에서 수장한 것이 95,800편, 개인 수장이 1,731편, 대만에서 수장한 것이 30,204편, 홍콩에서 수장한 것이 89편 등 총 127,904편이다." 이를 합치면 국내외에 소장된 합은 154,604편이 된다. "대체적인 숫자로 말하자면 85년 동안 은허에서 출토된 갑골문 재료는 약 15만 편에 이른다고 할 수 있다."[124] 이는 기본적으로 1951년 출판된 『50년간 갑골 발견의 총결』에서 말한 16만 편과 접근하고 있다.

1996년, 호후선의 유작인 「대륙 현재 소장 갑골문자大陸現藏之甲骨文字」가 『사어소 집간』의 제67본 제4분책에 발표되었다. 이 논문은 ① 전래 갑골 재료, ② 고고연구소의 지속적 발굴, ③ 갑골 전파의 현황, ④ 북경 각 기관 소장, ⑤ 기타 각 기관 소장, ⑥ 각 기관 소장 특징의 예시, ⑦ 초기 갑골 소장의 발전, ⑧ 갑골 탁본 소장 현황, ⑨ 『합집』의 연기緣起와 편집, ⑩ 『합집』의 의의와 보편補編으로 구성되어 있다. 이 논문은 호후선이 심혈을 기울여 갑골 자료를 추적한 결정체라고 해야만 할 것이다.

---

123) (역주) 이는 7편으로 수정되어야 할 것이다. 서울대학교 규장각에 경성제국대학 시절 기증받은 1편이, 숙명여대에 2004년 캐나다에서 구입한 6편이 소장되어 있다. 또 최근에는 서울대에서 12편을 들여오기도 했으나, 이들의 경우 뼈는 진짜이나 문자는 위각된 것으로 판명되었다.

124) 胡厚宣, 「八十五年來甲骨文材料之再統計」, 『史學月刊』 第5期, 1984.

④와 ⑤부분에서 "대륙 24개 성·시·자치구의 39개 도시의 93개 기관에서 총 96,225편의 갑골을 소장하고 있다. 개인 수장의 경우, 북경 외에 상해에 18명, 천진에 3명, 하얼빈에 2명, 제남에 1명, 개봉에 3명, 남경에 2명, 서주徐州에 1명, 항주에 2명, 소흥紹興에 1명, 광주에 1명, 계림에 1명, 서안에 1명, 성도에 1명 등이다. 총 14개 도시의 47명에게 1,731편이 소장되어 있다. 기관과 개인을 합치면 97,956편에 이른다"고 했다. ⑦부분에서는 왕의영의 갑골 전파 정황을 "부록 표 1"로써 이를 밝혔으며, 유악의 갑골 전파 정황을 "부록 표 2"로 밝혔고, 나진옥 갑골의 전파 정황을 "부록 표 3"으로 밝혔고, 단방端方·맹정생孟定生·왕양王襄·멘지스明義士·유체지劉體智 등의 갑골 전파 정황을 "부록 표 4"로 밝혔고, 쿨링과 찰펀트의 갑골 수장 정황을 "부록 표 5"로 밝혀 두었다. 이렇게 함으로써 대를 이어 세상에 전해지던 갑골의 전파가 수시로 주인이 바뀌면서 전해지는 정황을 한 눈에 들어오게 했다. 그리고 ⑧부분에서는 "갑골 탁본의 경우, 북경대학 소장본이 가장 많고, 그 다음이 고고연구소이며, 북경도서관과 고궁박물원도 적지 않게 소장하고 있다. 우리 자신의 탁본과 외지에서 소장하고 있는 것까지 합치면, 총 2백여 곳에서 20여만 편이 소장되어 있다"고 했다.

"하늘 끝까지 올라가고 황천 끝까지 달려가, 온갖 부산을 다 떨며 자료를 찾았다네窮碧落下黃泉, 動手動脚找材料." 이처럼 「대륙 현재 소장 갑골문자」는 호후선 선생께서 1934년부터 갑골을 찾아 나서기 시작하여, 60년간의 세월 동안 심혈을 기울여 중국내 갑골문 자료를 집대성한 저작이라고 해야만 할 것이다. 그래서 이는 백 년 동안의 갑골 자료에 관한 가장 완비된 총결이며, 『갑골문 합집』의 편찬에 견실한 기초를 마련해 주었다. 바로 수십 년 동안 "지속적인 노력으로 호후선 선생은 15만 편에 이르는 갑골의 모든 소장 지점과 각각의 내원, 저록 정황과 현재 소장 지점에 대해 속속들이 익숙하게 익히고 있었기에, 『합집』이라는 책이 곽말약의 '가능한 한 모든 자료를 완비되게 수집하라'는 요구를 순조롭게 달성하여, 학술연구에 가장 완비된 전래 갑골 저록의 총집을 제공할 수 있었던 것이다."[125]

3) 갑골학 자체 법칙과 이론에 대한 총결의 지속적인 보완과 발전에 관한 "통론성" 저작

1928년 은허에 대한 과학적 발굴이 이루어지기 전에는 "갑골문의 출토 정황에 대해 잘 알지 못했을 뿐 아니라 갑골 그 자체에 대해서도 거북의 배딱지인지 등딱지인지, 아니면 동물의 정강이 뼈인지도 구분하지 못했다."[126] 그리고 학자들의 연구는 대부분 산산조각 난 상태의 갑골 탁본에 국한되어, 혹은 글자를 연역적으로 풀어내거나, 혹은 상대사의 윤곽을 그려내면서, 간혹 새로운 발견도 있었지만 그 연구방법은 기본적으로 여전히 전통적인 금석학에 머물러 있었다. 그러나 1928년 은허의 과학적 발굴이 이루어진 이후로 "현장 고고학의 과학적 방법론은 갑골학 연구의 발전에 지대한 영향을 미치게 되었다. 그 이후로 갑골학 연구는 단지 문자에만 중점을 둔 채 동반 출토된 다른 유물과 유적에는 관심을 두지 않던 전통적인 금석학의 한계를 극복하고서 커다란 발전을 이루게 되었다."[127] 바로 동작빈의 말처럼, 은허가 발굴된 이후로 "갑골문의 연구범위는 자연스럽게 확대되어 가는 추세에 놓이게 되었고, 그리하여 점차 탁본 상의 문자 연구에서부터 나아가 실물(거북딱지와 동물 뼈)의 관찰에 주의하게 되었으며, 실물에서부터 다시 지층에 주목하게 되었고, 기타유물 유물과의 참조 검증에 주목하게 되었고, 국외 재료와의 비교에 주목하게 되었다. 바꾸어 말해서, 문자학의 연구로부터 고고학적 연구로 나아갔던 것이다."[128] 특히 은허의 유명한 H127갱 전체에서 1만7천여

125) 王宇信, 『甲骨學通論』, 中國社會科學出版社, 1989, 347면.
126) 董作賓, 『甲骨學六十年』, 藝文印書館, 1965, 23면.
127) 王宇信, 『甲骨學通論』, 中國社會科學出版社, 1989, 87면.

편의 갑골이 발견되고 수차례에 걸친 발굴에서 얻은 갱위가 명확한 대량의 갑골문은 갑골 및 갑골 자체의 법칙에 대한 인식과 관찰을 대단히 풍부하게 해 주었다. "과거의 경우 후세에 전해지던 갑골의 대부분이 산산조각 난 상태여서, 이에 근거해서는 갑골의 '전모' 파악이 힘들었지만, 지금은 이 갱에서만 완전한 상태의 큰 거북딱지가 3백여 판版이나 발견되었으며, 여기에다 짜 맞추기綴合 재료도 더욱 증가했다. 그래서 학자들의 시야가 크게 넓어졌고, 생각도 광활해졌다. 시기구분설과 함께 갑골학의 다른 방면, 예컨대 복법의 문례文例 · 기사 각사 · 복사 동문同文 · 복사 잡례雜例 등과 같은 갑골학 자체의 법칙에 대한 연구도 커다란 진전을 이루었다."[129] 시기를 달리하여 출판된 "통론"성 저작은 바로 갑골문 자체 법칙에 대한 학자들의 요지 설명과 범례의 제시였으며, 깊은 신비를 파헤친 창조적인 새로운 성과의 지속적인 총결이었다.

갑골학 이론의 통론성 저작은 연구의 중점이 서로 다르기 때문에, 비교적 엄격하게 갑골과 갑골문 자체의 법칙을 논술한 갑골학 통론이 있는가 하면, 또 갑골문 자체에 한정되지 않고 복사에 사용된 갑골 및 복사에서 언급한 관련 연구 성과면 모두 총결의 예에다 포함시킨 넓은 의미의 갑골학 통론도 있다. 갑골학 연구의 서로 다른 발전 단계에서 출현한 갑골학 이론에 관한 통론성 저작은 갑골학 자체의 법칙 및 갑골문과 관련한 내용에 대한 학자들의 창조적인 탐색의 총결일 뿐 아니라 유관 탐색을 계발하고 이끌어 내 진일보하게 심화시킨 결과물이었다.

(1) 갑골학 이론에 관한 통론성 저작

비교적 이른 시기에 나왔으면서도 갑골학계의 주목을 받았던 갑골학 자체 법칙을 전면적으로 반영한 통론성 저작이라면 응당 호후선의 「갑

128) 張秉權, 『甲骨文與甲骨學』, 國立編譯館, 1988, 4면.
129) 王宇信, 『甲骨學通論』, 中國社會科學出版社, 1989, 89면.

골학 서론甲骨學緖論」을 들어야만 할 것이다.[130] 「갑골학 서론」은 "① 명칭의 변별辨名, ② 출토, ③ 시대, ④ 유별, ⑤ 크기尺寸, ⑥ 수량, ⑦ 복법卜法, ⑧ 복사, ⑨ 문례文例, ⑩ 글자수, ⑪ 장문長文, ⑫ 전책典冊" 등과 같은 여러 측면에서, 1899년 갑골문 발견 이후 특히 은허의 과학적 발굴 이후의 갑골 및 갑골문에 대한 체계적인 인식을 총결했다. 그중 "① 명칭의 변별辨名, ② 출토, ③ 시대"에서는 1903년 유악의 『철운장귀』가 출판된 이후부터 1928년 과학적 발굴이 이루어지기 이전까지의 두 세대 학자의 공동노력의 성과를 기술했다. 특히 갑골문의 시대에 관해서, 동작빈의 「갑골문 시기구분 연구 예」에서는 "또 갑골문에 포함된 시대가 반경盤庚부터 제신帝辛까지라고 했는데, 지금 살펴본 결과 동작빈의 설이 맞다"고 함으로써 학술계에서 일치된 의견을 얻었다. 그리고 "④ 분류"에서는 복사에 사용된 거북딱지에는 배딱지와 등딱지와 개조된 등딱지 등이 고고학적 실물로 관찰되었다고 했는데, 이는 "은나라 사람들은 점복을 할 때 배딱지만 사용하고 등딱지는 버렸다"는 나진옥 · 멘지스 등의 인식보다 크게 진보한 것이다. 그리고 복골의 경우 "언제나 어깻죽지 뼈胛骨"를 쓴다고 했는데, 은허에서 발굴된 것을 보면 소의 갈비뼈肋骨를 연습 삼아 새긴 것이 1점 발견된 것을 제외하면, 확립된 복골 제도로 보인다. 정강이뼈脛骨 · 코끼리 뼈象骨 · 사슴 어깻죽지 뼈鹿胛骨 등의 설에 대해서는 "모두 추측에 의한 말로 믿을 수 없다"고 했으며, 이로부터 점복에 사용된 재료에 대해 전면적인 인식이 이루어졌다. "⑤ 길이尺寸"는 바로 완전한 배딱지 · 거북의 등딱지 반쪽, 개조된 등딱지 등의 최대 크기와 최소 크기에 대한 인식을 말하는 것으로, 은허의 과학적 발굴의 최신 성과를 반영해 주었다. "⑥ 수량"은 "이미 출판된 20종의 갑골문 자료에 관한 책에 근거해", 상대에 사용된 소와 공납에 의한 거북에 대해 통계를 내어, "사용된 소는 8,210마리이며, 소 한 마리에 좌우 두 개의 어깻죽지 뼈가

130) 胡厚宣, 「甲骨學緖論」, 『甲骨學商史論叢』, 2集 下冊, 齊魯大學國學硏究所, 1943.

있으므로 총 16,410개가 된다"고 했다. 또 공납된 거북은 "총 242차례, 12,085마리이다. 거북의 경우 한 마리에 배딱지 하나와 둘로 쪼갠 등딱지 두 개씩 나오므로, 총 숫자는 36,255판版이 된다." 이미 출토된 10만 편의 갑골문을 보면 "그중 거북딱지와 동물 뼈의 비율은 73 : 27이다." 이러한 비율로 계산해 보면, "거북은 9,730마리, 소는 대략 5,400마리로, 앞서 말한 죽인 소와 공납된 거북의 숫자와 크게 차이가 나지 않는다." "⑦ 복법卜法"은 갑골의 다듬기整治·찬조鑽鑿 형태·복조卜兆의 배열·조서兆序·조사兆辭·길조의 기록記吉·사용 기록記用·징험의 기록記驗 등을 비롯해 검은 칠涂墨과 붉은 칠涂朱 등에 대한 심화된 인식에 대해 총결했다. 그리고 과학적 발굴을 통해 갑골문의 경우 의식적인 매장은 비교적 적으며 나머지는 대부분 "당시에 제멋대로 버려진 것이다"고 했다. "⑧ 복사"에서는 "하나의 완전한 형태의 복사는 대략 서사敍辭, 명사命辭, 점사占辭, 험사驗辭 등 네 부분으로 나누어지지만", "복사에서 이 넷을 다 갖춘 경우는 많지 않다"고 했다. "⑨ 문례文例"에서는 갑골 상에 복사를 새기거나 쓰는 방식을 비롯해 써 나가기行款에 대한 인식, 즉 "언제나 정해진 예가 있는데, 대체로 말해서, 일부 특수한 상황을 제외하면, 모두 순방향과 역방향의 복조각사卜兆刻辭"와 같은 거북딱지와 동물 뼈에서의 복사의 써 나간行款 방향의 특징에 대해 총결했다. 이처럼 「갑골학 서론」에서는 은허 갑골문이 발견된 이후, 근 45년에 걸친 은허갑골 및 갑골문 자체의 법칙을 하나하나 밝혀내고, 상나라 때의 점복과정에 대해 결론적으로 서술함으로써 중요한 돌파를 이루었다. 비록 문장은 간단하지만, 상세한 주석이 심화 연구에의 실마리를 제공해 주고 있다. 그래서 이 글은 호후선의 『50년 동안의 갑골학』[131]의 주요 구조를 이루는 초고였다고 할 수 있다. 그 후 1954년 인민출판사에서 호후선에게 『갑골학 개론』[132]의 저술을 제의했는데, 바로 이것을 말했을 것이다. 하지만 갖가

131) 胡厚宣, 「序言」, 『五十年甲骨學論著目』, 中華書局, 1952.
132) 胡厚宣, 「序」, 『甲骨學通論』, 中國社會科學出版社, 1989.

지 정치적인 원인과 복잡하게 얽힌 일 때문에 완성하지 못했고, 호후선 선생은 매번 이를 유감으로 생각하고 있었다.

1978년 엄일평嚴一萍의 『갑골학甲骨學』이 예문藝文인서관에서 출판되었는데, 총 9장으로 구성되었다. 그중 제3장은 진위의 감별辨僞과 짜 맞추기綴合, 제7장은 시기구분斷代, 제8장은 갑골문자의 예술, 제9장은 갑골학의 전도에 대한 전망 등인데, 이는 「갑골학 서론」에서 없던 내용으로, 갑골과 갑골문 자체의 여러 법칙에 대한 학자들의 인식을 더욱 전면적으로 반영해, 1940년대 호후선의 「갑골학 서론」보다 연구의 영역에서 많은 부분이 개척되었음을 보여 준다.

『갑골학』의 제1장은 "갑골과 은상의 강역에 대한 인식"이다. 갑골학 연구는 "먼저 갑골의 구조를 이해해야 하고, 그 다음으로 갑골이 출토된 광활한 지역에 대해 명확하게 알아야 하며, 갑골의 출토 지역이 광활하기 때문에 이로부터 다시 은상 강역의 광활함을 생각해야 한다." 제2장은 "갑골의 출토, 탁본의 전수와 저록"인데, 은허의 과학적 발굴을 전후로 해 이루어졌던 수차례의 갑골 출토 정황에 대한 소개로부터 1973년 소둔남지에서 출토된 갑골을 소개하고 있다. 그리고 1903년 『철운장귀』의 출판으로부터 78년간 "저록된 갑골서가 연구 대상"이라고 했다. 제3장에서는 "진위의 감별辨僞과 짜 맞추기綴合"에 대해 전문적으로 기술했는데, 연구자라면 "진위의 감별 능력을 갖추고 있어야 하며, 짜 맞추기의 능력도 갖추어야만 비로소 갑골 연구의 초보적인 문을 들어 설 수 있다"고 했다. 제4장에서는 "찬조鑽鑿와 점복"에 대해 전문적으로 기술했는데, "이는 갑골의 중요한 기초로, 찬조鑽鑿를 판 이후 점복을 하게 되고, 점복을 한 후 복사가 만들어 진다"고 했다. 제5장의 "글자의 고석과 인식"이 갑골복사 연구의 "가장 중요한 방법"이라고 했다. "그래서 글자 고석에 관한 여러 가지 방법을 들고 있으며, 독자들은 이러한 방법에 근거해 시도해 보고 검토해 볼 수 있으며, 진일보한 응용도 가능하다"고 했다. 제6장에서는 "구두句讀의 통달과 문례文例의 인식"에 대해 전문적으로 기술했다. 이것은 "갑골의 구두句讀가 가장 어렵고, 조금이라도 방심하면 잘못 되며, 잘리고 떨어져 나간 복사가 대부분이기에 절대로 제멋대로 연결해 읽음으로써 기이한 이론을 만들어 내서는 아니 되기 때문이다. 그래서 문례文例에 대해 진일보한 이해가 반드시 필요하며, 그래야만 복사를 곡해하지 않게 된다"고 했다. 제7장은 "시기구분斷代"이다. "시기구분은 갑골 연구자가 반드시 구비해야 할 기초 지식이기 때문에", 이 장은 책 전체에서도 "매우 중요한 장이다." "언당彦堂 선생의 「갑골문 시기구분 예」에서 이미 매우 분명하게 설명한 바 있다. 오늘날 문제가 되는 것은 문무정 시대의 복사이다. 그래서 특별히 문무정 시대의 복사의 증거에 중점을 두었으며, 결코 허황된 추론을 하지는 않았다." 저자가 보기에 "오늘날의 유적지에서 출토되는 유물을 보면 더더욱 움직일 수 없는 새로운 증거를 더해 주었으며, 정말이지 명확한 증거를 가진 확정된 것으로 더 이상 논증이 불필요하다"고 했다. 이와 동시에 호후선의 "4시기 설", 진몽가의 "정인조貞人組", 패총무수貝塚茂樹의 왕족王族 다자족多子族 복사 등에 대해 전면적으로 논박했다. 제8장이 "갑골문자의 예술"에서는 갑골의 서법예술이든 아니면 갑골 예술의 또 다른 표현 방식－문자화文字畵든, "이 두 가지 표현방식은 서로 다르긴 하지만, 다 같이 '소학小學'의 기초이며, 그것이 아니라면 이는 제멋대로 덕지덕지 칠한 것이지 결코 예술이 아니다." 제9장의 "갑골학의 전도에 대한 전망"에서는 주로 1956년 8월 동작빈이 홍콩 대학에서 발표했던 「갑골학의 전도에 대한 전망甲骨學前途之展望」에서의 의견, 즉 "갑골자료의 결집", "짜 맞추기 복원의 중요성", "색인 공구서의 편찬", "연구방법의 개진" 등을 그대로 옮겨 놓았다.

이처럼 저자는 "세상에서 말하는 갑골 학자 중 오로지 언당彦堂 선생만이 갑골의 각 방면에서 연구해 논저를 발표했을 뿐이며", 그래서 "갑골학은 동언당董彦堂 선생이 세워 놓았다"고 했다. "오직 언당 선생만이 저작을 통해 비교적 체계를 가진 '갑골학'을 정리해 내었으며, 필자는 이

책에서 단지 '새로운' 견해를 보탰을 뿐이다"고 했다.[133)]

"비록 80여 년 동안 갑골학 연구에서 커다란 진전이 이루어졌지만, 아직까지 갑골학의 자체 법칙에 대해 체계적이고 전면적으로 논술한 저서가 없었다. 엄일평의 『갑골학』이 바로 이러한 저작으로, 이러한 방면에서의 공백을 채워 주었고, 갑골학의 발전과 갑골학 인력의 배양에 공헌했다." 하지만 "이 책은 스승의 학설(동작빈의 각종 발견)을 지나치게 엄격하게 계승한 나머지, 근년에 들어 국내외의 갑골학 연구에서 얻은 성과와 진행된 논의에 대해서는 주의가 부족했다."[134)] 이외에도 이 책은 대만에서 출판되는 바람에, 당시 비교적 특수한 상황 하에 대륙에서는 일부 고급 연구 기관에서만 이 책을 볼 수 있었을 뿐, 일반인은 볼 방법이 없었다. 그래서 1956년 진몽가의 『은허복사 종술』이 출판된 이후, 계속해서 최신의 연구 성과를 반영한 통론성의 저작이 나오지 못했다. 1987년 진위담陳煒湛의 『갑골문 간론甲骨文簡論』[135)]이 출판되고, 1989년 왕우신王宇信의 『갑골학 통론甲骨學通論』이 나오고서야 엄일평의 『갑골학』에서의 부족한 점이 메워졌을 뿐 아니라, 90년 동안의 연구 성과를 전면적으로 총결한 통론성 저작의 필요를 충족시킬 수 있었다.

진위담의 『갑골문 간론』은 총 9장으로 나누어져 있는데, 내용적인 측면에서 최근 대륙에서의 연구 진전을 충분히 반영하였다. 그래서 『갑골학』에 비해 큰 진전을 이루었다고 해야만 할 것이다. 제1장 "갑골문의 발견과 발굴"에서는 신 중국 성립 이후의 은허 발굴 및 역대 갑골문의 새로운 발견, 특히 "1970년대에 들어 계속해서 적잖게 발견된 갑골문자"에 대해 소개했다. 1973년 소둔남지에서 새로 출토된 갑골은 "1971년 출토된 10편을 비롯해 1975년부터 1977년까지 소둔촌 일대에서 산발적으

133) 嚴一萍, 「序」, 『甲骨學』, 藝文印書館, 1978.

134) 王宇信, 『甲骨學通論』, 中國社會科學出版社, 1989, 301면.

135) (역주) 연세대학교 李圭甲 교수 등에 의해 2003년 『갑골학 도론』이라는 이름으로 學古房출판사에서 한국어로 번역 출간되었다.

로 채집된 13편과 함께 고고연구소의 정리를 거쳐 『소둔 남지 갑골』로 출판되었는데, 그 도판 부분(즉 상책)은 이미 1980년에 출판되었으며, 갑골문 연구의 최신 자료가 되었다." 그리고 1977년 이후 섬서 기산岐山·부풍扶風의 주원周原에서 발견된 일련의 갑골은 "학술계에서 현재 논의 과정에 있지만, 심화 연구를 거친 후 일치된 결론을 도출하게 될 것이라 확신한다."136) 80년 동안 출토된 갑골문의 총수에 대해서, 필자는 "동작빈의 통계를 기초로 하여, 다시 해방 후에 새로 출토된 갑골의 수를 더해야 한다는 데" 찬성하면서, "그래도 80년 동안 출토된 갑골문의 총수는 여전히 약 10만 편 정도로 본다"고 했다.137) 제2장 "갑골문의 저록·고석 및 자전의 편찬"에서는 갑골문 저록의 형식과 방법에 대해 과학적인 총결을 내렸다. 그에 의하면 "형식의 경우, 탁본이 좋으며, 이에다 모사본을 보충으로 삼는 것이 가장 좋다. 방법의 경우, 시기구분 분류가 연구에 가장 유리하다"고 했다.138) 이외에도 갑골문자 고석 과정에서 경험했던 초기 단계·기초 단계·발전 단계의 발전 및 그 과정에서 얻은 경험에 대해 심도 있게 논증했다. "혹은 일가의 해설을 기술하거나, 혹은 여러 학자의 해설을 종합하거나, 혹은 자형의 변이에 중점을 두거나, 혹은 고석의 경위에 중점을 둔" 80년 동안 출판되었던 7종의 갑골문 자전에 대해 "각각의 장점과 각각의 단점"으로 진행한 과학적인 분석은, 앞으로 "원래 있던 기초 위에서 각 사전의 장점을 취해 새로이 갑골문 공구서를 편찬하는 데 대단히 필요한 것이다."139) 제4장 "갑골문자의 특징 및 그 발전 변화"에서는 "육서六書 이론은 갑골문에서도 기본적으로 적용 가능하며, 갑골문의 분석과 고석에도 필요하다"고 하면서,140) 갑골문자의 형체 구조가 고정되지 않은 특징 등을 지적했다. 그리고 "형체 구

136) 陳煒湛, 『甲骨文簡論』, 上海古籍出版社, 1987, 8면.
137) 陳煒湛, 『甲骨文簡論』, 上海古籍出版社, 1987, 10면.
138) 陳煒湛, 『甲骨文簡論』, 上海古籍出版社, 1987, 15면.
139) 陳煒湛, 『甲骨文簡論』, 上海古籍出版社, 1987, 31면.
140) 陳煒湛, 『甲骨文簡論』, 上海古籍出版社, 1987, 59면.

조가 체현해 낸 '본래 뜻本義'과 그것이 구체적인 각사에서 사용되는 실제적 함의는 별개의 일로, 절대 하나로 섞어서 이야기해서는 아니 되며, 더더욱 현대한어 속의 개념으로서 갑골문자를 이해해서도 아니 된다"고 했다.[141] 제5장 "갑골문의 분류와 주요 내용"에서는 "심화되고 세밀한 갑골문 연구를 위해서, 갑골에 대한 적당한 분류는 대단히 필요하다"고 했다. 이미 출판된 갑골 저록을 보면 학자들의 취사선택이 다르고, 분류도 같지 않다. 『갑골문 합집』에서의 분류가 비교적 상세하긴 하지만, "갑골문 전체가 계급투쟁에 관한 판에 박힌 듯한 기록인 것은 결코 아니며, 각 계급도 언제나 구체적인 사건과 연계되어 있으며, 게다가 통치자와 피통치자가 종종 동시에 같은 복사나 동일 갑골에 출현하고 있다. 그래서 계급성분에 의한 구분이라는 방법으로써 갑골문의 내용을 구분하는 것은 온당치 않아 보이며, 단지 실제에서 출발해 적당한 분류를 해야만 한다"고 했다. 이외에도, "비왕非王복사"에 대해 말하면서, 『합집』 20,218 · 20,311 · 20,316편 등과 『일佚』 577편 등을 예로 들어, 이에 대한 이의를 제기했으며, 이러한 복사속에는 왕도 등장하지 않고 선왕의 이름도 존재하지 않기 때문에, 이를 '비왕非王 복사'에 귀속시킨다는 것은 성립될 수 없다"고 했다.[142] 제6장 "갑골문의 분기分期—시기구분 연구"에서는 동작빈의 시기구분에 관한 "10가지 표준"에 대해 토론하고 검증한 후, '이러한 표준은 대부분 옳으며, 동작빈의 갑골 시기구분에 관한 학설은 기본적으로 정확하다. 동작빈의 시기구분설이 이미 지나간 것이라고 여기는 그러한 관점은 사실에 부합하지 않는 잘못된 것이다"고 했다.[143] 이와 동시에 수십 년간 갑골학계에서 가장 격렬한 논쟁을 벌였던 사조와 자조 복사의 귀속문제에 대해서도 갱위와 지층의 관계, 정복貞卜 동판同版 관계, 조兆의 측면에 새긴 각사의 일치, 계일법計日法, 칭위 관계, 인

141) 陳煒湛, 『甲骨文簡論』, 上海古籍出版社, 1987, 73면.
142) 陳煒湛, 『甲骨文簡論』, 上海古籍出版社, 1987, 79면.
143) 陳煒湛, 『甲骨文簡論』, 上海古籍出版社, 1987, 175면.

물 등과 같은 6가지 측면에서 진일보하게 고찰한 후 “사조·자조 복사는 무정시기에 속한다고 단정할 수 있다”고 논증했다. 정인貞人이 봉직했던 기간의 한도 문제에 대해서는, “2시기를 넘는 경우 외에도, 극소수이긴 하지만 3개의 조대에 걸쳐 있는 원로도 존재하는”144) 현상이 있기 때문에, “정인貞人이 몇 조대에 걸쳐 봉직한 현상이 존재한다면, 정인에만 근거해 연대(특히 몇 조대에 걸쳐 봉직한 정인이 등장하는 복사)를 구분하는 것도 대단히 신중해야만 한다. 이때에는 바로 다른 시기구분표준을 참고해 구분해야만 한다”145)고 했다. 1973년 소둔 남지 갑골이 출토된 이후, “이번 발굴은 믿을 만한 지층관계를 갖고 있는데다 항상 도기와 함께 출토되었기 때문에, 갑골의 시기구분 연구 특히 제3기와 제4기 복사의 구분에 대단히 도움이 된다.”146) 그리고 “소위 ‘역조 복사’ 설은 그 자체가 성립 불가능하며, 상세히 논의해 볼 필요가 있다.” “현재까지의 자료에 근거해 볼 때 정인 역歷의 복사는 사실 무을 시대에 속하며, 무정·조경 복사와는 분명한 차이를 보인다”고 했다.147) 제7장 “갑골문의 짜 맞추기綴合”에서는 먼저 짜 맞추기의 세 가지 원칙을 총결했는데, “거북딱지나 동물 뼈의 부위가 서로 맞아떨어져야 하고 끊어진 곳의 이음새가 긴밀하게 들어맞아야만 한다”, “문례와 사류가 일치해야 한다”, “글자체의 스타일도 비슷해야 한다” 등이다. 그리고 “갑골의 짜 맞추기는 탁본에만 근거해서는 신빙성에 한계를 가지며 잘못 짜 맞추기 쉽다. 그래서 가능한 한 실물을 이용하여 짜 맞추기나 대조를 해야만 한다”고 지적했다.148) 제8장 “갑골문의 진위 감별辨僞”에서 필자는 거북딱지의 형태·문례·계선界線·칼 솜씨刀法 등의 측면에서 “계재契齋 소장 갑골의 하나”가 위각이 아니라고 극력 주장한 것은 대단히 의미 있는 부분이다. 이외

144) 陳煒湛, 『甲骨文簡論』, 上海古籍出版社, 1987, 179면.
145) 陳煒湛, 『甲骨文簡論』, 上海古籍出版社, 1987, 180면.
146) 陳煒湛, 『甲骨文簡論』, 上海古籍出版社, 1987, 181면.
147) 陳煒湛, 『甲骨文簡論』, 上海古籍出版社, 1987, 182면.
148) 陳煒湛, 『甲骨文簡論』, 上海古籍出版社, 1987, 188면.

에도 학술계에서 비교적 논쟁이 컸던 『쿨링』 1,506편의 "가보家譜 각사"의 진위문제에 대해서도 다시 분석했다.[149] 그는 호후선의 의견에 찬동하면서 "『쿨링』 1,506편이 위각일진대, 그 '가보 각사'에 근거해 고증하고 추론한 것은 모두 믿을 수 없다"고 했다.[150] 제9장 "갑골문 연구의 과거·현황 및 이후의 전망"에서는 80년간의 갑골문 연구의 주요 성과를 총결한 동시에 "갑골문 연구는 사실 두 가지 길이 존재하는데, 하나는 역사 고고학적 길로 역사학의 범주에 속하며, 다른 하나는 언어문자학의 길로 언어학의 범주에 속한다"고 했다. 또 80여 년 동안 "역사고고학의 길을 통한 갑골문 연구는 연구자도 많을뿐더러 '권위적인 인사'도 많아", "갑골문의 연구(금문 및 고문자 자료의 연구도 포함)는 바로 역사를 연구하기 위한 것이며, 고고학의 일부분이라" 착각하게 만들었다. "하지만 언어문자의 측면에서의 갑골문 연구는 그 성과가 적지는 않았다 할지라도, 전자에 비해서는 큰 차이를 보인다." 그래서 갑골문과 관련된 언어문자학의 많은 이론적 문제에 대해서 연구하는 사람이 많지 않고, 그래서 적잖은 부분에서 "아직도 아는 듯 모르는 듯 몽롱하기 그지없는 상태이다." 그 원인은 "과거의 갑골문 연구의 대가들은 대부분 언어학적 안목과 이러한 방면에서의 흥미를 갖고 있지 않았고, 그리하여 언어 연구자들은 또 고문자에 대한 수양이 크게 부족하여, 고문자자료를 운용한 언어 연구에 그다지 충분히 주목하지 않거나 흥미를 잃었기 때문이

149) (역주) 이 "家譜刻辭"는 『영국 소장』 2,674편에 보이며, 13행 53자로 되었으며, 중국 최초의 족보라는 점에서 여러 학자들의 주목을 받았다. 하지만 그동안 이에 대한 진위 논쟁이 일어, 胡光煒·董作賓·郭末若·容庚·唐蘭·胡厚宣·金常恒·嚴一萍 등은 이를 僞刻으로 보았고, 陳夢家·張政烺·朱德熙·島邦南·馬漢麟·饒宗頤·孫海波·白川靜·儀眞·于省吾 등은 眞刻이라 했다. 특히 胡厚宣의 「甲骨文"家譜刻辭"眞僞問題再商榷」(『古文字研究』 제4집)과 于省吾의 「甲骨文"家譜刻辭"眞僞辨」(『古文字研究』 제4집)은 양 진영의 논지를 대표한다. 하지만 1991년 사라 알란(艾蘭, Sarah Allan)의 「論甲骨文的契刻」(『英國所藏甲骨集』 하편 부록)에서 현미경 확대 촬영에 근거한 결과 이 "가보 각사"는 진짜로 볼 수 있으며, 이의 대표 시대는 武丁 때라고 확정한 바 있다.

150) 陳煒湛, 『甲骨文簡論』, 上海古籍出版社, 1987, 212면.

다."[151] 그래서 갑골문의 언어학 연구는 갑골학에서 비교적 박약한 부분으로 남고 말았다. 이러한 부분은 향후 갑골학의 심화 연구에서 대단히 지도적 의미를 지닐 것이다.

결론적으로 말해서, 『갑골문 간론』은 "갑골문과 관련된 많은 중요한 문제를 언급하였고, 저자의 소개와 논술은 실제적으로 과거 80여 년간의 중국 갑골문 연구에 대한 작은 결론이었으며",[152] 1978년 출판된 엄일평의 『갑골학』에 비해 넓이나 깊이에서 대단히 진보했다.

그 후 얼마 뒤, 은허 갑골문 발견 90주년이 되던 1989년, 왕우신은 다시 『갑골학 통론甲骨學通論』을 출판했는데, 다음과 같은 몇 가지 방면에서 기술했다. 제1장은 서론이며, 그 다음을 상편과 하편의 둘로 나누었다. 이 책의 상편은, 제2장 갑골문의 발견 연대와 발견자, 제3장은 갑골문 출토 지점과 시대의 확정 및 갑골문의 명명, 제4장은 갑골문의 발견과 갑골학 연구의 몇 가지 단계, 제5장은 갑골의 다듬기와 점복, 제6장은 갑골학 전문 용어 및 갑골 문례文例, 제7장은 갑골문의 시기구분(상), 제8장 갑골문의 시기구분(하), 제9장 갑골문 재료의 사용에서 주의해야 할 몇 가지 문제, 제10장 갑골의 주요 저록 및 소장 현황, 제11장 갑골학과 은상사 연구의 주요 저술, 제12장 갑골학사에 공헌한 학자 및 연구 특징 등이다. 이 책의 하편은, 이끄는 말小引, 제13장 갑골학 연구의 새로운 분과—서주 갑골학, 제14장 주원에서 출토된 상나라 사람들의 묘제廟祭 갑골, 제15장 향후의 서주 갑골학 연구, 제16장 갑골문과 갑골 서예 등이다. 이 외에도 책 끝에 4개의 부록이 첨부되었다.

『갑골학 통론』은 "87년간의 갑골연구의 성과를 가능한 한 충분히 반영하려 노력했고, 이미 해결되었거나 해결되고 있는 몇몇 중요한 학술적 문제의 전후 경과를 분명하게 기술하려 노력했으며, 논쟁 중인 몇몇 문제에 대해서도 소개함으로써 독자로 하여금 이 문제를 생각하고 그 논

151) 陳煒湛, 『甲骨文簡論』, 上海古籍出版社, 1987, 225~226면.
152) 商承祚, 「序」, 『甲骨文簡論』, 上海古籍出版社, 1987.

쟁 속으로 들어가도록 했다."[153] 제2장 "갑골문의 발견 연대와 발견자"에서는 치밀한 고증을 통해, 학술계에서 최근 관심을 가졌던 갑골문 발견 연대와 그것의 발견자에 대한 논쟁에 대해 이렇게 해답을 주었다. 즉 "갑골의 발견자, 발견자와 동시기의 관련 인사 및 후인들이 남겨 놓은 기술을 진지하게 분석하고 비교하고 연구한 후, 오로지 실사구시적인 마음으로 접근해야만 공정한 결론을 쉽게 이끌어 낼 수 있었다. 갑골문은 분명 1899년에 발견되었으며, 인위적으로 1898년으로 끌어 올릴 수는 없다."[154] 그리고 갑골문의 최초 발견자는 왕의영王懿榮이다. "하지만 왕양王襄과 맹정생孟定生도 왕의영과 함께 갑골문의 최초 발견자로 볼 수 있으며, 갑골학사에서도 일정한 지위를 가져야만 할 것이다."[155] 제3장 "갑골문의 출토와 시대의 확정 및 갑골문의 명명"에서는 이렇게 말했다. 결코 갑골의 출토지인 하남 안양 소둔촌에 대한 학자들의 탐색에 구속되지 않고, 한 걸음 더 나아가 더욱 깊은 단계에서 "갑골문의 분명한 출토 지인 소둔촌을 고증했다는 것은 갑골학 연구에 커다란 의의를 지닌다."[156] 그리고 "'갑골문'이라는 이름이 더욱 많은 사람들에 의해 받아들여지게 되었는데, 이는 은허의 과학적 발굴이 전개된 이후, 은허에서 출토된 문자자료에 대해 더욱 깊이 인식 하게 된 결과였다."[157] 제4장 "갑골문의 발견과 갑골학 연구의 몇 가지 단계"에서는 갑골문의 발견 전후를 네 단계, 즉 매장 및 파괴 단계·비과학적 발굴 단계·과학적 발굴 단계·심화 연구 단계 등으로 나누었다. "이와 상응하여, 갑골학의 발전도 4개 시기, 즉 '선사先史'시기·초창기·발전기·심화 연구기 등으로 나누었다. 필자는 각 단계와 각 시기에 대한 정황의 서술을 통해 계통적이면서도 간명한 '작은' 갑골학의 역사를 독자 앞에 내 놓았다. 이러한

153) 王宇信, 『甲骨學通論』, 中國社會科學出版社, 1989, 19면.
154) 王宇信, 『甲骨學通論』, 中國社會科學出版社, 1989, 32면.
155) 王宇信, 『甲骨學通論』, 中國社會科學出版社, 1989, 38면.
156) 陳煒湛, 『甲骨文簡論』, 上海古籍出版社, 1987, 47~51면.
157) 陳煒湛, 『甲骨文簡論』, 上海古籍出版社, 1987, 64면.

저자의 비교적 합당한 획분과 갑골학의 학술적 원류에 대한 기술은 그물 벼리를 잡고 옷깃을 거머쥐듯 간명하게 요점을 제시한 기능을 했다."[158] 제5장 "갑골의 다듬기와 점복"에서는 최신 고고 자료와 결합하여, 문자를 새기던 도구 및 골료를 연화軟化 처리 했는가 등에 관한 문제를 검토했다. 특히 민속학 자료와 결합하여, "소수민족의 '양 뼈 점복羊骨卜'의 점복 순서가 은허갑골의 점복 순서와 기본적으로 일치한다"고 했다. 그래서 "운남성의 일부 소수민족이 신 중국 성립 전까지 보존했던 '양뼈 점복' 습속은 이미 오래 전에 실전된 중국의 고대 골복骨卜의 방법을 증명해 준다"고 했다.[159] 제6장 "갑골학 전문 용어 및 갑골 문례文例"에서는 갑골학의 적잖은 전문 용어가 금석학과 고고학에서 가져온 것임을 특별히 밝혔다. "하지만 갑골학은 독특한 연구대상과 자신만의 법칙을 갖고 있기에 이미 독립된 학과로 발전했으며, 단순히 금석학과 고고학의 전문 용어만을 사용하는 것은 대단히 부족하게 되었다." 이외에도 "갑골문은 상나라 때의 점복 기사 문자이기 때문에, 거북딱지와 동물 뼈에서의 문자의 분포, 즉 소위 문례文例도 자신만의 독특한 법칙을 가진다"고 했다.[160] 제7장과 제8장 "갑골문의 시기구분"(상·하)은 책 전체의 중심이다. 저자는 비교적 많은 편폭을 동원해 이렇게 논증했다. "심오한 비밀을 파헤친 갑골학 대가 동작빈의 「갑골문 시기구분 연구 예」라는 이 대단한 글이 1933년 발표되기 이전, 비록 적잖은 선배 학자들이 갑골문의 시기구분연구에 어느 정도 탐색을 하긴 했지만, 그들은 상나라 후기 273년간의 '층층이 누적된' 갑골문 자료를 여전히 '평면적'—즉 횡적인 측면에서 처리함으로써, 두루뭉술하게 '은허 서계殷虛書契'라거나 '은허 갑골문殷墟甲骨文' 등으로만 불렀다. 하지만 "동작빈의 이 저작이 발표됨으로써, 덩어리진 채 '혼돈'의 상태에 있던 상나라 후기 273년간의 갑

158) 晁福林, 「甲骨學與商周史研究的新進展—『甲骨學通論』評價」, 『考古與文物』 第2期, 1991.
159) 王宇信, 『甲骨學通論』, 中國社會科學出版社, 1989, 125면.
160) 王宇信, 『甲骨學通論』, 中國社會科學出版社, 1989, 126면.

골문은 횡적으로 종적으로 밭갈이를 한 듯 질서정연하게 갈무리되었으며, 15만 편의 갑골문이 모두 가로 세로의 좌표 속에 놓일 수 있게 되었다."[161] 이와 동시에 동작빈의 "5시기" 시기구분설의 "10가지 표준" 중, "세계世系·칭위稱謂·정인貞人은 삼위일체를 이루는 것으로, 갑골문 시기구분의 기초가 되며", "이 세 가지 중에서도 정인이 가장 중요하다"고 했다.[162] "비록 자형字形·서체書體·방국方國·인물人物·사류事類 등과 같은 표준은 마찬가지로 모두 '제1 표준'에서 확정해 낸, 시대가 명확한 갑골의 기초 위에서 종합·귀납해 낸 것이다. 하지만 자형과 서체는 시기구분 과정에서 홀대할 수 없는 함께 사용해야 할 유효하고도 대단히 편리한 표준이다."[163] "호후선 선생의 '4시기' 구분법에 대해서는 여전히 동작빈의 '5시기' 구분법을 기초로 한 일종의 변통 처리된 방법이다."[164] 그리고 "진몽가의 '3가지 표준'과 '9시기' 구분법은 내용이나 방법적인 측면에서, 동작빈의 '5시기'설과 '10가지 표준'과 별다른 실질적 차이가 없다."[165]

하지만 동작빈의 「갑골문 시기구분 연구 예」도 결국엔 개척적인 저작에 불과하다. "50여 년 동안 출토 재료의 증가와 연구의 지속적인 심화로 동작빈의 초기 몇몇 관점은 보충 수정되어야 했고, 더욱 정밀하고 과학적인 해석이 필요해졌다. 일부 학자들은 동작빈의 시기구분법 이외에도 새로운 방법을 찾아 나서 또 다른 시기구분 이론을 만들기도 했다."[166] 그중의 하나가 "문무정 복사의 수수께끼를 풀어헤친 것이었다." 연구의 지속적인 심화와 새로운 증거가 증가함으로써, 현재 중국내 학술계의 이러한 갑골문 분기에 대한 의견은 이미 일치되어 가고 있다. "소

161) 王宇信, 『甲骨學通論』, 中國社會科學出版社, 1989, 126면.
162) 王宇信, 『甲骨學通論』, 中國社會科學出版社, 1989, 178면.
163) 王宇信, 『甲骨學通論』, 中國社會科學出版社, 1989, 178면.
164) 王宇信, 『甲骨學通論』, 中國社會科學出版社, 1989, 181면.
165) 王宇信, 『甲骨學通論』, 中國社會科學出版社, 1989, 183면.
166) 王宇信, 『甲骨學通論』, 中國社會科學出版社, 1989, 187면.

위 '문무정 복사'·"비왕非王 복사'·'왕족王族복사'·'다자족多子族 복사' 와 '사조·자조·오조' 복사 등과 같은 다양한 이름으로 불리는 갑글은 그 시대가 제4기의 문무정 시기가 아니라 제1기의 무정 시대로 앞당겨져야만 한다는 것이다. 그래서 지금이야말로 비로소 '문무정 복사의 수수께끼가 풀렸다"고 할 수 있다.[167] 그중 두 번째는, 바로 갑골문 시기구분에서의 또 하나의 "수수께끼 묶음"인 소위 "역조" 복사의 시대에 관한 논쟁과 무을·문정 복사의 세밀한 구분이다. "'역조 복사'에 관한 토론이 아직 교착상태에 놓여있긴 하지만, 이러한 토론 과정에서 제4기 무을·문정 시대 복사에 대한 재구분이 완성되었다."[168] 그중 세 번째는, 바로 갑골문 시기구분의 새로운 방안에 대한 탐색이다. 동작빈은 시기구분 연구법을 제시한 후, 다시 "소위 '신파新派'와 '구파舊派'라는 분파分派 정리법" 제시했다.[169] 그리고 이학근은 "정인貞人의 분조分組와 '두 계통설兩系說"을 제창했다.[170] 이는 "시기구분 연구의 지속적인 심화를 반영했고, 이러한 옛 학설에 구애되지 않고 대담하게 탐색해 나가는 학자들의 창조 정신을 반영함으로써, 갑골학 연구에 새로운 활력을 가져다주었다." 이와 동시에 저자의 지적처럼 "동작빈의 '5시기' 구분법과 '10가지 표준'의 시기구분 체계는 현재 학술계의 공인을 받고 있지만, 시기구분에는 아직도 적잖은 문제에 주목하고 이를 해결해야 하며 심화된 연구가 필요한 상태이다."[171] 제9장 "갑골문 자료의 사용에서 주의해야 할 몇 가지 문제"에서는 "아직도 갑골의 감별과 그것의 과학적 가치에 대한 '재 발굴'의 문제가 존재하고 있다. 전자는 갑골문의 중복 대조校重(진위 변별辨僞)를 말하며, 후자는 갑골문의 짜 맞추기綴合와 잔편의 상호 보완을 말한다."[172] 85년 동안, 학자들은 중복 대조校重·진위 변별辨僞·짜

167) 王宇信,『甲骨學通論』, 中國社會科學出版社, 1989, 194면.
168) 王宇信,『甲骨學通論』, 中國社會科學出版社, 1989, 202면.
169) 王宇信,『甲骨學通論』, 中國社會科學出版社, 1989, 204면.
170) 王宇信,『甲骨學通論』, 中國社會科學出版社, 1989, 208면.
171) 王宇信,『甲骨學通論』, 中國社會科學出版社, 1989, 212면.

맞추기綴合 · 잔편의 상호 보완 등에서 일련의 유효한 방법을 축적함으로써 이는 이미 갑골학 영역의 몇 가지 전문 연구 과제로 자리 잡았다. 또 일부 학자들은 이러한 문제의 해결에 필생을 바쳤고 적잖은 성과도 이루었다. 제10장 "갑골의 주요 저록 및 소장 현황"에서는 중국내 학자의 저록서에 든 갑골 및 소장 현황, 해외 학자의 저록서에 든 갑골 및 소장 현황, 과학적 발굴에 의한 갑골의 저록 및 소장 현황 등에 대해 중점적으로 소개했다. 이 책에서는 주요 갑골저록을 실마리로 삼아, 남달리 독특한 견해로 갑골의 유전 및 소장 현황을 파헤쳤다. 특히 『갑골문 합집』이라는 "이 갑골저록의 집대성작의 출판은 신중국 성립 이래 갑골문 재료를 전면적으로 집중하고 정리하고 공표한 풍성한 성과이다"173)라고 했다. 제11장 "갑골학과 은상사 연구의 주요 저작"은 중요한 갑골문자 고석 전문서 · 갑골학 연구 저작 · 상대사와 갑골학사 전문서 · 공구서 · 입문서 등의 특징 및 그것이 갑골학사에서 가지는 지위에 대해 실사구시적으로 평가했다. "선배 학자들의 갑골학과 은상사에 대한 연구 성과를 계승하고, 그들의 저작 속에서 장점을 취하였는데, 이는 갑골학과 은상사에 대한 학습과 연구에 기초적인 작업이 될 뿐 아니라, 갑골학과 은상사 연구의 새로운 국면의 창출에도 대단히 의의를 가진다."174) 제12장 "갑골학사에 공헌한 학자 및 그 연구 특징"에서는 초기에 출토되었던 갑골의 몇몇 구매자였던 왕의영 · 왕양 · 유악 · 나진옥 등을 비롯해 "나 · 왕羅王의 학문", 갑골문의 과학적 발굴시기 때 공헌했던 동작빈 · 곽말약 · 호후선 · 진몽가 · 당란 · 우성오 등을 비롯해 새로운 세대의 갑골학자인 이학근 · 구석규 등의 갑골학에 대한 공헌에 대해 과학적으로 평가했다. 90년 동안 갑골학사에서 "적잖은 선배 학자가 갑골학의 발전에 대해 필생의 정력과 지혜를 바쳤고, 그들의 많은 저작은 갑골학사에서 이

172) 王宇信, 『甲骨學通論』, 中國社會科學出版社, 1989, 215면.
173) 王宇信, 『甲骨學通論』, 中國社會科學出版社, 1989, 278면.
174) 王宇信, 『甲骨學通論』, 中國社會科學出版社, 1989, 288면.

정표가 되었다. 그들이 경험했던 길과 축적해 놓은 풍부한 연구 경험은 우리로 하여금 진지하게 거울삼고 계승하도록 만든다."175) 이 책의 하편은 "서주갑골학에 대한 전문적인 논술이다." 1977년 섬서 기산岐山 봉추風雛 H11 · H31에서 대량의 서주갑골이 출토된 이후, "서주갑골의 연구는 새로운 단계로 진입했다. 서주갑골의 지속적인 발견으로 갑골학 연구 영역 내에서 하나의 새로운 분과 학문인 서주갑골학이 점차 형성되었다."176) "신 중국 건립 이후 37년 동안 서주갑골은 맹아기 · 형성기 · 심화 연구기 등의 발전과정을 거쳐, 이미 하나의 독립된 분과 학문을 이루었다."177) 특히 마지막 한 단계의 연구에서는 이미 단편적인 자료로부터 전면적이고 종합적인 재료의 방향으로 진전했으며, 충분한 논증과 연구가 없던 이전의 과제도 점차 전문적인 연구의 깊이와 넓이를 가진 방향으로 확장되어가고 있다. 그래서 일부 학자는 "『갑골학 통론』은 갑골학을 계통적으로 확장시키는 데 구체적이고 큰 공헌을 하였는데, 이는 바로 서주갑골학의 명제를 예리하고도 제때에 제시한 데 있었다"고 평가했다.178)

어떤 학자는 이렇게 평가하기도 했다. 『갑골학 통론』은 "전인의 연구 기초 위에서 기존의 성과를 총결하면서도 자신의 견해를 밝혔으며", 90여 년간의 갑골학을 "발견에서 연구까지, 복법卜法에서부터 문례文例까지, 시기구분斷代부터 시대구분分期까지, 진위변별辨僞로부터 짜 맞추기綴合까지, 문자로부터 역사에 이르기까지 등 전면적으로 논술하지 않는 것이 없다. 동시에 최근 주원에서 새로 발견된 서주갑골에 대해서도 상당히 상세하게 논술했다."179) 그래서 『갑골학 통론』은 "최근 90년간의 갑골학

---

175) 王宇信, 『甲骨學通論』, 中國社會科學出版社, 1989, 321면.

176) 王宇信, 『甲骨學通論』, 中國社會科學出版社, 1989, 372면.

177) 王宇信, 『甲骨學通論』, 中國社會科學出版社, 1989, 373면.

178) 宋鎭豪, 「甲骨學的科學總結和系統開拓－評王宇信著『甲骨學通論』」, 『中原文物』 第4期, 1989.

179) 胡厚宣, 「序」, 『甲骨學通論』, 中國社會科學出版社, 1989.

을 과학적으로 총결하고 계통적으로 개척하는 등 갑골학이 국제적인 학문으로 발전하는 데 방향을 제시했다.[180)]

『갑골학 통론』이 "역사 고고학적 각도"에서부터 갑골학 "연구과정 중의 몇몇 문제와 몇몇 필요한 갑골학 기초 지식과 기본 연구방법을 소개했다"[181)]고 한다면, 1993년 출판된 마여삼馬如森의 『은허 갑골문 인론殷墟甲骨文引論』은 주로 언어 문자학적 측면을 의식적으로 총결한 갑골학 통론이라 해야 할 것이다. 이 책은 상편과 하편으로 나뉘어져 있다. 상편의 "갑골학 간술簡述"에서는 주로 다음과 같은 장으로 구성되었다. 제1장 갑골의 출토와 갑골문의 발견, 제2장 갑골문의 중요한 의의, 제3장 갑골문 연구, 제4장 갑골문의 골판骨版 연구, 제5장 점복용 골판骨版의 찬조鑿鑽·거북지지기灼龜·길흉吉凶, 제6장 갑골 각사刻辭, 제7장 갑골문의 시대구분分期과 시기구분斷代, 제8장 갑골문자 등이다. 하편은 "해독 가능 글자의 형形·음音·의義의 간단한 해석"으로 범례凡例, 필획 검색표, 은허 갑골문 해독 가능자의 형체·독음·의미의 간단한 해석, 한어병음 색인 등으로 되어 있다.

『은허 갑골문 인론』의 제1장부터 제7장까지는 주로 갑골학의 기초지식·기본 이론·기본 기능에 대한 기술로, 이는 저자가 말한 "갑골학 간술"에 해당한다. "이 책은 선배 학자들의 연구 기초 위에서 쓰인 것으로, 책에서는 오늘날 학자들의 연구 성과를 인용하는 데 치중했다. 그리고 90여 년간의 갑골학 학자들의 발전 개황에 대해 서술하면서, 왕우신 선생의 『갑골학 통론』을 인용했기"[182)] 때문에, 장절의 세목이 『갑골학 통론』과는 다르지만 내용에서는 『갑골학 통론』에 비해 새로운 것이 더해진 것은 아니다. 하지만 지적해야만 할 것은, 제4장 및 제5장의 장절 제

---

180) 宋鎭豪, 「甲骨學的科學總結和系統開拓－評王宇信著『甲骨學通論』」, 『中原文物』 第4期, 1989.

181) 王宇信, 『甲骨學通論』, 中國社會科學出版社, 1989, 19면.

182) 馬如森, 『甲骨學引論』, 東北師範大學出版社, 1993, 685면.

목에서 "골판骨版" 등이 불쑥 등장하는 것은 너무 진부해 보인다는 점이다. 주지하다시피 갑골문을 "골판骨版"이라 불렀던 것은 1898년 갑골문을 인식하고 구매하기 이전에 불렀던 명칭이다. 왕양의 유작인 『보실은계簠室殷契』에서 "맹孟씨(즉 맹정생)는 이 골판骨版이 옛날의 간책簡冊이라고 생각했다"고 했다. 갑골학은 90여 년간 연구의 발전을 거치면서 "모든 명칭 중 '갑골문'이나 '갑골문자'가 가장 나았다."[183] 그래서 '갑골' 그 자체가 바로 거북딱지龜甲와 어깻죽지 뼈胛骨를 뜻하며, 갑골의 전문 용어로서 '갑골'의 뒤에다 "골판骨版"이라는 두 글자를 더한 명칭은 이미 오래 전부터 사용하지 않고 있다.

제8장 "갑골문자"는 언어문자학의 각도에서 갑골문을 분석함으로써, 같은 부류의 저작 중 특색을 가지게 되었다. 이 책에서는 고문자의 조자造字 규칙에 관한 손상서孫常叙의 "새로운 '육서六書' 이론에 찬동했는데, 구체적으로는 상물象物·상사象事·상의象意·가차假借·형성形聲·전주轉注의 여섯 가지",[184] 즉 상형象形 사사법寫詞法·상사象事 사사법·상의象意 사사법·가차假借 사사법·형성形聲 사사법·전주轉注 사사법 등으로 나누었다. "이 여섯 가지 사사법寫詞法을 합쳐서 '육서六書'라 한다. '육서'는 다른 것이 아니라, 바로 선진 시대 때 형상形象의 음절과 표의문자 원칙과 한어의 어휘를 서사하는 여섯 가지 방법을 말한다."[185] 손상서의 사사寫詞 조자造字 분류의 기초 위에서 다시 한걸음 나아가 상물象物·상사象事·상의象意·표시標示 등 형상形象 사사법寫詞法의 네 가지 조자법造字法으로 귀납했고,[186] 이에 근거해 갑골문자의 형체 구조적 특징을 분석했다. 이외에도 은허 갑골문자 자형의 전기와 후기 간의 차이를 분석해, "전체적인 추세는 번체에서 간체로 가는 것이지만, 문자의 사용에서는

183) 胡厚宣, 『五十年甲骨文發現的總結』, 商務印書館, 1951, 8~9면.
184) 馬如森, 『甲骨學引論』, 東北師範大學出版社, 1993, 232면.
185) 馬如森, 『甲骨學引論』, 東北師範大學出版社, 1993, 233~234면.
186) 馬如森, 『甲骨學引論』, 東北師範大學出版社, 1993, 236면.

번체와 간체가 병존한다"고 했다.[187] 그리고 "이자동형異字同形이란 하나의 갑골문 자형이 두 개 이상의 독음音과 의미義가 다른 것을 대표하는 경우를 말하는데, 이는 갑골문 특유의 문자현상이다"고 했다. 이렇게 된 것은 "그 당시 조자造字 기능이 아직 새롭게 생겨나는 사물의 필요를 충족시키지 못했고, 문자부호도 아직 복잡한 객관적 사물을 표현해 낼 수 없었기 때문이며, 그래서 단지 하나의 글자로써 다른 글자를 나타낼 수밖에 없었는데, 이것이 한 글자가 여러 기능을 담당하게 하는 현상을 낳았다"고 했다.[188] 이 책의 하편은 "해독 가능자의 형체形·독음音·의미義의 간단한 해석簡釋"이다. 저자는 "해독 가능자를 한데 모아 놓았는데, 『갑골문편甲骨文編』 중 『설문』에 보이는 941자 이외에, 이효정李孝定 선생의 『갑골문자 집석甲骨文字集釋』과 왕연림王延林 선생의 『상용 고문자 자전常用古文字字典』 중 선별한 115자를 보태 총 1,056자를 해석했다", "『설문』의 체제를 사용하여, 부수로 순서를 정해 총 14권으로 나누었으며",[189] 일일이 해석을 달았다. "이는 간명하면서도 핵심을 찔러, 특히 초학자에게 편리하여 일반인에게 추천할 만하다.[190]

결론적으로 말해서, 『은허 갑골문 인론』은 상당한 편폭을 문자학의 이론적인 측면에서 갑골문을 전문적으로 분석하였으며, 하편에서는 "해독 가능자의 형체·독음·의미에 대해 간단하게 해석함"으로써, 90여 년간 갑골문자 이론의 측면에서 문자학자들이 이룬 새로운 성과를 반영했다. 이로부터 갑골문 언어학 연구라는 비교적 박약한 이 부분을 강화하게 되었고, 그래서 "같은 부류의 저작들 중에서 독특한 기치를 내 걸게 되었으며",[191] 갑골학계의 주목을 받았다.

187) 馬如森, 『甲骨學引論』, 東北師範大學出版社, 1993, 245면.
188) 馬如森, 『甲骨學引論』, 東北師範大學出版社, 1993, 248면.
189) 馬如森, 『甲骨學引論』, 東北師範大學出版社, 1993, 257면.
190) 李學勤, 「序」, 『殷墟甲骨文引論』, 東北師範大學出版社, 1993.
191) 李學勤, 「序」, 『殷墟甲骨文引論』, 東北師範大學出版社, 1993.

(2) 광의의 갑골학 이론에 관한 통론성 저서

"1899년 갑골문 발견부터 1956년 이전까지 약 65년간의 연구 성과를 전면적이고 계통적으로 총결한 거작"은 바로 1956년 출판된 진몽가陳夢家의 『은허복사 종술殷虛卜辭綜述』이다.192) 이 책은 제1책과 제2책의 두 부분으로 나뉘어져 있다. 제1책의 내용은, 제1장 총론, 제2장 문자, 제3장 문법, 제4장 시기구분(상), 제5장 시기구분(하), 제6장 연대, 제7장 역법 천상天象, 제8장 방국方國 지리, 제9장 정치 구역 등이다. 제2책의 내용은, 제10장 선공先公 구신舊臣, 제11장 선왕先王 선비先妣, 제12장 묘호廟號(상), 제13장 묘호廟號(하), 제14장 친족親屬, 제15장 백관百官, 제16장 농업 및 기타, 제17장 종교, 제18장 신분, 제19장 총결, 제20장 부록 등이다. 『은허복사 종술』은 "전인들의 학설 중 성립 가능한 학설을 정리하고, 현재의 새로운 자료에 근거해 이를 보충하고 수정하였으며, 오늘날의 이해에 근거해 갑골 각사의 부류에 대한 해석을 더했다." 그래서 이 책에 글자 그대로 "'종술綜述'이라 이름 붙인 것은, 전인들과 근인들의 채택 가능한 각종 견해를 종합하고, 갑골각사의 각종 내용을 종합적으로 서술했다는 말이다. 그래서 갑골학의 연구와 고대 역사나 사회의 연구에 다소 참고가 되고 조사하는 데 도움이 되길 바란다"고 했다.193) 『은허복사 종술』이라는 "갑골학 연구의 백과사전식의 이 거작은 이전의 성과를 계승하고 미래를 열어 준, 갑골학사에서 중요한 지위를 차지하고 하고 있다."194) 그 특징과 공헌은 다음의 몇 가지로 개괄할 수 있다.

첫째, 『은허복사 종술』은 65년간의 갑골문 발견과 연구를 집대성한 총결성의 저작이다. 제1장의 "서론" 부분에서, 갑골문의 발견과 공표에 대해 논의하였을 뿐 아니라, 갑골의 종류 및 다듬기와 새기기契刻, 갑골의 출토 지인 은허의 확정 및 은허 이외에서의 갑골 발견 등에 대해서도

192) 王宇信, 『甲骨學通論』, 中國社會科學出版社, 1989, 297면.
193) 陳夢家, 「前言」, 『殷虛卜辭綜述』, 『科學出版社, 1956, 9면.
194) 王宇信, 『甲骨學通論』, 中國社會科學出版社, 1989, 297면.

논의했다. 이외에도, 갑골각사의 내용을 개괄하는 동시에 이와 비교 가능한 다른 명문과 각사를 일일이 열거했다. 그래서 이를 "65년간 갑골문 발견의 총결"이라 부를 수 있다. 이 책의 제2장 "문자" 부분에서는 초기 학자들의 문자고석에 대한 공헌 및 특징을 분석하였는데, "나씨(필자 주—즉 나진옥)의 복사 문장에 대한 통독과 분류는 손씨(필자 주—손이양)보다 나았고, 왕씨(필자 주—즉 왕국유)는 또 복사 문장의 통독과 분류에서 더욱 진일보하여 역사지리史地와 예제禮制의 결합, 즉 역사적으로 고증했다."[195] 몇 가지 갑골 자전의 장단점을 분석한 후 또 문자 고석에 대해 깊이 있는 의견을 제시했다. 즉 "글자의 인식識字은 복사의 통독을 위해서, 또 문자에 반영된 의식의 이해를 위해서는, 특별하거나 남보다 훌륭하게 어떤 것을 발견하는 것을 대수롭지 않게 여겨야만 한다. 몇몇 고석은 지나치게 장황하기 그지없는데, 증거를 찾아 실제로 증명해야만 할 것이다." "몇몇 고석의 경우 이미 해석된 글자를 다시 해석한 것도 있다."[196] 제3장 "문법"에서는 복사의 형태소詞位와 문장의 구조에 대해 전면적이고 계통적으로 분석하였으며, "갑골문자는 후대의 한어 문자 구조의 기본형식을 이미 구비했으며, 마찬가지로 복사의 문법도 후대의 한어 어법 구조의 기본형식을 갖추었다"고 했다.[197] "복사는 중국 어법사 연구에서 최초의 중요한 자료이기 때문에 그것으로부터 한어 어법발전의 법칙을 연구할 수 있다." 하지만 "갑골이 출토된 이후, 모두 개별 글자만 고석했지, 문법의 연구에 주목한 사람은 많지 않았다."[198] 그래서 『종술』의 "문법"은 이러한 방면에서의 공백을 채워 넣었으며, 갑골문의 언어학 연구에 공헌을 했다. 제4장과 제5장의 "시기구분"(상 · 하)은 동작빈의 「갑골문 시기구분 연구 예」에서 제시한 "10가지 표준"과 "5시기 구분법"을 진

195) 陳夢家, 『殷虛卜辭綜述』, 科學出版社, 1956, 60~61면.
196) 陳夢家, 『殷虛卜辭綜述』, 科學出版社, 1956, 73면.
197) 陳夢家, 『殷虛卜辭綜述』, 科學出版社, 1956, 133면.
198) 陳夢家, 『殷虛卜辭綜述』, 科學出版社, 1956, 85면.

일보하게 보충하고 발전시키고 수정했다. 『은허복사 종술』은 "무정부터 제신까지의 복인卜人을 분류하고 시기구분 했다. 그리고 조組로 묶을 수 있는 그룹, 특히 각 조組를 한데 모은 후 이루어진 칭위稱謂를 상세히 원용했는데", 이는 대단히 창의적이고 의미 있는 탐색이었다. "수록된 복인이 총 120명으로, 아직 완비되었다고는 할 수 없지만, 20년 전의 동작빈의 「갑골문 시기구분 예」에서 수록한 것에 비해 4배나 늘었고, 동작빈이 이후 『은대 문화 개론』의 제2장에서 수록한 것보다 거의 두 배나 되었는데",[199] 이는 갑골 시기구분 연구의 최신 수준을 반영하였다. 그리고 "오조" · "사조" · "자조" 복사에 대한 제기와 시대의 고증은 "문무정 복사의 수수께끼"라는 다년간 학술계를 괴롭혔던 문제를 파헤치는 데 중대한 돌파와 전진을 이루었다. 이는 이후 갑골문의 새로운 재료와 1973년 소둔 남지 갑골의 발견에서 이루어진 지층의 증명에 의해 더욱 많은 학자의 지지를 받게 되었다. 그래서 이 책의 앞 5장은 "실제로 65년간의 문자고석 · 문법 · 분기 등과 같은 갑골 자체의 법칙에 대한 연구, 즉 갑골학에 대한 전면적 총결이었을 뿐 아니라 적잖은 부분에서 새로운 문제와 전인을 넘어서는 견해가 제시되었다."[200]

『은허복사 종술』의 제6장 "연대"부터 제19장 "총결"까지는, "복사와 기타 자료에 근거한 은대 사회 및 역사 문화에 대한 오늘날 우리의 초보적인 이해이다. 이러한 초보적 이해는 은대 사회의 성질을 연구하고 분석하는 데 분명 도움을 줄 것이다."[201] 그래서 이 책은 65년 동안의 갑골문을 이용한 상대사 연구의 백과사전식의 과학적 총결일 뿐 아니라, 우리로 하여금 깊게 성찰하도록 하는 많은 새로운 문제를 제기해 줌으로써, 향후 깊이 있는 연구의 새로운 기점이 되었다.

둘째, 『종술』은 진몽가의 개인적인 힘으로, 관련 상대 갑골 · 금문 · 문

---

199) 陳夢家, 『殷虛卜辭綜述』, 科學出版社, 1956, 202면.
200) 王宇信, 『建國以來甲骨文研究』, 中國社會科學出版社, 1981, 66~67면.
201) 陳夢家, 『殷虛卜辭綜述』, 科學出版社, 1956, 646면.

헌·고고자료 등을 가장 완벽하게 수집했다. 갑골학과 상대사의 관련 문제를 논술하면서, 널리 증거를 두루 구하고 가능한 한 갑골문 자료와 대량의 문헌 등의 자료를 서로 증명시키려 했기 때문에, 탄탄한 이론에 근거한 결론을 얻을 수 있었으며, 과학성도 강하였다. 각 장절에서 적잖은 문헌 자료를 인용하였을 뿐 아니라 제6장 "연대"에서는 서주, 반경의 천도부터 은의 멸망까지, 상의 존속 기간, 한나라 때의 은나라 역법殷曆, 하나라의 연대 등과 같은 문제에 대해 논술하면서, 써레나 빗으로 정리를 한 듯 이 시기 역사와 관련된 대량의 고대문헌 사료를 집중시켜 놓았다. 이는 갑골문이나 상대사를 학습하고 연구하는 이들에게 많은 편의를 제공하며, 어떻게 사료를 수집하고 연구하는가 하는 방법 등에서도 커다란 도움과 계시를 주었다.

셋째, 『은허복사 종술』은 고고 자료를 대량으로 인용했다. 이 책은 갑골문의 발견·갑골학과 상나라 때의 사회역사 연구에 대해 논술하면서 대량의 고고 자료를 인용해 갑골문과 문헌 자료와 결부시켜 증명했다. 이러한 의미에서 『종술』은 또 은상 고고학의 최신 성과의 총결이라 할 수 있다. 예컨대 "소둔 이외의 25개 지점에서 점복에 사용된 거북딱지와 동물 뼈가 발견되었으며, 수량도 상당히 많다"고 했고, 지역·시대·유형에 대해 고찰하여 "용산식"·"소둔식"·"저복식猪卜式"과 "은 말 서주 초기" 식의 복골 등으로 나눈 것이 그러하다. 바로 제16장 "제9절의 수레車"에서는 편폭은 짧지만, 안양安陽·낙양洛陽·휘현輝縣·준현浚縣 등지에서 발견된 대량의 은·주 시대 관련 발굴에서 출토된 고대 수레 자료를 동원해 은상 때의 수레 제도를 논증했다. 특히 갑골의 "시기구분" 연구에서 각 조組 복사와 갱위와의 관계에 대해 철저하게 정리하였으며, 「부록 1」의 "제1차 발굴에서의 각 갱坑의 갑골", 「부록 2」의 "『사본寫本』과 『갑편甲編』 1~447편의 대조", 「부록 3」의 "제13차 발굴에서 얻은 각 갱坑의 갑골", 「부록 4」의 "15차 발굴에서 얻은 갑골 및 그 지구地區" 등이 그러하다. 이와 동시에 "대체로 독립적이고 의식적으로 저장된 움집穴窖의 경우 한 움집에서 출토된 복사는 동시대의 것이거나 이어진 다음 대代의 것일 가능성이 높다." 그리고 "각 시기 복사의 출토 지의 분포에서도 일부 구별이 가능한데, 이는 아마도 각 조대朝代에서 집중적으로 거주하며 사용했던 지역에서 각기 이동이 있었던 때문이었을 것이다. 비교적 분명한 예는 바로 소둔 촌에서는 강정康丁·무정武丁·문정文丁 때의 복사가 많이 나왔다는 것이다"고 했다.[202] 이처럼 대량의 고고재료를 적용함으로써 "상나라 때의 역사문화에 대한 인식을 풍부하게 해 주었을 뿐 아니라 은상 고고학이 갑골문과 상대사 연구에서도 중요한 의의를 가진다는 인식을 강화시켜 주었다."[203]

넷째, 『은허복사 종술』에서 열거한 의도적인 "부록"이다. 이 책의 제20장은 "부록"으로 책의 마지막에 첨부된 부분이다. 하지만 결코 가벼이 할 수 없는 "부록" 정도가 아니라, 책 전체에서 반드시 필요하고 의미를 가지는 전체의 일부이다. 첫째 부분인 "갑골 재료와 관련된 기록"에서는 왕의영·왕양·맹정생·나진옥·단방端方 등의 갑골 발견과 수집 및 갑골의 유전 정황에 대해 소개함으로써 그 자체가 하나의 갑골문 발견사가 되도록 하였다. 이와 동시에 또 『쿨링·찰펀트 소장 갑골복사庫方二氏所藏甲骨卜辭』의 위각 부분에 대해 다시 변증함으로써, 위각 편에 대한 동작빈·호광위胡光煒·용경容庚·곽말약·진몽가 등의 최신 성과를 반영했다. 『전편』과 『후편』 재료의 내원에 관한 추적은 중복 편에 대한 대조의 최신 성과물이다. 이와 동시에 나진옥의 『전편』과 『후편』은 "대부분 자신이 소장했던 실물을 이용한 탁본"임을 분명하게 가려내 밝혔다. 하지만 "그가 다른 사람의 실물의 탁본도 이용했음"을 밝혔다.[204] "출토 갑골 통계"에서는 중국내에 수장된 갑골이 약 8만 편(이미 저록된 것이 2만 5천 편), 해외에 수장된 것이 총 15,669편(이미 저록된 것이 4,812편)이며, 이를

202) 陳夢家, 『殷虛卜辭綜述』, 科學出版社, 1956, 167면.
203) 王宇信, 『建國以來甲骨文硏究』, 中國社會科學出版社, 1981, 67면.
204) 陳家夢, 『殷虛卜辭綜述』, 科學出版社, 1956, 655면.

합치면 9만5천 편의 갑골이 국내외에 수장되어 있다고 했다. 두 번째 부분인 "갑골 논저 간목簡目"에서는 총론·문자·문법·시기구분·연대·역법 천상·방국 지리·선공 선왕·예제·종묘·농업·종교·역사 사회 등의 분류에 따라 갑골학 논저 338종을 수록하였다. 세 번째 부분인 "갑골 저록 간표簡表"에서는 65년 동안 이미 간행된 저록서 50종과 미간행 탁본 및 완전한 발표가 이루어지지 않은 탁본 등을 열거했다. 이 두 부분은 65년간의 갑골학 상대사 연구의 주요 성과를 반영했을 뿐 아니라 학자들의 연구와 조사에도 극히 편리한 도구가 되고 있다.

이처럼 진몽가의 『은허복사 종술』은 "65년 동안의 갑골문 연구 성과를 전면적으로 총결한 거작으로, 중국의 갑골문 연구 수준을 새로운 단계로 올려놓았다. 이 책은 이전의 성과를 계승하고 미래를 열어 준, 갑골학사에서 중요한 지위를 차지하는 저술이다."[205] 30여 년 이후, 또 다른 갑골학 이론적 성격의 통론성 저작이 출판되었는데, 바로 1985년 출판된 오호곤吳浩坤·반유潘悠의 『중국 갑골학사中國甲骨學史』이다.[206] 이 책은 원래는 『갑골학 인론引論』이라 이름 했지만 "중국 문화사 총서"에 이 책이 편입되면서 "책 이름을 『중국 갑골학사』로 바꾸라는 조언을 받았다. 우리는(즉 저자) 여러 번 주저했지만, 더 좋은 『갑골학사』가 나오기 전이었던 터라 그 이름을 사용했다. 하지만 여전히 『갑골학 인론』을 부제로 삼았다."[207]

『중국 갑골학사』의 출판은 갑골학 발전의 필요에 부응한 것이다. 이는 다음과 같은 이유에서이다. 첫째, 진몽가의 『은허복사 종술』이 1956년 출판된 이후, 근 30년 동안 갑골학 연구의 새로운 진전에 대해 다시 총결할 필요가 생겨났다. 그리고 이 책과 기본적으로 동시에 출판된 진

205) 王宇信, 『建國以來甲骨文硏究』, 中國社會科學出版社, 1981, 69~70면.
206) (역주) 숙명여자대학교의 梁東淑 교수에 의해 번역되어 2002년 東文選출판사에서 한국어로 출판되었다.
207) 吳浩坤·潘悠, 『中國甲骨學史』, 上海人民出版社, 1985, 407면.

위담陳煒湛의 『갑골문 간론』과 왕우신의 『갑골학 통론』 등은 대부분 역사고고학적 시각에서 갑골문 자체의 법칙을 연구했지만, 이를 확대시켜 갑골문과 관련된 전체 갑골학 상대사 연구의 진전을 이루지 못했다. 학자들의 진지한 지적처럼, "상주사에서의 대량의 새로운 연구 성과는 종종 갑골학 연구의 발전에 도움을 준다. 이러한 성과가 갑골문의 종합적 논의의 성질을 지닌 저작 속에서 계통적으로 반영되는 것을 사족쯤으로 보아서는 아니 될 것이며, 대단히 필요한 것으로 보아야 한다."[208] 둘째, "『갑골문 합집』은 당대 전문가들에 의해 진위의 감별을 거치고 성심어린 선별 과정을 거친 결과물로 풍부하고도 집중된 그리고 믿을 만한 자료를 제공해 주고 있다. 하지만 젊은 세대들이 『합집』을 이용하는 데는 여전히 일정한 어려움이 존재하고 있다. 그래서 갑골학 개론이나 갑골학 목록학 방면에서의 저작을 요점 정리해 제시하고 길을 안내해야 할 필요가 있는데, 먼저 그들이 어떻게 이 학과를 이해하고, 어떻게 얕은 곳으로부터 깊은 곳으로 들어 가, 학문의 조예를 높여 갑골학의 연구 대열 속으로 들어 갈 지를 도와야만 한다."[209] 『은허복사 종술』은 이론적 성격이 지나치게 강하여, 심각한 견해와 상당한 깊이를 갖고 있기 때문에 일반 독자들이 쉽게 이해하기 어렵다. 그리고 1978년 대만에서 출판된 엄일평의 『갑골학』은 대만과 대륙이라는 특수한 배경 때문에 대륙에서는 봉황의 깃이나 기린의 뿔처럼 대단히 희귀한 존재가 되어, 일반 갑골학자들조차 구하기 힘든 책이었다. 그래서 『중국 갑골학사』의 출판은 갑골학의 새로운 발전의 필요에 부응한 것이었다. 셋째, 1980년 출판된 맹세개孟世凱의 『은허 갑골문 간술殷墟甲骨文簡述』이나 1986년 출판된 범육주范毓周의 『갑골문』 등과 같이 갑골학 이론의 통론적 성격의 저작이 지속적으로 출판되긴 했지만, 편폭이 적고 갑골학 기초 이론·기초 연구방법·기초 연구저작에 대한 심화된 연구의 필요를 충족시킬 수가 없었다.

208) 晁福林,「甲骨學與商周史硏究的新進展－『甲骨學通論』」.『考古與文物』第1期, 1991.
209) 戴家祥,「序」,『中國甲骨學史』, 上海人民出版社, 1985.

그래서 오호곤의 『중국 갑골학사』는 "초학자들을 이끌어 갑골학 연구 영역으로 들어갈 수 있게 하는 좋은 책이며", "바로 청년들의 갑골문 학습에 긴히 필요한 책이다."[210)]

『중국 갑골학사』는 전체가 11장으로 나누어져 있는데, 기술 내용은 다음과 같다. 제1장 갑골문의 발견과 수집과 전파, 제2장 은허 발굴과 기타 지역의 고고발견, 제3장 복갑卜甲과 복골卜骨, 제4장 복법卜法과 문례文例, 제5장 문자, 제6장 문법, 제7장 시기구분, 제8장 진위 변별과 짜 맞추기, 제9장 갑골문과 다른 학문과의 관계(상), 제10장 갑골문과 다른 학문과의 관계(하), 제11장 갑골문 연구의 회고 등이다. 이외에도 「갑골 대사건 기록大事記」·「저록 간표簡表」·「논저 목록」 등을 부록으로 싣고 있다.

『중국 갑골학사』는 "자료가 풍부하고 또 비교적 전면적이고 계통적인 참고서로, 『갑골문 합집』을 통독하기 전에 반드시 먼저 읽어야 할 유용한 입문서이다." "예컨대 제5장에서 문자에 대해 논의하면서, 먼저 고문자의 발전과 변천을 이야기 하고, 이어서 갑골문의 형체 구조에 대해 비교적 상세하게 설명했으며, 그런 뒤에 몇몇 선배 전문가들의 갑골문자 고석 방법을 소개함으로써, 독자들로 하여금 열독 후 글자를 인식할 수 있도록 기초를 마련하게 해 주었다. 복사를 통독하기 위해서는 개별 글자를 알아야 하지만, 글자가 문장 속에 존재하기 때문에 어휘의 해석과 문례文例·문법에 대한 이해도 매우 중요하다. 제4장과 제6장은 이러한 방면에서의 지식을 제공해 준다. 글자의 인식과 복사 통독의 최종 목적은 바로 역사를 연구하고 갑골문을 이용해 고문자학·고대 문헌학·고고학의 관련 문제를 해결하는 데 있다. 제9장과 제10장에서는 갑골문과 다른 학문 간의 관계에 대해 논의함으로써, 독자들로 하여금 이러한 방향에서 탐색하도록 계발시켜 준다. 이외에도 갑골의 발견·발굴·저록·연구부터 시기구분과 진위 감별辨僞 등에 이르기까지 반드시 알아야

---

210) 胡厚宣, 「序」, 『中國甲骨學史』, 上海人民出版社, 1985.

할 갑골학과 갑골학사 방면에서의 지식에 대해서는 나머지 각 장에서 간단하면서도 핵심적으로 소개하고 있다."[211]

"갑골문을 널리 알리고, 갑골학을 널리 보급하며, 동시에 자신이 배우고 알고 있는 것에 대해 분명하게 알리기 위해", 저명한 선배 갑골학자인 장병권張秉權은 『은허문자 병편殷虛文字丙編』을 찬술한 후, 1988년 『갑골문과 갑골학甲骨文與甲骨學』을 출판했다.

『갑골문과 갑골학』은 다음과 같은 총 20장으로 되어 있다. 제1장 서론, 제2장 갑골문의 발견과 발굴, 제3장 골복骨卜 습관의 원시적 분포, 제4장 골복骨卜 습관의 고증, 제5장 갑골학의 건립과 발전, 제6장 갑골문 재료의 정리 복원과 전파, 제7장 문자, 문례文例와 문법, 제8장 복사와 기사 각사, 제9장 성투成套 복사와 성투成套 갑골, 제10장 시대구분斷代과 시기구분分期, 제11장 천문 기상과 역법, 제12장 인명, 지명과 방국方國, 제13장 선공先公, 선왕先王과 세계世系, 제14장 제사, 무술巫術과 종교 신앙, 제15장 정치와 관료제도, 제16장 농업과 사회, 제17장 수렵과 징벌, 제18장 인구, 강역과 문화의 접촉, 제19장 기술과 공업, 제20장 갑골에 붙은 면직물 등이다. 이 책의 제1장부터 제10장까지는 갑골 및 갑골 자체의 법칙에 대한 논의로, 갑골학의 연구 범주에 속한다. 그러나 이 책의 제11장부터 제20장까지는 갑골학 연구의 내용의 확대, 즉 갑골문에 내포된 상대 역사 및 상대 사회문화의 모든 깊은 신비를 파헤친 것으로, 광의의 갑골학 범주에 속한다고 해야만 할 것이다.

제1장 "서론에서는 "갑골학"에 대해 최초로 정의를 내려, "갑골학에서 연구하는 것은 갑골문이지만 결코 갑골문자에 한정되는 것은 아니며, 점복용 갑골을 비롯해 복사에서 언급한 관련 사안이면 모두 연구 범위에 포함된다"고 했다.[212] 이는 이듬해(1989) 왕우신의 『갑골학 통론』에서 내린 정의와 기본적으로 일치하는데, 왕우신은 이렇게 말했다. "갑골학이

---

211) 胡厚宣, 「序」, 『中國甲骨學史』, 上海人民出版社, 1985.

212) 張秉權, 『甲骨文與甲骨學』, 國立編譯館, 1988, 7면.

란 갑골문을 연구대상으로 삼는 전문 학문으로, 갑골문 자체의 고유한 법칙에 대한 계통적이고 과학적인 반영이다. 바로 갑골학의 지속적인 발전으로 말미암아 이러한 '다 떨어지고 문드러진 조정의 문서斷爛朝報' 속에 함축되어 있던 고대사회의 오묘한 신비가 하나하나 밝혀지게 되었던 것이다. 그래서 우리는 결코 갑골문과 갑골학을 혼동해 하나로 볼 수는 없다."[213] 이외에도 "여러 책에서 수록한 글자 수로 볼 때, 갑골문은 가장 많아야 4천6백여 자를 넘지 않으며, 그중 해독 가능한 글자는 1천8백 자에 불과하고", "이미 출토된 갑골이 대략 10만 편 정도에 이른다는 것은 비교적 믿을 만한 수치이다"고 했다.[214] 제2장 "갑골문의 발견과 발굴"에서는 갑골문의 발견과 갑골문의 최초 발견자에 대해 진지하게 고증하였으며, "대체로 말해서, 왕의영이 갑골문을 발견했다는 것은 이미 일반학자들에 의해 수용된 견해이다"고 했다.[215] 이와 함께 역대로 개인에 의해 발굴된 것과 공공기관에서 발굴한 것을 비롯해 중국내 고고학자가 안양 및 안양 이외의 지구에서 1982년까지 발견한 상·주 갑골의 정황에 대해 기술했다. 제3장 "복골骨卜 습관의 원시적 분포"에서는 처음으로 골복 습속의 발생 역사를 고증했으며, "비교적 이른 시기의 몇몇 문헌상의 기록에 근거해 볼 때, 하후씨의 거북점까지만 거슬러 올라 갈 수 있다." 그리고 "현대의 고고자료로 볼 때는 용산 문화 시대보다 늦지는 않다는 것이 증명되었다." 하지만 "이러한 습속의 원시 발원지는 도대체 어디일까? 아마도 더 많은 자료를 찾아야만 결론을 내릴 수 있을 것이다"고 했다.[216] 저자의 통계에 의하면, 중국 각지에서 갑골이 출토된 유적지는 백 곳 이상에 이르며, 게다가 "유적지의 시대가 이를수록 복골에 의한 정치는 더욱 간단하며, 또 동물 뼈 점卜骨만 존재하고 거북

213) 王宇信, 『甲骨學通論』, 中國社會科學出版社, 1989, 4면.
214) 張秉權, 『甲骨文與甲骨學』, 國立編譯館, 1988, 8~9면.
215) 張秉權, 『甲骨文與甲骨學』, 國立編譯館, 1988, 18~19면.
216) 張秉權, 『甲骨文與甲骨學』, 國立編譯館, 1988, 31면.

을 이용한 점卜龜은 존재하지 않는다. 이렇게 볼 때, 거북을 이용한 점복 습관의 시작은 뼈를 이용한 것보다 늦음을 알 수 있다."[217] 제4장 "골복 습관의 고증"에서는, 먼저 "기왕에 대량의 재료가 존재하고, 각 지역에서 사람을 보내 공납을 바쳤다면, 전문적인 관리인이 있었음은 당연하다. 사람들이 가서 그것을 관리하였고 특정한 곳으로 가서 그것을 저장하였을 것이다"고 지적했다.[218] 그리고 "소위 정인貞人의 경우, 실제로는 당시에 족히 왕정을 좌우할 수 있었던 귀족 집단이었을 것이며, 그들은 단지 당시의 왕을 대신하여 문제를 제시했기에 점복과 관련된 전문적인 지식과 기술이 필요하지 않았으며, 태복大卜이나 사관史官과 같이 그렇게 대를 이어가며 그 직책을 이어갈 필요는 없었을 것이다"고 했다.[219] 제5장 "갑골학의 건립과 발전"에서는 1899년 갑골문의 발견부터 1988년까지를 "맹아기"(1899~1909)・"초기 연구기"(1910~1927)・"전성기"(1928~1948)・"소강기平淡期"(1949~1972)・"부흥기"(1973~현재) 등과 같은 몇 단계로 나누었다. 하남 안양 소둔 남지에서 "새로운 재료가 출토됨으로써 새로운 경계의 개척이 필요해졌고 새로운 인물의 참여도 필요해졌으며 새로운 공헌도 출현했다"고 했다.[220] 제6장 "갑골문 재료의 정리 복원과 전파"에서는 "병합拼合은 원래는 하나의 완전한 갑골에 속하는 몇몇 부서진 갑골 편들을 하나로 짜 맞추기 하는 것을 말한다"고 했다. 그리고 "소위 요철遙綴이란 상당하는 부위에만 근거해 배치하고 중간에는 이어지는 부분이 없는 것을 말하는데", 이는 "짜 맞추기綴合라고 할 수도 없을뿐더러, 복원復原이라 할 수는 더더욱 없다"고 했다.[221] 또 "갑골문의 전파에는 탁본墨拓・사진照相・모사摹寫의 세 가지 방법 외에는 없으며",[222] 80여 년 동안 출판된 갑골저록을 "발표 시간 순에 따라 하나하

217) 張秉權,『甲骨文與甲骨學』, 國立編譯館, 1988, 46면.
218) 張秉權,『甲骨文與甲骨學』, 國立編譯館, 1988, 54면.
219) 張秉權,『甲骨文與甲骨學』, 國立編譯館, 1988, 58면.
220) 張秉權,『甲骨文與甲骨學』, 國立編譯館, 1988, 69면.
221) 張秉權,『甲骨文與甲骨學』, 國立編譯館, 1988, 105면.

나씩 소개했는데, 요점만 골라 서술함으로써 독자들로 하여금 한 폭의 조감도를 보는듯한 편리함을 제공해 주고 있다."223) 제7장 "문자, 문법과 문례"에서는 "갑골문의 문례는 대단히 복잡하다"고 하면서 "문례와 문법을 연구해 갖가지 관계를 찾아내야만 복사의 원래 뜻을 이해하는데 도움을 줄 수 있다"고 했다.224) 제8장 "복사와 기사 각사"에서는 "갑골에는 복사 이외에도 또 일부 기사 각사가 존재한다"고 했다.225) 그리고 서수序數의 연구는 "일종의 계발적인 가치를 가지는데, 동일한 혹은 몇 개의 배딱지 상에 새겨진 복사를 한 데 모아 연구할 때 이들 숫자에 의해 세트를 이룬成套 복사와 세트를 이룬成套 배딱지腹甲를 발견하게 되었다."226) 이 책의 제9장 "성투成套 복사와 성투成套 갑골"은 저자의 발명품이다. "성투 복사라고 반드시 동문同文인 것은 아니다." "성투 복갑은 대략 크기가 비슷한 5판版의 거북 배딱지로 구성 된다."227) 하지만 세트를 이룬成套 소 어깻죽지 뼈는 비교적 드물다. 그리고 동일 판版에는 "많은 세트가 모두 성투成套 복사이다. 더더욱 몇몇 경우에는 한 판版에도 여러 개의 복사가 존재하기도 하며, 어떤 경우에는 세트를 이루지 못하고 개의 이빨처럼 들쑥날쑥하여 서로 뒤섞여 있는 바람에 대단히 난해한 경우도 있다."228) 성투 복사는 "그것이 한 세트 속에 들어 있든지 아니면 여러 개의 복사를 포함하고 있든지, 사실은 단지 하나의 복사에 불과하다. 그래서 이러한 복사를 통계 처리할 때에는 단지 한 차례에 이루어진 하나의 물음貞問으로 처리할 수밖에 없다."229) 이것은 복사 자료의 통계에 상당한 계시를 준다. 제10장 "시대구분斷代과 시기구분分期"에서

222) 張秉權, 『甲骨文與甲骨學』, 國立編譯館, 1988, 114면.
223) 張秉權, 『甲骨文與甲骨學』, 國立編譯館, 1988, 114면.
224) 張秉權, 『甲骨文與甲骨學』, 國立編譯館, 1988, 147면.
225) 張秉權, 『甲骨文與甲骨學』, 國立編譯館, 1988, 165면.
226) 張秉權, 『甲骨文與甲骨學』, 國立編譯館, 1988, 171면.
227) 張秉權, 『甲骨文與甲骨學』, 國立編譯館, 1988, 202면.
228) 張秉權, 『甲骨文與甲骨學』, 國立編譯館, 1988, 215면.
229) 張秉權, 『甲骨文與甲骨學』, 國立編譯館, 1988, 221면.

는 "시대구분斷代과 시기구분分期은 결코 동등한 개념은 아니다. 시대구분斷代은 그것의 시대를 확정하는 것이고, 시기구분分期은 그것들이 속한 시기를 구분하는 것이다. 그래서 시대구분斷代이 시기구분分期보다 약간 먼저 이루어진다"고 했다.[230] 동작빈의 「갑골문 시기구분 연구 예」에서의 5시기 구분법의 "10가지 표준"이 1933년 발표된 이후, 50여 년간 학자들은 지속적으로 이를 완전해 질 수 있도록 보충해 왔다. 시기구분分期 연구의 기초 위에서 동작빈도 갑골문에서의 "신파와 구파 복사 간의 차이는 사전祀典 · 역법 · 문자 · 점복의 사안 등 네 가지 측면에서 비교 가능함"을 발견했다.[231]

이처럼 이상의 10장은 이전 세대 갑골 학자로서의 저자가 자신이 배우고 알고 있던 지식에 근거해 80여 년간의 갑골학 자체 법칙 연구에 대해 내린 총결이었다. 특히 갑골의 깊고 신비한 부분에 대해 새로운 발명을 이루기도 하였는데, 그래서 많은 깊은 견해들은 상당히 선구적 의의를 가진다. 하지만 『갑골문과 갑골학』의 "시기구분斷代" 부분은 기본적으로 동작빈의 "5시기" 구분법과 "10가지 표준"을 심화시킨 것에 불과하며, 근년에 들어 이루어진 국내외의 시기구분연구에 대한 논쟁과 발전에 대한 주의가 부족했다는 점은 한 가지 지적해야만 할 것이다.

제11장 "천문, 기상과 역법"은 일월성신 등의 방면에서 "천문에 대한 은나라 사람들의 지식이 이미 상당히 풍부했음을 알 수 있다"고 했다.[232] 은대의 화북華北 지역의 기후에 대한 서로 다른 관점(동작빈 · 호후선)에 대해 분석한 후 "은대의 기후가 오늘날의 화북 일대와 별다른 차이가 없다는 동작빈 선생의 학설은 이미 견실한 과학적 증거를 마련했다고 할 수 있다"고 했다.[233] 제12장 "인명, 지명과 방국方國"에서는, 먼

---

230) 張秉權, 『甲骨文與甲骨學』, 國立編譯館, 1988, 239면.
231) 張秉權, 『甲骨文與甲骨學』, 國立編譯館, 1988, 267면.
232) 張秉權, 『甲骨文與甲骨學』, 國立編譯館, 1988, 275면.
233) 張秉權, 『甲骨文與甲骨學』, 國立編譯館, 1988, 290면.

저 “갑골문에는 인명과 지명이 같이 쓰이는 현상이 존재하는데, 이는 갑골학의 관건적인 문제”라고 하면서, “이는 갑골학의 지속적인 연구발전의 필연적인 결과였다”고 했다.[234] 그리고 “인명과 지명으로 함께 쓰인 173개의 예들은 모두 복사 사례로 증명 가능하다”고 했다.[235] 인명과 지명을 쉽게 분별하기 힘든 원인에 대해, “그것은 갑골에 등장하는 인명은 아마도 그 개인의 이름이 아니라 자신의 채읍采邑이거나 방국方國의 이름이기 때문일 것이다. 또 그것들이 개인적 이름이 아니기에 한 세대 건너 존재한 사람이라도 같은 이름일 수 있다”고 했다.[236] 그 다음으로, “방국方國의 이름은 일반 지명과 더욱 구별이 힘들다”고 했다. 도방남島邦男은 총 527개의 지명을 찾아냈는데, “은대의 지리에 대단히 유용하다.”[237] “방국方國에 대해서도 도방남은 여러 학자의 연구 성과를 종합하여 총 65개의 이름을 찾아냈다. 여기서는 도방남의 연구에 근거해 약간 수정을 가했을 뿐이며”, “각 시기 복사에 보이는 방국은 총 54개에 이른다”고 했다.[238] 제13장 “선공, 선왕과 세계世系”에서는 상갑上甲 이전의 선공과 상갑 이후의 선공 선왕·선비先妣에 대한 논의를 총결하였으며, 『은본기』에 보이는 은대의 세계世系와 복사에 보이는 선공 선왕과 선비 및 당시 왕에 대한 칭위를 도표로 만들어 밝혔다. 특히 중요한 것은, “갑골문 중에서 왕실의 세계世系와 관련된 기록뿐 아니라, 귀족의 보계譜系도 찾을 수 있었다”는 것이다.[239] 『쿨링』 1,506편의 소위 “아씨兒氏 가족 족보家譜”에 대해서도 이전의 연구 기초 위에서 “다시” 그 진위를 변별한 후, “필자는 그것이 진품이라 더욱 믿게 되었으며, 그것은 분명 지금까지 볼 수 있는 중국 최초의 가족 족보이다”고 했다.[240] 제14장 “제사, 무술巫術

234) 張秉權, 『甲骨文與甲骨學』, 國立編譯館, 1988, 301면.
235) 張秉權, 『甲骨文與甲骨學』, 國立編譯館, 1988, 306면.
236) 張秉權, 『甲骨文與甲骨學』, 國立編譯館, 1988, 336면.
237) 張秉權, 『甲骨文與甲骨學』, 國立編譯館, 1988, 338면.
238) 張秉權, 『甲骨文與甲骨學』, 國立編譯館, 1988, 349~350면.
239) 張秉權, 『甲骨文與甲骨學』, 國立編譯館, 1988, 364면.

과 종교 신앙"에서는 갑골문에 보이는 제사의 대상, 제사의 종류, 제사 예제禮制에서의 신파와 구파, 제례祭禮의 희생, 제사 희생의 내원, 제사의 장소 등에 대해 전면적으로 고찰하였다. 제사에 사용된 희생으로 볼 때 은나라 사람들의 일상생활은 무술과 종교 신앙, 즉 "조상 숭배 이외에도 각종 신을 숭배하였다. 그래서 신앙적인 측면에서 다신숭배였는데, 이는 모든 것을 함께 아우르는 중국인의 중용中庸 정신과 일치함"을 볼 수 있다고 했다.[241] 제15장 "정치와 관제官制"에서는 신력神力과 무력武力에서부터 생겨난 상 왕조의 정치권력과 정권의 변화와 운용에 대해 분석하였으며, "수백 년간 왕실 정권이 교체 없이 유지되었다는 것으로부터 그 통치 기구가 제도와 방법에서 모두 독특한 장점을 갖고 있었음을 알 수 있다"고 했다.[242] 상 왕조의 외복外服에 해당하는 제후의 경우 학자들의 통계에 차이가 있긴 하지만 "각 시기의 '후侯'는 중복 예를 제외하면 모두 41명이다." "열후列侯는 분봉分封되어 각자의 영토를 가졌다."[243] "그러한 제후는 내란이 있거나 외환이 생기면 병력을 제공해 왕실을 보위하는 외에도 평시에는 공납을 바쳐 왕실을 받들었다."[244] 그리고 "방백方伯"의 경우에도 차이가 있지만 도방남에 의하면 40명이 있다. 그리고 "자子"의 경우 "설사 당시 왕의 아들은 아니었지만 왕실과 밀접한 관계에 있는 가까운 친척에 속했으며", 학자들의 통계가 일치하지는 않지만, 저자는 "120명"이라 했다.[245] "부婦"는 은 왕실에서 상당히 존귀한 존재로, 그들은 제사에도 참여하였으며, 국정의 고문이 되기도 했고, 군대를 이끌고 정벌 전쟁에 참여하기도 했으며, 토지와 인민을 소유하고 있었다."[246] 통계에 의하면, 갑골문에서 "부모婦某"라 불린 것은 제1기 무정

240) 張秉權, 『甲骨文與甲骨學』, 國立編譯館, 1988, 371면.
241) 張秉權, 『甲骨文與甲骨學』, 國立編譯館, 1988, 415면.
242) 張秉權, 『甲骨文與甲骨學』, 國立編譯館, 1988, 423면.
243) 張秉權, 『甲骨文與甲骨學』, 國立編譯館, 1988, 426면.
244) 張秉權, 『甲骨文與甲骨學』, 國立編譯館, 1988, 427면.
245) 張秉權, 『甲骨文與甲骨學』, 國立編譯館, 1988, 429면.

때에 52명, 제4기 무을 문정 때에 22명이 있었다. "정인貞人"은 "사관보다 더 존귀한 존재였으며, 그래서 그들의 힘과 권력은 당시의 제도에 영향을 미치기에 충분하였고",247) 갑골문에는 총 123명이 등장한다. 제16장 "농업과 사회"에서는 먼저, "은대의 농업이 이미 상당히 발달했으며, 상당히 보편화되었음"을 밝혔다.248) 호후선의 「복사에 보이는 은대 농업」을 대단히 높게 평가하면서, "사실을 왜곡했던 이전의 갖가지 학설를 깨끗하게 물리치는 공을 이루었을 뿐 아니라 이후의 연구에도 정확한 길을 제시해 주었다"고 평가했다.249) 다음으로, 상나라 때의 농업 구역, 농업 기술(농기구·우경·관개·시비·밭갈이耤田), 농산품, 농사 관리, 농업 예속 등에 대해서 논의했다. 제17장 "수렵과 징벌"에서는, 먼저, 수렵과 징벌에 관련된 복사의 5가지 형식에 대해 논의했다.250) 다음으로, "무정 시대의 복사로 볼 때, 무정은 수렵을 좋아했던 군주였지",251) "감히 타락에 빠지지 않고 나태하지 않았거나 은나라를 잘 다스려 편안하게 했던" 덕스럽고 현명한 군주는 결코 아니었음을 증명했다. 다음으로, 복사에 보이는 각 시기의 전쟁에 대해서도 일대 정리 작업을 했다. 제18장 "인구, 강역과 문화의 접촉"에서는 먼저, 은대 지리 연구의 어려움을 토로해 "몇몇 지명은 여러 학자들에 의해 밝혀지긴 했지만 각자의 주장이 달라, 그중 대부분이 아직도 여전히 확정하기 힘들다"고 했다. 다음으로, 은대의 "정치 역량이 미친 범위"는 "변방의 방국方國들에서 찾아야만 하는데",252) 각 시기 복사에 보이는 방국方國은 총 54개이다. "학자들이 말

246) 張秉權, 『甲骨文與甲骨學』, 國立編譯館, 1988, 431면.

247) 張秉權, 『甲骨文與甲骨學』, 國立編譯館, 1988, 436면.

248) 張秉權, 『甲骨文與甲骨學』, 國立編譯館, 1988, 441면.

249) 張秉權, 『甲骨文與甲骨學』, 國立編譯館, 1988, 445면.

250) (역주) 5가지 형식이란, ① 전적으로 수렵에 관해 점을 친 경우, ② 수렵에 관해 부기하거나 기술한 경우, ③ 수렵에 대해 점을 치고 잡은 사냥물을 부기한 경우, ④ 전적으로 징벌에 관해 점을 친 경우, ⑤ 징벌에 관해 부기한 경우 등이다.

251) 張秉權, 『甲骨文與甲骨學』, 國立編譯館, 1988, 481면.

252) 張秉權, 『甲骨文與甲骨學』, 國立編譯館, 1988, 511면.

한 은나라 사람의 활동 범위나 강역은 크기에 상당한 차이를 보이지만, 복사나 문헌에서의 근거를 갖고 있어, 모두 일가견을 이룬 것들로 이후 진일보한 연구의 기초로 삼을 수 있다."[253] 제19장 "기술과 공업"에서는 "갑골문에서 기술과 공업에 관련된 기록은 대단히 적기 때문에", "그것은 반드시 현장 고고에서의 발굴보고에 도움을 받아 보충해야만 서로 인증 가능하며, 근거가 있고 충실한 말이 될 수 있다."[254] 제20장의 "갑골에 붙은 면직물棉布"은 1936년 YH127갱의 갑골에 덧붙은 면직물을 말하는데, 이는 1975년에 이르러서야 비로소 발견되어 공개되었다. 이렇게 된 데에는 "아마도 갑골문 연구의 방법과 분위기와 커다란 관계가 있을 것이다."[255] 그간 갑골 학자들은 주로 글자를 가진 갑골의 연구에다 정력을 쏟았고, 글자가 적거나 글자가 없는 갑골에 대해서는 홀대해왔기 때문이다. 그리고 "『병편』 작업 과정에서, 필자는 글자가 없는 그러한 갑골 잔편도 매우 중요하다는 것을 점차 깨닫기 시작했으며", "동시에 아직 완전히 다 벗겨지지 않은 흙의 아래쪽에 숨겨진 글자가 더 있는지에 대해서도 생각을 하게 되었다."[256] 그리하여 면직물이 남아있는 조각편을 발견하게 되었다. 이는 갑골문의 고고학적 고찰을 강조하는 데 대단히 중요한 시사점을 던져주었다.

이처럼 『갑골문과 갑골학』은 넓은 시야와 깊은 시각으로 다음의 세 가지 중요한 문제에 대한 답을 주었다. 즉 "첫째, 갑골문은 어떻게 발견되었고, 지금까지의 발굴에서 얼마나 많은 양이 출토되었는가? 둘째, 갑골학이란 무엇이며, 그것은 어떻게 발전해 왔는가? 셋째, 90년 동안의 갑골학 연구 성과는 무엇이며, 우리는 또 무엇을 했는가?" 등이다.[257] 장병권이라는 선배 갑골 학자가 갑골학 연구 90년의 발전을 총결한 『갑골문

253) 張秉權, 『甲骨文與甲骨學』, 國立編譯館, 1988, 513면.
254) 張秉權, 『甲骨文與甲骨學』, 國立編譯館, 1988, 519면.
255) 張秉權, 『甲骨文與甲骨學』, 國立編譯館, 1988, 547면.
256) 張秉權, 『甲骨文與甲骨學』, 國立編譯館, 1988, 548면.
257) 張秉權, 「關于甲骨文與甲骨學」(代序), 『甲骨文與甲骨學』, 國立編譯館, 1988.

과 갑골학』의 각 장절에서 보여준 법칙성과 개척성을 가진 적잖은 논술은 향후 갑골학 연구의 발전에 커다란 선도적 기능을 할 것이다. 하지만 여러 원인으로 대륙 지역에서 쉽게 유통되지 못한 것은 매우 유감스런 일이 아닐 수 없다. 설사 그렇다 하더라도 『갑골문과 갑골학』은 여전히 갑골학사에서 중요한 이론적 통론성의 저작이다. 필자도 『갑골학 일백 년』을 집필하는 과정에서 『갑골문과 갑골학』을 언제나 책상 맡에 두고 참고했다. 이 책은 1989년 러푸웨雷煥章(Jean A. Lefeuwe) 박사가 대만에서 보내 준 것이다. 이 기회를 빌려 이 대작과 여러 새로운 관련 자료를 보내준 러푸웨 박사와 해외의 여러 친구들에게 감사를 표한다.